193	一、统一的前提
200	二、统一的潮流
205	三、"宪法争执"和俾斯麦上台
212	四、俾斯麦进行的统一战争
221	作者评曰

223　第九章　工业化时代：民族国家的现代发展

223	一、统一与工业化高潮
231	二、统一与普鲁士式的政治现代化
235	三、统一与社会结构的现代化
239	四、俾斯麦的内外政策与俾斯麦的下台
245	作者评曰

247　第十章　"英雄时代"：从民族工运到国际工运

247	一、马克思和恩格斯
253	二、拉萨尔和倍倍尔
258	三、"英雄时代"：反"非常法"的斗争
264	四、社会民主主义旗帜下的分歧和分裂
271	作者评曰

272　第十一章　强权时代：民族沙文主义的膨胀

272	一、德国帝国主义
276	二、威廉二世与他的"世界政策"
282	三、尼采、韦伯、爱因斯坦
288	四、德国挑起第一次世界大战
294	作者评曰

296　第十二章　魏玛时代：共和时期的民族运动

| 296 | 一、十一月革命：民族革命？民主革命？社会革命？ |
| 309 | 二、魏玛共和国的战后危机：民族内争与民族外争 |

322 三、魏玛共和国的相对稳定
327 四、希特勒的上台与共和国的覆灭
335 作者评曰

336 第十三章 纳粹统治时代：极端民族主义发了狂

336 一、"族民共同体"与"第三帝国"
343 二、纳粹法西斯专政的实质
351 三、纳粹法西斯：一种以战争为目的的极端民族主义
358 四、纳粹德国挑起全面世界大战
371 五、"第三帝国"的覆灭
376 作者评曰

378 第十四章 盟国管制时代：夹缝中的德意志民族

378 一、从德黑兰、雅尔塔到波茨坦
385 二、从纽伦堡审判、"四D"计划到柏林危机
394 三、夹缝中的德意志民族
398 四、德国的被分裂
405 作者评曰

407 第十五章 重新崛起时代：一个民族两个国家

407 一、联邦德国的现代化进程
421 二、联邦德国成为经济大国和社会福利国家
428 三、民主德国的现代化进程
437 四、民主德国成为社会主义工业强国和社会保障国家
441 五、德-德关系：从"哈尔斯坦原则"到"基础条约"
453 作者评曰

454 第十六章 再统一时代：一曲德意志民族的《欢乐颂》吗？

454 一、德国统一的机遇与挑战

THE HISTORY OF WORLD

珍藏本

德国通史

THE HISTORY OF GERMANY

丁建弘 ◎ 著

上海社会科学院出版社
SHANGHAI ACADEMY OF SOCIAL SCIENCES PRESS

目录

1	前言
1	导　言　德国在哪里？

第一章　立国时代：日耳曼人与德意志人

- 8　一、古代日耳曼人
- 13　二、日耳曼部族民大迁徙
- 16　三、法兰克王国的兴衰
- 22　四、德意志人和德意志王国的出现
- 25　作者评曰

第二章　封建时代：民族国家的被延误

- 26　一、迟缓的封建化
- 30　二、皇权与教权：争霸欧洲
- 37　三、皇权与城市：互促还是互制？
- 41　四、皇权与诸侯：七选侯当家
- 45　作者评曰

第三章　宗教改革时代：民族运动的发端

- 48　一、路德与宗教改革
- 54　二、骑士宗教改革
- 55　三、人民宗教改革：闵采尔和农民战争
- 63　四、诸侯宗教改革和反宗教改革
- 66　五、三十年战争：宗教改革时代的悲惨结局
- 76　作者评曰

第四章　普鲁士崛起时代：对德意志民族是祸是福？

- 81　一、霍亨索伦家族的统治
- 85　二、普鲁士王国的崛起
- 91　三、"士兵王"的军事立国
- 99　四、弗里德里希大王的开明君主专制

- 107 　五、普鲁士精神和普奥争霸
- 112 　作者评曰

第五章　"启蒙"时代：从文化民族主义到政治民族主义　114

- 114 　一、德意志的启蒙运动
- 125 　二、"狂飙突进"运动
- 129 　三、法国大革命与德意志文化民族主义
- 135 　四、拿破仑战争与德意志政治民族主义
- 142 　作者评曰

第六章　改革时代：民族统一运动的初霞　143

- 143 　一、奥地利玛丽-泰蕾西娅—约瑟夫改革
- 149 　二、"第三德意志兰"的改革
- 151 　三、普鲁士施泰茵—哈登贝格改革
- 158 　四、德意志民族解放战争
- 163 　作者评曰

第七章　复辟时代：民族统一道路上进步与反动的较量　165

- 165 　一、沙俄的欧洲霸权政策和梅特涅的反动
- 173 　二、现代化的开端
- 177 　三、"莱茵文明"与"统一和自由运动"
- 181 　四、李斯特和海涅
- 187 　五、1848"红色革命"：时代的冲突与民族统一运动的高潮
- 191 　作者评曰

第八章　统一时代："白色革命"与民族统一的完成　193

322　　三、魏玛共和国的相对稳定
327　　四、希特勒的上台与共和国的覆灭
335　　作者评曰

第十三章　纳粹统治时代：极端民族主义发了狂

336　　一、"族民共同体"与"第三帝国"
343　　二、纳粹法西斯专政的实质
351　　三、纳粹法西斯：一种以战争为目的的极端民族主义
358　　四、纳粹德国挑起全面世界大战
371　　五、"第三帝国"的覆灭
376　　作者评曰

第十四章　盟国管制时代：夹缝中的德意志民族

378　　一、从德黑兰、雅尔塔到波茨坦
385　　二、从纽伦堡审判、"四D"计划到柏林危机
394　　三、夹缝中的德意志民族
398　　四、德国的被分裂
405　　作者评曰

第十五章　重新崛起时代：一个民族两个国家

407　　一、联邦德国的现代化进程
421　　二、联邦德国成为经济大国和社会福利国家
428　　三、民主德国的现代化进程
437　　四、民主德国成为社会主义工业强国和社会保障国家
441　　五、德-德关系：从"哈尔斯坦原则"到"基础条约"
453　　作者评曰

第十六章　再统一时代：一曲德意志民族的《欢乐颂》吗？

454　　一、德国统一的机遇与挑战

- 193　一、统一的前提
- 200　二、统一的潮流
- 205　三、"宪法争执"和俾斯麦上台
- 212　四、俾斯麦进行的统一战争
- 221　作者评曰

第九章　工业化时代：民族国家的现代发展
- 223　一、统一与工业化高潮
- 231　二、统一与普鲁士式的政治现代化
- 235　三、统一与社会结构的现代化
- 239　四、俾斯麦的内外政策与俾斯麦的下台
- 245　作者评曰

第十章　"英雄时代"：从民族工运到国际工运
- 247　一、马克思和恩格斯
- 253　二、拉萨尔和倍倍尔
- 258　三、"英雄时代"：反"非常法"的斗争
- 264　四、社会民主主义旗帜下的分歧和分裂
- 271　作者评曰

第十一章　强权时代：民族沙文主义的膨胀
- 272　一、德国帝国主义
- 276　二、威廉二世与他的"世界政策"
- 282　三、尼采、韦伯、爱因斯坦
- 288　四、德国挑起第一次世界大战
- 294　作者评曰

第十二章　魏玛时代：共和时期的民族运动
- 296　一、十一月革命：民族革命？民主革命？社会革命？
- 309　二、魏玛共和国的战后危机：民族内争与民族外争

458	二、从"柏林墙倒"到两德国家条约
464	三、"2+4"会议与《最终解决德国问题条约》的签订
468	四、1990年10月3日:德国重新统一日
471	作者评曰

473　第十七章　龙与鹰:历史上中德民族的文化关系

473	一、缘起
475	二、汤若望-莱布尼茨时代
479	三、罗可可风尚与中国
483	四、歌德一代
487	五、文化碰撞:"图象"的变化
492	六、"向东方压进"与"向西方学习"
497	七、1919—1949年间

前言

  上海社会科学院出版社准备出版一套具有时代新意的、由中国人著述的西方国家通史,他们那具有时代新意的写作新构想,激起了我重新作新科学探索的劲头,于是我就贸然答应下来。当我一进入写作领域,立刻就发现,书的字数虽不多,难度却很大,几乎要作全盘的调整和审视,特别是要用现代化时代精神评述不同民族国家的发展道路。

  我从事德国史的学习、教学和研究,已有四十余年。我曾师从过民主德国著名的历史学家,也师从过联邦德国著名的历史学家,接受过不同观点的历史学派的教育。近二十多年来,我虽然不敢夸口说我已读遍国内外不同学派的德国史著作,但也读了很大部分有代表性的著作,而且我自己也曾主编过有关德国史著作。然而我总有这样一个感觉:它们的大部分似乎离现时代精神日益遥远,谈历史作用似在隔靴搔痒。我省悟到,写历史著作也必需站在时代精神的前列和进步事业的立场上;我虽然也不敢夸口说我已掌握了有关德国史的所有基本资料,但我却希望在这本书中的所有论述,都建立在扎实、可靠的史料基础之上,尽量做到史实毋误,大事不漏,名人出岫。因此,我是很用心地、兢兢业业地、甚至带有惶恐的心情写完这本书的。现奉出求教于专家、学者和广大读者,求教于时代现实与时代精神的考验。

导　言　德国在哪里？

> 德意志兰？它在哪里？我找不到那块地方。学术上的德意志兰从何处开始，政治上的德意志兰就在何处结束。
>
> ——F. 席勒

在当今世界上，除德意志人称自己的国土为"德意志兰"(Deutschland)外，恐怕只有中国人和日本人是按其音而予以称谓的，中国人称德意志兰为"德国"，日本人称之为"独逸"，而其他多数国家则称之为"日耳曼"(Germany)或其他名字。这些不同的称谓，虽各有其历史渊源，但也说明德意志兰问题的复杂性。

我们中国人把德意志兰简称为德国，算不上错，但却易于把国土(Land)和国家(Reich)两个不同的历史层面混淆。"德意志兰"主要指的是土地和祖国，属民族融合范畴，而"德国"却可指政治上的国家形态，属国家政治范畴。在一个统一的民族国家中，"国土"和"国家"基本是相一致的，甚至可相互置换。在中国人的观念中，"中国"理所当然代表着中华民族的国土和国家，"德国"当然也理应代表着德意志民族的国土和国家。事实并非完全如此。对一个长期处于民族融合过程和长期政治分裂过程的德意志兰来说，"国土"和"国家"却是不一致的，而且是相互分离。学术界、知识界理念中的德意志国土和国家的统一体，在现实的政治中却往往并不存在。这才引出德意志作家和历史学家席勒(Friedrich von Schiller, 1759—1805)在1795年写的讽刺诗中的大声呐喊："德意志兰？它在哪里？"从德意志民族和国家的发展史考察，只有到1871年俾斯麦统一德国后，德意志兰才包含了国土和国家相一致的含义，把德意志兰译成"德国"才真正名实相符。德意志史也才可以称为德国史。这一点我在这里先予说明。

"德国在哪里?"这是一个长期困扰德意志人的历史大课题。特别在法国大革命和拿破仑战争的影响下,在德意志的启蒙思想家和人文学者圈子中,对"德国在哪里"的反思特别强烈。1830年大文豪歌德(Johann Wolfgang Goethe,1749—1832)痛苦地说:"我们没有一个城市,甚至没有一块地方可以使我们坚定地指出:这就是德国!如果我们在维也纳这样问,答案是:这就是奥地利!如果我们在柏林提出这样的问题,答案是:这里是普鲁士!"同时代的奥地利首相梅特涅(Klemens Wenzel von Metternich,1773—1859),则是坚决反对德意志人建立一个统一的、民族的国家,认为有一个德意志民族的说法,"纯系一种神话","德意志兰"不过是一个地理概念而已。梅特涅的话从另一个侧面佐证了"不存在"一个德意志的民族国家。

显然,"德国在哪里?"课题的核心,乃是存不存在一个德意志人的民族国家,而"德意志人"和"德意志民族"本身又是在一种杂乱的、动荡不定的历史激流中逐步发展起来的,因此,德意志民族的统一和分裂,进而德意志民族国家的统一和分裂,就构成了德意志历史发展的基本线索和主要内容,从而也构成了德意志历史发展的特殊性和复杂性。

公元920年,日耳曼人的东法兰克王国改称为"Regnum teutonicum"(德意志王国),开始了日耳曼人一些部落族民(Völker)的德意志化融合过程,这也可视为德意志历史的开端。这块首次被"找到"的德意志人国土,它的发展却从一开始就带有一种模糊的悲剧色彩,因为它潜藏着至少四重强大的分裂因素。第一重是国土地理上的。德意志王国居于欧洲的中央地带,素有"中央之国"之称,在东西两面都没有天然疆界。它的边界一直变化不定,或者由于外国人进入德意志兰,或者更多是德意志殖民者向外特别是向东方推进。由于周边都是其他国家,德意志人的领土扩张主要指向欧洲大陆而不是海外,东扩运动一直伸延到波兰、罗马尼亚、波罗的海诸国和俄国,这就构成了德意志人同欧洲东西部国家之间的严重冲突,特别是同东西强邻俄法之间的激烈争夺。德意志问题从一开始就成为一个"欧洲问题"。欧洲国家特别是欧洲大国,历史上都是反对德意志统一的。第二重因素是民族构成中的"分崩离析"性。德意志兰远不是一个单一族民(Volk)、单一民族(Nation)的居住地区,哥特人、汪达尔人、法兰克人、阿勒曼尼人、勃艮第人、弗里森人、盎格鲁萨克森人、士瓦本人、图林根人和斯拉夫人全都混合在一起,再加上北欧日耳曼族的波美拉尼亚人、阿尔卑斯山北的巴伐利亚人、"肃漠"的普鲁士人和"热情"的莱茵兰人以及半斯拉夫的西里西亚人等,就构成了德意志人。我们很难想象被希特勒吹嘘为最高贵、最纯粹血统的德意志民族,其渊源竟是如此庞杂多样;我们也很难想象,这种民族的"分崩离析"性会对德意志人的政治思想、社会思想、文化艺术思想产生如此不可思议的影响。第三重因素是德意志人精神(或称灵魂)的多重性和分殊性。德国哲学家尼采(Friedrich Nietzsche,1844—1900)对德意志人的精神本质曾作过深刻的描述:"德意志人的灵魂首先是多重性的、多源头的、混合重叠的,而不是实实在在地建立起来的,这是由于它的起源:德意志民族是多种族民的最特殊的混合,也许其占优势的甚至是雅利安人之前的种族成分。因此,德意志人比起其他民族来,对他们自己就更为不可捉摸,更为复杂,更为矛盾,更为不可知,更难预测,更令人吃惊,甚至更为可怕","德意志人的灵魂中有一些通道和长廊,带有各种洞穴、掩体和地牢;它的杂乱无章具有神秘之美;德意志人很熟悉通向混乱的僻径。正如每个人都爱好自己的象征一样,德意志人爱好浮云和一切模糊的、发展变化的、朦胧的、不引人注意的和隐藏着的事物;对他来说,似乎凡是不稳定的、不成熟的、自行转移的和成长着的东西都是'深邃'的。德意志人自己并不存在,他处于形成之中,他在发展他自己!"尼采在另一处说得更明确:"如果一个德意志人大胆声称:'在我的心中啊,盘踞着两种精神',那将是对真实情况的一种错误猜测。或者更确切些说,他远没有把精神的真正数目说够。"这种精神的多重性和矛盾性,凝合了德意志民族的特性,而这种特性又决非像一些德国史学家所说的是"天赋的"或"先天的",更不是决定德意志历史面貌的原始力量。相反德国之所以成为今天这个样子的主要原因存在于它的历史之中,也就是由于它的发展演变。因此我们有必要追溯德国到非常遥远的过去,特别是18世纪末以来的巨大转变。第四重因素是不存在着一个中央王权,而存在着诸侯坐大的邦国主义。与西欧其他国家不同,王权在德意志兰从未达到中枢地位。神圣罗马帝国的传统统治着政治思想。在神圣罗马帝国皇帝光环萦绕下,中世纪的德意志国王梦想建立一个全球帝国;他们的注意力经常是集中于意大利而不是德意志兰,他们的力量消耗在同教皇的无尽无休的斗争之中。德意志国王不得不要求其封建贵族给予援助,并对他们作出巨大的让步。正当法国君权在同封建贵族作斗争中巩固起来并使法国成为一个强大的中央集权的王朝国家,以及进入近代时期后英国、法国和西班牙发生了封建主义的崩溃进而形成为紧密团结的民族国家之时,德意志的封建贵族分离主义势力反而日益猖獗,王权式微到不起作用的地步。德意志兰到17世纪中分裂成拥有主权的314个邦和1 475个独立骑士领地,中央王权实际上已不复存在。民族主义同普泛主义之间,大一统主义同邦国爱国主义之间,自由主义同封建主义之间,以及奥地利同普鲁士之间长期而深刻的冲突,正是德意志政治分裂的明显表现。这种政治分裂和紧张状况的结果,阻止了像在英国和法国发展起来的那种较正常、较健全的民族主义的出现。

德意志人和德意志民族国家的形成和发展过程中,就是充满了"德意志"和"非德意志"的较量,表现为"统一"和"分裂"相生相克的斗争。德意志民族愈是念及这种"分裂",他们克服这种"分裂"的尝试也就愈是强有力。在欧洲的任何国家里,向心力和离心力的斗争都没有采取如此巨大的规模,达到某种类似精神变态的状况。德意志人把民族主义——从进步的民族主义到极端的民族主义——作为克服"分裂"的唯一手段,结果带给德国和世界的既是进步又是灾难。

综合起来说,德意志民族发展史上的重大不幸,是政治上长期处于分裂状态。"德国在哪里?"主要也就是指责德意志兰的政治分裂。德意志民族是不可能在一个分裂的国家中发展壮大的。没有统一的国家带给德意志民族和人民的历史负面影响可说罄竹难书。不统一的德国不仅当过罗马教皇的"乳牛",而且沦为欧洲实现了统一的民族大国法兰西、俄罗斯、英吉利、瑞典等的附庸,成为它们争霸的工具和牺牲品。因此,争取民族统一和国家统一就成为德意志民族的首要任务,并构成德意志历史的重要内容和进步趋势。内部的阶级冲突,集团争斗,政党纷争,家族仇怨,在争取民族统一的大局面前都退居次要。1517年路德的宗教改革,1807年开始的施泰茵改革,反拿破仑的民族战争,1848/1849年的德意志资产阶级革命,同时也都是德意志民族争取统一的伟大努力。但是这些运动相继失败了,他们的力量还不足以克服造成德意志分裂的因素。德意志统一的大业最终是在普鲁士容克、"铁血宰相"俾斯麦领导下,通过统一战争于1871年完成的,俾斯麦的功业因而也就彪炳于德意志历史和世界历史。

近代德意志长期未能实现政治统一的主要因素究竟是什么? 我以为普奥争霸德意志兰是主要的内因,而法俄争霸欧洲则是主要的外因。后者在德意志分裂的问题上起更关键的作用。法俄1807年提尔西特和约的签订,等于沿易北河线瓜分了欧洲和德意志兰:西部归拿破仑,东部归沙皇亚历山大一世。拿破仑失败以后,德意志兰高涨的民族统一运动被沙俄一巴掌给打了下去,因此我们可以说,促成拿破仑战争后德意志兰分裂状况的主要国际原因,乃是沙俄的欧洲霸权政策,主要的国内原因是梅特涅反对德意志统一的"均势政策"。这就是我们看到沙俄联合奥地利以及普鲁士君主政体血腥镇压1848年欧洲革命和德意志革命的原因。但是普鲁士从19世纪40年代以来在德意志内部的地位和作用发生了根本性的变化,它从一个德意志分裂的主要因素,转变为德意志统一的代表和主导因素。19世纪30—40年代开始的、50—60年代大规模展开的普鲁士的工业革命和现代化进程,成为德意志民族要求统一的现实立足点和深厚的基础,俾斯麦正是在这个基础上充当了德意志民族运动的代言人和"矛尖"的。俾斯麦已经清楚看到,所有的欧洲大国,都是德意志统一的敌对者,德意志的统一只有依靠德意志的民族运动,因而他取得了成功。俾斯麦第一次在真正的意义上解决了"德国在哪里?"的课题,虽然是把德意志的奥地利排除在统一的德国之外。统一的德意志帝国就像一颗新星突然在欧洲中心升起。从现在起,德国问题不仅仅是一个"欧洲问题",而且成为一个"世界问题"。

但是俾斯麦的统一德国,具有一种"自上"的性质,不仅保留了专制主义的君主政体,加强了普鲁士王朝和容克在德国的统治,阻碍了资产阶级民主改革的完成,而且使普鲁士的军国主义传统和俾斯麦在统一中煽起的民族沙文主义情绪渗入新帝国的各个领域,毒害了德意志民族的肌体。一种带有民族沙文主义情绪的争霸欧洲的活动,导致欧洲两大军事集团的形成和斗争的加剧,隐伏着德国再度被分裂的危险。

命运确实就是如此。正是俾斯麦逝世(1898)后不久,统一的、强大的德意志帝国,把工业化和现代化的巨大成功而积聚起来的扩张势能,通过巨大而集中的政治、军事力量,带到世界的竞争舞台。德意志帝国的皇帝威廉二世和"第三帝国"的元首希特勒都不承认"德国在哪里?"的课题已经解决,他们煽起德意志民族沙文主义和极端民族主义情绪,利用德意志民族和人民的巨大潜能,去争夺欧洲霸权和世界霸权,他们继承神圣罗马帝国皇帝的传统,妄图建立"德意志世界帝国"。他们在短短的二十几年中接连挑起两次世界大战。希特勒不仅把英、法、苏、美等世界大国都作为敌手卷了进去,而且把世界人民都作为敌手卷了进去,发动一场反人类的战争。于是我们看到,德国在第一次世界大战中的溃败和皇冠落地,在第二次世界大战中的彻底崩溃和元首自戕。德意志民族在享受了仅仅74年的统一成果后,重新面临着被分裂的命运。

第二次世界大战后德国的分裂,纯系人为因素所致,外力的强制使然。其历史背景是希特勒发动了反人类的空前残酷的战争,德意志民族则为此付出沉重的代价。战后许多德国人和政治家们在他们的反思中都开始认识这一点,愿使德国走和平发展的道路。直接把德国分裂开来的是东西方超级大国苏联和美国。斯大林的领土扩张政策首先割取了奥得-尼斯河线以东的11.4万平方公里的德国土地,交波兰管辖,而自己则占领了原波兰东部的10多万平方公里土地,并取得了东普鲁士的整个北部,包括德国哲学家康德的故乡柯尼斯贝格。波兰等于整个被西移了。德国失去1938年以前领土版图的1/4左右。更严重的后果是,原先世代生活在东部土地的德意志人被驱逐和强行"迁出",造成战后近1 500万德意志人的大逃亡,其中死亡者达200万以上。这种做法给战后德国和欧洲的发展带来了严重的后果,造成了复杂的、难以解决的民族矛盾。留下来的德国领土和柏林的分裂,纯粹出于苏美争夺欧洲霸权的需要。东部的民主德国和西部的联邦德国,分别被苏联和美国拉入自己的经济、政治和军事体系,成为苏美在欧洲冷战的前哨阵地。保持德国的永久分裂,是苏美战后德国政策的共同点。德国的分裂符合苏美的战略利益。

"德国在哪里?"课题再度摆在德意志民族面前。德意志民族的命运现在又只能依靠德意志民族自己。两个德国在战后都迅速恢复和发展起来,联邦德国还很快跃入世界经济大国的行列,证明德意志民族具有旺盛的生命力。无论"柏林墙"或东西德之间的边界墙,都割不断德意志民族的认同感和亲和力,德意志民族和人民中蕴藏着的统一潜流,是德意志民族最后实现德国再统一的深厚基地和精神保证。只要有一个苏美对德政策的"松动"机会,统一的潜流就会成为公开的行动。这个机会在20世纪80年代中期终于来了,世界形势的强烈多极化和经济化,使美国不得不把联邦德国当成是"平等伙伴";美国霸权地位的滑落,不得不对联邦德国多所依赖;而苏联同整个西方对峙了四十多年,几乎耗尽了它的整个经济力量;国内效能低下的政治和经济体制,又使它的国力无法加强,在外交上又屡屡受挫,戈尔巴乔夫不得不进行所谓"新思维"的革新试验,同时他也看到,任何一种霸权图谋和扩张图谋一定会把自己带入末路。苏美态度的松动,引发了两德人民要求统一的热情。联邦德国的科尔政府,紧紧抓住这一机遇,大力推动德国统一的进程。

1990年两个德国的和平统一,形式上是某种平等的联合,实际上是民主德国被合并到联邦德国,也就是说联邦德国统一了民主德国。据我看,这中间的原由有三,一是联邦德国战后的经济现代化取得巨大的成功,而民主德国的经济增长却远远赶不上联邦德国;二是联邦德国一直举着"德国统一"的旗帜,充当统一民族的代言人,而民主德国的领导人在50年代末起就开始放弃了"德国统一"的旗帜,这不符合广大人民的愿望;三是联邦德国虽受西方大国影响,但却有强大的实力维护自己的独立和主权,而民主德国却在政治上和外交上一直受到苏联的严格控制。

德国的再统一,又一次解决了"德国在哪里?"的历史课题。唯愿统一的德意志民族和统一的德国能够吸取历史教训,永远坚持走和平发展的道路,为人类文明的发展和进步,作出自己的新贡献。

第一章 立国时代:日耳曼人与德意志人

> 无论是谁,只要他说德语并觉得自己是德意志人,永远不应忘记,为了这一点他应该感谢谁。
>
> ——R.拉克尔

应该感谢谁?拉克尔这位德国的民族主义历史学家明白无误地是指日耳曼人舍鲁斯奇部落首领赫尔曼(Hermann der Cherusker,公元前18或16年—公元后19或21年)。赫尔曼的罗马名字叫阿米尼乌斯(Arminius),他在公元9年的条顿堡森林战役中击败了瓦鲁斯的罗马军团,阻止了罗马人侵入现今德国人的地方。显然,德意志人和德意志国家的出现,同古代日耳曼人有着直接的渊源。

一、古代日耳曼人

公元前后,在今天的意大利以北,也就是当年罗马帝国北部边陲以外的那片景物荒凉、风光凄厉的中欧平原上,已定居着许多"蛮族"部落,他们没有留下文字记载,他们的生活状况、经济关系和社会组织也都不甚了了,仅仅由于同罗马人的不断冲突、经常战斗和转手贸易而被罗马人称为日耳曼人(Germannen)①,日耳曼这个名称的意思多半是"令人生畏的好战的战士"。

日耳曼人是现今德国境内的最初居民吗?显然不是。他们是通过不断的迁移来到这里的,时间约在公元前六世纪到公元前一世纪。比这更

---

① 公元前9年,古希腊人波息同尼乌斯在其著作《历史》中大约第一次使用了日耳曼这个词。有人把日耳曼解释为是用投枪(Gera)的人(mann),但被一些德国史学家斥之为天方夜谭。

早迁入中欧和西欧大陆的雅利安人(印欧人种),先有希腊人和拉丁人,他们后来占领了欧洲东南部的两个半岛;第二拨是斯基台人,现已绝迹;第三拨是凯尔特人,他们几乎成了中欧的"土著",但却在第四拨日耳曼人的威逼下,一部分通过今天的德国,进入高卢,征服西班牙、不列颠和意大利北部,然后又被罗马人逐渐征服,并与当地罗马人融合,一部分或者被日耳曼人消灭或者与日耳曼人相融合;而第四拨日耳曼人的迁移,规模巨大,几个世纪里一股又一股地进入中欧,在同凯尔特人和其他族人的血腥斗争中,逐渐向南和西南伸展到莱茵河-美茵河一线。当第五拨斯拉夫人从东欧进入中欧时,被日耳曼人所阻,双方相持在奥得河和维斯瓦河之间一线。人们不禁要问,如此众多的"蛮族"特别是日耳曼人究竟来自何处?比较权威的说法是,他们来自今天的中亚直至印度北部一带和波罗的海西部西南部。据说在那个时代,就像魔术似地从"地下"不断冒出一股又一股的人群,向西去,向西去。可惜迄今也未在这些地区和漫漫的迁移路上发现他们的遗迹。

日耳曼人属于印欧语族的日耳曼语支。他们有着共同的体征:金发、碧眼、高鼻、体形高大;他们之间有一定的血缘关系,语言基本可通,在迁移中形成不同的部落和部落联盟。这里我们应该强调,这些日耳曼语系部落不是人类学上的统一的类型,他们是在历史地发生的日益紧密的联系基础上形成经济、社会和文化的亲属关系的。他们的部落各有自己的名称,而不称自己是什么"日耳曼人"。到公元前一世纪,日耳曼人已遍布于多瑙河以北和莱茵河以东的广大地区。有几支日耳曼人已渡过莱茵河下游侵入高卢人的地域。高卢人既被罗马人征服,莱茵河下游西岸的日耳曼人也就臣服于罗马,其所占之狭长地带被划分成"上日耳曼尼亚"和"下日耳曼尼亚"两郡,属高卢省。这两郡之地又称为"罗马的日耳曼尼亚",而莱茵河以东未归属罗马的广大地区则被称为"大日耳曼尼亚","日耳曼"这个名称后来就专指"大日耳曼尼亚",大日耳曼尼亚正是后来德意志兰的基本领土。

对于这块掩藏在厚厚"蛮"幕后面的大日耳曼尼亚,我们只有从罗马统帅恺撒(Julius Caeser,前100—前44)的《高卢战记》、罗马博物学家普林尼(Gaius Plinius Secundus,23—79)的《自然史》和罗马贵族历史学家塔西陀(Tacitus Cornelius Publius,55—117或120)的《日耳曼尼亚志》中窥见一斑。另一个来源就是后来的考古发掘特别是1897年在下萨克森的雅斯托夫村的地下发掘(称为"雅斯托夫文化"区)。塔西陀的《日耳曼尼亚志》虽然多半不是他亲身实地的考察记录,却有极高的史料价值,对公元前后日耳曼人各个部落的分布、风俗习惯、宗教信仰以及整个日耳曼人的经济活动、社会组织等提供了极为珍贵的资料,而雅斯托夫文化区的发掘,使我们了解到起自公元前550年延至公元前300年整个北部日耳曼尼亚的部落分布、生产、生活和文化状况。

根据记述和文化遗存可以辨认出,公元前后分布在莱茵河和奥得河之间广大地区的日耳曼人大致有五支。一支是在今天德国的西北部,操哥特语的温底尔人,属于这一支的有哥特人、斯基台人、勃艮第人、鲁吉人、汪达尔人、巴斯泰尔人诸部落;第二支是生活在北部半岛和北海沿岸的印盖窝内人,或称印盖窝内人文化同盟,属于这一支的有弗里斯人(主要两部落为基姆布利人和条顿人)、乔克人、萨克森人、盎格鲁人、米特人和舍鲁斯奇人诸部落,印盖窝内人大概是最早迁入大日耳曼尼亚的日耳曼支;第三支是居住在莱茵河下游右岸到威悉河上的伊斯泰窝内人,或称伊斯泰窝内人文化同盟,包括巴达维人、布鲁克泰人、哈马维人、卡滕人、哈图阿里人、马西佩特人、马昔人、邓克泰人、苏刚布利人以及后来起巨大作用的法兰克人诸部落和部落联盟;第四支是居住在易北河畔的厄尔密诺内人,或称厄尔密诺内人文化同盟,包括在波希米亚和摩尔多瓦的斯瓦比希人(即苏维汇人)同马可曼尼人和夸地人的部落联盟、易北河中游和萨勒河间的赫蒙杜利人、哈韦尔地区的塞姆诺人以及易北河下游的伦巴德人,他们后来形成为苏维汇人部落联盟和阿勒曼尼人部落联盟,为后来德意志人的主要构成部分;第五支是居住在易北河地区东面的佩夫金人,现已绝迹。

这些日耳曼部落的社会发展,同罗马帝国的影响不无关系。恺撒《高卢战记》所记,公元前一世纪的日耳曼人还处于氏族社会,从事畜牧和狩猎,过半游牧生活,知道农耕,但土地并未成为私有;到公元一世纪的塔西陀时代,日耳曼人的氏族社会已出现解体现象,但未出现国家;农业开始相对稳定,不是一年一易了;土地尚未成为私有财产。耕地定期按家族重新分配,每个家族各自经营份地;凡有功绩的人可以得到较多的土地;森林、牧场、荒地、水源等仍为氏族成员所共有。

马克思和恩格斯在研究古代日耳曼人时,把这个时期日耳曼人的社会和经济状况称为"日耳曼公社所有制",或者叫做"马尔克"公社制。19

世纪下半叶德国的一些历史法学派大家如魏茨(Georg Waitz, 1813—1886)等从法的角度建立了"马尔克公社"说和"庄园"说,也给我们提供了比较清晰的图象。马尔克公社既是一个经济组织,也是一个行政性组织。血缘关系较近的一个部族,分配到一定的地区,在这个地区里面,由若干家庭组成一个氏族,若干个氏族组成一个村落,若干个有亲属关系的村落构成一个百户(Hundertschaft),若干个百户构成一个部(Gau),全部便是部族民(Volk)本身了。当然这也可理解成是一个马尔克公社。这种部族公社既是社会的基本形式,也是发展为部落或分支出新部族的母体。

部族民大会决定全公社的所有重大事件,选出的首领、酋长或王,负责日常事务,选出的军事领袖专门负责打仗和劫掠。也存在着一种习惯,即某位武士集合一批私人亲随去进行自作主张的战斗,从而发展出一种亲随效忠于武士首领的亲随制度(Gefolgschaft),演变成后来的封建扈从制度。马尔克公社是一种民主政治和职业战争相结合的社会制度。日耳曼人的居所不相毗连,也无城郭,不使用石头砖瓦,营造皆用原木,不另加工,喜欢地下掘窖,作冬日藏物之用;常以畜群多寡相夸耀,而不热衷于占有或使用金银,不把银瓶看得比陶器更为珍贵;所有男子,均为战士,骑兵的装备是一支短矛(framea)和一面盾牌,步兵还配有一束可供投掷的标枪(Ger),上身赤裸或披一件轻便外衣,标枪投得极远极远;步兵数额是一样的,每百户出一百人,阵式列为楔形。军事领袖不是以命令来驾驭战士,而是以身作则统率士兵;军阵不是任意排列,而是按各个家庭和血缘关系编制,站在身旁的就是自己的亲人,可以听到妇孺的悲号声——男子的荣誉和义务,妇女们不断地祈祷着,并且袒露胸脯,表示不战胜将受奴役。每次战后战士都要把自己的创伤带到母亲和妻子面前,而她们也毫不畏惧地要求看一看和数一数那些伤口;在不打仗时,男子汉们披一件外衣,用钩子(或荆棘)束紧着,终日围在火炉边,要想劝他们像向敌人挑战和赢得创伤那样地去耕种土地和等待一年的收成,那是很困难的,用流血的方式能获取的东西,如果以流汗的方式获得,未免太文弱无能了。主要光阴消磨在狩猎上,更多是无所事事,一切生计家务都由家中妇女老弱掌管;婚姻制度非常严密,一夫一妻制,不受声色的蛊惑,也不受饮宴的引诱,无论男女,都不懂得幽会密约;葬礼采用火化,恸哭流涕片刻即止,悲悼之情却久而不衰。整个说来,生活在马尔克公社中的日耳曼部族民,几乎不和外来的或亲善的部族交往或杂处。

从公元前二世纪末以来,日耳曼人对罗马边境省份和所属地区的骚扰劫掠,引起罗马人的注意。此后罗马帝国企图征服日耳曼部落所据之土地,使成帝国之行省,激起日耳曼部落的不断反抗。第一次大冲突发生于公元前 115 年左右,日耳曼人的基姆布利部落和条顿部落,从日德兰北部半岛突然向南迁移(原因不详,一说是半岛发生海啸,洪水泛滥之故),穿过今天的德国土地,二年后剽悍的条顿人攻入罗马行省诺里库姆(今奥地利地区),使罗马人惊慌失措,纷传"野蛮人要进攻首都了",但条顿人没有向意大利挺进,却是渡过莱茵河,进入高卢,遭到臣服罗马的日耳曼部落比利时人的堵截。公元前 103 年,基姆布利人和条顿人在塞纳河地区统一起来,想进军意大利,但战机已失,罗马军队在马略统帅下,公元前 102 年在高卢南部普罗旺斯的埃克斯歼灭了条顿人,公元前 101 年在意大利北部的维切利歼灭了基姆布利人。为了不当奴隶,一部分幸存的日耳曼人(包括妇女)全部自杀。半个世纪后,罗马统帅恺撒又在高卢同日耳曼人发生冲突,恺撒采用武力和"谈判"诡计,先后击败了苏维汇人部落联盟和莱茵河下游的乌西佩特人和邓克泰人,把莱茵河一线确立为罗马奴隶制国家与日耳曼人之间稳固的界线,进而导致西欧地区的罗马化。公元前 16 年,罗马统帅奥古斯都又在多瑙河上与日耳曼人对峙,企图征服莱茵河和易北河之间的日耳曼部落,并把这块地区组成日耳曼尼亚省。罗马人沿莱茵河和多瑙河安置了军营,建立起堡垒和城市,修筑沿河军用道路网,以驻扎军队和实施管理。北起北海,南至莱茵河上游,设有 50 座城堡的罗马帝国边境防线,稍后就形成为著名的"国界墙"(Limes)。这条以科伦为中心,以美茵茨为大本营的国界墙,不仅为了防止日耳曼人的进攻,更主要是作为罗马人进攻日耳曼人的前哨据点。公元前 12 年,罗马统帅德鲁苏斯开始对日耳曼人大举进攻就是明证。公元前 9 年,罗马军队穿过卡滕人和舍鲁斯奇人地区抵达易北河,并且战胜马可

罗马人为防御日耳曼人入侵在莱茵河与多瑙河一带所筑之国界墙"利姆斯墙"

曼尼人,迫使他们退入波希米亚。直到公元6年,罗马人才几乎把所有莱茵河以东直到威悉河、部分直到易北河的大日耳曼尼亚归属罗马帝国,实际上这种归属是十分松弛的。

但罗马人同日耳曼人之间的冲突性质却发生了变化。现在日耳曼人的斗争具有一种解放的性质。当公元7年瓦鲁斯被罗马皇帝奥古斯都任命为驻日耳曼尼亚军队总司令时,冲突就开始升级。瓦鲁斯不仅十分贪婪,而且要把罗马奴隶制国家的制度强加给尚处于氏族制度的日耳曼部落,他像对待奴隶一样对日耳曼人发号施令,向他们索取金钱。这在日耳曼人中间激起反抗异族统治的解放斗争。这个斗争的领导人是出身于舍鲁斯奇人部落的青年贵族赫尔曼,多年来他作为日耳曼辅军头目在罗马军队中服役,获得了罗马公民权,有一个罗马名字,晋升到罗马骑士等级。他熟悉罗马的军事制度,通晓罗马语言和风俗,但精神深处依然是一个日耳曼人政治家和军事首领。赫尔曼通过密谋联合了舍鲁斯奇人、布鲁克泰人、安古利瓦累人、马昔人、卡滕人、图班滕人、福塞尔人等部落中反罗马的贵族人士准备起义。公元9年秋,罗马军队准备起程回莱茵河畔的冬季营地休憩,赫尔曼设计将罗马军队诱入崎岖难行的条顿堡森林(今德国西北部奥斯纳布吕克附近),予以袭击。在条顿堡森林的四天激战中,罗马人遭到毁灭性的打击:三个罗马军团、几个辅助大队的15 000多官兵被全歼,瓦鲁斯自杀,军官们被用来祭神,剩下的俘虏分给各日耳曼部落作奴隶。此役震惊了罗马统治者。奥古斯都为此几个月不理发不刮须。

接着日耳曼人又夺取了设在他们土地上的罗马据点,把驻屯军赶过莱茵河。罗马帝国在莱茵河以东地区的统治被推翻。莱茵-多瑙河上的国境墙堡垒和城市,也就成为后来德意志兰最早的城市。公元9年的日耳曼人的胜利,决定了后来的德意志兰没有像高卢那样被罗马帝国吞并和罗马化,决定了罗马帝国的势力范围和边界仍然在莱茵河,不是在易北河,可以说条顿堡森林的会战使日耳曼尼亚永远摆脱罗马而取得了独立。

二、日耳曼部族民大迁徙

从公元四世纪中叶开始,日耳曼人掀起新一轮的迁徙,即突破"国境墙"向罗马帝国全面武装突进,引起整个中欧、西欧、南欧、北非的大变乱。这场被称为"部族民大迁徙"剧变的主要推动力,据说发端于中国北部:匈奴人在汉王朝打击下,开始西迁中亚一带,公元四世纪中叶,一支匈奴人又沿黑海北岸向西迁移,突入罗马帝国所属地区,引起多米诺骨牌式的民族迁徙浪潮。其实要推测日耳曼部落或部族为什么要南迁西进,而不是开发他们自己的土地或向广阔无际、人烟稀疏的东部地区扩展,是不容易的。希望掠夺战利品,渴求冒险活动,以及匈奴人的压迫,可能都是促进因素,而温暖气候的诱惑和更加先进文明的吸引,也是主要动机。如果我们把日耳曼人的部族民大迁徙看成是古代游牧世界诸部落向农耕世界冲击全过程中的一个"片段",迁徙问题就看得更清楚。这个过程起始于公元前3000年代晚期,延续到14世纪。亚欧大陆古代文明地区先后受到北方游牧部落诸如赫梯人、迦喜特人、喜克索斯人、匈奴人、突厥人、嚈哒人、日耳曼人、斯拉夫人、蒙古人的冲击。就日耳曼人而言,三世纪起由于生产发展,族民增加,部落联盟形成,对土地的需要激增,对文明的向往日长,而他们要侵占的对象罗马帝国恰恰又处于政治腐败,社会矛盾激化,内乱频仍,无力抵御外敌之时,日耳曼人才得以进行大规模的迁徙。

日耳曼人入侵罗马帝国始于公元三世纪。这时的日耳曼人开始结成部族联盟或巨大的部落联盟,重要的有东哥特人、西哥特人、汪达尔人、勃艮第人、法兰克人、阿勒曼尼人、盎格鲁人、萨克森人、伦巴德人等。他们在成功地摧毁罗马帝国在莱茵河以东和多瑙河以北地区的统治后,一部分法兰克人甚至移居到下莱茵河左岸地区,阿勒曼尼人移居到莱茵河、美茵河和多瑙河之间的前罗马人地区。衰弱的罗马帝国不得不允许整族的日耳曼人以"同盟者"身份进入帝国境内,"以蛮制蛮"。日耳曼部落的首领们则通过掠夺战争成为巨富,掠得的战俘成为他们地产上的奴隶。从四世纪中叶起开始了所谓"民族"大迁移时代,参加这次大迁移的除日耳曼人外,还有阿兰人、匈奴人、萨尔马提人、斯拉夫人以及其他"民族"部落。德意志人把这

日耳曼人部落首领

次日耳曼人的大迁徙称为"部族民迁徙"(Völkerwanderung),意指参加迁徙的日耳曼各部族或部落今后将构成欧洲不同的现代民族。

公元375年,匈奴人在黑海摧毁了日耳曼哥特人部落联盟的抵抗,引起一直处于非固定状态的日耳曼各部落联盟雪崩似的迁移。东哥特人归附匈奴人,西哥特人南渡多瑙河,进入罗马帝国领土。公元378年,西哥特人在移民和奴隶支持下在亚德里亚诺堡打败罗马军队,向意大利推进。公元410年占领并破坏了罗马,419年在南高卢和北西班牙建立了第一个"蛮族"国家西哥特王国(后被阿拉伯人征服)。五世纪初,继西哥特人进攻罗马,汪达尔人和苏维汇人也相继渡过莱茵河入侵罗马帝国。苏维汇人409年进入西班牙,受西哥特人的挤压,411年在半岛西北部建立苏维汇王国。汪达尔人则穿过高卢和西班牙到达北非,439年攻克迦太基城,建立汪达尔王国(后被拜占廷所灭)。公元451年匈奴王阿提拉远征高卢,西罗马大将阿埃齐联合法兰克人、西哥特人和勃艮第人在特罗伊附近打败阿提拉,阻止匈奴人对西欧的侵袭,452年匈奴人大掠罗马后回撤。但法兰克人、阿勒曼尼人和勃艮第人趁机消灭了罗马帝国在莱茵河以西和多瑙河以南的一些省份的统治。约公元457年勃艮第人以里昂为中心建立勃艮第王国(后被法兰克人所征服)。公元476年,西罗马帝国被灭亡。法兰克人在军事领袖克洛维(Chlodwig,约466—约511)统率下于486年在高卢北部建立法兰克王国。公元493年东哥特人在北部意大利立国(后被拜占廷所灭)。伦巴德人乘机入侵,于568年建立伦巴德王国,为日耳曼人部族民迁徙过程中最后建立的王国。另有盎格鲁人、萨克森人和朱特人渡海进入不列颠,与早来此处的凯尔特人经过整整一个半世纪的战争,建立了七个小王国(英国历史上的"七国时代")。

那么,在那块被塔西陀称为"谁都不向往的鬼地方"、惨淡荒凉的大日耳曼尼亚,在这场部族民大迁徙中发生了什么变化呢?首先是易北河以东的日耳曼部落西迁以后,阿兰人(属伊朗高加索语族)和斯拉夫人就立即跟进,阿兰人甚至随汪达尔人转战西欧和北非,而斯拉夫人则力图在易北河以东地区立下脚跟。其次是在莱茵河、美茵河和多瑙河之间这块与"国界墙"相邻的日耳曼人最重要的移民地,现在是由阿勒曼尼人诸部落和部族在活动,并同西邻的法兰克人进行争夺。阿勒曼尼人中许多部族是以往条顿人部落的后代,他们没有在境外建立自己的王国,而是当地化(包括地方语言),逐渐形成诸如阿尔萨斯人、土瓦本人、巴伐利亚人等,构成后来的南德居民;最后也是最"原始"的地区,即在美茵河线"断层"以北,莱茵河与易北河之间的广袤土地上,外迁的也是少数,即使是萨克森人,也还有许多部族留在当地。与当地融合化和地方语言化的进程相当迅速,逐渐形成诸如弗里斯人、萨克森人、法兰克尼亚人、图林根人等,构成后来的中德和北德居民。可以这样说,部族民大迁徙使一些日耳曼部落或部族融合成巨大的部落联盟,它与剩余的凯尔特-罗马居民和斯拉夫人构成后来德意志人或德意志民族的种族基础。

公元三世纪到公元六世纪的日耳曼部族民大迁徙,与其他游牧"民族"进入农耕世界一样,一方面给被征服地区带来掠夺和破坏,另一方面在他们定居下来后,受当地生产力水平的影响,过渡到农耕,扩大了农耕经济的领域,同时也促进了不同地区的民族文化交流和民族融合。日耳曼人给了西罗马奴隶制帝国的灭亡以最后的一击,而自己的社会制度也在这一撞击中解体。

三、法兰克王国的兴衰

对古代德意志史具有特殊意义的是法兰克人的发展。法兰克人也是由一些日耳曼部落残余和凯尔特人部落残余以及一些罗马居民构成的部落联盟发展而来的。法兰克人在五世纪中叶最后分为两个主要集团:里普利安法兰克人和萨利克法兰克人。486年萨利克法兰克人的军事领袖克洛维在苏瓦松一役击败残存在高卢北部的罗马军队,占领了那时就很重要的城市巴黎在内的今天的法国北部和整个莱茵兰,建立了法兰克王国。六世纪最初十年,这位出身于墨洛温家族的克洛维,消灭了其他法兰克部落首领成为统一的法兰克人的唯一君主。东罗马皇帝颁布敕令,封他为执政官。克洛维却在都尔的圣马丁教堂戴上王冠,不久正式定都巴黎,开始了以其祖父墨洛温命名的墨洛温王朝。到六世纪中,克洛维和他的后继者占领了几乎整个高卢,并征服了莱茵河以东广大地区,包括阿勒曼尼人、巴伐利亚人和图林根人地区,奠定了法兰克王国的地域基础。

克洛维时代值得一提的两件大事,一件是他信奉了基督教中的天主教派,而且强迫法兰克人皈依天主教,以此表明他是西罗马帝国皇帝的真正继承者和西方基督教世界精神的保护人;第二件是把新掠得的王室地产大量赏赐给他的私人扈从,以及馈赠给罗马天主教会。后果是十分严重的:不仅在欧洲的土地上出现一种新的封建制度的萌芽,而且罗马天主教会成为法兰克国家最大的领主,后来还发展成为封建制度的国际中心。

墨洛温家族中经常父子相残,兄弟阋墙,争夺遗产、土地和财富,随意地时而缔约,时而毁约。克洛维死后,法兰克国家在他的四个儿子中间瓜分,他们分别称为梅斯王、奥尔良王,巴黎王和苏瓦松王。这种瓜分制度一直保持到九世纪。他们不是采用罗马法确立的世袭继承原则,也不尊重部族民大会选举的古老的日耳曼习俗,而是依据一种起源于氏族制度的亲属所有制权利观念,这种权利观念是国家由国王的儿子们以具有平等权利的君主形式进行统治,而王权的统一仍然得到保持。这种情况我们可以从成书于六世纪的法兰克人习惯法典《萨利克法典》中得见。但是法兰克国家现在的经济基础是一种大地产制,王权通过赠送和授予土地而使服役贵族依附于自己,并使官僚贵族(氏族贵族转变而来)支持自己的封赐制度。内在的离心倾向不断加强。贵族阶层中产生的伯爵(最初是地方行政长官)、公爵(最初是指挥军队出征者)和国王使节们,特别是诸王、王族之间争权夺利的明争暗斗日益加剧。由诸王共治国家的制度很快就造成混乱。苏瓦松王一度重新统一法兰克王国,并处死一个反叛的儿子,但他死后他的三个儿子又把国家瓜分了,此后三王之间不断进行战争。混战的结果是贵族大地产的增长,王权开始没落。七世纪初国王克洛塔尔二世在贵族支持下名义上恢复了国家的统一,但克洛塔尔为此不得不容忍贵族分享统治权。他在614年巴黎高级宗教会议上以敕令形式接受教俗贵族的要求:国王只能任命当地的贵族为伯爵,放弃对继承事务的干预;扩大教会的司法权,承认现存的特权。639年墨洛温王朝最后一个重要国王达高贝特一世去世后,法兰克国家内部充满宫相、贵族和分国之间的谋杀斗争,导致完全的无政府状态。从法兰克领土的多次瓜分中,逐渐形成了三块主要的版图:以巴黎和苏瓦松一带为中心的纽斯特里亚(Neosterriki);包括梅斯和兰斯周围地区的奥斯特里亚(Osterriki);以勃艮第为中心包括普罗旺斯在内的勃艮第。后来奥斯特里亚的中心东移,而勃艮第的中心则向东南移动。

为争夺继承权而进行的无休无止的争斗,导致了墨洛温家族的垮台。一个新的家族,即奥斯特里亚的卡罗林家族①,由于担任墨洛温王朝的宫

---

① 卡罗林王朝最著名的统治者是查理大帝,查理的拉丁文读音为卡罗尔,故称卡罗林王朝。

相职务而发迹。"宫相"起源于管理罗马元老院庞大地产之官职,现成了王室家政的主要管理人。卡罗林家族在这个职位上学会了管理,并获得越来越大的权力。687年,在特尔特利附近的庇卡图战役中,奥斯特里亚宫相中年丕平(Pippin der Mittlere,640—714),在罗马主教的支持下战胜了纽斯特里亚的军队,卡罗林家族的权力基本上被所有法兰克人贵族所承认。但是正式废黜最后一位墨洛温国王,由其孙子青年丕平(Pippin der Jüngere,714—768,741—751 在宫相位,751—768 在国王位)①经涂油礼正式成为法兰克国王,则要到751年,此乃64年后的事了。

在这段时间里,卡罗林家族也开始把所有日耳曼部落和部族,特别是莱茵河以东的那些部落和部族重新归属于法兰克国家的努力。六世纪时只是松弛地依附于法兰克国家的图林根人,七世纪中叶后实际上是独立的公国,它的中心后来迁至美茵河畔的武尔茨堡;而处于法兰克国家的宗主权下的巴伐利亚公国,七世纪下半叶后越来越摆脱法兰克人的统治而推行独立的政策。巴伐利亚公爵自己任命伯爵,掌握军队的领导权和司法权,甚至在儿子中间分配这个公国;阿勒曼尼公爵很早就在追求独立,七世纪70年代末阿勒曼尼公国实际上是独立的;七世纪末萨克森人并吞了保罗克吐尔人的地区,与法兰克人的接壤地大为延伸;而这时的弗里斯人看来已经夺回六世纪中叶被法兰克人占据的部分地区,甚至可以说形成了弗里斯人的王权,八世纪初竟能保卫自己反对卡罗林时期法兰克人的入侵。种种情况表明,法兰克国家墨洛温王朝已经没有能力保障在六世纪所取得的地位。在八世纪重建在莱茵河和易北河之间的法兰克人统治,并把这种统治扩展到萨克森和弗里斯兰,就由卡罗林家族担当起来了。

当中年丕平714年去世时,他只是占领了图林根和西弗里斯兰。其子查理·马特(Charles Martel,约689—741,714—741 在宫相位)重新征服了阿勒曼尼人,巩固在图林根和黑森的统治,还征服了北弗里斯兰。但在巴伐利亚则未能建立起持久的统治。直到其孙青年丕平和玄孙查理时代,才先后战胜了巴伐利亚人,迫使巴伐利亚以条约形式臣服于法兰克人。阿勒曼尼公国被废除,产业被并入卡罗林王室。青年丕平时的早期卡罗林王朝加强了中央权力,恢复了法兰克人的大国地位,为他的儿子查

---

① 在我国通译成"矮子丕平",可商榷。

第一章 立国时代：日耳曼人与德意志人

理大帝创立强大帝国奠定了基础。

公元768年即法兰克国王位的查理（拉丁名为卡罗路斯·马格努斯Carolus Magnus，法文名为查理曼Charlemagne，德文名为卡尔大帝Karl der Große，747—814）[①]，是一个热诚的基督徒，以基督教的事业为己任，既以和平的手段也用战争的手段去弘扬基督教。他把阿拉伯人赶出西班牙，使日耳曼人异教信徒皈依基督教，为此不惜使用火与剑。他同罗马教廷结成紧密的同盟，相互利用，一荣俱荣，一损俱损，不断彼此协作，又不断彼此损伤。查理还是一个罗马文明的仰慕者，他能够阅读，可能还会书写，这在一个多数统治者都不能阅读法令和条约，而用划十字来签署的时代，足以引人注目。他在宫廷里创办一所真正的公学；计划将罗马的建筑风格引进他的国家；保存了无数的文学典籍；关心天文、神学和法律。在他著名的《法令汇编》——发给主教、伯爵、地方长官和其他当政者的通谕——中，对各级官职的行为作了明确的规定；努力把一批"文化精英"聚集在自己周围，在他保护下从事研究，在他的学校里任教，作他宠信的伙伴，点燃了一种过早的、短暂的"文化繁荣"。一位来自富尔达的年轻修道士艾因哈德（Eginhard，Einhard，约770—840）稍后写了有名的《查理大帝传》，内中对此多有记载。但是查理更是一名"蛮族"首领，一名冷酷无情的战士，他的一生大部分时间是在征战中度过的，而且也曾在阿勒尔河畔的费尔登，集体杀害了4 500名萨克森的维杜金德属下不屈服的俘虏。查理大帝的现代传记作者C.E.拉塞尔恰当地描述了这位君主的精神性格："法兰克人查理完全可以被认为是那个时代最为开明仁慈的统治者。但即使是查理，又离开丛林和石斧有多远呢？教育、反思以及他的宗教信仰，使这个蛮人的灵魂受到了磨炼，变得温和了，但并未达到不可逆转的程度。驱使维杜金德去杀死教士和虐待归附者的那种本能，在这位法兰克人的国王身上也仍然残存着。在通常情况下它潜伏在他的灵魂深处；当他被野蛮行为激恼时，他就以其人之道还治其人之身了。"

战争和征服还是查理的主要业绩。当我们想到他南征北战中每战必胜，以及他所扩展的帝国范围时，真似一种奇迹。他镇压了阿基坦人的反叛；征服了伦巴德人并将伦巴德王国并入法兰克王国；在威尼西亚、伊斯

[①] 青年丕平768年死后，由他的两个儿子查理和卡罗曼分治国家，777年卡罗曼去世，查理乘机夺取了他的公国，成为"伟大的查理"，或称查理曼。

特里亚、达尔马提亚和科西嘉建立了统治;对萨克森人发动了十八次进攻,最终征服了萨克森;征服了巴伐利亚人并使之信奉基督教;征服了多瑙河下游阿瓦尔人建立的汗国。他建立起从大西洋到北海,从比利牛斯山到喀尔巴阡山的马克边区领地,法兰克王国的版图西起埃布罗河,东迄易北河和多瑙河,北起北海和波罗的海,南抵意大利北部,几与西罗马帝国相去无几。卡罗林王朝达到鼎盛时期。

公元800年冬,罗马主教利奥因受到自己教士中强大反对派的威胁,向查理求援。当这位法兰克统治者出现在罗马圣彼得教堂作圣诞弥撒时,利奥突然给他戴上金冠加冕为"罗马人皇帝",于是,他便正式成为罗马国家原则的代表和罗马教会的保护者。同一天,罗马主教也成了教皇。据说利奥的行动使查理感到"恼怒",查理本来是想取得拜占廷皇帝同意后才举行加冕的,而且对由教皇给皇帝加冕的形式也感不满。但是通过这一既成事实,这位罗马主教不仅使查理成为西方最高世俗统治者,而且也使自己摆脱了拜占廷的控制,成为西方基督教的首

查理大帝加冕,一边是教皇利奥三世,一边是大主教图尔平

领。教皇们意欲使他们的蛮族保护人永远在精神上处于服从地位。查理由于胜利的扩张政策,被当时人目为"欧洲的统治者"。随着查理加冕为帝,法兰克王国也被称为"罗马帝国",他也就被颂扬为"大帝"或"查理曼"了。

在查理曼帝国里,日耳曼世界和罗马世界合而为一。查理曼的主要努力是要建立统一的、中央集权的法兰克帝国。在帝国的结构中,发生了三个决定性的变化。一是加强行政性建制,即以地域统治代替血缘联盟,以往的"部"现都改为"郡"或"区",全国被分成98郡,仍以伯爵(郡伯爵)为最高行政长官〔对以后德意志史有重要意义的边区(马克)伯爵则称马克伯爵〕。国家的权力中心是王室宫廷。查理曼不仅向各地派遣国王使

者(王室特命全权大臣),监督伯爵和地方行政,而且采取措施防止伯爵职位世袭。原本国家和王室既无首都,也无宫苑,只有出巡时的驻跸王邸或行宫,现在亚琛(今德国西部)成了查理曼的固定驻地,具某种首都的意义。后来经常作为卡罗林王朝宫廷驻地的是多瑙河畔的累根斯堡。卡罗林王朝设置许多宫廷官吏,同时就是国家官吏,都是从大、中领主中任命的。原先具有马尔克公社部族民大会作用的五月大会,逐渐蜕变成陪臣大会,国王和贵族一年多次集会,议决国家政治事务。二是城市生活的衰落,伴之以从商业经济向农业经济的转变。三是推行采邑制度,兴起基于人身束缚和义务的封建等级制度。

采邑作为臣属关系和恩赐封土的统一体,在墨洛温王朝时代已经萌芽。卡罗林王朝初期已把采邑提高到国家法定的制度。查理曼时代,采邑制度成为帝国的制度。采邑制度的一个要素是人权方面的臣属关系,它多半来源于罗马帝国的庇护制或高卢的委托保护制。臣属有义务对主人提供租税和服军役,主人则有责任保护臣属和给予生活资料。这种关系随着一方去世而结束。采邑制度的另一个要素是物权方面的封土关系。卡罗林王朝赏赐陪臣以封土,终身享用,使陪臣与王室紧密联系起来。获得封土的陪臣又以自己的封土分出一部分授予自己的封臣,遂成一种采邑的链条,最后形成采邑金字塔等级制:顶端是国王;第一级是几乎独立的大封建主(公爵、主教、侯爵、伯爵、男爵);第二级是小(骑士)领主;最低一级是广大的半自由的、依附的农奴以及部分还自由的农民。久而久之,随着封臣势力的壮大,继承人不再履行受封仪式,而把封土当作世袭领地。国王、贵族和教会贵族之间的联盟虽然巩固了封建制度,但却未能贯彻法兰克王国的真正统一。

明斯泰尔教堂中的查理大帝塑像

法兰克王国是用军事-行政手段结合起来的各族民众的集合体,这些部落和部族各有自己的生活特点和语言,国家也没有统一的经济基础,唯一的纽带是查理曼统治下相对强大的中央集权、严格的行政制度和强大的军事力量。由于几十年的用兵,自由农民大量破产,中央政权的军事力量开始削弱,而大封建主的经济政治权力却进一步增长,终于导致强有力的中央集权的衰微和帝国的分割。莱茵河左岸的法兰克人加速罗马化,莱茵河右岸发生了日耳曼部落的融合。于是就形成了讲罗曼语的西法兰克人和讲族民语(即早期德语)的东法兰克人之间的区别。

　　帝国的分割在查理曼去世后不久就开始了。在各次分割中,843年的凡尔登分割和870年的墨尔森分割对德意志历史具有特别重要的意义。840年,查理曼的继承人虔诚者路易去世,他三个活着的儿子洛塔尔(副皇,意大利国王)、日耳曼人路德维希(巴伐利亚国王,占有东法兰克地区)和秃头查理(占有西法兰克地区)之间发生激烈的争夺。841年日耳曼人路德维希和秃头查理联合打败了长兄洛塔尔,次年两人在斯特拉斯堡结盟并立下《斯特拉斯堡誓约》。誓约是用罗曼语和德语两种语言宣布的,以便让两支部队的士兵都能听懂。这份誓约是现存最古老的德语文献,也是东西法兰克国家语言分离的标志。843年三兄弟在凡尔登最终签订了分割帝国的条约:日耳曼人路德维希获得莱茵河东部地区,连同桥头堡美茵茨、沃尔姆斯和斯派耶尔,称东法兰克王国;秃头查理获得帝国西部地区,包括阿奎丹尼亚,称西法兰克王国;洛塔尔承袭皇位,都于亚琛,介于东西法兰克王国之间,获得北起北海、南至意大利北部的狭长地区,称中法兰克王国(后称洛林王国)。870年,日耳曼人路德维希和秃头查理签订墨尔森条约,瓜分了洛林王国,大致以默兹河和索恩河为界,洛林王国西部、阿尔萨斯和勃艮第北部给了路德维希,秃头查理获得今荷兰南部、比利时与洛林一带。洛林王国南部后来形成意大利国家。墨尔森的分割不仅最终注定了卡罗林帝国的瓦解,同时也为将要形成的法兰西王国和德意志王国奠定领土基础。洛林则长期成为法德争夺的目标。法兰克这个名词以后就留给西法兰克人专用了,这个地区以后的发展特别与巴黎的伯爵们联系在一起,他们在十世纪建立了卡佩王朝,真正的法兰西历史就是从此开始的。

四、德意志人和德意志王国的出现

　　今天许多国家称德意志人为日耳曼人,但从上述的日耳曼人变迁史看,德意志人毋宁说是生活在莱茵河以东古称大日耳曼尼亚土地上的一部分日耳曼部落和部族融合而成的,而且这些部落和部族在大迁徙的沧桑中也都不复是原先的"纯"日耳曼人了。至于说,为什么这部分融合起来的日耳曼部族民把自己称作"德意志人",把自己居住的土地称作"德意志兰",以及什么时候开始作这样的称呼,实在是不易说清。我只能介绍一两种比较合理的学者解释。

"德意志"(deutsch)一词大概同"日耳曼"(Germann)一词一样,都是外人所给予的。据说"德意志"一词源自古日耳曼词语 diutisc(由 theoda 即部族民一词而来),最初它只是指生活在法兰克王国东部的古老部落和部族讲的方言,时间大约在八世纪。diutisc 一词也出现在拉丁语中,首次出现在公元 800 年左右的法兰克人教会文献中,指的也是莱茵河彼岸那些部落和部族所讲的方言。公元 860 年第一位姓名可考的日耳曼诗人奥特弗里德(Otfried)在其拉丁文写的一部方言著作中,提到了 theodiscus,说这是法兰克方言。只是到 12 世纪时,theodiscus 一词的含义才扩展到包括部族民的意思。但从九世纪以来,还出现了另一个称呼这些部族民的词"Teutonicus",这个词由条顿人一词派生而来,并在很大程度上取代了"theodiscus",这也许是由于这些部族民中不少是以前条顿人的后裔,或者是这些部族民仰慕条顿人的英勇,总之后来这些拥有共同语言的部族民,就把自己的土地和人民称作 teutsch-deutsch 即德意志了。

构成早期德意志人的主要部落或部族,从西北向东南分别为弗里斯人、萨克森人、法兰克人、阿勒曼尼人、图林根人、士瓦本人和巴伐利亚人。弗里斯人据北海之滨和沿海岛屿;萨克森人据从北海直到韦斯特瓦尔德、卡塞尔和哈尔茨山区;东法兰克人居住在荷兰、比利时、莱茵兰、普法尔茨和美茵河流域;阿勒曼尼人据有瑞士、阿尔萨斯和符腾姆贝格-巴登;在萨克森和阿勒曼尼人以东地区,则是巴伐利亚人的土地。后来还融入了东南部边区马克的奥地利人和东北部边区马克的勃兰登堡-普鲁士人。非常具有特点的是,这块德意志人的土地,基本上没有被罗马人占领过,也基本上没有受到罗马化的影响。这些德意志人的部落或部族,团结在他们的军事首领即公爵的周围,努力扩大和巩固自己的势力,独立地顽强地抵御罗马化的企图,特别在抵御来自境外的阿拉伯人、诺曼人、斯拉夫人和马札尔人的入侵中,不仅加强了德意志人的共命运感,而且也大大加强了地方势力。这大概就是东法兰克王国最终不得不"改朝"为德意志王国的原因。

但是从德意志人国家的形成方面,情况却要复杂一些。870 年墨尔森分割后形成的东法兰克王国,领土大约包括今天的荷兰、西德、瑞士和奥地利地区,面积大约是 50 万平方公里,居民人数约在 400 万上下,正是同上述的德意志人部落和部族的领土和人口基本相当,但这时候还根本谈不上什么德意志民族的形成或共同民族意识的形成,更谈不上民族国家的统一。因为这时在王国内兴起的德意志诸公国,不复是同质的种族或领土的单位,他们的习惯和法律制度,不是起源于以往的部落或部族,而是反映了新的等级和政治结构。九世纪末在德意志兰形成的五大公国(法兰克尼亚、萨克森、图林根、士瓦本和巴伐利亚)的掌权领袖们,通常都不是部落或部族的代表,他们是卡罗林王朝政府的官员——伯爵和侯爵擅自改用公爵的称号,这种公爵的权威基础是军事上的,而不是部落或部族的,但在军事组织中还保存着部落或部族的区别,例如公元869年日耳曼人路德维希国王把他的军队分成若干地方分队,派萨克森人和图林根人(地方分队)去同斯拉夫人的索布族人作战,巴伐利亚人(地方分队)去同摩尔多瓦人作战,而把法兰克人和士瓦本人(地方分队)留归自己指挥。公爵们是最大的封建主,但作为边界的保卫者,一直处于军事领导地位,并在反对外族入侵中将其权威扩展到所有管辖之地。随着卡罗林王朝的式微和终结,争夺东部王国的最高权力的斗争就开始了。这里我们看到法兰西与德意志兰之间存在的醒目差别。法兰西的卡佩王朝顺利地接管了西法兰克王国的统治权,它在明确的地理范围内活动,建立了稳定的行政管理秩序,可以逐步地扩展,形成一种同质的生活方式和传统的民族国家。而在广阔而又动荡不安的德意志兰,随之而来的则是不同的公爵和公爵家族之间的斗争,难解难分;他们反对一个强有力的王权,反对一个强有力的中央政权;他们中没有谁能建立起持久而公认的权威,建立统一的民族国家的任务也就难以完成。

统治东法兰克王国的卡罗林家族的最后一位国王是孩儿路德维希(900—911年在位),在他任内国家遭到匈牙利人的侵袭。软弱的中央政权未能对敌人进行有效的抵抗。德意志各族人不得不自己起来保卫自己的家乡。各族的封建贵族在这一过程中又一次扩大了自己的权力。在世俗的封建贵族世家中,德意志的康拉丁家族在国王宫廷中有强大影响,青年康拉德先被晋封为法兰克公爵,911年在孩儿路德维希国王去世后被举为国王。随着康拉德一世(Konrad I,911—918在位)登上王位,卡罗林王朝也就退出了历史舞台,但却引发了德意志大封建主之间激烈的争权,引起国家瓦解的危机。919年王权落到最强大的萨克森公爵捕鸟者亨利手中,瓦解的危机始得避免。亨利一世(Heinrich I,875—936,919—936在位)在即位第二年就将东法兰克王国改名为德意志王国(原拉丁语,后用德语"Deutsches Reich")。所以德意志早期封建国家的诞生,一些学者取公元911年,另一些学者则取公元919年。我这里就取公元919年作为德意志历史的开端。

作者评曰:

古往今来,世界上还没有一个"纯"种族血统的民族,也找不到人类学上的所谓血统"纯粹"、"不变"的种族。种族是在人类自然和社会发展过程中多种因素融合而成的,而民族则是在人类社会发展过程中诸多"种族"融合而成的,无论是"种族"还是"民族",都是一种社会概念,而不是科学概念,即使最现代的人类基因图谱也证明,人类实无种族之分。我们汉民族和中华民族的形成是这样的,我同样认为,日耳曼人和德意志民族的形成也是这样的。德意志人同其他任何欧洲民族一样,是不同的"种族"群体的混合物,他们有"北欧人"即日耳曼人的血统,但却吸纳了凯尔特人、斯拉夫人、马札尔人、地中海人和所谓阿尔卑斯人的成分。成书于12—13世纪的德文伟大史诗《尼伯龙根之歌》,就是描述民族大迁徙时代各部族民之间的争斗和融合之故事。种族无有优劣,民族何来良莠,适者生存,先进者胜,是为至理。德国的极端民族主义者炮制所谓"优秀种族论"和"日耳曼血统论",纳粹德国甚至把"种族原则"提高为国策,这在科学上是荒谬的,在实践中则是反人类的世界霸权主义。德国民族主义学者对德国的独特和异常情况进行"种族"的解释,也是站不住脚的。德国国内和国外所发生的事情,只有从头开始一步一步地追溯历史,才能理解。这是因为德意志历史的全部进程,很大程度上是日耳曼人从原始的混沌中首次登上历史舞台时所处的环境所决定的。

第二章 封建时代:民族国家的被延误

> 有些人以我们德意志人——而且只有我们——从没有被罗马人征服而自豪。对于热爱德意志祖国的人来说,倒是应该为这个事实悲叹,因为这正是我们远远落后于许多欧洲民族的原因。
>
> ——L.波尔纳

一、迟缓的封建化

日耳曼人没有经历过奴隶制社会,就直接进入到封建社会。德意志人也越过奴隶制阶段,直接开始封建化的进程。但是德意志人的封建化,却要比西欧慢上几个世纪,到11、12世纪刚完成,而且经济发展的水平也较西欧相差甚多。为什么会这样的呢?一个原因是中央王权出现得晚,出现得困难,克服不了封建的无政府状态;另一个原因在于自由的农民能够长期保全他们的独立,他们在古老的部族制基础上紧紧团结在公社或者说马尔克中,私有财产制很难侵入。

919年开始的萨克森王朝的统治(919—1024),在德意志历史上是一件重要事件:创立了德意志王权。亨利一世的政策,无论对内对外,都在尽力巩固和扩展王室的中央政权,表现在他力图把各公爵置于国王的控制下,以及力图巩固王国的疆域范围。亨利一世建立了一支训练有素的强大武装力量,保证政策的执行。公元921年,他依靠教会势力和中小世俗封建主的支持,挫败了士瓦本公国和巴伐利亚公国的抵制,重建了王国的统一;925年利用西法兰克王国内讧之机,吞并了洛林;934年击败了入侵萨克森-图林根地区的匈牙利人,遏制了匈牙利人的侵犯;同年借口丹麦人进攻弗里斯人而侵入丹麦,重建先前的丹麦边区马克。可以说亨利

第二章 ● 封建时代:民族国家的被延误

时期已在其疆域内形成一个早期封建的德意志国家,所谓"早期封建",是因为封建制度还在形成过程中,所谓"德意志国家",是说经过历史的发展有可能形成德意志民族和民族国家。

亨利一世的统治同时开始夺取易北河和萨勒河以东当时由斯拉夫人居住的土地。这是一种为扩大封建主领地和增长王权的政策。"必须皈依基督教"成为征服斯拉夫居民的借口和手段。928—929年,亨利开始了征服斯拉夫人的战争。真正作为第一次向东方殖民是在930—980年这段时间。在被占领的斯拉夫人地区内建立起坚固的城堡,其中迈森和勃兰登堡两个马克意义特殊,在今后的德意志史中还要常常提到。

亨利一世的政策由他的儿子奥托一世(Otto Ⅰ,936—973在位)继续执行。奥托一世首先是把大多数公爵职位都代之以自己的亲戚或亲信充任,把最主要的主教职位都掌握在自己手中。他给予教会封建主一些特权,例如征收某些捐税,作为控制他们的手段。国王法令还规定不许封建主插手刚刚发展起来的城市市集,而把收取市集捐以及征收关税的权利几乎完全交到德意志主教和教会手里。享有这些权利的教会封建主,就有为国王服军役的义务。因此主教成为王室军官并不罕见。不仅如此,奥托向主教辖区提供保护和授予特恩权,赋予主教和修道院长以国家行政管理职务,创建了所谓"奥托的王国教会体制"。教会统治区等同于伯爵统治区。自10世纪50年代起,教会日益成为王国行政的执行机构和国王政策的支柱。奥托在主教和公爵之间建立了"均势",可望两者都能听命于他。这样,奥托的萨克森王朝控制了德意志王国的五大公国,王权得到巩固。但是奥托的政策真的能长期巩固早期封建的德意志国家吗?历史作了否定的回答。

奥托把他的王国政策的重点放在南方,即放在意大利,而把对东方的政策大体总是交给东部的马克伯爵们负责。意大利在十世纪是欧洲经济最繁荣和最富有的国家,但国家又完全陷于分崩离析状态。奥托开始的德意志国王们的意大利政策,是为了猎取财物,增长权势和威望,是一种掠夺性的扩张政策。951年奥托开始入侵意大利。秋天占领了上意大利的帕维亚,并戴上"伦巴德国王"的王冠。961年,罗马教廷为摆脱罗马城市贵族的控制,向德意志国王求助,奥托即率兵越过阿尔卑斯山,重新吞并伦巴德邦国,征服意大利大部地区。奥托极力想建立既是世俗的又是教会的统一的中央政权,教廷也特别支持这种企图。962年2月2日,教皇在罗马圣彼得大教堂为奥托加冕,把"罗马皇帝"称号加给德意志国王,重演了162年前查理大帝在罗马加冕的一幕,重又出现了"罗马帝国",但这一次是形成"德意志民族的神圣罗马帝国"的开始。①这个帝国一直存在到1806年。在这个基础上成长了所谓帝国思想:皇帝是西方国家最高的世俗封建主,罗马教皇是西方国家最高的教会封建主。皇帝在法律上就成为西方国家所有封建主的最高君主。

对了解德意志王国以后的事件须特别注意的是,奥托一世虽被尊为"罗马皇帝"、"大帝",但皇帝的头衔不是自动传给每个德意志国王的,德意志国王为得到皇帝称号和皇位,必须去罗马由教皇加冕方可,没有加冕的只能称作"德意志国王"或"罗马人国王"。由于这种依赖关系,就产生了后来的严重纠纷。

在11世纪上半叶,德意志皇权处在极盛时代,帝国内部的封建无政府状态有所消除,封建主过大的独立性也受到约束。德意志皇室为加强中央权力消除封建无政府状态的斗争,具有很大的民族意义,也具有进步意义。奥托一世做到了包括罗马教皇在内的教会诸侯从属于帝国并为帝国政策服务,这是一个有决定意义的事实。但是另一方面,皇帝的政策过分重视意大利,过分着重在许多与德意志民族利益很少相符的事情上,必然对德意志内部事务无暇顾及,民族的利益,例如王国内部的巩固问题,遂被忽略了。这种情况对帝国的统一必然会起消极的影响,因为大封建主们就有机会放手追逐自己的政治目的,不断扩大独立性,封建无政府状态的危险就保存下来,最终摧毁国家的内部团结,延误民族国家的形成。

在奥托一世的后继者们统治时期,最初还能保持帝国内部团结,不过大封建主们的权势也显然增强了。十世纪末叶德意志国王、罗马帝国皇帝们想侵占意大利南部,均以失败告终。东部斯拉夫人乘机力图摆脱德意志人的统治。在斯拉夫人土地上设置的德意志边区马克被斯拉夫人夺回并且恢复了旧疆界。同时波兰人和匈牙利人也在教会方面摆脱德意志人的影响,巩固自己的独立。在意大利,皇帝的统治越来越遭到教皇的损害,教皇力图约束不断增长的皇帝权势。教权与皇权斗争就成为11世纪以来的主要内容。

---

① 962年称"罗马帝国",11世纪中称"神圣罗马帝国",14世纪才称"德意志民族的神圣罗马帝国"。在初始,神圣罗马帝国领有德意志兰、意大利和伦巴德。

第二章 封建时代：民族国家的被延误

在此期间，德意志王国占统治地位的封建形式：封建领地制经济（Grundherrschaftswirtschaft）开始形成，它构成封建等级统治的基础。德意志兰在十世纪还很少封建化，到11世纪封建化才加速。封建关系成长的缓慢乃是德意志封建化的最重要特点。德意志王国出现前，不是国王而是各公国公爵把掠占来的土地作为军事采邑赐给自己的军事贵族，军事贵族又把土地作为骑士领地封赠给小贵族，封臣对封君则有出兵打仗的义务，他们共同统治和剥削领地上的农民。把各公爵的这种权力收到国王手中，把部落公爵领地变成官府公爵领地，使世俗和教会的大贵族成为国王的封臣，需要条件和时日，加上没有被罗马人征服过的、没有受罗马化影响的、生活在古老的马尔克公社中的自由部族民对封建化进行的坚决抵抗。这些自由农民坚持原来的生活方式，一切剥夺他们独立的企图常常引起农民的暴动。

11—12世纪典型的骑士城堡

由于封建主势力不断增长，马尔克公社开始瓦解。世俗的和教会的封建主越来越多地侵夺过去属于马尔克公社的土地，加上战争、负债和饥馑，许多自由的农民被迫陷入各种封建依附关系，成为依附农。他们以租佃的方式领有土地，为此必须按期和按一定数量向领主完纳赋役和服劳役，领主对农民则有"保护权"、奴役权和司法权，他们完全依赖农民的贡赋生活。11—12世纪，封建化进入新阶段，贵族攫取了大量土地领有农的土地，形成大封建领地制，以往封主封臣间的个人效忠色彩日益减退，封建领地成为世袭地产，农民成为世袭依附农和农奴。这种情况在西德和西北德尤甚。

封建领地制经济属于实物经济，农业经营不是为市场而是为供给封建贵族的享受和为农民自身的需要。领主们追逐最高额的封建地租同农民反抗这种追逐,贯穿于德意志兰中世纪封建领地制经济中。德意志王国早期封建领地制经济的组织形式是所谓"劳役田庄",领主的田庄和保有地坐落在田庄中心,领主保有地由自己的仆役经营,田庄则佃租给农民耕种,农民缴纳地租和服劳役。数目不等的附属田庄围绕着领主田庄,穿插于许多村落之中。附属田庄由领主委托的管家(Meier)掌管农民的劳役和赋役。11世纪前德意志的封建领地制基本上尚有进步意义,它扩大了领地内的生产能力,促进了农业和手工业的分工。12、13世纪以来,封建领主越来越多地变成单纯的地租收取者。随着商品经济的发展,封建领地制经济的寄生性日增。农民以大量逃亡和拒绝纳税进行反抗,迫使领主变换剥削形式,暂时改善一点农民的状况。他们把土地作为世袭地出租给农民,并且根据固定租金收税;同时那些日益强大的、最终成为封建领主竞争者的管家被免职。"劳役田庄"制随之解体。到中世纪晚期,15、16世纪,随着商品和货币经济的发展,封建领主的贪欲激增。在西德和南德(这里还一直存在一些自由农民田庄),领主们特别渴望把农奴制推行到依附农身上,把自由农民变成依附农。封建领地制压得农民喘不过气来,终于在这些地区爆发了伟大的农民战争。大约与此同时,在东德意志兰平原地区,具体指易北河以东的勃兰登堡-普鲁士地区,形成一种特殊的封建领地制经济:领主庄园制经济(Gutsherrschaftswirtschaft)。农民战争和领主庄园制经济的出现,标志着德意志封建化的衰落。

15—16世纪初典型的三圃地农业经营图

二、皇权与教权:争霸欧洲

与查理大帝不同,奥托一世是有意去争取皇位的。他不仅使德意志王国罩上罗马帝国的神圣光环,而且明确了教皇与皇帝之间的关系:皇帝宣誓保卫教皇，教皇宣誓忠于皇帝。这种共同协议还成为教皇选举的通则之一：希望当教皇者，必须保证忠于德意志国王，一旦被确认为教皇，就要为德意志国王加冕为皇帝。皇帝不再是罗马意义上的皇帝，而是西方最高的封建领主，上帝的封臣。

这种加强德意志王权和霸权的努力，被1024年即位的法兰克尼亚王朝（也称萨利安王朝，1024—1125）所继续。[①]11世纪上半叶皇帝权势对教会的不断增长，特别表现在教皇由皇帝推选和推翻这一事实上。教会的大地产也是皇帝的领地。在德意志兰，各主教都直接隶属于皇帝，并由皇帝授予职权。德意志皇帝们还特别热衷于出卖教会高级职位，为皇室大量聚敛财富。皇帝的另一招是把一些原属教会的地产拨给自己的侍从（家臣）和骑士，并允许他们把服役领地变成为继承领地。这些低级贵族不仅成为德意志皇权的主要支柱，而且成为反对教俗大封建主独立倾向的武装力量。教会的独立被皇权约束得很厉害。德意志皇帝甚至打算把教皇变成帝国的最高主教。

只要皇室强大并能对教会施加影响，这种格局就能维持下去，帝国的统一也可以得到保障。但这几乎是不可能的。世俗的大封建主，特别是教会的大封建主随时随地都在闹独立。随着货币经济的出现，罗马教廷也力图适应改变了的条件，从经济上依附于封建世俗统治的格局中解放出来。教会想不受限制地自行处理其所领财产。从十世纪就在天主教会内部出现一个强大运动，目的在于加强教皇的权力，创立教会对世俗权力的独立性。

这个运动是由法国南部勃艮第的一个叫克吕尼的修道院教士们发起的，因而被称为克吕尼派运动。法国人伯尔诺首先建立起纪律森严的克吕尼修道院，禁止圣职买卖和教士娶妻，反对世俗政权任命神职人员，反对教产还俗。到11世纪克吕尼运动传布西欧。教廷开始每年在罗马召开宗教会议，把决议和教皇谕示带到各地。原先是协助祈祷的红衣主教，逐渐转变成由强大的教会封建主组成的集团，日益左右罗马教廷的政策。教廷的威信提高了。在选举教皇事务中，开始排除罗马贵族和德意志皇权的干预。1073年意大利托斯卡纳人喜尔德布兰德（Hildebrand, 1019

---

① 根据日耳曼-法兰克的选举国王传统，1024年萨克森王朝男系绝嗣后，由诸公爵推举出萨克森王族女系后嗣、法兰克尼亚萨利安家族的康拉德二世为国王，三年后加冕为皇帝。

至1030之间—1085)不经皇帝同意登上教皇宝座,称格雷戈利七世,积极支持克吕尼派宗教改革。在他领导下教廷开始和皇帝争夺对西方国家的最高统治和领导权。这是中世纪两个最大的封建势力之间的斗争,在这个斗争的背后又掩藏着德意志大封建主反对中央王权的斗争。这些斗争和纠纷的结局就是德意志皇权的衰落。

天主教思想家还在克吕尼派运动前就已宣称,教皇的权力高于皇帝的权力,教皇是上帝的代理人,皇帝是从教皇手中获得皇冠的。教皇格雷戈利七世是这种主张的狂热代表,专注于教会的独立和权力的巩固,尽力利用教会改革来达到目的并削弱皇权。他认为作为上帝的代理人在尘世间有任免君王之权,行动中不受任何世俗法庭的约束。他在教会内部执行了严格的中央集权制;为教皇的选举制定了新的选举制度,按此教皇只能由枢机主教(俗称红衣主教)组成的教会会议(密室会议)推选出来。格雷戈利七世还下了禁止教士娶妻令,要求教士们以毕生精力为教会服务。禁止娶妻令的经济意义更为深远。由于教会领主都不娶妻,教会产业由领主后代继承和瓜分的危险就不复存在。巨大的教会地产财富长期留在教会当权者手中,教会保持着牢固的经济基础。格雷戈利七世还禁止出卖教会职位(禁止买卖圣职令),废止了当时已成常规的重利盘剥行为。引起最大纠纷的是格雷戈利废除世俗君王授职(所谓授职权或叙任权)的谕令。迄今为止主教或修道院院长的授职都由皇帝执行,现在教皇要把授职权归到自己手中。

贯彻教皇的这些改革,在意大利本土没有多少困难。但为了削弱皇权,教皇促动德意志教会摆脱皇帝权力的干预。在一段时间中,德意志兰的高级主教同皇帝关系紧密,是巩固中央皇权的主要支柱之一,因此教皇的行动没有引起德意志王国现状的改变。教会职务的买卖继续进行,废除世俗授职权的谕令没有被尊重。但当年轻的皇帝亨利四世在位期间(Heinrich Ⅳ,1056—1106年在位),强有力的中央皇权有些松弛,德意志封建主乘机扩大自己的独立和加强自己的势力。亨利四世欲制止他们的飞扬跋扈,一些封建主就公然造反。亨利四世好不容易把造反镇压下去。他不仅依靠德意志主教们的紧密联盟(德意志主教从自身利益着眼拒绝教皇干预德意志教会内部事务),而且第一次依靠了莱茵兰城市的力量(虽然这时候莱茵城市的力量还很微弱),具有特殊的意义。亨利四世在这些联盟者的支持下,又依靠着下级贵族(骑士),开始为恢复旧有的皇

第二章 ● 封建时代：民族国家的被延误

权而对教皇展开斗争。1075年底,格雷戈利七世警告亨利四世不要干预米兰大主教职位的确定和授职,否则将受到逐出教会的惩罚。这就爆发了一场形式为授职权之争的皇帝和教皇之间的公开冲突。

亨利四世把教皇的行动看作是公开的宣战。1076年初在皇帝的倡议和主持下,在沃尔姆斯召开德意志主教和部分高级世俗贵族参加的高级宗教会议(后演化成帝国议会),在大部分德意志主教团的同意下,宣布废黜教皇格雷戈利七世。决议的末尾这样写道:"你呀,我们所有的主教以及我们大家都宣判你有罪,滚下来！离开你不配占有的使徒座位！应该让另外一个不用神圣教规的外衣来掩盖暴行而以真正圣彼得的教谕教导人的人来登圣彼得的宝座。朕亨利,上帝恩宠的国王,以及我们主教们全体都对你说,滚下来,滚下来！"

教皇对这个决议的回答是宣布所谓破门律:开除、废黜和放逐亨利四世。按照破门律,如果被惩罚者不在一年以内获得教皇的宽赦,他的臣民都要对他解除效忠宣誓。教皇和教会手中的这一政治武器在以后的时期中大都不起作用,而在当时的政治格局下却作用明显。德意志的大封建主反对派立即作为罗马教廷的同盟者,反对德意志皇权。士瓦本公爵鲁道夫、巴伐利亚公爵韦尔夫和克恩滕公爵贝特霍尔德等在乌尔姆会集筹选一位新国王。许多贵族则要求亨利四世尊重大封建主的自由权,要他在一年内设法解除破门律的惩罚,否则就不承认他为君王。亨利四世陷于困难境地。他只得接受德意志封建主们的要求以图保持王位。1077年他带少数随从到意大利北部的卡诺莎(托斯卡纳伯爵夫人的城堡,教皇当时在此),赤足披毡,在风雪中等候三天,向教皇忏悔赎罪。

卡诺莎事件由此成为世俗权力对教会权力卑躬屈节的象征,意味着罗马教廷权力达到顶峰,但却也是亨利四世的一个政治成就,一个聪明的策略。忏悔赎罪之举使教皇不得不取消破门律,他要立一个听命的皇帝进而加强对世俗权力的影响的可能失去了;德意志大封建主们另立国王的借口也失却依据,反对派的结合垮了。亨利四世得到喘息之机来巩固自己的王权,并重新聚积力量以图恢复旧有的皇权。中断一个短时期后,皇帝和教皇的斗争又起。德意志大封建主反对派按照教皇的指示选出士瓦本的鲁道夫为国王,与亨利四世进行争夺。但这时的亨利得到了巴伐利亚的低级贵族、士瓦本的贵族,特别是莱茵城市的支持,终于占得上风。1080年鲁道夫在与亨利的战斗中死去,反对派瓦解。次年亨利第二次进军意大利,1084年攻陷罗马,另立教皇。格雷戈利七世南逃萨莱诺,次年去世。

但是这一胜利并不意味着对德意志封建主的分离活动的胜利,他们依然反对皇帝掌握强大的中央政权;这一胜利也不意味着对教皇的彻底胜利。罗马教廷的改革派很快恢复过来,选出新教皇,并与南德的大封建主反对派联合。皇帝的最可靠同盟者是城市,城市希望不受扰乱顺利贸易而需要一个统一的帝国和一个强有力的皇权。皇帝反对教皇以及与教皇联盟的大封建主的斗争继续了很长时间,直到亨利四世和格雷戈利七世都死了以后,斗争还是由他们的后继者们继续下去。由于得不到了结,皇帝和教皇在1122年进行和解,达成了所谓沃尔姆斯宗教和约,和约规定,在德意志兰,皇帝有权干预主教和修道院长的选举,国王对当选者先授予象征世俗权力的权标,然后由教廷授予象征宗教权力的指环和权杖;在意大利和勃艮第,皇帝无权干预主教和修道院长的选举,由教廷对当选者授予宗教权力,六个月后皇帝方可授予世俗权力。实质性的话就是,主教们由教皇授予教职,而领地和特权则仍由皇帝授予。

皇权和教权的纷争结果是什么呢?就教皇方面而言,并没有实现教权高于皇权的目标;同样,就皇帝方面而言,也没有恢复对教皇的控制。双方力量形成某种均势。就德意志王国内部而言,皇帝也没能恢复强有力的中央皇权以及抑制住大封建主们的分离活动。原先作为皇帝支柱的高级教会贵族,此后对皇帝的依附减少,他们也像世俗封建主一样不断扩展自己的独立性,同世俗封建主有越来越多的共同利益。教俗高级贵族都对加强中央皇权不感兴趣,而是尽一切力量来阻止中央皇权的加强。沃尔姆斯宗教和约结束了长达半个多世纪的关于授职权的斗争,这一斗争耗尽了德意志王国的国力,而德意志诸侯的势力和独立性却同步增大,皇权衰落。

德意志皇权再一次经历外观上光彩夺目的回光返照时期,一直要到霍亨斯陶芬王朝(1138—1254年)的弗里德里希一世在位时期(Friedrich Ⅰ,1152—1190年在国王位,1155—1190年在皇帝位)。这位绰号"巴巴洛莎"(Barbarossa,意为红胡子)的强悍君主,把对意大利的统治作为他建立并巩固中央政权的基本国策。为使这种掠夺政策在德意志兰得到后援,他便向德意志大封建主们作出种种让步,而对城市却采取反对和劫掠之政策。巴巴洛莎所增强的德意志皇权本身,就潜伏着皇权彻底衰落和国家分崩离析的危险。

为什么弗里德里希一世要把统治意大利作为基本国策？一方面,如果神圣罗马帝国不想徒具空名的话,那就必须占有意大利;另一方面,意大利经济发达,城市富有,占有意大利不仅能使国库充盈,而且有可能维持雇佣军队,不受极不可靠的德意志封建主们的"兵援"挟制;第三方面,就是打击教皇的权势。即位之初,他就力图恢复和加强皇权:他不断扩大在法兰克尼亚、符腾姆贝格和阿尔萨斯的世袭领地,给为他服军役的骑士以封土;他不遵守沃尔姆斯和约,仍然任命主教,截取教会收入;他为换取大封建主出兵支持侵略意大利,让最强大的萨克森公爵狮子亨利(Heinrich der Löwe,约1129—1195年)放手侵占易北河以东的土地,并授予授职权;类似的权力也授予奥地利边区伯爵,并晋升为公爵;这些公爵逐渐取得了公国的世袭权和其他独立性特权。1154年,弗里德里希一世利用上意大利的混乱和诺曼人进逼罗马教廷之机,率渴望掠夺的骑士为主力的军队,开始入侵意大利。此后皇帝还曾五次远征意大利,持续近30年之久。他的红胡子也就被意大利人说成是用他们鲜血染成的。

弗里德里希一世入侵的目标首先是那些富裕而强大的城市,这些城市拥有自己的政府并独立行事。城市付给皇帝很高数额的金钱,以求皇帝不予骚扰。但是弗里德里希一世希图占有城市的全部财富及其来源。当他1155年在罗马加冕为"神圣"罗马帝国皇帝时,就重申皇帝享有对意大利的特权,并用残酷的暴力迫使意大利北部城市放弃自己的权利。他把关税、赋税的征收权,渔业、盐业和矿山的收益权,货币铸造权以及委派德意志人为城市总督权都划归己有。据不完全统计,他每年从意大利掠得的财富价值3万镑之多,远远超过在德意志兰的收入。

皇帝的掠夺和压迫激起意大利城市的反抗。以米兰为首的北意大利城市结成伦巴德城市同盟,教皇也参加进来。1176年皇帝终于被击败。伦巴德城市同盟的胜利之所以特别值得一提,乃是城市对骑士军队取得的第一次胜利。这一胜利还为意大利北部城市争取到组织自由公社的权利。城市对皇帝的依附已经微乎其微。1177年,弗里德里希一世不得不与教皇亚历山大三世缔结威尼斯和约,答应归还所占教产,不折不扣执行沃尔姆斯和约,并屈辱地吻了教皇的脚。此后皇帝还与伦巴德城市同盟签订康斯坦茨和约,皇帝仅保留形式上的最高授职权。弗里德里希一世在意大利的扩张以惨败告终。

皇帝在意大利的失败并非完全由于德意志最强大的封建主萨克森公爵狮子亨利拒绝听命之故。狮子亨利只是关心扩充自己的权势地位,他在这个时期夺取了斯拉夫人地区的梅克伦堡和波美拉尼亚,势力扩充到奥得河畔。其他大封建主也在不择手段地扩充权势,造成德意志王国内部尾大不掉之势。弗里德里希一世晚年虽也一度粉碎了萨克森公爵的权势,巩固了皇帝权力,但这个权力不是以兴盛起来的城市这一进步力量为基础,而是建立在封建阶级相互矛盾和对立之上,它只能是暂时的,而且虚有其表。弗里德里希一世在死前不久还通过儿子的婚姻关系取得了西西里,目的之一就是要从北、南两方包围教皇和意大利城市,起码可以对教皇和意大利城市加强自己的影响。然而机关算尽,还是没有达到他要建立一个欧洲君主国的目的。

德意志皇室权力江河日下,已无法再恢复了。它的意大利政策和德意志政策,造成两个始料不及的严重后果。一个后果是帝国的政治重心南移意大利,忽略了德意志民族国家的建设;另一个后果是德意志王国的政治重心东移,散失了建立民族国家的中心基地。1212年即王位的弗里德里希二世(Friedrich Ⅱ,1212—1250年在位),是红胡子巴巴洛莎的孙子,也就是那位联姻西西里的儿子的儿子,不仅是德意志国王、神圣罗马帝国皇帝,还兼任西西里国王。小弗里德里希自幼随母在西西里长大,一生大部时间住在意大利南部,连德语都不大会说。他把政治重心放在意大利,力图把西西里建成征服意大利北部城市和教皇国的基地。为了换取德意志大封建主的支持,他把关税权、开办市集权以及铸币权等都归入封建主的统治权益;禁止城市间结成同盟;禁止城市收留农民。正是在弗里德里希二世统治时期,德意志大封建主变成了各邦诸侯。诸侯的称号第一次见诸于1232年的文献,其上把各邦诸侯称为"邦君"。1237年小弗里德里希一度击败伦巴德同盟,教皇立即宣布开除他的"教籍",还要召开大会罢黜他。小弗里德里希不甘示弱,进而包围罗马(1241年)。意大利城市维泰博首先起义(1243年),坚持四年之久。德意志的科伦、特利尔和美茵茨三位大主教在教皇唆使下另立新君(1246年)。意大利的帕尔马、拉文那等大城市爆发大起义(1248—1249)。弗里德里希二世顾此失彼,于1250年突然死去,帝国随之分裂。此后德意志皇帝完全成了德意志诸侯和教皇的"玩偶"。霍亨斯陶芬王朝最后一名代表康拉丁,于1268年在那不勒斯被处决。与此同时,德意志封建主向东部的拓殖运动进行得如火如荼,包括参加历次的十字军东侵。到 13 世纪中叶,德意志封建主占领了勃兰登堡、梅克伦堡、波美拉尼亚和普鲁士广大地区,教皇在此中也分得大量土地,仅在勃兰登堡就有 1/3 土地属于罗马教廷。这样一来,不仅改变了统治阶级内部的力量对比,而且使几个世纪以来起政治重心作用的德意志西部和西南部地区(可视作德意志兰的"中原"地区),让位给易北河-萨勒河以东地区的边区马克伯爵和公爵。萨克森公爵、勃兰登堡马克伯爵和波希米亚国王,稍后都成为选侯,在选举德意志国王中起决定性作用。

在皇权与教权、中央皇权与地方封建主之间的斗争中,胜利者是教权和分离主义势力。德意志兰的发展也开始落后了。

三、皇权与城市:互促还是互制?

前面不止一处提到,城市对于皇权的巩固与否具有特别的意义。城市的进步性首先在于它们体现了一种推动社会向前发展的新的经济力。在封建社会前期,城市是制约封建无政府状态、加强中央王权、促进民族融合的基本力量;而在封建社会后期,城市就成为新产生的商品-货币-资本经济关系的载体,促成自然经济的瓦解、专制王权的形成和民族国家的建立。城市的形成和发展乃是同封建世俗贵族和教会贵族艰苦斗争的结果。王权或者皇权在这场斗争中究竟采取什么态度,不仅关系到城市发展的命运,也关系到王权或者皇权本身的兴衰。特别在德意志兰,城市在中世纪社会内部要争取到独立的地位,需要一个很长的过程,因为德意志皇权经常是以打击和掠夺城市、聚敛财富为目的的。

德意志城市的产生,有一部分可回溯到中世纪初期,特利尔,美茵茨,科伦,奥格斯堡这些城市的历史甚至可远溯到罗马时代。不过那个时代这些城市尚很少有商业中心的味道,还只是一些要塞和城堡,或政治首邑。罗马"国界墙"上的 50 个要塞和堡垒本身,并未形成现代意义上的城市。具有商业中心意义的城市后来是在要塞和堡垒周边地区新建和形成的。德意志城市大多兴起于修道院和城堡附近、帝王驻跸地以及逃亡农奴聚居地,特别是交通和商业中心。迄 14 世纪,被当作城市的估计有 4 000 座,但多数是居民不足 500 人的村镇,居民在 10 000 人以上的大城市可说凤毛麟角。当时大约有 1/3 德意志居民生活在城镇。这些城市在发展初期大都紧紧依附着一定的封建主,后者占有城市的收入并执行城市的司法权。随着经济与财富的增长,城市就力图摆脱这种依附。许多城市以偿付大量金钱以解除封建的束缚,而多数城市却不得不同封建主作激烈的斗争以争取自由和自治权。但是德意志城市的这种斗争,根本没有得到中央皇权的支持。这种情况也就损害了中央皇权自身。

城市在获得自由以后就建立了自己的管理机构并选举市长和市政厅(市长的参赞)。一部分城市顺利地取得了真正的独立地位,他们只承认皇帝的国家最高权力地位,享有和大邦诸侯同等的权利。这些城市称为帝国直辖城市,大多从王室领地发展而来,例如亚琛,美茵河畔的法兰克福,纽仑堡,奥格斯堡,汉堡,卢卑克,不来梅等。另一些城市称为自由城市,主要是莱茵兰的城市,他们摆脱了主教的统治,地位与帝国直辖城市相仿,例如美茵茨,沃尔姆斯等。第三部分是邦国城市,地处邦国诸侯领域,从属诸侯统治,除一大批小城市外,也有如罗斯托克、斯特拉尔松、不伦瑞克、弗赖堡和维也纳等重要城市,这类城市虽也获得自治的独立地位,但自由权有限(只有初级审判权)并向诸侯纳税。几乎在所有德意志城市中,统治权是由最富有的阶层即所谓城市贵族掌握的,市长和市政厅成员都出身于城市贵族。城市贵族主要由富商大贾变成的,这些商人也像手工业者们那样组成了所谓同业公会(商会),也有一部分富有的手工业师傅上升到城市贵族层,城市贵族的权力是以他们的经济实力,以商业资本的社会力量为基础的。许多城市贵族还用借款和高利贷的办法,使一些封建贵族甚至皇帝也在财政上依附他们,并在外邦甚至对帝国政治都能发生影响。当时最著名的城市贵族家族当数奥格斯堡的富格尔家族。富有的城市和一部分城市贵族在好多情况下也购置地产,以封建主的身份剥削农奴和依附农。

城市居民的主要部分是手工业者,同一行业的手工业者组成所谓"行会"。行会有一定的规章,所有行会会员必须遵守。在进一步发展中行会内部出现了师傅和帮工之间的重大社会区别。帮工们发现由师傅们领导的行会不能真正代表他们的利益,于是组织了自己的团体,即所谓兄弟会,常常进行罢工或阻止兄弟会会员在师傅处工作。整个说来,行会在当时作为市民反对派起了反抗城市贵族统治的进步作用。城市的最低阶层就是平民,是由佣工、短工、乞丐和"游民无产者"所组成,多半没有充分的市民权,组织散乱,也不易起团结一致的作用。在中世纪末期,手工业帮工加入这一集团,作为它的上层,这个阶层在城市内部纠纷中这时尚未起重要作用。

中世纪德意志城市最早的繁盛时期是在12和13世纪。城市的经济意义特别在14和15世纪进一步增长。15世纪新航路开辟之前,欧洲有两大国际贸易区:地中海贸易区和波罗的海贸易区,德意志兰正好夹在这两大贸易区中间,成为国际贸易的必经之地。意大利的商人将本地的和东方的商品经德意志兰远销北欧。北海和波罗的海的贸易,主要掌握在汉堡、卢卑克和不来梅等北德城市手里。南德的商人沿多瑙河东行可以抵达匈牙利、巴尔干半岛和黑海沿岸。这

中世纪城市市民的日常生活图

种有利的地理条件,促进了德意志城市的繁荣和商业的发展,并且影响到全德的经济生活,当然也影响到封建主和农民的经济生活。现在生产主要为市场而生产,商品生产越来越多地排挤着自然经济!

繁荣起来的德意志城市从自己的利益着眼,特别希望在一个统一的帝国中有一个强大的中央皇权。皇帝所推行的政策(侵占意大利)虽有暂时的成就,却不利形成一个巩固而统一的德意志帝国。特别在红胡子弗里德里希一世死后,皇权衰落得很厉害,这是同德意志城市在经济上和政治上的发展利益不相符合的。城市的发展不仅受到德意志经济地区的不统一和支离破碎所妨害,而且也受到封建的纷争以及封建贵族袭击城市和强盗骑士抢劫旅途商人的行为所妨害。为了补救没有强大的中央皇权的缺憾,城市就联合起来,组成了城市同盟。

比较著名的城市同盟,一个是1226年由美茵茨、沃尔姆斯、斯派耶

尔、斯特拉斯堡、巴塞尔等莱茵城市为保护共同商业利益而结成的"莱茵城市同盟"。皇帝弗里德里希二世害怕得罪大贵族，下令解散，同盟拒绝服从，一直存在到1236年。1254年莱茵城市同盟恢复，当时全德最大的城市科伦(35 000居民)也参加进来，加盟城市多达70个。同盟甚至决定，科布伦茨以上沿河城市提供100艘战船，以下诸城市提供500艘战船，沿河巡逻，确保商路畅通，取缔非法税卡。莱茵城市同盟曾组织军队，对付敢于危害同盟利益的人。它直到最后还支持皇帝，准备为中央皇权出力。1257年莱茵同盟在国王选举中发生分裂。另一个是1285年开始的南德城市之间的交叉结盟(弗赖堡、奥格斯堡、乌尔姆等)，到1376年由乌尔姆、康斯坦茨、门明根等14个城市正式组成的士瓦本城市同盟，盟约规定，一旦某城受到威胁或攻击，加盟城市不但应立即提供人力、粮食、装备和其他物资支援，而且有出兵支援之义务。1381年，士瓦本城市同盟和莱茵城市同盟结成联盟，双方互相提供军事援助，直至派兵参战。加盟士瓦本同盟城市最多时达84个。1384年纽伦堡入盟，它反对同盟与瑞士城市联合，甚至支持奥地利公爵反对瑞士诸城，莱茵诸城站在纽伦堡一边，1389年后士瓦本城市同盟事实上瓦解。显然，这两个城市同盟都只起了短期作用，仅在开始时取得一些反封建势力的成果，最终却在14世纪末被封建主们的联合势力所压垮而失去意义。这两个城市联盟失败的主要原因，一是没有得到皇帝的支持，二是太把自己城市利益放在前列地位。

最强大最重要的城市同盟是汉撒城市同盟。13世纪末来往于戈特兰岛、尼德兰、英格兰和德意志兰的商人，为保护自己的利益而成立称为"汉撒"(Hansa)的组织。1266年汉堡商人、次年卢卑克商人都在伦敦建立一个"汉撒"。1282年，所有"德意志的汉撒商人"组成统一组织，克服了德意志商人的分散状态。1299年德意志汉撒城市同盟取代了商人"汉撒"的地位。极盛时期加盟的有北德和波罗的海沿岸的80个以上城市。它在北德意志兰起过重要作用，且取得过许多外交成就。

汉撒城市同盟的中心是卢卑克。在整个14世纪，汉撒同盟成为一支强大的力量。在和丹麦王国进行长期战争中，汉撒同盟夺得了波罗的海的支配权。北欧的贸易垄断地位紧紧掌握在它的手中。一整套严密的组织使它能确保此种支配地位。它还在外国设了四处商站(伦敦、勃律格、布尔根和诺夫哥罗德)，不仅对所在地区从事贸易的汉撒商人实行监督和保护，而且还是汉撒同盟在有关地区的政治代表。汉撒同盟利用这些商站不仅从事东西方贸易，而且还和地中海各国进行广泛商业往来。德意志的汉撒同盟还用一支精良的武装来保证自己的贸易垄断地位，特别靠一支装备精良的船队保证对波罗的海的控制。

在争夺波罗的海控制权的纷争中，海盗也扮演重要的角色。他们有一时期让汉撒同盟也受颇大的干扰。海盗们最初是帮助梅克伦堡公爵对丹麦作战的。有些汉撒城市，例如罗斯托克和魏斯玛，也曾参与抢劫海船事件并从这种海盗行为中获益甚丰。海盗船只的头目和船员出身于下层穷人，一部分是逃荒的奴仆或城市贫民，带着对社会复仇的心理，高喊"作上帝的朋友，作全世界的敌人！"口号进行抢劫。海盗的行为居然获得劳动者的支持。他们的作为被编成歌曲或写成传奇。直到1400年左右，汉撒同盟的商人船队才最终消灭了海盗。

汉撒同盟势力的极盛时期大约维持了百年之久。能维持如此长时间的原因，主要是由于汉撒同盟的对手或反对者当时正忙于自己内部的纠纷而在经济上又落后于汉撒城市。但在14和15世纪之交，特别是在其他一些欧洲国家(俄国、荷兰、英国)走上国家政权集中化以后，原先的格局就发生了变化。汉撒同盟的特权开始到处受到限制或者根本被取消了。汉撒同盟瓦解了，它的作用消失了(在德国，人们直到今天还常常把从前属于汉撒同盟的沿海城市称呼为汉撒城市，例如汉堡)。

德意志城市曾经打算靠结成强大的同盟来抵消13、14世纪德意志中央政权(皇权)的衰落，推动社会和经济的发展。但是到15世纪初，德意志城市即使作为城市同盟面对此时在欧洲其他地区兴起的民族国家，也就变得软弱无力了。在这些国家的商人背后，现在站着中央集权的国家势力，它对于自己的独立，对于自己贸易的发展和经济的繁荣都倍加关心。相形之下，作为德意志王国强大贸易力量的汉撒同盟，却不能从德意志皇权那里得到任何支持。

四、皇权与诸侯：七选侯当家

"邦君"一词表述了13世纪中叶以来德意志封建国家发展的一个新阶段。霍亨斯陶芬王朝垮台后，德意志皇权就完全衰落了。诸侯们不再感到中央皇权有什么作用,他们此后的政策就是阻止皇权加强的任何企图。德意志王国开始陷入极不幸的小邦分裂状态,最后导致神圣罗马帝国的没落。1356年所颁布的"金玺诏书"从法律上承认了这种状况。

1254—1273年这段时间,①在德意志历史上称为"空位时期"。席勒把它叫做"没有皇帝的恐怖时期"。原先大封建主殊死争夺的帝位,一下子居然没有了皇帝。造成这种状况的首先是各邦邦君之间的互相争斗。诸侯们尽可能多地把属于帝国之地据为己有,竭力夺取许多伯爵辖地及其司法权。诸侯们在自己扩大的领地内拥有许多特权:铸币权、市场权、关税权、矿山权、犹太人保护权等,从中获取货币收入;森林权带来对大片森林的支配;设置堡垒权则加强了诸侯的军事力量。这些要素构成了诸侯的邦国统治权,在此基础上形成广泛的行政机构。邦国划分为一些政区,邦君的城堡(特别是城市)成为邦国的中心。官吏是邦国地区行政管理的承担者,邦君随时可予撤换。

不仅帝国诸侯,而且伯爵和贵族,修道院长和主教,乃至骑士和城市,都争取夺得邦君的地位。在相互争夺中,逐渐形成了疆域完整的诸侯邦国,以及处理邦国内部事务(比如征税)的由各贵族等级代表组成的邦国等级代表会议(邦议会)。诸侯利用一切可能,限制等级代表的自主地位,迫使城市在财政和经济上为其效劳。他们向城市(包括帝国直辖城市)进攻。15世纪发生多起进攻城市的破坏性战争。最早取得成功的是统治勃兰登堡边区马克的霍亨索伦家族,它征服了柏林-科尔恩双城并镇压了1448年柏林人的起义。1462年美茵茨第一次丧失它的帝国直辖城市的资格。1458年巴伐利亚的维特尔斯巴赫家族占领了多瑙沃尔特并进逼累根斯堡。总之,在德意志兰,一种诸侯邦国统治权开始形成。要不是诸侯们觉得这种无政府状态使贸易受到侵害,使经济联系受到阻碍,使自己的利益受到威胁,没有皇帝时期也许还会继续下去,诸侯们不得不考虑推选一个新王。

"空位时期"各分立政权的政治势力急速增长起来,他们能以选举国王-皇帝的办法来代替王位世袭。1257年德意志王国选举国王时有七大诸侯参加,他们是科伦大主教,美茵茨大主教,特利尔大主教三大教会选侯,和萨克森公爵,巴拉丁(普法尔茨)伯爵,勃兰登堡马克伯爵和波希米

---

① 通常也说从1256—1273年为空位时期。

亚(捷克)国王四大世俗诸侯。这是德意志历史上第一次出现七大诸侯选举国王事件，他们起初被称为选侯，而在金玺诏书中正式被封为选侯。①选侯们在每次选举德意志国王时，总是选举势力较小、不致危害自己权力和独立的家族代表。在以后一段时期中，德意志国王-皇帝犹如走马灯一样换来换去，没有一个王朝能强大到成为民族国家的代表并进而统一国家。例如1273年上台的卢道尔夫一世(哈布斯堡家族)，1292年上台的阿道夫(拿骚伯爵)，1308年上台的亨利七世(卢森堡家族)，以及1314年上台的路德维希四世(维特尔斯巴赫家族)，都属于中等诸侯，前面两人还仅仅是德意志国王，未加冕为皇帝。他们只能唯选侯之马首是瞻。他们在位期间主要致力于夺地、联姻以及类似手段扩大自己家业，提高与选侯相处的地位。王位与皇位就成为在位王朝扩张领土的"泉源"。在14世纪下半叶，常常会同时出现两个德意志皇帝，互相争斗，都想战胜对方使自己皇位合法化。历代教皇也参与这些纠纷，利用纠纷谋求自己的政治利益。为排除教皇的干预，1338年七大选侯在伦塞开了德意志选侯会议，"伦塞选侯会"决议说，凡由选侯选出的德意志国王毋须取得教皇同意就可成为皇帝并执政。此后不久，"神圣罗马帝国"就成为"德意志民族的神圣罗马帝国"。选侯们只是感觉到教皇干预的威胁而要起来保护自己的利益，根本谈不上要求一个民族的国家，但客观上总是向民族化国家迈进一步。

神圣罗马帝国的皇帝和选侯之宴会

---

① 选侯最初选的是德意志国王，国王经罗马教皇加冕后成为神圣罗马帝国的皇帝，后来选侯们选出的国王虽有不经教皇加冕而行使皇帝职权的，但不应把选侯误译为选帝侯。

这段时期所有的德意志皇帝中,出身卢森堡家族同时又是波希米亚国王的查理四世值得一提。他于1346—1378年在位,算得上是德意志最强大的诸侯之一登上了皇位。查理四世主要致力于扩大自己皇室的权力。为此他试图同各邦诸侯和平相处,办法是把七大选侯都请来和他共同执政,共同负责。1356年查理四世加冕称帝后不久,便颁布了一项帝国立法,文本因用金印戳盖,后来被称为金玺诏书,它用立法确认选侯的身份和特权。

金玺诏书称七大选侯为帝国的"柱石"和"七只烛台",它们"共同发出的光辉照耀这个神圣的帝国"。金玺诏书不仅承认德意志选侯有选举国王-皇帝的权利,而且承认他们有绝对的君主权力。这从把司法权与行政权以及关税权与铸币权都完全移交给他们这点上可见一斑。这道诏书同时还禁止了城市的相互联系,并命令市民和农民都隶属于他们的君主。

1370年前后的查理四世皇帝和七选侯

金玺诏书是德意志王国整整一百年来政治-法权发展的总结,是诸侯对以皇帝为代表的中央皇权的胜利。金玺诏书一直到1648年都具有法律效力,德意志王国一直就是一个选侯选国王-皇帝的国家,这就绝对不允许一个王朝的权力扩展为民族利益的代表。只要诸侯们开始感到某皇帝的权力变得强大,就会促动王朝更替。查理四世虽然用这道诏书换得由他儿子继承德意志皇位的允诺,却确认了德意志政治上四分五裂的局面,损害了民族国家的形成。德意志诸侯后来在这道诏令的基础上不断扩充本邦的统治权,执行本邦的政策。德意志民族的神圣罗马帝国仅仅是独立的德意志各邦的一个结合体。德意志皇帝的权力和威望越来越下降。当1438年哈布斯堡王朝继承卢森堡王朝时,这种情况也没有改变。

第二章 ● 封建时代：民族国家的被延误

15世纪中期起，帝国联系的瓦解过程开始了。德意志骑士团国家陷入波兰国王的统治下。什列苏益格-荷尔斯坦因归了丹麦国王。瑞士成了一个在帝国之外的独立国家。

尽管在14世纪和15世纪德意志兰有巨大的经济高涨，但由于帝国分裂为许多独立邦国而终不能形成一个共同的经济中心。因此在以后时期，同已经发展为中央集权的民族国家例如英国、法国相比较，德意志兰在经济发展中就开始落后，而民族国家的形成却被大大延误了。

作者评曰：

"民族"(Nation)一词，常被随便使用和下定义，这在我看来大半是不准确的。一个民族是从其人民的民俗特性中衍生而来的世俗共同体，它受到其所在地区的地理状况和经济生活的影响，即使它的种族成分是多样化的，它也向一种同质的生活和文化演变。

"民族"是一个历史产物，有它发生、发展和消亡的过程。但这个过程决非仅仅同"资本主义生产方式"联系在一起共始共终的，而是在各大文明时代有其不同的表现，产生不同的作用。法兰西民族，英吉利民族，中国的汉民族，还有其他许多民族，都是产生或形成于统一的封建君主国时代，也就是说，一个统一的中央集权的君主国是民族形成和发展的保证。从这种意义上我们也可认为，无王权就不可能出现民族的统一。德意志民族的融合和产生，也发生在封建时代，但由于德意志兰最终没有形成中央集权的民族国家，民族的形成就处于一种艰难的、分裂的、悲惨的、扭曲的境地。

人们经常认为，德意志经济上的分散状态是德意志兰没有在15世纪形成中央集权民族国家的主因：德意志兰只有几个工商业中心及其周边地区才有文明可言，就是这几个中心的利益也差别很大，缺少共同之点；南部有另外的贸易联系和销售市场，和北部完全不是一回事；东部和西部几乎没有什么往来；没有一个城市像英国伦敦那样发展成为全国工商业的中心。

诚然，这是重要原因。但不应看作是决定性原因。在法国和西班牙也存在过经济上的分散状态，但被王权这种有组织的暴力克服了。以"兄弟紧邻"法国为例：中央高原把这个国家分为南北两部分。南部的加隆河和多尔多涅河以及该河的支流，构成一个完全独立的流域，北部的塞纳河和罗亚尔河构成另一个完全独立的流域。南部的居民结为普罗旺斯族，北部的居民则组成北法兰西族，除了经济上的差异外，两者在语言、文化等方面也存在差异。加上英国帮助普罗旺斯族反对北法兰西族，就使得仅据有法兰西岛这一狭长地带的国王，在统一法国的过程中遇到严重的障碍。但是王权与市民结盟，对大封建主特别是英国的金雀花王朝进行了坚决的斗争，爆发了1337—1453年的英法百年战争，结果是英国这个外国干涉者被驱逐出去和南部被北部所制服。随后中央王权同勃艮第公国斗争，获得胜利和民族国家最后形成。斗垮勃艮第公国的是法王路易十一。到路易十四时代，法国的君主专制达到顶峰。

　　如果说法国、西班牙的王权由于诉诸暴力于国内而使该国统一了，德意志的皇权则因耗之于在意大利和东部地区的扩张而使该国彻底瓦解了。可以这样说，如果没有"罗马皇帝"的称号和由此而来的称霸世界的野心，以及国王-皇帝要由选举这两条，德意志兰内部虽然缺乏经济联系，但还是会实现甚至还可能更早实现中央集权和形成民族国家的。在11—15世纪，德意志王国一直是在侵略别人而很少遭人入侵，这就使它并不强烈地感到需要民族统一，不像法国那样（面对百年战争），不像刚刚从摩尔人手里夺回的西班牙那样，也不像不久前才赶走鞑靼人的俄国那样。15世纪德意志兰没有形成为中央集权民族国家的主导原因，我以为是政治而非经济。

第三章 宗教改革时代:民族运动的发端

啊,世纪!啊,科学!

——U. v. 胡滕

德意志兰,永远是欧洲的精神战场。

——Th. 曼

15—16世纪在欧洲范围内出现的宗教改革,不是一个纯粹的宗教事件,而是以往历史发展的结果,是随着经济的变化必然发生的改变现存封建关系的反封建运动和民族运动的表现。为什么矛头所向首先是罗马天主教会?一个原因为罗马天主教会乃是封建制度的巨大国际中心,它把神赐的圣光笼罩于封建制度之上,要在每个国度内起来和世俗的封建制度斗争,必须首先毁灭这个中心的神圣组织;另一个原因,罗马天主教会本身是最大的封建领主,它在全欧拥有数目惊人的财产,并因内部的腐败而变得更加贪得无厌。因此,它同每个民族国家内的各阶层都构成巨大的物质冲突;第三个原因则是科学的反叛。在这以前,科学是教会"恭顺的奴婢",教会从不允许科学跨出宗教信仰所限定的界线,科学完全不成其为科学,现在科学成长起来反对教会了,新兴的市民阶级需要科学,因而参加了这个起义。

因此,始于意大利的文艺复兴运动和始于德意志兰的宗教改革运动,为欧洲开辟了一个新的纪元,不仅永久而全面地改变了欧洲的精神风貌,而且把欧洲带出了中世纪,跨入近代时期:打着理性-科学旗号的资产阶级开始成为时代的主导力量。宗教改革运动形式上不同于文艺复兴运动,它是披着宗教外衣的一场现实政治运动。为什么首先在德意志兰发难?我以为这一时期神圣罗马帝国同西方诸国存在的强烈反差值得注意。法国和英国的民族凝聚力以及独立性已达相当高的程度。法国和英国的国王们相当强大,足以抵制教皇对其权威的任何侵犯,并阻止罗马天主教会向自己国家臣民征收税款。法国和英国的主教和教会也越来越民族化,成为王权的支柱。与此相反,在德意志兰,教廷与帝国的各种政治结构仍然令人绝望地纠缠在一起,一大帮世俗诸侯和教会诸侯,分享着教皇的税收和出卖赦罪符交易中得来的那些收入。皇帝没有成为民族凝聚力的代表,在同教皇时而冲突时而勾结的过程中把自己降为一名诸侯,任由罗马天主教会向本国臣民征收税款和勒索。"德国"不仅成为罗马教皇的"乳牛",而且也成为天主教会充当欧洲精神权威的最后支撑。思想的、精神的、物质的、国家的和民族的矛盾,集中在德意志兰,日益尖锐,1517年终于爆发了路德的宗教改革。路德的宗教改革意味着一种民族意识的觉醒和一种民族统一的力量。

一、路德与宗教改革

马丁·路德(Martin Luther,1483—1546年)生于萨克森的埃斯列本,后迁往曼斯菲尔德。这两地紧靠哈尔茨山,是萨克森著名的矿业中心之一。据说他的祖父是农民,父亲是农民和矿工,到1509年时成为有八个矿井和三个熔炉的企业主。路德的孩提时代是经历过农民和矿工家庭生活的。13岁时进马格德堡一所简朴学校,靠募化维持生计,18岁入埃尔富特大学学习法律,受著名反教会学者约翰·韦塞尔的影响甚多。他同该校人文主义小组过从甚密,很快成为一名唯名论者,并博览了维吉尔、柏拉图、西塞罗、李维等古希腊、

马丁·路德像(1520年)　　1534年马丁·路德圣经译本的封面

罗马名家的作品。1505年路德毕业,获硕士学位,在发过"安贫、守贞和服从"的誓言后,成为奥古斯丁托钵修会修道士。据他自己说,这是严厉的双亲为他选定的道路。1507年路德成为神甫,曾应邀去萨克森邦新建的维滕贝格大学讲授哲学。1511年正式受聘维滕贝格大学的永久性职务。

这一年路德访问罗马,目睹教廷的腐败,深感愤愤不平。他后来回忆说:"很难描述,而且实难令人置信,那里的龌龊究竟达到何种程度!如果有地狱的话,那么罗马便是地狱。罗马本是圣洁之地,而现已成肮脏之城了。"1512年路德升任神学博士和维滕贝格大学神学教授,同时任维滕贝格修道院副院长。1515年又升任主管图林根和迈森十一座修道院的副主教。他开始悉心研究古文圣经,发现罗马教廷宣传的许多东西与圣经不符,提出要照古代基督教本来面目改革教会,渐渐形成他的宗教改革思想。

当路德读保罗的使徒书时,发现一行短句:"义人必因信得生",恍然若有所悟:人不是靠自己的善行,而是靠信仰上帝而得以免罪。在随后的年代里,"因信称义"(唯信仰得救)就成为路德神学的主要教义,也是他进行宗教改革的基石。

引起路德抨击并由此而发动基督教改革运动的事件,是赎罪买卖中一个特别明显的腐败事例。教皇为要填满自己的财库,为应付奢侈生活的巨大开支,1500年,1501年,1504年和1509年都在德意志兰征收赎罪税,而到1517年又再开征新赎罪税。教廷力促百姓相信,只有购买一份教皇的赎罪券,即使不真心忏悔,也可以保证免受惩罚。这就形成一句民间谚语:"钱在匣子里铛铛响,灵魂就从涤罪所跳上天堂。"1517年的赎罪券买卖更是花样翻新。教皇把中德出卖赎罪券之权交给出身霍亨索伦家族的马格德堡兼美茵茨大主教阿尔布雷希特,为期十年,教皇从大主教方面拿到1万杜卡登(一种意大利金币)净值。霍亨索伦的阿尔布雷希特几年前是靠富格尔家族的金钱才弄到美茵茨大主教职位的,如今富格尔家族、教皇和大主教共同商定,赎罪券的收入50%缴归教皇,50%则作为大主教偿还富格尔家族的债金。为了取得皇帝对这一宗交易的同意,另需给皇帝3 000古尔登(德意志金币)。为照商定好的办法行事,富格尔家族还派有专人和赎罪券贩子们一道穿梭于德意志乡村城镇叫卖。他们对当时最富庶之邦萨克森最感兴趣,但是不久就被萨克森选侯驱逐出境,因为大主教的赎罪券买卖妨碍了选侯自己的赎罪券买卖,影响了选侯的财政收入。

这种无法无天的赎罪券买卖搞得德意志各阶层人天怒人怨,也促使路德于1517年10月31日在维滕贝格城堡教堂大门上贴出《评赎罪券的效能》(即"九十五条论纲")大字报。九十五条论纲中的每一条都是对教廷的谬误和弊端的有力一击。比如第1条:当上帝和主耶稣基督说"忏悔"时,意思是说,信徒的整个一生都应该忏悔,而不是补赎。第36条补充说:每一位诚心忏悔的基督教徒,即使没有赎罪券,也能完全减免他的罪过和惩罚。路德在这里运用"因信称义"论:剥夺了以教皇为首的神职人员的神权,搬掉了人与上帝之间的教会阻隔,人在上帝面前都是平等的一员。又如第32条:相信罗马教皇的一纸赎罪券就能拯救他们的那些人,将和教导他们的人一道,永远被打入地狱。第82条则矛头直指教皇:教皇为什么没有出于慈爱而把炼狱中的所有灵魂都拯救出来?路德公然说出教皇出卖赎罪券是犯了错误和违背基督教教义的,而教皇一直自命是"上帝的代表","从来无谬误的"。

对于赎罪券的抨击,有如一粒火种落在火药桶里,立刻燃起燎原之火。农民和平民把路德的反教会论纲当成是起义的信号,认为同一切压迫者算账的时候到了。市民则到处传颂"九十五条论纲"。斯特拉斯堡的市民把九十五条论纲贴在教堂大门上。人文主义者热烈欢呼。画家丢勒(Albrecht Dürer,1471—1528年)将他的一件木刻作品送给路德,以示赞赏。贵族,甚至一部分诸侯,希望由此打破罗马教会的控制,没收教产。一时之间,"九十五条论纲"实际上成了民族战斗的共同纲领。原来用拉丁文写的这份论纲,被人们译成德语,争相传播,不胫而走,两星期内传遍德意志兰,一个月内传遍基督教世界。开始,路德对他的论纲引起的冲击感到惊慌和意外,他的初衷仅仅是抨击太不像话的赎罪券买卖,希望教廷改正。事态的发展影响着他,推动着他承担起这一时代所有革命力量的领导角色。现在他不得不继续往前走了。性格坚毅的路德终于成为德意志民族的第一位代表,也可说是第一位德意志民族英雄。

天主教会清楚地认识到,路德的行动所引起的德意志广大民众极强烈的反教会情绪,是何等的危险!他们开始试图用委婉劝诱的办法让路德撤回他的论纲。他们开出"价钱":让路德当枢机主教,并给他一个大主教职位。但一切努力均无济于事。路德在得到萨克森选侯的支持和保护后,终于在1519年中在莱比锡同枢机主教约翰·艾克为首的教廷强硬派公开论战。这时路德的立场比前两年大大前进了一步,他在神学论战中已经一步接一步地脱离了天主教教义,终于同罗马教廷分手。1520年路德发表他的宗教改革纲领文件《论罗马教皇权》,指出罗马是万恶之源,教皇眼里根本没有上帝,其横行霸道使德意志兰趋于毁灭。他号召"把罗马来的恶棍逐出国境"!这已经不是一个单以教皇为对手的神学教义的争执,这毋宁说是为德意志民族利益反对民族之敌的政治斗争。路德号召用暴力反抗教皇干预德意志事务,"拿起武器,向人世间的这种瘟疫发动进攻!"1520年8月路德写了一封题为《致德意志民族的基督教贵族书》,呼吁皇帝、诸侯和贵族们把教会改革工作掌握在自己手里,呼吁组成脱离罗马的德意志教会,消除教皇对皇权的干预。书中说:"教皇须让我国不再受他的不堪忍受的劫掠和搜括,教皇须交还我们的自由、权利、财产、荣誉、身体和灵魂,教皇须让皇权成为名副其实的皇权。"为了保证教会脱离罗马,教会职位不应由外国人担任,所有缴给罗马方面的钱都应停止缴付。路德还要求限制大财团的势力,例如富格尔家族的势力。

路德在他的宗教改革纲领中,完全违反天主教教义,宣称教皇制度乃是人造的制度,它的谕示并非无谬误的。路德在其文章《论基督徒的自由》中要求每一个基督徒都有直接同上帝联系的权利,而毋需通过教会和神甫作为居间人。为此路德主张每个人都有读圣经的权利(此前读圣经是教士专有的特权,教士可以任意曲解圣经中的话为自己的经济和政治目的服务)。在路德的许多要求中都可见到同捷克宗教改革家胡司(Hus Jan,1369—1415年)教义的联系,而胡司正是被教会作为异端烧死的。路德也和胡司一样,主张信徒在圣餐仪式上也享用两种圣礼,即面包和酒的权利。①

挺身而出的路德,就这样获得德意志兰各社会阶层的热烈拥护和襄助。著名的人文主义者乌利希·冯·胡滕(Ulrich von Hutten,1488—1523年)致信路德,敦促他坚定立场,允诺给以支助。帝国骑士领袖法朗茨·冯·济金根和冯·绍姆堡捎信称,他们将提供保护。虽然他们是从

---

① 这篇用德文和拉丁文发表于1520年11月的文章,同时蕴藏着一个将会对德意志民族的发展产生消极后果的论点,即只靠信仰就可免罪,而完全漠视行为的重要性。

极不相同的动机出发,但有一点是相同的,就是希望在物质、政治和精神方面消除教皇的有害干涉。还在这年6月份,教皇就发出《主兴起》教谕(又称《斥马丁·路德谕》),对路德的异端发出警告。三个月后又威胁说,六十天内如不公开认错,将开除教籍。至11月底到期时,路德非但不认错,还发表了两篇反对教谕的宣言进行回击。12月10日,路德竟敢当着集会群众公开把教皇的教谕连同所有宗教法规投入火海。1521年1月,教皇签署破门律,将路德革出教门。但这份破门律直到5月6日,即路德在帝国议会上露面三个星期之后才在沃尔姆斯公布。

1520年新加冕的德意志皇帝查理五世也出面迫害路德。这位出身于哈布斯堡家族西班牙世系的年轻国王和皇帝,对德意志民族并无多大感情,相反为执行他的意大利政策却需要教皇的支持。他在1521年下令传路德到沃尔姆斯帝国议会进行公开辩护或者撤回自己的异端理论。这时的路德处境和胡司不同,德意志民族的广大多数站在他的背后,他可以没有生命危险地前往沃尔姆斯。路德的行程就像是一次凯旋的进军。沃尔姆斯城在帝国会议期间是被济金根领导的帝国骑士控制着的。路德在人民群众和这些帝国骑士的武装保卫下没有作任何让步,也不撤回他的理论。他面对皇帝、教皇使节和帝国议会诸等级作的辩护发言——先用德语然后用拉丁语——中明确答复:"我既不信任教皇也不相信宗教会议,因为他们经常出错和自相矛盾。只要我还不曾被圣经文字或清晰理性驳倒了的时候,我不能也不愿撤回任何话,因为违悖良心行事是难于做到的,也是危险的。"

虽然路德采取这般态度,皇帝却不敢明令判他的罪。教皇使节道出了当时的紧张情势:"十分之九的德意志人欢呼'路德'!剩下十分之一的少数高呼'罗马教廷该死'!"帝国议会上开始形成两大阵营,皇帝和教会选侯坚定站在罗马教廷方面,而萨克森选侯和巴拉丁(普法尔茨)选侯等世俗诸侯以及帝国自由市诸等级却是支持路德的。只是在路德和他的强有力的庇护者离开沃尔姆斯之后,被路德的"大胆放肆"所深深震惊的查理五世,才对路德和他的附和者下了所谓帝国法外令。在这道敕令中指令一切人等:"你们不许给这个路德住处,不许给他房子,不许给他吃,不许给他喝,不许收留他,无论私下或公开都不许替他说话或帮他张罗,给予抉择或支援",否则必予严惩。但是皇帝这道敕令毫无意义。萨克森选侯把路德置于自己保护之下,并且指定瓦特堡作为他的居留地。路德遂

第三章 宗教改革时代:民族运动的发端

隐去真实姓名住在这里。

就在这一时期,路德开始了他的伟大工作:他把圣经从希伯来文本和希腊文本译成德文。并非是把圣经译成德文这件事有如此重大的意义,早在路德之前,已有南德语言的十四种圣经译本和北德语言的三种圣经译本。路德翻译圣经的重要意义在于,他在翻译时追溯到完全未经后人窜改过的圣经原本,并把它译成一种由他确定下来并通用起来的"标准"德语版本,这种德语来自人民的语言。路德在谈及这件事时说:"我为这件工作不得不问一问家里的母亲们,问一问胡同里的孩子们,问一问市集上的贩夫走卒们,我要亲眼看看他们在谈话时是如何开口的。"圣经翻译工作一直到1534年。路德的翻译工作对于创立统一的德意志语言文字是一个伟大的贡献。在帝国极不幸的分裂状态中,路德的"统一德语"就成为联系所有德意志城乡和邦国的纽带,并在以后的世纪中成为德意志民族融合的最重要因素之一,构成德意志爱国主义力量争取建立统一祖国事业的重要因素。路德译成的德文圣经依靠当时已有的印刷技术而获得迅速传播,统一德语也随之迅速传播,越来越多的德意志人开始用这种德语写作。

现在回过头来看一看沃尔姆斯帝国会议后的宗教改革情况。路德作为形成中的德意志民族的代表,他的理论被人民接受了。但是反对教皇的统一的民族反抗阵线却未能成立。沃尔姆斯帝国会议暴露出民族各阶层的利益分歧。特别当路德隐居瓦特堡托庇于萨克森选侯后,对运动已不可能再施加任何直接的影响。1522年始宗教改革运动分裂了,出现了三个营垒:第一个可称为天主教或保守派营垒,集合着一切企图维持封建关系的分子,包括皇帝、高级教士、部分诸侯和城市贵族等,此后的任务就是竭力维持旧的封建状态,或取消已经完成了的改革。他们也是以后的反宗教改革运动的发起者和主要力量;第二个可称为温和的市民和贵

宗教改革派阵营:(自左)马丁·路德、格奥尔格·斯帕拉廷、萨克森选侯约翰-弗里德里希、首相格奥尔格·勃吕克和腓力浦·梅兰希通

族的改革派营垒,聚合着反对派中的有产阶层,包括低级贵族、市民阶级以及部分高级贵族或诸侯。这些人主要是希望取消教会权力和对罗马的依附地位,分得天主教会的产业。高级贵族或诸侯更希望在宗教改革中取得更大的独立性;第三个可称为革命的农民和平民营垒,集结着宗教改革中最激进的力量,要求改变现存的剥削制度,一部分人甚至要求消灭现存的剥削制度。在第二和第三营垒之间,路德没有片刻犹豫就倒向第二营垒,以往发出的剿灭罗马的号召,改变成和平发展和消极抵抗了。路德坚持的"我不愿见到靠暴力和流血来提倡新教福音"的态度,最终使革命的农民和平民同他分了手。

二、骑士宗教改革

首先采取暴力推行宗教改革的是德意志的骑士等级。这部分低级贵族企图按自己的"理想"利用宗教改革运动。他们强烈不满教俗诸侯的专权、天主教会的富有以及帝国的可怜状况,梦想恢复往昔无诸侯帝国时代骑士的良辰美景,要求建立一个限制诸侯权力的、以骑士为支柱的中央集权君主国,一种以皇帝为首的贵族民主制度。骑士等级的政治家和军事家弗兰茨·冯·济金根和骑士等级的理论家乌利希·冯·胡滕一起领导了1522—1523年的骑士起义,企图用武力实现上述政治目标。

济金根(Franz von Sickingen,1481—1523年)是一位帝国骑士,以其好勇斗狠和恪守骑士"理想"而闻名于中莱茵兰。1518年因其反诸侯态度接受了皇家职务,并在翌年的国王-皇帝选举中对选侯们施加压力,以及参与驱逐符腾姆贝格公爵等事,名声大噪。就在这时他结识了胡滕,并从胡滕处接受了宗教改革的理想。胡滕虽然出身于帝国骑士家庭,本人却是著名的人文主义者,早在1515—1517年,他与人合作发表《蒙昧人书简》,用他所掌握的科学知识,对经院哲学和天主教会发动攻击。他坚决支持路德的宗教改革,走出人文主义者主要的活动基地大学和知识分子的圈子,投身于宗教改革激流中去。1519年他与济金根结成联盟,并邀请路德参加,但未实现。此后胡滕也就日益成为建立贵族民主制国家的坚决主张者。胡滕和济金根认为,只要把特殊军人等级即骑士贵族的统治建立起来,把分裂国家的祸首即诸侯统统废除,把教士的权力一并取消,把德意志帝国从罗马教权统治下解放出来,就可以使帝国重新统一、自由和强盛。

第三章 宗教改革时代：民族运动的发端

1522年8月，济金根在朗德斯土尔召集莱茵兰、士瓦本和法兰克尼亚等地的骑士开会，结成为期六年的"兄弟同盟"，自任盟主，准备反诸侯的战斗。9月初济金根派5 000步兵和1 500名骑士携带大炮突袭选侯特利尔大主教领地，企图建立他的世俗领地。济金根很快包围了特利尔城，但却得不到市民和农民的支持。与特利尔选侯结盟的普法尔茨（帕拉丁）选侯和黑森伯爵却迅速派来3万援军。骑士军队陷于孤立，五度猛攻特利尔城不下，只好撤围败归。派胡滕去瑞士求援，没有成功。诸侯联军转入反攻。1523年4月，济金根的大本营朗德斯土尔城堡被围，济金根负重伤，在悲壮的气氛中死去。胡滕逃往瑞士，不久病死。骑士起义以失败告终。

骑士宗教改革，1522年济金根围攻普法尔茨选侯辖城圣文代尔

骑士起义的失败看来有其必然的原因。骑士等级在当时是时代的没落者，他们的政治理想是恢复以农奴制为基础的贵族民主制国家，这等于是要把历史往回拉，是一种唐·吉诃德式的空想，济金根是如此，胡滕在某种程度上也是如此。依靠骑士的力量，是不可能实现帝国的统一、自由和强盛的。何况骑士等级在城市的眼中是打家劫舍的"强盗"，在农民的眼中更是一帮"老爷"剥削者，骑士起义得不到市民、平民、农民的支持，失败自然难免。但是我们也必须说，骑士起义的失败，毕竟是一出历史的悲壮剧。济金根还有胡滕在反诸侯的斗争中扮演的是被历史认可了的唐·吉诃德。

骑士起义失败后，骑士更深地依赖于诸侯，不再是一支独立的政治力量。农民战争爆发后，小部分骑士参加农民起义，大部分骑士则站在诸侯一边镇压农民起义。

三、人民宗教改革：闵采尔和农民战争

人民宗教改革的代表和领袖是茨威考城的牧师托马斯·闵采尔

(Thomas Müntzer，约1490—1525年）。闵采尔出身于哈尔茨山区斯托尔贝格农家，十六、七岁时曾在莱比锡大学学习哲学和神学，1512年获奥得河畔法兰克福大学神学学士学位。起初他在哈勒城任修道院的见习神甫，像平民派教士中的许多人一样，开始改革天主教仪式。闵采尔积极拥护路德的九十五条论纲，并在1519年在莱比锡认识路德，经路德推荐，翌年出任茨威考城的牧师。正是在这座采矿业和织布业都甚发达的城市，闵采尔接触到工人和下层人民的苦难和对现状的极度不满，特别接触到他们的核心教派"再洗礼派"的宗教和社会主张，开始形成激进的人民宗教改革思想。"再洗礼派"得名于只承认成人洗礼（即成年人必须再度受洗方得接纳入教），宣称"在尘世上的天国"快要到来，在这个天国里既没有贫穷也没有剥削，但并不企图通过暴力改变现存社会关系来建立这一天国。闵采尔把这种企图革命化了。他在布道中除去针对教会提出改革要求外，也代表被压迫居民的社会愿望和要求。茨威考城的统治者看到了危险。1521年，茨威考城的工匠起义失败，闵采尔也被驱逐出该城。他来到激进宗教改革运动的另一个中心波希米亚（捷克）的布拉格，同胡司党人建立了联系。这年11月，闵采尔发表著名的《布拉格宣言》，第一次阐明自己的宗教观和政治观，鲜明表现他对教俗封建制度的憎恨，也同路德的教义划清了界线。他攻击基督教的一切主要论点（包括天主教的和路德新教的），否认圣经是唯一的、无误的启示。他重视理性，认为真正的、生动活泼的启示应该是理性；信仰不是别的，只不过是理性在人体内活跃的表现，因此非基督教徒一样可以有信仰；通过这种信仰和理性，人人可以有神性，人人可以升天堂；天堂非在彼岸，天堂须在此生中寻找，信徒的使命就是要把天堂即天国在现世上建立起来。他甚至认为，基督也和大家一样都是人，基督只是先知和师表。他把基督教的神圣性和神秘性剥除净尽。天堂的欺骗，地狱的恐吓，一概被揭穿。实际上闵采尔所说的天国，只不过是没有等级差别，没有私有财产，没有高高在上同社会成员相对立的国家政权的一种理想社会而已。这可以看成是超前的、空想的共产主义。在闵采尔那里，农民要求建立以皇帝为首的君主国主张，被改造成统一的德意志共和国。

到1522年，闵采尔在布拉格的居留又被禁止。他的神学见解越来越具有强烈的政治性质。他在随后去南德的游历说教和布道中，首先动员农民和平民起来反对剥削者的斗争，把宗教改革转变为一场暴力的社会

第三章 宗教改革时代：民族运动的发端

变革。他在担任图林根阿尔斯特德的牧师职务后，激进的暴力改革观越来越同路德的观点相对抗。路德一再试图用神学辩论把闵采尔拉回温和派宗教改革的道路，没有成功。闵采尔奔走于图林根和萨克森的城乡，积极从事革命活动。这年年底，他建立了秘密的组织"基督教同盟"，成为准备武装起义反对封建主和城市贵族的核心领导组织。他向四面八方派出密使，写了许多宣传小册子，联络各地分散的骚动和起义。图林根的平民和农民，包括来自路德老家的群众和矿工，像朝圣般纷纷赶来阿尔斯特德听他讲道。

诸侯们企图以一切手段制止闵采尔的革命活动，禁止印刷他的著作，禁止平民和农民听他说教。路德也加入了围攻。他写下《为反对阿尔斯特德的叛乱精神致萨克森诸侯书》，要求诸侯们驱逐闵采尔和他的拥护者，因为他们传播邪教并号召暴动以反对官方。这样一来，不只是路德和闵采尔之间，而且也是温和派宗教改革同人民宗教改革之间的公开决裂。1524年中闵采尔在《对诸侯的讲道》中答辩道，凡是违背主的启示的人，都必须毫不怜悯地予以消灭；上帝之国将由劳动人民，首先是农民建立起来！为此萨克森公爵严令阿尔斯特德市议会驱逐闵采尔。闵采尔前往帝国城市缪尔豪森，不久就投身到南德的平民和农民起义中去。1525年3月17日，缪尔豪森城的手工业工人和平民推翻了城市贵族的统治。一个由城市居民选举的"永久政府"接管了城市的统治。几乎在同时，在中德和南德，在奥地利和阿尔萨斯，爆发了广泛的农民起义，许多城市中的下层居民也参加起义，参加起义的还有不少低级贵族（骑士）。闵采尔认定，扩大人民起义的范围，建立起义集团间的紧密联系，是其主要任务。

1524—1525年爆发的波澜壮阔的德意志农民战争，遍及德意志兰大部分地区，约有三分之二的农民投入战斗，为西欧历史上空前的壮举。它还不同于以往零星的农民反封建的骚动或起义（例如1476年开始的美茵区尼克拉斯哈森的吹鼓手小汉斯起义；1493年开始的希勒特斯塔特的鞋会起义；1513年开始的士瓦本的穷康拉德起义），而是带有时代的特点，成为人民宗教改革的主力军，也就是说成为德意志民族运动的主要推动力之一。这从农民战争中出现的各种纲领中得见。

托马斯·闵采尔

这次农民战争的中心地区有三个,即士瓦本、法兰克尼亚、萨克森-图林根。开始时,各起义地区都有本区的起义纲领,反映本地区农民的特殊要求和控诉,比如说,武尔茨堡起义农民的纲领包括50款,美茵茨起义的包括29款,明斯特起义的包括34款,因河河谷区起义的包括19款等等,但很快就汇总为三个主要的农民战争纲领,这就是《书简》、《十二条款》和《海尔布琅纲领》,从中我们可以窥见,德意志农民战争的主要任务,是建立统一的德国和取消封建剥削。

农民起义

1524年夏天首先起事的士瓦本瓦尔茨胡特农军,联合市民,组成"新教兄弟会",主张除皇帝外不承认任何其他君主(诸侯),按照帝国国旗的颜色制成三色盟旗,象征德国统一。农民密使出现在各地,打算成立全德新教兄弟会。到第二年2、3月,莱茵河、多瑙河和莱希河之间的农民纷纷揭竿而起,组成一支约有3 500人的武装队伍,其中不少是闵采尔的信徒。1524年末1525年初,这支农军提出《书简》纲领,它是在闵采尔的影响下写成的。《书简》要求以暴力推翻现存的封建制度,建立尘世天国。《书简》的基本倾向是:政权属于人民,统治者只能得到人民允许给他们的那些权利;革命的农民和平民都应参加闵采尔组织的"基督教同盟",它将成为人民群众的常设组织,不参加者将遭受"世俗的斥革"。《书简》视王宫、寺院和大教堂为一切罪恶之渊薮。显然,这是一份过激的纲领,脱离了广大农民和平民的认识和要求,因此只有少数坚定的革命派为实现《书简》而斗争。

被看成"温和的"、"有妥协性的"农民战争纲领《十二条款》,则更多地反映农民的切身利益。1525年3月,士瓦本地区六支农军队伍(总数达4万人)的领袖在梅明根城举行集会,通过了著名的《十二条款》。这是一份重要的反封建文献,其中农民要求废除农奴的人身依附关系(第3条),要求"公正的裁判"(第9条);归还被领主侵占的公地(第4、5、10条);减轻劳役、地租和其他徭役(第6、7、8条);也要求取消各种什一税和不合理的捐费(第2、11条)以及选举本地区牧师的权利(第1条)。这些内容中的一部分涉及到取消数百年来对农民的不公正状况,一部分是要求取消16世纪初随着商品经济的发展而新加给农民的沉重负担,一部分包括由宗教改革的教义中产生的热切愿望,主要是符合新教教义的热切愿望。还有一条不成文的精神,那就是只反封建领主,不反皇帝。显然,《十二条款》和闵采尔门徒所奉行的《书简》不同,它在原则上并不反对现存制度,只是反对封建制度中特别巨大的祸害。这也就决定了恪守《十二条款》的农民义军会不断受封建领主之欺骗而最终被镇压的命运。但是从另一个角度来看,《十二条款》要求世俗的和教会的封建贵族作出让步,是不会得到封建贵族的同意的,后者除非处于生死关头才不得不作出欺骗和妥协的姿态。农民必须战斗。他们的实际行动往往会接近《书简》提出的要求。农民战争在客观上就推动了人民宗教改革和国家统一的进程。

1525年3月末爆发的法兰克尼亚农民起义是这方面的有力补充证明。以诺德林根、安斯巴赫、洛腾堡、武尔茨堡、班贝格和比尔德豪森为中心的六支农军,以及以雪茵塔尔为中心的光明军,相继奉《十二条款》为自己的纲领,并在这一纲领下联合战斗,酿成1525年德意志农民战争史上规模最大、斗争最激烈的历史场景。他们占领了几百个城堡和修道院,惩办土豪劣绅,处死罪大恶极的魏茵斯贝格伯爵黑芬斯坦因,给封建地方势力以沉重打击。一些地方贵族和骑士纷纷归附农军。

第三个重要的农民战争纲领是所谓《海尔布琅纲领》,或称帝国改革纲领。这个纲领出现在士瓦本农军主力被各个击破、法兰克尼亚农军相继被解除武装、萨克森-图林根农军遭到围剿的1525年5月12日。在这个危难的时刻,法兰克尼亚、士瓦本和阿尔萨斯的农军代表集会于符腾姆贝格城市海尔布琅,讨论帝国改革方案和下一步行动计划。骑士贵族、前光明军领袖文德尔·希普勒(Wendel Hipler,1465—1526)提出十四条改革方案,即海尔布琅纲领。纲领要求建立一个强有力的中央政权,其基础是有低级贵族参加的市民和农民的巩固联盟。纲领规定农民可以付二十倍常年租额的钱来赎免对领主的封建依附;要求取消一切阻碍建立统一经济地区的限制,废除国内关税,统一货币和度量衡;答应把没收来的教会土地分给低级贵族作为共同行动的报酬。可见这个纲领更明显地反映了城市市民阶级的利益,像是一个民族性质的共同纲领,只是在"兵临城下"的情况下,只有很少的农民知道,根本没有实现的机会。

从上述的三个农民战争的纲领可见,德意志农民战争既是民族运动的继续,又是社会运动的革命。民族运动由于没有中央王权作中坚和皇帝的支持而没有结果,社会运动则没有得到城市的支持和市民阶级的领导而归于失败。这同样是一出历史的悲壮剧,但意义和教训却较之骑士起义远为深刻。这从农民战争的大过程中可以得见。

农民战争初起之时,形势甚为有利。南德的诸侯和封建主正忙于参加皇帝反对法兰西的战争,无暇顾及南德的农民起义。原先由诸侯、骑士、帝国城市组成的以斯图加特为中心的所谓"士瓦本联盟"变得松弛和内部矛盾重重。它所保有的由军事首领特鲁赫泽斯①统帅的常备雇佣军,较之当时武装的农民,力量上处于劣势。而从农民方面来说,南德两大农民战争中心士瓦本和法兰克尼亚,不仅获得几乎所有农民阶层的拥护,而且也得到一些新教中小城市的支持。士瓦本六支农民起义军的中心,都在城市地区,他们是黑森林-黑部农民军、巴尔特林根农民军、梅明根-肯普滕-考夫伯伦的上阿尔部农民军、贝马廷根为中心的湖军、乌尔察黑周边城区的下阿尔部农民军以及莱普海姆农民军。而接着起事的法兰克尼亚六支农军,也是以比较著名的城市为中心的。许多城市依靠农民的支持,夺得了城市统治权,武尔茨堡,海尔布琅等城市都是如此。一系列的城市以供给金钱和武装为条件,确保中立地位。农民并没有系统地占领城市,多半满足于占领和破坏封建主的设防和堡垒。法兰克尼亚的农军,还由于一些骑士的参加而增强了军事战斗力,其中最著名的骑士是弗洛里安-盖叶尔(Florian Geyer,? —1525)和哥茨·冯·贝利欣根(Götz von Berlichingen,1480—1562)。

但是农民战争也暴露出许多致命的弱点。首先是轻信和各自为战;其次是农民队伍中成分的复杂和利益的分歧;第三是同盟军城市的动摇和倒戈。农民的敌对阵营士瓦本联盟在不利的形势下总是采取虚与委蛇的诺言策略,稳住农民的进攻,防止各股农军的一致出击,一旦形势有利,立马背信弃约,突袭农军,各个击破。特鲁赫泽斯的"谈判-和约-袭击"策略居然屡屡得手。1525 年 3 月初,士瓦本联盟允诺把农民的要求提交仲

---

① 特鲁赫泽斯(Truchseß)或特鲁赫泽斯·冯·瓦尔德堡(Truchseß von Waldburg),是一种荣誉官职或王家扈从首领职称,而非具体人名,1525 年镇压农民战争的特鲁赫泽斯应当非止一位。是年特鲁赫泽斯成为帝国世袭官职。

第三章 ● 宗教改革时代:民族运动的发端

裁法庭"公正"裁决,农军则同意停战。特鲁赫泽斯一边与巴尔特林根农军、上阿尔郜农军和湖军谈判,一边加紧集结和加强军事力量。农军严格遵守停战之约,而且在中旬拟订出《教会官厅和世俗官厅的所有农民和依附农民向上述官厅申诉的基本的和正当的主要条款》,即《十二条款》。仅仅十天之后,特鲁赫泽斯集结了万人兵力,朝乌尔姆方向进发,从背后袭击并消灭了莱普海姆农军,农民领袖都被处决。士瓦本农军决定团结战斗,特鲁赫泽斯的进军遭到联合起来的农军的激烈抵抗,处境不利,于是再度抛出诺言,劝说农军领袖同意停战。他又成功了。1525年4月17日士瓦本联盟同士瓦本起义农民达成梵茵加尔腾和约。特鲁赫泽斯则乘机突出重围,把部队调去反对法兰克尼亚和符腾姆贝格的起义农民。

在法兰克尼亚,各股农军正开始联合行动。农军中战斗力最强的是由小店主出身的格奥尔格·梅茨勒(Georg Metzler)和骑士文德尔·希普勒领导的光明军,特别当骑士弗洛里安-盖叶尔领导的黑军(一支由雇佣兵组成的精锐部队)加盟后,声威大震。许多贵族和城市慑于声势也都加入农民军。但是不久光明军的军事指挥被骑士哥茨·冯·贝利欣根所掌握,这是一个军事上强而有力政治上却朝秦暮楚的人物,今天可以帮助诸侯反对农民,明天又帮助农民反对贵族,也许他是想利用农民起义之力达到骑士的"理想"目标。光明军开始分裂。忠于农民起义的弗洛里安-盖叶尔和雅克莱因·罗尔巴赫(Jäcklein Rohrbach)各带自己的队伍脱离光明军。尽管农军日益各自为战,但在1525年4月下旬还是占领了斯图加特城,符腾姆贝格的起义农民组织了光明基督教农民军,在波伯林根附近阻击特鲁赫泽斯的军队。特鲁赫泽斯重施故技,5月初与农民达成停战协议,接着出其不意加以袭击,给以歼灭性的打击。农军这一次的失败还因城市-市民阶级的反水并支援特鲁赫泽斯而加速。罗尔巴赫被俘并被残酷处死。光明基督教农军和整个符腾姆贝格的起义也都被瓦解。现在特鲁赫泽斯与普法尔茨选侯的部队联合起来,向法兰克尼亚的起义农军进攻。

在此期间,文德尔·希普勒在海尔布琅主持召开法兰克尼亚农军代表大会,拟订了著名的《海尔布琅纲领》。但就在会议期间,城市的市民阶级就背着农军与特鲁赫泽斯谈判城市的转让问题,特鲁赫泽斯很快占领了海尔布琅城。农军退向武尔茨堡,同当地的农军汇合,人数估计有2万到2.5万人,却没有形成反击特鲁赫泽斯的共同行动。农军大部分士气不振或开始逃跑。光明军的军事领袖贝利欣根见大势不妙,就离开了农军,还准备用武力帮助特鲁赫泽斯反对农民。

特鲁赫泽斯同法兰克尼亚农军的第一次遭遇战发生在6月2日的柯尼斯霍芬,农军惨遭败绩。几天后的第二次遭遇战,农军完全被击败。弗洛里安-盖叶尔不久也被杀死。武尔茨堡市政当局为特鲁赫泽斯打开城门。最后一支法兰克尼亚农军被解除武装。特鲁赫泽斯与法兰克尼亚的贵族结成联盟,进而完全镇压了南德的农民起义。

农民战争的第三个中心地区是中德的萨克森-图林根。这里是宗教改革的发源地。起义的中心城市是帝国城市缪尔豪森。1525年3月17日,在闵采尔领导下,城市平民和矿工便推翻了城市贵族政权,建立了"永久议会",闵采尔以牧师身份出席议会。差不多与此同时,中德的图林根、哈尔茨、萨克森、福格特兰和黑森的农民都起来了,响应南德的总起义。闵采尔同中德和南德的农民起义迅速建立了密切联系。与南德农军不同,中德农军的战斗力不强,武器装备较差,很少有人懂得军事作战,就是闵采尔也不掌握军事知识和经验。另外在中德的城市里,平民也加入战斗,闵采尔特别注重农民和平民的紧密联盟,认定这是运动成功的基础。但实际上农民和平民的联盟并未能建立起来,而城市的有产阶层全都倒向敌方营垒。中德农民的敌人集结在黑森伯爵和萨克森公爵周围。4月,黑森伯爵拼凑了一支雇佣军,短时间内就战胜了黑森农军,然后转攻法兰肯豪森。闵采尔在这里集结了约8 000人的军队应战。萨克森公爵的军队则从东方向闵采尔军营推进。开始,贵族们依然施展特鲁赫泽斯在南德一再取得成功的策略,用虚假诺言与农民缔结了停战协议。5月16日诸侯部队进行袭击,农军被击溃,3 000多人遭杀害。闵采尔受伤被俘,诸侯们对他施行特别残酷的报复。经过长期的苦刑之后,坚贞不屈的闵采尔终于在缪尔豪森附近被斩首。5月25日,缪尔豪森城投降。

德意志农民战争的最后一个余波是1534年明斯特的再洗礼派起义。明斯特城的城市贵族企图使城市归属于主教,城市的民主势力和穷苦居民对此进行反抗。后者的大部分属于再洗礼派,在巷战中推翻了城市贵族的统治,一个新的市政机构被选出来。面包师约翰·马笃斯和裁缝师约翰·梵·莱顿成为新市政机构的领导。他们提出的目标是通过建立公社来消除财产的不平均现象。一些激进的、平均主义的措施被执行:禁止高利贷和投机业;没收金子和银子以辅公共需要;平均分配储存粮食等。

明斯特公社对主教和邻近封建主雇佣军的抵抗长达 16 个月之久,到 1535 年 7 月才被战败,连最后一个人都被雇佣军杀死。明斯特公社证明,人们没有封建贵族也能生活。

四、诸侯宗教改革和反宗教改革

路德的宗教改革,正处在德意志社会内部萌生新的早期资本主义经济关系之时,因此路德教教义除了代表一种民族国家的要求外,还贯穿一种德意志特有的新教资本主义精神。由于民族运动和社会力量不足以克服封建主义,路德教教义的社会内涵也就发生变化,新教资本主义精神也遭到扭曲和阻遏。这就是为什么路德本人竭力反对农民战争的暴力行为以及城市市民阶级不支持农民起义的深层原因。路德的宗教改革被德意志诸侯所利用,成为他们劫掠和坐收渔人之利的工具。在许多诸侯邦内,仿效萨克森选侯的榜样,组织起本邦新教教会,诸侯则成为本邦教会的首脑,集本邦的国家权力和教会权力于一身,巩固了自己的权力和独立性。教士们在新教邦内成为诸侯的官员和诸侯统治的重要支柱。不仅如此,新教邦诸侯还在教产还俗的浪潮中发了大财,加强了财政实力。

这种诸侯宗教改革的传播,不仅扩大了正统天主教派同宗教改革运动之间的裂痕,也遭到德皇查理五世的反对。查理五世看出,德意志各邦诸侯权力的加强,是对皇帝中央集权计划的巨大威胁。不过当时的政治形势让皇帝抽不出手来,他为了获得意大利的支配权而卷入同法国国王弗朗索瓦一世长达 20 年的系列战争中。在天主教集团首领皇帝不在的情况下,1522 年帝国议会在纽伦堡开会。在萨克森选侯弗里德里希影响下的新教福音派(Evangelium,即路德派)集团不仅公然蔑视教皇及其使臣,而且迫使帝国议会宣布上年的沃尔姆斯敕令不予施行。1525 年普鲁士宗教骑士团国家宣布世俗化,把路德教作为领地宗教。1526 年黑森伯爵腓力浦与萨克森选侯约翰,加上吕纳堡、普鲁士、马格德堡诸侯,形成同情路德教的第一个诸侯组织托尔高联盟,在同年的斯派耶尔帝国议会上否定了奥地利大公提出的施行沃尔姆斯敕令以及禁止宗教改革的意见,通过一些有利于路德派教义的法令:把有关信仰的决定交由各邦自行处理。在天主教阵营中,巴伐利亚公爵和几位来自南德的主教,则与查理五世的弟弟,奥地利亲王斐迪南联合起来。

在1529年召开的斯派耶尔帝国议会上形势陡变。皇帝在同法朗索瓦一世的战争中打了几次胜仗,加强了斐迪南和天主教集团在帝国议会的地位。查理五世的代表宣布,废止1526年斯派耶尔帝国议会的决议,重申沃尔姆斯赦令。会议通过决议:严格执行沃尔姆斯赦令,不得实行宗教改革,不宽容新教各派和再洗礼派,不得剥夺天主教会的财产和权力。路德派群起抗议。帝国议会中的路德派同情者宣布他们不受会议决议的约束。在抗议书上签名的有萨克森选侯、勃兰登堡选侯、黑森伯爵以及斯特拉斯堡、纽伦堡等14个城市的代表。从此以后,路德教的追随者开始被称为抗议宗新教徒(Protestant)。在翌年皇帝亲临的奥格斯堡帝国议会上,抗议宗新教徒用书面形式提出他们的主张和要求,这份冠名《奥格斯堡告白》系由路德的密友和亲信、人文主义者梅兰希通(Philipp Melanchthon,1497—1560)拟就并经路德审定的。《告白》主要强调教会、合法国家和社会制度都应符合上帝的意志,应予尊重和服从;主张基督教各派要宽容、温和与平心静气地协商。路德以往生气勃勃的宗教改革演变成一种官方性的宗教改革。即使如此,《告白》还是受到天主教营垒的攻击。新教徒的努力完全徒劳,帝国议会在路德派缺席的情况下投票表决,废除一切改革。不过皇帝查理五世当时尚明白,他并不能压服路德派,这时又适逢土耳其人围攻维也纳,需要新旧教力量团结对外,乃决定暂时妥协,暂时不实施奥格斯堡决议。但是路德派仍有遭审判和镇压的危险。

新教诸侯和城市面对这一挑战立即团结起来。他们的代表集会于萨克森西南山城施马尔卡尔登,并于1531年2月结成了施马尔卡尔登同盟。到此时为止,路德新教已传遍全德。加入新教的邦和城市,除萨克森和黑森外,重要的还有安斯巴赫-拜罗伊特,安哈尔特,曼斯菲尔德,不伦瑞克-吕纳堡,石勒苏益格-荷尔斯坦因,东弗里斯兰,勃兰登堡,梅克伦堡,普鲁士,西里西亚部分地区,以及马格德堡、纽伦堡、乌尔姆、罗伊特林根、康斯坦茨、斯特拉斯堡、汉堡、卢卑克、罗斯托克诸城市。从地理上看,美茵河以北广大北德土地和东德的广大平原地区,大部分落入新教手中。而南德地区和奥地利,还是天主教诸侯的堡垒。

不仅如此,新教在欧洲也传播开来。瑞典、挪威和丹麦都已成了新教国家。较路德更激进的宗教改革家慈温格利(Hyldrych Zwingli,1484—1531)和喀尔文(Johann Calvin,1509—1564)的改革已经在瑞士确立起来。1541年喀尔文还在日内瓦建立起他的神权政治国家。喀尔文派在苏格兰扎下了根,在法国和匈牙利形成为重要的少数派,在荷兰成为占优势的新教集团。其他一些新教派别如波希米亚兄弟会等也纷纷出现。欧洲的新教运动已同北德的路德教运动联成一气。当皇帝查理五世在1546年最终战胜法国从而能专注于解决德意志的宗教冲突时,可说为时已晚,无法控制。不仅新教诸侯反对他,天主教诸侯也不支持他。教俗诸侯都已经看到,皇帝反对宗教改革运动,无非是一种重新确立皇帝对于德意志帝国乃至整个欧洲的至高权力的努力。中央集权的统一的德国是同诸侯分离主义利益绝对不相容的。在1538年组成有皇帝参加的天主教同盟,虽然同施马尔卡尔登同盟武装对峙,但两个集团在六、七年间却保持着和平。直到1546年由新教同盟首先发难的施马尔卡尔登战争中,皇帝的意图变得清晰了:他把这场反对德意志新教徒的局部战争,变成一次皇帝同诸侯间最后和决定性的较量,作为将德意志诸侯置于皇帝统治下的最后一次尝试。查理五世的军队取得了军事上的胜利,在米尔贝格战役中击败了萨克森选侯,占领整个萨克森,进而征服维滕贝格,并把萨克森选侯称号给予萨克森阿伯丁家族的莫里斯,一个与皇帝结盟的新教徒。皇帝的西班牙和意大利雇佣军还在南德征服新教城市和地区。但是他的中央集权的政治图谋却遭到失败。同盟者莫里斯选侯首先出来反对,他现在坚决要求保持诸侯的独立性。1551年新教诸侯与天主教诸侯在托尔高结成诸侯同盟,联合起来反对皇帝。他们甚至和教皇以及法国国王结成同盟,不惜把梅斯、图尔、凡尔登、康布雷等城市交给法国,以换取法国的财政支援。1552年春,诸侯联军在南德发起进攻,迫使皇帝逃亡。查理五世在这些力量的迫使下,不得不放弃在施马尔卡尔登战役中所得到的一切,不得不放弃他的中央集权计划,并于1556年退位。[①] 皇位传给他的弟弟斐迪南,统治着德意志帝国,包括奥地利及其领地捷克和部分匈牙利。他的儿子腓力浦则统治西班牙、尼德兰和海外领地。查理帝国分解,形成哈布斯堡王室的两个统治支系。

  诸侯宗教改革和反宗教改革较量的结果,是新教诸侯和天主教诸侯在1555年签订了著名的奥格斯堡宗教和约。和约规定,出席帝国议会的各等级有权在信仰路德新教和信仰天主教之间任择其一;新教享有与天主教平等的权利;各邦诸侯和各自由市被授予举行礼拜的自由和邦内实

---

① 查理此后再也没有回到德意志兰。退位后遁入西班牙修道院隐居,1558年逝于此。

行宗教改革的权利。根据"cuius regio eius religio"("在谁的邦 信谁的教"或译"教随国定")原则,各邦当局可以规定邦内居民信仰何种宗教。凡邦内信仰其他宗教者有权迁往其他宗教区域,当地官员也有强迫其他信教者改宗信本邦的宗教之权。这样一来,不仅各邦路德新教教会的形成被肯定下来,而且各邦的世俗权力和教会权力都归统诸侯一身的事实也被肯定下来。此外,和约还规定1552年以前已经完俗了的教会产业都保留在诸侯手中。

在路德宗教改革结束的时候,德意志诸侯赢得了完全的胜利。德意志居民分裂成天主教徒和新教徒。德意志帝国政治上的分崩离析实际上进一步加深了。

五、三十年战争:宗教改革时代的悲惨结局

发生在1618—1648年的三十年战争,是1555年奥格斯堡宗教和约以来欧洲宗教改革进程的结果。首先是天主教会,虽然丧失了对欧洲大部分地区的统治权,但并未完全丧失他们的势力,依旧是封建统治阶级的一个重要思想支柱。从16世纪下半叶起开始了反对新教的反宗教改革。此外,天主教会为巩固内部和加强集中而进行一系列的内部改革,消除了一些最坏的弊病,例如解除渎职和不守教规的教士职务,规定教士必须独身,取消赎罪券买卖等。1545—1563年间常常是每隔几年又接着举行的特兰托宗教会议,就是主要解决这些问题的。教皇对一切出版物的严格检查制度建立起来。教皇可随时开列"禁书目录",禁止所有天主教徒去研究新教书籍或自然科学新著作。除了这种思想控制外,天主教会还建立了耶稣会作为反宗教改革的最重要工具。耶稣会的创立者是西班牙贵族伊格那基俄·德·罗耀拉(Ignacio de Loyola,1491或1495—1556)。他主张耶稣会的成员不应只在修道院修行,而应完成世俗的使命,为教皇和天主教会服务。在他所拟的该会章程中,除安贫和守贞的宣誓外,还强调对该会会长的绝对服从的宣誓,并规定一切事务按教皇意旨办理。1540年教皇批准该章程,确认了耶稣会的合法性,罗耀拉成为该会第一任会长。

耶稣会是一个有严格纪律的准军事性质机构。成员经过审慎选择,严格服从纪律。罗耀拉的训词这样写道:"下属必须服从上级,像一具可

第三章 宗教改革时代：民族运动的发端

以随意移动的尸体,像一根可以任意转动的棍子,像一块可以任意捏扁或拉长的蜡团。"耶稣会的宗旨是维护天主教的权威,扩大天主教的影响,到处建立和巩固天主教会的统治。为达此目的,耶稣会士对一切天主教的反对者进行不择手段的报复(其口号是："只问目的,不择手段")。会士们常常以便装同世人自由交往。他们开办学校、医院,跻身于欧洲各大学,占据显要位子,打入各国宫廷,结交显贵,担任宫廷神甫和高级官吏。他们还利用自己雄厚的财力争取某些诸侯改皈天主教会。但是在德意志兰,耶稣会却无法改变部分新教部分天主教的信仰状况,无法改变新教诸侯邦和天主教诸侯邦并立的局面。隐藏在宗教外衣下的德意志各封建势力之间的政治纷争,无法得到解决,德意志兰终于成为三十年战争的主战场。

1555年奥格斯堡宗教和约不过是德意志诸侯之间、诸侯同皇帝之间的暂时妥协。新教诸侯并不遵守和约,继续争夺领土,没收教会财产,天主教诸侯则力图重整旗鼓,扩大势力范围,取消新教已取得的地位。16世纪后半期的历史特点,就是德意志诸侯之间以及诸侯同皇帝之间的不断冲突,目的都在扩大自己的势力范围。只是这些争权夺利的斗争都被罩上神赐的圣光。天主教诸侯把自己的行动说成是"反对异端",新教诸侯则打出"争取新福音"的旗号与之对抗。诸侯反对皇帝(中央政权)的斗争也用"争取福音信仰自由"的口号伪装起来。新教中蕴藏的资本主义精神并没有为新教国家或新教邦开辟有利的前景,资本主义的进步性完全被封建的争夺所掩蔽,为封建的混战所扼杀。

德意志帝国这种政治反动和诸侯割据局面还由于16世纪下半叶开始的经济衰落而加固。欧洲人发现新航路和美洲大陆后,世界商路开始转移。以往东方国家到大西洋沿岸各国的贸易往来必须经过德意志兰,德意志兰在国际贸易中具有头等重要意义,现在却由沿大西洋岸绕道好望角的新航路所代替,从此,同北意大利进行贸易的南德城市也逐渐失去优势。本来是商旅不绝的阿尔卑斯山大道和旅舍,越来越罕见人迹。经济上较发达的英国商人以及刚刚摆脱西班牙统治而独立的荷兰资产阶级,在欧洲各地到处排挤德意志人的商业活动。特别在德意志农民战争失败后,农奴制在东德和北德开始恢复起来,不仅阻碍了城市资本主义生产的发展,而且摧毁了农村资本主义生产的萌芽,随之而来的是国内市场缩小,工业生产锐减,商业萧条,城市衰落,国内各地间的经济联系日益减少。地方割据势力却大大加强。与英法等国相比较,德意志兰是一个四分五裂的经济落后国家。著名诗人海涅(Heinrich Heine,1797—1856)在其讽刺诗中写道:

"法国人和俄国人占有了陆地,

海洋是属于英国人的。

只有在梦想的空中王国里,

德意志人的威力才是无可争辩的。"

德意志兰这种落后、分裂和错综复杂的形势,还由于16世纪末17世纪初欧洲形势的不稳定而更显复杂。主要的变化就是奥地利哈布斯堡家族的加强和由此引起的欧洲矛盾的扩大。从15世纪30年代起,神圣罗马帝国的皇帝一直是从奥地利的哈布斯堡家族中选出的。哈布斯堡家族除了垄断皇位外,还统辖着波希米亚(捷克)、匈牙利西部、士瓦本和阿尔萨斯。哈布斯堡家族的另一支控制着西班牙。西班牙是当时欧洲最强大的天主教封建王国之一。17世纪初以来,奥地利和西班牙越来越采取共同行动,制定各种联合计划,打出了反宗教改革的旗帜。他们的目的是要建立一个包括德意志兰、意大利和尼德兰的大哈布斯堡国,实现哈布斯堡的欧洲霸权。

哈布斯堡的意图首先遭到法国的强烈反对。法国国王认为,欧洲霸权应该属于他。法国还担心,如果奥地利和西班牙的大哈布斯堡国计划得以实现,不仅会阻遏法国向南和向东的扩张势头,而且会形成对法国的包围之势。因此,法王坚决主张同哈布斯堡一战。他一再怂恿德意志新教诸侯同法国结盟,反对"共同的敌人"——皇帝。另外,英国政府也不愿哈布斯堡家族在北海沿岸增强势力。英国还力图削弱西班牙的势力,压制奥地利在尼德兰和下莱茵兰的扩展。北欧诸国对于德意志兰领土上的冲突和对欧事务的态度也是明确的。丹麦和北德在政治和经济上都有着密切的联系。丹麦自认是北海商路东西方贸易的唯一中介人,不能容忍哈布斯堡在北德建立统治。丹麦国王还占领着一些领土,如不来梅、维尔顿等主教区,因而也是神圣罗马帝国的一名诸侯,当然不愿看到皇帝势力的增强。瑞典力图在波罗的海继续扩展势力,把波罗的海变成"内海",进而争夺北海的势力范围。瑞典同样反对哈布斯堡在北德建立统治。

这样一来,原先在德意志兰存在的两种急待解决的矛盾,即诸侯之间的对立和诸侯同皇帝之间的对立,现在由于哈布斯堡同法国之间的尖锐矛盾而出现第三种对立。德意志内部的社会矛盾同欧洲的紧张局势错综在一起。1607年,天主教的巴伐利亚公爵伙同耶稣会士和皇帝,无端用武力攻击信奉新教的小小帝国自由市多瑙弗特,并把它并入自己的领地。这是一个信号。德意志诸侯立刻分裂成两个敌对阵营,开始集结军队。外国军队也开始行动起来。1608年,新教诸侯结成"新教联盟"。一年以后,天主教诸侯建立了"天主教联盟"进行对抗。"新教联盟"由普法尔茨选侯领导,属该联盟的有勃兰登堡选侯,黑森伯爵以及一些帝国自由市。它同英国、丹麦、荷兰有联系,且得到法国的特别支持;"天主教联盟"由巴伐利亚公爵领导,属该联盟的有马格德堡兼美茵茨大主教,科隆大主教和特利尔大主教三大宗教选侯。它得到皇帝、教皇和西班牙的支持。这两个联盟虽标榜宗教上的不同,但目的却是相同的,那就是要牺牲"信仰上的敌人"来加强诸侯的权力,削弱皇帝的势力以巩固自己。此外,两个联盟的内部也远非一致:巴伐利亚公爵同皇帝存在矛盾;新教诸侯中最强大的萨克森选侯却不参加"新教联盟"。

就在这敌对双方严阵以待的时刻,边远的捷克首府布拉格发生的所谓"掷出窗外事件"(Defenestration)成了三十年战争的导火线。捷克原是神圣罗马帝国中的诸侯波希米亚王国,后来由于选举哈布斯堡家族的成员为国王,成了奥地利哈布斯堡家族的世袭领地。1609年皇帝卢道尔夫二世在捷克民族的要求压力下,签署了有名的"大诏书",承认捷克人有信教自由;有权按自己的宗教仪式举行礼拜,建立新教会和创办学校;有权选出三十名"保护人"来保护这些权利和督促执行"大诏书"。1617年新皇帝马提亚指定狂热的耶稣会追随者、斯

"掷出窗外事件"

提里亚大公斐迪南为捷克国王,公开破坏了"大诏书"。捷克议会中的新教等级代表自动开会,拒绝承认斐迪南,斐迪南则残酷镇压新教,终于激

起捷克民族的愤慨。1618年5月23日,一群武装群众拥入宫殿,按照捷克古老的习惯,把两名国王最忠实的官吏,从七丈多高的窗口掷出去(正好落在御城河沟的垃圾堆上,一伤其足,一被摔昏,均未死)。这个事件震动了欧洲所有宫廷。奥地利决心征伐,捷克民族决定起义。

通常史书把三十年战争分为四个时期,但没有一致的时期冠名,各时期的内容重点也不尽相同。我在这里分别称为捷克起义时期(1618—1623),丹麦干涉时期(1624—1629),瑞典入侵时期(1630—1635)和法国参战时期(1635—1648),所述内容则侧重于同德意志国家和民族运动命运攸关的部分。

捷克起义时期。1618年的"掷出窗外事件"是捷克民族起义的信号,也是三十年战争的开端。捷克民族起义的目的是反对哈布斯堡的民族压迫,争取民族独立,因而得到全民的响应。人民选出三十名保护人(其中大部分是新教贵族)组成政府,由屠恩伯爵率领的起义军,很快突入奥地利,进逼首府维也纳。1619年皇帝去世,憎恶捷克人的斐迪南即位,为斐迪南二世(1619—1631在位),仍兼任捷克国王。捷克议会各等级通过决议,废黜斐迪南,选举"新教联盟"的领袖普法尔茨选侯弗里德里希为捷克国王。但是捷克起义军的军事行动却停止下来。捷克的贵族幻想通过同皇帝谈判获得成果,并把胜利的希望寄托在普法尔茨选侯和"新教联盟"的支援上。在这种情况下,皇帝乞援于"天主教联盟",普法尔茨选侯(1619年11月即捷克国王位)则向"新教联盟"求助。从1619年开始,"天主教联盟"和"新教联盟"相继介入战争,只是"新教联盟"拒绝给普法尔茨选侯以实际的军事援助,而"天主教联盟"却派来2.5万精锐部队和相应金钱供皇帝调用。巴伐利亚公爵的交换条件是把普法尔茨的选侯资格转封给他。天主教联盟军在悌里将军统帅下侵入捷克,同时有一支西班牙人组成的2.4万精锐大军袭击普法尔茨选侯的领地。"新教联盟"及其背后的英法诸国,袖手旁观,让皇帝-"天主教联盟"放手镇压捷克起义。

1620年11月8日,两军在布拉格附近的白山进行决战,捷克军队被占优势的敌军所击败。皇帝-天主教联盟军队乘胜进攻布拉格,普法尔茨选侯则抛下王冠,一直逃到荷兰。西班牙军队也直驱普法尔茨,纵兵抢掠。捷克起义失败了。接着而来的是血腥的报复。斐迪南二世亲手撕毁"大诏书",取消捷克人民的信教自由,宣布天主教为捷克国教,驱逐喀尔

第三章 宗教改革时代：民族运动的发端

文教和路德教教徒。捷克成为哈布斯堡奥地利的一个行省，由奥地利官员管辖。战争进入第二时期。

丹麦干涉时期。捷克起义被镇压后，皇帝的权力大为加强。在一次帝国议会会议上，他压制了新教诸侯的反抗，把普法尔茨选侯爵位和部分领土赐给巴伐利亚公爵。他俨然以真正的帝国皇帝凌驾于所有诸侯之上。他把势力伸向西德和北德。皇帝的同盟西班牙则想重新统治荷兰。这种情况使西北部的新教徒非常惊恐。英法荷等国也行动起来，促动受皇帝威胁最大的新教国家丹麦出兵。1624年，一支受英国和荷兰金钱与武器支援的丹麦雇佣军（约6万人），在国王克里斯提安四世统帅下进入北德，一批新教诸侯和城市也参加了丹麦军队的行动。其实丹麦人的力量并不很强，但皇帝的军队居然没有抵挡住丹麦人的进攻。天主教联盟在开战的瞬间拒绝给皇帝以支援，他们畏惧皇权的进一步增长，而天主教法国当时当政的红衣主教黎塞留又想方设法制造皇帝-"天主教联盟"内部的分裂。在这种困急无奈的情况下，皇帝接受了一个叫华伦斯坦的军人的建议：建立一支不受巴伐利亚掣肘的独立的军队。华伦斯坦对皇帝说，他已经募集了一支3万人的军队，不需皇帝出经费，只要皇帝给他一个名义，即可出战。皇帝于是委任他为军队司令。

阿尔布莱希特·冯·华伦斯坦（Albrecht von Wallenstein，1583—1634）是一名德意志化了的捷克贵族，天主教徒，曾参与镇压捷克人起义。由于长期在皇帝军中服役，他把自己看成是一个纯粹的德意志人。他是一个军事家，具有优秀的统帅才能和组织才能。他野心勃勃，想乘战乱时机把自己造就成一个显赫的人物。当丹麦与皇帝开战时，他把从人民那里掠来的财物作为军饷，召募雇佣军，进行严格训练。此时他把这支军队用来为皇帝效劳。当他的军队同丹麦人打了几次前哨战之后，就显示出这是一支劲旅，丹麦人抵挡不住。为了维持这支庞大军队的给养，华伦斯坦纵容士兵抢掠占领地的粮食和财富，凡攻克一地，他的军队就像蝗虫过境一样。华伦斯坦的军事胜利惊动了"天主教联盟"，巴伐利亚选侯唯恐胜利果实被华伦斯坦独占，于是决定出

华伦斯坦

兵。悌里再次率军与华伦斯坦一起,对丹麦-新教联军作战。1626年,华伦斯坦在匈牙利境内击溃了新教联军,接着迅速攻克勃兰登堡、梅克伦堡、什勒苏益格,很快控制了整个萨克森。不久与丹麦军会战于北德的路特尔,丹麦国王大败,华伦斯坦乘胜攻入荷尔斯坦因,克里斯提安四世被迫求和。1629年3月,双方缔结卢卑克和约,丹麦国王同意不再干涉德意志事务,放弃不来梅、维尔顿以及一些主教区的宗主权,华伦斯坦军队则从丹麦撤退。皇帝趁机把势力伸延到波罗的海。

华伦斯坦得到了赏赐,封为弗里德兰公爵,并且成为皇家水、陆军统帅。就在这胜利后的最初时刻,天主教诸侯一致联合起来,反对华伦斯坦,实则是反对他图谋推行损害诸侯利益的政治计划。华伦斯坦不仅是一个军事家,更重要的是一个政治家,他所追求的目标,不是像诸侯那样的纷争不休、小邦割据的局面,而是想按西欧国家尤其是法国的榜样,把德意志兰变成一个统一的、中央集权的强国,皇帝凌驾于诸侯之上,具有至高无上的权力。华伦斯坦虽是一个天主教徒,而且受耶稣会士的教育,但他对宗教争执感到厌恶。他认为诸侯不除,国无宁日,因此极力主张削平诸侯,统一全国。此外,根据华伦斯坦计划,要建设一支强大的舰队,控制北海和波罗的海,使德国成为一个商业强国。可以说,华伦斯坦的计划是一个目标明确而又宏伟的计划。一个统一的德意志国家是符合当时德意志民族利益的,客观上也是符合人民的愿望,具有进步的意义。正因如此,华伦斯坦才招致诸侯的特别仇恨。皇帝每天收到一百多封弹劾华伦斯坦的奏章。诸侯们公然威胁皇帝,如不免去华伦斯坦的职务,解散其军队,就不选举他的儿子作皇帝的继承人。1630年皇帝免去华伦斯坦的职务,命令其军队解散。就在这个时候,瑞典军从北部侵入德意志兰,战争进入第三阶段。

瑞典入侵时期。瑞典是北欧的一个封建王国。16世纪末国王依靠自由农民的支持完成了宗教改革,消除了瑞典贵族对王权的限制,国势开始强盛,被喻为"北方新升的流星"。瑞典历来的统治者都把控制经北欧到俄国的航道以及在波罗的海建立自己的霸权视为生命线。17岁登上王位的古斯塔夫-阿道尔夫二世(Gustav Ⅱ Adolf,1594—1632),立即投入争夺波罗的海霸权的斗争。为了"和那个华伦斯坦决一雌雄",瑞典开始积极备战。瑞典有一支强大的军队,它不同于欧洲其他国家的雇佣军,是由征兵制征来的自由农民组成,经古斯塔夫-阿道尔夫国王的严格训练

第三章 宗教改革时代：民族运动的发端

和整顿之后，成为一支勇猛善战的军队。按照瑞典统治阶级历来的用兵原则："只可在敌国领土上逐鹿打仗，不要在自己本土上兴兵作战"，古斯塔夫-阿道尔夫决定对德意志兰进行袭击。1630年7月，一支由1.2万人组成的瑞典军从北德奥得河口登陆，迅速向德意志中部推进。勃兰登堡选侯和萨克森选侯很快就同瑞典国王一致行动。新教诸侯们由于天主教联盟部队肆无忌惮地执行皇帝1629年颁布的归还教产敕令而备受胁迫和侵害。根据这道敕令，凡在1552年以后还俗的教会产业均应归还原主，并予强制执行，例如马格德堡城就因此被悌里将军的部队几乎完全摧毁，居民大部分遭到杀害。归还教产敕令驱使新教诸侯纷纷归附瑞典国王。前普法尔茨选侯也回来投入瑞典怀抱。1631年初，法国正式与瑞典缔结盟约，答应每年付给古斯塔夫-阿道尔夫40万塔勒（当时德国的一种银币）巨款的财政资助。同年9月17日，皇帝-天主教联盟同瑞典国王-新教联盟会战于莱比锡附近的布来登费尔德，瑞典国王采用新式战术，几乎全歼悌里的主力，天主教联盟部队遭到毁灭性打击。这一战役结束后，皇帝势力被赶出北德，南德的门户也向瑞典洞开。1632年春，瑞典国王进入南德，攻下纽伦堡，强渡莱希河（悌里受伤身死），5月进逼慕尼黑。古斯塔夫-阿道尔夫夺取了南德和西德的大片地区，作为瑞典采邑封给德意志新教诸侯们。他的入侵实在同他的"挽救德意志信仰自由"没有多少关系。

皇帝不得不再次向华伦斯坦求援，任命他为统帅。1632年秋，华伦斯坦用高价募集了一支雇佣军，连同皇帝的军队共约4万人，以最快速度突入德意志中部，长驱直入萨克森。瑞典人不得不掉头转向，北上救援萨克森。11月16日，两军在吕岑城附近列队交锋，瑞典人喊着："上帝和我们同在"，华伦斯坦军队喊着："圣母玛丽亚"，互相拼命冲杀。鏖战到天黑，华伦斯坦新募的雇佣军还是敌不住自由农民组成的瑞典军的进攻，只好撤退。瑞典军队虽然取得胜利，他们的国王却在战斗中死去，士气被瓦解。新教诸侯乘机摆脱了瑞典人的控制，独立行动。1634年9月，瑞典军在诺德林根被华伦斯坦击败，急急往北撤退。北方的流星消逝了。

华伦斯坦兵权在握，踌躇满志，成了风云人物。当他再次要求皇帝执行他的中央集权化计划，并采取同瑞典和萨克森讲和的行动时，他不仅成为天主教诸侯的眼中钉，而且遭到自己部下一些将领和军官的背弃。皇帝也受到"功高盖主"的威胁。他们暗中勾结起来。华伦斯坦突然被宣布为"叛国者"。1634年2月,皇帝派军官刺杀了华伦斯坦。1635年皇帝同萨克森、勃兰登堡正式签订和约,答应在北德不执行归还教产敕令,北德的新教诸侯则承认皇帝的"统治"。

哈布斯堡家族取得越来越多的成就,促使法国亲自参战,战争进入第四个也是最后一个时期。

法国参战时期。三十年战争初期,黎塞留正忙于同国内的贵族以及新教徒的斗争,无力顾及反哈布斯堡家族的战争,就支持和怂恿别国参加。30年代以后,黎塞留在国内斗争中取得胜利,国内形势渐趋稳定,同时在德意志战场上双方都已疲惫不堪,法国就乘机出来收拾残局,争夺欧洲霸主地位。

在17世纪,真正阻碍法国取得西欧霸权的是哈布斯堡的西班牙。为了打击这个主要对手,法国一面和瑞典、荷兰、威尼斯、匈牙利等结成反哈布斯堡同盟,另一面又和德意志新教诸侯结成反皇帝-"天主教联盟"的同盟。1635年5月,法国军队在德意志兰、尼德兰、意大利和西班牙同时开始反击哈布斯堡的军事行动。留在北德的瑞典军队,趁机再次侵入中德和南德,并且力图摆脱法国的控制。法国既要对付实力强劲的西班牙陆军,又要监视和牵制同盟者瑞典的行动,分不出重兵去对付皇帝,因此,在德意志兰进行的战争就变成旷日持久的拉锯战。

30年代后期同西班牙的战争没有取得决定性的结果。1643年法军同西班牙军会战于法国比利时交界处的罗克鲁瓦,法军大胜,西班牙精锐部队几乎丧失殆尽,失去任何反击的能力。法军调兵东向,溯莱茵河南下,赶来和瑞典军"会师"。德意志领土上的战事开始激烈起来。1644年法军在弗赖堡和1645年在诺德林根相继战胜了皇帝的军队。

德意志兰遭到欧洲各国军队的蹂躏,受害极深。在1635—1648年这段长达12年的时间里,德意志兰受到历史上空前未有的破坏和洗劫。交战双方相互竞杀德意志居民。大股的暴兵和小股的散兵游勇,对当地居民奸淫烧杀,疯狂掠夺。当时一位目击者说,连死尸身上的衣裤鞋袜都被剥得精光。农民们忍无可忍,纷纷逃入山林,有的聚集起来袭击任何一方的军队。

1646年,瑞典军队攻入巴伐利亚,法国军队也同时进入。两军合同进攻奥地利。"天主教联盟"在失去西班牙援助后已无力再战。疲惫不堪的皇帝和"天主教联盟"只得求和。同样疲惫不堪的瑞典和法国,面对英国反封建的资产阶级革命的巨大影响,也不得不同意停战议和。这才出现了1648年的威斯特伐利亚和约。

由于法国和瑞典之间的争议,和谈分别在德意志兰威斯特伐利亚的两个城市进行。参加明斯特谈判的有皇帝斐迪南三世(1637—1657在位)、西班牙、德意志天主教诸侯与法国;参加奥斯纳布律克谈判的有皇帝、德意志新教诸侯、城市代表和瑞典。因此就出现了缔约于明斯特的皇帝同法国之间的条约,和缔约于奥斯纳布律克的皇帝同瑞典、德意志新教诸侯之间的条约。两个条约均于1648年10月24日在明斯特正式签字。

和约保证战胜国获得大片土地。法国不仅获得上文提到过的梅斯、图尔、凡尔登各主教区,而且割去了上阿尔萨斯、下阿尔萨斯以及西南德的一些地区,阿尔萨斯和洛林自此就成为德法世代争执之地。瑞典得到整个西波美拉尼亚,包括鲁根岛在内,还获得东波美拉尼亚的一些地区和城市,包括海口城市斯台廷和奥得河口地区。瑞典还以帝国采邑的名义从皇帝那里得到威悉河口地区从而也成了神圣罗马帝国的诸侯。另外还获得500万杜卡登(当时德意志的一种金币)的巨额赔款。

条约正式承认荷兰独立;正式承认瑞士脱离神圣罗马帝国成为独立国。① 为了保证战胜国的利益,条约确定了大小国地位平等、信教自由的原则。

至于德意志帝国,中央政权(皇帝)不但没有加强,反而进一步削弱了。德意志各地方诸侯成了完全独立的势力。勃兰登堡选侯获得东波美拉尼亚的大部分地区和马格德堡地区,成为帝国内继奥地利后的最大邦国。巴伐利亚得到上普法尔茨(在中南德),成为第八个选侯。下普法尔茨(在西德)仍由原选侯弗里德里希的儿子继承,恢复选侯资格。萨克森选侯则获得劳西茨。在法国和瑞典的参与下,皇帝同诸侯拟定了一部帝国宪法。宪法规定,所有帝国的等级,包括选侯、各级诸侯、帝国城市,都保有完整的主权,也就是保有内政和外交上的全部主权;对外可以单独与别国订立同盟条约,对内具有无上的君主权力。宪法意味着帝国的瓦解,并用法律的形式确保帝国的无政府状态。法国和欧洲其他国家可以随时干涉德意志事务。

和约也对宗教问题作了规定。首先是教产还俗问题,规定1624年

---

① 瑞士可视为德意志史上最早剥离出去的德意志土地。

(捷克起义被镇压的一年)为"标准年",凡是1624年1月1日就已掌握在诸侯手中的还俗教产,诸侯都可以保留下来。而在普法尔茨及其联盟地区,则以1619年(捷克起义的一年)为"标准年"。这就完全恢复到三十年战争开始时的状态。其次是宗教事务问题,除承认新旧教完全平等以外,仍然确定"在谁的邦,信谁的教"原则。异教徒除非迁居,否则仍会遭到迫害。

威斯特伐利亚和约一方面确定了欧洲大陆各国的国界,承认国际之间大小国平等、信教自由原则;结束了自中世纪以来由"一个教皇、一个皇帝"统治欧洲的局面,开始了欧洲近代国际关系;另一方面最终确立了德意志帝国内部的政治制度,确定了它的政治分裂局面,皇帝成了一个只是统辖奥地利及其世袭领地的大诸侯。第三方面标志着西班牙失去一等强国的地位,瑞典成为北欧强国,法国成为欧洲大陆的霸主。

三十年战争标志着一个时代的结束:德意志宗教改革时代的结束。1517年由路德发动的德意志民族国家统一运动的目标没有实现。德意志兰依旧是一个四分五裂、残破不堪的国家,依旧生活在古旧的封建生产关系中,它的发展大大落后于西欧其他国家。

在德意志兰的三十年战争漫画:"人民是一把琴,诸侯们每天都在拉另一种调"

作者评曰:

许多研究宗教改革的国人专家,都把路德宗教改革说成是世界历史上最早的一次资产阶级革命,根据大概就是恩格斯1892年在《社会主义从空想到科学的发展·英文版导言》中所写的那段论述。窃以为这样的定性并不贴切,起码是一种"革命的拔高",不符合当时德意志社会运动发展的实际。决定一场大的社会运动的性质,应有三个前提:一是提到历史日程上所要解决的主要任务;二是运动的主要领导力量及其阶级属性;三是时代。就 16 世纪初的德意志王国-神圣罗马帝国而言,提到历史日程上急需解决的主要任务,是建立统一的民族国家和加强中央皇权,而不是推翻以皇帝为代表的整个封建制度,还根本谈不上资产阶级反封建制度的革命斗争;就路德宗教改革到德意志农民战争的全过程来看,运动中既没有一个"资产阶级"的独立力量的出现,更没有一个资产阶级政治集团领导运动的前进,有的不过是一些城市和市民的被动的活动,他们倾向于宗教改革,但在宗教改革和反宗教改革阵营的搏斗中"风吹两面倒",这是自然的事,说明他们只是运动中的被胁从者,而不是什么"领导"或是"叛徒"。当然我们也必须看到,德意志宗教改革正处于一个"新时代"的开端,这个"新时代"主要区别于"中世纪",就在于一种新的或者叫做资本主义生产方式的萌芽和发展。宗教改革正是"新时代"开端的标志之一,本身就带有新时代的品格和科学的特性。因此,我以为,把德意志宗教改革和农民战争判定为"带有资产阶级性质的民族统一运动的发端",是可以成立的,也许更符合实际。

把马丁·路德说成是运动的"叛徒"和诸侯的"奴仆",而把托玛斯·闵采尔说成是"人民宗教改革领袖"和"民族英雄",同样有失公允。这种评价的标准多半源于上述的对宗教改革运动的资产阶级革命的定性。其实路德和闵采尔都是 16 世纪初宗教改革运动的最卓越的代表,他们之间的区别就在于,路德是作为全民族的代表发起向天主教会进攻,要求一个统一的民族国家;闵采尔是作为下层人民的代表,发起对整个封建剥削制度的进攻,要求一个无阶级无剥削的尘世天国。路德是主张使用温和的和平手段来达到目的,闵采尔则主张使用暴力和发起战争的手段来达到目的。如果不是用一种"资产阶级革命"的评价线,而是以"资产阶级性质的民族统一运动的发端"这一评价线来评论,路德显然更能代表德意志民族的利益,而闵采尔的激进的、空想的主张和行动局限于代表城乡下层群众,或者说代表着运动的未来。当路德参与创立德意志民族语言这一伟大的工作后,他就成为德意志民族运动的最早代表,一位真正意义上的民族英雄。

第四章 普鲁士崛起时代：对德意志民族是祸是福？

> 普鲁士国家，是我们人民最伟大的政治业绩。
> ——H.特赖赤克
>
> 我想强调，普鲁士是万恶之源。
> ——W.丘吉尔

三十年战争给德意志兰带来极为悲惨的结局。生产力遭到严重破坏；六分之五的乡村被毁；捷克和萨克森的矿山全部被破坏；人口减少三分之一以上；工商业急剧衰退；工场手工业生产遭到摧残，在整个工业生产中占不到10％，代之而起的是落后的农村家庭手工业；绝大多数城市都失去原先的商业意义，沦为诸侯的政治中心；贸易额急剧下降，只能输出一些原料；农民变得一无所有，在饥饿和死亡线上挣扎。德意志的商品-资本经济发展在很长时期内受到阻碍，推动民族统一运动的内在原动力近乎消失。

在这"白茫茫一片真干净"的德意志兰，三十年战争后有三大变化值得一书。第一是进入第二农奴制时期；第二是出现诸侯小邦专制主义的统治，代替了中央集权专制主义统治；第三是东部边区马克普鲁士的崛起。这三者之间，具有一种内在的联系。

"第二农奴制"或者叫做"再版农奴制"，指的是农奴制的恢复，它不只限于发生过农民战争的地区，而且延及德意志兰的所有地区，只是各地的封建剥削的具体形式不尽相同。基本上可以分为两类形式。一类流行于西南德、西德和西北德，由原封建领地制经济演化而来，中世纪确立的陈规还继续保持。这一带是德意志兰经济较为发达的地区，农民同贵族地主之间的联系松弛，地主作为土地经营者的已经很少，农民的依附关系只限于缴付捐和租,所缴之数却很高。大多数邦的诸侯或马克伯爵,是全邦土地的最高所有者,同时还掌握本邦的法庭控制权和对农民的人身控制权;农民在出卖、典当、押借和分割农地时,拥有对这些农地所有权的权利。他们对使用农地的农民规定了很高的地租(部分货币部分实物),对出卖、交换和继承农地的农民规定付给地主转手费(约产业价值的 1/3—1/5)。农民还需负担徭役,每年 2—4 个星期。农民对地主的人身依附只限于请求结婚以及交出最好物件一类。

在其他大多数德意志地区,则形成另一类特殊的领主庄园制经济,在这些地区,地主的大农庄经营是占统治地位的经营方式,地主同时是自己经营的农庄主,主要生产谷物销售于远方。最为典型的领主庄园制经济处在德意志兰东部平原地区,具体指易北河以东的勃兰登堡-普鲁士地区,在这里,每个庄园都由一个有骑士封号的贵族、俗称容克的统治着,容克(Junker)原是指征服东部这一地区并进行殖民的德意志骑士贵族的后代,这些骑士贵族当年曾以"创业者"的身份把骑士领地划成一块块耕地,除为自己留有一宗保有地外,耕地又分为某些大小相当的、带有一小块院子和菜园的农民圃地(Hof),用抽签的办法分配给来自西德、萨克森、弗里斯兰的移民,为此移民有义务对骑士领主负担有限的、固定的代役租和劳役,人身是自由的。自 14 世纪起情况开始变化,容克取得大量超经济强制的权力,特别是领主裁判权,农民被规定不得脱离土地迁往他处。15 世纪容克领主开始系统地驱逐农民,兼并土地,扩大保有地。16 世纪中德、西南德农民揭竿而起,进行农民战争,而东部的农民却是隔岸观火,见死不救,报应也就轮到他们头上。在农民战争失败后不到一百年时间,易北河以东地区,特别在梅克伦堡、波美拉尼亚、荷尔斯坦因,几乎所有的农民都陷入一种"继承性的隶属关系",成了农奴,规模巨大的容克庄园出现。

在一个典型的此类庄园里,庄园主即容克是全部庄园土地、生产工具、建筑物和圈厩的所有者。他既是地主又是农奴主,既是军事首领又享有领主裁判权和警察权,集立法、司法、执行于一身,因而成为全权的乡村统治者。农民中地位最低的是茅屋农(Häusler)或赁屋而居的贫农,只保有一小块园地;其次是小农(Kossäth),保有一星点非正规的圃地但无力使用耕畜;最好的算是"有能力使用耕畜的农民"(Spannfähig)。所有这些农民包括家内奴仆,人身都是不自由的,都是奴隶式的农奴。他们为容克提供无限度的劳役和赋役,只能在夜间耕种自己的小地块。容克庄园经济的特点,乃是容克本人是庄园生产的直接领导者和经营者,他利用农奴的劳役生产的产品——谷物、木材等,主要不是为了自身的消费,而是为了市场,是一种商品性的生产。容克庄园不仅是一个独立的经济单位,而且是一个独立的政治单位,一个"邦中之邦"。

与这种经济的凋敝性和落后性相适应,德意志的政治分散性和多元性加剧。据统计,三十年战争后德意志兰分裂为 314 个邦和 1 475 个骑士庄园领,也就是说,总共有 1 789 个独立的拥有主权的政权。[①] 皇帝不是作为"帝国的保卫者",而是作为哈布斯堡家族的君主行事。帝国议会 1663 年在累根斯堡召开后不再解散,变成所谓的"永恒帝国议会",完全成为各邦诸侯追逐自己利益的工具。虽然以往皇室的那种"大一统主义"思潮还存在,但邦国分裂主义思潮(所谓"邦国爱国主义")开始大行其道。德意志兰全境盛行邦国专制主义统治。小邦诸侯仿效"伟大君主"法国路易十四的宫廷生活和奢华气派,虽然显得荒谬可笑,但他却因此不得不对他的臣民进行敲骨吸髓的搜括而显得可憎。所有这些情况使德意志兰在三十年战争以后依然还是欧洲冲突的战场。上起皇帝,下至各邦诸侯,几乎都被卷入欧洲的大小纷争中,他们为了取得金钱而把自己"典"给外国强权。因此在 17、18 世纪的欧洲纷争中,难得有一次没有德意志人反对德意志人的斗争,民族利益显得一钱不值。仅以从外国得来的"补助费"而言,奥地利为 8 200 万里佛,萨克森为 900 万里佛,符腾姆贝格 700 万里佛,科隆选侯 700 万里佛,普法尔茨 1 100 万里佛,巴伐利亚 900 万里佛。普鲁士则从英国和法国拿到多种"补助费"。而像黑森等邦的诸侯,竟把本邦子弟卖给外国作为雇佣兵去进行海外战争。正当专制主义在英国和法国促进民族的统一,终结分离状态时,德意志兰的专制主义却带上诸侯小邦的性质,不仅加深了国家政治的分崩离析,而且阻碍民族经济的发展和民族市场的形成。

恩格斯在《德国状况》一文中逼真地描述出 17、18 世纪德意志兰的可悲境况。他说:"这是一堆正在腐朽和解体的讨厌的东西。国内的手工业、商业、工业和农业极端凋敝。农民、手工业者和企业主遭到双重的苦难——政府的搜括,商业的不景气。贵族和王公都感到尽管他们榨尽了

---

① 有不完全相同的统计数字。

第四章 ● 普鲁士崛起时代:对德意志民族是祸是福?

臣民的膏血,他们的收入还是弥补不了他们日益庞大的支出。一切都很糟糕。不满情绪笼罩全国。没有教育,没有影响群众意识的工具,没有出版自由,没有社会舆论,甚至连比较大宗的对外贸易也没有,除了卑鄙和自私就什么也没有;一切都烂透了,动摇了,眼看就要倒塌了,简直没有好转的希望,因为这个民族连清除已经死亡了的制度的腐败尸骸的力量都没有。"

就在这样一个悲惨时代,德意志东部"塞外"普鲁士邦的"骤然"崛起,不仅使德意志皇帝和诸侯们刮目相看,而且也使欧洲宫廷瞠目结舌。这个在很大程度上决定今后德意志民族和德意志国家发展道路的普鲁士,究竟是一个什么力量的组合?为什么能崛起?在17、18世纪充当什么角色?

一、霍亨索伦家族的统治

作为政治地理概念,普鲁士有三个含义:第一,中世纪曾在德意志骑士团统治下的、波罗的海沿岸的普鲁士人领土;第二,1701—1918年在德意志霍亨索伦家族统治下的普鲁士王国,它是德意志帝国和德意志联邦内的一个邦国;第三,1918年霍亨索伦王朝覆灭后所设的德国的邦。从这种意义上我们了解到,普鲁士是一个德意志国家,一个德意志邦国。

上述三者之间,存在着领土的、历史的、精神的、文化的延续性。但真正充当德意志历史上正经角色的,是1701年到1918年的普鲁士王国。人们很难想象到,普鲁士是从一个小小的、荒蛮的、穷困的东部边区马克,一个被人轻蔑地叫做"神圣罗马帝国的砂石罐头"发展起来的。

普鲁士国家的核心细胞是勃兰登堡马克和波罗的海沿岸的普鲁士。勃兰登堡处在易北河和奥得河之间,是东方和西方的交界地,12世纪后成为德意志帝国的边区军事殖民地。统治该地区的是所谓边区马克伯爵。1365年,勃兰登堡马克伯爵获得选侯称号,而容克的力量也日益强大,他们的军事作用和他们的经济力量使他们竟能在本邦君主面前保持独立自主的地位。地处波罗的海沿岸的普鲁士,东离勃兰登堡甚远,因其居民为普鲁士人而得名,罗马作家塔西陀书中称普鲁士人为爱斯梯人,族民大迁徙时代,他们的日耳曼邻居大多匆匆往西去了,斯拉夫人却突然出现在他们的南部和西部。12世纪下半叶以来,波兰独立的马佐维亚公爵一再企图在战场上征服普鲁士人,没有成功,1225年决定邀请德意志宗教骑士团前往镇压抗拒"基督教化"的普鲁士人。参加十字军东侵的德意志宗教骑士团这就充当了"德意志化"和"基督教化"的工具。它前后花了近六十年时间才征服整个普鲁士。一个肆无忌惮的日耳曼化时代开始了。由第四任团长赫尔曼·冯·萨尔查(Hermann von Salza,1209—1239在位)奠定的、完全自治的普鲁士骑士团国家,作为"欧洲的角柱",在普鲁士土地上最终形成,它名义上属于神罗圣马帝国。到14世纪末,骑士团国家被视为中世纪欧洲治理最佳的国家之一。两个世纪的征战与拓殖,近一个世纪的内部建设,特别是吸收众多德意志移民迁入并将他们有计划的安置和分配,促成德意志东部地区经济的繁荣和文化的交流。但是好景不长。1410年骑士团国家在与波兰-立陶宛联盟的战争中失败。内部的衰败已无法阻止。1466年骑士团被迫签订第二次托尔恩和约,接受波兰人提出的苛刻条件。

德意志骑士团团长赫尔曼·冯·萨尔查,手执骑士团团旗

条约规定骑士团国家在今后三百年内承认波兰的最高主权(宗主权);把维斯瓦河左岸所有西普鲁士土地割让给波兰;承认波兰王国对骑士团国家残留部分的宗主权,也就是说维斯瓦河右岸的东普鲁士土地成为波兰国王的"藩属",间接地保留了自治权。骑士团国家乃从德意志帝国中"脱离"出去,自此一蹶不振。要到16世纪初出身于霍亨索伦家族法兰克尼亚支系的阿尔布雷希特·冯·勃兰登堡-安斯巴赫(Albrecht von Brandenburg-Ansbach,1490—1568)被推举为骑士团团长后,骑士团国家的命运才开始有所变化。应该说,勃兰登堡马克和普鲁士骑士团国家,在几个世纪内是并行和独立发展的。一直到1618年,这两地才联成一气,形成勃兰登堡-普鲁士国家,这中间的联结点,则是霍亨索伦家族的统治。

霍亨索伦家族是德意志的高级贵族和王家世系。该家族在1100年因领有索伦堡而受封为索伦伯爵。14世纪中叶该家族在"索伦"前冠以"霍亨"("高贵的")字样,乃成霍亨索伦家族。家族领地原在西南德的内

第四章 普鲁士崛起时代：对德意志民族是祸是福？

卡河、士瓦本-阿尔勃和上多瑙河之间。12世纪索伦伯爵同纽伦堡伯爵结亲，1227年两个儿子分割领土，形成后来信奉新教的法兰克尼亚系和信奉天主教的士瓦本系两支。前者承袭了纽伦堡伯爵一职，1322年成为帝国诸侯，同时领有安斯巴赫-拜罗伊特马克伯爵领，1415年取得勃兰登堡马克伯爵的继承权。后者16世纪在西南德声势颇盛，不久分为两支，1623年均被列为帝国诸侯。

当霍亨索伦家族的纽伦堡伯爵弗里德里希六世，1412年奉皇命来到勃兰登堡时，勃兰登堡正处在空前的无政府状态。强盗骑士（容克的先祖）数十年来肆无忌惮地毁灭了马克居民的生活，成了最大的公害。弗里德里希要求强盗骑士交出巧取豪夺据为己有的地产和特权、恢复和平遭拒后，决定用武力解决。他率领法兰克尼亚骑兵和雇佣军连同"秘密武器"——使用火药的攻击炮——一举摧毁了强盗骑士最强固的堡墙，最终使强盗骑士听命于自己。1415年4月30日，德意志国王西吉斯蒙德（1433年加冕为皇帝）正式把勃兰登堡马克赐给弗里德里希，并封他为选侯和帝国议会大丞宰，后者两年后承袭选侯爵，改称弗里德里希一世，开始了霍亨索伦家族在勃兰登堡的统治。

从15世纪中叶起，霍亨索伦人已把勃兰登堡马克作为自己的安身立命之所，悉心经营和扩张。选侯们执行有目的的通婚政策，比如与萨克森-维滕贝格联姻，同波兰公主订婚，都是为扩大勃兰登堡的领土和势力。1455年，弗里德里希二世（Friedrich Ⅱ，1440—1470在位）成功地从德意志宗教骑士团那里购回诺伊马克，还提出勃兰登堡有"购回"所有落入波兰人手中的西普鲁士土地的"单独购回权"。他在留给后继者的文件中说：必须无条件地注意到，"那些土地，是德意志土地，是神圣罗马帝国土地和勃兰登堡选侯国的土地……不得成为非德意志人所有"。以后的几任选侯，也都继承祖上的这一方针，不择手段地扩充勃兰登堡领地。

16世纪宗教改革时期，勃兰登堡的霍亨索伦人和普鲁士骑士团国家的霍亨索伦人都相继改变航向，改奉新教路德教，增加了双方的亲和感。特别是骑士团国家那位年轻的、有教养的、受人文主义影响的团长阿尔布雷希特，不仅企图摆脱波兰的宗主权，把骑士团国家重新拉回德意志帝国，而且企图利用宗教改革加强骑士团国家的地位。他成功地使骑士团国家的等级代表赞成马丁·路德的宗教改革，骑士团国家自此同罗马教廷分手，但摆脱波兰宗主权一事没有成功。1525年，阿尔布雷希特宣布维斯瓦河右岸的普鲁士成为世俗化的公国:普鲁士公国。他以继续承认波兰国王的宗主权,换得波兰国王"敕封"他为普鲁士公国的世袭公爵。教皇和皇帝的反对以及不承认骑士团的教产还俗,对普鲁士公国的政治发展毫无意义。现在成为普鲁士公爵的阿尔布雷希特,在他的勃兰登堡兄弟们的支持下,还统治了45年。这块既承认帝国又承认波兰的国土,在政治经济和文化方面都获得发展,成为东欧的文化和经济强国。1544年在首府柯尼斯贝格建立的阿尔贝土斯大学,很快成为东北部新教的堡垒。新的移民的增加反映了这块国土的开放与开发。波希米亚和荷兰的被驱逐的教徒,在普鲁士公国西部找到了避难所;在南部迁入了马佐维亚的贵族和农民,这些人在波兰的反宗教改革的压力下逃了出来;出于同样的原因,立陶宛的移民和德意志的农民进入东北部。普鲁士公国也像勃兰登堡一样,成为一个移民的国家,富有活力。还在这位公爵生前就有人谈到普鲁士和勃兰登堡联合的事。统治勃兰登堡的霍亨索伦亲戚们渴望能获得普鲁士的继承权。整个16世纪,勃兰登堡选侯们的领土继承权要求,主要目标就是东部的普鲁士公国。1618年对霍亨索伦家族是重要的一年。这一年最后一位普鲁士公爵阿尔布雷希特-弗里德里希(阿尔布雷希特的唯一儿子),患精神病去世无嗣,他的女婿、1608年即勃兰登堡选侯位的约翰-西吉斯蒙德(Johann Sigismund,1608—1619在位),才有可能把这块波兰王国的"藩属"普鲁士公国,作为遗产接受过来,形成勃兰登堡-普鲁士个人联盟,但普鲁士还继续保留波兰的宗主权。此前选侯对德意志西部土地居里希-克勒弗-贝尔格公国的继承权要求在1614年也得到回报,勃兰登堡人得到克勒弗公国、马尔克伯爵领和拉文斯贝格伯爵领,继承的依据仍同普鲁士有关:选侯妃(那个患精神病的普鲁士公爵的女儿)的外祖母正好是克勒弗的女公爵。普鲁士和西部几小块对后来普鲁士的发展如此有意义的领土的获得,使勃兰登堡选侯约翰-西吉斯蒙德的统治范围从莱茵河一直伸延到梅麦尔,虽然他的邦国不是联成一片的,不是由单一民族组成的,却具有强大的凝聚力,初步形成后来普鲁士王国的规模。德国历史学家莱奥波德·兰克(Leopold von Ranke,1795—1886)认为,"这对于国家和家族来说,确实是前进了一大步。"以前的宗教骑士团国家,为勃兰登堡留下最重要的遗产,不是别的,乃是它的名字:普鲁士。普鲁士在历史上首先是当作罗马-天主教骑士团国家的名称,使用了三百年,而后成为新教-普鲁士公国,最后成为新教-勃兰登堡全部领地

第四章 ● 普鲁士崛起时代:对德意志民族是祸是福?

的国名:普鲁士王国。

二、普鲁士王国的崛起

把勃兰登堡-普鲁士造成强权国家的奠基人是1640年即选侯位的弗里德里希-威廉(Friedrich Wilhelm,1640—1688在位)。这是一位雄才大略的年轻君主,由于母亲的出身而带有西部德意志普法尔茨-奥兰治家族的血统,因而同西欧的喀尔文主义相接近。三十年战争的混乱和贫困,给他的童年留下深刻的印象。即位时一种绝对的混乱既统治着勃兰登堡马克,也统治着西部和东部的领地。1648年的威斯特伐里亚和约,并未带给得胜方的勃兰登堡-普鲁士选侯所希望的好处,至关重要的易北河和奥得河出海口地区却被瑞典人所控制。在普鲁士,贵族的不臣服与骚乱接连不断,不少人以效忠波兰国王来对抗霍亨索伦家族的统治。普鲁士这块边陲领地不是没有可能摆脱家族统治之链重新分离出去的。年轻选侯面对贵族、容克和分离主义势力,地位虚弱,面对着国外强权,地位同样虚弱。他决心打破这种局面。1643年第一次来到柏林,1650年迁入柏林王宫,开始采取行动。他说:"我一定要把勃兰登堡-普鲁士造成为强权国家"。他因而被尊为大选侯。①

勃兰登堡大选侯弗里德里希-威廉的骑士纪念铜像

三十年战争留给大选侯两大教益:一是必须保有一支独立的、听命于自己的常备军;二是利用帝国全面衰落、无中央皇权可言之机,建立勃兰登堡-普鲁士邦国诸侯专制政体,在自己邦国内实行中央集权的君主专制主义,在德意志帝国内部"找补",扩展势力。三十年战争后期,大选侯已完全抛弃父亲的旧部队,按瑞典人的榜样建立选侯新军。新军由长期服役的士兵组成,由职业军官领导,成为德意志兰的第

---

① 获大选侯头衔时间,一说是17世纪40年代末50年代初,一说是1675年。

一支常备军,它向选侯宣誓效忠。新军由单个团队组成。士兵们驻扎在"征兵区"的农民和市民家里,置于铁的纪律之下。纪律由一个只对选侯负责、佩挂肩章的军官团维护,军官团则由本地征召的贵族组成。大选侯还按法国榜样,建立了讲武学堂,要求容克贵族的儿子作为服役入学。光荣的制服和军官在社会中引人注目的特殊地位,很快改变了讲武学堂学生不愿服役的情绪和态度。大选侯同最高级军官的例行商讨,成了一种固定的"制度",奠定后来普鲁士总参谋部的基础。这支军队的军费来自税收,主要还是来自法国的"补助"。大选侯以这支常备军为后盾,贯彻自己的意图。可以这样说,三十年战争造成了后来普鲁士军事国家的基础。

取得成功道路上的第一步,是如何制服容克贵族,克服贵族等级的反抗,给邦国带来效率与秩序。1653年大选侯同容克之间达成了勃兰登堡邦议会协定。协定承认容克对农民有专门的特权,即邦国承认再版农奴制合法化;承认贵族地主免交代役租,谷物、木材和羊毛输出免税,以及自由狩猎等;承认贵族地主获得作为世袭法庭和地方治安机关主人的权利;颁布更为严酷的婢仆法令。容克贵族则同意,为维持和装备常备军,选侯可以向农民和城市居民增加税收(又叫军事税),包括金钱和实物;同意建立一支常备军,承认选侯为其最高统帅。容克们唯利是图,又从选侯处购得向他们属下的农村和城市居民收税的权利。选侯则利用这支常备军积极推行中央集权计划。可见,1653年的邦议会协定,是选侯同容克之间的一种妥协,大选侯把此看成是一大成就。邦议会协定使容克在政治和经济上的统治在勃兰登堡-普鲁士巩固下来,加上只有容克出身的人才有权担任常备军军官,容克在军事方面保有决定性的影响。容克阶级成了大选侯统治的阶级基础,成为霍亨索伦家族在德意志兰的主要支柱和使德意志兰普鲁士化的主要力量。

在西部领地上,大选侯同克勒弗贵族达成邦议会协定。协定废除了克勒弗的等级制度,废除了贵族不纳税权和官吏根据等级特权宣誓的权利,承认选侯有建立军队的绝对特权。在东部领地普鲁士,大选侯同贵族等级争斗得特别激烈。这儿的容克与柯尼斯贝格的城市贵族结盟,拒绝向大选侯作忠诚宣誓。大选侯则动用军事手段迫使他们承认选侯的邦君权力。他们拒绝纳税一事被1661—1663年的邦议会否决。抗拒的容克代表及城市贵族代表或被下狱或被枭首。大选侯在这里用了一句格言:"必要时就得中断法律。"不过他并不想消灭等级制度,而只是限制它到不

第四章 普鲁士崛起时代：对德意志民族是祸是福？

能再限制邦君的权力为止。邦等级议会自此不再召开。税务机构被置于大选侯的官吏监督之下。新的间接税、城市货物通行税也摆脱了邦国等级的控制。约在1656年，大选侯已保有一支1.8万名受过优良训练的士兵组成的常备军，用这支军队作靠山，成功地实行了普遍的税收改革，划一了勃兰登堡-普鲁士各地的税收制度。从这当中取得的钱，又大部分用于军队，由大选侯派出的"军事专员"监督和管理。

成功道路上的第二步，是建立了邦国诸侯专制政体，推行了重商主义政策。弗里德里希-威廉大选侯在这方面所追求的目标非同一般：使勃兰登堡-普鲁士成为自立自主的国家（无论对内或对外）；使勃兰登堡-普鲁士成为富强的国家（军事上和经济上）。当他掌握了一支个人的常备军后，就更积极地推行邦国中央集权计划。1651年起恢复了枢密顾问委员会作为中央权力机构。主席波美拉尼亚人奥托·冯·施维林（Otto von Schwerin，1616—1679）等人成为大选侯的左右手，向大选侯提出许多关于军队组织、行政组织特别是经济组织方面的可行建议。大选侯委派官吏，任命各城市中新设立的税务委员，这些人后来控制了城市的行政。在农村设立了行政公署作为管理广大平原地区税务的税务署，它们后来都变成了钦差监督公署了。在诸领地，大选侯也设立军事专员公署作为最高行政机构。一个官僚集团形成，它和军官集团一起，成为勃兰登堡-普鲁士君主国的两大支柱。显然，勃兰登堡-普鲁士的专制政体，并非建立在社会内部资产阶级同封建贵族间力量的均势之上，而是建立在君主同容克贵族的妥协之上。因此选侯需要不断地改革国家行政管理，使之适应于自己的需要。他说他这样做所根据的原则，乃是"君主应是国家的第一公仆"。他的曾孙弗里德里希大王后来把这一原则提高为开明君主专制的信条。此外大选侯在宗教宽容方面也为他的后代作出了榜样。

重商主义的经济政策，促进了勃兰登堡-普鲁士的经济发展。世界商路转移到大西洋和北海，并没有对勃兰登堡构成太大的威胁。勃兰登堡因据有德意志输出物资的重要河流易北河和奥得河，又在威悉河和莱茵河下游拥有领地，成为东西方贸易和南北方交换的必经之地，这种地位还由于开凿奥得河和施普雷河之间的"弗里德里希-威廉运河"而得到加强。勃兰登堡利用这种有利地位向西欧各国输出谷物，经济也较快地从三十年战争中恢复过来。现在大选侯把发展贸易、发展包买商手工业和工场手工业，看成是主要财源，特别是养兵的"乳牛"。1667年起城市中设立一种统一的经常性的消费品税(邦内的货物税和交通税),有助于城市经济的发展。财政开始走上正规。此外大选侯时期改造或改建了道路和桥梁,实行了统一的币制,建立了全邦国的邮政联系。17世纪80年代开始,大选侯还开始向海外扩展,开办了"勃兰登堡-非洲贸易公司",也从事海盗活动和贩卖奴隶。

对勃兰登堡-普鲁士经济发展有意义的事还在于接受大批移民。1685年大选侯在《波茨坦敕令》中,准许涌入勃兰登堡-普鲁士的2万余名被法国驱逐的胡格诺派新教徒居留避难,"自由选择居地"。这批胡格诺派新教徒大部分是有资本、有实力、有技术的人,他们把极有价值的生产经验和经济上远为发达的法国资本带到勃兰登堡来,移民们分别开办了纺织手工工场,玻璃工厂和奢侈品工场,以及生产铁、丝、纸的企业。在首府柏林,不久出现了一个繁荣的"法国人区"。他们的资本、技术和活动有助于后来普鲁士的工业化。他们还为军队提供了五个新团的兵力。在这以前,1671年大选侯还接纳了50个被维也纳驱逐的犹太人家庭,他希望利用犹太人的经济力量作为对抗等级手工业工会的工具,并保持犹太人作为"宫廷犹太"和"制钱犹太"的身份:他们供应军队的武器装备和粮食给养,供应宫廷需要,参与宫廷预算开支等。1700年在柏林建立第一个犹太教堂。接着而来的是为保持自己新教信仰的韦尔多派教徒和门诺派教徒,①后者主要安置在斯滕达尔和马格德堡地区,其他人则涌入东部领地普鲁士。大选侯及其后继者都同意保护,授予避难权,实际的考虑主要是在经济上。法国的重商主义者柯尔伯,是大选侯所推崇的人物,认为世上财宝只有一种形式:钱,而这位勃兰登堡-普鲁士的"柯尔伯"却认为:"人是最大的财富",他在这样的基点上仿行柯尔伯的措施,结果使勃兰登堡-普鲁士的国家收入,在三十年内增加七倍。

但是大选侯在追逐对外的自主目标中,行动和政策远不如对内来得决断和明晰。他不是伟大的军事统帅,他的那支受多方赞扬的军队在外交上并未为他带来多大好处。他由于接受法国的资助而受掣肘和控制。在三十年战争后的国际事务和纷争中,他采取不断变换同盟者的办法(一

---

① 韦尔多派(Waldenser),12世纪韦尔多(P. Walde)所创,在法国南部活动,因传播新教福音而不容于天主教。门诺派(Mennoniten)活动于瑞士、尼德兰一带,奉喀尔文宗,不容于天主教。

第四章 ● 普鲁士崛起时代：对德意志民族是祸是福？

会结盟，一会背盟）为自己谋利，因此获得"变色龙"的绰号。1660年结束战争的波兰-瑞典和约在奥列瓦签订。作为瑞典同盟者的勃兰登堡-普鲁士，因在战争中的来回跳槽，没有得到西普鲁士的埃尔滨城，还不得不放弃西波美拉尼亚，承认西普鲁士为波兰的领地。他的唯一所获就是取消了波兰对普鲁士公国的宗主权，霍亨索伦家族的人不再需要向波兰国王跪拜了。1675年的弗尔伯林战役中，大选侯的军队战胜了当时号称欧洲最优秀的军队瑞典军队（瑞典人由于法国的唆使重新侵入勃兰登堡马克），引起欧洲的震动。指挥勃兰登堡-普鲁士军队取得胜利的，居然是一位出身瑞典、在勃兰登堡-普鲁士任职的骑兵将军戴尔夫林格尔（Georg von Derfflinger，1606—1695），后来受封为闻名的勃兰登堡大元帅。弗尔伯林战役也许是唯一一次依靠自己力量奇迹般取得胜利的光荣战役，但结果除了瑞典人撤出奥得河、易北河出海口地带外，没有什么所得。在法国的幕后操纵下，勃兰登堡-普鲁士不得不把占领的西波美拉尼亚交回给瑞典。

大选侯支持过许多列强的掠夺战争，甚至正是违反德意志民族利益的战争。他利用外国的资助，靠牺牲帝国利益来扩充本邦领土。哪一国出的贿赂（所谓"补助费"）多，大选侯的军队就援助哪国，或者至少守中立。法国荷兰战争（1672—1678）期间，法国吞并斯特拉斯堡城，就是得到大选侯的同意的。当时土耳其正和法国结盟，土耳其的入侵威胁整个德意志帝国，但是法国人的贿赂却能使弗里德里希-威廉拒绝支援德意志哈布斯堡皇室去反抗土耳其。

在这个发展过程中，勃兰登堡-普鲁士国家越来越多地带上专制主义的典型色彩。创立了一支常备军，开始时为1.8万人，到大选侯去世时，包括要塞卫戍部队在内，增加到3万人；建立了中央集权化的官僚行政机构；执行重商主义政策。勃兰登堡-普鲁士就这样演变成一个军人和官僚的国家，其军事力量和版图已不亚于欧洲其他王国。一方面我们可以说，勃兰登堡-普鲁士邦国基本上是靠不断背叛皇帝和帝国而壮大起来的，它的壮大同帝国的统一利益是背道而驰的，另一方面也可以说，在德意志帝国皇权式微、四分五裂的情况下，大选侯创立的邦国诸侯专制主义，在勃兰登堡-普鲁士邦内，当时尚有其进步意义。

大选侯创立的勃兰登堡-普鲁士国家，在他临终前已经为统一的普鲁士王国的成立准备了条件。出人意料的是他留下的遗嘱，居然违背祖宗的家族法规定的勃兰登堡领地永远不得分割,把他的国土分配给他的六个儿子。这一大悖常理的遗嘱几乎遭到所有人的非议。大科学家、哲学家莱布尼茨甚至表示不能给死去的选侯冠以"伟大的"称号。1688年即选侯位的大选侯次子弗里德里希三世通过各种手段"打消了"兄弟分割领土的意愿。这个出生在东普鲁士首府柯尼斯贝格的爱虚荣和爱挥霍的邦君,其愿望就是使自己升格为"普鲁士的国王"(即普鲁士地区的国王),他的这一愿望获得大多数容克的支持。辅佐弗里德里希三世的主要大臣,是西部威斯特伐利亚人埃伯哈德·冯·唐克尔曼(Eberhard von Danckelmann,1643—1722),他从1663年起就是当时王储弗里德里希的太傅,1674年为枢密顾问,1693年被任命为首席大臣和枢密顾问委员会主席,权倾朝野。唐克尔曼为人雄才大略,力图使勃兰登堡-普鲁士成为德意志兰乃至欧洲的强国,算得上是一代国务活动家。正是在他的辅政下,确保了勃兰登堡-普鲁士领土的统一。他反对选侯的糜费,要求节俭;提倡文化和科学,使勃兰登堡-普鲁士摆脱不文明的状态。他的严格的喀尔文主义特别是他的擅权,引起选侯和其他大臣的不满和疑惧,在宫廷和佞臣的策划下,1697年他被加上"莫须有"的罪名,被解职并被逮捕入狱。十年后方获释,虽然恢复了名誉,却不再起作用。他曾促成著名的哈勒大学的成立(1694)和促成柏林艺术科学院的成立(1696)。

现在弗里德里希三世可以毫无顾忌充分享受父亲创下的基业。他也采取了大选侯晚年执行的政策:站在德意志帝国皇帝方面,为皇帝效劳来达到自己的目的。他同皇帝长时间讨价还价后,达成这样一桩交易:选侯允诺在未来的战争中出租8 000人的勃兰登堡军队供皇帝调遣(稍后皇帝把这支军队投入反对法国的西班牙王位继承战争,人员伤亡

普鲁士王国首任国王弗里德里希一世在柯尼斯贝格的加冕庆典

殒尽),皇帝则付给"补助费"1 300万塔勒巨款,同时还承认他为"普鲁士的国王"①作为报酬。选侯用他臣民的血肉为代价,"建立"起新的王国。1701年1月18日,在柯尼斯贝格王宫举行国王加冕庆典,极度豪华所费不计其数的庆典活动延续了六个月之久。加冕日标志着普鲁士王国的成立,开创了普鲁士国家历史上的"新纪元"。现在选侯弗里德里希三世正式改称"普鲁士的国王"弗里德里希一世(Friedrich Ⅰ,1701—1713在位)。一个勃兰登堡的选侯,最终把普鲁士这块德意志宗教骑士团拓殖的非德意志国土,紧紧拉到自己身边,共同构成国家统治的基础。以前德意志宗教骑士团国家的立国精神和传统,被霍亨索伦家族奉为"正统"继承下来,要在所有家族领地上加以贯彻。弗里德里希加冕的精神作用,就在于把"统一成一个国家"的意识,渗入到勃兰登堡的所有领地。

三、"士兵王"的军事立国

普鲁士王国的真正建筑师,不是父亲弗里德里希一世,而是儿子弗里德里希-威廉一世。在弗里德里希-威廉一世(Friedrich Wilhelm Ⅰ,1713—1740在位)在位期间,普鲁士王国的发展趋势明朗化。

普鲁士升格为王国后,开始建立起一种固定的君主政体的行政机构。国家开支大增。大选侯留下的不多家产,很快被弗里德里希一世挥霍殆尽。财政状况捉襟见肘。容克的跋扈和独立性日增。居民处境困难,不满情绪弥漫。1704年勃兰登堡马克的财政官员卢本提出改革农业的计划,建议把国有土地分为小块永佃给租户,不再像以往那样定期出租。永佃制开始时使国家财政收入增加,一时间满足了国王和宫廷的挥霍浪费,但很快因容克对永佃户不断加重的负担而激起永佃户的不满和对抗,改革不久便失败了。这个国家如何维持下去?宫廷中形成了反对派,它以王储弗里德里希-威廉为核心,他了解到宫廷的挥霍无度和容克的独立地位,是损害新成立的王国统治的主要原因。这个表面上显得沉稳、木讷、

---

① "普鲁士的国王"(König in Preußen)头衔只适用于普鲁士地区。到18世纪弗里德里希大王时期,才改为"普鲁士国王"(König von Preußen),成为包括勃兰登堡在内的所有领地的国王。

温和、一本正经实际上是富有机智、权术、粗暴、冷酷的王位继承人,决心同父王的统治方式作"急剧的断裂"。

1713年即国王位的弗里德里希-威廉,是一位在历史上常遭诋毁的君主之一。但这种诋毁多半出于对他的本性的"吝啬"和行事的"粗暴不文",而不是从他的活动的客观作用进行评价。他的母亲、当代著名的文明化促进者索菲娅·夏洛苔(Sophie Charlotte,1668—1705)对他年幼儿子的"吝啬本性"大为惊讶和担忧,称之为"恶习"。说得好听一点,这是一种"节俭"的本性,这种本性才使他有可能整顿国家的财政和开支,补偿先人造成的负债和亏空。但是他的"节俭",纯系一种"敛钱",他把聚敛到的财富毫不节俭地几乎全部投入到他的军队的建设。他认为一支强大的军队是"保证"普鲁士王国安全、未来和强权的唯一手段,而这也正是上帝赋予他的使命。他拔农民的毛,拔市民的毛,也想拔容克的毛,自己却一毛不拔。后来的一些历史书中经常喜欢用著名的四行诗来讽刺这位国王。这四行诗据说是弗里德里希-威廉一世访问一位寡妇,寡妇向他要求慈善养老金时国王的答言:

"我不能答应您的请求,

我需要供养千万男子汉(士兵),

我不能扃出钱来,

弗里德里希-威廉,普鲁士的国王。"

新王的统治方式确实来了个180度的转变。柏林王宫中一扫以往铺张挥霍之风,而代之以斯巴达式的"简朴"。他用一种严厉的喀尔文主义-清教主义的道德标准对普鲁士王国作划一的"改造"。他自称"国家之父",实行一种家长制的统治,国家一应大小事务均由他这位"父亲"安排作主,不得违抗。国王自己参加政府,担任总司令和财政大臣等职,称自己是"普鲁士国王的第一仆人",在他安排下,开始了普鲁士历史上所谓的"十年改革"。这实际上是一场加强君主专制和军国主义的强制改造,一种对时代潮流和启蒙运动的反动。

弗里德里希-威廉一世事必躬亲,勤奋工作。他个人审查所有国家预算开支,确定官吏薪俸;他要亲自面见所有军官和高级官吏;各负责大臣必须随时向他呈报请示,他则在报告边角上作明确的批示;他把文官管理机构置于军事指挥部门之下,"我在我的军队中有指挥官,难道在你们这些喝墨汁的人中不可以有指挥官吗?"他也注意庄稼是如何长的,王家领

第四章 ● 普鲁士崛起时代:对德意志民族是祸是福?

地上的农民何以为生,一个商会是否真的能带来出口等,他希望在重商主义意义上由自己和国家控制经济。他把军官看成是他的"兄弟和独子",处身在他们之中才感到如鱼得水。他是欧洲历史上第一个穿军服的君

"士兵王"弗里德里希-威廉一世以军立国的军国主义训练

主。在波茨坦欢乐宫的练兵场上,他提着棍棒亲自训练士兵,长此不懈,因此被称为"士兵王"。他几乎把全副身心都献给了他的军队,并把全国的居民生活不断纳入军事形式之中。他的严厉的统治和控制,不仅堵塞了所有生机勃发的自由缝隙,也使得臣民对他畏之若虎。这位国王虽有"敬畏上帝"的巨大虔诚,事实上对宗教并无多大热情。而对于文化、科学和艺术,不仅不通,而且像野蛮人一样加以嘲弄。他居然以杖刑作威胁,强迫奥得河畔法兰克福大学的教授们在他面前进行滑稽的舌战。他从未同"文艺爱好"结下过某种亲密关系。他同意给柏林图书馆捐赠置书费,一次是4个塔勒,另一次是5个塔勒,一时传为笑柄。哈勒大学最早的启蒙学者之一,哲学家克里斯提安·沃尔夫(Christian Wolff,1679—1754)被国王强行驱逐出境,理由是沃尔夫的学说会引起国王著名的"高个子近卫队"的高大小伙子开小差。

弗里德里希-威廉一世的内政方针,首先是靠强大的军队打破容克在

国内的独立地位。只有在他能够把军队变成王室的工具并使军队脱离容克的决定作用时,才能压制容克的反抗并驯服他们。普鲁士王国在这个时期大约有224万居民,人数只居欧洲大陆各国的第十三位,就领土大小而言,只占第十位,然而在弗里德里希-威廉一世的经营下,普鲁士拥有欧陆第四位的强大军队。他把军队人数从3.8万扩充到8.3万,国家越来越具有军国主义的性质。他的建军和扩军思想,虽然承继祖父大选侯一脉,但与大选侯不同的是,他坚决中止外国的"补助费",把军队全部置于自己国家经济供养的基础上,实行自主的方针。但是军费来源和士兵的补充发生了大问题。

弗里德里希-威廉一世当时并不赞成某些欧洲国家采用义务兵役制来解决兵源不足的问题,认为只有完全与自己有关系的人组成的军队才放心满意,特别在普鲁士存在着农民和市民对容克的依附关系的情况下,雇佣部队对他更为合适。他的雇佣兵是靠买和抢的办法来补充的。他派出王室募兵官周游全德,向年轻人宣传当兵生活如何的美好,并付出一些钱来引诱他们当兵。用诈骗和暴力使这些人当兵的事也不罕见。这些募兵官在普鲁士境内常常遇到农民的反抗,并被容克指使的农民赶出村庄。王室募兵官就把他们的活动范围扩展到其他德意志邦。普鲁士的募兵就变成一种有组织的绑架人员活动,特别是在诸侯统治力量薄弱的德意志邦,绑架人员活动就更为猖獗。在自己的领土上,"士兵王"1714年通过所谓"新闻指导部"明令禁止用暴力招募年轻人,他怕适龄的年轻人逃到外邦外国去,但并不制止在其他邦干绑架兵员之事,因此经常引起同其他邦,首先是紧邻梅克伦堡和汉诺威之间的"外交纠纷"和冲突,这些邻邦不得不用法令一类办法来阻止普鲁士国王的这种行径。1731年汉诺威政府一道明令公告写道:"凡是这类募兵的人都要拘押起来,不管他是哪一流人,哪一种官。如果他们成群结伙而来,就敲起警钟,集合居民驱逐他们;如果他们在附近地区出现,就须集合民兵。这些人应当当作路劫犯、绑票犯、扰乱国家治安犯、破坏国家自由犯处理;如果他们犯了罪,就应给以惩处;如果他们进行抵抗,就应把他们打死或枪毙。"普鲁士国王终于认为有必要采取一种特别的征兵制。1733年5月和9月,国王发布两个以"征兵区规则"著称的敕令,决定给每一个团划给一定的区域或征兵区,此后每一个团都应从自己的征兵区里补充兵员;每一个士兵从国家得到制服和武器,膳

第四章 ● 普鲁士崛起时代：对德意志民族是祸是福？

食从士兵军饷中扣除；兵营只在柏林和波茨坦设立，在其他城市或乡村驻扎，士兵住市民或农民家，国家付给"津贴费"，不再承担骑兵居住的农家(骑兵从乡下进入城市)，需纳"骑兵费"等等。当然军队中的军官职位都只是保留给贵族、容克的。

征兵区的划分和规定，打破了容克在乡村"一统天下"的局面，依附于容克的农民和市民都有服兵役的义务；另外除长子以外无土地的容克子弟[①]差不多无例外地参加军队。他们在少年时代就已在王家"讲武学堂"受训准备当军官。他们除了把容克阶级的偏见和傲慢心理带到军队中来，也把贵族和人民之间的鸿沟带到军官和士兵的关系中来，军官对待士兵也像容克对待他们的农民一样。出现了一个未曾想到的后果：这些容克出身的军官，其社会地位已不再是土地容克，而是国王的军官，服从和听命于国王的官员。他们的利益同国王、国家、军队的利益越来越多地交融在一起。国王通过征兵区的建立和把容克贵族军官控制在自己手中，基本上打破了容克的独立地位和对抗。

在普鲁士军队中实行一种连队经理制度，这种制度给绝大部分普鲁士军官在执行军官职务时有机会发财。每个连队每年从国库领到一定数额的款项，整个连队的给养、服装、薪饷以及招募新兵的费用都从这当中开销，剩余的款子就归连长所有。连长就成了领导一个武装组合的"经理"，想方设法用最贱的价钱购入士兵所需的生活用品和服装，从而扩大了余款数额，也就扩大了自己的额外收益。此外军官们只需在每年三个月演习时期把自己部队的兵员凑齐，其余时间就把连队中大部分士兵打发到容克庄园或手工工场中去做工，省出大批饷银和给养费，中饱军官私囊，又能解决农忙时容克庄园的劳力不足。只是到了他们过分热心执行这种征兵制和连队经理制以及明显地损害了专制王国的经济收益时，国王才对各团队的征兵权加上一条限制：禁止在手工工场的技术工人中征兵，后来则完全禁止在城市居民中征兵。把这些臣民征入军队，损害了国王的重商主义政策，会断了他的财源。弗里德里希-威廉一世对军官则是恩赏有加，信任有加，结成一种不解之缘。任何军官，不论年龄资历，都有权直接向国王打报告。只有国王才能辞退军官。身着"国王的制服"的军官在社会上享有特殊的地位。国王则要求军官们身体力行，为普鲁士国

---

① 根据贵族继承法，一般总是只有长子获得父亲的庄园。

王服务:为国王服务是最大的荣誉,它比赚钱更重要,而荣誉的获得仅仅来自纪律。在国王拟订的《战争总则》一书的导言中强调,纪律是"国家的荣誉和生存的基础"。国王给普鲁士军官一如给普鲁士官吏,打上了特殊的普鲁士职业道德的烙印:服从、尽职、守时、节俭、准确。

弗里德里希-威廉一世规定士兵服役期是25年。士兵的服役生活极其艰苦,对待士兵的手段常常极为残酷。"士兵王"训练部队的办法,一是操练,二是体罚。训练的最高目标是把士兵变成没有意志、没有思想的工具,对上级的命令盲目服从("死尸式的服从")。安哈尔特-德骚侯爵莱奥波德元帅(Leopold von Anhalt-Dessau,1676—1747,人称"德骚老头"),被认为是当时战争艺术和训练战术最现代准则的掌握者,一位训练大师,他在普鲁士军队中引进"整齐的步伐"和铁的推弹杆。一种毫无意义的操练和对最小的差误施以鞭答,成为把士兵训练成没有意志的工具的好办法,他在哈勒的军团成为普鲁士军队的"模范军团"。国王自己也不惜下操,拿起棍棒殴打士兵,得到"下士国王"的绰号。士兵们被迫自杀或逃跑的事毫不希奇。普鲁士这一支和国土大小不成比例的极其庞大的军队,需要一笔极其可观的经费来维持。在弗里德里希-威廉一世统治末期,国家岁入增大到约700万塔勒,他把其中的600万塔勒花费在军队上。普鲁士军队不仅被置于国家的中心地位,而且成为"国中之国"。工业、商业、文化、农业等一切都视军队为转移,它们只有在能够帮助增强军队时,才能引起国王的注意,得到国王的鼓励。国王关心能提供税收的工场手工业的发展,所以他禁止输入外国商品,或课以很高的关税。国营手工工场也建立起来。这些工场得到特殊的照顾,还组织一些集市和博览会来增加国家的收入。

国王用这支军队来贯彻自己的专制主义统治,在内政方面取得成功。这里主要指打破了容克的独立地位,消除了贵族等级对政府事务的直接干预。1717年1月,国王颁布了邦国税收新法规,规定容克庄园主在战争情况下也有交纳某种税的义务,同时写信给东普鲁士的贵族等级,称他们的义务与容克庄园主相同,不得再保有作为独立于国家的政治地位。实际上容克贵族依然享有免税的特权和社会的优先地位,规定战争情况下"纳某种税"的真正意义在于,确立了国王的专制统治,就像国王自己说的:"我摧毁了容克的权威;我达到了我的目的,巩固了我的'主心骨':自主性。"

但在对外政策中,他的军队没有取得预期的成就。他没有明确的路

第四章 ● 普鲁士崛起时代：对德意志民族是祸是福？

线,行动欠果断,常坐失时机。他一度参加第二次北方战争,[①]1720年得到奥得河左岸直至佩纳河的西波美拉尼亚,但需付300万塔勒的代价;西部的居利希和贝尔格公国领地,则因皇帝的一再食言,没有得到。他在欧洲政治中还只能起二流角色的作用,他自嘲地称自己还只是一个"边角料诸侯"。

除了用棍棒训练士兵以外,弗里德里希-威廉一世还建立了虔敬主义与兵营的联盟。虔敬派是路德宗的一派,主要领袖有斯彭纳尔(Philipp Jakob Spener,1635—1705)和弗兰克(August Hermann Francke,1663—1727),他们创立的虔敬主义认为,宗教的要点不在于持守死板的信条形式,而在于日常生活中表现出"内心的虔敬",提倡精读《圣经》,反对跳舞、看戏等"世俗化娱乐享受"。虔敬主义最吸引普鲁士国王的,是它在追求单个灵魂"再生"时,把"国家利益"放到了中心位置,信奉"社会效益",这与普鲁士统治者,希望通过虔敬主义唤起全体居民把自身利益转向国家利益的义务感的愿望相合。特别是弗兰克主张的通过严格的教育和管理,培养学生忍耐、勤勉、纪律、为国服务的精神,被弗里德里希-威廉一世奉为至理名言,他把弗兰克的虔敬主义主张抬高为普鲁士的官方学说,并把这种学说和教育方式搬到他的兵营中,培养他的军官勤勉、纪律和忠君爱国之心,加强对整个军队的精神控制。"士兵王"对他的军队双管齐下,训练和教育并举,这是他的军队在素质上优于其他欧洲国家的主要原因。

在弗里德里希-威廉一世统治时期,我们看到了一种特有的普鲁士精神:"普鲁士性"(Preußentum)的形成。"普鲁士性"大致有三个根源,虔敬主义就是其中之一。第二个根源是国王家族的喀尔文主义,一种严厉的、不容情的天命注定学说连同古罗马意志哲学中的禁欲和纪律要求。然而喀尔文主义在普鲁士主要作为一种加强君主政体权力的原则在起作用。它还是西欧的"国家利益至上原则"进入普鲁士的桥梁。第三个根源是从荷兰渗入的新斯多葛派思想,它主张服从命运和以理性克服热情的禁欲主义。新斯多葛派的信条:勇敢、尽职和忍耐也就成为普鲁士军人的职业道德。弗里德里希-威廉一世时代形成的这种"普鲁士性",主要通过他的军队表现出来,打上军国主义的烙印。

[①] 1700—1721年俄国-丹麦-波兰"北方联盟"反对瑞典的战争。普鲁士后来也参加"北方联盟",成为胜方。

1717年"士兵王"让其子在柏林按哈勒弗兰克教育机构的模式成立新的军校学生团,1730年称为"王家营",一时之间,普鲁士的各省贵族也竞相仿效,要求接受忠诚于国王的军事教育。"士兵王"规定在军队中除授以普通学校课程外,还需灌输宗教信仰。他把《新约》和赞美诗集分送到连队里。数目可观的"战地牧师"在哈勒大学培养两年后,带着完全按"士兵王"要求写成的弗兰克的宣传小册子,来到兵营,对普鲁士军士的灵魂进行"关怀"。"士兵王"看重这种教育,要在普鲁士王国孩子中推广。"士兵王"成了德意志帝国第一位实行普遍义务教育的君主。学校里强调纪律和勤奋,以向军队学习为主,当然也免不了棍棒惩罚。

为使普鲁士君主政体绝对凌驾于等级议会之上,创立一套完全贯彻君主意志的常设行政机构和官僚制度,在弗里德里希-威廉一世时期已经具备条件和非常必要了。国王首先把枢密顾问委员会中权力越来越大、分量越来越重的两大部门:总管财政部门和不断与其对抗争权的总管军事部门,合并为一个统一的官厅,负责经济、财政和军队事务,这是国王接受他的朋友安哈尔特-德骚侯爵的建议,在1723年作出的决定。这个官厅的全称是:最高总理财政、军事、国有地事务院,简称总理事务院,上设总理大臣一人,枢密顾问三、四人,内设一些部,如内政部、财政部、公共劳动部、粮食和交通部等,军事部事务也加进来。总理大臣一职由国王自己挂名,国王还兼财政、军事等关键部的头头。在此官厅中任职的官员,包括国王,从早晨七时开始,每天工作12小时,必须遵守。国王在他的1722年的训令中已经规定了为官的准则:"荣誉远胜于薪俸",而他给官员的薪俸,确实是相当微薄的。总理事务院实际上是"中央政府",它之下是各省的省委员会,负责省的财政、军事和国有地事务,设省主席一人,下辖各厅。再下面就是县委员会,作为委托管理的基层行政机构。现在普鲁士王国内部的行政机构划一,职能开始完善,形成一种差不多是现代的国家。此外还设有负责节俭监督和负责财政监督的机构。并入总理事务院的最高统计委员会,负责监督国家所有财政的收入和支出。涉及财务事务的,即使是一文钱,都必须核定。对官员层进行节俭、认真、不谋私利的教育,普鲁士是典范。官员的职业准则,是服从、尽职、守时、节俭、准确,这与对军官的要求相同,不合格者撤换或惩处。普鲁士官员就这样成为国王手中得心应手的工具。国王通过这套官僚体制统治全国的臣民,并通过官僚主义的军国主义化,把官方的监督精神强行渗入整个普鲁士的日常生活。

这位"普鲁士国家的建筑大师",当他卧病十年于 1740 年去世时,他为儿子留下一笔可观的"军事宝藏":约 1 000 万塔勒的钱,藏在柏林宫地下室的长形箱内;一支训练有素的军队,战斗力为当时欧洲之冠。儿子弗里德里希大王就凭此发动三次西里西亚战争。

四、弗里德里希大王的开明君主专制

从 1740 年弗里德里希二世即普鲁士王位,普鲁士历史进入所谓"开明君主专制"时代。"君主专制"意味着君主具有无限的、绝对的权力,而"开明"一词的含义,乃是"受到了启蒙"。把一个具有无限的绝对权力的封建君主,同理性-资产阶级的"启蒙运动"联系在一起,形成一种"双重"性格的统治假象,这是"开明君主专制"的典型特征。这种统治不仅影响到普鲁士国家和社会发展的一整个时代,而且深刻地影响到普鲁士所有精神和文化发展领域。当时普鲁士的启蒙运动和以后普鲁士的精神和文化发展,都带有"弗里茨时代"①的特征。

据我看,所谓"开明君主专制",其实是封建社会内部生产力发展和社会矛盾达到一定程度所出现的历史现象。18 世纪中叶起,资本主义经济的发展,市民阶级启蒙运动的"兴盛",迫使普鲁士和其他德意志邦的专制君主,不得不改变他们的统治形式。时代潮流的影响,也在一定程度上首先是思想上影响和"分化"了统治阶级本身。封建统治阶级为迎合日益壮大的市民-资产阶级的意愿和要求,首先在经济上采取某些有利于资本主义发展的"开明"措施,同时固守封建统治阶级的根本利益,为维护封建国家而利用先进的生产技术和方法。"开明君主专制"的主要措施是:限制强迫加入行会;削弱农奴制;宗教上的宽容政策;改进司法制度;表面上接受一些启蒙思想,如国家观方面的国家契约说,国家应关心所有人的"共同利益",君主是国家的第一仆人,需为一切人"操劳"等等。开明君主专制国家通过这些有利于资产阶级的"改革",有限度地适应发生变化了的经济和社会条件,维护和确保自己的"超然"统治。可以这样说,开明君主专制制度是封建贵族同资产阶级的一种妥协,虽然它没有给资本主义的

---

① 弗里茨是弗里德里希二世的爱称。特别在其晚年,人们多称他为"弗里茨老人家"。

发展开辟畅通无阻的道路,但在客观上为后来普鲁士通过改革向资本主义过渡开了先河。

这种在一定时期内得到市民-资产阶级支持的"开明君主专制",主要出现在德意志兰以及东欧和南欧诸国,因为这些国家和地区的市民-资产阶级,政治上发展得比较软弱,它依靠封建专制国家的程度,超过封建专制国家依靠它的程度。普鲁士弗里德里希二世的"开明君主专制"是当时最具典型意义的、最成功的一种统治方式。

弗里德里希二世(Friedrich Ⅱ, der Große, 1712—1786)①是"士兵王"的次子,由于长兄早逝被立为王储。少年时代的弗里德里希机敏、聪颖,富有音乐才能,爱好吟诗作赋。他更多是受其母亲索菲娅·窦绿苔的影响,后者出身于汉诺威宫廷,是英国国王乔治二世的妹妹,长期受法国文化的熏陶,并把她的这种秉赋和熏陶留给了弗里德里希。弗里德里希终其一生,都是法国文化的崇拜者,特别是法国的巴洛克文化和启蒙文化的崇拜者,他信任的宫廷老师都是柏林法国移民区的胡格诺教徒。他瞧不起德意志文化,沾沾自喜地说他的德语"讲得像个马车夫"。他几乎不能用德语行文。这位年轻的王储,已经受到这个时代启蒙思想的影响,而且倾向于这种影响。"士兵王"父亲却执意要把儿子培养为军人,大力向他灌输军事和国家行政管理知识,对儿子的文学和音乐抱负大不以为然。在他眼中,

普鲁士国王弗里德里希二世(被奉为"弗里德里希大王")

王储是个"法国的轻浮浪子",宁可穿丝织睡衣在轻松的社交中挥霍胡闹,而不想穿军服在高级军官面前监督他的团队的训练。父王的严格"教育"(包括虐待和拷打)并不能驾驭执拗的儿子,父子思想感情上的对立日趋尖锐。1730年8月,18岁的王储偕同挚友试图逃亡英国,在过境时被截获,于是出现一个"普鲁士宫廷舞台史上最热闹的插曲"(普鲁士文学家特奥多尔·冯丹纳语):挚友被斩首,王储被禁锢,接受"再教育"。一年多后,父子各作让步,相互见面,弗里德里希被强制安排在国家行政机构中

---

① 旧译为腓特烈二世,腓特烈大帝。

第四章 ● 普鲁士崛起时代：对德意志民族是祸是福？

做"见习工作"，并屈从父王旨意，同他所不爱的不伦瑞克-贝弗恩侯国公主订婚。弗里德里希终其一生都冷淡这位对他钦佩和友好的王后。1736—1740年间弗里德里希单独"幽居"莱茵斯贝格宫，一座建有中国式别墅、渔舍、四合院的带洛可可风格的宫殿。他除了经常吹奏他的笛子，举行音乐会，对艺术感兴趣外，还怀着强烈的求知欲学习哲学、历史、文学，和他的朋友圈经常就关心的问题进行讨论交流。26岁那年致书给自己崇拜的法国启蒙思想家伏尔泰，此后二人常以散文和诗的形式保持书信往来。与此同时，弗里德里希开始经常到柏林和波茨坦旅行，出入军营，观看操练演习；或外出视察，监督税收；对国有领地及其管理产生浓厚兴趣。这些活动使父子之间关系大为改善。特别在1739年，王储随国王到东普鲁士旅行之后，居然被他父亲的"开拓业绩"所感动，在致伏尔泰的信中一改以往的怨恨之情，而加以赞扬。一个具有启蒙思想的王族青年，已经站到君主专制的立场上来观察、对待和决定一切了。

即位后的弗里德里希二世，是一个奇突而复杂的人物。他称自己是"国王-哲学家"，"国家的第一公仆"，"误生王家的艺术家"，提倡哲学家和君主联盟，国家应实行理性主义的统治。但另一方面这位有些任性的国王在恪守普鲁士传统方面又是异常严格的，他要求臣民一丝不苟地遵守秩序和纪律，凡事无条件听凭他的独断。在他长期统治生活中，似乎具有作为"国王"和作为"人"的双重性格：作为"国王"，是一位绝对的专制君主；作为"人"，他试图把王家措施同立法协调起来，实行"开明"的治理。他的性格合乎逻辑地变得越来越深沉和固执，不再容忍把他的行为（包括军事行为）或对他的立法作稍许的批评。差不多同时代的文学家莱辛对这种"双重性格"曾作如是评论："我嫉恶欧洲所有的统治君主，然唯有普鲁士国王例外，这个人是唯一用他的行为表明，国王头衔是一种光荣的苦役。"然而我们必须看到，由于弗里德里希二世不能跳出他的列祖列宗的阴影；由于他把父亲的国家连同父亲创立的机构全部接受下来，仅作边边角角的变更，"国王头衔的光荣苦役"也只能具有这样的色彩，即确保专制主义的普鲁士国家为第一使命。

这位"君主-哲学家"即位之初尚想在君主主义思想中包括一种法治国家的幸福追求，但这种理性法治国家的"幸福观"同普鲁士王国的外交、政治"公理"很少可能相一致。弗里德里希二世的理性批判的沉思默想，同政治、军事的强制态势之间处在经常性的冲突之中。普鲁士国家的"生存"和"分裂"的考虑,使他采取的政治、外交和军事行动的"强权原则",凌驾于他的理性的法治国家的幸福追求之上,形成"弗里茨时代"具有普鲁士特点的王家启蒙运动。他禁止在审讯中进行拷打;松弛新闻检查;废除宗教歧视;禁止驱逐农民;解散父王时代建立的对付国人的掷弹卫队;为充实柏林科学研究院,他召回流亡的普鲁士学者,像哲学家沃尔夫等;聘请外国科学家前来任教,特别延请法国启蒙思想家伏尔泰到波茨坦,前后住了三年,成为弗里德里希著名的"一桌人"①的座上客。伏尔泰的彻底的启蒙精神和他对普鲁士专制政体及"非理性"的强权行动所作的幽默、睿智的讽刺和抨击,使弗里德里希二世大为恼怒,双方终于不欢而散。后者简直把伏尔泰恨透了。

弗里德里希二世很快就成为一个"国家利益至上"主义君王,从而获得"大王"的称号。② 他说的不是人民,不是民族,而仅仅是普鲁士国家。把普鲁士强调为一个国家,明确把普鲁士国家利益置于各等级、各阶级、各阶层、各族民,一句话,置于一切利益之上,这位大王是普鲁士君主中的第一人。"国家利益至上"正是绝对君主专制赖以建立的实用原则:这个国家的所有人等,统

弗里德里希大王在桑苏西宫的"一桌人":伏尔泰和柏林科学研究院的精英们

---

① 弗里德里希二世在波茨坦桑苏西宫(无忧宫)中经常同伏尔泰以及柏林科学研究院的头头脑脑们围坐一桌,高谈阔论,交流启蒙思想,讽喻时政。
② 通常认为,1763年七年战争结束后才突出弗里德里希二世的"大王"和"唯一王"尊号。

第四章 ● 普鲁士崛起时代：对德意志民族是祸是福？

统是"臣仆"，他们作为劳动力、纳税人、人口增殖者和士兵，受"国家第一公仆"的驱使。"臣仆们"处在国家的强制和高压之下，一直生活在担惊受怕之中。强制和高压使其他国家都害怕和憎恶普鲁士国家，外国人避免在这儿停留，甚至避免在这儿过境。把弗里德里希大王描绘成是一个"爱护农民"的启蒙君主，起码是对绝对君主专制认识不清。当时的德意志兰包括普鲁士，都还是农业占 70—90％ 的农业国家，农民等级的存在是专制君主国家赖以存在的基础之一。18 世纪以来，普鲁士农民处境每况愈下。1750 年后容克庄园通过增加徭役，后来通过增加代役租，特别是通过驱逐农民夺取耕地，加强了压迫和剥削。农民除了个人服役以外，还需承担"特别税"即直接的军税，它按各省不同情况侵吞了农民 33.3％ 到 45％ 的收获。到 18 世纪末，普鲁士农村情况越发不可收拾。这就可以理解，为什么这位大王对于"排除农民"和"消灭农民"感到焦虑和愤怒：这不仅仅因为扩大免税的庄园主的土地面积会减少国王的收入，更主要的是不能保证军队士兵的来源，并因此削弱了抑制贵族容克的力量。他为此颁发了禁止或限制容克把农民驱逐出份地的命令，保证农民的财产权和继承权，给农民减税、预付金和提供谷物，允许流离失所的农民在战争中被侵占或已荒芜的农民家园上定居下来。为增加国库的收入，国王采取了"保持农民"和发展农业的措施，例如移民、垦殖新土地等。他还继续推行在王家国有地上废除农民的农奴地位工作，1763 年甚至企图在其他领地上"废除一切农奴制"，因遭到容克的强烈反对而暂时作罢。这一切都是在"国家利益"的考虑下采取的。事实上"弗里茨时代"普鲁士臣仆的大多数——农民为主，生活得并不比美洲种植场中的黑奴好多少。他们都被排斥于教育、文化、文明进步、自由择业、迁徙自由、生活享乐、政治发言权或共同商定权之外。普鲁士的农民完全置身于社会运动之外，变得迟钝怠惰，俯首帖耳，笃信上帝，甘受压榨，毫无反抗能力，成为他们心目中的"明君"和"好国王"手中的工具。

　　弗里德里希大王在"国家利益至上"的考虑下，大力推行重商主义。即位之初就给新成立的第五个部商业和工场手工业部大臣指示，要发展王国的羊毛和麻布工厂，尽多开办缺门的手工工场。新国王认为缺门的工业有：法国式金银制品，丝绸制品，帆布制品，粗印花布，苎麻布，优质纸张，制糖等，稍后又加上仿中国瓷制。此后国王经常视察那些中间转手商行和手工工场，并予以不断扩大。在勃兰登堡地区，从 1740—1786 年间，国家花了224万塔勒建立和资助"工厂"。从1745—1756年,柏林和波茨坦共安装了1 050台织机。在艺术工商业领域,王家瓷器工场兴起,国王非常希望生产出像中国瓷那样的普鲁士瓷,这个愿望在1761—1763年间得以实现,并被列为重点开发项目。普鲁士作家劳贝(Heinrich Laube)风趣地写道:"一切发明都享有特权和保护。国王的钱柜好像就摆在市场上和道路旁等着,谁一有什么发明,就付给酬奖。"

除了鼓励工业外,还促进了商业。国家千方百计地推动商业和出口,尽量把钱赚到国内来。国王以优惠条件贷款给经济企业主,准许在一定时期内享有特许(即垄断)权;同时资助西里西亚大矿山的建设;内部关税在逐步废除;技术学校在不断开办;博览会、集市和货栈如雨后春笋;道路和交通工具有了改善(铺设公路总长为4万公里);扩大港口,开凿运河;开钱庄受到鼓励,钱币制得以贯彻;公布法定利率,取缔高利贷;发放奖金、预付金、减免捐税;签订贸易合同,成立新的贸易公司。柏林等大城市又开始具有商业经济城市的意义。与此同时,一套完整的、敲骨吸髓的税收制度被建立起来。国王一丝不苟地向所有的人征税,包括街头卖唱的在内,把人民口袋中的钱都压榨出来,把其中大部分用于军队建设和有关的公共设施。当时分别设立国家银行和军队银行,一应工商业税都纳入军队银行,支付全部军用开支,余额由国家控制。从1740年到1786年,普鲁士人口从220万增加到543万(领土扩大是原因之一),土地收入从300万塔勒增加到600万塔勒,而税收从300万塔勒增加到1 100万塔勒,相当惊人。这种让人无法负担的税收制度激起普鲁士各阶层人民的怨恨,但国王却说他将"静静地走自己的路",不会停下。

弗里德里希大王的这种"完全"的重商主义,确实为普鲁士带来庞大的财源,把普鲁士带上强权之路。但这位大王并没有把他的国家导向现代国家和现代经济之路。他还力图保持普鲁士作为一个分成全权的贵族、未成年城市的市民和不自由的农民三个等级的封建等级制国家。重商主义在弗里德里希大王那里,并非资本的原始积累过程,而是维持封建军事国家的手段。就财政而言,重商主义之路是走"通"了的,在国王死后,国库充盈,竟有5 100万塔勒的储存,足等于国家岁入的2.5倍。就普鲁士的社会性质、国家性质而言,重商主义并未起到"改观"的作用。普鲁士没有转变为资产阶级的君主国,弗里德里希也没有成为资产阶级君主国的大王。我们看到的只是重商主义在破坏普鲁士的封建行会制和瓦

第四章 ● 普鲁士崛起时代：对德意志民族是祸是福？

解农奴制经济方面起过作用。国王实际上仍然同以农业为生的贵族有着共同的利益。国王拥有国家垄断权（垄断普鲁士的盐、烟草、咖啡），拥有国家银行（如柏林银行，有八家分行）、炼铁业和国家手工工厂（纯系国王私人企业）。在经济上国王站在大商人和大工业家一边（后者则在政治上依赖于国王），另一方面国王又通过垄断粮食和排除外国粮食的竞争给容克贵族以照顾。重商主义不复使资产者在牺牲农业利益的情况下获利，最后是容克庄园主也从重商主义贸易政策中捞到好处，因为重商主义所必需的军队和官僚机构就是容克庄园主的"赡养院"，他们从此中得到许多好处。容克庄园主对重商主义委实又恨又爱。普鲁士的各生产部门利益的相互交错，使"弗里茨时代"的社会情况复杂化。如果不是从经济学角度而是从社会学角度观察这些情况，那么弗里德里希大王是同容克庄园主们站在一起的（后者须听命于他），对抗所有非贵族的人：大资产者、小资产者和农民，后三者对现状不满，可是一旦需要联合行动，这个集团就分崩离析。贵族同平民，平民同移民，移民同市民，市民同农民都没有共同点，人们在相互排斥，相互回避，每个人都自成一家，关在自己的圈子里。这是一场所有人对付所有人自己的斗争，维护自己利益，同时又损害自己的利益。弗里德里希大王正是最巧妙地挑动和利用容克-资产者-农民三者之间的斗争，在"国家利益至上"的口号下，平衡了社会各等级和阶级的利益冲突，使大家都需要他，依附于他，在此基础上建立了绝对的君主专制政体，为自己取得最大的权益。

弗里德里希二世在政治上大力加强中央集权，削弱贵族在政府机构中的权力。枢密顾问委员会（内阁）和各部大臣形同虚设。国王事无巨细，事必躬亲，有乃父遗风且超过乃父。他同大臣们不常见面，多用著名的"左上角眉批"发出指令，让大臣照批执行，不遵不办者或解职或法办，少有幸免。国王通过内阁处理国事，但内阁（包括大宰相）实际上也只有"咨询权"，一切决定无不出自国王本人。国王也如他父亲，把"军事体制"引进文官制度，以加强作为军队最高统帅国王的专制权力。终弗里德里希大王一生，普鲁士没有出过一个著名的国务活动家或政治家，一般官吏也显得唯唯诺诺，弗里德里希大王代表了一切。

"弗里茨时代"普鲁士的官僚体制有很大的膨胀，这一方面是为了加强对普鲁士社会的监督和控制，更主要方面则是由于推行重商主义，需要大量的税吏和贸易管理官员以及市场监督官员。弗里德里希大王治下的普鲁士,卖官鬻爵也成了重商主义国家收入的重要财源,或者说,给有钱的市民-资产阶级一种进身的希望。但弗里德里希大王对自己的官吏层不信任,他宁可花重金聘请外国人首先是法国人充任普鲁士官员,把普鲁士的财政、经济、关税等大权交给他们,而后者的所作所为被普鲁士各等级人等称为"外国匪帮"。重商主义同样也腐化了普鲁士的官吏。晚年的弗里德里希大王终于不得不下决心,把一些外国的总督办和督办驱逐出境,并撤办一批普鲁士本国的税吏。

弗里德里希大王力图为自己树立起"明君"和"好国王"的形象,是"上帝在人间的化身"。他在其代表作《反马基雅弗利》一文中一针见血地刻划了德意志各邦王室伙伴的形象:"他们没有哪一点不是自以为同路易十四相仿;他们也营造自己的凡尔赛宫,拥有自己的情妇,豢养自己的军队",表明他对这种小邦君主专制和风尚的不赞同。他一即位就开始导演立法和司法改革。这位不信神的(他不是教徒)、好大喜功的国王根本蔑视洛克的三权分立学说,也不完全赞同霍布斯的"社会契约"国家学说(一种立宪的君主专制学说),而是坚持"朕即国家"的绝对专制论,他的话就是法,毋需立法机构,但对新兴的市民-资产阶级的利益和愿望需作一定的"照顾",对农民的利益需作一定的"保护",对官吏和贵族的大胆妄为和胡作非为需作一定的制止,把各等级、各阶级的人的行为都约束在一种由他确定的"道德和法律"的规范之内。他在大宰相法学教授冯·柯克采伊(Samuel von Cocceji, 1679—1755)的协助下,确定了法庭规章制度,统一了法院组织章程和检察章程。柯克采伊还为著名的《普鲁士国家公法》的制定奠定了基础。这一巨大的立法工作直到1791年弗里德里希大王去世后五年方得完成,1794年正式生效。这一法典诚然是奠基于封建农奴制基础上的,但也显示了一种开端:保护个人,反对私人的和公共的压迫和"不平等"的权利;简化诉讼过程;增加法律的透明度,减轻量刑;提高法庭官吏的教育水平;死刑必须由国王批准;任何人因公事原因可直接向国王申诉。这部法典对美国的开国立法都起过不小的影响。但弗里德里希大王对自己的司法官也信不过,什么都要过问,什么都要干预。冯·柯克采伊曾向劳累不堪的国王建议,只需对最重大的案子行使国王审批权就行了,弗里德里希大王予以拒绝,他经常冲到前台,演出一些"平冤狱"的活剧,使用他的"国王的绝对命令",改变各级法庭的判决。他坚持"权大于法"的统治,普鲁士的司法也只是国王的傀儡。德国马克思主义史学家法朗茨·梅林对这位大王作了如是的评价:"在他那个时代的腐朽的君王下流坯中间他是一条好汉。他在霍亨索伦王朝的历史中也高出于他的前任和后任。"

五、普鲁士精神和普奥争霸

随着普鲁士的崛起,也形成一种所谓"普鲁士精神"(也有人称之为"普鲁士性")。究竟什么是"普鲁士精神",莫衷一是。我的粗浅认识是,"精神"也者,标志一个国家或一个民族的内在化本质特征,它是在普鲁士人、普鲁士国家、普鲁士族民具体的历史发展和社会进步中形成的;"精神"和"文化"有区别,"精神"是一种能力,"文化"则是"精神"的创造,"精神"是内在的,"文化"则是外观的。"普鲁士精神"之所以特殊,是因为它含有多重因素和特征。德国哲学家弗里德里希·尼采后来说:"如果一个德意志人大胆声称:'在我的心中啊,盘踞着两种精神',那将是对真实情况的错误估测。或者更确切些说,他远没有把精神的真实数目说够。"其实普鲁士精神的因素和特征虽有多种,但其"精神本质"是双重性的。"普鲁士精神"包含整个族民——统治者和广大人民——在争取生存和发展中的精神创造力,族民精神也就包含有两种不同的、有时是对立的精神"本质":一种是非人民性的、专制性的、反动性的,一种是人民性的、民主性的、进步性的,在不同的历史时代或阶段有不同的侧重,发挥不同的作用。在普鲁士崛起时期,从大选侯到"士兵王",到弗里德里希大王,普鲁士精神的代表性特征,是尚武精神或者叫做军国主义精神,这是我们多数人都承认的,而且认定在"弗里茨时代"发展成一种"古典形式"。普鲁士是一个产生于战争和为了进行战争的国家,在这样的国家里,高度井然有序的机械似的效率,同政治服从以及对受命于天的统治者负有义务的传统观念结合在一起,它的统一和中央集权原则有赖于王朝的统治力量,这种力量是由大选侯、"士兵王",特别是弗里德里希大王建立起来的。弗里德里希大王通过大胆的、常常是鲁莽的侵略政策,扩大统一了领土,把国家完全置于军事控制之下。扩军-备战-侵略成了国家生活的全部内容。这种思想、政策和制度就构成了"军国主义"。"军国主义"是普鲁士王家、普鲁士国家统治者的"精神创造"和"精神传统",是武化主义的产物,同广大德意志人民和普鲁士人民是风马牛不相及的。

弗里德里希大王出征前检阅其卫队

"士兵王"弗里德里希-威廉一世留下一支训练有素的军队,儿子弗里德里希二世就用这支军队进行战争。儿子尽量地"射击",几乎整个在位时期都处于不断的战火中。不需要任何借口,仅为了"国家利益"就可以破坏任何条约,也可以任意发起攻击。他对自己的继承人交代说:"要记住,任何一位伟大的君主脑子里都在想扩大自己的统治。"因此,在弗里德里希二世统治下,普鲁士军队就不断地扩大,1751年时即已达到20多万人之数,国家预算中为这支军队支出约1 300万塔勒,占全部国家收入的五分之四。伏尔泰评论说:"这个有野心有雄心的儿子,把这支军队当作手中的威慑力量,去干他的胡作非为。"

弗里德里希大王在国内实施"权大于法"的统治,在国际上奉行"强权即公理"的准则。"权大于法"和"强权即公理"在德语中实际是同一词句:"Macht vor Recht",我们中国人译法不同而已。弗里德里希大王在通过战争取得大块土地后很喜欢讲的一句话:"假如你喜欢别人的领土,那你就把它拿过来,而替掠夺辩护的法学家总是可以找到的。"后来普鲁士哲学家费希特对"强权即公理"的实质作如下的揭露:"先验的理由和全部的历史证明了以下真理:一切君主国的倾向是对内实行完全独裁,对外建立全球性帝国。"

弗里德里希大王即位伊始,就开始发动对奥地利的战争。他的主要目标是要夺取奥地利最富饶的省份西里西亚。奥地利王位继承战争(1740—1748)成为进攻的导火线。1740年10月,奥地利大公、哈布斯堡王朝君主、神圣罗马帝国皇帝查理六世去世,没有男嗣,根据遗嘱(《国本诏书》),哈布斯堡王朝的广大领地不可分割,王位由长女玛丽-泰蕾西娅(Marie Theresien,1717—1780)继承。然而受到法国支持的普鲁士、巴伐利亚、萨克森和西班牙,对玛丽-泰蕾西娅的继承权表示异议,法国当然还有普鲁士都想削弱哈布斯堡王朝的统治。英国、俄国则支持奥地利。这

第四章 ● 普鲁士崛起时代：对德意志民族是祸是福？

年12月，普军25 000人在弗里德里希大王统帅下突然侵入奥属西里西亚并予以占领，挑起第一次西里西亚战争(1740—1742)。他小瞧了奥地利的女君主。玛丽-泰蕾西娅临危不惧，稳定内部后迅速组织军队抵抗。1741年中的摩尔维茨战役中奥军失败。弗里德里希大王背着盟国，同玛丽-泰蕾西娅签订布勒斯劳和约，奥地利把整个西里西亚割让给普鲁士。玛丽-泰蕾西娅打算集中力量先对付其他敌人。女王靠英国的直接帮助，把已经攻入布拉格的法国和巴伐利亚联军打败。这一胜利再度引发奥地利同普鲁士关于西里西亚所有权的争执。弗里德里希大王再次进行袭击，不宣而战，攻入奥方防御同盟的萨克森和捷克，这就开始了第二次西里西亚战争(1744—1745)。奥地利再度失利。1744年圣诞节，普鲁士同奥地利、萨克森签订德累斯顿和约，据此普鲁士保留西里西亚，但承认玛丽-泰蕾西娅的丈夫弗朗茨-施特凡·洛林公爵为神圣罗马帝国皇帝。1748年的亚琛和约结束了奥地利王位继承战争。玛丽-泰蕾西娅维护了奥地利女君主的地位和统治。

西里西亚战争是普鲁士崛起以来对德意志帝国的皇帝和哈布斯堡强权的第一次军事挑战。弗里德里希大王在这样一次"内战"中竟敢违反帝国宪法的规定，同外国或外邦缔结一些反对皇帝和帝国的同盟，说明德意志帝国的政治分裂已到了不可救药的地步。普鲁士在帝国内部扩大自己的领地，或者说在帝国内部"找补"，强化自己在帝国的强权地位，终于形成了帝国内部普奥争霸的局面。如果说从16世纪以来，欧洲历史基本上是在法国同哈布斯堡王朝之间的矛盾和影响下发展着的，但到弗里德里希大王即位时，欧洲又出现了一些有决定意义的新情况：经济最发达的英法之间争夺欧洲优势地位的斗争；沙皇俄国的崛起和向外扩张，都直接影响到德意志帝国的内部事务，影响到普奥争霸德意志兰。现在普鲁士和奥地利都成为欧洲政治多极化中的一极，成为欧洲的两大德意志强国，通过参加欧洲的争霸游戏来达到争霸德意志兰的目的，不复存在中央皇权同地方邦国关系，不复存在德意志民族统一的利益要求。德意志兰的这种"二元制"(Dualismus)局面的出现，始作俑者当是弗里德里希大王。

在西里西亚战争后期，特别在1746—1756年的"和平时期"，弗里德里希大王从事他的军事改革，以适应对外扩张的需要。他首先是不断扩军；采取一种普遍的强制义务兵役制；在军队中推行根据战绩起用官兵、论功行赏、赏罚分明的原则。他麾下著名的五大元帅,冯·齐滕(von Zieten)、詹姆士·凯特(James Keith)、冯·赛德里茨(von Seydlitz)、冯·文特费尔特(von Winterfeldt)和莱奥波德·冯·德骚,都非普鲁士人,有的出身也非贵族,他们不仅战功显赫,而且在军队改革中卓有贡献,成为普鲁士国家的"历史功臣";对于士兵的训练,主要继续采用呆板的操练和严酷的棍棒纪律,但同时灌输"国家利益"的教育,以及推行早年德意志宗教骑士团的精神传统,规定逃兵不得忏悔,不得圣餐,不得进父母的家。"弗里茨时代"战争旷日持久,战事艰辛,却鲜有发生士兵叛变或临阵脱逃之事,"祖国"的概念也正是在这时渗入普鲁士的国民心中。弗里德里希大王在军事艺术上的最大创新是采用新的战略战术。普鲁士的军事组织是当时最好的,所有欧洲政府都热心仿效它。他惯以突然的、出敌不意的进攻开始战争。在与数个敌手作战时,力图各个击破。作战中善于合理使用兵力,大胆实施机动。他继承和发展了古希腊的"斜楔阵法"战术(我们通常称之为"线式战术"),达到一种完善的高度。他还建立了那个时代无与伦比的骑兵,成为同步兵一样重要的决定战局的力量。1763年后,弗里德里希大王开始了军队"重建"工作,计划把军队建设成"像灰烬中升起的不死鸟"。1780年普军人数又扩充到24万,32个居民中就有一个士兵(奥地利为居民数的1/64,俄国为1/91,法国为1/140),普鲁士成了"和平时期的兵营"。法国政治家米拉波说了一句很贴切的话:"其他西方国家有一支军队,普鲁士军队有一个国家。"这也许是最早说普鲁士是一个"军国主义国家"的话。

弗里德里希大王争霸德意志兰的强权政治的再度表现,是参加七年战争(1756—1763)。1755年欧洲大国英国和法国为争夺北美和印度殖民地发生冲突,双方争取盟国,遂形成两个国家集团。奥地利第一次加入法国方面,想借此夺回西里西亚。弗里德里希大王愤而加入英国方面,不仅想狠狠"教训"奥地利,还想摆脱父王时代那种"边角料诸侯"的角色地位,成为欧洲大国。英国在海上同法国作战,欧洲大陆由普鲁士用兵,英国予以财政资助。因此这场进行了七年的战争在德意志兰又称为第三次西里西亚战争。1756年8月,弗里德里希大王率军9.5万突袭萨克森,拉开了战幕。起初他取得一些胜利。但在1758年后形势逆转,与法国结盟的俄国军队发起对东普鲁士的猛攻,占领了柯尼斯贝格。在普鲁士和德意志历史上,第一次出现东西两线作战的威胁。弗里德里希大王企图

第四章 ● 普鲁士崛起时代:对德意志民族是祸是福?

对俄奥军各个击破,结果招致惨败。8月12日的昆尔斯多夫战役使普军陷入绝境,国王也陷入肉体和精神危机甚至想自杀。他想以苦苦坚持的办法等待英援,而1760年英国政策的转变(不再资助普鲁士),带给普王近于绝望的打击。正当他的"伟大的坚持"即将断裂之际,"奇迹"出现了,俄国女皇叶丽莎维塔去世,亲普鲁士的、崇拜弗里德里希大王的彼得三世继位,宣布退出反普同盟,将俄军所占土地全部归还普鲁士,进而同普鲁士结盟。此举使普鲁士绝处逢生,并导致法俄奥同盟瓦解。疲惫不堪的双方决定停战议和。1763年2月普鲁士同奥地利、萨克森签订了《胡贝尔图斯堡和约》,普军撤出萨克森,奥地利放弃西里西亚,玛丽-泰蕾西娅作为匈牙利和捷克女王,放弃捷克一些领地的采邑权,归于弗里德里希大王。后者还得到了埃姆登城和东弗里斯兰两块小领地,保证了普鲁士的北海通道。七年战争后普鲁士牢固地确立了自己的大国地位,德意志兰的"二元制"统治局面进一步固定。

弗里德里希大王并未从七年战争中汲取教训。他在"国家利益"的旗号下一如既往地奉行军国主义的扩张政策,只是需要考虑奥地利的敌对态度。由于法奥保持同盟关系,1764年他同俄国女皇叶卡捷琳娜二世结成同盟。1772年8月,弗里德里希大王同俄国、奥地利联合起来对波兰进行第一次瓜分,所有在中世纪时属于德意志宗教骑士团国家的领地现在都属于普鲁士。波美拉尼亚和东普鲁士的领土也因而连成一片。南部与普鲁士相邻的波兰领土,也须划出波森等区给普鲁士。1773年初整个新获地区被命名为西普鲁士省,柯尼斯贝格和古姆滨嫩连同原内地合成为东普鲁士省。普鲁士王国的版图扩大到194 891平方公里,人口543万。[①]

弗里德里希大王在德意志帝国内部日益加强反对哈布斯堡家族的帝国皇帝政策。1777年,巴伐利亚选侯死后无嗣,帝国皇帝、奥地利的约瑟夫二世根据旧的继承权利,欲通过交换取得下巴伐利亚和上普法尔茨部分领土,而弗里德里希大王坚决反对奥地利力量的增强。1778年3月发生了巴伐利亚王位继承战争。年迈体衰的"弗里茨老人家"曾声言不再"横刀跃马",然而战争一开始,就骑上战马,亲自指挥同奥军作战。1779年经法国调停,双方签订帖欣和约,奥地利获多瑙河、莱茵

[①] 其侄弗里德里希-威廉二世时期参加第二次(1793)、第三次(1795)瓜分波兰,普鲁士领土增加到305 000平方公里。

河和萨尔察河之间的巴伐利亚领土,普鲁士获得安斯巴赫和拜罗伊特。1785年弗里德里希大王组织起一个诸侯同盟,包括萨克森、汉诺威等15个邦,与皇帝对抗。这些政策,进一步加深了德意志内部的分裂。

作者评曰:

由普鲁士专制君主发动的中央集权化,并非利用贵族同市民阶级的一定均势予以实现的,而是由王室通过一支常备军队和一个税收系统把政权集中到自己手里,这是和英、法诸国不相同之处,普鲁士国家也因此鲜明地是一个容克阶级的国家。市民-资产阶级是依附于君王的羽翼下艰难地成长的。因此普鲁士君主专制虽标榜是"开明的",但其历史进步意义仍远逊于英法诸国,而且主要局限于德意志帝国的一邦之地普鲁士。

普鲁士崛起的过程,同英法两国不同,不是作为一个民族团结的力量推进德意志国家统一任务的解决,而仅仅是加强一个霍亨索伦王室和一个容克阶级的历史过程。霍亨索伦王室和容克阶级违背了德意志民族的利益,只求扩大普鲁士邦国的利益。因此,普鲁士的任何一次扩大和壮大,都不得不对德意志民族事业起一种消极的作用。

但是为什么直到今天还有那么多的德国历史学家和德国人怀念着普鲁士特别是弗里德里希大王,且褒奖赞扬有加?我以为他们大多是站在民族主义立场上,把普鲁士和弗里德里希大王作为德意志民族国家和德意志世界强权的最早奠基者。这决非是一种历史的误解。这是一种"历史未来"的倒溯肯定,有其一定的历史合理性。弗里德里希大王不是一个家族利益者,也不是一个德意志民族主义者,他是普鲁士国家主义者,他脑中并没有"德国"利益的概念。他有五个《秘密遗嘱》,分别写于1752年,1768年,1776年,1782年和1784年,内中向继承人嘱咐的,首先是同法国结盟,反对皇帝和德意志帝国。他当然称不上是德意志民族统一事业的促进者。但是我们如果换一个角度看,弗里德里希大王为了扩大普鲁士而不断侵吞分崩离析的德意志帝国内部其他邦国的领土,客观上形成了德国统一的另一条道路的前提:由普鲁士通过武力合并其他邦。只不过这是完全屏弃了启蒙运动时期强调的加强帝国皇权促进帝国统一的那条理性道路。一个世纪后,俾斯麦就是按弗里德里希大王的路统一德国的。

第四章 普鲁士崛起时代:对德意志民族是祸是福?

一个民族,一个国家,一个杰出君主,他的功过在历史的当时,历史的后来和历史的今天,评价都会有变化,侧重点也会有变化,这是多数人会认同的,但有一个基本的不变点,这就是"历史的当时"他所起的作用!

第五章 "启蒙"时代:从文化民族主义到政治民族主义

> 一想到德意志人民,我常常不免黯然神伤,他们作为个人,个个可贵,作为整体,却又那么可怜。
>
> ——J. W. 歌德

一、德意志的启蒙运动

启蒙运动是18世纪欧洲一个普遍性的思想运动,主要任务是要使人摆脱中世纪神学和宗教教条的羁绊,破除过去的迷信和偏见,教育人运用批判的理智,勇敢地独立思考,因而带有明显的反封建反宗教色彩。德意志启蒙思想家、哲学家康德(Immanuel Kant,1724—1804)在1784年对"启蒙"作了如是的解释:启蒙是使人从负有原罪的未成年中走将出来;未成年表示在无人引导下缺少决心和勇气去运用自己的理智。"鼓起你的勇气,运用自己的理智,这就是启蒙的箴言"。这种解释的根本之点,就在于鼓起人的勇气独立运用理智,对世俗的和宗教的"客观事物"进行理性的评判。但是这种"理性"从何而来,究竟是什么东西,并未在这位哲学家的解答范围之内。

从欧洲历史的现实发展来看,启蒙思想的核心是所谓"理性主义",它首先是由自然科学家们创立的,17世纪末以来新的自然科学的发展已同宗教思想发生势不两立的冲突,"理性"显然就是代表了科学。但是这种理性主义加上了法国百科全书派首创的批判精神和启蒙思想家维护人之尊严的思想,才具备了真实的社会意义。"理性主义"是人类进步思想(或曰"进步观念")发展的早期阶段,它恰恰符合当时上升时期资产阶级的进

第五章 "启蒙"时代：从文化民族主义到政治民族主义

步要求，启蒙运动也就具有人类进步观念和资产阶级进步运动相合一的性质，也就成了欧洲资产阶级思想解放斗争的表现。17世纪的英国特别是18世纪的法国出现一些非常著名的启蒙思想家。英国的约翰·洛克曾阐述自由、平等和人所享受的权利；法国的笛卡儿从数学和自然科学中取得了理性认识，并为平等理论作出贡献；伏尔泰和百科全书派是法国启蒙思想的卓越代表，宣传理性主义、人道主义、信仰自由和人身不可侵犯；卢梭的"主权在民"思想，更是成为法国大革命的舆论准备。他们对长期处于小邦诸侯专制主义统治下的德意志思想界影响巨大。处在德意志兰鄙陋状态中的市民-资产阶级渐渐觉醒过来。由于本身状态的微弱、可怜和所受影响是经英、法等国"折光"的，德意志的启蒙思想、言论、作品和态度也就显得微弱、曲折、隐晦和拖泥带水。市民-资产阶级的利益和愿望也只能通过一种曲折的思辨来表达。虽然如此，德意志启蒙的微弱火光，还是代表一种希望，一种憧憬，一种新生。

不应把德意志启蒙思想看成是英法启蒙思想的"传人"和"翻版"，德意志的启蒙运动有其独立的创造和特点。早期启蒙思想家托马西乌斯、莱布尼茨、沃尔夫和诗人戈特舍德等，虽然都对宗教迷信和专制主义从思想上予以排斥和鞭笞，期望建立一个新的"理性王国"，人在其中享有自由、平等的权利，但这些思想家的启蒙，更重要的是具有一种德意志的性质，也就是说以整个德意志兰为活动舞台，针对德意志的政治分裂状况和落后、鄙陋、愚昧状况寄于更多的不满和关注。在这种意义上，德意志的启蒙运动也就成为德意志民族运动的主要组成部分。

克里斯提安·托马西乌斯（Christian Thomasius，1655—1728）出生在萨克森邦的莱比锡，24岁时获法学博士学位。他的学术思想是激进的，强调"悟性"，强调用精神武器对旧事物作"强硬的论战"。1692年后他成了新成立的哈勒大学的"启动机"，形成了著名的"哈勒学派"，使哈勒成为18世纪德意志新文化思想的中心。

托马西乌斯通过讲授逻辑学和伦理学传播

法学家和哲学家克里斯提安·托马西乌斯

他的进步思想。他用他的理性批判,动摇了视古罗马帝国为绝对完美无缺的信念,提出他的国家理想:通过非强制的自然法,对国家构成一种习惯的、不具法律性的道德力量,通过国家的道德行为,使人的幸福和个人利益得以实现。他提倡个人信仰宽容,同时主张国家根据领土原则对教会有无条件的统治权;他提倡理性,反对偏执思维;他提倡数学和自然科学,指出这是现代科学的基础。他成了德意志"启蒙运动之父"。

托马西乌斯的进步思想和创新精神表现在多种学术领域内。在哲学领域,反对占统治地位的亚里士多德-经院哲学,要求一种健康的人类理智和适应实际生活的科学概念;在法学领域,他拥护天赋人权论,否定封建特权;在国家学说方面,他反对君权神授说,指出君主的权力是人民授予的(但却认为普鲁士专制主义国家的发展是符合理性原则的);他还反对迷信、刑讯和巫术。

托马西乌斯是第一个在德意志大学中用德语讲课的德意志人,主张出版德语科学杂志,显示了启蒙思想家的民族意识。后来弗里德里希大王曾作如此评论:"在所有那些使德意志兰出了名的人中,托马西乌斯和莱布尼茨给予人的精神以最大的贡献。"

哥特弗里德-威廉·莱布尼茨(Gottfried Wilhelm Leibnitz,1646—1716)是早期德意志启蒙思想家的杰出代表。这位出身于莱比锡新教法学家家庭的全能天才学者,21岁取得博士学位后,开始大规模的学术创造和科学活动。他先受聘于汉诺威宫廷当图书管理员和顾问,17世纪末受普鲁士选侯妃、稍后的普鲁士王后索菲娅·夏洛蒂的延聘,在柏林从事启蒙文化和科学活动,成为普鲁士"新文化运动"的旗手。莱布尼茨和英国的洛克、牛顿,荷兰的斯宾诺莎,意大利的维柯是同时代的著名哲学家和科学家,被认为是那个时代德意志兰最有学问的人。他不仅对古代哲学和中世纪神学有深刻的了解,而且在逻辑学、数学、力学、地质学、法学、历史学、诗学、语言学以至政治学等领域,都有独到的建树。他虽以创立微积分(与牛顿同时)和创办柏林科学研究院而闻名于世,但他的活动主要是以整个德意志兰为舞台的。他决非是诸侯小朝廷利益的辩护者,相反他主张实现帝国的统一。他的影响是全德性的。当他七十高

全能天才哥特弗里德-威廉·莱布尼茨

第五章 "启蒙"时代：从文化民族主义到政治民族主义

龄卒于汉诺威时，全德各界均为之悲悼。

莱布尼茨首先是一位科学家。他的哲学思想更多奠基在他的数学研究基础之上。在他创立微分学和积分学理论后的十年，即1685年确立了他的单子论哲学，成为他的理性主义形而上学体系的基本要素。单子论使唯心主义和形而上学同物质运动的辩证推测结合在一起，成为一种相信进步和乐观的启蒙哲学之基础。莱布尼茨通过神学而接近了物质和运动的不可分原则，使自然科学不仅阐明状态，而且能阐明过程——运动。1687年他开始同法国启蒙哲学家、百科全书派的皮埃尔·培尔（Pierre Bayle）通信，谈及他同笛卡儿主义者的差异：后者主张机械论，将物质和运动分割开来。这些信收在他生前出版的唯一一部哲学巨著《神正论》(Theodicée, 1710)中。1714年他写作《单子论》(Monadologia)一书，综述了他在《神正论》中的哲学观点。《单子论》的优点是为未来哲学上解释自然现象规律开辟了道路，但却不能把自然界的各种各样的现象综合统一考察，而是孤立地对单个事物加以认识。由于在莱布尼茨那里不存在精神与物质的二元性，所有这些单一事物虽然都有相对的独立性，但却和谐一致、协调一致地存在。因此他的哲学被称为神预先确定的灵肉一致的和谐哲学，内中包含着对立统一的辩证精神。

单子论包含的物质与精神、物质与运动的一致性，遭到笃信宗教者的反对。甚至连英国的大科学家克拉克和牛顿，都把莱布尼茨斥为"无神论者"。其实莱布尼茨是承认有一个创造世界的上帝的。他仅仅认为，神所创造的世界应与世俗界的事物相融合，即精神与物质的融合，两者和谐相存。因此他主张旧教与新教联合，合二而一，这在当时实际上是破坏了对神的绝对信念。

克里斯提安·沃尔夫（Christian Wolff, 1679—1754），生于布勒斯劳的新教制革工家庭，既是哲学家，也是数学家和科学家，他以提倡理性主义（唯理论）的哲学运动而闻名全德。

沃尔夫是莱布尼茨的学生，在莱比锡大学攻读博士学位时就深受莱布尼茨影响。由于他在学术上提倡进步思想——理性，1706年被逐出萨克森，翌年受聘于哈勒大学为教授。他也突破了用拉丁语授课的旧传统，而用德语讲授哲学

自然科学家和哲学家
克里斯提安·沃尔夫

和自然科学,显示他的民族意识。他扩展了莱布尼茨的哲学体系,形成一种与神学教义保持距离、使用严格的数学方法、含有强烈的理性主义、并且通俗化了的形而上学哲学。他超越了莱布尼茨的单子论,把它发展为一种逻辑学、形而上学、社会学和国家学说,将其划分成非神学的本体论,宇宙起源学说,理性生理学和自然神学,成为康德的"纯粹理性批判"的先导。在1712—1725年十三年间,他连续就逻辑学、数学、伦理学、政治学、物理学、生物学和神学等写了七部论著,每部论著都以"理性的思想"作开端,显示他是市民-资产阶级思想解放的学术代表。他的著作清新理性,加上德语概念语言的清晰性,使他赢得大批读者和支持者,为他带来很高的声望和科学荣誉。他是普鲁士科学研究院院士,巴黎科学院院士,英国皇家协会会员,俄国彼得大帝的科学顾问。

沃尔夫继承了莱布尼茨的精神与物质并行不悖的观点,形成一种"莱布尼茨-沃尔夫哲学"。在大学讲课时,他把哲学分为理论哲学(本体论、宇宙论和自然神论)和实践哲学(伦理学、经济学和政治学),实践哲学部分则较莱布尼茨远为激进。他认为,伦理哲学应依据道德概念独立于宗教信仰,只要人畏惧伦理道德,伦理学便无需依赖上帝。他跟他的老师莱布尼茨一样非常推崇中国儒家的伦理学,认为孔子的伦理学并非建立在超自然的启示基础上,而是建立在人的理性基础上。1722年他发表题为《论中国的实际哲学》的演讲,把孔子的伦理学和基督教的伦理学相提并论。这种推崇理性和非神学的哲学观,遭到新教神学家们的反对。"士兵王"勒令沃尔夫48小时内离开普鲁士,否则处以绞刑。但是马尔堡大学立即接受沃尔夫并恭请前往讲学,马尔堡大学师生把他视为理性的使徒和理性的殉道者,马尔堡大学也因此门庭若市,成为进步学派的据点。弗里德里希大王即位后,才下诏请沃尔夫回普鲁士并尊为上宾。1745年沃尔夫被德意志帝国皇帝封为男爵,承认他为德意志帝国的著名学者。

作为启蒙哲学家,沃尔夫对他的时代有着巨大的影响。他所主张的国家图象深深地影响19世纪的欧洲。在他的世界图象中,理性是人的唯一尺度。在他看来,按理性的自然观和幸福观建立起来的人类生活,和从社会契约中发展起来、统治者按理性原则统治的开明专制国家本身,这就是"神的意志"。沃尔夫和他的67大卷著作本身标志着理性的胜利。

约翰-克里斯托夫·戈特舍德(Johann Christoph Gottsched,1700—1766)是早期文学启蒙运动的代表人物。这位18世纪前半期的文学界权

第五章 ●"启蒙"时代：从文化民族主义到政治民族主义

威出生于东普鲁士的柯尼斯贝格，在当地大学攻读神学、哲学和文学。1724年因逃避兵役来到莱比锡，开始在莱比锡大学讲授文学、逻辑学和形而上学。当时德意志兰受英国影响，到处出版《道德周刊》一类刊物，传播启蒙精神。戈特舍德也是从创办这类刊物开始他的文学活动的。他和周围的一批文学家，要求诗歌应抒发感情，具有突出理性的热情。1730年戈特舍德发表名著《献给德意志人的批判诗艺试论》，建立了他的文艺理论，开始他的文学和戏剧改革活动。戈特舍德也因此名声大噪。《批判诗艺试论》第一部分论诗的一般原理中提出文学的两大原则：模仿和教育，认为一切都要符合理性，因而对寓言特别推崇。第二部分论文学的种类，主要谈史诗和戏剧，系一种"文学入门"，戈特舍德为此订出许多规则。他推崇法国的高乃依和拉辛的戏剧，把法国古典主义文学当成是德意志文学的典范和努力方向。

文学家约翰-克利斯托夫·戈特舍德

戈特舍德是法国古典主义文学理论家布瓦洛（Nicolas Boileau, 1636—1711）在德意志兰的代言人。布瓦洛理论的哲学基础是理性主义，要求诗的创作服从抽象的"理性规则"，主张文学形式、体裁、语言等的严格规范化。戈特舍德则更强调理性，他草拟的《诗的规则大系》就是奠定在沃尔夫的哲学基础之上的。这样一来他就忽视了诗人的创造性，给文学加上呆板条规，限制了创作的自由，文学中应有的丰富想象和形象化的美也遭到排斥。他的舞台剧《濒死的卡托》是按其规则创作的德意志第一部样板悲剧，其中反抗暴力受到赞美，热爱自由受到歌颂，从选材和思想内容方面在当时都有意义，但在剧情和表现手法方面显得相当枯燥呆板，没有任何"奇妙想象"。戈特舍德忽视德意志文学的民族传统和排斥"奇妙想象"的创作教条，受到新起的文学家如莱辛等的尖锐批判，因为事实上戈特舍德的干枯理性的创作教条，在40年代以后就越来越成为德意志文学发展的障碍。他本人的声誉急速低落，甚至被人嘲笑。

但是戈特舍德所发动的文学启蒙运动，在40年代前还是起了进步作用的。首先他是为创造一个全德意志文学而努力的。他力图克服诸侯割据时代德意志文学和戏剧的极度混乱状态，他以推崇理性、发扬启蒙精神来克服当时德意志文坛和普遍思想中掺杂着的众多迷信和神秘。他主张戏剧应该坚持"三一律",①影响颇大。他的最大贡献就在于对德意志戏剧的改革和戏剧理论的建设。可惜这位学者和教师,没有认识到社会条件改变了,文学也需要新的东西。他越来越顽固地反对文学创作中的新理论,他拒绝英国著名诗人弥尔顿(John Milton)的作品,甚至拒绝莎士比亚(William Shakespeare)的戏剧。他对文学中的"奇妙想象"的看法越来越狭隘。德意志青年诗人克洛卜斯托克在弥尔顿的影响下,于1748年写出了著名史诗《救世主》,用他的创作实践战胜了戈特舍德。

弗里德里希-哥特里布·克洛卜斯托克(Friedrich Gottlieb Klopstock,1724—1803)和哥特荷德-埃夫赖姆·莱辛(Gotthold Ephraim Lessing,1729—1781)是德意志盛期启蒙文化的杰出代表。所谓盛期,通常系指18世纪60—70年代,是时德意志的市民-资产阶级开始从三十年战争创伤中渐渐恢复过来,形成一种新的精神生活,一种新的自由的民族感情,反对诸侯的背弃祖国和鄙陋的分裂状态。启蒙运动已脱离了戈特舍德那种只是崇尚干枯的理智、脱离实际生活、不接触政治现实的状况,有了较多的社会反抗精神。克洛卜斯托克和莱辛因此就成为德意志民族文学的奠基者。

克洛卜斯托克生于普鲁士魁德林堡一个富裕的市民家庭,1745年后到莱比锡大学学习神学,后来成为著名的抒情诗人。他创作的目的是为了创立民族史诗。他几乎以毕生精力写就的自由诗《救世主》,以热烈虔诚的气氛和美妙动人的节奏,赞颂造物主把全人类从罪恶的暴政和魔鬼的奴役下拯救出来的伟大功绩。他对自由的热烈追求使他成为讴歌自由的伟大歌手。起始时他大半从德意志宗教、神话和古代历史中寻找歌颂的对象,如以古代日耳曼人英雄赫尔曼为自由而斗争的故事为题材,在德意志兰掀起崇拜自由英雄的高潮。这些具有充沛感情、打破干枯理智的诗歌的共同特点,是囿于宗教感情和无明确的社会抗议。两个世纪来宗教在德意志兰只是诸侯斗争的工具,不可能是市民-资产阶级胜利的晨歌。70年代中叶起克洛卜斯托克受美国《独立宣言》的影响,他的自由颂歌完全抛弃了宗教及神话外衣,几乎全是政治性的。这些政治诗谴责诸

---

① 亦称"三整一律",规定剧本动作、地点、时间三者必须完整一致,即每剧限于单一的故事情节,事件发生在一个地点并于一天之内完成。

第五章 ● "启蒙"时代：从文化民族主义到政治民族主义

侯的擅权和帮闲文人的奴颜婢膝，进而抨击普鲁士王家的专制统治。他在《厄运》诗里，指责国王的愚蠢残暴，哲学家的不切合实际，牧师的不道德。他特别指出，德意志人的沉默，不应该是痛苦的忍耐，而应是暴风雨前的郁闷，暴风雨过后，就会出现一个和平美满的世界。他明确地对法国大革命和共和思想表示热烈的拥护。1792年，克洛卜斯托克和华盛顿、席勒、佩斯特洛齐等人一起荣获法兰西共和国荣誉公民称号。

除了政治诗，克洛卜斯托克的诗歌主题是赞美和歌颂大自然，这众多的颂歌也许具有更积极的意义：他歌颂人文主义的主题，歌颂友谊和爱情的永恒，歌颂自由、祖国、自然的伟大和美妙。他的《春祭颂歌》就是代表作之一。克洛卜斯托克不仅突破了以往沿用古罗马的呆板诗式，转换成为自由韵律，而且使德语的生命力在这些诗中得到高度的发展。

莱辛则比克洛卜斯托克远为重要。他不仅是德意志民族文学的奠基者，而且是18世纪德意志古典主义文学的创始人之一，一位民主文学的坚定战士。他在文学、美学、戏剧理论及文艺批评等方面都作出重大贡献。

莱辛出身于萨克森小城卡曼茨的一个牧师家庭，一生处于经济贫困中。17岁入莱比锡大学学习神学和医学，在那里受到戈特舍德领导的戏剧改革运动的影响，迷上了戏剧创作。1748年莱辛来到柏林，开始发表评论和文学作品，表达出莱辛渴望自由和真实生活，揭露普鲁士专制主义的专横统治。1760年起莱辛在布勒斯劳任某将军的秘书，开始研究美学与哲学，发表系列评论美学和文艺的文章。1767年莱辛去汉堡担任民族剧院的戏剧评论人，两年后发表著名的《汉堡剧评》。在生命的最后十年里，莱辛不得不为不伦瑞克公爵效劳，当一名宫廷图书管理员，饱尝寄人篱下之辛酸，郁郁不欢而死，终年52岁。

莱辛在德意志文学史上堪称多面手。他长于美学论著、戏剧评论和文艺批评，具有文学创作的天赋，在神学和哲学方面也有自己的独到见解。他的创作多因文艺斗争的需要而作，因此作

文学家和剧作家哥特荷德-埃夫赖姆·莱辛

品的目的性十分明确。莱辛认为要实现民族的统一,首要的是实现民族意识的统一,为此必须建立统一的民族文学。作为文学家,他的创作主要表现在寓言和戏剧两个方面。1759年发表的三卷本寓言集,成为反对当时社会、政治及文学生活中各种弊端的有力武器。1755年莱辛发表他第一部重要的戏剧作品《萨拉·萨姆森小姐》,第一次把普通市民作为悲剧的主人公搬上舞台,大胆反映市民阶级的生活和思想感情:软弱性和道德的脆弱性,首创了德意志市民悲剧。另一部市民悲剧是1771年完成的《爱米丽娅·迦洛蒂》,是莱辛最出色的反小邦封建专制主义的剧作,故事发生地借用"中世纪意大利"的一个封建公国,公国的亲王施用诡计,抢得市民之女爱米丽娅,并杀死其未婚夫。当爱米丽娅知道自己将被亲王强占时,请求赶来的父亲杀死自己。父亲为使女儿免遭亲王的强暴,毅然答应这一请求,"在暴风雨摧残之前,一朵玫瑰折下来了"。莱辛此剧明显影射德意志兰的分裂和小邦的专制统治,揭露封建君主的丑恶嘴脸,反映市民阶级反抗道德的软弱性。可以说这是德意志史上第一部具有强烈反封建色彩的剧本,影响了包括赫尔德尔、歌德和席勒在内的广大德意志作家。1779年莱辛完成的最后剧本是诗体剧《智者纳旦》,内中宣扬一种人性的、宗教宽容和平等的精神。全剧告终时,代表不同宗教、教派的亲骨肉得以团圆。莱辛作为热诚的自然神论者,继承并超越了路德和莱布尼茨。他否定了天主教的正统地位,提倡一种博爱和人道思想。

莱辛最先从理论上提出建立市民文学和民族文学的主张。《汉堡剧评》是他对汉堡民族剧院的实践进行评论和理论探讨的成果,内中提出民族戏剧发展的科学原则和革新方向,首创了现实主义的文艺理论。莱辛认为,法国古典主义蔑视市民阶级,具有较强的贵族性;在语言及表演风格上,显得矫揉造作,雍容空洞,违反自然;"三一律"束缚了戏剧创作,必须废除。莱辛要求运用自然朴素的日常用语,建立德意志市民戏剧和民族戏剧。这无疑为启蒙运动所要求的民族统一提出了必要的前提。莱辛还提出应以莎士比亚的戏剧为榜样,通过戏剧行动的强度和语言的力量,以实际形象达到感情的净化,从而达到教育观众的目的。《汉堡剧评》对德意志文学界产生空前深刻的影响。

康德则是德意志盛期启蒙哲学的杰出代表,他还是德意志古典哲学的奠基者,近代西方哲学史上划时代的哲学家。他在哲学、自然科学及美

第五章 "启蒙"时代：从文化民族主义到政治民族主义

学等学科中均作出过重大的贡献。

康德生于东普鲁士首府柯尼斯贝格，父亲是位马鞍匠，全家都是保守的虔敬派信徒。康德在家乡的神学院里度过他的少年时代，16岁入柯尼斯贝格大学哲学系学习，毕业后担任过家庭教师、哲学院院长、柯尼斯贝格大学教授、校长，并荣膺柏林科学研究院、彼得堡科学院及意大利托斯坎纳科学院院士等职。康德一生深居简出，终身未娶，过着单调刻板的学者生活。他除了在东普鲁士庄园里当过几年家庭教师外，终生沉浸于哲学的思考中而从未走出柯尼斯贝格这个城市。

以康德1770年提出的《论感觉界和理智界的形成和原则》这一教授就职论文为界，他的思想发展和学术成果可分为"前批判时期"和"批判时期"两个阶段。"前批判时期"的学术成果主要体现在对自然科学的研究上。康德用物质自身的运动和发展来解释自然现象，提出了"关于天体起源的星云假设"及"关于潮汐延缓地球自转的假设"，在形

伊曼努埃尔·康德

而上学的思维方式的观念上打开第一个出口，从而使其自然科学具有明显的唯物主义和辩证因素。康德主要是在"批判时期"提出了人类智慧之光的批判哲学。所谓批判哲学，是指对人类理性能力进行自由、客观和冷静的剖析、探究的哲学，康德在他的三大力作《纯粹理性批判》(1781)、《实践理性批判》(1788)和《判断力批判》(1790)中，对人类的认识能力都采取这样一种"批判的研究"，认为在人类意志服从自然规律的自然王国和人类自由意志居主导地位的自由王国之间，有一个中间环节，即艺术王国。这样，康德的批判哲学把人作为研究的主题、主体及目的，着重解决了存在于真、善、美三大领域中的基本哲学问题。

康德的自然哲学特别是批判哲学，首先推翻了18世纪在欧洲流行的上帝存在、意志自由及灵魂不灭的旧形而上学体系，明确指出"上帝的存在"只是一个"假设"，需要建立辩证逻辑学说，"要给自然立法"。康德所持的关于哲学的对象、性质、方法及功能的新观点，在哲学界掀起一场深刻的启蒙运动，极大地影响了西方哲学的发展。后来海涅曾评说："如同在法国推翻旧社会制度基础的王权一样，康德哲学在德意志兰推翻了精

神统治基础的自然神论。"其次,康德哲学宣告了人的哲学的真正诞生。它讨论了思维与存在有无同一性以及思维对客观的作用问题,系统地提出了主体的能动性,从而开拓了从主客体关系去讨论哲学根本问题的新方向。这使近代哲学从本体论向认识论转变,使之成为研究人的主体功能、价值及人类文化的哲学。第三,康德的批判哲学提出了以"二律背反"①为核心的理性辩证思想,探讨了无限与有限、绝对真理与相对真理、物自身与现象等对立面之间的辩证关系;指出了人在认识过程中是有能动作用的。批判哲学冲破了形式逻辑的局限,创立了辩证逻辑学说,提出了以"综合统一"为根据的三分法思想,并批判了数学方法在哲学中的运用,成为德意志古典哲学辩证法产生和发展之基础。

显然,18世纪以来西方的自然科学冲破了宗教神学的束缚,突飞猛进,取得了巨大成就。自然科学的这种发展要求哲学重新考察科学、道德、宗教、知识等一系列问题,以及提供正确的方法论。然而当时的西方哲学由于受沃尔夫为代表的形而上学以及休谟为代表的怀疑主义的影响,被引进了死胡同,康德哲学的创立使西方哲学摆脱危机,走上了科学的坦途。与此同时,批判哲学本身所具有的调和性,在诸如先验性、批判性、理想主义、形式主义及人本主义等特征中也是显而易见的。康德哲学的主要特征就是调和唯物主义和唯心主义,使各种互相对立的哲学派别结合在一个体系之中。例如康德既在理论上坚持决定论,否定上帝的存在和灵魂不朽,又在实践中坚持自由论,认为上帝存在和灵魂不朽是道德的必然要求;既承认一切知识都从经验开始,又反对所有知识都以经验为唯一源泉;既承认在人的意识之外存在着客观世界,亦即所谓"物自体"世界,但又认为"物自体"是不可知的,是人的能力所不可能达到的"彼岸世界"。总之康德的哲学既坚持科学,又维护自由,还为宗教留下一席之地,陷入一种充满矛盾而又相互妥协的境地。

康德的这种哲学观点也决定了他的社会政治观点。一方面他反对贵族专制,主张法治和共和,另一方面又认为贵族等级还可以存在,法治和共和只是一种人们永远企盼但不可能实现的理想。康德赞成在现存政权

---

① 把两种相反的规律同样可以成立的"自相矛盾",中国人通译为"二律背反",比如世界在时间和空间上是有限的,世界在时间和空间上是无限的等等,它揭示了某些概念范畴的对立和矛盾,承认了人的认识在一定程度内发生矛盾的必然性。

第五章 ●"启蒙"时代：从文化民族主义到政治民族主义

领导下自上而下的改革。今天相当一部分学者认为，康德哲学和康德社会政治观的这种调和性和妥协性，是反映当时德意志市民-资产阶级的调和性和妥协性；康德哲学中表现出来的追求思想、艺术、宗教乃至政治的自由，正是德意志市民-资产阶级要求自由向往改革的意识增强的反映。这种讲法似是而非，有些本末倒置。康德哲学是当时人类思维所能达到的进步产物，是科学特别是自然科学发展的当代最高总结，因此它总会具有时代的特征和时代的局限。但正是它对德意志市民-资产阶级的世界观产生深刻的启蒙影响，而且为德意志民族的统一愿望作了深远的启蒙准备。德意志市民-资产阶级发展的不成熟和软弱，是德意志兰当时经济落后的反映。

德意志的启蒙运动，可视为德意志文化民族主义形成的准备阶段。

二、"狂飙突进"运动

发生在1770—1785年间的"狂飙突进"运动，是启蒙运动的继续，但比启蒙运动要激进。它认为启蒙运动虽然取得某些成就，却未能把反对德意志小邦封建专制主义任务贯彻到底；启蒙运动的政治理想所服膺的"开明君主专制"也满足不了时代发展的要求；启蒙学者的有节制的理性所不能实现的事情，现在应由"狂飙突进时代"的"无限制的热情"帮助实现。

"狂飙突进"运动其实只是一场文学运动，是由新一代进步的热血青年所发动和担纲的。它从那种冷静的对于自然的观察发展到与自然的密切结合，从一般的理论宣传发展到与人民接近和使用人民语言，从温和的社会改革要求发展到公开的反抗。但它只是在文学范围内，不是一场政治革命，同样不能改变社会现状。它的真正意义在于，它是德意志市民—资产阶级内部第一次带有全德性质的民族文学运动。

运动之所以有如此铿锵有力、不同凡响的名字，乃是运动的精神之父赫尔德尔（Johann Gottfried Herder，1744—1803）取自年轻作家克林格尔（Friedrich Maximilian Klinger，1752—1831）的新民族文学剧作 *Sturm*

文学家约翰·哥特弗里德·赫尔德尔

und Drang①一书的书名。该剧突出表现争取自由、反对封建压迫的思想感情,呵责德意志人失却民族性的反抗精神。在"狂飙突进"的旗帜下,汇聚了一大批德意志进步青年文学家和诗人,比较著名的有格尔斯滕贝格(Heinrich von Gerstenberg),亨利希·瓦格纳尔(Heinrich Leopold Wagner),棱茨(Jakob Michael Reinhold Lenz),穆勒(Friedrich Müller)和上面提及的克林格尔。有一段时期格廷根的林苑派诗人也积极加盟,代表人物是约翰-亨利希·弗斯(Johann Heinrich Voβ,1751—1826)。个别浪漫派作家如威采尔(Johann Karl Wezel)的文学作品也具有狂飙突进风格。这些人物不属于统一的集团,其中有出身贵族的斯托尔贝格兄弟(林苑派诗人同盟),也有是农奴的后代如弗斯,但基本上具有共同的观点。"狂飙突进"的诗人热情主张德意志民族国家的统一和消除割据的邦国。1783年《柏林月刊》公开发表文章要求实行共和制和驱逐诸侯;也有斥责"开明君主专制"拥护者的观点,强调以激进-平民派精神进一步发展启蒙思想。弗斯和棱茨的诗歌,更多关心的是平民和贫民的痛苦,而不是市民的忧虑。不少林苑派诗人则主张资产阶级的自由和平等,控诉暴君的恶行。

"狂飙突进"运动的真正代表人物,是青年歌德和青年席勒,这两位德意志最伟大的诗人和剧作家的青年时期,给"狂飙突进"运动打上了自己的烙印,虽然他们后来都把"狂飙突进"运动视作他们发展过程中已被克服的阶段,实际上却是他们从青年时期走向古典文学这一成熟时期的过渡阶段。

约翰·沃尔夫冈·歌德(Johann Wolfgang Goethe,1749—1832)出身于美茵河畔法兰克福一个显贵望族家庭,自小生活富裕,受过良好教育,喜爱文学。1756年在莱比锡大学学习,1770—1771年前往斯特拉斯堡大学继续深造,获博士学位。在这里他结识了赫尔德尔,赫尔德尔对民族语言和民族文学的见解,使歌德大开眼界,步入文学领域的新天地,而赫尔德尔激进的自由民主精神和强烈的反封建专制意识,把歌德从一度陷入的神秘主义、悲观主义的境地中解脱出来,卷入

青年歌德

---

① 原义为"风暴与冲击",我国学者译为"狂飙突进",非常传神,非常贴切。

第五章 ● "启蒙"时代:从文化民族主义到政治民族主义

"狂飙突进"运动。歌德具有许多天才源泉:充盈的活力,多才多艺和易变的性情,他已经强烈感受到德意志兰存在的分裂混乱状况和对自由感情的压抑窒息,因此心中充满着"情感奔放的骚动"。歌德认为他的内心世界是与外部世界融为一体的。在他一生的这个阶段,他把诗当作一种自然力和高尚的生存方式悉心加以体验。但是与自然与世界融为一体的渴望却屡屡遭受阻遏,歌德因此内心痛苦达到顶点,甚至发展到自杀的冲动。但他最终把这种痛苦和苦恼通过他的诗和剧作迸发出来。"我的心灵将会找到通向欢乐和苦难的真正道路,找到那被授予人类最基本的福佑。"

1770—1775年歌德发表了一些优美抒情而又富有反抗性的诗歌,如《普罗米修斯》,否定神的存在和权威,呼喊着自由和解放。他还连续发表了著名剧作《铁手骑士哥茨·冯·贝利欣根》(1773)和书信体小说《少年维特之烦恼》(1774)。这就使青年歌德名震文坛,成为"狂飙突进"运动的旗手。歌德把16世纪参加农民战争后又背弃农民战争的骑士贵族贝利欣根理想化,把他写成一位正直、热爱自由、奋力与诸侯抗争、反抗封建专制制度、为一个民族国家的理想而献身的悲剧英雄。《少年维特之烦恼》则让歌德大名传播全德和欧洲。作品既反映了小邦专制制度下青年人的忧愁和苦闷,通过刻画青年人的恋爱悲剧,也反映了青年人的愤怒与憎恨,这种苦恼与愤怒化成主人公维特以自杀相抗的叛逆精神。因此,"维特式的反抗"竟然打动和震撼了一代德意志青年和欧洲青年。

歌德本人在1775年前后仍陷入深深的精神苦闷,充沛的天才活力找不到解脱的出路。他应魏玛大公卡尔·奥古斯特之邀,任魏玛宫廷枢密顾问,他想在这个著名的"开明之邦"通过具体政务和科学研究寻求出路。如此一呆十年。这时期他创作的《伊菲基尼亚》是人道主义的赞歌。他性格中的双重倾向:同现实小朝廷相妥协和要求自由解放的进步意图,开始形成并激烈冲突。1786年他不辞而别,偷偷跑到意大利,过隐姓埋名的"自然生活"。1788年回来后完成了颂扬民族独立和自由的戏剧《哀格蒙特》,这可看成是他"狂飙突进"时期的最后一部作品。

与歌德齐名并与歌德交谊甚笃的席勒(Friedrich Schiller, 1759—1805),性情与经历同歌德迥然不同。席勒生于符腾姆贝格邦马尔巴赫的一个贫寒家庭,13岁时被迫进入卡尔军官学校学习法学和医学。这所由公爵直接治下的军官学校有着"奴隶制造场"的美喻,对学员的专横统治和精神折磨到何种程度也就可见一斑。爱好文学的席勒在这一等级森严的学校中受了八年的折磨,1780年通过医学考试,成为一名下级军医。青年时期的不幸,激发了这位体弱多病的下级军医对现实不满与反抗之本性。他渴望一种自由的、平等的、博爱的理想社会制度,正像他的诗《欢乐颂》中所表达的那样。

魏玛德意志国家剧院前的歌德和席勒塑像

青年席勒是一位诗人,同样也是哲学家,在他的诗歌中,更多显示他的哲理学的天赋。他受康德主张的理性主义和方法的强烈影响,在自然和理智之间寻找一种和谐与均衡。青年席勒属于哲理学家型,有一种自觉确定的目标和理想,而青年歌德则首先是一位感情丰富、富于激情的文学家和艺术家,他能把感觉的材料作精美绝伦之升华。席勒的激进意识促使他在军校学生时期就开始创作剧本《强盗》,该剧描绘青年侠士卡尔报复封建专制社会以及报复贵族家庭对他的猜忌、侮辱和迫害,要求用共和主义的爱国主义代替封建专制主义。1782年《强盗》在普法尔茨选侯领的曼海姆民族剧院上演时,取得了空前的效果,把"狂飙突进"运动的戏剧推到顶点。据一位目击者所记,"剧院几乎成了疯人院。他们圆睁双眼,攥紧拳头,双脚把地板跺得震天响,喉咙都吼哑了!互不相识的人相互拥抱,泣不成声。妇女们踉跄地走向出口处,几乎近于昏厥。那气氛犹如驱散了笼罩在混乱之上的阴霾,露出了一线崭新天地的曙光。"当席勒同曼海姆民族剧院商谈上演他的第二部剧本《菲埃斯科》时,却被符腾姆贝格公爵禁闭起来,写作也被禁止。席勒在禁闭期间构思另一著名悲剧《阴谋与爱情》,两年后上演时取得更大成功。该剧通过宰相之子与平民之女的忠贞爱情未能结合,最终双双死于宰相(青年之父)的强权压力和阴谋陷害,动人心弦地描述了市民-资产者同贵族之间的冲突,深刻揭露了小邦专制主义统治的腐朽与黑暗,体现了市民-资产者对自由的渴望和对社会改革的向往。可以说席勒这部充满反抗小邦专制主义统治叛逆精神的作品,堪称德意志兰第一部有政治倾向的戏剧。这种倾向在他1787年创作的诗剧《唐·卡洛斯》中再度表现出来：反对封建小邦专制制度，要求一个自由、平等、个性解放的资产阶级理想共和国！

"狂飙突进"运动的光辉，到80年代中期开始消退。深刻的原因恐怕要到德意志兰经济的复苏和许多邦国出现开明专制改革中去找。除弗斯、毕格尔等少数人还坚持其激进文学立场而外，大部分人都开始转向"温和"或浪漫主义。运动的领袖人物青年歌德和青年席勒都渐渐与现实妥协。席勒转向历史研究，而歌德则走上创立符合德意志民族精神的文学古典主义之路。歌德的时代是文学天才人物辈出的时代，但只有歌德才使世界主义的进步理念，同德意志民族的民族性和谐地结合起来，使德意志古典主义臻于完美。

三、法国大革命与德意志文化民族主义

启蒙运动和狂飙突进运动，还纯粹属于文化领域，尚未转入民族主义的范围。1789年法国大革命的震动，才加速这种趋势的发展。首先是德意志的民族精英——知识分子阶层开始关心政治，有了政治觉悟，在政治上积极起来。如果说启蒙运动使他们摆脱了传统宗教的束缚，如今便把民族和国家作为自己精神追求的世俗对象，而法国革命引起的战争恰恰造成了这种精神追求的"物质"基础。法国革命给德意志兰以政治"启蒙"，德意志的文化民族主义和政治民族主义，正是诞生于欢呼法国革命和反对革命法国的斗争。反对法国的斗争最先使德意志知识分子和开明政治领袖痛感到必须有某种统一。

德意志的知识分子开始时几乎一致欢呼法国大革命。所有德意志诗人几乎没有一个不歌颂光荣的法国人民。歌德，赫尔德尔，贺尔德林(Friedrich Hölderlin, 1770—1843)还有其他许多人都在自己的作品中欢呼封建专制大厦的垮台。歌德在其诗作《赫尔曼与窦绿苔》中回忆当时的欢庆情景："谁能否认，当朝阳放射出第一道光芒时，当人们听到人人权利平等、鼓舞人心的自由和令人赞美的平等时，他们是如此的情绪高涨、心花怒放和精神振奋。"年迈的克洛卜斯托克赞美说："我要用一百个声音来欢呼高卢的自由。"年轻的哲学家、当时还在杜宾根神学寄宿学校当学生的黑格尔(Georg Wilhelm Friedrich Hegel, 1770—1831)和谢林

(Friedrich Wilhelm Joseph von Schelling，1775—1854)以及耶拿大学神学院的费希特(Johann Gottlieb Fichte，1762—1814)，特别热情地祝贺法国大革命。黑格尔在十年后还把法国革命比作"旭日东升"。法国革命的理想也反映在天才音乐家贝多芬(Ludwig van Beethoven，1770—1827)的作品中。贝多芬的伟大音乐创作渗透着法国革命的精神。

这些文化民族主义的精英人物，无疑是当时德意志新兴的市民-资产阶级的代言人，他们激动地为法国大革命所追求的自由、平等、博爱的理想欢呼，他们用语言和作品从根本上促使分裂的德意志各族人民互相联系起来。但是他们的革命热情还只限于理论和精神范畴，他们在提出革命理论之后并未继之以革命行动。他们中的多数人很快就对法国的雅各宾专政和法国人的暴力行动取敌视态度。对应法国大革命而出现的德意志古典主义，①正是德意志文化民族主义到德意志政治民族主义的理性过渡。德意志古典主义的代表人物，文学方面是歌德，哲学方面是黑格尔，音乐方面是贝多芬，他们追求的是一种德意志式的自由、平等和"和谐"的社会。

歌德是难以接受法国大革命那样的方法的。他所期望的人类未来是顺序渐进式的变化，一切似应顺乎自然。他既不赞同专制主义统治，也不赞同法国的暴力专政。这种"骑墙"立场反映出德意志市民-资产阶级同贵族社会存在某种"亲缘关系"。歌德虽然坚持文学的"世界主义"和"自然主义"，但却完全是"德意志式"的。德意志古典文学实际上力求在德意志民族的精神生活中创造一种保有贵族痕迹的市民-资产阶级和谐的生活理想。这也正是歌德的伟大创造和伟大功绩。这个时期他的一些主要作品如《塔索》(1790)、《列那狐》(1794)、《赫尔曼与窦绿苔》(1797)、《亲和力》(1809)和《威廉·迈斯特》(1794—1796，1821—1829)等，都热情地表达了这样一种情怀。而歌德最重要的作品之一《浮士德》(1806—1831)，从构思到最终完成几乎经历了半个世纪，涉及古典主义与浪漫主义，但我以为他主要表现的还是古典主义的精神主张。《浮士德》这部伟大作品，交错着现实与虚无，前进与倒退，勇于创造与阻碍创造，追求真理者与谬

---

① "古典"两字，包含繁荣、典范、准绳之意，与"经典"系同一词。古典主义也就是上升时期德意志市民-资产阶级的经典人文主义，它代表德意志式的自由、平等和进步潮流。它是继启蒙运动、狂飙突进运动后的更高发展阶段。

第五章 ●"启蒙"时代：从文化民族主义到政治民族主义

理者魔鬼相争相合的矛盾，突显浮士德积极向上、自强不息的进步精神，反映德意志民族的追求和非暴力的道路。

歌德是德意志民族文化的主要奠基人，正是由于他，德意志民族才得以享有世界近代文明民族的荣誉。歌德逝世半个多世纪后德国哲学家尼采还这样说："歌德，不仅是一个善良和伟大的人，而且也是一种文化——歌德是德意志历史上空前绝后的一幕。"

古典主义的另一位伟大人物是黑格尔。他把由康德开创的德意志古典哲学发展到了顶峰。他的最大功绩，就是恢复了辩证法这一最高思维的形式。黑格尔生于符腾姆贝格邦斯图加特城的一个绅士家庭，1788年入杜宾根神学院学习，毕业后当过家庭教师、耶拿大学的讲师及教授，纽伦堡中学的哲学教师和校长，以及海得贝格大学教授。直到1818年受普鲁士政府重金聘为柏林大学哲学教授(后任校长)止，他的青壮年时代都处在法国大革命-拿破仑战争的直接影响之下，政治上分裂的德意志兰和德意志各族人民应当走向何方，就成为黑格尔哲学创造中的主要课题，而且是放在"世界图象"中予以考察。黑格尔的哲学-政治观经历过不同的发展阶段。青年时期向往资产阶级的自由和博爱，反对封建的专制制度，欢呼法国大革命的爆发。同歌德一样，他对法国雅各宾派所采取的革命恐怖行动持批判态度。拿破仑战争时期，黑格尔明显地从文化民族主义向政治民族主义转变，提出"国家至上"，"人民与贵族阶级相联合"的口号，认为君主立宪制是现代国家的典范。这些观点和主张在1815年欧洲封建复辟时代就演变成保守的普鲁士国家官方哲学。黑格尔的重要著作如《精神现象学》、《逻辑学》、《哲学全书》、《法哲学原理》、《哲学史讲演录》、《历史哲学》和《美学》等，都曲折地表达或反映他的这种主张的变化。

黑格尔哲学总体可分三大部分，即"逻辑学"、"自然哲学"和"精神哲学"。这与其哲学的核心——"绝对精神"发展的三个阶段相适应。黑格尔认为，绝对精神的发展在逻辑阶段表现为"纯粹的观念或范畴的发展"，研究的对象便是纯粹观念的运动，观念是一切事物的本质；而自然哲学是研究自然界中诸观念的科学。按照自然内在本质的发展过程，黑格尔把自然科学分为力学、物理学及有机学三大块，提出了：物质与运动、时空与物质运动不可分割，光是间断性与连续性的统一，电和磁可以互相转化，生命是辩证法在自然界的充分体现，生命的活动在于加速自己的死亡等一系列合理思想；作为绝对精神发展最后阶段的精神哲学，则是研究人类社会的观念的科学。黑格尔按"主观精神"、"客观精神"和"绝对精神"三部分展开阐述。"主观精神"是指尚体现于道德风俗和社会制度中的精神,而"客观精神"则是指主观精神的外部发现,是黑格尔整个精神哲学的中心环节。这种客观精神表现在人类历史中就是世界精神,表现在民族问题上就是民族精神。世界精神的文明发展到普鲁士国家就达到了高峰。黑格尔声称,普鲁士君主专制国家是绝对精神的最好体现。这里所谓的绝对精神乃是指主客观精神的统一,被黑格尔看成是世界的本质,并被认为存在于自然界与人类出现之前,具有无限的创造力和处于辩证发展的过程中。

黑格尔站在客观唯心主义一元论的立场上对主观唯心主义、唯物主义、二元论,站在辩证法的立场上对形而上学,站在可知论的立场上对不可知论,进行深入的批判。黑格尔汲取了德意志古典哲学先辈们(康德、谢林、费希特等)哲学中所包含的辩证法因素,构成了哲学思想发展史上第一个系统地阐发唯心主义辩证法的哲学体系。可以说,黑格尔的整个思辨哲学就是展示辩证法的哲学。

但是黑格尔辩证法这个最全面、最富有内容、最深刻的发展学说,却"是倒立着的"(马克思语)。黑格尔的辩证法就是"绝对精神"的矛盾进展及其规律性的展现,辩证运动的历程正是"绝对精神"的自身设定、分裂而又自身复归的历程。它颠倒了思维和存在的关系,并欲调和世上的各种矛盾。黑格尔哲学之所以陷入本末倒置、矛盾妥协的境地,多半是反映德意志市民-资产阶级思想上向往革命而行动上安于现状的特性,以及反映德意志民族文化主义的特性。黑格尔哲学虽然提倡和颂扬世界主义,发展为当代世界的最高水平,但却完全是德意志的,是以德意志兰为舞台的文化民族主义。

贝多芬则把德意志古典音乐推向世界的顶峰。贝多芬生于莱茵河畔波恩的一个清贫的音乐之家,童年几乎没有受过系统正规教育,11岁就开始在剧院乐队演奏,13岁已成为风琴师并发表了三首奏鸣曲。17岁时被送到维也纳学习,见到了音乐大师莫扎特(Wolfgang Amadeus Mozart,1756—1791),莫扎特惊异于他的钢琴演奏,准备给予更多的指导,但恰逢贝多芬母亲去世,便终止学习返乡。

贝多芬

第五章 "启蒙"时代:从文化民族主义到政治民族主义

法国大革命前夕,贝多芬入波恩大学旁听文学课,受激进的"启蒙文学"的影响甚深,而法国大革命的启蒙,使他一生的音乐创作,都贯穿对自由、平等、博爱、欢乐和人道主义的歌颂。1792年底,当奥、普联军对革命法国进行干涉战争,战火殃及波恩,贝多芬再次被送到维也纳,这时莫扎特已去世,贝多芬就师从海顿(Joseph Haydn,1732—1809)和阿尔布雷希特斯贝格(Johann Georg Albrechtsberger)等,1795年贝多芬开始以卓越的钢琴演奏家和音乐家活跃在维也纳的音乐舞台上。莫扎特和海顿都应被看成是德意志古典音乐的开创性人物,[①]但贝多芬这一时期创作的奏鸣曲、协奏曲以及第一交响曲等作品,除形式上尚存有海顿和莫扎特等先辈的痕迹,作品的取材上已别具新意,他的音乐创作不久就完全突破前人的模式,超越了他的先辈,并使德意志古典音乐享有更大的世界声誉。

贝多芬音乐创造的鲜明特点是具有时代精神。他的作品旋律既热情奔放、铿锵有力,又富有自然色彩和田园韵味,内中渗透着反对诸侯专制主义和拥护共和主义的战斗精神。他的思想是进步的,他的曲目合着时代的节拍前进。1803年贝多芬写了《第二交响曲》,表明他已从耳聋病魔的可怕打击下恢复过来,振作起来。他以新的姿态和激情投入创作。1804年他创作了雄伟壮丽的《第三交响曲》,这部又名《英雄交响曲》最初是贝多芬题献给拿破仑的,他把拿破仑当成实现人类幸福的英雄来崇拜。但当拿破仑于1804年称帝时,贝多芬就撕毁了原来的献词,改题为"为纪念一位伟大人物的英雄交响曲",愤然把拿破仑叫做"不过是个凡夫俗子"。该交响曲完全冲破了海顿和莫扎特的创作框框。作品通过大胆的构思、超人的手法和独特的结构设计,与法国大革命时代的感情水乳交融。1805年写了歌剧《菲德里奥》,充分体现了贝多芬对自由、正义及英雄主义的赞美。1806年创作了充满诗情画意的D大调《小提琴协奏曲》和充满火样激情的《热情奏鸣曲》。1808年写成C小调《第五交响曲》也称《命运交响曲》,是在法国和德意志兰上演得最多的一部交响曲。乐曲起始就出现了著名的主题:与命运作斗争,最后一个乐章则给以一曲巨大的胜利之歌。《命运交响曲》简洁、强烈、富有特色,因而最受听众欢迎。同年创作的《第六交响曲》又叫《田园交响曲》,是贝多芬献给大自然的佳

---

① 当时奥地利是德意志帝国的一个邦。

作,也许还寓藏着贝多芬积极的自然本性追求。这类充满浓郁的感情、生活气息和田园诗般秀丽景色的佳作,尚有《月光奏鸣曲》和《第四交响曲》以及《献给远方亲爱的人》(作品98号)等。1815年前后,他为德意志民族解放战争的胜利谱写过进行曲。大概从这个时期开始,贝多芬的创作重心已从音乐结构移至对情感的追求上,或者说开始突破古典音乐的那种严谨性,为浪漫主义音乐的产生打下了基础。他对拿破仑战争后欧洲和德意志兰的封建复辟环境显得格格不入,终身未娶的他本人也经常处在贫病交加的痛苦之中,但他要大声呐喊,要求自由、平等和人类的兄弟友爱之情,要给人类世界以幸福和欢乐,1823年完成的《第九交响曲》就是代表作,他把席勒的颂诗《欢乐颂》引入乐章,并用人声大合唱的形式作为交响曲的结尾和高潮。法国进步作家罗曼·罗兰写道:"贝多芬是伟大的自由之声,也许是德意志思想界唯一的自由之声。"

此外我们还必须提及,在法国大革命启蒙下的德意志文化民族主义中,也有少数激进知识分子在提出革命理论之后也继之以革命行动的。格奥尔格·福斯特尔(Georg Forster, 1754—1794)就是杰出的代表。出生在但泽喀尔文教牧师家庭的福斯特尔,很早就成为德意志有名的旅行学家和自然研究者,著述中已表达了他的民主自由思想和对德意志封建诸侯专制的深深不满。法国革命爆发前夕,福斯特尔来到民主思想活跃的美茵茨,任选侯图书馆管理员,1790年随同著名自然科学家亚历山大·冯·洪堡(Alexander von Humboldt, 1769—1859)到下莱茵、尼德兰和英国作考察旅行,所撰《下莱茵考察记》中明确表露他的革命民主派的立场,联系到此后不久他在美茵茨所写的哲学和美学文章包括《国家艺术与人类幸福相联》(1794),他已从一个"启蒙运动"的批判拥护者转变为革命的古典人文主义的代表。1792年这位温文尔雅的学者采取了革命的行动。他首先反对奥普组成的反法军事同盟及其发动的干涉战争,欢呼法兰西共和国的成立和继之而来的法国

格奥尔格·福斯特尔,美茵茨共和国的奠基人

革命军的胜利。接着福斯特尔按照雅各宾俱乐部的榜样,在美茵茨秘密组织了"德意志自由和平等之友社",成员约有450名。法国革命军占领了美茵茨后,福斯特尔于1792年10月召开了"莱茵-德意志国民代表大会",这是德意志史上第一次通过民主选举选出的机构,福斯特尔任副议长,实际上的精神领袖,宣布废除一切封建剥削和依附关系。1793年3月,莱茵-德意志国民代表大会宣布莱茵河和摩塞尔河之间地区为共和国,废除所有贵族和教士的封建特权,并宣布脱离德意志帝国。通常我们把这个共和国称为美茵茨共和国,它是德意志土地上出现的第一个共和国,是福斯特尔的杰作。在这个共和国中,所有大地主,所有的世俗诸侯和教会诸侯都被赶跑了,整个政治生活、经济生活和文化生活都在共和国宪法基础上按市民-资产阶级的意愿加以改造。美茵茨共和国原本可以成为德意志文化民族主义向政治民族主义转变的基石和起点,但当福斯特尔等使共和国日益雅各宾化,特别是宣布加入法兰西共和国后,实际上就失去了德意志民族广大阶层的支持。德意志的封建势力就用武力于1793年7月摧毁了美茵茨共和国。福斯特尔流亡巴黎,不久去世。

总起来说,德意志的文化民族主义有着四个明显的特点:第一,是在邻国英国和法国的现代运动强烈影响和推动下的一种回应,主要局限于文化领域;第二,主张精神和物质相分离,因而造成理论与实践相脱节;第三,主张政治和文化相分裂,只从思想和文化上提出反封建专制的要求,而其政治理想多数还是一种民主的王权和开明的专制;第四,存在着一种世界主义的倾向。如果没有拿破仑战争的推动,德意志兰不可能靠自己的力量创造向现代转变的前提条件。

四、拿破仑战争与德意志政治民族主义

拿破仑战争,严格意义上应从1799年算起,那年拿破仑当上法国的第一执政。但革命法国同封建奥地利和普鲁士的战争,在1792年就开始了。1793年2月有奥普参加的第一次反法联盟,在1794年6月的弗勒吕斯战役中遭到毁灭性的打击。普鲁士在1795年4月同法国秘密会谈后单独缔结巴塞尔和约,退出联盟,"保持中立"。普鲁士在和约中同意法国占领德意志帝国的莱茵河左岸地区,法国则"保证"在莱茵河右岸地区给普鲁士以"补偿"。同年普鲁士伙同俄奥第三次瓜分波兰,吞并了包括

华沙在内的大片波兰领土。普鲁士虽然退出战争,但革命法国同封建欧洲的战争仍在继续。1796年起法军青年将领拿破仑·波拿巴在战争中崭露头角,他在打败奥军的一系列光辉胜利后,迫使奥地利签订了坎波·福米奥和约(1797.10),规定奥地利放弃所属的尼德兰和伦巴底,并像两年前的普鲁士那样,在一项秘密附带条款中奥地利同意把帝国的莱茵河左岸地区割让给法国,只要它能得到补偿。第一次反法联盟就此告终。

拿破仑从法国传统的反哈布斯堡家族的政策及当时的形势出发,把奥地利视作集中孤立和打击的对象。他努力扶持由德意志其他中小邦组成的所谓"第三德意志兰",对抗奥普两大邦。对普鲁士则采取既打又拉的策略,让普鲁士在北德暂时中立着。德意志领土的剧变发生在第二次反法联盟战争终结之后。1801年2月奥地利被迫与法国签订了吕内微尔和约,德意志帝国皇帝最终放弃了莱茵河左岸地区,放弃了比利时和列日,成为法国统治区。和约中规定的对从莱茵河左岸地区赶出的德意志世俗诸侯的补偿问题,导致帝国领土的重新分配和改变帝国宪法。为了澄清这些问题,在累根斯堡召开了一个全帝国代表团会议。会议在法国的影响下,决定帝国的命运。巴伐利亚、符腾姆贝格、黑森-卡塞尔和德意志骑士团代表诸侯邦,美茵茨、波希米亚、勃兰登堡、萨克森代表选侯会议参加会议,并于1803年2月25日通过了《全帝国代表团会议主决议》。主决议规定取消帝国内部112个邦,并以小邦并入大邦的方式使德意志邦国数减少到30几个;绝大部分教会诸侯邦教产还俗;45个帝国直辖市及1500个帝国骑士领失去直属帝国的地位,被置于世俗邦君之下;汉堡、不来梅等6个城市获得独立。巴伐利亚、符腾姆贝格、巴登等中等世俗邦获益最多。奥地利的情况很不尽如人意。普鲁士虽然吐出汉诺威,却获得巨大补偿。它在西北德的地位大为加强。这种领土补偿和归并使德意志帝国政治分裂、小邦割据局面大为改善,客观上有利于德意志统一的进程。另一方面,由于科隆选侯和特利尔选侯被废黜,符腾姆贝格、巴登、黑森-卡塞尔和萨尔茨堡上升为选侯,帝国议会中出现四个天主教选侯对六个新教选侯的新局面。教产还俗无疑使德意志的天主教受到重大打击。这些事件都大为削弱德意志皇帝-哈布斯堡家族的势力。

德意志民族的神圣罗马帝国的寿终正寝发生在1806年。有两件大事直接导致了帝国的终结,其一是《普莱斯堡和约》的签订。1805年10月作为第三次反法联盟主力的奥军在乌尔姆败北,首府维也纳失陷,皇帝

第五章 ●"启蒙"时代:从文化民族主义到政治民族主义

落荒而逃。12月拿破仑在奥斯特里茨获得辉煌胜利后迫使奥地利签署了该和约。和约把奥地利势力完全排挤出意大利和德意志兰,奥地利急剧衰落。其二是"莱茵联邦"的建立。1806年7月,西、南德16个邦国的代表在巴黎签署了议定书,宣布成立"莱茵联邦",承认拿破仑为其保护人,有任命联邦盟主、首席大主教之权,并可支配联邦军队。8月份"莱茵联邦"向累根斯堡帝国议会声明脱离德意志帝国,这就意味着存在了近850年的德意志民族的神圣罗马帝国已名存实亡。还在1804年就为自己增添了"奥地利皇帝"新头衔的帝国皇帝弗朗茨二世(Franz Ⅱ,1792—1806在位),在8月6日宣布解散神圣罗马帝国,这只是完成了一个仪式而已。

下一个就轮到了普鲁士。十年中立后普鲁士想当德意志兰霸主的意图日益明显;而随着奥地利的军事失败,拿破仑对普鲁士的政策也发生转变。拿破仑力图迫使普鲁士参加反英联盟,反对普鲁士建立北德联邦的霸权意图,导致普鲁士倒向反法联盟。1806年9月,普鲁士参加了英俄普组成的第四次反法联盟,10月战争爆发。

普鲁士的政策得不到德意志民族的支持,弗里德里希大王时代流传下来的线式战术早已过时。10月10日普鲁士的先头部队在萨尔费尔德被击溃。10月14日的耶拿会战,几小时内普鲁士军即被彻底击溃。与此同时普军主力一部在奥埃尔施塔特同法军展开激战,普军总司令重伤殒命,普军溃不成军,在营的普王弗里德里希-威廉三世(Friedrich Wilhelm Ⅲ,1797—1840在位)随同败军仓皇东逃。一些重要要塞接二连三向法军投降。法军占领了柏林。10月28日拿破仑以胜利者的姿态通过勃兰登堡门—普鲁士的凯旋门—进入柏林,受到柏林市民的沿途欢

1806年10月28日拿破仑通过勃兰登堡门进入柏林

迎。这样,在短短一个月里,普鲁士军事惨败已成定局。

1807年6月俄普联军在弗里德兰战役中被法国打败。7月7日拿破仑同沙皇签订了提尔西特和约,沙皇承认拿破仑的所有占领,实际上是双方达成一种欧洲势力范围的瓜分:以易北河为界,西方归拿破仑,东方归亚历山大一世。两天后被拿破仑打垮又被俄国同盟者背弃的普鲁士国王,不得不在提尔西特和约上签字。和约使普鲁士丧失了易北河以西的全部领土,即失去了一半以上国土,其中大部分被划入新成立的由拿破仑幼弟热罗姆为国王的威斯特伐利亚王国。普鲁士在第二、第三次瓜分波兰时所获的绝大部分地区组成华沙大公国,由拿破仑的附庸萨克森国王兼任大公。但泽成为受法国保护的共和国。普鲁士剩下的领土变得支离破碎,难以防守,人口从1 000万骤减到493万,军队被裁减到4万。另外和约还责成普鲁士承担反英义务,参加大陆封锁体系。7月12日在柯尼斯贝格签署的补充协定规定普鲁士必须支付法国1.5亿法郎的巨额战争赔款,在赔款未付清前领土由法军驻扎。这样,普鲁士失去了独立和强国地位,沦落为受异族占领的无权小国,陷入全面崩溃境地。直到这时,被赶到德俄边境的普王和政府才终于模糊地理解到,依靠服徭役的农奴的子弟,是无法战胜自由的占有土地的法国农民的子弟的。在此民族存亡关头,普鲁士的一些自由主义贵族,寻求社会改革之路,以求复兴和独立。德意志的文化民族主义转变为政治民族主义,促成了德意志民族反对异族统治和压迫的民族解放战争。

显然,德意志的政治民族主义是在拿破仑战争的"启蒙"下形成和出现的。代表人物基本上来自两个部分,一部分是德意志的自由主义贵族,像施泰茵、哈登贝格、洪堡兄弟、沙恩霍尔斯特、格奈森瑙、博于恩、克劳塞维茨等,他们从德意志兰的四面八方来到了普鲁士,把普鲁士当成是民族复兴和民族统一的唯一基地,力主通过改革以拯救民族的危亡。他们虽然贵族出身,却深受启蒙思想和法国大革命的影响,或多或少接受新时代政治经济观念。他们不是极端的民族主义者。他们希望汲取造成英国或法国团结和强大的革命思想,以加强自己的国家。另一部分来自德意志古典主义与浪漫主义的结合,以及一些德意志浪漫主义的民族主义,像费希特、雅恩神甫、施莱埃尔马赫尔、诺瓦利斯、格雷斯等,他们是一群爱国的知识分子,致力于激发德意志人的爱国心,促使他们把国家的希望寄托在普鲁士身上。但是德意志浪漫主义的民族主义者,大多追求的理想是

第五章 ● "启蒙"时代:从文化民族主义到政治民族主义

恢复弗里德里希大王时代的德意志帝国,始终敌视民主共和的思想感情。他们大多代表保守的政治民族主义。

施泰茵(Heinrich Friedrich von und zu Stein, 1757—1831)男爵出身西部拿骚一个有五百年历史的帝国骑士家庭,自幼受英国资产阶级思想的熏陶。16岁进入汉诺威邦的格廷根大学学习法律,对英国古典政治经济学大师亚当·斯密的思想深感兴趣。1780年到普鲁士国家机关任职,1784年被任命为威斯特伐利亚矿务局长。不久去英国考察,仰慕英国宪政和孟德斯鸠三权分立思想。1796年起任莱茵-威斯特伐利亚议院议长、柏林手工工场部部长、威悉河以西普鲁士领地军事兼产业大臣,1804年出任普鲁士税务、贸易和厂矿大臣。施泰茵广泛了解到普鲁士诸领地中存在的严重弊端,也作了许多符合现代经济发展的改革措施,并同市民-资产阶级人士越来越多的接触和交往,认识到限制贵族特权、吸收市民-资产阶级参加国家立法和行政管理的必要性。施泰茵并不赞同法国暴烈的革命精神,总是用英国的传统主义和渐进主义与之对抗,但他希望德意志兰取得法国革命在法国所取得的成就:把德意志各族人民的道德和物质力量全部动员起来,实现德意志民族的新生。他提出了他的德意志式的自由观、平等观和博爱观:与宗教和人道相联系的、为财产和教育所保证的、包含在国家法律之中的自由;所有市民在思想上行动上对国家负有同等义务,全社会所有等级对普鲁士革新负有同等义务的平等;打破各邦割据的分裂状态,凝聚普鲁士及全德人的道德、知识和才干,团结一致反抗异族统治的博爱。这样,施泰茵实际上已经揭示了民族统一及社会改革的内容和时代意义。随着拿破仑战争的推进和普鲁士的溃败,施泰茵深感改革的迫切性。当1807年初普王要任命他为外交大臣时,在施泰茵周围已形成一个改革集团或改革班子,团结了大批改革派精英。在他的改革政治纲领《拿骚备忘录》中,他反对德意志诸侯的割据和专制,赞成启蒙主义者的自由要求,希望达到的目标是:富裕的城市有产者,富裕的农村有产者,有机会有能力的人均应致力于国家事务。他特别指出,是法国革命激发出了创造力,我们只有靠普遍发扬这种同样的精神才能推翻拿破仑。

作为施泰茵改革继承人的卡尔·冯·哈登贝格(Karl August von Hardenberg, 1750—1812),其政治思想基本植根于开明专制的观念,较施泰茵为保守,但在对法国革命和拿破仑战争的态度上,又较施泰茵为宽容。这位出身于汉诺威贵族家庭的改革家很早就步入政界,以追求名利和圆滑世故著称。1793年开始担任普鲁士官员,1795年作为普鲁士代表在巴塞尔和约上签字。1804年起担任外交大臣,1807年1月担任政府首席大臣,直到提尔西特和约签订,被拿破仑所免职。他虽痛恨法国的占领,但对法国革命思想促成法国的团结和强大有着深刻的印象,甚至鼓吹将"法国革命思想运用到普鲁士",同时保留传统的君主制度。1807年9月,他写下《里加备忘录》,也属普鲁士改革的施政纲领,涉及一切国事活动的主要领域。哈登贝格很想在现存的普鲁士社会和新兴的法兰西国家之间寻找"第三条道路",这条道路融法国大革命的民主主义于普鲁士的专制王权中,对现有社会不是着眼于自下而上的摧毁,而是自上而下的改革。通过改革,创立自己非暴力的革命原则,摆脱过时的封建桎梏,加强国家的经济和军事力量,使普鲁士成为德意志民族独立和统一的旗帜。

威廉·冯·洪堡(Wilhelm von Humboldt,1767—1835)出身于波茨坦的贵族家庭,曾就读于奥得河畔的法兰克福大学和格廷根大学。1802—1808年担任普鲁士驻教皇国使节。洪堡受西欧启蒙思想的影响很深。他接受而且传播法国大革命中的自由、平等、博爱思想,但却强烈反对拿破仑的占领。他希望用教育来拯救国民的灵魂,通过学校教育改革来提高德意志民族的素质和爱国觉悟。在他看来,学校教育不仅是传授全面的知识,而且要按每个学生的个性开发其各方面的潜能;学校教育必须不受政治的干预,但却需贯彻爱国主义教育,培养学生对社会和民族的责任感。只有这样,教育才能为国家带来强盛和繁荣。1809年3月,他被任命为内政部文化教育司司长,开始推行教育改革。

约翰-哥特利布·费希特(Johann Gottlieb Fichte,1762—1814)是德意志古典哲学的著名代表,辩证唯心主义知识学的创立者。这位出身于萨克森乡村纺织工家庭的穷学生,18岁入耶拿大学学习神学,翌年转学至莱比锡,毕业后做过家庭教师。青年费希特十分迷恋康德哲学并对它作过深入的研究。1794年费希特被聘为耶拿大学教授,后又任爱尔朗根大学和柏林大学教授。1810年任柏林大学首任校长。费希特哲学不仅仅是一种理论哲学,而且是一种行动哲学,它从绝对自我的创造功能中演绎出了精神的力量。他反复强调自由、民主和人权,公开抨击封建专制和教会的统治,要求人们具有民族主义和爱国主义的理想。他虽然同康德一样把自由看成是最高的原则,但他并不认为道德仅仅在于美好的愿望,

第五章 ● "启蒙"时代：从文化民族主义到政治民族主义

而认为美好的愿望必须表现在行动之中："不仅要认识，而且要按照认识而行动，这就是你的使命"，"你在这里生存，是为了行动；你的行动，也只有你的行动，才决定你的价值。"费希特把行动当作人类生存的目的，这就使他的哲学在德意志现实政治中产生了巨大的影响。当1806年拿破仑军队占领柏林期间，费希特在柏林科学研究院星期日讲座上对德意志人民连续发表了十多次演讲，演讲的主旨就是要用教育和道德复兴来为德意志爱国主义和民族主义开辟道路。费希特要求德意志民族奋起摆脱他们在精神和道德上的腐朽状态，把捍卫德意志民族的自由和独立看成是至高无上的目标，号召德意志人民不分贵贱贫富，团结一致，接受"熊熊的爱国主义烈火"的铸炼，反抗拿破仑入侵，恢复国家独立。费希特的演讲十分强调一个民族的政治独立性。他的演讲成为德意志民族复兴的号召，深深地激励陷于四分五裂的德意志各族人民。这种强烈的民族主义感情对当时的德意志社会来说是急需的，也是进步的，它并不像一些人认为的那样具有种族主义和沙文主义的色彩或性质。当然，费希特的国家观是强权国家观，这种国家观为日后普鲁士及德意志统治者的侵略扩张提供了依据。

新教神学家弗里德里希·施莱埃尔马赫尔(Friedrich Schleiermacher，1768—1834)和政论家约瑟夫·冯·哥雷斯(Joseph von Görres，1776—1848)是德意志浪漫主义哲学的早期代表。施莱埃尔马赫尔出身于布勒斯劳的虔敬派家庭，中学在教会的兄弟会学校受教育，1787—1790年在哈勒大学学习哲学、神学和古代语言，毕业后当过家庭教师，1796年成为柏林三一教堂的布道士，在这里同启蒙运动的理性原则和法国大革命精神发生激烈冲突，发展了一种民族主义的感性原则。在他稍后任哈勒大学神学教授和大学布道士期间(1804—1806)，以及任柏林大学第一位神学系主任期间(1810起)，致力于在自己同胞中树立起抗拒外国人的民族意识，因而被喻为"路德时代以来德意志的第一个伟大的政治布道士"。他像军队在战场上作战一样在布道坛上作战：他对开拔前的军队作了布道史上最民族主义煽动性的布道。施莱埃尔马赫尔还创造了一种国民教育理论，目的是要把已成为德意志民族遗产一部分的价值标准和精神传给后代，将共和的精神灌输到国民中去。在这方面他同威廉·冯·洪堡一样，认为首先必须依靠教育和道德复兴来为德意志爱国主义和民族主义开辟道路。显然施莱埃尔马赫尔的浪漫主义的政治民族主义，具有一种狭隘性和保守性(反对法国革命和拿破仑战争中的革命精神),对德意志民族的发展前途带来诸多负面影响。哥雷斯则是由青年时代的雅各宾主义的信徒转变为浪漫主义的民族主义者的。这位生在中南德科布伦茨的学者,1806—1808年跑到海得贝格大学当预备教授,并合作创办浪漫主义的《移民报》和撰写论文集《德意志国民图书》,作反对拿破仑占领的激情宣传。他不仅从文学和历史角度揭示德意志民族精神,而且还发表了题为《论德意志兰的衰落及其新生的条件》的政治论文,提出了德意志人如何对待自己的民族权利问题。他在《莱茵商业之神》报上大力传播民族精神和德意志统一精神,对德意志青年产生了巨大的影响。

作者评曰:

从文艺复兴和宗教改革开始,到启蒙运动的展开,都预示着一个新时代的到来,和一个资产阶级社会的临盆。在这一伟大的转折时期,欧洲涌现出一批杰出的思想家,他们在推动时代的发展和引导社会进步方面起到非常革命的作用。我这里讲的是思想家(包括启蒙思想家),就是以思想为其天职并以播扬进步思想为其使命的知识分子。这些人站在时代的前列,思考时代所面临的问题,设计解决时代课题的方案,无论是科学的还是空想的,理性的还是感知的,超前的还是局限的,"阳春白雪"的还是"下里巴人"的,他们始终是所有人类进步的播种机。他们不应是某个阶级的思想家,不应是某个民族的思想家,而是属于人类的思想家,是为人类社会的发展思索道路和指明方向的。他们不是阶级框子里的"囚徒",而是人类天地中的雄鹰。新时代出现的"启蒙思想",其核心是所谓"理性主义",理性首先指的就是科学,当理性主义加入了批判精神和维护人类尊严的思想,才具备了真实的社会意义。"理性主义"是人类进步思想(或曰"进步观念")发展的早期阶段,并不具有姓封姓资姓社的性质,只是它恰恰符合上升时期资产阶级的进步要求,启蒙运动才具有人类进步观念和资产阶级进步运动合一的性质,才成为欧洲资产阶级思想解放斗争的表现。那种把历史上出现的所有进步思想家,都纳入到某种阶级属性的框子里的做法,既不符合历史的真实,也贬低了这些思想家的历史作用。

同样我们应该看到,这些伟大的思想家都生活在某个具体国度和某个具体时代,处在不同的社会生活之中,当然带有他自己的特点,有他的时代局限,以及某种超前的空想,这也就不足为奇了。

第六章 改革时代:民族统一运动的初霞

> 激情燃烧,人民站起来了。……只有一种声音,一种感情,一种仇恨和一种爱,去拯救祖国,去解放德意志兰。
>
> ——E.M.阿恩特

政治上分裂的德意志帝国不可能有全德范围的改革,有的只是各邦国性质的改革。18世纪中叶出现的普鲁士弗里德里希大王的开明君主专制改革和奥地利女君主玛丽-泰莱西娅的开明君主专制改革,都是在当时启蒙运动影响下开展的,具有一定的进步意义,而19世纪初出现的普鲁士改革和"第三德意志兰"的改革以及一定程度的奥地利改革,都是在拿破仑战争的直接打击下开展的,具有明显的资产阶级性质和民族意义。正是在这些改革的基础上,德意志各邦之间的民族意识增强了,"德意志祖国"的概念开始深入人心,从而绽出了德意志民族统一运动的初霞。

一、奥地利玛丽-泰蕾西娅—约瑟夫改革

奥地利邦在德意志帝国内本应具有举足轻重的地位,而且由于哈布斯堡家族长期据有帝国皇帝称号本应具有国家统一的象征意义,却由于过分重视家族利益而失去,奥地利实际上只是一名帝国的诸侯,奥地利统治者中长期流传的"一统性"和"大一统主义"(Universal und Universalismus),也不具有"国家统一"或"民族统一"的意义。

到18世纪中哈布斯堡家族统治下的奥地利,依然具有三种身份:一是奥地利大公国,指的是德意志奥地利本土,二是哈布斯堡君主国,指的是哈布斯堡家族世袭领地,包括上、下奥地利,匈牙利,波希米亚(捷克)及奥属尼德兰等,三是德意志民族神圣罗马帝国的皇帝。这种非常奇突的

"三合一"组合体,内中真正的"实体"单位是哈布斯堡君主国。这种组合体如同一个小型的国际联盟,它的形成主要不是靠军事征服,而是通过君主所颁谕令以及行使继承权和联姻来实现的。从民族成分来讲,君主国境内居民有德意志人、塞尔维亚人、罗马尼亚人、波希米亚人、克罗地亚人、意大利人和匈牙利人,他们各有着不同的历史渊源和文化传统,语言各异;在宗教信仰上有天主教徒,路德新教徒,喀尔文新教徒,犹太教徒和少数穆斯林;地域上呈现一种分散的、犬牙交错的状态,只有奥、匈、捷逐渐联成一片,南尼德兰则远离奥地利,中间被敌对的法国和德意志各诸侯邦拦断,意大利半岛上的奥属领地彼此分离,鞭长莫及;而从经济发展水平来看,各世袭领地之间相差悬殊,从资本主义工商业已有较快发展到落后的农奴制的统治均有。这样一个多民族的君主国,要想有很强的内聚力,建立一种稳固有力的统治秩序,确实非常困难。从莱奥波德一世(Leopold Ⅰ,1657—1705在位)以来,诸哈布斯堡君主国首脑都几乎把全副精力都放在经营自己的世袭领地上(而不是德意志兰),并试图建立一种"中央集权"的统治,但都没有成功。话虽如此说,但哈布斯堡君主国毕竟并未解体,而且相当稳定地存留下来,即便1740年引发的奥地利王位继承战争也未使哈布斯堡君主国垮台,原因何在?我以为主要原因有两个,一是东欧和中欧各民族在面临信奉伊斯兰教的土耳其人不断的入侵面前,奥地利是作为抵抗土耳其人的"组织者"和"领导者"出现的,匈牙利人、捷克人和其他一些东欧民族宁可团结在哈布斯堡家族周围,受其"保护",共抗土耳其人的威胁;另一个原因是奥地利君主大多对属下其他民族(特别对匈牙利人)采取一种怀柔政策,尤其对其上层笼络有加,冲突虽然在所难免,但都不致危及哈布斯堡君主国的存在。

23岁继位的貌似柔弱的女王玛丽-泰蕾西娅(Maria Theresia,1717—1780)堪称奥地利史上最有作为的君主,她受到早期启蒙思潮的影响,认定奥地利衰弱的原因在于缺少中央集权;她也受到"大一统"思潮之影响,认定奥地利必须是"德意志的",并充当德意志帝国的领导。她受命于危难之际,陷入断断续续长达十六年的战争,但她以其坚韧毅力和明智决策,成功地进行了"仿普鲁士"的开明专制改革,把古老的哈布斯堡君主国变成一个拥有现代行政管理体制的国家,建立了中央集权,组成一个远较以往统一的整体。她还尽力为她的夫婿弗朗茨-斯特凡大公争得神圣罗马帝国皇帝的尊号,她亲自致信一些德意志选侯,说她这样做的目的,

第六章 改革时代：民族统一运动的初霞

是为了"保障祖国的安宁与昌盛"，为了"祖国的福祉"。她把德意志兰称为"祖国"，表明她看重分裂国家的整体利益。1745年，玛丽-泰蕾西娅把皇帝加冕仪式安排在帝国自由市美茵河畔的法兰克福，自己却以匈牙利和波希米亚国王以及奥地利大公的身份出席。她既是女王，又成了不加冕的皇后，她的丈夫既是德意志帝国皇帝弗朗茨一世（Franz Ⅰ，1745—1765在位），又是女王的臣属，这是哈布斯堡家族男性绝嗣后的一种奇妙安排。她以一种坚强、正直、善良和宽容的形象留在奥地利人民的记忆里。

玛丽-泰蕾西娅女王与她的家庭，左坐者为其夫弗朗茨-斯特凡皇帝，其他均为其子女

玛丽-泰蕾西娅的改革通常以是从1760年开始的。这以前的一切可看成是为了立定足跟的调整。由于参加改革领导的有女王长子约瑟夫和首相考尼茨（Wenzel Anton Kaunitz，1711—1794），所以改革又被称为玛丽-泰莱西娅—约瑟夫改革。出生于1741年的约瑟夫自小就被培养为王室接班人，同时又深受启蒙思想的影响，14岁就顺利通过天赋人权和民法的考试，成为启蒙运动的拥护者。18岁参与国政，开始用一种批判精神来对待陈腐的传统和旧制度。约瑟夫由于很少具有正统的宗教思想以及对弗里德里希大王的钦佩而使其母深感不安，而约瑟夫"激进"的改革观点经常会同其母"稳健"的改革措施发生碰撞。1764年初，23岁的约瑟夫被德意志帝国议会选为"罗马国王"，而"罗马国王"就是皇帝的既定继承人，一年后父皇去世，约瑟夫即皇帝位，是为约瑟夫二世（Joseph Ⅱ，1765—1790在位）。从这个时候起，奥地利在德意志诸邦中的政治影响大为增强。但奥地利内部的改革基本上还是按女王的"稳健"方针行事，直到1780年女王去世。

玛丽-泰蕾西娅改革的核心是加强中央权力，恢复奥地利在德意志帝国的领导地位和在国际上的强国地位。女王力图确立一种被历史学家称之为启蒙专制主义的统治,其内涵就是集中权力于君主,通过君主实现国家统一;清除贵族政治,对农奴制经济和土地制度进行改革;推动科学文化的繁荣,一句话就是利用政府力量推动国家走向富强。但是女王深知,哈布斯堡君主国富强的根本障碍,一个是存在多民族的矛盾,另一个是封建贵族政治及其基础农奴制的强大,资本主义经济发展的缓慢,因此反对激烈的社会变革,防止带来社会的大动荡,"稳定尤为重要"。因此女王的改革特别依仗"均势大师"、首相考尼茨主张在保持内部各民族之间的均势和内部各等级之间的均势前提下,和平地达到目的。国家管理体制改革1760年后进一步健全,主要是削减了各直属邦领的分治大权,集中军政外交大权。女王实行财政和行政管理分开,设立宫廷财务处和宫廷审计处,分别主管王室财政和国家财政,行政则归属于奥地利暨波希米亚联合宫廷事务部,中央形成各专门化的行政机构。1761年在中央各部之上成立了六人组成的枢密院,直接对女王提出建议,协调各部门的工作。中央机构的权力还不断向各直属邦领渗透,从波希米亚到摩尔多瓦和匈牙利,与此相应女王在政治上对其上层加官晋爵,任命为宫廷顾问和将军,却不授以实权。1763年开始财政改革,取消贵族和教会的不纳税特权,连匈牙利贵族的特殊免税制也被废除,解缓了平民-市民层的反抗。军事改革进一步深入,设立宫廷军事委员会加强对军队的集中领导,由贵族统兵和世袭担任各级军官的制度被彻底打破,国家向各领主分摊"军税",统一征兵制度进一步完善。各种军官学校和玛丽-泰蕾西娅军事学院相继建立起来。1762年除了尼德兰、匈牙利及意大利一些领地外,其他各邦领都实行了兵役法,使兵源得到保证。到1769年奥地利已拥有20万装备精良和训练有素的军队。在这个基础上女王参加了1772年俄普奥第一次瓜分波兰的扩张活动,"继承"了加里西亚(1772)和布哥维纳(1774)。司法改革是为了削弱地方和贵族的特权。1766年奥地利制定了新的民法和刑法,规定凡违法者不论贵族、平民,一律惩办。十年后女王颁布的《玛丽-泰蕾西娅法典》,明确宣布法律面前人人平等,废除刑讯,减少死刑种类。经济领域的改革,主要是使重商主义政策系统化,增强国家引导国民经济的能力。1762年哈布斯堡君主国成立了由女王直接领导的"王室贸易委员会",实施有利于工商业发展、商品自由流通和统一货币政策,政府岁入从60年代初的3 600万古尔登(一种金币)增加到70年代末的5 600万古尔登,达到历史最高水平。文化教育领域的改革成效最为显著。教会控制学校的传统被打破,创设了平民教育和国民义务教育制度(到1780年已拥有500所国民教育学校),创立各类专科院校和大学以及科学院与部属研究机构,使维也纳不仅成为世界音乐之都,而且也成为国际文化教育中心之一。只有在涉及奥地利的基本社会问题:土地问题和农奴制问题时,女王的改革才显得踟蹰不前。这个问题不仅直接关涉哈布斯堡君主国全体贵族的生存利益,也关涉到女王君主政体的统治基础,女王在1771年和1775年两次颁布法令,宣布减少农民劳役地租和代役租的数额,这就激起贵族特别是匈牙利贵族的强烈抗阻,还引发了波希米亚广泛的农民起义。终女王一生,未能提出废除农奴制的土地改革,她只宣布了在哈布斯堡王室领地上取消农奴制。

1780年独立执政的约瑟夫二世,是较其母远为激进的重商主义改革派君主,他试图实行深入的改革,使封建的奥地利社会适应新兴的资本主义生产关系,缓和新兴市民-资产阶级对王权的反抗,防止革命的来临(所谓"约瑟夫主义")。他即位后一年,即颁布《臣民特许令》,取消农奴人身依附关系。首先在波希米亚、摩尔多瓦、加里西亚,不久又在匈牙利、卡林提亚、斯提里亚等邦领废除农奴制,代之以"臣民关系"。所谓"臣民关系",也就是土地继续由贵族地主占有,农民使用份地照付代役租,但农民的人身依附关系被取消,可以离开,可以结婚,可以从事其他行业,可以买卖财产。此外,约瑟夫二世又进一步限制贵族的特权,这使他在人民特别是农民中间大获人心。在经济政策方面,他成立皇家手工工场,减轻税收,建立自由港,奖励出口,促进外贸;实行关税保护;

约瑟夫二世的"重农"改革,1781年废除自己领地上的农奴制

取消行会特权和其他垄断特许,受到工商业资产阶级的欢迎。这位自命为科学和艺术的保护者,一反其母的虔诚天主教立场,反对天主教会的权力要求,实行宗教宽容政策,允许宗教活动自由。天主教会虽仍是官方教会,但不受罗马教廷指挥,而成为国家的工具。学校则完全脱离教会,由国家统一管理。在国家行政管理方面,他废除了各地的贵族咨询委员会,各级政府的首脑对其管辖区负全责;加强政纪,设立治安部作为国家监督的控制机构;规定德语为官方语言,担任官职者必须能说德语等。约瑟夫二世力图创立一个统一的中央集权的哈布斯堡君主国,但却损害了贵族的传统利益和非德意志民族的利益,当后者的不满强烈表露时,他不得不收回这些中央集权措施。约瑟夫二世不像其母专注于哈布斯堡家族利益,他还试图站在皇帝的立场上,对德意志兰的状况实行变更。他在德意志帝国中起初致力于同普鲁士妥协的政策,后来致力于加强皇帝的地位,企图建立一个由他领导的大一统的帝国,但遭到普俄法的反对而失败。

约瑟夫二世的改革,基本上仍属开明君主专制改革,但应当说已具有一定的资产阶级性质。虽然约瑟夫二世英年早逝(只活了49岁),他的激进的改革几乎完全被取消,这说明奥地利还缺乏一个推动现代改革的社会力量,但是奥地利社会性质的转变(一种相对低度与缓慢的转变)却是不争的事实。

为奥地利提供第三次改革机遇的是19世纪初的拿破仑战争。拿破仑集中力量对德意志封建政治堡垒奥地利的沉重打击,导致奥地利的生存危机。在奥地利内部,要求进行现代改革的政治呼声出现了,一些有自由主义思想的贵族,像约翰大公,考尼茨公爵家族等,曾考虑继续18世纪末的玛丽-泰蕾西娅—约瑟夫二世的开明君主改革,首先取消农奴人身依附关系和实行军事改革,这才引出了斯塔迪翁的改革。斯塔迪翁(Johann Philipp von Stadion,1763—1824)出身于波希米亚的骑士庄园主家庭,年轻时接受时代的启蒙思想,有着"开明改革"的抱负。1783年到奥地利为哈布斯堡君主国服务。1801年出任驻柏林公使,1803年出使圣彼得堡,1806年遭遇普莱斯堡和约的灾难,开始形成自己的外交路线和内政改革路线,这就是结成英-俄-奥同盟,迫使普鲁士参加反法联盟和实行进步改革,吸引人民支持和振兴国家。1806年出任外交大臣(实际的首相),开始了内政改革。他鼓励开设工厂,创办学校,修建铁路,这些重商主义的改革取得了一定的成就,但在实际废除农奴制和加强帝国中央集权的改革,却遭到贵族保守势力和其他民族上层的反对而搁浅。拿破仑对奥地利的政策,主要是取得割地赔款,并没有摧毁奥地利的封建专制统治的基础,奥地利的封建保守势力通过保持奥地利本土和加强对东部家族世袭领统治的办法,使自己保持着稳固的力量。奥地利社会的变化仍是缓慢和不明显的。唯一值得一提的军事改革,获得了某种程度的成功。1808年斯塔迪翁和军队首脑查理大公连同约翰大公,在奥地利德语区各省创建了一支地方后备军,由退伍士兵和志愿兵组成,1809年初有15万人左右。这种"普遍武装人民"的做法因奥皇的疑惧而未能扩大。斯塔迪翁力图利用改革来争取全德意志舆论界的支持,并激起全德军民的主动精神,这是一种与奥地利专制主义的、王朝的思想绝然不同的现代德意志民族精神。1809年奥地利反法战争的惨败,也标志着斯塔迪翁改革的失败。斯塔迪翁下台,让位于保守派政治家梅特涅。

二、"第三德意志兰"的改革

"第三德意志兰"是相对于奥地利和普鲁士而外的德意志中小邦国联盟,其领域主要包括以莱茵河为主轴的西德,亦即德国的"中原地区"。法国大革命以前,这些中小邦在普奥争霸的夹缝中,各自为政,未能形成三足鼎立之势。邦君们追求各自的利益,遵奉分离主义,修筑豪华宫殿,恣意剥削和享受。但在启蒙运动的影响下,一些邦像巴登、符腾姆贝格、巴伐利亚、萨克森和汉诺威,内部都出现改革的势头,巴登在1783年甚至废除了以农奴制为基础的租税,只是这些改革尚具地方性的启蒙性质。但在1794年起就被法军占领的莱茵河左岸地区,则情况迥异:封建制度迅速消除;一切贵族和教会特权都被废止;实行资产阶级的权利和自由。1797年10月,法国政府把这个地区划分为四个行政区:以亚琛为中心的鲁尔区,以特利尔为中心的萨尔区,以科布伦茨为中心的莱茵-摩塞尔区,以美茵茨为中心的唐纳斯山区,实行统一的法国民政管理。1801年后拿破仑把莱茵河左岸地区正式并入法国,直到1813年,全面推行《拿破仑法典》,成为德意志兰资本主义最发达的地区。但是法国的统治并不能消除莱茵兰的德意志性质,相反由于进行占领战争而加重的法国统治的压力,激起了当地人民的反抗。

拿破仑战争对于拿破仑占领的莱茵河左岸地区和拿破仑统治的莱茵联邦地区("第三德意志兰"的主要部分),真正起着一种改天换地的作用。拿破仑在西德(包括莱茵河右岸地区)和西南德(巴登、符腾姆贝格、巴伐利亚等)推行了资本主义改造,为普鲁士改革者提供了可资借鉴和效法的榜样。拿破仑直接废除了这些地区的封建领地制度,废除了农民的代役租、徭役劳动和各种封建贡赋,在西德主要形成一种大块土地出租或租佃给农场主经营的资本主义大地产制;在西南德,主要把土地划成小块分给农民,农民成为小块土地的主人,并为市场从事独立生产,这同法国的情况差不多。《拿破仑法典》在莱茵联邦各邦的普遍推行,使当地居民享受到在封建专制统治下从未享受过的自由和平等;法国资产阶级的法律思想,如建立陪审团,公开诉讼程序等,为德意志的现代立法提供了范例。在拿破仑的命令下,"第三德意志兰"陆续开始了资本主义性质的改革,内容十分广泛,涉及行政、法律、农业、手工业行会及财政诸方面。封建专制统治被基本消灭;农民的人身依附关系及社会等级制度被废除;贵族及教士特权遭到很大程度的削弱;经济领域中阻碍资本主义发展的因素基本消除;采用了统一的法国度量衡制度;实行了自由贸易;废除了对犹太人的歧视,新教徒和犹太人都获得了宗教信仰的自由;行政权力集中化,设立了新式的职责分明的行政各部门。这样一来,资产阶级思想及行为方式在"第三德意志兰"土地上找到了立足之点,并成为德意志境内最先转向资本主义发展道路的地区。莱茵河右岸地区(当时属威斯特伐利亚王国)的发展尤为引人注目,从一个基本的农业区一跃成为工业初具规模的地区。它和莱茵河左岸地区在战后的维也纳会议上划归普鲁士,使普鲁士一跃成为德意

莱茵联邦诸侯们效忠于拿破仑

志兰资本主义最发达的邦。

拿破仑战争和对"第三德意志兰"的统治,还带来一个当时尚不明显,然而却有深远意义的结果,就是促成了一个德意志现代工商业资产阶级的出现。而拿破仑在关键时刻总是采取民族自利政策,只照顾法国资产阶级利益,抑制、限制德意志民族工业的兴起,或者以损害德意志民族工业来满足法兰西民族工业的利益。在拿破仑战争隙缝中生长起来的德意志民族工业和大多数出身于手工业者家庭的德意志现代工商业资产阶级就不能不反戈一击,站到德意志民族的立场上,参加德意志民族战争,反对拿破仑的异族统治。

三、普鲁士施泰茵—哈登贝格改革

与奥地利的状况不尽相同,普鲁士在1806年战争中可说遭到了毁灭性的打击,提尔西特和约的签订使它已面临亡国之灾。普鲁士王朝和容克阶级对自身的统治和生存已自顾不暇,而一直把普鲁士看成是德意志民族希望之光,因而汇集在普鲁士的德意志自由主义贵族和政治民族主义者,却想利用这个时机,从基础上改革普鲁士,拯救德意志兰。这就出现了1807年开始的施泰茵—哈登贝格改革。拿破仑支持改革,更多从取得赔款着眼,而施泰茵—哈登贝格改革的真实目的,是使普鲁士走上现代的道路,"获得新生",成为争取德意志民族解放和统一的旗帜。改革家们充分认识到普鲁士落后腐败的根源,他们的改革是在变革封建土地制度、改变社会性质的高度上进行的。因此,普鲁士改革虽只是在残存的一半国土上推行,却具有全德的意义。

1807年9月30日普王弗里德里希-威廉二世任命施泰茵为政府首席大臣,10月初开始了具有划时代意义的改革,一直继续到1808年11月底,这是取得丰硕成果的一年。施泰茵改革主要在三个领域:农业立法(解放农民),城市自治,王国最高行政改革,其中农业立法是改革中最关键、最基础的部分,也是影响最为深远的部分。它实际上是一场土地革命,把封建地产制转变为资本主义自由地产制,直接影响到普鲁士社会经济结构及社会性质的转变。

施泰茵的农业立法包括著名的《十月敕令》和几项补充法令。1807年10月9日颁布的这项敕令全称为《关于放宽土地占有条件和自由使用地产以及农村居民人身关系的敕令》,宣布了"地产自由"和"农民解放",解除了土地买卖和流通中种种封建限制,允许市民和农民获得骑士庄园,容克贵族也可以扩大地产或迁入城市从事工商业。敕令禁止创设新的人身隶属关系,对于已有的农奴制,一律予以废除。"自1810年圣马丁节①起,废除一切庄园的农奴制,在1810年圣马丁节之后,只有自由人"。此后不久,普鲁士政府还颁发一些补充法令,其中有1807年10月28日发布的关于废除整个普鲁士国有土地上世袭人身隶属关系的法令,1808年2月14日发布的限制容克随意吞并农民土地的《二月法令》,以及1808年7月27日的王家法令:将东西普鲁士省全部国有土地上的4.7万移居农户的地产无偿赐予。这样一来,普鲁士社会的原有基础农奴制被摧毁,贵族统治权遭到严重削弱。

《十月敕令》的颁布可视为是普鲁士资产阶级性质"革命"的开始。《十月敕令》允许各种地产自由流动,贵族、市民、农民选择职业的等级限制被废除。农奴的人身隶属关系概行取消。全体居民变为国家的直接公民,容克的中间权力在很大程度上失去。农民得到人身自由。强制的奴婢劳役也随之受到限制。这就在法律上确认了封建土地所有制向资本主义自由地产制的转化,是封建生产关系过渡到现代资本主义生产关系的决定性步骤。《十月敕令》和其他改革法令,结束了现代社会因素在旧社会内部的"进化",成为德意志现代社会质变漫长过程的开端。另一方面,《十月敕令》以及补充农业法令仍然保留着某些封建性和封建残余。第一,敕令最后规定:"农民以自由人身份由于占有土地或者由于特定契约的负担义务继续有效",这就是说,农民只是在法律意义上作为"自由人",农民在取得某种所有权时还附带着一切货币和实物负担以及徭役和勤务负担;第二,容克仍保留着领主裁判权和警察权,施泰茵曾计划废除容克的免税权和领主裁判权,因而受到容克贵族的极端仇视;第三,新法令在"地产自由"的名义下,实际允许容克将以前由农民使用的土地重新收回,在一些地方"解放农民"成了新的"排除农民"。

随着地产向资本主义的过渡,普鲁士王国的社会结构和阶级关系都在动荡和变化。城市规程和行政改革也就必须跟上。1808年11月19日施泰茵颁布了《城市规程》,使各城市获得自治权。规程规定,国家只保

---

① 当年为11月11日。

留对各城市的最高监督权、司法权和部分警察权,其余权力归城市所有。市民以秘密、平等的选举权选出城市代表,城市代表大会选出市参议会主持城市的自治。市民选举权有一定的财产限制,年收入达 150 塔勒(大城市为 200 塔勒)的市民才有选举权。低层市民和士兵没有选举权。城市管理掌握在那些世代居此的商人、企业主、手工业者手中。这使新兴的现代工商业资产阶级在城市政治上有举足轻重的地位,封建行会遭到沉重打击。部分行会(面包业、屠宰业、摊贩)被取消。可以肯定,城市规章提高了富有市民的政治积极性。

同一年 11 月 24 日,施泰茵又颁布一个《改善国家最高行政管理机构的规章》,取消了陈旧的枢密制政府,以责任制的大臣代替了枢密。《规章》规定,国家最高行政和监察由一个国务会议来执行。国务会议直接处在国王监督之下,下设外交部、内务部、财政部、军政部、司法部、文化部和工商部各司其职。国务会议任命各省省长。施泰茵强制使行政与立法权分离,打破各省的管辖权,使之"从本位主义的圈子中走出来"。

施泰茵改革具有明显的现代资产阶级性质,主要针对容克阶级的特权地位和普鲁士的官僚制度,因此改革遭到容克的激烈反对,他们使用各种卑劣伎俩,力图把施泰茵赶下台。施泰茵是一位爱国者,他的外交政策的目标,重点在通过筹措拿破仑所要求的巨额赔款,让法军从普鲁士撤走。1808 年他的外交政策的目标有了改变。法军在西班牙的失利给了施泰茵极大的鼓舞,他决心由执行拿破仑的意愿,转变为准备一次反拿破仑的德意志民族起义。他在一封致友人的私人信件中不仅表露他对拿破仑失败的兴奋之情,还期望全德各邦支持正在准备新的反拿破仑战争的奥地利,并在北德首先做好起义的准备。这封信由于容克的诡计,落到法国秘密警察之手。拿破仑为此大怒。他从马德里行辕下了一道手谕,褫夺施泰茵的人身保护,通令缉捕。他还指令法国驻普鲁士公使:"如果我的部队抓到施泰茵,就地正法。"惩罚令在普鲁士宫廷和全德都引起震动。施泰茵立即被普王免职,并有被普王交出的危险。他不得不出逃外国,最初到捷克,此后去俄国当沙皇的外交政策顾问。1813—1815 年他同其他德意志爱国者组成"德意志事务委员会",致力于德意志的解放事业和建立德意志民族国家。

可是施泰茵的改革事业已经无法撤除。他的直接继任人在一年内就倒台了。1810 年 7 月,哈登贝格男爵被任命为首相,他以较为和缓的方式,对容克阶级作出更多让步,却仍在自由主义意义上继续推行施泰茵的改革,实际上加速了普鲁士向现代社会的转变。施泰茵是一位理想型的改革家,而哈登贝格却是一位实用型的改革家,后者以一种圆滑、见风使舵的手腕来稳住同拿破仑的关系。改革在三个方面进行。最主要的措施是哈登贝格的农业立法。1811年9月14日颁布的《关于调整地主与农民关系的敕令》,即所谓《调整敕令》,提出赎买的办法。该敕令与1816年5月29日的《王家公告》以及其他一些法令,构成哈登贝格的农业立法,是施泰茵农业立法的继续,虽然带有更明显的资本主义性质,但确实以更有利于容克的方式解决土地问题。因此自1816年后,容克不再激烈地反对改革,而着眼于从改革中捞取更多利益。

《调整敕令》规定关于封建义务的赎买。第一部分是有关现今尚未具有所有权的世袭农民地产,无论其业主是完全农民、半农民、茅舍农或小农,当他们将全部地产的1/3割让给主人,才得将其田庄转为自身财产,庄园主应满足于此,放弃对于世袭农民田庄的所有权;赎买必须交出包括田地、边地、草地、牧场、小树林的全部地产的1/3,当事人也可自由达成协议,以现金或以实物租、货币租予以偿付。第二部分是关于迄今为止的非世袭农民地产,庄园主有权割去此类田庄的一半,并入自己的庄园。关于劳役和其他义务的赎买和调整,以两年为期,采取协商的方式解决。事实上在实行调整法的地方,容克靠割夺农民土地、租税、现金而发财。调整的时间也一拖数十年。1816年的《王家公告》,对调整法令的实施修改得更加符合容克的利益。公告把有权赎买田庄和封建义务的农户限制在很狭小的范围之内。公告规定:1.有关的农民田庄必须是在1763年前就已登记入册的;2.这种农户必须有牛马,也就是说,有能力将其犁驾在牲畜上进行耕作的农民才算农民,方得赎买封建义务。对农村土地占有情况作显著调整的另一措施,是1821年6月7日颁布的普鲁士公有地分配条例,它规定把公地按比例分割给容克和农民,属他们所有,并规定归并农民分散的小地块,以便集中耕种。

从以上不难看到,普鲁士的"土地革命"和"农业改革",是一个渐进的、有利于容克庄园主的改良过程,而且并未触动容克的封建政治特权。普鲁士农民为了赎买封建义务、获得人身自由,要遭到容克的长期盘剥。即使能按"条件"赎买封建义务的农民,也往往要付出数十年的血汗。这就形成了向现代社会过渡的特殊的普鲁士道路。

第六章 ● 改革时代：民族统一运动的初霞

哈登贝格在财政和工业方面实行的改革，意义重大。1810年10月上台不久相继颁布的《财政敕令》和《工业税敕令》，是工商业、经济改革的纲领性文件。《财政敕令》提出，要按平等原则建立新的纳税人登记册，普遍征收所得税、土地税、财产税和消费税，实行经商和契约自由等；《工业税敕令》重申《十月敕令》中有关择业自由的规定，取消了行会法规，强调从商自由，为工商业的自由发展创造了有利条件。容克的免税权还一直保留到1861年。另外普鲁士还进行关税改革。1818年政府颁布了新关税法，废除普鲁士王国境内所有关卡和关税，实行对外关税统一，制定每种产品出口税率。普鲁士工商业自此摆脱内部层层关税的束缚，统一的王国国内市场开始形成，并最终对德意志关税同盟的建立起到决定性的作用。

在社会领域方面，哈登贝格于1812年3月11日颁布了《关于犹太人公民地位的敕令》，具有进步的意义。这项被称为《解放敕令》的法令，承认在普鲁士王国内居住的犹太人的公民地位，赋予同等的公民权利和公民义务，犹太人可从事商业、工业并获得地产，可担任正式的教育职位和乡镇职位，唯一的限制是司法的、政府的、军官的职位不能给予。

作为施泰茵—哈登贝格改革组成部分的军事改革和教育改革，同经济及行政改革具有同样重大意义。领导军事改革的核心人物是冯·沙恩霍尔斯特（Gerhard von Scharnhorst, 1755—1813），冯·格奈森瑙（August von Gneisenau, 1760—1831）和冯·克劳塞维茨（Carl von Clausewitz, 1780—1831）。沙恩霍尔斯特出生在萨克森的农家，

普鲁士改革家：施泰茵；哈登贝格；沙恩霍尔斯特；格奈森瑙

年轻时就学于著名的绍姆堡伯爵军事学校,后服役于汉诺威军队,参加了反法联盟的头几次战斗,并于1797年出版了《论革命战争中法军获胜的一般原因》一书。他从亲身经历中认识到士兵的爱国精神对于军队士气的重要性,并深感法国大革命带来的平等和民族活力对于法军建设的决定性作用。1801年他到普鲁士军队中服务,后任柏林军事学校校长,试图在部队训练、整顿军纪、选拔军官以及战略战术方面采取改革措施,因贵族军官的抵制未能取得成效。1807年沙恩霍尔斯特晋升为少将,并出任普鲁士"军事改革委员会"主席,负责重建军队事宜,领导军事改革。1808年任国王的侍卫长官,1809年在新成立的陆军部中任首脑。他团结了一大批支持改革的优秀分子组成普鲁士军事改革集团,其中如格奈森瑙、克劳塞维茨、博于恩、格罗尔曼、格岑伯爵等。

格奈森瑙被认为是普鲁士军事改革的另一主要领导人。他出生于易北河中游小镇的一个贫穷家庭,17岁入埃尔富特大学学习,19岁进入奥地利军队服务,1782—1783年作为少尉在北美的英国军队中服务,熟悉了北美殖民地人民为争取独立所采用的卓越的作战方式。1786年起转入普鲁士军队,在卫戍军中服务十年。1807年4月格奈森瑙领导了著名的科尔贝格保卫战并显示卓越的军事才能。1808年他在备防录中提出了全民武装抗击异族统治的大胆设想,是力主改革的德意志激进民族主义的代表人物。

克劳塞维茨生于马格德堡附近一个破落贵族家庭,13岁时作为士官生随普军围攻美茵茨共和国,很早接触到法国大革命思想,了解法军优越性之所在。1806年普军战败,克劳塞维茨被俘,他深感羞辱,深信普军制度已到非改不可的地步。1809年他任职于普军总参谋部,曾是沙恩霍尔斯特办公室主任,积极参与军事改革。1818年起,克劳塞维茨在柏林军官学校校长任内,根据自己的战斗体验和认识,写下著名的《战争论》一书,揭示了战争之本质及与政治之间的深刻联系:"战争无非是政治通过另一种手段的继续";"政治意图是目的,战争是手段,没有目的的手段永远是不可想象的",从而成为闻名世界的军事理论家。

沙恩霍尔斯特及其助手们一致认为,"军事改革首先必须把独立自主的感觉灌输给民族",军队必须由热情参与国家政治的爱国者组成。为此

第六章 ● 改革时代：民族统一运动的初霞

废除普军的封建专制的等级制度，提高士兵的地位，激发他们的民族精神就成为军事改革的关键所在。《提尔西特和约》签订后不久，军事改革委员会在施泰茵的大力支持下成立，并提出十九条军改草案，其主要内容为：赏罚分明；注重对有能力的非贵族人员的晋升；改革军队各级编制；改良后勤供应等。1808年又先后发布命令，取消对士兵棍棒式体罚制度；废除军队中的贵族特权；选拔军官采取考试的办法，平时取决于"知识和教育"，战时则凭"勇敢和干练"。这样一来，许多年迈无能的军官被解职（1806年任职的143名将军，只保留了勃吕歇尔将军和约克将军2名），贵族子弟无功受禄、控制军队的局面被打破。到1819年，贵族出身的军官和市民出身的军官人数上大体持平。1809年新设的陆军部作为军队行政和指挥的最高机构，统一集中了指挥权。

军事改革的目标乃是建立一支以法国国民军为楷模的、由爱国的自由公民组成的普鲁士国民军，以推翻异族统治。1808年8月颁发的新编《战争条例》首次表达了改革家们的这一设想：建立国民武装，实行普遍义务兵役制。但由于普鲁士当时受《提尔西特和约》的约束，普军人数不得超过4.2万人，军事改革家们就创行了一种"速成兵制度"，即新兵受短期训练之后就离队，使普军正式兵力不超过4.2万人，而后备兵力不断扩大。1813年3月，普王在《致我的人民》谕告中规定，除正规军外设立后备军，后备军由所有17—40岁未参加正规军的男子组成。此前一月，普鲁士首次尝试实行普遍义务兵役制，规定除特殊情况外，凡17—24岁的普鲁士男性公民必须自愿选择兵种，为国家义务服役。以往关于纳税阶层可以免役的规定被取消，服役期满后的军人作为后备军编入地方自卫队或民军中，必要时也能上战场作战。同时还建立了"志愿军团"，吸收20—24岁的青年参加，其中大多是知识青年和大学生。军事改革不仅导致军队的现代化，而且激发了普鲁士人的民族爱国精神，出现了"全民皆兵"抗击拿破仑异族统治的局面。

由威廉·冯·洪堡领导的教育改革，对于普鲁士民族爱国主义和自由、平等、博爱思想的传播，更有深远的意义。洪堡教育改革的成果，集中体现在三个方面：第一，推行普遍的义务教育，在小学里用传授一般知识代替单科学习，采用自由主动的教学方法培养学生，从各方面对学生的个性进行塑造；第二，改革和完善完全中学的教育计划，把古典文化、语言、数学和自然科学定为学生必修的学科；对学生进行人道主义和爱国主义教育;设立学年制、课程表,建立考试及升留级制度等;第三,建立新型的柏林大学(1810年)。柏林大学实行充分的"学术自由","教学与科研相结合"、"科学研究领先"等原则;教师不被要求作宗教信仰的宣誓,但首先被要求有科学研究的能力;学术成就和科研能力应作为判断教师能力的标准和选拔教授的主要依据。洪堡还特别要求国家行政不要干涉教育和学术活动。这些原则促进了普鲁士的科学发展,稍后被德意志其他邦及世界其他国家所采纳,对全德和世界科学的发展也起到十分重要的作用,由此而确立了洪堡在世界教育史上的里程碑地位。柏林大学吸引了一大批当时全德最杰出的学者,他们在大学里积极传播资产阶级自由平等思想和民族爱国主义精神,使学生们在掌握一流的科学知识的同时,能不断地受到进步思想的熏陶。柏林大学逐渐成为普鲁士及全德民族爱国运动的思想中心。

以威廉·冯·洪堡为代表的"学者柏林"改革集团:1. W. v. 洪堡 2. Chr. v. 胡弗兰 3. A. v. 洪堡 4. C. 里特尔 5. J. A. 奈安德尔 6. F. E. D. 施莱埃尔马赫尔 7. G. W. F. 黑格尔

洪堡领导的教育改革适应了新崛起的德意志工商资产阶级对教育的需求,对普鲁士年轻的资产阶级反对封建专制、实现本民族的独立以及建立资产阶级民族国家产生不可低估的影响。

四、德意志民族解放战争

德意志民族解放战争,是同欧洲人民民族解放运动和以英俄为首的反法联盟战争混同一体的,情况复杂,性质多重,但就德意志民族本身而言,要求解放,追求统一则是主流,是关乎德意志民族生存和发展的大问题。

德意志民族解放战争从何时开始?一些学者认为,1808年西班牙人民起义标志着欧洲人民民族解放运动的开始,在它影响下的1809年提罗尔①人民起义和北德人民起义可视为德意志民族解放战争的开始。但是提罗尔人民起义并未得到奥地利的支持,普鲁士也未采取行动支援北德起义,没有形成民族意义的解放行动。1809年春季开始的奥地利反法战争,更多具有"争霸"性质,它由于同国际反法大环境相脱节,特别是与德意志人民反法起义相脱节而陷入孤掌难鸣的境地。奥地利反法战争的传统同盟沙皇俄国背弃了奥地利,而奥地利企图得到普鲁士的支援也落了空。这年4月6日,由斯塔迪翁和浪漫派文学领袖施勒格尔(Friedrich Schlegel,1772—1829)执笔的、由查理大公发布的文告,开始打起德意志民族的旗号,声称"奥地利为德意志兰的荣誉和独立而战斗","欧洲的自由仰仗你们高举义旗予以捍卫。战士们,你们的胜利将打破束缚欧洲的枷锁。处在敌人营垒中的德意志兄弟等待你们去解放。"1809年的奥地利对法战争也许有希望点燃德意志民族解放战争之火,但由于奥地利的迅速溃败,希望也就立即烟消云散。奥地利的斯塔迪翁改革还不足以产生抵挡法国的社会力量。5月13日首府维也纳第二次落入法军之手。虽然查理大公率部在阿斯佩恩-埃斯林血战中打败拿破仑,但拿破仑在7月6日的瓦格拉姆决战中重新获胜。10月14日法奥签订勋布隆和约,奥地利被降为欧洲二等国家。奥地利不仅承认拿破仑之弟约瑟夫为西班牙国王,还需将萨尔茨堡和因菲特尔交由拿破仑转赐给巴伐利亚;割让给法国的土地有:奥地利本土的弗留利和卡林西亚一部分,以及卡尼奥拉、的里雅斯特城及辖区、萨瓦河以南的克罗地亚和达尔马提亚;昔日瓜分波兰得来的领土,如今并入华沙大公国;奥属加里西亚一部分划归俄国。奥地利共失去人口350万,赔款340万镑,军队被限定为15万人以内。奥地利成为一个内陆国家,并被迫参加大陆体系。值得注意的是,1810年时的拿破仑,已倾向用法奥联盟代替法俄联盟,而接替斯塔迪翁的梅特涅,则采取韬晦之计,对拿破仑虚与委蛇,静观局势的变化,暗中准备反法的报复一击。

  德意志各族人民是把普鲁士看作领导德意志民族解放战争的希望之星。随着普鲁士改革的深入和爱国宣传运动的展开,越来越多的德意志学者、大学生、记者、作家和市民都加入到这个救亡运动中来。秘密的爱

---

① 原奥地利领地,1805年普雷斯堡和约割让给巴伐利亚。

国社团和组织也开始建立起来。爱国诗人恩斯特-莫里茨·阿恩特(Ernst Moritz Arndt,1769—1860)写下了炽热悲愤的诗歌《莱茵,德意志的河流,但不是德意志的边境》、《时代精神》等,号召维护民族尊严,反对拿破仑统治。"体操之父"弗里德里希·雅恩(Friedrich Jahn,1778—1852)1811年在哈森海德建立第一个体操广场,利用体操健身对青年进行战前的军训,还出版《德意志民族特性》一书,以推动德意志民族解放运动的发展。格奈森瑙在沙恩霍尔斯特和博于恩(Hermann von Boyen, 1771—1848)的支持下,再次提出:武装全体居民,以西班牙、提罗尔人民为榜样,进行一场不穿军装的游击战来反对法国异族统治。但是普王弗里德里希-威廉三世对反法起义一直缺乏信心,强大的民族运动力量也没能改变他谨慎观望的立场。1809年席尔少校(Ferdinand von Schill, 1776—1809)率轻骑兵进入易北河西岸的法占区,企图支持那里的反法起义,被普王视为不可饶恕的"叛乱"。席尔在巷战中阵亡,而跟随他的11名军官则被按军令枪决。1812年当拿破仑准备入侵俄国时,普王再次与法国缔约:派2万军队参加侵俄战争,允许法军自由过境,并拥有军事征用权。这使得许多爱国者愤慨不已,纷纷抛弃普鲁士公职。克劳塞维茨和博于恩去俄国,格奈森瑙前往英国,阿恩特则到俄国去促成"德意志事务委员会"的建立。他们分别在不同的国家致力于反法斗争。

德意志民族解放战争应当是从拿破仑侵俄战争失败时开始的,这是多数学者的共识。1812年12月底发生一件具有转折意义的事件,它直接促成普鲁士联俄反法。拿破仑侵俄大军中的普军指挥官汉斯·冯·约克将军(Hans David von Yorck,1759—1830)未经普王同意,与俄军签订了陶罗根协定,规定普鲁士军队对俄国保持中立。这一爆炸性事件有力推动德意志民族的反拿破仑战争,普王则匆匆忙忙地把约克将军撤了职。当俄军向西方进军时,施泰茵随军来到东普鲁士。1813年1月18日,他作为沙皇代表,在俄军占领的普鲁士地区建立了临时政府,召开东、西普鲁士等级会议,组织后备军和民军,打开了封锁的港口,受到商人阶级和广大人民的热烈拥护。普鲁士的反法爱国运动这时实际上已脱离国王而独立发动起来。一位汉诺威的使节写道:"如果国王拒绝采纳他的臣民根据民族普遍愿望提供给他的方法的话,……革命将不可避免。"普王在哈登贝格再三劝说下,终于勉强决定由政府领导进行一场民族解放战争。1813年2月底,同俄国签订了卡利什协定,规定俄国出兵15万,普鲁士出兵8万,共同为"解放欧洲"而战。3月16日普鲁士正式对法国宣战。翌日普王发布《告我人民》号召书,呼吁人民参加战斗,宣称这是为保卫财产、良知、荣誉、独立、商业、艺术品和科学而战。

早在普王发出号召之前,人民就如潮涌般应征入伍,拿起武器,为维护祖国的独立和统一而战。到1813年5月,一场真正的具有广泛人民基础的德意志民族运动开始形成,出现了汉堡人民3月起义,德累斯顿人民起义,不来梅、奥尔登堡、汉瑙、贝尔格大公国、索林根、埃北费尔德、雷姆沙伊德等地的人民起义。只是德意志诸侯响应普鲁士号召的为数尚不多。到这年秋季战役开始时,英国和瑞典参加了反法联盟。梅特涅经过长时间的踌躇,于6月14日同俄普英瑞签订了赖兴巴赫秘密条约,8月11日奥地利参加反法联盟对法作战。

反法联盟组织了三支方面军:北方军团由瑞典的贝纳多特指挥;西里西亚军团由普军总司令勃吕歇尔(Gebhard Leberecht Blücher,1742—1819)和参谋长格奈森瑙领导;南方军团(波希米亚军团)由奥地利的卡尔-腓力浦·施瓦岑贝格(Karl Philipp Schwarzenberg,1771—1820)率领,形成对法军的半包围势态。法军加上莱茵联邦的部分军队总数约70万人,同80万联军相对峙。

10月初,反法联盟的三支方面军在莱比锡附近形成包围圈,将法军团团围困。法国只保持城西的狭隘通道可作退路。20万法军加莱茵联邦盟军同34万反法联军在10月17日发生激战,由于参战的有欧洲的诸多民族和德意志的各族人民,这场大战就被称为莱比锡各民族大会战。由于法军营垒中的萨克森王国军队和莱茵联邦盟军成员符腾姆贝格军队倒戈,投向反法联军,致使法军大败,死伤3.8万人,被俘3万人,残部一直退到莱茵河。19日反法联军占领莱比锡,莱茵联邦随即解散。到这年底,莱茵河右岸的德意志领土基本获得解放。莱比锡各民族大会战的胜利,成为德意志民族运动史的转折点。

在对待解放德意志领土的问题上,反法联盟存在着两种不同的打算。梅特涅本着推行欧洲均势的原则,企图保留法国的力量使之与俄国相抗衡,因而他根本不关心莱茵河左岸的德意志领土,甚至向拿破仑发出了在"自然疆界"基础上缔结和约的倡议,而所谓"自然疆界"原则正是法国一直坚持的莱茵河左岸德意志领土应是法国领土的主张。这使得持反对态度的普鲁士爱国者深感愤怒和失望。梅特涅的主张最终被否决。"屡败屡战"、锲而不舍的普鲁士老将勃吕歇尔于1814年元旦毅然决然率军渡过莱茵河,解放了莱茵兰,并于2月1日取得了拉罗特埃尔战役的胜利,但反法联军此时没有采纳格奈森瑙提出的集中兵力快速直捣巴黎的主张,再次决定分兵而战,结果被法军连连击败。拿破仑提出的和谈条件是保持荷兰及意大利的部分领土,以莱茵河为法德"自然疆界"。奥地利对此持妥协态度。在此关键时刻,勃吕歇尔将军坚决行动,渡过马恩河与标洛军团会合,直接向巴黎进军。奥军在普鲁士的敦促下不得不再次投入战斗。3月9日的肖蒙条约使联军统一了对法作战的目标:把法国打回到1792年的疆界。3月31日普王和沙皇进入巴黎。外地作战的拿破仑见大势已去,4月6日被迫退位。[①]至此,拿破仑在德意志兰和欧洲其他国家的统治终于被推翻。

勃吕歇尔和威灵顿在贝拉良斯会师,进行反拿破仑的最后一战

解放战争赢得了民族独立,为民族统一创造了首要条件。在德意志兰,由普鲁士领导的民族解放战争所追逐胜利的目标中,始终蕴藏着民族统一的内涵。克劳塞维茨在1813年就提出,实现德意志政治统一的唯一道路,是普鲁士通过"剑"实行对德意志各邦的统治。而威廉·洪堡是主张以教育统一为政治统一作准备的杰出代表,他还提出过建立内阁执政制的设想。1814年洪堡提出了制定统一的联邦宪法,建立统一的军队、法院,设立执政府,划分县区以及实行邦议会宪法制的设想。施泰茵也是民族统一的坚决拥护者,正是他首先提出在普鲁士领导下统一北德,进而实现民族统一的主张。费希特明确把国家的统一视作"今日德意志人之天职",他为此参加解放战争的救护工作,不幸感染去世。雅恩在他的《德意志民族特性》一书中,提出

---

① 拿破仑被流放到厄尔巴岛,后来虽有"百日政变",但终归失败。

自己的民族主义思想和民族统一的设想:"为建立新的德国政府(帝国、省、边区、地区和村庄)、司法部和单一的税制,必须精心准备宪法。"他主张统一货币、度量衡以及废除德意志各邦的关税壁垒等。而那些积极参军的年轻人和大学生,更是一腔热血,为祖国的统一而战。这种民族的热情甚至"感染"了普鲁士国王,居然也讲起"给胜利后的普鲁士制定宪法"这样的时髦话。显然,解放战争的胜利,极大地加强了普鲁士在德意志民族统一运动中的地位,奠定它日后在民族统一事业中的领袖地位,但是对德意志民族来说,又将面临什么前景呢?

作者评曰:

在历史中经常会出现一种"两难"事件(德文叫做"Dilemma"),或者说"双重性的分异"事件(德文叫做"Differenzierung"),往往会使历史学者无所适从,难于处理。拿破仑战争和德意志民族解放战争就是相当典型的"两难"事件。拿破仑战争带给政治上分崩离析的德意志帝国首先不是灾难,而是一种进步,这在歌德、贝多芬、黑格尔这些德意志的大文豪、大音乐家、大思想家那里都得到承认;而拿破仑战争同时给形成中的德意志民族事业带来的首先不是促进,而是阻抑。同样情况,德意志民族性的反抗运动,首先具有自由和解放的进步意义,同时又加强了德意志兰和欧洲封建势力的复辟活动。法兰西民族主义者大多一意为拿破仑战争喝彩,德意志民族主义者大多则为反法联盟-民族解放战争叫好,这就形成了法德之间无法一致的民族政治观和历史观的争执。

我似乎得到了一点启发:站在一种民族保守主义的立场上,是很难有客观标准的,而站在一种民族进步主义的立场上,离历史评论的客观标准会接近得多。历史评论的绝对客观标准性是不存在的。我作为一个研究欧洲和德意志历史的现代中国学者,虽不致陷入法兰西或德意志民族主义立场,但却愿意持进步主义立场。我充分认可拿破仑战争在德意志兰引起的革命性剧变,同时也充分肯定德意志民族解放战争对拿破仑在德意志统治的致命性打击,因为这两者都是欧洲史上重大的进步事件;我揭露拿破仑战争对德意志民族和人民的掠夺和镇压,同时也揭露德意志民族解放战争中德意志和欧洲封建专制势力的复辟图谋,因为这两者都具有反民族进步主义性质。拿破仑战争史和德意志民族解放战争史本身已提供了解决历史"两难"事件的客观依据,这也就是我论述的依据。拿破仓战争带给德意志社会和各族人民以巨大的苦难,但却充当了历史不自觉的工具,摧毁了古老德意志的旧社会秩序,产生了新社会的基础和民族主义的活力。无论德意志人的感情是怎样的难受,但从历史进步观来看,我还是赞同歌德《东西诗集》中《给祖莱卡》一诗所吟的:

"既然痛苦是快乐的源泉,那又何必因痛苦而伤心?难道不是有无数的生灵,曾遭到帖木耳的踩躏?"

第七章 复辟时代:民族统一道路上进步与反动的较量

> 德意志兰,德意志兰,您高于一切!
> 统一、法权、自由
> 为德意志祖国,
> 让我们用心灵和双手
> 兄弟般地奋发努力!
>
> ——A. H. 霍夫曼

这诗句出自德意志著名抒情诗人和日耳曼学家奥古斯特-亨利希·霍夫曼(或叫霍夫曼·冯·法勒斯列本,Hoffmann von Fallersleben, 1798—1874)1841 年在赫尔戈兰岛创作的《德意志兰之歌》第一段①,开首句正是争取德意志统一的号角,而以下诗句,则表达了德意志民族自由主义的追求和向往,抒发进步主旋律,以对抗封建复辟和国家分裂。1848 年革命开场时期被法兰克福国民议会奏唱。《德意志兰之歌》刚出版时,配上奥地利作曲家海顿的"上帝保佑皇帝弗朗茨"的乐曲,开始广为流传。

一、沙俄的欧洲霸权政策和梅特涅的反动

拿破仑垮台后的时期在德意志兰叫做复辟时期,这和欧洲其他地方相同。从 1814 年 9 月到 1815 年 6 月召开的维也纳会议,首先是以封建欧洲的政治复辟为标志的,同时又采纳法国外交大臣塔列朗提出的"正统

---

① 《德意志兰之歌》共有三段,1922—1945 年被定为德国国歌。1950 年德意志联邦共和国取其第三节为国歌。两德统一后仍采第三段为国歌。

主义"原则,作为重新分割欧洲的基础。自诩是"欧洲宰相"的梅特涅,在华美词藻掩饰下,卖力地贯彻政治复辟和领土分赃政策。就确切意义说,维也纳会议造成了法国、西班牙、南意大利、彼蒙特-撒丁、汉诺威、黑森-卡塞尔等诸王朝的复辟;在分赃方面,战胜国四强俄英奥普所获最丰。英国大大扩展和巩固了海上霸权和殖民统治。俄国保持了以前占领的波兰的一部分,以及比萨拉比亚和芬兰,同时又分得往日华沙大公国的大部分土地,新建立所谓"波兰王国",以共戴一君的方式进行统治,波兰王国名存实亡。奥地利虽然放弃了比利时以及以前的西、南德的部分属地,但获得萨尔茨堡侯国,部分因河流域,伦巴底和威尼西亚,的里雅斯特为中心的伊里利亚,达尔马提亚和加里西里的一部分作为补偿,并重新获得奥地利大公国的直属省福拉尔贝格、南北提罗尔,还保有以前奥属波兰的占领地,这样一来,维也纳虽然仍作为德意志兰的政治和文化首都,但它的重心更往东移,即移至非德意志地区的波希米亚、匈牙利、加里西亚和北意大利。与此同时,普鲁士在维也纳会议上得到德意志兰最富庶、最先进的西部地区莱茵兰和威斯特伐利亚。俄国和英国特别希望由普鲁士在西方建立一道屏障,以防止法国可能重新向东方扩张。这样一来,普鲁士的重心向西移动,日益成为德意志兰境内最重要的经济强邦。普鲁士要求全部兼并萨克森领土,遭到奥地利和英国的坚决反对,只得到萨克森邦2/5的土地,即后来普鲁士王国属下八省中的萨克森省,并保有但泽、托伦等占有地。维也纳会议还确认了俄奥普三国瓜分波兰,克拉科夫城被宣布为共和国。比利时被并入荷兰,成立尼德兰王国,卢森堡公国也由尼德兰国王兼治。挪威被并入瑞典。瑞士被宣布为永久中立国。

  最悲惨的也许是德意志民族的命运。德意志各族人民19世纪初反拿破仑统治的斗争,是为了从异族统治下解放出来,建立一个统一的、独立的德国。拿破仑被打败后,德意志的民族运动进一步高涨起来,就在这样一个重要时刻,德意志的民族运动却被沙俄一巴掌给打了下去,又被梅特涅踩上一只脚。沙皇用刺刀支持德意志各邦诸侯反对上升到统治地位的人民,到处恢复各邦君主的封建统治。沙皇还以确保德意志的分裂为己任。梅特涅则出自他的保守信念和"均势政策"的需要,镇压德意志兰的一切进步与自由的民族运动。这也许就是复辟时期德意志兰依然处于政治分裂状况的主要原因。

  1815年6月8日,维也纳会议在沙俄的操纵下,通过德意志联邦条

第七章 ● 复辟时代：民族统一道路上进步与反动的较量

维也纳会议中的全权代表会议。左前站立者为奥地利首相梅特涅

例，建立了所谓德意志联邦。它代替了旧的德意志帝国，实际上仍是中世纪封建传统的最后表现形式。德意志联邦是由38个主权邦组成的松散联盟。帝国骑士团国家已完全消失，教会邦亦然，过去骄傲的帝国自由市只剩下四个：不来梅、汉堡、卢卑克和美茵河畔的法兰克福，改称自由市。34个邦包括一个帝国：奥地利；五个王国：普鲁士、巴伐利亚、萨克森、汉诺威和符腾姆贝格；一个选侯国：库尔黑森；七个大公国；九个公国；十个侯国和一个伯爵领。联邦条例第1条规定：联邦是德意志各主权邦、自由市之间一个"持久的、不可分离的"联合体，各邦不能自由退出，也不能被排除在外。但奥地利帝国只有德语区、波希米亚和摩尔多瓦属于德意志联邦，普鲁士王国的东、西普鲁士和波森也没有加入联邦。第2条规定，联邦的主要目的是"保持德意志外部和内部的安全，以及德意志各邦的独立性和不可侵犯"，即保证各邦君主的正统主义统治权，各邦具有不受约

束的独立主权。对外联邦不能行使外交权力,无权缔结国际条约,对内没有中央政府,唯有设在美茵河畔法兰克福的联邦议会似乎是中央机构的某种象征。联邦议会由各主权邦的代表组成,主席由奥地利担任。议会分为两级形式,一是由十一个主要邦组成的"小议会",相当于决策委员会,由奥地利和一定程度上的普鲁士所控制,另一是所谓全体会议,纯粹是表决机器。德意志联邦没有国家元首,没有中央政权,没有最高法院,没有统一的货币与度量衡,也没有统一的邮政。只在联邦条例第13条作了许诺:"在所有各邦中将制定一部邦议会宪法",这仅仅是在战后民族运动高涨的背景下所作的一种姿态。歌德讽刺地写道:"谢天谢地,我们真幸运,暴君被送到赫伦纳!可是一个暴君被赶走,一百个暴君来称霸。"

为什么沙俄竭力要保持德意志兰的分裂状态呢?这要从沙俄争霸欧洲这一高度进行考察。1815年9月下旬,沙皇亚历山大一世倡议成立俄奥普三国君主的"神圣同盟",同盟虽然带有强烈的神秘主义宗教色彩,其政治目的却是十分清晰的:三君主彼此视为"兄弟",随时随地互相支持、互相协调、互相救助,保卫"宗教、和平和正义",也就是说三君主互相协作,确保维也纳会议确定的欧洲政治体制。但就俄国而言,更深的考虑在于通过这种方式进而控制奥普"兄弟",实现其欧洲霸权。"神圣同盟"于1818年秋在神圣罗马帝国故都、查理大帝的诞生地和墓葬地亚琛召开了第一次会议,被认为是"神圣同盟"的最终形成。

沙皇亚历山大一世的德意志-欧洲政策,是历代沙皇扩张政策的继续。他们把瓜分和吞并波兰进而分裂德意志兰作为政策的重要支点。当俄国根据1815年条约侵占绝大部分波兰领土后,它就向德意志兰挺进,它的领土不仅楔入奥、普之间,而且楔入东部和西里西亚之间,这种控制和分割德意志兰的边界关系,甚至引起奥、普统治阶级的惊慌:德意志兰也面临着波兰的命运。沙俄对德的这种进攻态势,在1831年筑成莫德林-华沙-伊万城堡

对"神圣同盟"成立的讽喻

第七章 ● 复辟时代:民族统一道路上进步与反动的较量

垒群之后,就变成了现实的威胁。俄国楔子的侵略意图明显暴露:它要在战略上完全控制维斯瓦河地区,建立向北向南和向西进攻的基地,而它在维斯瓦河上设防阵地,对德的威胁要比法国全部要塞总和还要大。1819年以来,奥地利对俄国侵略维斯瓦河和多瑙河计划,曾在外交上作过顽强反对,由于联邦条例的约束未获任何结果,后来普鲁士在1841—1842年也曾企图摆脱这一条约的约束,立即招来沙皇的呵责,被迫恢复原状。沙皇总是支持奥普对立,同时又支持其他中小邦联合去反对奥、普,使他们互相牵制,从中渔利。沙皇们都明白,一旦德意志兰成为统一的国家,他的争霸欧洲的政策就会失去基础。可以说,从1815年到1848年,德意志兰是处在俄国的直接控制之下。

为什么作为德意志人的梅特涅也反对德意志统一呢?

克莱门斯·冯·梅特涅(Klemens Lothar von Metternich, 1773—1859)生于德意志莱茵兰的科不伦茨,一个世代封建小诸侯的家庭,法国大革命爆发,梅特涅就丢开了学业,反对革命。1792年避往英国,1794年成了逃亡贵族,举家来到维也纳,后同名门显宦考尼茨家族联姻,使自己同奥地利封建君主国紧紧联结在一起。先后出任驻萨克森邦公使,驻巴黎大使,外交大臣,首席大臣等职(1821年才获奥地利首相的正式称号),自1809—1848年共39年之久领导着奥地利的政治和外交,并对欧洲事务起重大作用,成为奥地利著名的保守主义政治家和外交家。

梅特涅一心想使旧世界复活。自维也纳会议伊始,他打起建立战后"欧洲持久和平"的旗号,追求两大目的:一是按照"正统主义"原则,恢复欧洲各国的封建专制王朝,镇压任何革命运动和自由主义运动,为此他支持神圣同盟在这方面的使命;另一个目的是恢复奥地利在中欧的大国地位,为奥地利取得尽可能有利的领土瓜分。为此他力求在法国周围建立一些缓冲国;阻遏俄国增长起来的扩张实力;确保奥地利在德意志兰和意大利的领导权;以及保持奥斯曼帝国"不可侵犯"等。他不想过分削弱战败国法国的力量,更不愿使战胜国俄国的势力和领土过分膨胀。就在1815年他同英、法两国缔结秘密条约,反对沙俄独占华沙大公国以及普鲁士合并萨克森。他施展纵横捭阖的手段,力图建立起一种大国之间相互牵扯的"欧洲均势"。镇压革命和维护欧洲均势就是梅特涅"持久和平"体系的实际内容。

梅特涅反对德意志统一,按他的保守主义概念,"德意志兰"仅仅是一个地理名词,政治统一只是一种"妄想"。他了解到,奥地利的力量主要在家族领地,重心在东部,它在德意志兰的"统治",只有靠封建性的传统维系才能保持,一场民族意义上的真正统一,一种市民-资产阶级性的民族统一,无异是一场革命,他是坚决反对的。另外,必须使德意志内部分裂,相互牵扯和抗衡,才能使奥地利成为德意志联邦中的领导邦,才能同经济力量迅猛上升的普鲁士相抗衡。

　　欧洲战后复辟时期是在梅特涅名字下度过的,他代表了一个时代。他的"均势政策"客观上尚有积极作用:一方面有助于欧洲保持三十到四十年的和平,另一方面也有助于阻遏沙俄向西方的扩张。而他的镇压革命和自由运动的政策,则具有完全的反动性质。在德意志兰首先举起民族统一旗帜的是全德的大学生运动。1815—1818年的德意志大学生运动不仅构成复辟时期民族民主运动的第一次高潮,同时也是国际上冲击神圣同盟体系的一系列欧洲民族民主运动的第一环,因而被梅特涅视为心腹大患。爱国的德意志大学生运动首先在耶拿和基森兴起。1815年6月12日首先在耶拿大学成立了第一个大学生协会,只承认一个祖国——德意志兰,并采用红黑两色中间缀以金色橡树枝的旗帜①。这个运动迅速扩展到其他大学。绝大部分大学生协会会员都曾志愿当兵参加过反拿破仑的解放战争,并深受德意志古典文化特别是洪堡教育改革和费希特、阿恩特思想的影响,把争取政治自由和民族统一作为主要目标。1817年10月18日在耶拿大学生协会发起下,十五所大学的约500名大学生协会会员,以纪念宗教改革300周年和莱比锡大会战四周年为名,在瓦特堡②开会。耶拿大学神学系学生亨利希·里曼致词说:"莱比锡大会战过去已四个年头,德意志人民曾表达过的美好希望——破灭,现时所发生的一切与我们所期待的完全是南辕北辙。"他号召大学生们筑成一道铁壁铜墙,反对一切危害祖国的内外敌人!一些进步的教授也参加进来。当晚举行了大规模的火炬游行,并仿路德公开烧毁教皇的教谕和法规,学生们把保守的、"非德意志的"和反民族主义的书籍以及反动统治的各种象征物如发辫、军棍等等统统付之一炬。

　　然而这种爱国的大学生运动对统一德意志兰的想法非常模糊而且浪

---

① 这就是后来代表进步的德意志民族主义运动的黑红金三色的来源。
② 当时属较开明的魏玛公爵管理,曾是路德政治避难之地。

第七章 复辟时代：民族统一道路上进步与反动的较量

漫。大学生协会会员的世界观没有明确的哲学基础,还沾染上民族沙文主义色彩,例如宣传德意志民族的优越性。大学生的呐喊在德意志人民群众中没有得到反响(只在大学中得到传播,柏林大学特别活跃),却引起宫廷党及反动文人的憎恨,甚至俄国沙皇和法国王朝政府也向魏玛大公的政府提出抗议:为什么容许大会在他的领地召开。普鲁士政府派出高级官员就地调查事件经过。梅特涅则决心把这场爱国自由运动扼杀在萌芽状态。

大学生协会的报刊被禁止了。在沙皇的策动下,一份关于德意志大学生中存在危险革命情绪的备忘录写成。沙皇的顾问兼作家奥古斯特·科采比(August von Kotzebue,1761—1819)主谋其事。这个科采比在1819年3月23日被大学生卡尔·桑德(Karl Sand,1795—1820)当作民族之敌暗杀了。7月份另一名大学生行刺拿骚长官未遂。这两件事正好给梅特涅以期望的口实,他不仅压制爱国的大学生运动,而且完全压制一切自由气氛,把进步人士定罪为"煽动者"加以迫害(此后对德意志一切自由运动的残酷迫害都以"查究煽动者"为名载入史册)。梅特涅在与普王弗里德里希-威廉三世以及其他有关邦的君主会谈之后,于1819年8月6—31日在西北水乡小城卡尔斯巴德①,召开德意志邦的代表会议,拟订出各种镇压条例。9月20日联邦议会通过了这个所谓"卡尔斯巴德决议",据此梅特涅就能在所有德意志邦进行直接干预。

卡尔斯巴德决议取缔了大学生协会、大学自由和新闻自由,并作了如下的规定:把所有大学都置于政府全权代表的监督之下;解除有民主思想的大学教授和教师的公职;严格检查一切印刷品;设立中央调查会,可不受法律限制,下逮捕令和住宅搜查令。卡尔斯巴德决议变成了德意志联邦镇压人民的基本法。在以后的年代中,有好几百名教授、教师、大学生和编辑,还有牧师和医生都被逮捕和监禁起来。普鲁士也不甘落后,积极推行卡尔斯巴德决议,不仅摧毁了大学生的民族统一运动,而且排斥改革时代的重臣。宪法大臣威廉·洪堡(他把卡尔斯巴德决议叫做"寡廉鲜耻")、陆军大臣博于恩都因反对卡尔斯巴德决议而去职,"体操之父"雅恩不仅受到监禁,而且还被带上锁链,身为教授的阿恩特也不得不放弃教职,哈登贝格的外交政策同梅特涅的方针不很一致,他本人的地位也因此

---

① 今捷克的卡罗维发利。

大为削弱。普鲁士复辟派终于取得上风。

梅特涅在德意志兰反动的另一个目标,就是伙同普鲁士压制德意志的立宪运动。1815年联邦条例曾许诺在各邦颁布一部等级议会制的宪法,各邦的自由派紧紧抓住这一诺言,论证在德意志立宪的必要。自由派人士、历史学家达尔曼(Friedrich Dahlmann,1785—1860)写道:"与会诸侯曾大声宣告,他们愿意立宪,他们曾对德意志兰响亮宣称,如果没有这个上帝的赠品,德意志兰艰苦争得的自由不久必将失去",因此他认为,立宪对于欧洲来说确乎是唯一的治疗手段,对德意志兰更是如此。一些邦的宪法是在人民运动的压力下颁布的。南德四邦,巴伐利亚、巴登、符腾姆贝格和黑森-达姆斯塔特于1818—1820年相继颁布宪法,实行君主立宪,成为德意志宪政制度的实验场。至20年代中,德意志联邦中已有29个邦实施宪法,但一半邦的宪法仅仅是等级法规的变种。15个邦实行的宪法属于或接近早期立宪主义性质,如南德诸邦,拿骚公国等。萨克森-魏玛大公国的宪法被认为是当时最进步的宪法。30年代以后中德和北德才逐渐过渡到君主立宪。而这时,奥地利和普鲁士都没有宪法。

1815—1830年代德意志的宪法运动具有一定的进步意义,它使改革时代所接受的最主要的法国革命成果,如国家公民的基本权利,纳税、服兵役以及在法律面前的平等原则,人人都有机会担任国家公职,信仰自由,思想自由,集会和新闻自由,移居国外自由,大臣负责制,两院制议会等等,得以部分地保留下来。一般来说,议会有批准征税权(尚未有批准预算全权),有较大的参与立法权(立法的制定权仍在君主和政府手中)。由于议会权限的不确定状态,1830—1848年多次发生议会同政府之间的冲突。

梅特涅害怕一个全奥帝国议会或各民族议会会出乱子,并为各民族的独立运动创造条件,后来只允许几个省召开没有什么影响的等级会议。在德意志联邦,梅特涅大力支持各邦诸侯将宪法解释为是恢复中世纪封建等级制的法规,阉割资产阶级代议制的进步性质。梅特涅的代言人根茨(Friedrich Gentz,1764—1832)抛出"指导性"文章《论等级议会制宪法与代议制宪法的区别》,对联邦条例第13条作了专门解释,认为两者在原则上是尖锐对立的,驳斥了资产阶级的代议制宪法。根茨说,联邦条例第13条只允许成立等级议会,它的成员是现有各等级的代表,而不是作为人民代表与王权相对立。

在普鲁士,国王弗里德里希-威廉三世不履行立宪的诺言,他在立宪问题上也是唯沙皇和梅特涅马首是瞻。负责宪法计划的大臣威廉·洪堡去职后,由哈登贝格草拟了一部普鲁士宪法,1821年被国王拒绝。普鲁士的复辟派统治仅在1823年建立了各省的等级议会。

梅特涅在德意志兰反动的最后也是最主要目标,乃是对抗30—40年代出现的"统一与自由"运动。"统一与自由"运动乃是德意志兰走上现代化—工业化道路时期凝成的一场进步的民族运动。

二、现代化的开端

现代化是指18世纪英国工业革命开始以来一直到现在的这样一个新时代,这个新时代的中心内容是在现代生产力引导下人类社会从农业世界(社会)向现代工业世界(社会)的大过渡。第一次工业革命从英国向西欧扩展的工业化过程,正好同北美独立战争和法国大革命为标志的"大西洋革命"同步展开,由此而开创了一个全球性变革的新时代。

一般而言,现代化的基本起点有两个,一个是土地革命,另一个是工业革命。从封建土地所有制转变为资本主义自由地产制和大工业的建立,在各国都具有不同的历史特点。政治上分裂的和经济上落后的德意志兰,到19世纪30—40年代才形成或出现这两个基本起点,它们是改变德意志社会性质的划时代的进步事件。

首先是"土地革命"中普鲁士道路的形成。施泰茵—哈登贝格改革的农业立法,实际上开辟了德意志现代化之路。普鲁士的农业现代化在德意志联邦内具有举足轻重的地位。自1819年以后,农业立法逐渐扩展到普鲁士新得到的和重新得到的省份,如波森、萨克森、威斯特伐利亚和莱茵。从1821年到1848年,普鲁士有关调整和赎买的局部性问题,共颁布了310项法令,2项公告,5项内阁命令,2项条例和2项规定。在1848年革命的压力下,又着手一项新的调整法,即汉塞曼的法令草案。整个改革的实施,包括1.土地的割让,或转化为现金和每年的租息;2.将容克的土地同农民的土地分开,并进行调整;3.公地分配事宜,均由1817年建立的特别官厅总委员会负责处理。具体事务的处理长达数十年之久,其中打了数不清的官司。

普鲁士各省的调整和赎买事宜,进展速度并不相同。总的说来,到1823年已有2/3私人田庄农民得到调整;1836年,约有94.6%的农民调整结束:到1848年,得以解除封建义务的"赎免农民"(指有较好财产权的世袭农户,一般很少割地,而是付现金或租息以赎买义务)已有289 651户;得以解除封建义务的"调整农民"(指有较差财产权的农民,一般均需割地以赎买义务)已有70 582户。富裕农民得以赎买义务者较不富裕农民数量大得多,他们赎买了600万天牛马劳役,1 700万天人工劳役,折合现金为1 850万塔勒。从生产关系来看,40年代,易北河以东的容克多数已变为资产阶级化的容克。不仅庄园的产品早已成为攫取利润的商品,更主要的是,以前以政治的、法律的特权保障的对强迫劳役的剥削,已转化为对自由的雇佣劳动的剥削。一种扩大了的现代的容克庄园农场,成为德意志工业化时期农业现代化的主载体。

普鲁士的农业立法改革,成为普鲁士工业革命-工业化的重要前提条件:第一,农业立法改革废除了普鲁士农民的人身依附关系,农民逐渐成为自由人。获得解放的农民能够自由地择居或择业,为资本主义农业和工业化提供自由买卖的劳动力;第二,农业立法改革的"赎免"方式成为普鲁士资本原始积累的重要手段。到1848年,容克共获赎金3 520万塔勒。到1860年,又获赎金3 940万塔勒。容克用所获的资金购置机器、农具和化肥,改良土壤。他们还投资建设庄园工厂,30年代开始投资重工业,特别是铁路建造;第三,容克贵族凭借雄厚的经济实力,乘机大力扩充庄园地产。他们在改革过程中共得地2 000万莫尔根①以上。他们在这样广大的土地上开始采用资本主义的经营方式,庄园产品商品化,逐渐形成资本主义容克地产制;第四,农业立法中的田亩归并措施,集中并扩大了土地的经营,为农业的机械化提供了条件。容克投资重工业,而获得解放的农民往往兼营家庭手工业。家庭手工业的发展成为普鲁士工业革命起步阶段的一大特征。

普鲁士"解放农民"的方式和过程,虽然显得曲折和残酷,但封建国家的经济基础——封建领地制和封建庄园制——毕竟由于这场改革而瓦解,并向资本主义容克地产制过渡。这种土地和政权把持在容克贵族手中,通过立法改革,逐步地、漫长地、和平地改造封建土地所有制及封建国家,使其向工业基础上的现代资本主义社会过渡,这条道路可称为普鲁士式的现代化道路。奥地利还有其他一些德意志邦,也是多少沿着普鲁士

---

① 一莫尔根约相当0.25—0.34公顷。

第七章 ● 复辟时代:民族统一道路上进步与反动的较量

式的道路,走向现代化的。

其次,几乎与此同时,德意志的工业革命开始启动。19世纪初德意志各邦的资本主义变革,在不同程度上触及了或变革了旧的生产方式,农业立法,工业立法,商业立法和税收法等所导致的经济和社会发展,并不因维也纳会议的决议和战后的复辟环境而逆转。在拿破仑战争中成长起来的新的德意志民族工商业资产阶级,从20年代起就大力推动德意志现代工业的发展。德意志兰的工业开始活跃与繁荣。有四个特点:第一,大量输入机器,绝大多数从英国进口,一些新成立的"企业联合会"提出的口号是:"机器,到处是机器,这就是努力的方向";第二,开始发展机器制造业,为工业革命作好准备。德意志机器制造业的奠基者之一,鲁尔的弗里德里希·哈尔科特致力于制造矿山机械,1820年就已能生产汽船。"机械制造之父",机械师卡尔·豪波尔德设计了梳理羊毛机,1826年开始制造纺纱机,萨克森的开姆尼茨因此成为纺织业中心;第三,德意志的现代工业,从一开始就建立在蒸汽动力的基础之上。根据普鲁士政府的调查,1830年普鲁士共有245台蒸汽机,总马力为4485匹,主要在莱茵-威斯特伐利亚、西里西亚和柏林。1829年,鲁尔区开始建立造船厂,工厂主雅各比、汉尼尔和胡森制造了第一批轮船。维也纳也于同年建立了第一家"多瑙河轮船公司";第四,作为资本积累手段的储蓄银号和股份公司也开始出现。到19世纪30年代中,德意志工业革命的基本前提大体具备。充足的自由劳动力,在工业革命初期主要来自非农业部门,如城市短工,贫苦手工业者,家庭手工业和手工作坊的工人,仆婢,城市贫民的过剩人口以及童工等。从农村过剩人口中大量征募劳动力,是19世纪中叶,特别是1871年德国统一以后的事。资本积累的主要来源有几方面:商业资产阶级在拿破仑统治时期通过供应军输物资,取得巨额利润,这些利润或投资于工业或自己创办企业;在农业改革的赎买过程中,庄园主、地主从中得到大量赎金,其中一部分转到工业、交通等领域;德意志工业革命的最主要集资形式是股份公司,工商业资产阶级、容克地主加上社会零星资本都参与其事。这种集资形式的明显优点在于迅速、量大,成为具有决定意义的集资形式。同时,30年代建立的以普鲁士为首的德意志关税同盟,促使国内统一市场的形成,为工业革命的开展准备了广阔的空间。

从30年代中起,德意志兰的手工生产开始向大机器生产过渡。机器生产和工厂生产是工业革命的两大标志。工厂和较大企业日益吞并和排挤手工业、包买商家庭手工业和手工工场。生产和投资最快的部门是纺织工业、矿业、冶金业、铁路、轮船以及获利甚丰的机械制造业。工业先进地区是萨克森(王国),普鲁士的莱茵-威斯特伐利亚和西里西亚,巴登和符腾姆贝格的一些地区,以及奥地利的波希米亚、下奥地利及维也纳。德意志工业革命开始于纺织业。采矿、冶金和金属加工部门的工业革命几乎同时跟进。重工业革命同轻纺工业革命并驾齐驱是德意志工业革命的特点之一。重工业逐渐集中在煤铁产地。冶铁业的最主要进步是使用焦炭高炉和搅拌法。轧钢工业40年代才开始迅速发展。机械制造业也随着繁荣。1837年奥古斯特·博尔席希(August Borsig)在柏林建立了机器厂,四年后生产出第一台火车头。

铁路建设是促进德意志工业革命快速发展的首要因素,也是德意志工业革命的主要特点。30—40年代的铁路建造,多带有各邦分裂的烙印,并从政治、军事的需要考虑入手。1835年德意志的第一条铁路——纽伦堡至富尔特的6.1公里铁路建成。30年代后半期开始的"铁路热"蔓延到全国。铁路建造的兴旺发达为欧洲大陆之冠。1839年莱比锡-德累斯顿铁路竣工,全长133公里,有力地推动全德的铁路建造。铁路股份公司纷纷建立起来。从1837至1847年的十年间,全德铁路投资增

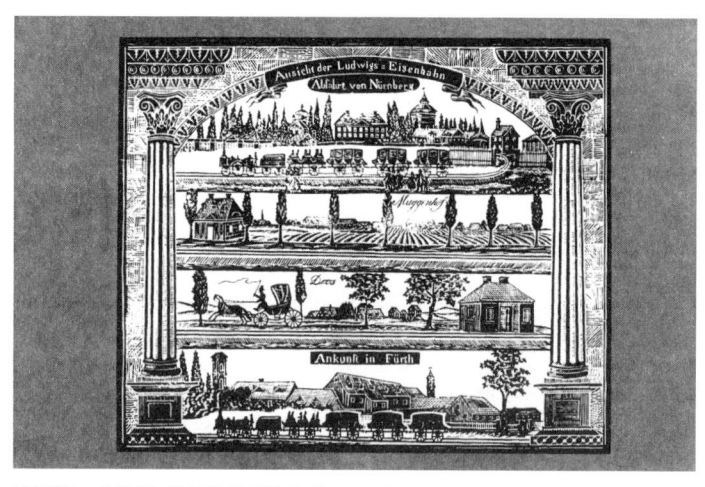

德国第一条铁路,从纽伦堡到富尔特,1835年

长二十倍,从2 100万马克增至4.54亿马克,至1850年,包括奥地利铁路在内的全德铁路长度已达5 822公里。还在1839年时,德意志铁路长度已超过法国。

总起来说,1848年以前德意志工业革命尚带有早期工业化的性质。工业区和工厂区还只是一些孤岛;机械化水平尚低;资本仍需从英国筹措;柏林证券交易所很少;境内交通和外部交通基本上是"原始"的。普鲁

士的经济和社会发展仍然落后于西欧其他国家,农业仍是最主要的生产部门,农业人口占总人口的 70% 以上。德意志工业革命的快速发展是 50—60 年代特别是统一后的事。但我们同时也看到,德意志兰已经不可逆转地迈上现代化之路。

三、"莱茵文明"与"统一和自由运动"

所谓"莱茵文明",指的是莱茵兰的现代工业文明,它在德意志早期工业化和现代化阶段,起着主导作用,具有最重要的意义。1815 年后莱茵兰最最发达地区(莱茵河左岸地区和右岸地区)归于普鲁士,成为普鲁士的莱茵省和威斯特伐利亚省。该地区由于受到拿破仑法国统治达二十年之久,农村中旧的生产关系消灭得相当彻底。拿破仑军队的占领及大陆封锁政策又使该地区在公路运输、制铁工业及纺织业等方面迅速发展。随后鲁尔矿区也得到了开发。莱茵兰是全德最早启动工业革命的地区,克虏伯公司的成长是一个典型的例子。1811 年弗里德里希·克虏伯(Friedrich Krupp,1787—1826)在莱茵兰的埃森建立了一座小炼铁炉,到他的长子阿尔弗雷德·克虏伯(Alfred Krupp,1812—1887)接班时,炼铁厂兴旺起来。小克虏伯不仅认真学习科技,掌握多种外语,而且还能及时了解信息和联合同类厂家共同生产合作。1846 年时已雇佣 140 名工人。克虏伯公司是依靠铁路建造和军火订单发展成庞大的重工业联合企业的。到 30 年代莱茵兰的采矿、冶金和金属加工等重工业行业开始工业革命时,莱茵兰不仅成为普鲁士的重工业基地,而且成为全德经济最发达的地区。一种要求自由主义发展工商业的"莱茵文明"也随之产生。

现代工业的发达造就了一个强大的现代工业资产阶级。随着经济力量的发展和不断地接受英法等国资产阶级进步的政治思想,莱茵资产阶级热切希望宪法和代议制机构的出现。他们开始要求直接参与政府的立法、行政、财政等方面的决策,成为普鲁士及全德资产阶级政治和经济利益的代表。40 年代正式形成了莱茵资产阶级自由派。达维德·汉塞曼和鲁道夫·康普豪森,可视为是莱茵资产阶级自由派的领导人物。

汉塞曼(David Hansemann,1790—1864)出生于汉堡附近一个路德教牧师家庭,少年时就学经商,靠经营纺织业起家。1838 年任亚琛商会主席。1837 年任莱茵铁路公司副主席(实际领导人),1851 年建立德意志兰最大的银行——贴现银行,成为普鲁士工业化初期资产阶级利益的典型代表。政治上属温和的自由主义派。1833年发表文章抨击普鲁士官僚专制主义,要求实行以法国、比利时为样板的君主立宪政体,逐渐成为普鲁士自由主义反对派的真正领导人。汉塞曼是普鲁士资产阶级中唯一主张通过大德意志道路统一德国的代表人物,即主张在奥地利领导下统一德意志兰。1840年支持东普鲁士省议会所提出的立宪要求,还专门上书普王,请求实施宪法,召开全国性议会,并承认该议会享有一般资产阶级议会的权限。1843年汉塞曼当选莱茵省议会副议员,1847年参加普鲁士联合省议会。他的名言是:谁最有钱,谁统治国家。

康普豪森(Ludolf Camphausen,1803—1890)出生于亚琛附近的一个新教商人家庭,1830年在科隆成立康普豪森兄弟商行,1840年与一家银号联营,成为辉煌的成功者。1839年任科隆商会主席,1843年当选莱茵省议会议员。1847年成为普鲁士联合省议会议员,成为莱茵大资产阶级的领导人。政治观点比较保守,对王朝和政府的态度温和。他主张必须使普鲁士不受破坏地从君主专制国家过渡到君主立宪制国家,因而反对革命和民主派。在统一问题上坚持小德意志道路,即排除奥地利,由普鲁士领导统一德意志兰。

40年代,莱茵资产阶级自由派的政治纲领开始形成。其基本要点是:建立资产阶级君主立宪制国家;人民享受宪法所保证的自由和权利;由普鲁士领导这个君主立宪制国家。1842年元旦,《莱茵报》创刊,标志着莱茵资产阶级自由派已结成巩固的政治集团。

"莱茵文明"的出现以及莱茵工业资产阶级自由派的诞生,是普鲁士经济及社会进步的明显标志。由于40年代全德还只有一个强大的现代工商业资产阶级,这就是莱茵工商业资产阶级,所以"莱茵文明"和莱茵资产阶级自由派也就成为全德"统一和自由"运动的主力和带头羊。

德意志的"统一和自由"运动,从政治上看,1817—1819年的大学生运动可算是"开端";而30年代出现的具有地区意义的反封建运动和民族运动,例如1832年5月的汉巴哈大会和1833年的法兰克福起义,以及1837年著名的"格廷根七君子的抗议",把"统一和自由"运动推向全德。汉巴哈大会是反对内外反动势力和要求民族统一的一次强大的示威。参加者有来自德意志所有地区和几乎一切居民阶层中的三万多人。在法兰克福的起义中,一批激进的民主主义者和大学生冲击法兰克福警察哨所

第七章 复辟时代:民族统一道路上进步与反动的较量

和守卫,进而企图推翻德意志联邦议会,建立一个统一的共和国,可是失败了。在黑森王国由诗人格奥尔格·毕希纳(Georg Büchner, 1813—1837)领导的秘密组织"人权社"影响巨大,它提出"给茅屋以和平,对宫廷以战争"的口号,大力争取市民特别是农民进行反对社会不平等的斗争。

而格廷根大学的七位著名教授:历史学家达尔曼,盖维努斯(Georg Gervinus)和国家法学家阿尔布雷希特(W. E. Albrecht),东方学家埃瓦尔德(H. von Ewald),以《格林童话》闻名于世的语言学家雅可布·格林(Jacob Grimm)和威廉·格林(Wilhelm Grimm),物理学家韦伯(W. E. Weber)在1837年11月18日发表声明,抗议汉诺威国王取消1833年的自由主义宪法。格廷根七君子的抗议书被他们的900名学生制成副本,散发到全德,引起强烈反响。"七君子"反对君主专制的行动有力促进了德意志的自由主义反对派运动。

梅特涅和各邦诸侯以极为残酷的手段再度把这波统一和自由运动镇压下去。第二次大规模的政治迫害(所谓查究"煽动者")至法兰克福起义失败后达到高潮。至1838年底,德意志联邦有23个邦对1 800多人进行审讯和以"煽动"罪起诉,一些人被判处死刑,一些人被判处监禁。毕希纳被迫逃亡。汉诺威政府宣布开除七教授,并将达尔曼、盖维努斯和雅可布·格林驱逐出境。这些运动的失败,主要原因在于没有坚实的运动基础。40年代德意志工业资产阶级登上政治舞台,"统一和自由"运动才有了新的内涵和新的基础:资产阶级自由派(包括激进的贵族自由派)和小资产阶级民主派,

"哥廷根七君子"

把封建专制的统治和德意志兰的分裂,看成是德意志兰走上现代道路的最大障碍,且关系到自己的生死存亡。不过德意志资产阶级自由派和贵族自由派基本上都属于温和的自由主义者,只希望通过改革,建立统一的君主立宪制国家。正当1840年6月梅特涅在维也纳举行盛大宴会,欢庆德意志联邦成立二十五周年,封建复辟似已取得完全胜利的时刻,一个在全德范围内、全民族范围内的"统一和自由"运动新浪潮形成,1841—1842年走向高潮,一直持续到1848年革命的爆发。

运动首先在资本主义经济最发展的普鲁士发生。1840年即普王位的新国王弗里德里希-威廉四世(Friedrich Welhelm Ⅳ.,1840—1861在位)是一个彻头彻尾的浪漫派人物,他不喜欢他父亲那已"僵化了"的官僚主义和军国主义体制,他不喜欢的原因并非是那套制度太反动,而是"太革命化"了。但自由资产阶级却误以为新王能开创一个"新纪元",并在"统一"问题上作出一点积极的姿态,因而对他寄以厚望。他们期待新国王实施一种"和平的革命",期待在这种革命中资产阶级与国王联盟将会取得政治权力。直到发觉这个新国王完全同情封建贵族,对资产阶级的利益毫无了解,而且在内外政策上紧靠着俄国沙皇和梅特涅时,自由资产阶级这才开始进行反对现有制度的公开运动。东普鲁士贵族自由派和资产阶级反对派是运动的最先推动力量。以省长冯·舍恩(Heinrich Theodor von Schön,1773—1856)为首的贵族自由派和以医生约翰·雅各比(Johann Jacoby,1805—1877)为首的资产阶级反对派,吁请新国王实施1815年允诺的宪法,召开全国议会。1841年雅各比在自己印发的传单《四个问题,一个东普鲁士人的回答》中不仅指出实施宪法是人民应有的权利,而且向人民呼吁,为争取宪法而斗争。雅各比要求的不是等级议会,而是由人民选举产生的代议制机构。冯·舍恩和雅各比的行动得到全德各邦人民的支持。但新国王在自由和立宪问题上死活不予考虑。联邦议会根据普鲁士提议,禁止雅各比文章流传。雅各比本人被控犯有叛国欺君罪,被省法院判处两年半监禁,但被柏林高等法院院长格罗尔曼驳回,宣告作者无罪。格罗尔曼因此被免职。

随着运动的发展,各地相继形成反对派集团,柯尼斯贝格以冯·舍恩为中心的贵族自由派;《柯尼斯贝格哈同报》发展成以雅各比为首的资产阶级急进派机关报;柏林的"自由"集团和青年黑格尔派;莱比锡以罗伯特·勃鲁姆(Robert Blum,1807—1848)为中心的自由派；布勒斯劳的自由派。他们彼此联系,互相支持。其中最令人瞩目的反对派运动在莱茵兰。40年代初莱茵兰的自由资产阶级反对派,正式提出了"统一和自由"的政治纲领,并准备在1847年召开的"联合省议会"上公开亮相。

从普王方面说,他面临这种政治压力,特别是一年比一年严重的财政危机,不得不想方设法应付。他终于想出将普鲁士王国八个省的省等级议会的常务委员召集一起,在柏林召开联合的省议会,名义上是要履行关于立宪的诺言,实际上是企图制造一种"专制主义的摇钱树"。这个联合的省议会只存在于1847年4月11日到1847年6月26日这段时间,按国王的意见,这个议会只能同意发行公债和增加税收,只能对立法起咨询作用,他"决不会让君臣之间的自然关系变成有条件的、宪法关系。"自由派占多数的联合的省议会,要求国王首先保证将立宪,然后才同意新的债款,他们通过汉塞曼对国王的如意算盘作了答复:在涉及钱的问题上是不能讲客气和谦让的。于是弗里德里希-威廉四世下令解散联合的省议会。自由资产阶级就满怀伤感地离开了普鲁士君主政体。

"统一和自由"运动在全德扩展开来。1845—1847年整个社会生活是以市民会议和人民集会参与政治活动为标志的。运动愈扩展,民主性质就愈明显。大资产阶级开始疏远人民集会。雅各比却引人注目地转向民主派方面,公开宣称,现在一切希望在于对劳动阶级作政治动员。1847年德意志革命形势已经形成。

四、李斯特和海涅

李斯特和海涅是复辟时代德意志进步思想-文化运动的两面旗帜。

弗里德里希·李斯特(Friedrich List,1789—1846)是19世纪上半叶德意志现代工商业资产阶级的理论代表和德意志统一的先驱,他不仅是进步的经济学家,同时又是杰出的实践家,一生都在为促进德意志现代化的进步和实现民族统一而奋斗,特别是他为建立德意志关税同盟和全德铁路系统所作的努力,在德意志历史上占有重要地位。

李斯特出生在符腾姆贝格邦罗伊特林根的手工匠家庭,很早就积极参与南德地区早期的立宪运动,成为符腾姆贝格资产阶级反对派的主要代表。他未受过正规的大学教育。1817年被破格提升为杜宾根大学的政治经济学教授。从1819年起,李斯特全力以赴,为建立统一的民族市场,争取全德经济统一,建立全德关税同盟而努力。这年4月,他在美茵河畔法兰克福复活节交易会上,领导建立了"德意志商业和手工业联合会",目的在于取消各邦政治经济分裂主义的限制,参加者近800人,他们是来自萨克森、巴伐利亚、符腾姆贝格、黑森选侯国、黑森大公国、巴登和拿骚的商人和工厂主,还吸收了约90个城市的经济界著名人士,联合会不久就成为德意志资产阶级经济利益的中心组织。李斯特为联合会起草的致联邦议会的请愿书中,首先要求废除德意志联邦内的关税,建立一个全德关税同盟,"德意志的38条关税和过境税边界线使境内交通陷于瘫痪,它们无异于把一个人的每只手脚捆紧,不使任何一只手脚的血液流到其他手脚去","只有废除内部关税,建立一个全联邦的统一税制,才能恢复国家贸易和民族工业,也有利于劳动阶级"。他在自己创办的《全德工商界机关报》上写道:"不在德意志各邦人民之间实行自由交往,便不可能有统一的德国,不建立共同的重商主义制度,便不可能有独立的德国。"

联合会从联邦议会那儿得到的答复却是不允许它使用"德意志"的冠名,"因为根本没有德意志的商人,而只有巴伐利亚的、萨克森的、符腾姆贝格的和其他地方的商人",拒绝接受请愿书。"德意志商业和手工业联合会"决定派出代表团去各邦宫廷、大臣处说明德意志工商业令人忧虑的状况,首先要求建立统一的关税同盟。李斯特率代表团访问了魏玛、卡尔斯鲁厄、斯图加特、慕尼黑、柏林和维也纳。在维也纳,联合会被看成是"最危险的同盟",李斯特被说成是"最危险的煽动者",梅特涅下令对他进行最严密的监视。

李斯特本人由于致力于德意志的政治和经济统一,受到反动复辟势力的残酷迫害。1820年被褫夺教授职,1821年被判处要塞监禁,被迫流亡法国和瑞士,1825年后侨居美国。1834年李斯特在德意志统一和自由运动鼓舞下,以美国驻莱比锡公使身份重返祖国。他主要致力于全德铁路系统的规划和实际活动。早在1825年李斯特就已草拟了德意志铁路建造的计划,认为"德意志兰只能成为一个工业国"。德意志兰开始铁路建造和1834年德意志关税同盟的成立鼓舞着李斯特,他兴奋地写道:"铁路系统和关税同盟是连体的双胞胎,具有一个思想和一个感官,相互支持,追求同一个伟大目标,即把德意志兰各个部分联合成一个伟大、文明、富足、强大和不可侵犯的民族。"因此,他被后人称为"使四分五裂的德意

第七章 ● 复辟时代：民族统一道路上进步与反动的较量

志兰统一起来的伟大先驱"。

1841年李斯特出版了他的代表作《政治经济学的民族体系》①，其核心就是所谓"教育关税理论"，一种适合于后发展国家的保护关税理论。李斯特反对自由派的自由贸易要求，从历史上、理论上、实践上对古典政治经济学进行了批判，结合德意志国情，提出建立专门的保护关税，在一定时期内保护本国的工业。因此，李斯特的民族经济学体系很快成为德意志工业资产阶级保护关税派的主要思想武器。他成为采用历史方法论证国民经济(或民族经济)发展的历史学派的先驱者。

德意志联邦条例第19条，仅只允许联邦各邦之间可以就商业、交通事宜进行磋商，而没有任何积极的统一的经济措施，以克服德意志兰经济的分裂。由于梅特涅-奥地利对德意志统一持冷漠否定态度，就给经济上最强大的普鲁士邦以争夺全德霸权的机会，它越过德意志联邦，执行一种全德性的关税政策。李斯特20年代提出的建立全德关税同盟作为德意志民族统一准备条件的观点，对普鲁士有不小影响。1818年出台的普鲁士关税税则，在20年代初就已显示其作用，使普鲁士可能用商业政策的手段迫使邻邦与之缔结关税条约，并导致建立一个地域广泛的关税同盟。一批高级官员已经预见到，普鲁士可以越过德意志联邦甚至与其对立，借助关税条约实行独立的民族统一政策。1819年普鲁士与图林根小邦施瓦尔茨堡-松德斯豪森签订第一个关税条约，1828年夏，安哈尔特-柯滕公国和安哈尔特-德骚公国加入。同年普鲁士与南德的黑森-达姆斯塔特缔结双边条约，翌年与南德商业同盟(巴伐利亚、符腾姆贝格)缔结条约，规定双方几乎对一切货物均予免税。受奥地利支持的中德商业同盟遭到孤立，开始分化。1831年黑森选侯国转入普鲁士关税体系，这就打通了普鲁士东西领土之间的障碍，建立起一条通往西部的关税桥梁。1833年把上述的缔结条约合并，这就产生了德意志统一史和现代化史上意义深远的德意志关税同盟。这个1834年元旦生效的关税同盟，开始时包括18个邦，占德意志兰3/4国土，有居民2 300万，对其他中小邦有巨大的吸引力。普鲁士前财政大臣莫茨(Friedrich von Motz，1775—1830)在1829年就曾指出，关税的统一必当导致各邦政治制度的统一。但对李斯特这位统一的先驱者来说，却在德意志联邦长期遭受迫害。1837年李斯

---

① 在我国译为《政治经济学的国民体系》，可商榷。

特被迫去职(美驻莱比锡领事),作为"作家"过着贫困的生活。1846年自杀。

亨利希·海涅(Heinrich Heine,1797—1856)是继歌德后享有世界声誉的德国诗人,著名的积极浪漫主义文学的代表,19世纪最杰出的革命民主主义作家。

海涅出生于杜塞尔多夫一个贫穷的犹太商人家庭,早年曾按双亲的意愿在叔父处学习经商,没有成功。1819年进波恩大学学习法律,同时旁听浪漫主义大师奥古斯特·施勒格尔(August Wilhelm Schlegel,1767—1847)的文学课。1820年进格廷根大学,五年后获法学博士学位。1821年海涅在柏林认识了浪漫派诗人沙米索(Adelbert von Chamisso,1781—1838)、霍夫曼(Ernst Theodor Hoffmann,1776—1822)和剧作家格拉伯(Christian Dietrich Grabbe,1801—1836),在创作上受到浪漫主义的影响。可以说,海涅基本上是吃浪漫主义的奶汁长大的,

亨利希·海涅和妻子玛蒂尔德,1851年

但是他却冲破了德意志浪漫主义的保守框架,把浪漫主义引上一条进步的道路。

所谓浪漫主义运动,产生于18世纪下半叶到19世纪上半叶的西欧,一股向古典主义传统挑战和对法国大革命后社会现实不满的思潮。它代表了这样一种文学态度和生活态度:重主观而轻客观,贵想像而贱理智,诉诸心而不诉诸脑,强调神秘而不强调常识,既反对古典主义的清规戒律,也反对现实主义的直白。在资产阶级力量相对强大的英法等国,浪漫主义主要是一种加强人的生活意志,唤起人心中对于现实及一切社会压迫的反抗意识的运动,而在资产阶级力量薄弱的德意志兰,浪漫主义的最基本特征,乃是对人类心灵深处的非理性力量的扼杀,并在自身的幻想世界里寻求心灵的避难所。德意志的浪漫主义除具备一般浪漫主义的共同特点如放纵恣意,好奇尚美,随心所欲,信手拈来之外,还有以下特点:1.主张文学承担一切艺术的功能;2.采取玩世不恭的"嘲讽"态度,攻击一切"文化上的门外汉"和"审美上的低能儿";3.反对追溯希腊罗马,强调发掘

第七章 ● 复辟时代：民族统一道路上进步与反动的较量

民间文学，鼓吹精神和自然相一致；4.以中世纪的天主教信仰为生活和创作的基础。而这最后一点，就使德意志浪漫主义同中世纪的精神密不可分了。施勒格尔兄弟、瓦肯罗德（Wilhelm Heinrich Wackenroder, 1773—1798）、梯克（Ludwig Tieck, 1773—1853）和诺瓦利斯（Novalis, 1772—1801），在18世纪末的德意志文学和精神领域，开创了这个独特的运动，被称为普鲁士浪漫派。作为对启蒙运动的理性主义的逆反，普鲁士浪漫派在精神上玩弄死亡，赞美黑夜，在文学作品中提倡朦胧、模糊、昏暗、幽深，渴望无可挽回而正在消失的事物。与此同时或稍后，还有一批散居各地的浪漫主义作家，形成了各具特色的浪漫派：以阿尼姆（Ludwig Achim von Arnim）和勃伦塔诺（Clemens Brentano）为代表的海得贝格大学派，重视创作和民间文学遗产，语言简朴通俗，没有神秘的观念和离奇的术语；以克莱斯特（Heinrich von Kleist, 1777—1811）和夏米索为代表的北方派以及以乌兰（Ludwig Uhland, 1787—1862）和豪夫（W. Hauff）为代表的南方派（士瓦本派）。在整个浪漫派中，克莱斯特的戏剧和小说，乌兰的抒情诗可以说已达到他们所追求的艺术的顶峰，而且具有不少积极的因素。如果说，德意志的浪漫主义政治上是面向过去，站在德意志民族至上的立场上反抗异族统治，对抗法国大革命以来的资产阶级自由精神和改革，并在复辟时代寄希望于封建大邦奥地利和普鲁士，采取一条逃避现实，粉饰太平之途，那么它在文化艺术上却有不可抹煞的贡献：发掘和整理了民间文学遗产；提高了文学艺术的民族性；发展了作家对于自然美的感情；给学院式德语注入民间语言的新血液；通过翻译和介绍其他民族的文学宝藏，扩大世界文学的视野。正是在这些方面，浪漫派弥补了古典作家的不足。在整个复辟时代，德意志浪漫主义占据了思想-精神-文化舞台的统治地位。正是在这样的背景下，出现了以海涅为代表的积极的浪漫主义。

海涅首先是以浪漫主义诗人的形象出现在德意志文坛的。1827年发表的《诗歌集》是其代表作。这部包括《青年的苦恼》、《抒情插曲》、《归乡》和《北海》等组诗的歌集，主要局限于对自然和爱情的描写，优美动人，清新自然，富有音乐性和民歌风味，深受读者的欢迎。其中《乘着歌声的翅膀》、《在美妙的五月》、《罗累莱》等早就成为脍炙人口的歌曲。海涅在描写夜景、月亮、森林和梦境时，丝毫没有采用晦涩的语言、神秘的梦幻和虚无缥缈的情感。他对生活充满着热爱。《旅行札记》是海涅早期创作中另一部重要作品,第一章《哈尔茨山游记》发表于1826年,是海涅从格廷根出发到哈尔茨山之顶,一路游历的随想。作者用抒情和政论结合的手法,把人的主观感想和情感同客观的现实融合一体,以讽刺、幽默而活泼的笔调,一方面对德意志兰的分裂和落后加以猛烈的抨击,对市侩的庸俗和市民阶层的浅薄和褊狭作淋漓尽致的刻画,另一方面也抒发了对大自然的热爱和对劳动人民的同情,标志着海涅开始走上反映现实的创作之路。其他几章游记中,海涅歌颂了法国大革命和拿破仑在德意志的解放作用,揭露专制主义、贵族、天主教会的反动性,把自己的命运同人类的解放事业紧密联结在一起。因此,海涅在德意志联邦和普鲁士经常遭到诬陷和迫害。

1830年法国七月革命爆发,海涅满怀热情写下了《我是剑,我是火焰》一诗,表达了对革命的支持和向往之情。翌年海涅以《奥格斯堡总汇报》记者的身份前往巴黎,此后便侨居法国直至去世。海涅30年代起开始政论文的写作。1833年的《论浪漫派》和1834年的《论德意志宗教和哲学的历史》可称佳作。前者集中体现了作者的文学观点,有时谈笑风生,娓娓动听,有时嬉笑怒骂,咄咄逼人,在一些文思泉涌的奇思妙想中,批判了德意志浪漫主义在社会、政治上的消极作用,指出他们缅怀中古、逃避现实是违背时代精神和莱辛、歌德古典主义的进步传统的,提出文学必须和生活相结合,正如神话中的安泰不能离开他的大地母亲一样。海涅试图通过这部作品,结束消极浪漫主义在德意志文坛的统治地位。后者是海涅从宗教、哲学方面向法国人民介绍德意志文化和著作。他褒举马丁·路德的宗教改革开创了德意志史发展的新时代;康德哲学掀起巨大精神批判运动,具有划时代的意义。可以说,海涅是看到德意志古典哲学革命意义的第一人。在这个时期,海涅的思想逐渐向自由民主主义靠拢。40年代汇编成集的巴黎通讯《卢台奇亚》是报道当时法国的政治、文化和人民生活状况的,并以他特有的犀利的笔触,以对照的方式,对德意志-普鲁士的专制政体进行无情的讽刺和抨击。因此,德意志联邦议会在1835年就禁止海涅的作品在德意志联邦出版,40年代海涅还遭到普鲁士内政部通缉的威胁。海涅却在通向革命民主主义的道路上前进。

海涅最优秀的政治诗产生于40年代。1843—1844年同马克思和恩格斯的结识,对海涅的思想和创作都发生巨大的影响。海涅不仅对封建社会的社会矛盾有深刻的认识,而且对资本主义社会的社会矛盾也加深

第七章 ● 复辟时代：民族统一道路上进步与反动的较量

了认识。许多诗歌已突破个人抒情的局限性，而能紧密与当时德意志的斗争实际相结合，吹响了推翻旧制度的响亮号角，如著名的《西里西亚纺织工人》、《等着吧》、《1648—1793—???》等。

《德意志兰，一个冬天的童话》是海涅政治诗中最杰出的作品，这是海涅在1843年返回阔别十三年之久的祖国后写就的，全诗共27章。海涅以冬天象征死气沉沉的专制统治，运用讽刺、譬喻、幻想、传说、对话等手法，逐章地对德意志的政治分裂、封建割据、复辟反动、普鲁士军国主义统治、资产阶级激进派狭隘的民族主义、奴颜婢膝的小市民、愚昧虚伪的宗教，作了无情的揭露和嘲笑。海涅一开头就斥责德意志消极浪漫派所唱的麻痹人民的绝望曲调，提出要高唱一支崭新的歌，要激励人民在祖国大地上建立拥有面包、玫瑰、美和欢乐的天国。海涅还把普鲁士军国主义和专制政体比作一只凶残丑恶的大鹰，把德意志联邦36个封建邦国①比作36个粪坑，予以猛烈的鞭笞，指出国家的统一只有用暴力才能获得。海涅用长诗表达自己对祖国的分裂和落后的抱憾和对祖国统一和进步的渴望。

海涅最后的十年是患病卧床的十年，眼疾和四肢瘫痪使他不能接触社会现实，但仍写出优美动人的爱情诗篇《罗曼采罗》(1851)，还写下激动人心的政治诗，表达他作为革命民主主义诗人对资产阶级革命的向往和对封建制度的憎恶。

五、1848"红色革命"：时代的冲突与民族统一运动的高潮

1848年的欧洲革命，实乃是现代化的时代浪潮对抗欧洲封建复辟的一场进步运动。处在世界现代化第二个浪潮的起点位置的德意志兰，正面临着时代的双重革命：工业革命和思想革命，并想通过"普鲁士式的道路"和平过渡到资本主义的工业化社会去。但是这种努力却遭到以沙俄为代表的国际反动势力的反对和梅特涅"均势政策"的阻挠，沙皇和梅特涅都以保持德意志的分裂和支持各邦君主的封建专制统治作为反对德意志现代化进程的主要手段。冲突在所难免。要求德意志统一和反对封建

---

① 德意志联邦成立的当时为38个邦国，但很快就合并成36个邦国。

专制统治,就成为德意志1848年革命的主要任务,同时也赋予这场革命以资产阶级的性质。

但是究竟由谁来领导这场革命?究竟谁是革命的主力军?却是没有解决的问题。工业革命的启动给普鲁士-德意志社会带来某些根本性的变化。现代资产阶级发展了,现代无产阶级也产生了,现代小资产阶级在不断两极分化。普鲁士-德意志的工业资产阶级除少数例外,大部分出身手工业者阶层,他们受到封建势力的压迫和剥削,特别受国家分裂之苦,又要对付工业革命后英国(还有法国)产品的竞争。为了生存和谋取利润,企业主尽量多地压榨工人。另外,众多的、本身还带有封建性的包买商,剥削手段更加野蛮。这时的工人,大部分双足还陷在封建制度的泥淖中,可是躯体已遭到资本主义竞争风暴的猛烈袭击而支持不住了。工业革命是使人类社会从以农业为基础转变到以工业为基础的现代化道路的起点,它将给人类社会带来生产力的大解放和迅猛持久的发展,但在它开始的时候,在德意志兰,也如同在西欧各国,都显示了一幅凄惨悲苦的画面。普鲁士-德意志的现代资产阶级出生得太晚了,当他面临革命时,他看到在他的前面,站着受到欧洲反动堡垒沙俄支撑着的德意志各邦封建反动势力,在他的背后,站着受到欧洲无产阶级支持的德意志年轻的无产阶级,这个紧握双掌的年轻小伙子,拳头会击在谁的身上?德意志资产阶级的革命性萎缩了。他们宁愿接受一种自由主义立宪理论,不希望通过法国革命的断头机而希望通过和平的立宪为自己争得某些自由。他们一开始就想与旧社会戴王冠的人物妥协。他们参加革命完全是一种被动的行为。

普鲁士式道路的"土地革命"至1848年时已成定局,调整和赎买事宜多半接近完成,普鲁士-德意志的农业已不是是否要走资本主义道路的问题,而是如何结束农业资本主义变革的问题。农民旧日与贵族地主的矛盾多半已获解决。因此,在1848年革命中,农民在一定程度上趋于

1848年3月13日维也纳人民起义,梅特涅倒台

第七章 ● 复辟时代：民族统一道路上进步与反动的较量

中立和表现消极，就很容易理解了。农民在革命中提出的反对封建残余和封建特权的要求，在1848年9月7日的汉塞曼法令和1850年3月2日的《赎免法》中，部分得到解决。于是德意志各邦的小资产阶级（包括手工业者）、大学生、城市帮工、学徒就充当德意志1848年革命的主力，并赋予这场革命以"红色"的基调。

法国二月革命迸出的火花，点燃了德意志的三月革命。2月底3月初，南德各邦首先起事，工人、大学生、市民联合起来战斗，君主们在惊恐之余，作了让步。自由资产阶级组成了新内阁。3月13日，维也纳的工人、大学生、中小资产阶级一致行动，推翻奥地利反动政府，首相梅特涅男扮女装仓皇逃出维也纳。三十多年来镇压欧洲一切革命运动和民族运动的神圣同盟也随之垮台。帝国皇帝被迫宣布改组内阁，同意召开国民议会，制订宪法。但是三月革命没有真正解决什么重大的社会问题，皇帝仍握有军政大权，反动的君主政体和反革命的军队都还存在。梅特涅垮台的消息促进了普鲁士的革命运动，柏林的工人、大学生、小资产阶级开始革命行动。普鲁士国王企图用虚情假意的改革诺言来阻止革命。3月18日国王在命令中侈谈什么他将缔造一个统一的德意志国家，建立人民代议制等。资产阶级感到心满意足。但当集会的群众要求把军队撤走时，指挥军队的"炮弹亲王"威廉就下令开枪。于是人民群众同军队之间的街垒战开始了。柏林的起义者使军队遭到沉重打击。普王惊慌失措，请求"亲爱的柏林市民们"停止战斗，

1848年3月18日柏林革命开始

并把军队完全撤出柏林。"炮弹亲王"逃往英国，人民强迫国王向阵亡的起义者致哀。资产阶级依靠人民的起义参加了政权。莱茵资产阶级代表人物康普豪森和汉塞曼，接受普王的委任，组织内阁。但是王朝的官吏没有被撤换，容克的势力未受打击，专制王权未受损害。总的说起来，三月革命是一次最轻而易举取得成功的革命，结果并未推翻君主政体，君主以让步保住了自己的政权，他们很快会从部分的失败中重整旗鼓，收回让步。

普、奥和其他各邦革命的胜利，使革命的基本任务——创立一个统一

的德意志民族国家——有了完全实现的可能。但是资产阶级害怕革命继续发展,赶忙把革命从街头抬进议会里去。1848年5月16日,全德意志国民议会在美茵河畔法兰克福的圣保罗教堂隆重开幕,任务是制订全德宪法。全德选出的573名议员中,大地主38人,资产阶级20人,公务员、小资产阶级245人,知识分子229人,教士23人,军人11人,土地经营者3人,手工业者4人,没有工人,也没有农民,被讽刺为"学者会议"。法兰克福国民议会不去组织群众,不着手解决急迫的革命任务,却贻误革命良机,整天吵吵嚷嚷,清谈空辩,成为历史上著名的"老太婆议会"。一直到1849年3月末,法兰克福国民议会终于制订了一部帝国宪法,宪法规定建立统一的德意志帝国;德意志各邦在帝国内保有广泛的自治权,但外交与军事权转归中央政府。宪法中还规定取消贵族的等级特权和封建土地制残余,宣布私有财产不可侵犯以及一些资产阶级的自由和民主权利。法兰克福国民议会还选出普鲁士国王为帝国的皇帝,但是普王弗里德里希-威廉四世拒绝献上的皇冠,拒绝承认帝国宪法,奥地利以及其他大邦都步普王的后尘,他们已感到,他们已有力量进行报复了。

法兰克福国民议会激烈的清谈空辩

1848年巴黎六月起义的被镇压,开始了欧洲反动势力的全面反攻。沙皇俄国作为"欧洲宪兵"开始直接参与镇压欧洲的革命运动。在沙皇的直接支持下,奥地利反革命势力首先发难。1848年7月,奥军血腥镇压捷克起义,9月参加镇压意大利人民的起义,10月集中力量镇压匈牙利革命。奥皇打算先把帝国内部的民族起义镇压下去,然后集中力量对付维也纳革命。10月26—28日,奥军强攻维也纳,取得了胜利,继之而来的是对战败的维也纳人民的野蛮屠杀和迫害。优秀的战士波兰人约瑟夫·贝姆,文学家美森豪塞尔,左派政论家罗伯特·勃鲁姆相继被害。资产阶级的帝国议会也被驱散。1849年3月,新奥皇弗朗茨-约瑟夫颁布反动的宪法,奥地利又恢复了封建专制统治。正当沙俄为奥皇胜利喝彩的时候,奥地利在匈牙利的镇压行动遭到挫折,1849年4月奥军被全部赶出

第七章 ● 复辟时代：民族统一道路上进步与反动的较量

匈境。沙皇尼古拉一世迅即派出14万大军前往匈牙利，沙俄军队与奥地利军队联合绞杀了匈牙利的民族解放运动。在普鲁士，沙俄给以大量的财政援助，推动普王反攻倒算。1848年11月，普王发动政变，改组了资产阶级内阁，代之以容克官僚组成的政府。普军奉命进入柏林，占领了国民议会大厦。当柏林的革命力量遭到镇压以后，普鲁士的国民议会也很快被武力驱散。然后德意志的反革命力量汇集起来，开始"围剿"法兰克福国民议会。1849年7月，普军在镇压了萨克森、巴登、普法尔茨、莱茵兰等地人民的"护宪运动"之后，德意志的1848年革命就最后失败了。德意志的现代化进程受挫，德意志的民族统一运动遭折。究其失败的原因，主要是国际国内外反现代化反民族统一的势力还太强；德意志工商业资产阶级在政治上还太软弱；无产阶级还未能担当起革命的领导任务。

1849年6月22日维护帝国宪法运动的起义者同普鲁士军队作最后的战斗

作者评曰：

在历史的重大转折时代，比如说，从农业社会向工业社会过渡，从封建社会向资本主义社会过渡，究竟采取革命的手段还是采取改革的手段为好？进而明之，究竟采取暴力的手段还是和平的手段为好？如果我们不是从某种政治原则的需要出发，而是根据各国的现实发展状况而言，答案是显然的：这不是我们主观所能设定的，而是客观历史本身已经作出结论。一些国家是通过革命手段促进的，一些国家是通过改革手段推动的。法国大革命和拿破仑战争是前者的代表，而普鲁士-德意志的改革可视为后者的典型。它们都是按照本国现实的不同境况走不同道路的现代化和资本主义化的。起点虽有高下之分,"终点"并无优劣之别。德国在统一后的现代化发展,不仅飞速赶上而且超过法国,甚至英国。从农业社会向工业社会过渡的进程,主要是指生产力的发展,凡能保护并促进生产力发展的手段,无论是革命还是改革,都是好手段,凡阻碍并破坏生产力发展的手段,无论是革命还是改革,均非好手段;而从封建社会向资本主义社会过渡的进程,主要是指生产关系的变化,凡能改变不适应生产力发展的生产关系的手段,无论是革命还是改革,均是好手段,反之亦然。这两项过渡进程的结合,就形成某一国家或某一地区发展的具体道路,规定了究竟是采取暴力手段还是和平手段改变或改造旧制度的具体形式。德意志资产阶级政治上发展的先天软弱性,加上封建容克阶级的资产阶级化,双方未形成一种你死我活的格局,而是采取改革的办法和平渗透相互的利害关系,逐渐形成德意志式的资本主义社会发展的另一种模式:容克保留了它的政治统治的同时,生产力在新的生产关系的适应下迅猛发展起来。德意志历史上几乎没有发生过真正意义上的阶级革命,1848年革命也只是浅尝辄止。相反,施泰茵改革却是一次资产阶级性质的革命。因此,把"革命"作为目的,把"改革"同"革命"完全对立起来,这既是一种空想主义,也不符合历史的客观实际。

第八章 统一时代:"白色革命"与民族统一的完成

> 我们德意志人除了怕上帝,不怕世上任何人。
>
> ——O. 俾斯麦

一、统一的前提

19世纪50、60年代,形成了德意志统一的前提。

第一个也是基本的前提,是经济的发展和工业革命高潮的到来。1848年对德意志社会来说是一个重要年代。从政治上看,革命基本上是失败了,德意志联邦恢复了,各邦诸侯加强了反动统治;普奥争霸加剧;加上沙俄作为欧洲霸主对德国分裂状态所作的"保证",使统一远未实现。但从经济上看,1850年后却开始了新的飞跃。德意志的资产阶级由于自己的软弱,在政治舞台上遭到失败以后就热心地去办大工业,从中求得安慰。德意志兰五六十年代经济发展的一个特点是快速,煤铁等重工业部门的产量平均每10年增加一倍还多,到60年代工业已赶上法国。另一个特点是,开始了规模宏大的工业革命,德意志兰在这期间的工业产值超过了农业生产的产值,并且最终地、完全地被卷入世界贸易。第三个特点是,除了短期的萧条外,经济一直处在繁荣状态。这些特点使德意志社会的整个经济结构和阶级力量的配置发生了决定性的、实际上是革命性的变化。

德意志资产阶级的力量增长最快,普鲁士的资产阶级尤为显著。普鲁士的重工业产量50年代时已占全德的一半以上。从1853—1863这10年间,普鲁士四个最重要的工业省中,年收入在2万到4万塔勒巨款的富翁人数从26人增为43人,1873年达到137人,而在那些主要的农业省份,其相应人数为4.9人和20人,这说明资产阶级在经济上已成为比容克阶级更为强大的阶级。而封建性的容克经济却处于破落状态,容克阶级的分化日益显著和加快。

50年代破产贵族的数目增加了,骑士领地转化为资产阶级性的地产的情况不断增多。1856年,12 339个普鲁士骑士领地(即容克庄园),只有57%勉强维持"贵族生活",一大部分容克日益懂得,只有把庄园建立在资本主义经营的基础上,才能逃避破产,并在资本主义世界市场上站稳脚跟。到60年代中,普鲁士的"解放农民",在法律方面基本上已完成。普鲁士封建性的和半封建性的农业就这样逐渐地、痛苦地转变为资本主义农业。普鲁士的"赎免",成为容克资本原始积累的重要手段。此外,容克从各地行政区的信贷所以及私人资本家银行获得贷款。这样,他们就有可能应用机器、农具和化肥,并且从事改良土壤的工作。工业革命和农业的资本主义化,使农业的产量大幅度提高。

容克庄园主要生产商品粮食和出口木材。容克还举办许多乡村辅助工业,食品工业和奢侈品工业也有广泛的发展。麦片厂和大磨坊成为农业工业的重要组成部分。烧酒厂是容克经济的基本支柱之一,它们向世界提供廉价的土豆酒精。易北河以东的一大部分较富的容克把资金投入铁路建设(股票投机)。在普鲁士的其他省份,像西里西亚、莱茵和威斯特伐利亚的大地产主都转向重工业。这样,普鲁士的统治阶级就分化了。除易北河以东一部分受工业革命影响很小的容克固守原来的反动立场外,大部分容克开始资产阶级化。如果说他们还保持着强烈的封建观念和偏见,但他们经济生存的基础最终已变成资本主义的性质。他们同资产阶级之间的利益分歧不再是敌对的和不可调和的了。他们的经济利益也同国内市场、关税和世界市场紧紧联系在一起,而且支持自由贸易政策。德意志兰的统一对他们说来已不是无关紧要的事。另一方面,由于容克的经济基础遭到削弱,他们对国王,对普鲁士君主政体的依赖性增加,他们依赖王室给予津贴,赐给特权,维持统治,从而形成容克的所谓"忠君思想",并在政治上死死抓住政权不放。

可以这样说:正是在19世纪50、60年代,普鲁士的社会性质发生了根本性的变化,从一个基本上是封建的社会转变为一个基本上是资本主义的社会。普鲁士社会性质的这种变化,实际上也决定了德意志社会性

第八章 ● 统一时代:"白色革命"与民族统一的完成

质的变化。在英国和法国,是通过资产阶级革命,最终完成社会性质的转变,而在德国和普鲁士则不同,是通过改革使社会性质发生转变,然后影响国家性质的转变。50年代初,普鲁士君主政体就不得不对资产阶级作出让步,否则就不能阻止资产阶级取得单独统治。1850年普鲁士政府保留了1848年12月5日的宪法,虽经反动的修订,但仍保留"人权和公民权"这一章;普鲁士虽然推行一种保守的"三级选举法",但仍赋予选出的第二院(众议院)具有批准新赋税以及监督国家财政开支之权,这是资产阶级手中的主要权力,这个权力在1854年宪法失效时期也未失去。资产阶级在50年代通过掌管"贸易、工商和公共事务部"而获得参与政权,尽管是极其有限的。埃北费尔德古老的银行家族成员冯·得尔·海特(August von der Heydt,1801—1874),担任普鲁士贸易大臣一直到1862年,他既忠于霍亨索伦家族,又熟悉莱茵大资产阶级的愿望,充当大资产阶级同君主政体之间的协调人,俾斯麦把他叫做"财神叔叔",说"这个人创造了钱,这是我们所需要的"。1851年5月12日,普鲁士公布财产所有者法,给予矿山企业以广泛的自治权;1860年矿山企业中封建官僚主义的障碍被明令取消;1865年国家通过通用矿山法,统一矿山法规,受到资产阶级的欢迎;私人银行在60年代初克服了国家的反对,在普鲁士立住了脚跟。1861年即普王位的威廉一世(Wilhelm I,1861—1888在位)甚至任命了一个带"自由主义"色彩的内阁。1866年冯·得尔·海特被任命为财政大臣,这是1848年革命失败以来的第一次。科隆和柏林的银行家,柏林、鲁尔、萨克森和萨尔兰的工业家以及上西里西亚的贵族,构成了大资产阶级的核心,渐渐成为国家的真正权力之所在。富有的企业家、银行家吸引着普鲁士的国家官吏,他们甚至在宫廷中和大官僚中收买自己的代理人。到60年代,普鲁士君主国已从封建的君主国变成资产阶级的君主国,它虽然由容克把持,经常同资产阶级在争权夺利方面发生争执,但也代表着资产阶级的一定利益。

容克的分化和资产阶级化,普鲁士-德意志兰社会性质的改变,是普鲁士统一德国的主要前提之一。普鲁士统一德国的代表人物奥托·冯·俾斯麦(Otto von Bismarck,1815—1898)正是一个资产阶级化的容克,在他的家族和他身上,鲜明而典型地反映出这些转变。

俾斯麦出生在勃兰登堡阿尔特马克的舍恩豪森庄园祖宅,一个世代容克的家庭。两岁时随家迁往波美拉尼亚的克尼帕霍夫庄园。就其财富和社会地位来说,俾斯麦家族不是第一流的,但容克的那种专横暴戾作风在他身上却很明显(据说大学期间就与人发生过13次决斗)。俾斯麦的母亲来自有名望的资产阶级家庭,给俾斯麦诸多影响;俾斯麦在大学期间又受到资产阶级的教育和影响,但与此同时,他的阶级却在"时代的双重革命"——工业革命和思想革命——面前急骤地往下沉,他的家庭经常感到经济拮据,财源枯竭。新旧社会交替而迸发出来的历史-经济-政治的激烈冲突,在他身上表现得十分明显。1839年俾斯麦抛弃候补文官职务,回波美拉尼亚自己的庄园亲自经营农业,1844年又经营舍恩豪森庄园的370莫尔根土地。俾斯麦改变了经营方式,在庄园上实行深耕,改进农具,作物轮种。他还专门去学校学习农业化学方面的知识。俾斯麦所经营的庄园生产是资本主义性质的,庄园的产品销往国内外市场,被卷入市场经济的漩涡之中。到50年代初,俾斯麦已经了解到如果不采取资本主义经营方式,容克阶级就将完全破产。他在给他的朋友、"宫廷党"头目莱奥波德·冯·盖拉赫(Leopold von Gerlach,1790—1861)的信中说,普鲁士必须及早同德意志兰发展着的各种"物质关系"打交道,"采取主动"。在这以后的政治生涯中,俾斯麦同普鲁士最大的银行家之一、犹太人勃莱希罗德(Gerson Bleichröder,1822—1893)家族紧紧结合在一起,相互依赖,互相利用。60年代俾斯麦用国家的"赐赠"购得波美拉尼亚的法尔青庄园和附近的两个小庄园,通过自己的代理人不但经营林业,而且在庄园上开设砖瓦厂和石灰厂。1870年他的年收入已达15 286塔勒,林业和庄园工厂的收入是其主要来源。一年以后,俾斯麦又得到著名的弗里德里希斯卢庄园(坐落在汉堡附近,2.5万莫尔根森林和2 000莫尔根土地),经营规模倍增。他还通过银行家开始从事证券的投机买卖。俾斯麦同汉堡大富商的接近,远超过同他的容克同道的接近。俾斯麦经济地位的这种变化,也决定了他政治上的转变,他从一个同"宫廷党"立场一致的保守派,成为一个主张由普鲁士掌握领导权、一定程度上满足资产阶级利益的德意志统一论者。

普鲁士统一德国的第二个前提,是关税同盟扩大成为国内市场,小德意志地区(即不包括奥地利在内的德意志兰)的经济同普鲁士逐渐"一体化"。

在普鲁士领导下的德意志关税同盟,有力地促进了小德意志地区的经济发展。从1834年1月1日起,在德意志3/4的土地上长串长串满载

第八章 统一时代:"白色革命"与民族统一的完成

货物的四轮马车在过境时首次不纳通行税。从 40 年代起,关税同盟为保护自己年轻的工业,对内部采取自由贸易,对外部和外国采取一定的保护关税,这种被称为相对的自由贸易政策,受到大部分资产阶级和容克的欢迎。到 1852 年,除奥地利和个别地区外,所有其他各邦都已相继加入关税同盟。以普鲁士为中心的铁路网建立起来。铁路不仅把东部农业经济区同西部钢铁工业区紧紧联结起来,而且冲过各邦的边界伸向北海沿岸和南部山区,它以特有的威力闯入各种旧的生活习俗,使德意志兰的面貌发生重大的改变。当时的诗人就把铁路称为"德意志统一的结婚绶带"。

现代化交通线的建设(在爱尔朗根附近)

据统计,1850—1866 年关税同盟地区工业总产量增加了一倍。这种情况使英国国民经济学家凯恩斯(John Maynard Keynes,1883—1946)得出结论说:"德意志帝国与其说是建立在铁和血上,毋宁说是建立在煤和铁上。"这话是颇有道理的。在关税同盟的发展中,普鲁士占有明显的优势。从各方面的研究来看,普鲁士的国内市场在 50 年代形成大致是准确的。普鲁士通过关税同盟使其他各邦的经济逐步纳入自己的市场,也是事实。各邦资产阶级已把普鲁士看成是自己在德意志兰的经济和政治代表,而普鲁士资产阶级也把确保关税同盟当成是自己的"生命"。正因如此,奥地利则力图拆散关税同盟。1852 年,奥地利首相费·施瓦岑贝格(Felix Schwarzenberg,1800—1852)抛出计划,要求建立一个在奥地利领导下的大德意志-中欧关税联盟。许多中小邦诸侯表示"可以考虑",却引起各邦资产阶级的强烈反抗。他们对本邦政府施加压力,要求重申关税同盟条约有效。南部和西部各邦出现支持关税同盟的请愿风暴。资产阶级各行业商会和其他组织也行动起来。普鲁士的政治家中,首先是驻联邦议会的公使俾斯麦,对社会舆论施加各种影响,争取南德各邦支持关税同盟。普鲁士终于挫败了施瓦岑贝格的计划。在这场危机中也显示出,各中小邦已不可能奉行自主的政策,他们已经不再是以往的"第三德意志兰"那样一种同普奥鼎足而立的政治力量。

奥地利为什么不加入关税同盟?其他中小邦的资产阶级为什么拒绝奥地利领导的"大德意志-中欧关税联盟"?根本的原因是奥地利经济比普鲁士落后。50年代以来,奥地利的社会性质和国家性质也在逐步向资本主义和资产阶级君主国转变,并在60年代中基本完成,不过应当承认,奥地利的现代经济发展水平和资产阶级的力量同普鲁士相比则要低得多,也弱得多,因此,它无法同普鲁士或关税同盟地区实行自由贸易往来或低关税往来,自由贸易和低关税将使奥地利的经济垮台。奥地利政府出于政治上的考虑,几次想打入关税同盟,但都在"自由贸易"面前却步。它的贸易一向采取"内向"的方针,哈布斯堡家族把经济政策的重点放在自己的皇室领地:奥地利、匈牙利、捷克以及其他斯拉夫地区,而同广大的德意志诸邦间贸易联系反而少。奥地利有意为自己筑起高高的关税壁垒,不让德意志各邦的货物运入,实际上是把自己禁锢起来。因此,奥地利在德意志联邦中的力量主要来自传统的影响和政治上的多数,并无深厚的经济力量为后盾。资产阶级君主国的奥地利,在德意志联邦内充当了各邦分离主义势力的代表。与此相反,普鲁士在德意志联邦中的力量主要基于经济,政治上却显得孤立,大多数诸侯都害怕或反对普鲁士的霸权"一统"图谋。最终的结果是,中小邦的经济利益超过了对奥地利政治上的同情,他们都留在关税同盟中。到1865年,当俾斯麦同奥地利缔结贸易条约时,关税同盟已像对待外国一样对待奥地利了。德意志联邦内部最终形成了两个分离的国内市场。

到60年代,小德意志地区的经济基本上同普鲁士"一体化"。关税同盟地区形成了共同的经济生活,完善了共同的语言和这个时期发展起来的共同文化。德意志民族最终形成并得到巩固。经济的统一为政治的统一奠定了基础。

普鲁士统一德国的第三个前提,乃是沙俄霸权的丧失与俄普"同盟"的形成。

1848年以后,沙皇俄国仍然一直是德国统一的最大国际障碍。保持德意志兰的分裂是其既定方针。但在镇压1848年革命中深感自己力量

第八章 ● 统一时代："白色革命"与民族统一的完成

有很大增长的普鲁士,却很想在全德取得支配地位,并在它领导下建立德意志各邦的联盟。1849年5月中,普鲁士、奥地利、萨克森、汉诺威和巴伐利亚的全权代表在柏林开会,讨论重新建立德意志联邦问题,会上普鲁士就推出自己的"联盟"计划。普鲁士政治家冯·拉多维茨将军(Joseph Maria von Radowitz,1797—1853)在会上提出具体的小德意志"联盟"计划。普鲁士把以前的法兰克福国民议会的约150名议员召到哥达城聚会,诱劝他们同意"联盟"计划。在拉多维茨的安排下,普鲁士、萨克森和汉诺威结成"三王同盟",其他一些小邦也同意参加"联盟"。但是奥地利很快就腾出手来干预德意志事务,俄国支持奥地利,坚决反对"联盟"计划。

沙皇尼古拉一世来到华沙,同时把普王和奥皇召去,他以"仲裁人"身份裁决"普奥争端"。他以国际活动中罕见的粗暴态度申斥普鲁士,说普鲁士是在玩弄"革命的把戏",必须尽快收起。在俄-奥的压力下,拉多维茨被解职。1850年11月29日,普奥首相在小城奥尔米茨签订普奥条约:普鲁士放弃"联盟"计划,放弃在黑森选侯国的同盟协定,同意回到法兰克福的联邦议会。德意志各邦在奥首相施瓦岑贝格主持下开会,一切改革计划都被抛弃,旧联邦议会恢复了。这是当时军事上处于劣势的普鲁士含辱忍让的结果,因而被称为"奥尔米茨之辱"。普奥这两个德意志强权之间的矛盾进一步尖锐化。

"联盟"计划可以看成是"自上"统一德国的第一次表现。计划的失败和拉多维茨的下台,标示着德意志的统一事务面临着国内外反动保守势力的联合反对,形势特别严峻。事情的某种转机发生在克里木战争之后。1853—1856年的克里木战争,是沙俄同英、法争夺巴尔干和近东霸权引起的一场火并,沙皇原确信他能得到德意志联邦的支持,事实却大为不然。奥地利在巴尔干和近东是俄国的"天敌",沙俄的扩张同奥地利的利益无法相容。奥地利不仅不支持俄国,反而站在西方列强一边,踢了俄国一脚。奥地利出动军队,要逼俄国军队退出多瑙河公国地区。普鲁士持一种软弱的外交方针,采取所谓"中立"态度。沙俄惨败。1856年的巴黎和会规定黑海中立,俄国军舰不得停泊等,实际上堵截了沙俄向东南欧的扩张。这是沙俄在争霸欧洲道路上的重大挫折,失败不仅激化了俄国国内的阶级矛盾,而且动摇了它在德意志兰的霸权地位。奥地利在巴尔干和在德意志联邦内的影响都有所增长。现在在国内遭到威胁的沙皇制度,被迫在德意志土地上争取自己的生存,决心对奥地利的"忘恩负义"采取报复。50年代后期,沙俄对德政策发生变化,它在国际上勾结法国拿破仑三世,在德意志内部支持普鲁士,首先要打击的则是奥地利。

沙俄欧洲霸权的丧失与对德意志事务控制的松弛,客观上有利于德意志的民族统一运动,特别有利于普鲁士统一德国,如果普鲁士对这种形势运用得当的话。普鲁士在德意志兰的头号对手奥地利在1859年的意大利战争中被削弱,沙俄支持普鲁士继续打击和削弱奥地利;沙俄为了在欧洲重执牛耳,必须打通黑海,向东南方找出路,不得不和普鲁士"结盟",支持普鲁士去对付法国。普鲁士容克政治家俾斯麦正是利用了这些有利的条件和形势。

二、统一的潮流

19世纪50、60年代德意志兰的工业革命和经济发展,已经成为一种强制力量,不仅资产阶级迫切地需要民族统一,连一些邦的诸侯贵族也感到,如果他们对抗统一的潮流,德意志兰将把他们抛弃。

但是当时统一德国的历史任务是否仅仅落在容克的肩上？统一德国的道路是否仅仅存在于俾斯麦的王朝战争道路？情况显然不是如此,而事实上又恰恰是如此。

最迫切要求德国统一的是资产阶级,首先是普鲁士的资产阶级。工业革命的开展与资本主义的繁荣,创造了一个现代的、经济强大的工商业资产阶级,它要求在德意志兰最终贯彻资本主义的生产关系。作为上升的阶级,它不能放弃也不曾放弃反对封建官僚主义和分离主义的斗争,不能放弃也不曾放弃争取商业自由的努力,因此统一德国、建立强大的民族国家这一历史任务便首先落在资产阶级的肩上。1858年以后,资产阶级民族运动的兴起,不仅表现在理论和政论文章中,还表现在一些组织的建立方面。1858年成立的德意志经济学家协会,在1861年成立了全德性的商会"德意志商会",鼓吹德国的统一。同年德意志法学家成立全德协会,鼓吹各邦制订统一的法律制度。各小邦议会的自由派议员于1862年组成德意志议员大会,要求民族统一。在这些民族主义组织中,影响最大、活动最积极的当数1859年9月在美茵河畔法兰克福成立的德意志民族协会。它是德意志兰第一个跨邦的政治组织,它试图把所有自由派和

第八章 ● 统一时代:"白色革命"与民族统一的完成

民主派融合在一个全德性的政党之内。民族协会会员大多来自中层和上层资产阶级,也吸收一些重要的工业家和金融家,如维尔纳·西门子(Werner Siemens,1816—1892)等,协会的主要领导赫尔曼·舒尔策-德利茨施(Hermann Schulze - Delitzsch,1808—1883)、卢道夫·本尼格森更是全德闻名的人物、1848年事业的继承人。1859年资产阶级在各地庆祝席勒诞生一百周年纪念会,新成立的德意志民族协会参与领导,纪念会上大声疾呼"自由和统一",最后演变成抗议示威。可以这样说,推动经济的进步和不断要求统一,正是德意志资产阶级的历史功绩,是它的历史作用的进步面,但统一的要求在这以后的年月愈益迫切之时,以民族协会为代表的要求民族统一的组织却是在走下坡路。究其原因,就是德意志的资产阶级自己没有提出一条独立的统一道路。1848年后德意志资产阶级最终放弃了政治上单独统治的要求,也就是放弃了通过"清除家里的王朝老爷们"的革命道路统一德国、建立起资产阶级专政的历史使命,它的兴趣集中于现存社会,希望同贵族结成同盟,在奥地利,就是屈从于哈布斯堡家族和贵族阶级的领导,在普鲁士,就是同霍亨索伦家族和容克结盟。它只希望用合法的手段,如通过拒绝或否决政府预算来为自己争得某种优势。1848年革命中出现的"大德意志统一道路"和"小德意志统一道路",60年代时都已分别成为奥地利和普鲁士君主国手中的工具。

普鲁士和北部、西部一些邦的资产阶级,渴望由普鲁士领导,排斥奥地利,建立统一的君主国。小德意志派历史学家亨利希·特赖赤克1860年写道:"不仅奥普联盟是纯粹的胡说,由各君主国组成联邦国家也是如此。只有一种办法可以得救:霍亨索伦王朝统治下的一个单一的国家,一个君主政体的德国。推翻各诸侯的王朝,合并到普鲁士——简单说来,这就是我的纲领。"至于奥地利,"我们的所谓德意志兄弟,只有一个办法才能与他们达成协议,这就是通过武力"。普鲁士资产阶级小德意志道路的实际承担者是1861年成立的德意志进步党,它是由普鲁士各左翼自由派和民主派集团成立的资产阶级自由主义政党,政治纲领要求按小德意志道路统一德国,建立议会立宪制君主国,它在成立的当时就受到德意志资产阶级的青睐和广大人民的支持,在同年12月第一次参加议会选举就赢得109席议席,"宪法争执"时期成为普鲁士君主政体和俾斯麦政权的最大反对派。但是进步党同样摒弃通过革命的道路统一德国。历史学家、议员聚贝尔(Heinrich Sybel,1817—1895)说:"在普鲁士,现在有效的国家生活的唯一可能的形式是在一位明智的国王领导下的议会制","没有这种领导的议会是胜任不了这项任务的,而没有议会的王权更是远远不能胜任"。

奥地利和南部一些邦的资产阶级,支持由奥地利领导,建立一个包括全德各邦的瑞士式的联邦制国家,他们以《奥格斯堡总汇报》为喉舌,攻击小德意志的统一意图,认为普鲁士精神是"对内专制,对外征服",与德意志精神是对立的,真正的德意志精神不是渴望扩张,而是只要防御,不是中央集权的德意志国,而是联邦制德国从历史上说来才是正当的。大德意志派的目标是通过法律与和平的道路,通过严格保持现存关系来满足德国的要求,在这个基础上建立的普奥二元制联合体当时是理想的。资产阶级大德意志道路的承担者、1862年10月成立的德意志改革协会,是由安东·冯·施美林(Anton von Schmerling,1805—1893)领导的,他是1848年法兰克福国民议会中大德意志方案的领导人,现任奥地利皇家政府大臣和实际的政府首脑,这个德意志改革协会,完全听命于奥地利的君主政体。

这正是德意志资产阶级的不幸:它出世得太晚了。在它兴盛的时候,无产阶级运动已日趋活跃。它害怕同无产阶级和人民结成同盟。在它手中既无有组织的国家暴力,又抛开人民群众这一无组织的暴力。留在它这里的只有一个目标——国家统一,并且拱手请容克-贵族阶级来实现这个目标。为了追求这种阶级妥协的利益,德意志资产阶级甚至准备在民族国家的政治形态和宪法生活的种种问题上,基本上放弃它最切身的自由主义要求。这是德意志资产阶级的历史保守面。它没有提出自己的统一道路,却去热烈支持统治阶级统一德国的道路。

也存在德意志无产阶级的统一潮流。德意志无产阶级的队伍随着工业革命的进展而迅速扩大。当然50—60年代的无产阶级还远非由现代雇佣劳动者组成,其中大多数是手工业帮工和家庭手工业者。德意志工人的生活非常困苦,他们把苦难同德意志兰的政治分裂联系起来。工人们进行的日常经济斗争,例如要求迁徙自由,取消对专业联合会的地区限制,组织跨地区的救济储备会等,培育出他们迫切要求统一的愿望。50年代中,他们在民族问题上还被资产阶级所左右,到50年代末,越来越多的工人开始懂得,在民族问题上必须有自由独立的主张,民族统一的目标必须是推翻各邦诸侯的统治,建立统一的德国。但是德意志无产阶级并

第八章 ● 统一时代:"白色革命"与民族统一的完成

没有自己政治上的独立的统一道路,这时他们无论在组织上或政治上都还不是一个独立的"自为阶级"。马克思和恩格斯支持革命的统一道路。他们正确估计了德意志无产阶级的组织状况和觉悟,认为要贯彻这条道路,只有在其他欧洲列强对德意志事务进行侵略性的干涉,从而激起民族运动高涨的情况下才有可能:无产阶级努力把高涨的民族运动转变为一场人民革命,抗击外来侵略,推翻各邦王朝首先是普奥王朝的统治,统一德国。1859年法-意反奥战争时期,马克思和恩格斯就制订了这样的策略。这个策略有一个重要支点,就是使资产阶级从参加高涨的民族运动不由自主地转到人民革命运动中来。但是由于当时的历史事件还不足以使德意志的民族运动转变为人民革命,资产阶级又尽量想削弱民族运动的革命性质,加上无产阶级政治上和组织上的不成熟(60年代初德意志兰唯一有组织和开始政治觉醒的那部分工人,被拉萨尔引向去支持俾斯麦的统一道路),马克思和恩格斯制订的无产阶级革命统一道路没有形成,未能贯彻。

现在来看君主的统一潮流。君主统一潮流主张的是"自上"统一德国,他们把统一德国,同维护自己的霸权隐秘地结合起来。60年代初,在德意志兰,除了普鲁士王朝和俾斯麦力图通过王朝战争,沿小德意志道路统一德国的潮流外,还存在着奥地利哈布斯堡皇朝的大德意志统一潮流。60年代,奥地利的社会性质和国家性质在向资本主义和资产阶级

1867年巴黎世界博览会上展出的"德国造"克虏伯炮王

君主国转变,但是奥地利的资本主义发展水平和资产阶级力量,较之普鲁士则低得多。50—60年代两邦间经济发展的差距进一步加大。因此奥地利的目标只能是"同中小邦结盟",赢得各邦诸侯的支持,它所致力的主要是一种确保自己优势的邦联式的国家联盟,简言之,就是确保现存的德意志联邦,加上一点"改造",加强奥地利在联邦中的政治和经济领导

权。这从它在1862年7月要求推行中欧自由贸易区计划和抛出的联邦改革计划中清晰可见。前者可看成是大德意志"经济改革"方案,而后者则可看成是大德意志"政治改革"方案。这两个计划遭到普鲁士的坚决抵制,也遭到小德意志资产阶级的坚决反对,旋告失败。1863年8月初,奥地利再度抛出大德意志联邦改革方案,方案的主要之点是所有各邦诸侯"携手",重建中欧"新秩序"。方案的具体细节:1.除一直存在的各邦公使大会以外,设立一些中央机构,德意志联邦应在真正的联邦意义(而不是像现存的邦联意义)上进行改造;2.由奥皇、普王、巴伐利亚国王和其他两名轮流推出的诸侯组成的五人执政作为国家领导;3.除继续存在联邦议会外,建立一个定期举行的德意志诸侯大会以及一个定时召集的联邦议员大会,议员由各邦委任。该计划得到大部分诸侯的支持。

俾斯麦则坚决反对普王参加奥王发起的法兰克福诸侯大会。1863年9月1日,普鲁士根据俾斯麦意见草拟的联邦改革条例称:1.德意志两强奥地利和普鲁士共同享有联邦的宣战和媾和的否决权;2.两强在联邦领导中平权;3.由一个"真正的、从整个民族的直接参与中推出来的民族代表会"来代替那些代表大会(诸如诸侯大会、联邦议员大会等)。这后一点可以说是用"民族"的旗号来对抗诸侯。9月15日,普鲁士政府就法兰克福诸侯大会的"改革"纲领说,"这是无法接受的。那些促使各邦的特殊利益化成统一的全德意志利益的因素,基本上只有在德意志民族的代表会中方能找到"。俾斯麦终于击败了奥地利的大德意志统一的图谋。

也还有其他一些潮流,这主要是各小邦和中等邦的意见,他们鼓吹"三元政治"论:德意志其余各邦组成联盟,与奥地利和普鲁士鼎足而三。但这种意见在普奥战争中再也听不到了。正如当时巴伐利亚议员埃德尔博士所说:"巴伐利亚人、士瓦本人、法兰克尼亚人和萨克森人这些德意志最初的主体族民是德意志命运的承担者,与我们祖国最美好的记忆紧密相连,而今却似乎已从历史舞台上消失了。人们常听到的是奥地利和普鲁士,只偶尔可听到德意志其余部分。"

显然,在德意志兰,存在着众多的统一潮流或道路,存在明显的对立和纷争。加之德国的统一并非仅仅是德意志人的事,它更多是一个"国际事件",德意志兰必须拿出极大的毅力和力量,击破各种阻碍德国统一的国际势力,才能完成。根据当时德意志内部的力量对比,只有普鲁士-俾斯麦的统一道路有取得成功的可能,俾斯麦正是通过王朝战争的道路"自上"统一了德国的。

三、"宪法争执"和俾斯麦上台

50年代以来,经济力量有了巨大增长的普鲁士,政治上却无所作为。普鲁士没有自己独立的外交政策,在国际事务中往往成为被耻笑的对象。意大利战争时期,普鲁士的"军事动员"完全是装装样子,起不了作用。霍亨索伦王室迫切感到要实行军事改革,恢复弗里德里希大王时代的所谓"光辉",加强自己专制王朝的统治,对抗日益咄咄逼人的资产阶级的"参政"和"立宪统治"要求。

普鲁士新君威廉一世继承王位激起德意志资产阶级和民族主义者很大的期望。1857年普鲁士国王弗里德里希-威廉四世因神经错乱不能理事,由其弟威廉执政,次年10月7日被正式任命为摄政。1861年初,弗里德里希-威廉四世去世,威廉登上王位。他为自己精心安排了加冕典礼。1861年10月18日一切都照1701年第一位普鲁士国王在柯尼斯贝格举行的加冕礼进行,以强调普鲁士的王家传统和在德意志兰、欧洲的新地位。新统治者的明显特点是所谓"对基督教的虔诚","基督教"是"他生命的粮食,他痛苦的安慰,他行为的尺度"。这是一个平庸的人物,但头脑冷静,注重实际,善于用人,用人不疑。这同前王那种浪漫主义的神志不清恰好形成对照。从根本上来说,威廉一世是非常保守的,王权神圣的思想根深蒂固。他不喜欢普鲁士宪法中那些具有自由主义精神的条文,但他也感受到时代潮流的压力,感受到普鲁士君主政体的危机。他不喜欢《十字架报》集团,即以盖拉赫兄弟为核心的宫廷党,这些人是前王的密友,他们那种极端封建保守的原则已不利于保持普鲁士君主政体的统治。威廉一世更倾向于《周报》党人,该党出现于1851年,可看作是1848年革命时期德意志自由主义贵族一翼的继承和发展,其所持的原则同《十字架报》派不同,主张走英国式的议会制道路。现在,这个镇压1848年革命的"炮弹亲王"居然充当起普鲁士贵族自由派的"顾问"。还在威廉当摄政时,他任命了一个具有自由主义色彩的内阁,其中《周报》党人占据重要地位。新内阁的政府纲领被当成普鲁士和德意志兰"新纪元"的开端。德意志的资产阶级和舆论界,都以为威廉已与过去决裂,而寄以无限的希望。

在民族问题上,威廉强烈认为普鲁士负有统一德国的使命,但并不认为在其有生之年得见其实现。这就是普鲁士-德意志资产阶级和民族主义者所寄予希望的人物的性格。

威廉一世首先就以"军事改革"来回答自由派们的"期望"。1858年的普鲁士军队尚是沿着近半个世纪前反拿破仑一世战争时期建制编建的,1814年9月3日立法和1815年11月21日立法将普遍兵役制原则引入普鲁士。1815年普鲁士有居民1 100万,从这些居民中应征召4.2万人。他们在正规军或称常备军(野战军)中服役3年,在后备军(地方军)中服役2年,然后服国民自卫队第一征召役7年,第二征召役7年。到19世纪中叶,普鲁士人口增至1 800万,每年按比例应征召6.5万人。然而由于经济原因,例如付钱免征,每年征召人数并未超过4.2万人,普遍兵役制有名无实。许多年龄较大的已婚男子是国民自卫队的动员对象,而2.3万个年轻人却不用承担任何军事义务。这种所谓的社会"不公正"尚在其次,霍亨索伦专制王朝主要看到国民自卫队已经越来越成为资产阶级的工具,甚至一些后备军(地方军)也成为资产阶级的"后备军",这种情况是非常危险的。威廉一世于是决心实行彻底的军事改革。1859年他任命极端保守的容克冯·罗恩(Albrecht von Roon,1803—1879)为陆军大臣,负责这项工作。罗恩主张加强王权,扩大普鲁士兵力。军事改革的主要内容是延长现役期,把后备军并入常备军,服役期3年,取消国民自卫队;把平时兵力从14万人增加到21.7万人。1860年,普鲁士政府要求邦议会同意拨款1 000万塔勒充作军事改革之用。

罗恩和国王立即遭到普鲁士议会下议院的反对。议会中的自由派多数反对3年兵役期,要求减为2年;他们也反对为实行政府计划所需要的大量经费。作为反对派的自由派(稍后主要是进步党人),对于拥有一支精锐的武装力量以便实现统一德国方面的潜在必要性有充分的认识,在这一点上同军事改革没有矛盾,他们赞成将每年征召入伍的人数增至6.3万人,并主张建立一支普鲁士海军。但是现在的问题不是一个纯粹技术意义和军事意义的问题,根子在于政治。威廉一世对于1848年柏林起义的幽灵总是畏忌于心,他不信任国民自卫队,而把正规军看作是对抗革命的唯一忠实可靠的王位保护者。在他看来,组织严密的军官团,加上正规军和再次服役的正规军,是对付人民的自由和资产阶级愿望的最好工具,而国民自卫队不过是"一帮乌合之众"。而反对派则认为国民自卫队是符

第八章 统一时代:"白色革命"与民族统一的完成

合人民意愿、符合自由化政权的军队,这就是自由派和进步党人反对国王和政府改革的根本所在。国王与资产阶级的这种分歧,在1862年7月14日法兰克福来福枪兵俱乐部年度节日庆祝会上明显反映出来。在庆祝会上,舒尔策-德利茨施说,德意志宪法问题只有"在武装起来的国家中的人民军队作议会的后盾时"才能解决。他表示:"如果我们看到你(人民军队)支持我们,我们的主张就有基础和前途。"威廉国王对这些话的评论是:"这就是了,他们需要什么现在已很清楚:军队要成为议会军队。但他们将会看到,军队到底是属于我还是属于你舒尔策-德利茨施。"

虽然如此,普鲁士邦议会资产阶级多数还是同意了以一年为期的军事改革拨款,但要求国民自卫队继续留在军队内部,以及将服兵役期由3年减至2年。政府对此不满,撤回法案,宣称只有国王有权决定军队的组成,下议院的职能仅在于投票通过必需的款项。政府已擅自把总预算中增加的900万塔勒拨作军事改革之用,尽管还没有任何法律批准它这样做。进步党议会党团1861年底向政府提出两点动议:1.由议会监督政府的经常开支;2.经费严格按照所要求并被批准的计划开支。政府不同意议会有此权力。但动议被通过,还否决了军事议案。这一结果导致议会被解散,重新选举议会。"自由派"的奥埃尔斯瓦尔德(Rudolf von Auerswald)内阁也因"行动软弱"辞职下台,"新纪元"正式结束。

德意志进步党的主要代表:维尔肖,舒尔策-德里茨施,蒙姆森

1862年5月的新选举使进步党获得更大胜利,议席从109席增加到135席,自由派中左翼力量也有所增加。这个自由派多数把军事改革的全部经费都否决了。新政府和新议会之间的僵局就这样存在着。罗恩这时倒有意在两年制兵役问题上向议会反对派让步,但威廉一世态度坚决,拒绝使国王的任何权力服从议会。罗恩撤回自己的妥协建议,向下议院

公开宣战。资产阶级的主张受到广大群众的支持,并在普鲁士形成新的革命形势。工人和小资产阶级都举行群众集会。形势对国王和政府是如此的不利,以致威廉一世已在认真考虑退位。可是普鲁士资产阶级只打算在议会中进行反对派活动,不想去积极发动人民群众反对专制王权。国王和政府很快又从惊恐中恢复过来,决计不理睬议会,进行无议会统治。问题是需要找到一个铁腕人物来实行这种统治。罗恩力荐他的密友奥托·冯·俾斯麦伯爵,劝国王召令俾斯麦来应付危局,解决宪法纠纷。

俾斯麦是一个资产阶级化的容克,具有极为强烈的功名心。从根本上说,这是一个重视行动,讲究现实,为达目的,不择手段,意志坚强,富有感情,性情暴烈,干劲十足的人。拯救容克阶级,拯救普鲁士君主政体,是俾斯麦政治思想的出发点,他把这种拯救看成是自己安身立命的根本。但是他是希望通过在普鲁士也实行一种自己当时还不明确的、特殊的立宪-代议制的道路获得这种拯救。这种"政治考虑"特别加强他要成为国家决策者的政治野心。在整个40年代,俾斯麦作为乡村容克,属于顽固的保守派,一个主张反动的"宫廷党"人。1847年6月,俾斯麦作为副代表在普鲁士联合省议会中,用他那同他硕大身躯不甚相称的高尖嗓音,肆无忌惮地攻击自由主义-立宪主义要求,他要确保传统的社会制度,乃至保护领主裁判权和狩猎权,因此获得"铁杆反动容克"的名声。1848年革命时期,

普鲁士容克奥托·冯·俾斯麦

他准备在自己领地上组织勤王军,前往柏林镇压革命。在这个时候,俾斯麦对于时代提出的重大问题:德国统一问题,并无多大感受。他既反对法兰克福国民议会中的大德意志统一主张,也反对小德意志统一主张,因为这些主张都出自革命之门。他打起"铁杆普鲁士主义"旗号同"德意志统一"相对抗,强调普鲁士的特殊利益,"普鲁士就是普鲁士"。他在新闻界、联合会、群众大会和议会中,以及在《十字架报》上发表许多尖刻的、进攻性的演说和文章,反对同资产阶级自由派作妥协和协调,以取悦于宫廷党和国王。宫廷党头目路德维希·冯·盖拉赫称赞他是"我们宫廷党大本

第八章 统一时代:"白色革命"与民族统一的完成

营中非常活跃和睿智的副官",而当时人却把他叫做"封建等级制梦幻世界中的唐·吉诃德"。他的政治主张是亲奥、亲俄、亲法,一句话,是亲那些保证德意志兰分裂的势力。1851年5月,俾斯麦打破传统,被任命为普鲁士驻法兰克福联邦议会公使之职,成为当时容克中第一位普鲁士高级外交官。

但从50年代开始,特别是就任普鲁士驻联邦议会公使以来,俾斯麦的政治思想有了明显的变化,即从一个极端保守派转变成一个现实主义的强权政治家。这种转变的真实内涵,乃是要求改变或放弃宫廷党一直坚持的"原则",采取一种国家利己主义方针,建立普鲁士在德意志兰的霸权地位,以拯救普鲁士君主政体和容克的统治。宫廷党在50年代继续奉行的"原则",简言之,就是为了确保欧洲和德意志兰的旧秩序,必须维护维也纳会议决议、德意志联邦和俄国霸权下的俄奥普君主的保守联盟,以防止德意志革命和资产阶级议会制的建立。从俾斯麦看来,宫廷党的这种"超国家"的、"超民族"的"原则"已经日益不符合"现实"的发展,特别不符合普鲁士强权利益的发展。俾斯麦本人已感到时代潮流的压力。维护宫廷党的"原则",无疑是死守旧普鲁士这只下沉的船。他在法兰克福的外交生涯中,在同城市资产阶级紧密交往过程中,在生活形式的自由主义化以及目光转向世界性的开放中,日益感到现代经济的发展、资产阶级力量的增长是无法遏止的,资产阶级要求改革和参政的愿望也是无法消除的。他希望把资产阶级的经济利益同普鲁士强权利益联系起来,主张对资产阶级作一定的妥协。从普鲁士的外部条件看,沙皇-梅特涅体系已经垮台,欧洲的民族民主运动正在发展。但普鲁士的外交地位却日益削弱,而削弱其外交地位的正是自己的同盟者俄国和奥地利。"奥尔米茨之辱"无疑给俾斯麦以重大刺激,普鲁士的发展受到奥地利和德意志联邦的紧紧束缚。这种外交中的羸弱地位将严重损害普鲁士君主政体和容克在国内的统治。

促使俾斯麦作"现实主义"转变的还有一个因素,就是50年代中以来,宫廷党政治势力日益衰退,自由主义贵族的《周报》党势力上升。内心主张改革的俾斯麦,曾希望更多地接近《周报》党,但《周报》党人把他看成是"无法合作的犹大"而排斥他。俾斯麦并不同意《周报》党人以英国为楷模的改革,认为这样会过分削弱乃至取消国王的权力,他所设想的改革是一种用立宪委婉表达的新的君主专制。俾斯麦比《周报》党人更多了解普鲁士君主政体的保守性,认定威廉亲王-摄政王对《周报》党人的支持只是在有限程度上的,而普鲁士争取在德意志兰的霸权问题上,摄政王的看法是同他一致的。1856年俾斯麦在周密考察了普鲁士内政-外交状况后,提出了系统的普鲁士对德意志兰和欧洲的政策备忘录。这项政策的出发点是所谓"普鲁士国家利益",要求把"国家利己主义"作为大国政策的"唯一健康基础"。政策的目标是普鲁士在德意志兰的霸权,第一步是取得北德意志霸权。俾斯麦认定,普鲁士的"强权政治"不仅符合普鲁士君主政体的利益,而且能够吸引资产阶级的兴趣和支持。他力图把普鲁士内部发展、壮大起来的民族力量引向争取普鲁士霸权,这项政策的"准星"是削弱奥地利,"炸毁"德意志联邦,把奥地利排除出德意志兰。

同奥地利开战—同拿破仑法国结盟—摧毁传统制度,这种主张同宫廷党的保守主义"原则"完全相对立。宫廷党头目对俾斯麦的"现实主义"和"物质主义"言论一再发出警告。1857年莱奥波德·冯·盖拉赫同俾斯麦的"信件交换",演变成一场尖锐的论战。俾斯麦面对盖拉赫的责难,回答说人们"必须根据现实,而不是根据理想行事",拒绝为"正统主义"而牺牲"普鲁士国家利益"。这场著名的所谓"原则政策"和"利益政策"之争,实际上只是在拯救和确保普鲁士君主政体和容克统治的政策和方法上的分歧。保守的"正统主义"已经拯救不了普鲁士这只下沉的船。俾斯麦企图把君主政体和容克利益用"普鲁士国家利益"掩盖起来,吸引资产阶级和人民的支持。俾斯麦当时并没有考虑德意志的民族事业——统一。

约从1859年起,俾斯麦的政治态度再次发生转变,即从一个普鲁士的强权政治家变成德意志政治家。意大利战争时期德意志民族运动的规模使俾斯麦印象极为深刻,而且这场民族运动恢复了资产阶级要求民族统一的力量。据"德意志民族协会"领导成员翁卢(Hans Victor Unruh)的回忆,俾斯麦当时曾对他说:1.普鲁士的目标必须是"把奥地利从德意志兰中排挤出去",由普鲁士统一德国;2.这个目标肯定得不到德意志中小邦的任何支持,普鲁士的政策在中欧也一定会孤立;3.对普鲁士来说,只有一个想见的同盟,"这就是德意志人民"。1860年俾斯麦在致"新纪元"政府首相奥埃尔斯瓦尔德的信中再次表达要利用"德意志人民的民族力量"的想法。

1859年3月,俾斯麦被免去长达9年的驻联邦议会公使之职,调任

第八章 统一时代:"白色革命"与民族统一的完成

驻俄公使,1861年转任驻法公使。在这些任内,他已充分了解到德意志兰的东西强邻都反对德意志统一。他也很感失望,因为他未能进入权力中心。他把去彼得堡叫做"光荣流放"。尽管如此,俾斯麦仍不断地向摄政王、1861年即普王位的威廉一世上书献策,提供"拯救之道"。军事改革引起的宪法纠纷,为俾斯麦提供了良机。1861年7月2日他写信给好友、陆军大臣罗恩,提出王权只有通过掌握统一运动才能获得拯救。稍后他又当面对罗恩说:"只有迎合民族党的愿望,内部才有安宁。"这年夏天,俾斯麦在巴登受到普王长时间的正式召见,普王询问他拯救之道。这年10月,俾斯麦把自己意见最后加工成所谓《莱恩费尔德备忘录》,对整个形势和事务作了纲领性的说明。他说:"需要把德意志人民发展起来的力量比较严格地、统一地结合起来","在整个时代潮流中复苏的民族感情,同时连同确保反对外部进攻的要求,迫使我们走向比较紧密地统一德意志兰的目标"。1862年6月底,俾斯麦在访英时,已毫不隐瞒地向英国反对党领袖迪斯累里侃侃而谈:必须解散德意志联邦,使中小邦屈服,"在普鲁士领导下使德意志兰获得民族统一"。

  俾斯麦的拯救之道中,存在一个要求普鲁士君主政体和资产阶级双方互相作妥协的内核:君主政体站到民族运动的前列来,内部作一定的立宪改革;资产阶级议会则放弃单独统治的要求。他设想创立一种德意志型的立宪君主政体,既能确保君主政体的统治优势,又能在一定程度上满足资产阶级的愿望。他力图把小德意志民族思想、资产阶级经济利益同普鲁士强权利益紧紧结合起来;用民族运动包裹着普鲁士强权;用自上的改革来避免自下的革命;用外交上迎合小德意志民族党的愿望来改变内部状况。这种确保君主政体和容克统治优势的拯救之道,当时恰恰最为投合国王的需要。威廉一世在1862年时已显得完全走投无路。采取军事政变和武力镇压一定会激起自下的革命。他问女婿巴登大公:"还有什么办法?根据理性判断,路已经断了。你知道还有什么别的道路?"他害怕自己会步英王查理一世的后尘,上断头台。这年9月中,国王同意外交大臣发电报给在法国的俾斯麦,"立即回来"。9月18日罗恩用预先约好的暗语再发电报:"危机在继续,速回。"9月22日俾斯麦在柏林巴贝尔斯贝格宫同国王作了喜剧性的会面和谈话。当威廉一世确信俾斯麦是维护君主政体并愿同议会进行斗争时,他满眶泪水,决定"不退位了",并且决定任命俾斯麦为首相。实际上在当时,俾斯麦的思路已远远超出国王所考虑的事。

　　俾斯麦一旦提出统一德国的使命,他就不能不站在德意志立场上来考虑问题,就不能不同以往的同道宫廷党保守派真正决裂,同所有阻碍普鲁士统一德国的势力相对立。他自己的命运,容克阶级的命运,普鲁士君主政体的命运,现在都同普鲁士统一德国连成一气了。俾斯麦是在1862年9月24日被任命为内阁临时首脑的,时年47岁。一周以后,9月30日他在对他抱敌视态度的普鲁士议会预算委员会上出现,作了颇为激动的讲话,这个滔滔不绝的、慷慨激昂的、有时夹着外语和语句不清的即席讲话,实际是俾斯麦在统一问题上的政纲。他要求普鲁士内部停止对抗,"聚集力量",共同对外,不要再错过国际上出现的得以增强普鲁士力量的"有利时机";同时用暗示言辞说:"只要看一眼地图就清楚,普鲁士瘦长的身躯不可能——这是我讲话的用意——单独地、较长地承担确保德意志兰安全的军备,这必须由所有德意志人来承担。我们不可能通过演说、联合会、多数决议来进一步达到目的——这是1848年和1849年的重大错误——而是不可避免地将通过一场严重斗争,一场只有通过铁与血才能解决的斗争来达到目的。"这篇引起极大争议的讲话是一篇精彩的、深思熟虑的、现实主义的政策讲话,有几点很值得注意,第一,德国的统一只能由普鲁士领导;第二,德国的统一必须凭借武力和战争手段;第三,用民族主义的口号来吸引资产阶级和其他阶级,转移资产阶级议会对政府的对抗。这就表明,讲话的矛头完全是针对那些阻碍德意志统一的势力的。"铁血演说"表明俾斯麦已从一个普鲁士容克转变为德意志政治家。

四、俾斯麦进行的统一战争

　　全普鲁士的人都看得清楚,俾斯麦是作为保守、反动的强权政治家被任命为普鲁士首相的,普王给他的任务是"保卫"君主专制政体,同议会继续斗争。因此他的上台遭到多方激烈的反对。1862年9月23日,议会决定勾销整个为军队改组所需的开支以反对俾斯麦。预算委员会负责人马克斯·冯·福尔肯贝克(Max von Forckenbeck)把俾斯麦上台叫做"对内是军刀政权","对外是战争"。在德意志联邦内,奥地利联合大多数中小邦诸侯反对俾斯麦的任命。普鲁士的议会-资产阶级出于一种历史的不信任而不相信俾斯麦,而俾斯麦却越来越明确地承认,时代和未来在许

第八章 统一时代:"白色革命"与民族统一的完成

多方面是符合小德意志-自由派纲领的。要拯救普鲁士君主政体和容克统治,首要的条件是同议会-资产阶级相妥协,而达成妥协的最有力的手段,莫过于使普鲁士君主政体充作民族运动的"天然领导",由普鲁士统一德国。俾斯麦的"铁与血"讲话,第一次提出在小德意志-民族政策意义上的合作。威廉一世对俾斯麦的这种妥协要求忧心忡忡,认为这样会引起革命。他对俾斯麦说:"我看得很清楚,这一切将如何终结,在我窗下的歌剧院广场前,人们将砍下你的头,不久就轮到我。"俾斯麦则力图使这位君王明白,同议会斗争是为了"赢得议会赞同一种有力的民族政策",这样才能避免革命和保持君主政体在国内的优先地位。

俾斯麦是十分了解德意志资产阶级的"温和"本性的。他懂得对议会-资产阶级需要采取"硬"和"软"的两手,而毋需担心引起革命。当议会-资产阶级拒绝俾斯麦在预算委员会讲话,俾斯麦就撤回提交下议院审理的预算,声称他将在没有符合宪法的预算情况下继续料理国家的财政事务。自由派和进步党议员拒不接受俾斯麦的"论证",也不在他的甜言蜜语和疾言厉色面前屈服。他们通过自由派议员、医生卢道夫·维尔肖(Rudolf Virchow,1821—1902)提出议案,谴责政府违宪,这就出现了俾斯麦同议会的严重冲突。自1863年初以来,俾斯麦就极其粗暴地对待议会,尖刻地反驳议会的任何决定和建议,对一些自由派民族党的领导人进行人身攻击,公然鼓吹"强权就是公理"。俾斯麦还在议会外对进步党人展开斗争。1863年5月27日,他让国王下令"终结"议会,政府在议会"终结"时期可以任意开支军事改革费用。6月1日,签署紧急新闻法令,政府有权任意禁止或取缔报刊。6月6日,内务大臣禁止所有市议会讨论政治问题以及起草有关政治局势的陈情书和请愿书。政府拒绝批准任命进步党人为市长和其他官员。

俾斯麦对议会-资产阶级的强硬行动,一方面是打击资产阶级的统治欲望,另一方面也是一种策略,为了使资产阶级屈服。在俾斯麦的政策

1862年俾斯麦在下院预算委员会上作"铁与血"的即席讲话

中,总是开着同资产阶级相妥协的"后门",比如说他继续执行"新纪元"政府的经济政策;提出关税同盟内部改造和改革计划:建立一个按多数原则和直接选举组成的关税同盟议会。他力图用一种"居民直接选举制"来满足资产阶级的虚荣心。他明白他手中握有最大的王牌,这就是掌握统一德国的旗帜。只要他掌握统一的旗帜,就能得到德意志民族的支持,容克阶级的大多数会支持他,资产阶级在统一问题上同他没有根本的利害冲突;一旦他实现了德国的统一,同资产阶级的纠纷自然而然会烟消云散,不仅普鲁士的资产阶级会径直拜倒在他的膝下,德意志各邦的资产阶级也会趋之若鹜。"一切都取决于成功",他在等待统一道路上取得成功的时机。

1863年末的石勒苏益格-荷尔斯坦因问题为俾斯麦提供了"月台"。这年10月28日,议会重新选举,结果自由派和进步党获得压倒多数的胜利,议会不仅立即废除紧急新闻法令,而且攻击全部政策违宪。俾斯麦依然自行其是。政府继续征税,继续它认为必要的一切政府开支。俾斯麦甚至把国家手中掌握的铁路股票等大量出卖,充作军事改革之用,结果也都平安无事。普鲁士军队的人数,步兵由45个团增至81个团,骑兵由39个团增至48个团,炮兵由9个团增至18个团,兵役期三年。军队不仅配有新式武器,而且在总参谋长毛奇(Helmuth von Moltke,1800—1891)的指挥下,采用新的战略战术。俾斯麦利用手中这支壮大起来的武装力量,竭力把德意志的民族情绪引向同丹麦的争执。当他在1864年的德丹战争中取得军事胜利,并在2月3日的内阁谈话中要把易北河诸公国同普鲁士统一起来时,一批有影响的资产阶级反对派代表,以历史学家特赖赤克和《普鲁士年鉴》为首,开始转向政府,他们把这次战争胜利看成是按小德意志道路统一的第一步。议会多数派同俾斯麦妥协的决定性转变是在普鲁士对奥地利战争取得胜利之时,1866年7月3日,普鲁士不仅战胜了奥地利,也折服了议会资产阶级。这一天的下议院新选举中,保守派突然增加了100席,而自由派进步党失去了同样多的议席。在这种形势下,俾斯麦出人意料地致力于同自由主义反对派"和解",向议会提出所谓"赦免法",要求议会"赦免"他的政府在上四年中未经议会同意而采取的"违宪"行为,以结束长年的争执。议会不仅接受了"赦免提案",追认了前四年的"违宪"开支,而且决定把1866年的年度开支增加到1.54亿塔勒。大部分自由派认为历史本身已给俾斯麦内阁以"赦免"。俾斯麦的

第八章 统一时代:"白色革命"与民族统一的完成

形象也被打扮成伟大人物,一个阿特拉斯。①

德国的统一是通过三次王朝战争,即1864年的德丹战争、1866年的普奥战争和1870—1871年的德法战争完成的。第一次战争使俾斯麦得以巩固其在普鲁士的地位,并为击败议会反对派奠定了基础;第二次战争把奥地利排挤出德意志联邦,消除奥地利在德意志联邦中的领导地位,使普鲁士在北德的霸权得以确立;德法战争使南德诸邦接受普鲁士鹰的保护,俾斯麦把"铁血政策"贯彻到底。俾斯麦通过"白色革命"完成了德国统一。现在让我们来具体看一看俾斯麦所进行的三场战争。

德丹战争 俾斯麦上台以来,普奥之间的关系日益紧张。俾斯麦力图把德意志两大强权之间纯粹权力和政治利益之争尽可能同德意志民族问题联系在一起,把奥地利说成是阻碍或破坏德意志民族统一的力量,而把自己充作民族运动的"矛尖"。对于各邦诸侯和分离主义势力,他是很不同情的:"小邦诸侯愿意什么?他们的政府比我更反动。他们首先想保住自己的王冠。他们确实害怕我们,但更害怕革命。"当俾斯麦在1863年秋发现重新激化了的石勒苏益格-荷尔斯坦因问题,是同德意志民族运动和自由主义的努力紧密联系在一起时,他就立即介入这场民族运动。

问题涉及石勒苏益格、荷尔斯坦因和劳恩堡三个易北河公国地区,后两地区的居民基本上是德意志的,而前一个地区却杂居着德意志人和丹麦人。根据1852年的伦敦议定书(英、俄、法、瑞典、丹麦、奥地利和普鲁士签订),这三个公国同丹麦国王个人结成同盟,即所谓共合一君制,荷尔斯坦因和劳恩堡同时是德意志联邦的成员;保证诸国不可分离。但是丹麦的民族运动力图把这些公国纳入丹麦版图,至少首先使石勒苏益格成为丹麦的省。而德意志的民族运动却要求在德意志意义上解决石勒苏益格-荷尔斯坦因问题。1863年11月,丹麦议会通过新宪法,加快推行合并石勒苏益格计划。德意志联邦则力主将三公国建成独立邦,由德意志人奥古斯滕贝格公爵来统治,然后再接受它加入联邦。德意志的自由派则"大动感情",把民族运动之间的冲突推上新的高峰。普鲁士和奥地利立即用一致的照会抗议丹麦"破坏法律"。英法的调解既未受丹麦方面,也未受德意志方面的欢迎。就在丹麦新宪法通过后两天,丹麦国王去世,新王签署批准丹麦-石勒苏益格新宪法。但他在石勒苏益格-荷尔斯

---

① 阿特拉斯(Atlas),希腊神话中顶天的巨神。

坦因的继承权没有得到该地各等级的承认,于是出现公国王位继承权的争执。这事激起了整个德意志民族感情的巨大浪潮,要求对丹麦采取强有力的行动。

俾斯麦自有他自己的打算。现在他站出来"为保卫条约(伦敦议定书)的神圣","为德意志民族利益"而战。他先撇开德意志联邦,而同他的死敌奥地利联合行动。1864年1月16日,普奥向丹麦发出最后通牒,限48小时内取消新宪法,否则将兵戎相见。俾斯麦的用兵原则,是避免两线作战,孤立主要对手,然后各个击破。为了同丹麦作战,他必须使沙俄保持中立,沙俄是坚决反对德意志人染指北海和波罗的海的。1863年波兰掀起的反俄民族大起义给俾斯麦提供了机会,他以"做戏似的夸张姿态"(恩格斯语)站在沙俄一边,支持俄国镇压波兰起义,以换取沙俄对俾斯麦占领易北河诸公国的默认。2月1日,普奥军队越过艾德河,进入石勒苏益格。经过军事改革的普鲁士军队,很快击败丹麦军队。7月12日,丹麦国王屈服。10月30日在维也纳签订和约。三公国交给普鲁士和奥地利。德意志各中小邦一致呼吁由奥古斯滕贝格公爵为三公国地区的公爵,奥地利稍后也予以支持。俾斯麦独排众议。他看不出在德意志兰再出现一个独立的诸侯对统一有任何好处,相反他看得很清楚,如果石勒苏益格-荷尔斯坦因成为诸侯独立邦并获得联邦和国际列强保证的话,就会形成一种"原则"范例,即必须保证德意志联邦中所有中小邦的独立地位,普鲁士不仅不能统一小德意志兰,甚至也不能贯彻普鲁士在北德的霸权。奥古斯滕贝格的要求被彻底否定。1865年8月14日,普奥签订关于共管易北河诸公国的加斯泰因协定,石勒苏益格由普鲁士管理,荷尔斯坦因由奥地利管理。小小的劳恩堡公国则干脆以250万塔勒卖给了普鲁士。

俾斯麦根本没有把这种安排当作最后的解决办法。他一直认为,普奥两方在解释协定的条款上会发生摩擦和冲突。俾斯麦设定的出路是由普鲁士"统一"两公国。这样做最终是能得到小德意志民族运动的支持的,而且"为了达到此目的也毋须害怕一场反奥战争"。

普奥战争 1865年8月后,普奥之间的冲突重新激化。俾斯麦除了要使欧洲列强保持善意中立外,首先要动员小德意志民族运动。俾斯麦再度提出用一个普遍、平等、直接选举产生的德意志代表会来代替德意志联邦议会,以争取小德意志自由派的支持。对俾斯麦来说,民族原则现在也超过了历史权利和以往的制度。他把中小邦叫做奥地利在德意志兰的"代理人",认为"石勒苏益格-荷尔斯坦因问题和大德意志问题是连得那么紧,以致一旦事情转向破裂,两个问题就得一起解决。一个德意志议会将在很大程度上限制中小邦的特殊利益"。

俾斯麦采取有意识的挑衅。1866年4月9日,俾斯麦向联邦议会提出一项法案,要求按照1849年的选举法,在普遍、平等、秘密投票的基础上选举召开全德代表会(全德议会),由全德代表会对德意志联邦进行改革;俾斯麦把一个联邦改革的新方案分送德意志各邦政府,要求把奥地利排除在德意志联邦之外;同时普鲁士以奥地利不遵守加斯泰因协定为借口,把普军开入荷尔斯坦因。奥地利的反应也很迅速,它不仅立即与法国结成联盟,而且提议联邦议会对普鲁士进行惩罚。6月11日,奥地利号召联邦军队对普鲁士作战。14日战争正式开始。普鲁士得到意大利的支持。

普鲁士军队首先开进相邻的萨克森、汉诺威和库尔黑森诸邦,在很短时间内就控制了整个北德。主要战场越来越移向波希米亚。1866年7月3日在柯尼希格雷茨(今捷克境内)附近的萨多瓦村进行决战。在这块小小的狭长地带集中了大约23.8万奥军和29.1万普军。这种密集程度在欧洲战争史上是空前的。普军三大军团在总参谋长毛奇统一指挥下,分兵合击,到第三天才扭转战局,最终打垮了奥军主力。萨多瓦会战所解决的,是建立德意志民族资本主义国家的霸权究竟属于普奥这两个资产阶级君主国中哪一个的问题。

战争一共进行了七周。萨多瓦战役的决定性转折使战争迅速结束。法国应奥地利的请求出面调解,普鲁士难以拒绝,但普军一直推进到维也纳近郊。7月20日普奥缔结停战协定,接着缔结尼古尔斯堡预备和约,最后于8月23日缔结了布拉格和约。在和约中奥地利把威尼西亚让归意大利。

在和约谈判和处理战后德意志事务方面,俾斯麦施展了极为灵活的政治家手腕。他不仅阻止了普王威廉一世要仿拿破仑一世进军维也纳、羞辱奥地利的行动计划,而且签订了一项对奥地利远为宽容的和约。按照和约条款,德意志联邦解散;奥地利被排除出德意志事务之外,普鲁士获得建立一个美茵河线以北的北德意志联邦的权利;普鲁士获得石勒苏益格-荷尔斯坦因;奥地利只需偿付一笔很小的赔款;承认南德各邦保持独立和自主(但不久俾斯麦同南德各邦秘密缔结军事同盟,并使南德各邦同普鲁士经济紧密联系起来);合并汉诺威、库尔黑森、拿骚、黑森-洪姆堡和法兰克福市,消除了普鲁士东部和西部地区之间的瓶颈走廊地带。奥地利的领土完整受到尊重。俾斯麦这么做的考虑,一是奥地利已不能在德意志兰称霸,二是现在真正的危险来自欧洲列强的干涉,首先是法国的战争威胁,因而以获得战争的主要结果为满足。

普奥战争的直接结果是产生了一个北德意志联邦国家。1866年8月,美茵河线以北的21个邦和3个自由市共同缔结了一个联邦条约。联邦宪法在1866年12月经各邦代表同意,于1867年4月由普选产生的制宪议会通过,从7月1日起生效(因而把1867年看成是北德联邦成立之年)。根据宪法,联邦内部的各邦在形式上保持独立;普鲁士国王同时是北德意志联邦的主席,俾斯麦兼任北德联邦总理大臣,仅对主席负责,不对议会负责;主席还是联邦国家所有部队的最高统帅;作为立法机构的有国家议会和联邦议会,国家议会议员是各联邦国中根据普遍、直接和秘密的选举法选举出来的,但国家议会的决议只有经联邦议会同意批准后,才获得法律效力。联邦议会由各邦任命的代表组成。这个宪法主要是俾斯麦本人的创造,它与1871年成立的德意志帝国的宪法相同。北德意志联邦对促进资本主义的发展起了作用,1867年在北德联邦和南德诸邦之间缔结了协定,规定共同的关税措施和贸易措施。于是就建立了一个共同的关税议会,可以说在政治统一以前已在经济领域形成一个很重要的全德机构。这个在德国历史上"不出名的普鲁士-德意志国家"乃是德意志帝国成立的预备阶段。

普奥战争的另一个结果,乃是奥地利帝国被排除出德意志兰。这是继1648年瑞士脱离德意志兰后又一块重要的德意志土地被剥离出去。1867年2月,奥地利统治集团为摆脱战争失败而加深的内部危机,被迫对匈牙利贵族地主作出妥协,双方协定,奥地利帝国改组为二元制君主国奥匈帝国。5月帝国议会批准该协定。奥匈帝国以莱塔河为界,分成息斯莱塔尼亚(奥地利为主)和德兰斯莱塔尼亚(匈牙利为主)两个部分。奥皇兼任匈牙利国王。奥地利和匈牙利各自设置独立的立法机关,帝国政府掌管外交、军事和财政。奥匈之间确定的贸易、税收以及开支等协定,每十年重订一次。奥匈帝国的建立不仅标志着奥地利帝国资产阶级改革运动的完成,而且也标志着德意志历史的"终结"。在这个意义上,我们可

第八章 统一时代："白色革命"与民族统一的完成

以把俾斯麦统一德国后的历史，称作德国史。

德法战争　俾斯麦除非击败法国，否则就不能使南德诸邦并入北德联邦。拿破仑三世坚持南德为法国的利益范围，他甚至因普鲁士在对奥战争中获胜而向柏林提出"补偿要求"：取得莱茵河左岸地区直至美茵茨；或者由法国兼并卢森堡大公国和比利时。1868年他说："只有俾斯麦尊重现状，我才能保证和平；如果他把南德诸邦拉进北德联邦，我们的大炮就会自动发射。"拿破仑三世当时迫切需要在外交方面取得煊赫的胜利，实际情况却是一连串的挫折，国内各阶层居民的不满情绪和反抗形势日益加强。法国实际上并未做好战争准备，但却想以战争冒险为自己捞取一点什么。

与法国的战争是俾斯麦心中主要考虑的问题。俾斯麦认定，他的统一事业只实现了一部分，南德的巴伐利亚、符腾姆贝格、巴登和黑森-达姆斯塔特之所以还处在北德联邦之外，就是受到法国的阻碍。1867年俾斯麦说："与法国的战争肯定会到来，法国皇帝显然要把战争强加在我们头上。"但他也注意到，要使南德诸邦同情北德联邦的统一计划，只有通过民族防卫战的道路才有可能。拿破仑法国对德意志事务的咄咄逼人的干涉恰恰为俾斯麦所利用。"鉴于法国的态度，我认为我们的民族荣誉感迫使我们进行战争"。

拿破仑三世和俾斯麦同样是在准备战争，可是俾斯麦的处境要比拿破仑三世有利得多。德意志各邦的民族运动向着俾斯麦。1868年俾斯麦同俄国缔结一项互助条约，规定两国中的任何一国在战争中受到两个强敌的威胁，互助立即生效。此刻对俾斯麦而言，只需找一个与法国决裂的最适宜的借口，这个借口必须给人一种印象，即侵略者不是普鲁士而是法国。

霍亨索伦亲王莱奥波德竞争西班牙王位一事提供了这样一个导火线。1868年，西班牙女王被推翻，君主主义的领袖们在物色一位王位继承者。候选人中有一位属于霍亨索伦家族、信天主教的士瓦本支系的亲王莱奥波德，他是普鲁士的霍亨索伦家属的远亲，因而受到这一家族族长威廉一世国王的管辖。现有证据证明，俾斯麦是这位候选人的幕后推荐者，俾斯麦故意这样安排，目的是要让法国挑起同北德联邦的冲突。1869年5月，法国警告普鲁士，法国不能容忍复活查理五世的帝国而使法国重新处于腹背受敌的境地。1870年7月9日，法国驻普大使贝内德蒂接到指示，前往拜会当时在埃姆斯温泉疗养的威廉国王，就这个问题会晤四次。威廉一世慑于法国的战争威胁，答应劝莱奥波德亲王放弃王位候选。三天后莱奥波德通过其父亲宣布放弃继承王位的原议。战争的危险似乎过去。但是拿破仑政权还要求普王再作一个书面保证，保证他今后永远不许任何一位德意志亲王取得西班牙王位。法国人切望利用这一局势取得一次外交胜利。7月13日，贝内德蒂在公园里挡住威廉国王，要求国王保证今后永不允许莱奥波德亲王继承王位。威廉国王通知法国大使，他已经做了一切必要的事，事情已经结束，不再按原先安排再次接见他了。国王委托外交部官员阿贝肯把发生的事情电告在柏林的俾斯麦，允许他就此事转告新闻界和普鲁士驻外使节。

7月13日在埃姆斯温泉和柏林的事件，被人们称为"德国历史上最富有戏剧性和最具有决定意义的转折点之一"。会谈的过程使俾斯麦的感情深受激怒和伤害，他发现自己的全部计谋和计划都已失败。当他闷闷不乐地跟毛奇和罗恩坐在一起喝闷酒时，他说他决定辞职了。突然阿贝肯的埃姆斯急电到达柏林首相府，俾斯麦发现急电可能大有用场。当毛奇回答说"迅速爆发战争比推迟对我们更加有利"时，俾斯麦动手把电报缩成一个短电，但却一词未加，一字未改，使电文读起来成为"对挑战的耀武扬威的答复"。俾斯麦估计，电文在报纸上发表，午夜以前巴黎就会知道，电文和发表的方式"将对高卢牛起到一块红布的效果"。

完全不出俾斯麦所料。加工过的电文在巴黎引起了愤懑和狂怒。7月19日，法国对普鲁士宣战。而当时世人大部分尚不知道究竟因为何故。

俾斯麦现在造成了他所期望的保卫战争。

威廉一世和俾斯麦在色当战场

拿破仑三世吹嘘说，这只是到柏林的一次"军事散步"，然而他现在碰到的却是一个德意志民族。南德诸邦也参加了这次对法战争。所有德意志诸

第八章 统一时代:"白色革命"与民族统一的完成

邦最后都为民族的统一事业而团结起来。南德诸邦动员军队,同北德的军队组成一支50万人的德意志民族军,开拔到法国边境。德军的优势火力和高涨的士气很快击败了法军,转而进入法国。8月份的几个战役粉碎了法国人的抵抗。8月底至9月2日在色当进行了有决定意义的战役,结果是10万法军投降,拿破仑三世当了俘虏。民族战争的任务已经完成。但俾斯麦继续挥戈直逼巴黎。在普鲁士胜利引起的一片狂欢声中,在拿破仑帝国倾覆后的废墟上,在饥饿和准备战斗的巴黎人民面前,俾斯麦正式宣告成立新的德意志帝国。1871年1月18日,威廉一世在凡尔赛镜厅被立为帝国皇帝。曾在1849年率议会代表团要把皇冠献给普鲁士国王弗里德里希-威廉四世的自由派领袖爱德华·西姆松,这次又率德意志帝国议会代表团来到凡尔赛,要把德意志帝国皇帝称号授予威廉一世。但威廉只接受德国各邦君主奉献的皇冠。他问俾斯麦:"这些傢伙是来干什么的?"他在得知各邦君主都同意新宪法后,才接见西姆松代表团。威廉就任新德意志帝国皇帝时摆出普鲁士军事王公贵族的排场,举行了盛大隆重的仪式。1848年的黑红金三色旗被抛弃,普鲁士的黑白色加上汉萨同盟的红色,成为新帝国的国旗。这也是俾斯麦"铁血政策"的结果。

1871年1月18日在凡尔赛镜厅宣布威廉一世为德意志皇帝。统一的德意志帝国成立

作者评曰:

把俾斯麦称作"白色革命家"是恰当的。这位出身保守阵营的容克,使用了战争暴力手段,摧毁阻碍德国统一的内外势力和德意志联邦的全部旧有关系,完成300多年来的德意志民族统一大业,并把德国带入现代发达国家的行列。

俾斯麦统一德国,较之以往德意志兰的分裂,乃是一种"革命",俾斯麦统一德国的道路,较之无产阶级乃至资产阶级的"红色"革命道路,则是一种"倒退"。从前一种的对照中看到俾斯麦统一的巨大历史进步性;从后一种对照中看到俾斯麦道路的深刻的历史保守性。这种历史两重性在俾斯麦统一的后果中有明显的反映。历史进步性方面的主要后果,首先是解决了德意志民族的生存问题,这个问题从1525年农民战争失败以来就尖锐地摆在德意志民族面前。从现在起,德意志民族不再受欧洲强邻的欺压和宰割,进入世界先进民族之林;其次,极大地促进了德国生产力的发展,经济有如脱缰之马奔腾向前;第三,为德国工人阶级创造了在全德范围内进行反资本主义的有利条件。历史保守性方面的主要后果,首先是保留了专制主义的君主政体,阻碍了资产阶级民主改革的彻底完成;其次,普鲁士的军国主义传统和俾斯麦在统一中煽起的民族主义情绪渗入新帝国的各个领域,戕害了德意志民族的肌体;第三,俾斯麦在统一中割取了法国的阿尔萨斯和洛林两省,结下了德法之间的民族仇恨,促使法国投入俄国怀抱,形成欧洲两大军事集团的争霸局面,给德意志民族的发展带来极不利的影响。

总起来可以说,工业革命关键性地促进了德国的统一。德国的统一是一个进步的历史事件,是现代化发展的必然。俾斯麦的活动基本上是顺应现代化历史潮流的,因而在统一舞台上演出一些有声有色的场面,成为德国历史上著名的现实主义政治家和民族统一的英雄。

第九章 工业化时代：民族国家的现代发展

> 德意志帝国与其说是建立在铁和血上，不如说是建立在煤和铁上。
>
> ——J. M. 凯恩斯

一、统一与工业化高潮

德国的统一或者说帝国的成立，对于德国经济和社会的直观影响是比较难以说明的。当代西方一些著名的经济学家认为，小德意志关税同盟这一德国现代化经济发展的"载体"，在德国统一以前就已经存在；而作为对法国战争胜利结果的50亿金法郎的赔款和阿尔萨斯-洛林的占有，都是一些经济现代化中的非必然因素而应"严格地加以剔除"。著名的美籍奥地利国民经济学家J. A. 熊彼得则认为，帝国成立本身意味着德国经济从某种桎梏中的"继续解放"和投资风险中政治因素的"继续变小"，从而促进德国企业主的投资热情和较前更大的努力生产。不过无论是前者还是后者，都同意这样一种看法：帝国的成立促进了德国经济的增长；帝国的成立是工业化所必要的政治先决条件。这些见解从历史发展的事实和现象来看无疑是正确的，但从经济和社会结构来看则显得不够深入。究竟德国的统一或帝国的成立在哪些方面对德国经济和社会结构的变化进程有直接的影响或间接的影响？有着短期的影响或是持久的影响？因为毕竟在整个俾斯麦统治时代，从70年代初到90年代初，德国的经济和社会宏大的结构变化都打上了"统一"的烙印。

第一，德国的统一扫除了德意志经济发展中的最大障碍，加速形成统一的民族市场。帝国统一这只强大的"物质夹子",不仅把帝国内部紧紧地夹挤在一起,让内部经济浓缩交融,把南北德经济缠为一体,而且被德国人当成"民族国家"而倍加重视。现在统一的作用与其说是针对以往的政治分裂,毋宁说是锻造一个经济上统一的民族市场。在帝国范围内,并不存在经济的南北落差,而是存在一种东西差别,在庞大的普鲁士内部起作用。加入帝国的南德各邦,在70年代置身于"自由贸易"还是"保护关税"的激烈竞争中,它们的工业实力和作用大多在这场竞争中大为提高,形成对普鲁士东部经济的优势。汉撒城市的海上贸易和造船业在德国国内市场销售额的提高,说明这个比较大的"贸易载体"所具有的优势,它同英国的贸易缩小了,在统一帝国的全力支持下,对海外贸易逐渐占有分量。西部、南部、汉撒城市的资产阶级,利用这种新的经济民族主义,在统一的内部市场上,刮起有利于己帆的风。如果说,政治上是普鲁士领导了德国,经济上却是普鲁士"融化"在统一的德国之中。统一成为德国经济现代化的巨大助力。这种具有统一价格、统一法规的经济一体化进程,造成德国经济现代化的巨大容量。

第二,帝国的成立,标志着普鲁士道路的最终确立。农业的资本主义改造的完成,为经济起飞打下深厚的基础。德国不同于英国,工业化的过程不是以牺牲农业为代价的,相反是在工业现代化的基础上,保护农业的发展,并在工业化中起相互促进的作用。"保护农业利益"虽然是为了照顾政权在握的容克阶级的利益,但农业和工业之间保持一种比较平衡的发展却是德国经济现代化的特点和优点。与大农业联系在一起的普鲁士领导层现在也基本上作为东部、南部和西部之间、农业区和工业区之间的"团结"民族主义的代表,执行一种新的重商主义。从这个角度讲,统一或帝国的成立对农业的现代化是有直接影响的。农业的现代化促进了土地高度集中,使农业耕作技术、农业合理管理以及农业机械化得以广泛实施,直接推动了农产品加工业的发展,加速了农业经营中工业化的进程。1870年至1880年这十年是德国农田耕作史上的一个新开端:1878年农业有效使用面积达到最大限度,同时废除了休闲,过渡到特别集约的耕作;1867年至1881年间德国养羊业结束;棉花代替亚麻;煤油、瓦斯、电气代替植物灯油;制成人造黄油。德国农业生产的项目日益集中到谷物和蔬菜方面。1879年俾斯麦承认对农业实行了保护关税以抵抗大量谷物从东欧和美国涌入,1885年和1887年他又提高了关税。由于集约化、

第九章 ● 工业化时代:民族国家的现代发展

日益增长的关税保护和国家援助(为军队养马等),19世纪下半叶德国的农业得到了蓬勃发展。一方面表现在地租和土地价格上涨,另一方面更主要表现在整体农业生产增加到3至3.5倍,每个劳动力的产量增加到2至2.5倍,而人口增长到2.3倍。农业经济的这种发展,给德国工业化的发展注入强烈的兴奋剂,为发展工业提供了丰富的生活资料、生产资料、原料、资金和充足的劳力。当然必须说明,德国的农业还是满足不了本国工业化的需要,80年代到90年代,德国从一个粮食输出国变成一个粮食输入国,德国的农业永远失去在整个经济中的优先地位。1893年成立的"农场主同盟"是容克农场主的组织,他们为维护自己的利益要求国家不断给予"救济"和"补贴"。

第三,统一的国家对经济的"保护"或者说对经济的干预表现得非常突出。这不仅是由于世界市场上竞争的特殊需要,更是出于军事、国防上的特殊需要。俾斯麦把确保帝国的统一和巩固欧陆之所得作为内外政策的根本出发点,力图走一种"富国强兵"的道路,他把国家经济发展重点,放在扩充军备方面,特别是修筑堡垒和发展与军工生产有关的重工业部门。德国民族主义舆论界也不断强调,民族国家的统一必须依靠实力;要求把民族国家的经济、技术和军事实力都能增强到"预期"的程度。帝国军事专制制度造成了军费支出年复一年的扩大,直接导致克房伯、施图姆等军火企业的大扩展。军事交通运输业和军需工业的膨胀,又带动了钢铁、机械、冶炼等一系列重工业部门的发展。应当承认,俾斯麦时代的德意志国家,"国家"是和"经济发展"沿着同一方向作用的。俾斯麦政府利用国家统一的有利条件,利用来自人民复兴国家的民族意识,因势利导,推行一系列行之有效的政策措施,促进经济、教育和科技的发展。

第四,统一的帝国注重教育、科技的发展,注重系统学习英美法等国的先进工业化经验,从精神上保证德国经济现代化的快速进程。俾斯麦政府加强对教育的控制,颁布了一系列帝国教育法令。70年代完成了近代教育革命,实行强迫义务教育制。服兵役和受教育被视为公民的两项基本义务。这使整个德意志民族的文化素养大为改善。在这个基础上,调整了中等学校的体制,大力开展职业技术教育,改革高等教育。德国成了世界教育界瞩目的中心,当时有志于数理研究和深造的人中流行一句口号是:"背上行装,上格廷根!"另外国家还瞄准那些对国民经济特别是对重工业和新兴工业的发展具有决定影响的科技领域,组织和设立许多科学研究机构,如国立物理研究所(1873),国立化工研究所(1878),国立机械研究所。俾斯麦本人对当时的尖端科技"电的进军"的意义并不理解(他问孙女,电真的有那么神奇吗?),但他却鼓励德国学子去学习和掌握德国尚未掌握的世界高新科技。德意志民族精神中的那种"系统学习"和"彻底精神"(或者叫做"彻底性"(Gründlichkeit))在新的工业革命层面上得到了新的激励和发扬。德国人在系统学习先进的基础上,完成了一项划时代的转变:把科学转向引用于生产。他们把基础理论研究、应用科学研究同生产过程联系起来,互相渗透,相互促进。德国的普及教育程度也许比任何国家都高。在第二帝国的德国,受过大学教育的人,甚至受到大富商大企业家们的尊敬。没有其他地方像德国大学那样出过那么多的哲学博士。这个时候的教育内容已同威廉·冯·洪堡的教育思想以及同古典人文主义时代的思想相去甚远,更倾向于对自然和社会的实际知识的掌握,而不是精神的、品格的培养。德国的大学和技术学院不仅是学习中心,而且在学术研究方面成了大企业集团的积极促进者。虽然大学仍由国家给予财政支持,但大学仍保持着高度的自治特色,小心翼翼地保护着他们的"学术自由"原则,并且形成一种共识:科学研究和学术讨论必须独立于政治或宗教的偏见或影响之外来进行。先进的工业科技文化在德国站稳脚跟并蓬勃发展起来。一批作出开创性贡献的自然科学家涌现,如发现无线电波的亨利希·赫茨(Heinrich Hertz,1857—1894)和发现X光的威廉·伦琴(Wilhelm Rontgen,1845—1923)。鲁道夫·维尔肖是这个时代第一流的病理学家和卫生学的开拓者,创立了细胞病理学和未来的细菌学,他还是一位活跃的自由派政治改革家。实用科学研究的代表人物是维尔纳·西门子,他集工程师、发明家、大企业家于一身,创立著名的西门子公司。1886年还创办国立物理技术研究院。当代著名的经济史学家卡洛·M.奇波拉评论说:"正是德国人在19世纪下半叶对科学的偏爱使德国工业化比英国和美国工业进展更快。"

至于说到兼并阿尔萨斯、洛林和索得50亿金法郎赔款对德国统一后的工业化影响,显然也不能低估,它们可视为推动统一帝国新的工业化高潮的一种"突击性"基本助力。几十亿法郎涌入德国,不仅使德国偿清了国债,建筑了现代化的要塞和兵营,更新了武器和军事装备,而且有力地推动了德国大工业的建立和发展。在1871—1873年这一世界经济繁荣波期间,德国国内的游闲资本及流通中的货币额都突然大增,引起了一个富于幻想的繁荣发财时期。各种股份公司像雨后春笋般冒了出来。三年中的股份资本额大大超过统一前的股份资本总额。这种"滥设公司的狂热",在世界经济进入萧条波期的1874年开始,遭到了劫难,投机大厦出现大崩塌。表面上看,德国的经济有所倒退,实际上这是一个有积极成果的净化过程和筛选过程。保留下来的企业、公司、银行等通过重组、兼并、扩大、优化和加强现代化管理等,成为德国新的工业化的坚实基地。这次破产证明德国是一个有能力在世界市场上活动的工业国家。

正是在这样的背景下,统一后的德国,在19世纪后半期,出现了德国历史上最引人注目和最令人惊异的经济转变。在大约30年时间内,德国经历了英国用100多年才完成的工业革命,将一个农业占优势的落后国家转变为一个现代高效率的工业技术国家。美国历史学家K.S.平森认为,直到1870年至1900年,德国的工业发展才形成一股真正的洪流,把这种发展速度的加快叫做"革命"是适当的。德国正是在这期间"从一个以农业为主的国家转变为以工业为主的国家,从一个'诗人和思想家'的民族转变为以工艺技巧、金融和工业组织以及物质进步为公共生活的显著特征的民族"。评论至为恰当。我只想在这个时期的主要特征(人口增加、城市普遍出现、生活福利增进和世界贸易扩大等)中突出"工业革命"或"工业化"这个主题并加以补充。"革命"本质上不是一种速度问题,而是一种质的变化,就是根本改变经济结构和社会结构,使整个经济生活和社会生活都建立在工业生产力的基础之上。德国工业化速度惊人,多半是上述的以德国统一为主的几大助力推动所致。

在德国经济中,最重要的发展当数煤炭工业和钢铁工业,这两个作为时代标志的行业。1875年石煤产量为3 744万吨,褐煤产量为1 039万吨,到1890年石煤增至7 024万吨,褐煤增至1 905万吨,几乎成直线上升,远超法国,稳居欧洲第二位。煤和铁的结合产生了欧洲最强大的钢铁工业。兼并阿尔萨斯、洛林带给德国采矿业的变化是巨大的。洛林褐铁矿蕴藏量估计为7亿吨,而帝国其他地方的总蕴藏量不过3亿吨。法国人没有太重视洛林褐铁矿石的价值,德国人却早有认识。当1879年德国人使用英国人发明的可从褐铁矿中将磷脱去的托马斯冻炼法后,德国的制铁炼钢业有一个新的飞跃。1875年生铁产量为203万吨,到1900年已达850万吨,而到1914年德国生铁产量为1 400万吨,超过英国的最高生产水平1 020万吨,德国生铁和冶煤业已跃居欧洲第一位。1875年德国钢产量约为35万吨,80年代采用托马斯-吉尔克莱斯碱性转炉炼钢法后,产量倍增,1890年已达320万吨。十年以后1900年的产量又翻了一番多,为740万吨,居欧洲之冠,成为仅次于美国的世界第二大产钢国。一个巨大的冶金工业体系开始形成。

一些作为"未来"工业时代标志的新兴工业,像电气工业、化学工业、光学工业等,得到最早的开发和扶持。电气工业的奠基人应数维尔纳·西门子和艾米尔·拉特瑙(Emil Rathenau,1836—1915)。西门子1866年制成世界上第一架大功率直流电机,完成把机械能转化为电能的发明,开始了19世纪晚期"强电"技术时代;1879年又发明了电动机,即把电能再转换为机械能;两年后在柏林建造了第一条有轨电车。拉特瑙从旅美回国时带回了爱迪生的电灯制造专利权,并于1883年创办了德国爱迪生公司。这个公司后来改称德国通用电气公司(AEG),它因1891年成功架设远距离送电网而名声远扬。通用电气公司依靠的是扩大民众消费和造成民众对电气产品的需要,西门子公司则更多地保存着传统的手艺人气质,反对投机。西门子曾骄傲地宣布:"我们不是商人。"他的方针是尽可能生产出最好的产品,加以宣传,然后等待买主。由于西门子在政府人士中有强烈的影响,统一后的二十年中基本取得控制地位。电气工业的发展是造成90年代后德国经济繁荣的基本因素。德国在广泛利用电力方面居世界之首。

化学工业包含了既广泛又多样的工业活动内容,而且与科学有着最密切的关系。化学肥料、合成染料、合成纤维、摄影器材等的发展在19世纪后期最为显著。被誉为"有机化学之父"的利比希(Justus von Liebig,1803—1873)奠定了德国化肥工业的基础。他的学生威廉·霍尔曼(Wilhelm Hollman)1864年自伦敦返回德国,创立了德国的染料工业。第一家染料厂,弗里德里希-拜耳公司染料厂,90年代已是举世闻名的企业。随着焦油染料工业的繁荣兴旺,酸、碱和其他无机副产品的生产也得到推动。1877年德国占了世界合成染料产量的一半。总体说来,德国在世界化学工业中从一开始就独占鳌头,但它真正巨大的发展是在20世纪初以后,且大部分转向于战争。在这方面,科学、工业和国家政策配合得丝丝入扣,不仅使有机化学成为庞大的独立工业,而且影响现代文明的各个方面。

金融、银行业的快速扩大适应着新的需要;铁路、水路和邮电通讯的

第九章 工业化时代：民族国家的现代发展

迅速发展，使原料和制成品得以迅速运输。铁路建造是带动五、六十年代工业革命的龙头产业，德国统一后进入了第二个铁路时代，再次出现兴建高潮。1870年德国有铁路18 560公里，1890年增至41 818公里，为西欧和中欧之冠。1848年时德国人只提到铁路是统一的因素，而今德国人把铁路当成是维护统一的因素。密密层层的铁路网把德国紧紧地箍在一起。1879—1880年，俾斯麦实行普鲁士铁路国有化，至1900年前后国有铁路已占很大优势。在国家力量推动下的铁路建造，猛烈刺激了钢铁工业、机械制造业、冶炼业的高速发展，并全面推进19世纪晚期德国新生产技术的采用和工业化的高潮。

  德国经济现代化的这种跳跃性的快速发展，就是在上述讨论的诸多因素合力作用下促成的。但是德国的大工业是怎么建立起来的，怎么在世界市场上崛起的，特别是德国大工业发展时期恰好处在1873—1896年这一世界经济长波振幅的大萧条时期，英国和法国的经济都处在停滞性的低谷，而德国却似乎未受"大萧条"的影响，反以惊人的进步超过英法这两个老牌的头等工业国，其内在的原因是什么？这需要从德国特殊的普鲁士式现代化道路中去找。德国在世界市场上出现得晚，它的大工业产生在40年代，通过1848年革命获得了初步的高涨，并且只是在俾斯麦的"白色革命"为它扫除了最严重的政治障碍以后，才充分发展起来。然而这时它发现，世界市场大部分已经被占据了。供应日用品的是英国，供应精致奢侈品的是法国。德国既不能用价格来击败英国，又不能用质量来击败法国。因此，只好循着已经走惯了的道路，首先是带着对英国说来太琐碎、对法国说来太低劣的商品挤进市场。德国人惯用的先送优质货样后交劣质商品的骗人手法，很快就在世界市场上受到了严酷的惩罚，很难继续施展下去，但是多亏萧条时期生产过剩条件下的竞争，也渐渐促使体面的英国人走上了降低产品质量的歪路，这就帮助了这一行里无可匹敌的德国人。这样，德国终于建立了大工业，并且开始在世界市场上起一定的作用。70年代和80年代德国的大工业几乎是专为国内市场工作的（制铁业除外），统一起来的国内市场和国内市场中各部门之间经济落差的"调整"把本国生产和所有大工业产品都"消化"掉，而且还不够。所以构成德国大宗出口的是大量的小商品，大工业至多为小商品供应必需的半成品，而小商品本身则大部分由农村家庭工业来供应。

  这是德国特有的现象。统一后二十年来德国工业的发展需要作特殊的解释。在其他任何一个国家里,都没有像德国有这样多的雇佣工人不仅是自己住宅的所有者,而且是自己菜园或土地的所有者;同时还有其他许多工人以租佃者的身份事实上相当稳定地占有和使用带菜园或土地的房屋。这是农业现代化的普鲁士道路(调整和赎买)造成的结果。同园艺业或小农经济相结合的农村家庭工业,就构成德国新兴大工业的广大基础。在大工业统治以前,家庭工业工人终究是过着某种程度上有保障的生活;但在大工业统治下,随着机器的采用,情况就完全改变了。这时价格已经由机器生产的产品来决定,家庭工业工人所得的工资就随着这种价格而跌落下去。但工人不能不接受这种工资,否则就必须另找工作,也就是说他们要抛弃小屋子、菜园和小块土地,成为无产者。家庭工业工人只是在万不得已的情况下才会走这一步。小屋子、菜园、小块土地和织布机仍然把他们束缚在陈旧的个体生产和手工劳动方式上。而资本家则尽量压低他们的工资。任何地方的工资都不像德国家庭工业中的工资低到如此地步。全家人从自己的菜园或小块土地上辛苦得来的东西,被资本家从劳动力价格中扣除了。工人不得不接受任何一种计件工资,否则就什么都得不到,而单靠自己的农产品又不能维持生活。正是由于这种原因,德国才具有在世界市场上销售大宗小商品的能力,"资本的全部利润都用扣除正常工资的方法榨取出来,而全部剩余价值则可以白送给买主。这就是大部分德国出口商品价格低廉得令人吃惊的秘密。"(恩格斯语)农村家庭工业工人的这种境况,也像秤锤一样压低了城市工人甚至大城市工人的工资,使它降低到劳动力价值之下。这样我们看到整个德国工人的工资和生活水平都在西欧各国工人的水平之下。德国的大工业主要就是在残酷剥削工人的基础上建立和发展起来,并崛起于世界经济舞台。

另一方面,由于家庭工业已经成了德国出口贸易以及全部大工业的广大基础,它广泛散布于德国,并且还一天比一天更广泛地散布开来,结果就把改革和赎买中出现的大批小农也卷入到现代的工业运动中来。小农为满足自己消费的家庭工业劳动,被机器工业的廉价产品所消灭,小规模的农业生产也日益遭到破坏。备受高利贷盘剥的小农不可避免地要破产,而不得不被赶到现代家庭工业中来。随着家庭工业的散布,一个个农民地区就相继被卷入现代的工业革命。这种由家庭工业造成农业地区的革命化,就使德国境内工业革命散布的地区要比英国和法国广阔得多。这就说明,为什么同英法相反,革命的工人运动在全国广大地区得到有力

第九章 ● 工业化时代：民族国家的现代发展

的传播，而不只是局限于中心城市。在法国，运动一向都是发源于首都，而在德国则是发源于大工业、工场手工业和家庭工业地区，只有当大多数小城市和大部分农村地区已经成熟到实行变革的时候，首都和其他大城市的胜利起义才有可能。

问题的第三方面是，这种散布广阔的农村家庭工业，本身不过是工业化变革的初始阶段，机器和工厂生产到一定时期同样会为它敲响丧钟。到19世纪90年代，随着德国工业革命的完成，丧钟就敲响了。作为德国决定性生产部门的家庭工业大量破产了，几乎整一半的小农被剥夺。家庭工业转化为工厂生产，农民经济转化为资本主义的大农业，小地产转化为领主的大农场。因此我们看到，七、八十年代德国农业劳动力的流动潮主要是一种近距离的人口流动，只是到80年代末90年代初德国的农民才大量破产，出现了群众性远距离人口流动潮，从东部农业区流向西部工业区，流向大城市，并无产阶级化。

问题的第四个方面，我们看到，德国统一后的二十年间，其工业发展是处在以农村家庭工业为基础的低度水平线上，大工业本身主要是为国内市场服务的，为国内的经济所促进，基本上没有进入世界经济长波运动的大循环，因此它很少受到1873到1896年世界经济大萧条的影响。

二、统一与普鲁士式的政治现代化

俾斯麦领导的"民族统一运动"，一方面摧毁了1815年以来存在于德意志联邦的全部旧有关系，另一方面又包藏着"霸权"和"拯救"的内核，因而在建造德国统一中既要保持现代化的势头，又要保留许多旧的残余。俾斯麦从50年代末60年代初以来就在考虑一种特殊的德意志型的立宪议会制度，既能保持普鲁士王朝和容克阶级的政治统治优势，又能在经济方面照顾资产阶级的利益，并使两个阶级利益相互融合，成为德意志帝国的统治基础。这种设想在1867年成立的北德意志联邦宪法中加以试行，在1871年统一的德意志帝国宪法中加以定型。

1871年4月16日，俾斯麦亲自领导制定的帝国宪法，在新选出的德意志帝国议会上原样通过。这部宪法是北德意志联邦宪法加上作为增补部分的与南德诸侯签订的条约的混合，它不是1848年国民议会宪法精神的继续，而是一种特殊的普鲁士式的君主立宪精神的"开创"。这部宪法一直生效到1918年。进步党在1867年时还反对这一宪法,如今也投了赞成票,表示对国家统一的赞赏和支持。

新帝国由22个邦和3个自由市组成,阿尔萨斯-洛林作为皇帝的直辖领地。最大的邦是普鲁士王国,占帝国全部面积的55%和人口的61%;最小的邦是罗伊斯(老系)侯爵领,人口仅6.2万,土地316平方公里。当时有人讽刺说,这是一个由一只大猛兽、半打狐狸和十几只耗子组成的联邦。新帝国形式上是作为一个联邦组织起来,参加帝国的各邦表面上并未失去各自的原有地位,但是统治权属于普鲁士控制的帝国政府,而不属于各邦。陆军、海军、外交事务、关税和银行立法、间接税、度量衡、货币、民法刑法、邮电以及后来的殖民地事务,都掌握在帝国政府手中,尽管帝国并没有自己的行政机构。保留在各邦手中的则是包括警察、部分司法、直接税、宗教和教育在内的全部邦内行政事务。由于普鲁士在宪法结构中的特殊地位,德意志帝国也算不上一个真正的联邦国家。宪法的一些基本问题,例如是联邦制还是中央集权制、普鲁士的奇特地位、内阁责任问题、扩大民主权利问题等,在俾斯麦执政期间全都显得"模糊不清",因为宪法的制订主要是为了适用于普鲁士,特别适用于俾斯麦和威廉一世的统治,以及他们之间的互相关系。

宪法规定德意志帝国的首脑为"德意志皇帝",由普鲁士国王担任,由他的家族世袭。皇帝代表帝国,有权宣战、媾和、结盟、接受和委派大使。皇帝任命宰相和其他行政官员,也可以免除他们的职务。皇帝为陆海军最高统帅。皇帝被赋予召集两个立法机构联邦议会和帝国议会开会或宣布解散的权力,法律由皇帝签署并颁布。

皇帝以下设帝国宰相,由普鲁士首相兼任,只对皇帝负责。德意志帝国没有内阁,仅有一名大臣,就是帝国宰相,他本人又任命政府各部的负责人,称国务秘书,仅作为助手对宰相负责。一再有人要求俾斯麦成立一个帝国内阁,均遭拒绝,他说他讨厌浪费时间来说服同事、朋友和顾问们,说他的政策是明智的。后来有一项修正案,规定皇帝批准的一切法案必须有宰相副署方得有效,但由于皇帝有权任命宰相,因而实权仍属皇帝。宰相的主要职责大多数不是作为帝国首席大臣而是作为普鲁士首相来履行的。1872年俾斯麦曾作了一次试验,把这两个职位分开,把普鲁士首相的职位交给了罗恩,但他很快得出结论,这个试验是不成功的,于是又恢复了旧例。

第九章 ● 工业化时代：民族国家的现代发展

　　帝国立法机构由两院制议会构成。上院联邦议会代表各邦，议员为邦政府派遣的高级官员（多半是贵族、容克），按照邦政府指示统一投票。联邦议会主席由宰相兼任。下院帝国议会由 25 岁以上男子按照普遍、直接、秘密的普选制选出（普鲁士等几个邦的邦议会选举仍采用三级选举制，而不是直接普选制）。议员任期五年。联邦议会不同于西方的上院，它是真正的实权机构，相当于各邦使节构成的帝国最高合议机关，对立法和决策有决定权，任何法律未经联邦议会同意均不能生效。联邦议会有权在皇帝的同意下解散帝国议会。联邦议会代表可以出席帝国议会，发言陈述本邦政府的意见并对法案的表决施加影响。皇帝对外宣战或缔约一般要取得联邦议会的同意。联邦议会还有权裁决各邦之间的争端，在出现不服从帝国法律的情况时，联邦议会有强制执行的决定权。修改宪法必须经联邦议会多数同意。

　　帝国议会名义上是人民代议机构，但实际权力很小，它没有一个对它负责的政府。普鲁士法学家、后来魏玛共和国宪法起草者胡戈·普鲁伊斯（Hugo Preuß，1860—1925）说，帝国议会是"一个没有政府的议会"，只好"发表独白"。俾斯麦有一段时间像是想在帝国议会多数派帮助下进行统治，立即引起极端保守派（如《十字架报》派）的愤怒，他很快放弃这一念头，声称他反对英国或法国的那种议会制度。帝国议会被一般人称为"国会"，实际上名不符实。帝国议会在立法过程中仅仅是参与者之一，联邦议会有制定行政命令的权力，而帝国议会不能单独制定任何法律。帝国议会通过的议案，只有经联邦议会同意才得生效。帝国议会随时可以被联邦议会和皇帝解散。帝国议会的最大权力就是拒绝预算。只是到了 20 世纪初，在布洛（Bernhard von Bülow，1849—1929）任帝国宰相时期之后，这个"国会"才开始发挥较有决定性的影响，即使在那时，它对国家的监督仍是十分有限的。但由于帝国议会是普选产生的，它毕竟为资产阶级和各种政治势力提供了合法活动的讲坛，因而它的选举仍具有广泛的吸引力和影响力，以致形成第二帝国不发达的议会制和发达的政党制这样一种奇怪的现象。第二帝国的主要政党有德意志保守党、德意志帝国党、民族自由党、进步党、德意志人民党、中央党（天主教）和代表工人阶级利益的社会民主党等，这些政党的发展和斗争直接影响了德意志帝国的政治生活。

　　显然，德意志帝国是旧普鲁士的扩大，它盖有很深的普鲁士印记。这主要表现为:第一,宪法规定了普鲁士的领导地位。皇帝由霍亨索伦家族世袭,宰相由普鲁士首相兼任,联邦议会58个席位中普鲁士邦占有17席,第二大邦巴伐利亚只有6席,其他邦4席、3席、1席不等,这使普鲁士可以操纵联邦议会,阻止任何对它不利的法案的通过,因为宪法规定,只需14票反对,法案就被否决,甚至宪法修正案也不例外。第二,宪法规定帝国军队向皇帝个人宣誓效忠,普鲁士的军事法规、军事制度被推行到整个德国,军队处于特殊地位,军事部门凌驾于民政部门之上,总参谋部成为帝国最显赫的特殊部门,普鲁士的军国主义精神渗透到整个德国。第三,从宪法模式看,帝国宪法吸收了普鲁士1850年宪法的主要精神。这种普鲁士风格的君主立宪是由君主和容克掌握实权,直接行使统治权,它同英国虚君式的君主立宪有重大区别,成为近代具有广泛影响的普鲁士式君主立宪模式。德意志帝国是现代意义上的普鲁士,即是"一个以议会形式粉饰门面、混杂着封建残余、已经受到资产阶级影响、按官僚制度组织起来、并以警察来保卫的、军事专制制度的国家"。(马克思语)

　　这种政治现代化的特点,决定了国家对本国的政治生活、特别对经济发展的加强干预。国家在现代化经济的发展中起重大作用,这也是德国不同于先进资本主义国家如英国的独特之点,后者是在政府的放任政策下发展起来的。德国政府(当时称"宰相府"更合适)通过一系列政策和措施,消除阻碍德国经济发展的障碍。首先是统一币制。1873年7月公布货币法,规定实行帝国金本位制,1875年元旦起帝国马克成为惟一的支付手段;同时普鲁士银行改建为德国国家银行。其次是统一经济法规。70年代上半期,帝国政府颁布了一系列法令:商业法、营业自由法、统一的度量衡法、民权和迁徙自由法、保护国外的商业法、关税法以及对邮政、交通、银行等事务的管理法,使经济的发展不仅获得广阔的天地,且有了法律的保证。接下来是:统一铁路管理,创立"帝国铁路局",协调帝国铁路线、各邦铁路线、私营铁路线、公私合营铁路线的建设、装备和营运;同时通过国家购买扩大国有铁路的比重。最后是采取保护关税政策。欧美各先进大工业国在低关税进口率的德国倾销商品,给基础薄弱的德国工业以严重冲击;而俄国谷物经由东部铁路廉价输入,也严重冲击了德国国内的粮食市场。1879年1月,帝国议会通过保护关税法,制定新的关税税则,不断提高税率。工业方面的原则是:进口的原料免税,半成品低税、成品分别征税。俾斯麦以他的"谷物法"和保护关税法维护了容克、工业主的利益,稳固了帝国政府的统治基础。1879年后的10年间,俾斯麦得到大地主、大工业家的一致支持,俾斯麦收起了"铁与血"的口号,而用"铁与谷"的温和口号来达到自己的目的。

三、统一与社会结构的现代化

统一后的二十多年间,德国完成了工业革命。较之英法等国,德国的工业革命速度快,周期短,内容新,有其独特之处,显得更彻底,更深刻,更广泛,直接引起社会结构的大变化。

社会经济结构的变化最为明显,反映在三个方面。第一方面是改变了工农业的比例。1871年德意志帝国领土上的人口为4 106万,其中农村人口2 622万,占63.9%,2 000居民以上的城镇人口占36.1%,在这个意义上德国还是以农民为主的国家;但到1890年,帝国总人口为4 943万,农村人口占53%,城镇人口占47%,已相去不多;而到1900年,在帝国5 637万总人口中,农村人口2 573万,仅占45.7%,而城镇人口已占54.3%,几乎同帝国成立之年倒了一个过。与此相适应的是德国国民经济中三个产业的就业结构和纯国内产品结构的变化。第一产业农业类的就业比例从1861—1871年占51%,到90年代占41%,而到20世纪初只占36%;第二产业工业类的就业比例相应为28%,35%和38%;第三产业服务业变化不是太大。而纯国内产品结构的变化,按1913年的价格计,第一产业70年代占37%,80年代占31%,到20世纪初只占26%;第二产业增长快,相应占32%,38%和42%;第三产业几乎无变化。如果从纯投资结构来看,问题更清楚。统一后的1871—1874年,总投资额为20.4亿马克,农业投资只占10.3%,工商业投资升至32.6%,铁路投资占23.8%,城市建筑投资占33.2%;到1896—1899年,总投资额为53.8亿马克,农业投资只占9%,工商业投资达54.5%。这个问题在19世纪末终于引起德国经济界和政界的一场广泛而激烈的辩论:德国应成为农业国还是工业国? 1897年保守的国民经济学家卡尔·奥尔登贝格(Karl Oldenberg)发表演说,他把国民经济比作一所几层楼的楼房,底层是农业,最高层是工业,认为如果工业的发展超过了底层的承受能力,那就得用立在别人土地上的柱子来支撑它,这样的发展会危及国家的独立。许多持同样观点的国民经济学家如阿道夫·瓦格纳等,全都要求政府采取保护关税和支持农业的政策,而另一些主张自由贸易的经济学家如卢哥·布伦坦诺等,则支持工业化。其实,问题并不在于政府采取什么政策,是支持农业还是支持工业? 奥尔登贝格演说之错误就在于他把农业当成国民经济的基础,并力图恢复农业的优势,他没有认识到工业化是时代的趋势,现代化的中心问题是用工业生产力代替农业生产力,成为整个国民经济的基础,工农业发展的比例是根据不同国家的国情和不同的现代化道路形成的。

第二方面,是改变了轻重工业的比例,改变了生产资料部类同消费资料部类的比例。德国工业革命的特点之一就是把工业生产的重心从消费资料转向生产资料的时间提早,几乎在工业革命启动阶段就出现了,而在英法等国都是在工业革命后期才完成这种"转化"的。50年代生产资料的增长为76%,消费资料的增长为40%,就在这个时候,轻重工业生产的比重,两大部类的经济结构就开始发生根本性的变化。70年代后,德国的工业生产更是沿着这一趋势迅速发展。从19世纪60年代末到20世纪初,德国生产资料的生产增长了近8倍,而消费资料的生产仅增长了3倍。煤、钢、铁的增长则尤显突出。

第三方面,是工业生产力诸因素中科学技术因素已成为决定性的因素。德国统一后工业经济跳跃式发展的根本动力乃是进步的科技,无论是向先进工业国学到的、引进的还是德国人自己的发明创造。据不完全统计,从1851年至1900年,在重大科技革新和发明创造方面德国取得202项,超过英法之总和,仅次于美国,居世界第二位。这些科技发明与革新涉及工业、农业、交通运输业等各个领域,尤其是机器制造、化工、电气和光学等工业部门,形成一种科技化的生产格局。科技化劳动不会出现在工业革命前的农业社会,也不会出现在处于政治分裂之时德国的早期工业革命时期。科技化是德国工业革命完成的标志之一,也是德国现代化的主要特征之一。正因如此,德国的综合国力很快赶上和超过英国和法国,成为仅次于美国的科技化工业强国。

社会结构现代化的另一个标志是城市化。城市化是直接由工业革命和工业化促成的,或者说工业化是城市化的创造者。在德国,城市化的开端似应从德国统一之日算起,因为统一不仅决定性地推动了工业革命的胜利进军,而且为城市的发展消除了许多障碍。1871年,德国城市人口1 479万,其中居住在10万人以上城市的人数约为196万,居住在1万人

第九章 ● 工业化时代：民族国家的现代发展

以上城市的约为 315 万,居住在 2 000 人以上城镇的约为 968 万;到 1910 年(被看成德国城市化完成年代),德国城市人口 3 897 万,占总人口的 60%,相应居住的人数为 1 382 万,868 万和 1 647 万。从此中可见,统一后的三十多年间,城市居民净增数达 2 418 万;大城市人口的增加最为显著;而小城镇的遍布与人口的增加也是德国城市化的特点。

　　城市中如此增多的居民究竟从何而来？除了当地出生者外,主要是从近区或远区流入城市的农业劳动力。德国统一后开始真正的人口流动潮,总的趋势是从德国东、北部农业区转移到中、西部工业区。七、八十年代,德国以近距离人口流动为主,农业劳动力的主要流向是不越出省界或邦界的邻近城市,更多是家乡附近的小城镇。他们被家乡附近的城市或工业所吸收,转入城市的第二、第三产业。这种流动潮显得"平稳",形成了德国城市化中特有的乡村城镇化的过程,使德国的小城镇星罗棋布。这个过程一直持续到 20 世纪初。据估计,几乎每两个德国人中就有一个参与了不同形式的近距离人口流动。群众性远距离人口流动潮,约出现在 80 年代末到 90 年代初。德国东、北部农业人口向高度工业化的西部鲁尔工业区的流动加快,鲁尔工业区兴起了一批人口在 20 万以上的大工业城市。德国人口流动的第三个特点是向国外移民的人数随着德国经济的高涨而不断减少。1850 年时德国 10 万人口以上的城市只有 3 个,这就是柏林、汉堡和慕尼黑,到 1910 年时,10 万人以上的城市已经有 45 个。前十大城市的排名是:柏林(人口从 1880 年的 112 万增加到 1910 年的 373 万)、汉堡、慕尼黑、莱比锡、德累斯顿、科隆、布勒斯劳、美茵河畔的法兰克福、杜塞尔多夫、埃北费尔德-巴门。柏林已成为欧洲第三大城市和世界第五大城市。综合起来说,城市化不仅改变了城乡人口的比例,改变了整个国家的面貌,也改变了城市的功能和城市内部的结构,城市成为现代工业生产力的代表。城市化反过来对工业革命和工业化起促进作用。

　　统一和工业化促使德国社会阶级结构发生了根本性的变化。随着大工业体系的确立,资本主义经济关系广泛而又深刻地扩展到德国的每个角落,包括易北河以东的平原农业地带。容克全面资产阶级化了。资产阶级所有制和容克所有制往往是结缠在一起的。德皇威廉一世既是大地主,同时又是军火企业克虏伯公司的股东。俾斯麦家族参与创立证券交易公司。与此同时,一个现代工业资产阶级崛起,登上了世界历史舞台。从 19 世纪 80 年代中期开始,它的经济力量已经足以影响俾斯麦的内外政策,而到90年代中,几乎已经左右了德国政局的发展。但是它在政治上却越来越贵族化,不仅有投资于土地和农业企业经营的,而且有以取得贵族封号为荣,力图跻身于贵族行列的。这一变化正是德国政治生活中出现的容克-资产阶级联合统治的阶级基础。现代工业无产阶级的涌现则是这个时期阶级结构的最大变化。统一前的60年代,德国的产业工人约为200万,分散在各邦或普鲁士各省的矿山冶炼中心,大部分在1—5个工人的小厂里劳动。统一后的七、八十年代德国工人的大部分属于家庭工业工人,在5个工人以上的工业企业中劳动的产业工人数1882年为410万,占就业工人数的45%。随着重工业、新兴工业部门的迅速发展,大企业、大工业中心的纷纷出现,大量家庭工业工人和农村劳动力的无产阶级化,流入现代工业企业,很快壮大了工业无产阶级的队伍。1895年在工业企业中劳动的产业工人数为590万,到1907年已达846万。越来越多的工人集中在50人以上的厂矿企业中劳动,在1 000人以上的厂矿企业中劳动的产业工人比例也越来越高。另外一个趋向是工人队伍中出现了熟练工人和非熟练工人,技术工人和非技术工人之分,八、九十年代的平均工资差距约为35%。但从整体来看,这个时期的德国工人阶级状况比同期英法等国要坏得多,工资低下,劳动强度大。工人的贫困和苦难提高了他们的斗争性和革命性,这也正是德国工人运动成为巴黎公社失败后国际工人运动先导的阶级基础。此外,德国阶级结构变化的另一特点是出现了一个人数众多、社会分布面广的"中等阶级"或"中间阶层",它不是传统的小资产阶级的概念,而是普鲁士式的德国工业化道路带来的一个社会实体,介于容克-资产阶级与无产阶级之间。这些人包括职员(含企业经理、工程师)、官吏(等同国家公务员,包括行政管理人员、律师、公证员等)、中小商人业主、自由职业者和知识分子集团(教师、教士、医生、艺术家、作家)、手工业者以及田庄农民等。这个"阶级"并不是随着工业化而不断两极分化终至消灭的,相反它是随着工业化和现代化的进程和本身需要"创造"出来的。它的人数不可能有精确的统计,但从职员、官吏、知识分子等几个职业集团的就业统计数字看,呈一种上升的趋势。另外,平均大约有550万左右的农户是属于"中间阶层"的。根据一般估计,19世纪90年代到20世纪初,德国"中间阶层"的人数占整个就业者人数的30%—40%,甚至超过产业工人的就业者人数比例。它的内部并无统一的利益要求,但对富国强兵的民族主义和发家致富的利益主义却情有独钟。他们反对有损自己利益的任何障碍,最害怕自己落入无产阶级的队伍。因此,在无产阶级同容克-资产阶级的斗争和较量中,这个"中间阶层"的动向和倾向,就成为决定革命成败至关重要的因素。

四、俾斯麦的内外政策与俾斯麦的下台

统一后俾斯麦所制订的现代政策,根本上符合三个目标:维护国家的统一;确保容克的政治统治;促进资本主义经济的发展。

他的对外政策是一种带有强烈争霸欧洲的所谓"大陆政策"。70年代初期,俾斯麦试图进一步削弱乃至摧毁法国。1875年,俾斯麦政府制造了"战争在望"危机,绘声绘色地宣扬"法军进攻之危险",准备发动侵法战争。但由于俄国和英国的强硬干涉,俾斯麦不得不暂时放弃进攻法国的计划。俾斯麦特别担心在东、西两线同时作战,俄法"联盟的恶梦"经常困扰着他。他开始采取一种"联盟体系"来防止欧洲其他大国特别是俄法之间的结盟。为此他力图"拉拢"俄国,阻止俄法接近;拉拢奥匈帝国,阻止俄国向欧洲西部和南部扩张;加剧英俄两大国在世界各地的对抗,把自己打扮成"仲裁人",从中渔利。这就是俾斯麦的"均势外交",他细心地编织着纵横交错异常复杂的外交网。1873年,俾斯麦促成缔结俄、奥匈、德三皇协定;1879年同奥匈缔结军事同盟,明显是对付俄法的,1882年意大利加入,形成三国同盟;80年代同俄国还签订再保险条约。于是我们就看到,在欧洲大陆,已出现两个对立的军事同盟:三国同盟和俄法协约。俄国根本就不再相信俾斯麦的"再保险"了。

从80年代起,德国开始向海外扩展势力。为了巩固在欧洲大陆上的势力,俾斯麦在殖民地问题上采取比较审慎的态度,他特别不愿意在海外殖民地问题上同英国再发生冲突。但是经济力量膨胀起来的德国资产阶级,不甘坐视其他国家纷纷霸占世界的原料产地和销售市场,汉堡和不来梅的大商业公司反应特别强烈。1882年,德国工业家和银行家建立德意志殖民协会(1887年改组为德意志殖民公司),广泛宣传扩张政策,鼓吹殖民侵略。1883年不来梅商人A.吕德里茨在南非盛产金刚石矿的安格拉·佩昆纳港(今吕德里茨港)建立第一个商业殖民地,1884年德国不顾英国的抗议宣布它为德国的保护地。同年,"非洲探险家"G.那赫提加博士在俾斯麦的授意下把多哥与喀麦隆地区变成德国的殖民地。1885年,

另一位"非洲探险家"K.彼得尔斯占领了东非地区,建立了德属东非殖民地。按照桑给巴尔条约,这个殖民地一直向内伸延到坦噶尼喀,但把附近的桑给巴尔岛划出给英国,英国则把其占领的、靠近德国海岸的赫尔戈兰岛交给德国作为补偿。1885年,德国在南太平洋取得了马绍尔群岛和新几内亚东北部等地区,这就结束了德意志殖民政策的开端时期。德国人的殖民活动,到处都遭到英国人的排挤,德国海军力量这时还微不足道,无法与英国竞争。

俾斯麦的对内政策是用"普鲁士的军棍"打击一切他认为是破坏德国统一和威胁容克-资产阶级统治的势力和活动。首当其冲的是罗马教廷支持的德国天主教会及其政治代表中央党。早在北德意志联邦成立的时候,天主教会的报纸就同普鲁士统一德国的方针唱反调。俾斯麦说:"调节这种音调的音叉应到罗马去寻找。"德法战争期间,罗马正式宣布教皇"永无谬误",把一切反对教皇统治的学说以及自由主义、社会主义、共产主义都列为"谬论",这就使得德国自由主义力量和俾斯麦政府联合起来,对天主教会发动进攻。俾斯麦进行这场斗争的动机同民族自由党和进步党人不一样,他看到,自帝国成立之时起,一切反普鲁士的分离主义势力,包括巴伐利亚人、符腾姆贝格人、巴登人以及各邦分离主义者,加上波兰人、阿尔萨斯的天主教徒都聚集在教权主义的旗帜下,帝国内天主教的中央党,成了议会中最大的政治反对派。俾斯麦相信,通过打击德国的天主教徒来打击梵蒂冈,就能孤立并摧毁罗马天主教会的传统保护者、教权主义的法国,确保同俄国和意大利的友谊。总之,天主教中央党的分离主义-反对派活动,对刚刚统一起来的德意志帝国是一种现实的威胁。

但是俾斯麦没有利用资产阶级自由这一武器,也未曾设法用现代立法来约束中央党。他本着用"旧普鲁士的军棍"打击一切不合自己心意的人和物。他还把现象当本质,向一般的天主教教会寻衅挑战,利用各种非常法令并且令人讨厌地插手教会内部生活,以致激怒全国所有信奉天主教的居民起来反对俾斯麦。中央党反而被迫拿起资产阶级自由这个武器,显得理直气壮,不可屈服。

1871年6月19日,《十字架报》发表一篇受命于俾斯麦的措辞尖锐的文章,对天主教"宣战"。7月8日,普鲁士文化部的"天主教处"被取消。11月,俾斯麦公布法令,把一切学校都置于国家监督之下。12月颁布帝国法令,规定教士不得在布道中谈论国事,否则予以逮捕或监禁。

第九章 ● 工业化时代：民族国家的现代发展

1872年1月22日，普鲁士文化大臣因不同意俾斯麦的教会政策被撤职。6月取缔耶稣会，逮捕了科隆大主教、波森大主教以及另外两个辖区主教，撤换了1 300个教区的教士。俾斯麦对帝国议会议员说："放心吧！我不会去卡诺莎的，肉体不去，灵魂也不去！"

在普鲁士，1873年5月颁布了一系列反天主教法令，称为"五月法令"，企图以断然措施"解决"天主教问题。法令剥夺了主教在教会内的大部分授职权，把教会教育完全置于国家监督下；规定教士必须在国家大学学习，作为从事宗教事务的准备；国家对教士的授职保有否决权。天主教主教们则集会抗议，呼吁教徒不要服从这些法令。这一斗争使党派情绪和宗教偏执都大为加强。1874年俾斯麦在帝国议会作了六次长篇演说，以挑衅的口吻迫使中央党应战。1875年2月教皇发布通谕，宣布全部普鲁士法令无效。5月，普鲁士政府进而制定法规：凡教士不服从新法令的教区，停发一切补助；取消普鲁士宪法中允许教会自治的条款；命令一切教团和类似教团的团体解散，只有宗教医疗救护团体除外。

这场历史上的政治悲喜剧，被民族自由党人、医生维尔肖称作"文化斗争"，说这是两种不同的人生观和世界观的搏斗。对自由派说来，"文化斗争"就成为自由主义的和科学的现代文化反对中世纪黑暗的斗争。自由派想趁此机会搞垮中央党，从而对分离主义以致命的一击。但是这些反天主教会的"行政"措施，只不过增强了天主教领袖的战斗精神，他们成了对抗政治迫害的"英雄"，得到群众的同情和支持。1874年的帝国议会选举，中央党从1871年的63席增至91席。俾斯麦看到这种情况，特别是看到国内工人运动的兴

"砰砰碰碰"——1875年的漫画讽刺文化斗争

起，这是他真正的对手，再加上法国成了共和国，不再是天主教会的保护者，所以从1876年起他决定转向收场。他说，他必须至少走一段去卡诺莎的路。中央党和罗马教廷也决定妥协。1878年，"文化斗争"时期所颁

布的反教会法大都废弃。俾斯麦同教皇之间互赠照片,并获得一枚教皇勋章。

这场长达数年的"文化斗争",其实同文化关系不大。这是在"为世俗文化而斗争"的幌子下所进行的普鲁士帝国统治和反普鲁士统治的斗争,是普鲁士大一统主义精神和西南德中小邦的分离主义精神的斗争,是普鲁士大邦和西南德中小邦之间争权的斗争。由于普鲁士统一德国代表着历史发展的趋势,因而这场斗争在一定程度上带有统一与分裂、进步与倒退之争的性质。

接下来,俾斯麦不失时机地抓住对社会主义运动的镇压来强化他的统治体制。日益兴起的社会主义运动使容克资产阶级深感恐惧。进步党领袖欧根·李希特尔(Eugen Richter,1838—1906)大声疾呼:同反对派斗争是次要的事,同社会民主党斗争才是主要的事。还在1873年,俾斯麦在联邦议会上就声言,对付"国际党"(他常这样称呼德国工人党)也要像对付世界性的"神甫党"(中央党)一样,有用严厉法令的必要。1878年5月和6月,连续发生两起开枪行刺皇帝的事,第一次子弹偏高三尺,第二次皇帝当场受了重伤。这两起事同社会民主党毫无相干,俾斯麦却硬是诿过于德国工人党,宣扬"赤色危险"。10月10日新的帝国议会在三读时以221票对149票通过由联邦议会提出的《反对社会民主党企图危害治安的法令》(简称《非常法》),22日颁布后帝国政府便开动镇压机器

1878年5月11日,霍德尔行刺皇帝威廉一世,射出的子弹偏高三尺,未遂

肆意摧残工人运动。实行戒严,查禁报刊,封闭工会,解散集会,逮捕、监禁、判刑、流放、驱逐等一齐向社会民主党袭来。1881年《非常法》到期,俾斯麦操纵帝国议会使之一延再延,从延至1884年、1886年,直到1889年。在《非常法》实施的十二年中,有1 300种党的出版物遭到禁止,330多个工人组织被解散,900多人被放逐,1 500多人被法庭判处入狱,白色恐怖笼罩全国。

第九章 工业化时代:民族国家的现代发展

但是,俾斯麦在1881年时就看到,光用"鞭子政策"是很难奏效的,需要辅以"糖果政策"改善工人的处境。这就是俾斯麦的社会立法措施。首先是劳动立法。80年代初,规定6天工作制,按时给工人支付货币工资,废除工矿企业中使用童工,被雇青工必须读完小学,劳动日不超过10小时等。其次是他的社会保险立法。1883年颁布疾病保险法令,保险费30%由雇主,70%由工人缴纳。工人患病期间,可从保险费中支取半薪和医疗费,死亡后支取丧葬费。1884年颁布工伤事故保险法,规定保险费全部由雇主缴纳;视工人受伤程度决定领款数目,死者家属可领相当亡者20%工薪的津贴。1889年颁行的残废和老年保险法,保险费由国家、雇主和工人缴纳,领者初为70岁,后改75岁。1887年社会保险费总额为近1亿马克,1900年增至近5亿马克,这一年领社会保险费的人数达500万人。

俾斯麦的社会立法开资本主义国家之先河,被人们讽刺地称之为"俾斯麦先生的社会主义",具有深远的社会意义,这是俾斯麦自己当时也不曾想到的。这些社会立法在当时虽然要求工人牺牲一定的政治权利,例如领取救济金的失去选举权,但在一定程度上改善了工人的状况。社会立法并没有损害容克大资产阶级的利益,相反,这种"温和的手段"起到诱使工人离开阶级斗争轨道的作用。俾斯麦说:必须在恢复帝国健康的菜料中"加几滴社会主义的油"。所以说,社会立法当时实质上是《非常法》的补充手段。

当时绘就的俾斯麦的社会立法

1888年3月9日,91岁高龄的皇帝威廉一世去世,帝位由他的儿子弗里德里希三世(Friedrich Ⅲ,1831—1888)继承,他登上帝位时已57岁,且是一个患喉癌而垂死的人。他只统治了99天,便长逝了。弗里德里希三世是德国自由派的巨大希望。他娶英国公主为后,熟悉英国的立宪政体并表示好感,对俾斯麦实行的普鲁士主义持批判态度。在他的顾问和密友中,许多是德国进步党领导人。他在1870年元旦的日记中写道:"甚至今天,我仍然认为,德国本来可以不用铁和血,而可以'在道德上征服'别人,成为统一、自由和强大的国家……将来我们的崇高而极其艰难的任务,就是解除今天世人对我们亲爱的德意志祖国毫无根据的猜疑。我们必须表明,我们新获得的权力对人类不是危险的,而是福音。"但是弗里德里希三世究竟在多大程度上是一个自由主义者?这还是值得怀疑的,因为他毕竟是一个普鲁士军官,而且把权威和威望看得极重。他在世时采取的唯一带有自由主义行动,就是把冯·普特卡默尔(Robert von Puttkamer)强行赶出普鲁士内阁。普特卡默尔1881年被任命为普鲁士内务大臣,是民主和自由分子最凶暴的敌人。《非常法》时期对社会民主党人的搜捕和镇压都出自他的手。如果弗里德里希继续活下去,德国的历史进程将会如何?这样的问题无法讨论,他在王储的时候就是俾斯麦的政敌,但对"普鲁士主义"就不曾有过稍许的非议。俾斯麦当时就宣称,那种认为弗里德里希是自由派的奇谈会危及整个王朝,必须加以消除。确实,弗里德里希三世的"百日"统治,不过是德国历史中的小事件,人们很快就把这位难作定论的悲剧人物从记忆中抹去。

弗里德里希的儿子和继位者威廉二世(Wilhelm Ⅱ,1859—1941,1888—1918在位),无论在性格上和政治上都与其父亲不同。他在1888年不止继承了普鲁士王国和德意志帝国的领导,还同时接替了铁血宰相俾斯麦。这两个意志坚强、独裁成性的人物发生冲突是不可避免的。到1890年3月,双方的冲突只能以"年高德劭"、"声誉日隆"的

"领港员离船了",上面是威廉二世,下面是俾斯麦。载1890年3月英国政治讽刺周刊《笨拙》的一幅漫画

俾斯麦"辞职"告终。虽然辞职的消息引起广泛评论,在政界引起一阵激动,倒并没有什么人感到惊异,许多人(特别是自由派)还表现出了一种宽慰感,没有一个人吭一声或举一个手指,要求俾斯麦继续留任。奥匈帝国皇帝弗朗茨-约瑟夫一世(Franz Joseph I,1830—1916)给威廉二世的信中说:"俾斯麦伯爵和梅特涅不幸都未能急流勇退,在职的时间太长了。"

正当俾斯麦领导着德意志帝国进入世界强国行列之时,他本人却垮台下野。对这个问题的解释,不能归之于俾斯麦同年轻皇帝之间的勾心斗角。根本的原因在于工业化时代德国诸阶级之间的利益分歧和冲突。统一后的德国很快进入列强之列,基础在于资本主义经济力量的飞速发展。俾斯麦就是凭借这样一种实力,在欧洲舞台上纵横捭阖,从中谋利。俾斯麦的大陆政策,是为了对付俄法的;俾斯麦的国内政策,是以《非常法》为主要标志的,据此对德国工人阶级进行残酷的镇压。但是俾斯麦的内外政策都没有取得成功。德国社会民主党在遭到十二年《非常法》的迫害后,力量反而蓬勃壮大,并且成为帝国议会中最大的政党之一;外交上未能阻止俄法日益接近,在海外的扩张又到处遭到英国的排挤,容克资产阶级日益不满于俾斯麦的领导。俾斯麦的专制的、独裁的、家长式的作风,越来越遭到所有人的反对,正是这样一种内外的打击,把俾斯麦从宰相宝座上倾覆下来。

作者评曰:

统一与工业化-现代化之间并不存在必然的因果关系。这不仅是因为西欧北美大多数现代化的国家并不存在国家分裂问题,而且由于统一是政治层面的事,多属"人为过程",工业化-现代化却是社会层面的事,多属"自然过程",两者具有不同的"质"和不同的时空。不过对于德国来说,统一与工业化-现代化之间却存在着一种极为密切的特殊关系。政治上长期处于分裂状态,是德意志民族发展史上的重大不幸。统一问题就成为德意志民族发展的生命线,而且能极有力地促进经济的发展。德国的工业化-现代化是从19世纪三、四十年代开始起步的,工业革命的开展以及工业化的深度和广度,都同德国当时的具体条件和环境息息相关,政治的分裂或统一对此具有更大的影响。然而我们也看到:现代化的开展,工业革命和工业化的进展,对于德国的统一也起巨大的促进作用。新登上历史舞台的、作为民族利益代表的现代工业资产阶级,它的利益和发展,是和统一紧紧联系在一起的。资产阶级要发展,需要民族的统一,对内作为统一的国内市场,对外作为民族利益的代表和保护神。因此我们可以说,德国的统一和德国的工业化-现代化之间是互相作用和互相促进的,而且常常是一种决定性的助力。

第十章 "英雄时代"：从民族工运到国际工运

> 莫要说我们一无所有，我们要做天下的主人
>
> ——E. 鲍狄埃

一、马克思和恩格斯

西欧早期的无产者反对其剥削者的斗争，几乎都没有取得什么结果。19世纪三、四十年代出现的法国里昂起义，英国宪章运动和德国西里西亚织工起义，都相继失败。鲜血从西欧大地上流过，而创伤依然如此刺痛，统治阶级的压迫和奴役日甚一日，工人阶级的处境越来越不堪忍受。在这种条件下，创立科学的社会主义已成为时代的需要。科学社会主义的任务是给无产阶级以理论武装，胜利地从事反对剥削阶级的斗争，同时还存在一个任务，就是把科学的社会主义与工人运动结合起来。应当说，科学社会主义或科学共产主义产生于西欧，但它的创立者却是德意志民族的两个伟大的儿子。马克思和恩格斯解决了这一伟大的历史任务。

卡尔·马克思（Karl Marx，1818—1883）于1818年5月5日诞生于普鲁士莱茵省的特利尔城。莱茵省是德意志兰当时最发达的工业区，政治、思想、文化方面深受法国资产阶级革命的影响。马克思的父亲是一位犹太血统的律师，崇尚

马克思在著述

法国唯物主义和法国革命,但却是一个德意志的、普鲁士的爱国者。马克思在特利尔中学学习时已经显示出他的独立思考和勇于创新的天赋。他在作文《青年在选择职业时的考虑》中说,人在选择职业时是不自由的,因为任何人都受到环境的约束。这里已经有了朴素唯物主义思想的萌芽。1835年10月起,这位青年曾在莱茵河畔的波恩大学度过了几个愉快适意的学期,忧虑不安的父亲把这位年轻气盛的儿子送往柏林,为了使他变得更加规矩和理智一些。马克思转入柏林大学法律系(1837),致力于研究历史、哲学、法律,并受到德国古典哲学大师黑格尔以及费尔巴哈(Ludwig Feuerbach,1804—1872)思想的深刻影响。一个偶然的机会使他进入柏林青年黑格尔学派的圈子(所谓"博士俱乐部"),当时这一派团聚在布鲁诺·鲍威尔(Bruno Bauer,1809—1882)的周围。鲍威尔试图证明基督教是古代社会的精神产物,因而就必须首先对希腊、罗马各哲学学派作一透彻的研究。从历史的观点来阐述这些学派,是马克思大胆尝试的第一项科学工作。1841年他结束大学生活,写了题为《德谟克利特的自然哲学和伊壁鸠鲁的自然哲学的差别》的论文,获哲学博士学位。这篇论文虽然贯穿了战斗无神论的精神,但当时马克思还深深陷在黑格尔的玄学之中;他虽然已掌握了黑格尔的哲学辩证法,但没有摆脱唯心主义。1841年费尔巴哈的《基督教的本质》出版,对马克思转向唯物主义起了积极作用。

马克思毕生所攀登的途径,总是紧挨着危险的绝壁。青年黑格尔派懂得在宗教领域内改造他们先师黑格尔的学说,但不懂得在政治和社会领域内改造黑格尔的学说。特别是柏林的青年黑格尔派,只能炫耀"哲学比一切政治和社会问题的地位崇高得多",聊以自慰。当时柏林缺乏像莱茵兰那样有相当发达的现代工业,缺少对资产阶级法律观念的强有力的支持。时代斗争一开始,柏林就远远落在科隆和莱比锡之后。在柏林,一种创新的哲学找不到发育滋长的土壤,也找不到探索前进的兴趣。马克思决定回到家乡,走向社会,投入实际。

马克思本想在波恩大学讲授哲学,由于普鲁士政府加紧对进步知识界的迫害,不得不放弃这个打算。他转向政治,开始从事反对专制主义和争取民主的斗争。1842年5月,他参加了科隆《莱茵报》工作,该报作为莱茵省自由主义资产阶级的利益喉舌而闻名全国。《莱茵报》愈想把政府推向现代资产阶级社会的顶端,普鲁士政府就愈加坚持他们在易北河以

第十章 ●"英雄时代":从民族工运到国际工运

东的那种落后性。矛盾一日尖锐似一日。报社比较激进的编辑人员很快就掌握了该报的大权,马克思是其中最年轻、最有才干的一个,这年10月就成了《莱茵报》的主编。在马克思的影响下,《莱茵报》日益带有革命民主主义性质。最初的几篇文章是论述新闻自由的,稍后莱茵省议会关于反盗窃木材法案、关于自由贸易和保护关税等法案的讨论,把马克思的注意力引向物质利益问题。他的《关于林木盗窃法的辩论》、《摩塞尔记者的辩护》等文章,批判普鲁士国家反人民的实质,维护劳动大众的利益。黑格尔哲学的国家观是与马克思文章观点背道而驰的。马克思不仅怀疑黑格尔的观点,而且同柏林的友人们分道扬镳了。马克思在《莱茵报》社里还着手研究法国革命和法国的社会主义,试图作透彻的解剖,这个打算未能实现。由于《莱茵报》采取日益反政府的态度,普鲁士政府下令在1843年4月1日封闭《莱茵报》,虽然马克思在查封前就辞离了《莱茵报》,《莱茵报》还是被封了。

马克思已经没有可能在普鲁士乃至德意志兰境内从事任何公开活动。1843年秋,他同青年黑格尔分子卢格(Arnold Ruge,1802—1880)相约,一起移居巴黎,创办新杂志《德法年鉴》,继续进行斗争。这份杂志仅仅出了一期就中辍了,两位出版者在指导原则上无法一致。卢格无法摆脱黑格尔哲学的偏见,而马克思却已从这些偏见中逐渐解放出来。马克思在这段时间里集中精力批判黑格尔的国家和法的唯心主义理论,写了《黑格尔法哲学批判》,还研究了国家的理论和法国革命的历史,做了五大卷笔记。在《黑格尔法哲学批判》中,已得出不是国家决定市民社会,而是市民社会决定国家的唯物主义结论。1844年在《德法年鉴》上发表的两篇重要文章:《论犹太人问题》和《〈黑格尔法哲学批判〉导言》,前一篇论证了政治解放和人类解放,亦即资产阶级革命和社会主义革命的根本区别,后一篇指出了只有无产阶级才能推动和实现人类的彻底解放,提出了对旧世界进行"武器的批判"和先进理论具有巨大革命作用的思想。这些观点表明,马克思已经从唯心主义转向唯物主义,从革命民主主义转向共产主义,成为无产阶级革命家。

在巴黎的1844年,是马克思青年时代最有成就的一年。他研究法国大革命,深入地研究了资产阶级的阶级斗争,一直回溯到中世纪时期;研究法国社会主义的丰富资料,了解到法国的社会主义经过了卡贝、路易·勃朗和蒲鲁东的活动,开始接近了工人运动,以及法国空想社会主义者的

"启蒙"作用。马克思在批判圣西门和傅立叶关于社会主义不应涉及政治的见解时,引用了费尔巴哈的名言:人创造了神,而不是神创造了人。他进一步发挥说,人不是抽象的、蛰居于世界之外的东西,人就是人的世界,是国家,是社会,在哲学消除了真理的彼岸(指上天、天国)以后,历史的任务就在于建立此岸(指地上、人世)的真理。对天国的批判必然会变成对人世的批判,对宗教的批判必然会变成对法律的批判,对神学的批判必然会变成对政治的批判。针对当时普鲁士-德意志的形势,马克思已经察觉到,德意志资产阶级的解放斗争将中途搁浅,而工人阶级的解放将获得愈来愈大的发展。"哲学把无产阶级当作自己的物质武器,同样地,无产阶级也把哲学当作自己的精神武器",哲学是解放斗争的头脑,无产阶级则是解放斗争的心脏。

由于思想发展的分歧,马克思和青年时代的朋友相继分道扬镳,但却得到志同道合的恩格斯的友谊,从那时起,他和恩格斯并肩战斗了40年,结成了永恒的友谊。

弗里德里希·恩格斯(Friedrich Engels,1820—1895)于1820年11月28日诞生在普鲁士莱茵省的巴门市(今名乌塔培尔市),父亲是纺织厂主,希望恩格斯继承家业。和马克思一样,促使恩格斯走上革命道路的,也并非他本人的困苦生活,而是他的智慧。他从少年时代起就对家庭和周围环境抱着批判的态度。不安的父亲把他送到不来梅的一位牧师家,反而促使恩格斯对宗教产生了怀疑。他不仅同宗教而且同保守的、笃信宗教的家庭精神完全决裂。他在邻近的埃北费尔德完全中学学习期间,勤奋好学,学业优异,对外国语有非凡的天赋,当时就已掌握了法语、希腊语、拉丁语等多种语言。毕业后在巴门和不来梅学习经商几年,1841—1842年又在柏林服了一年志愿兵役。从此,军事学也成为恩格斯爱好的一门学科。

恩格斯在服志愿兵役时,并没有脱离对哲学的研究。他在柏林大学旁听,参加了青年黑格尔派,这时马克思刚刚离开柏林,费尔巴哈关于基督教本质的论著引起他极大的兴趣。他写了《谢林与启示》等文章,公开举起无神论的旗帜,批判谢林想使哲学再度变成"神学的奴婢"和为普鲁士专制制度辩护的立场。他还指出黑格尔的"不安静的辩证法"和他那保守结论之间的深刻矛盾。在兵役期届满后,恩格斯被父亲派往英国,在曼彻斯特"欧门-恩格斯"棉纺厂办事处任职。在这里他熟悉了大工业。他在哲学方面的造诣,使他能够认识到现代工业无产阶级的使命。正如马克思从研究法国革命中认识到的那样,恩格斯在英国工业中认识到:经济的事实尽管一直被历史学家描写为不起作用或起微不足道的作用,其实却是起着决定性作用的历史力量。1844年3月恩格斯在《德法年鉴》上发表《政治经济学批判大纲》一文,从社会主义观点出发,批判了亚当·斯密和李嘉图创造的政治经济学的基本范畴,剖析了资本主义经济制度的矛盾,指出私有制是资本主义社会一切祸害的根源,要消灭私有制。这篇文章被马克思称誉为"批判经济学范畴的天才大纲","已经表述了科学社会主义的某些一般原则"。恩格斯已由唯心主义转向唯物主义,由革命民主主义转向共产主义。

马克思和恩格斯通过完全不同的途径得到了相同的结论,这对他们说来确实太宝贵了。1844年9月,恩格斯在从英国返德途中,在巴黎和马克思相处了十天,两人倾心交谈了各自的理论观点,交换和讨论了时代面临的迫切问题,开始了伟大的合作。他们立即着手拟订驳斥布鲁诺·鲍威尔的论战文章,这就是《神圣家族》,在这部著作中他们清算了他们以往的哲学思想,奠定了革命唯物主义的社会主义基础。1845—1846年间,他们又合著了《德意志意识形态》一书,对历史唯物主义作第一次系统的阐述。与此同时,恩格斯撰写了他那著名的《英国工人阶级状况》一书,马克思则在反对蒲鲁东的论文《哲学的贫困》里拟定了他的资本论的初步纲要。一种崭新的世界观学说出现了。

由马克思和恩格斯创立的新世界观学说,被称为马克思主义。马克思主义首先是一门科学。它决不是离开世界文明发展大道而产生的固步自封、僵化不变的学说,它是人类在19世纪所创造的优秀成果——德国的古典哲学、英国的古典政治经济学和法国的空想社会主义的当然继承者。它同时是批判地继承人类先进思想的优秀成果并加以改造和发展而来的。马克思和恩格斯从德国古典哲学中吸取了黑格尔辩证法的合理部分,也吸取了费尔巴哈唯物主义的合理部分;从英国古典政治经济学中吸取了劳动价值论的思想,从法国空想社会主义者的观点中利用了他们关于未来社会制度某些基本特征的推想和对资本主义勇敢的批判。但是他们不是简单地吸取这些进步思想成果,而是加以革命的改造,创立了崭新的马克思主义哲学、马克思主义政治经济学和科学社会主义理论,这就是马克思主义的三个组成部分。

马克思和恩格斯在哲学中最伟大的贡献,是创立了辩证唯物主义,并把它从对自然界的认识推广到对人类社会的认识,创立了历史唯物主义,从而在人类认识史上引起一场空前的大革命。他们在政治经济学中最伟大的贡献,就是彻底揭示了资本和劳动的关系,提出剩余价值学说。由于有了这两个伟大的发现,马克思和恩格斯就把社会主义从空想变成了科学。

《共产党宣言》是科学社会主义的第一个纲领。《宣言》中始终贯彻的基本思想,即:每一个历史时代的经济生产以及必然由此产生的社会结构,是该时代政治的和精神的历史的基础;因此,从原始土地公有制解体以来全部历史都是阶级斗争的历史,即社会发展各个阶段上被剥削阶级和剥削阶级、被统治阶级和统治阶级之间斗争的历史;而这个斗争现在已经达到这样一个阶段,即无产阶级通过解放全人类的阶级斗争,使自己从资产阶级的压迫和剥削下解放出来。这个基本思想中有两点特别值得注意,第一,现代生产力基础上的经济生产,是这个时代的政治和精神的历史基础;第二,无产阶级是通过解放全人类的阶级斗争使自己获得解放的。《共产党宣言》无疑开创了现代国际工人运动的新篇章。

马克思和恩格斯:科学共产主义的创立者

但是马克思、恩格斯在看到现代生产力的巨大改造力量的同时,却过高估计了19世纪40年代后期西欧经济的发展水平。工业革命在西欧大步前进建造的资本主义基础在当时还有很大的扩展力和调整力,而他们当时却估计它在西欧已接近成熟到可以铲除资本主义生产方式的程度。这一估计使马克思对现代社会发展的关注转移到西方资本主义社会的崩溃和革命变革等问题上。通过欧洲1848年革命的实践以及50年代后西欧资本主义国家经济的高涨,促使他们对现代工业资本主义经济作进一步深入的研究(如着手著述《资本论》),发展和完善自己的学说。但是他们随时随地都坚持革命的立场和革命的原则。

二、拉萨尔和倍倍尔

德意志1848—1849年革命失败以后,马克思、恩格斯和他们的同志们几乎全部流亡国外,科学社会主义学说及其革命传统也都随之外流。在50年代的反动时期,40年代的早期社会主义运动已经完全停息。在普鲁士的反动高压下,到50年代末60年代初才出现一种社会民主主义的社会主义运动。社会民主主义是两股发展潮流的产物,一股产生于马克思和恩格斯所代表的总的西方社会主义传统,成为革命的、国际性的社会主义;另一股发源于普鲁士内部,体现在拉萨尔身上,成为改良的、民族性的社会主义。

斐迪南·拉萨尔(Ferdinand Lassalle,1825—1864)生于普鲁士西里西亚首府布勒斯劳,父亲是一个有钱的犹太绸缎商人,崇信犹太教。拉萨尔无论是他出身的环境,还是他的家庭,比起马克思的情况来都更加犹太化。少年时代他就梦想成为犹太人的英雄领袖,日记中写道:"领导手执武器的犹太人争得独立,始终是我的愿望。"但是这种炽烈的犹太民族主义思想并未保持多久。1840年15岁的拉萨尔来到莱比锡,进入商业学校学习。他很快就开始憎恨自己的犹太出身以及因此加诸自己的负担和无权的地位,他说他恨两种人,犹太人和文人——不幸他两者都是。显然,拉萨尔对于犹太人受压迫的愤恨同他成为革命者有很大关系。这位本想领导上帝的特选子民走向胜利的年轻"解放者",却成了领导无产阶级大众走

斐迪南·拉萨尔

向独立和政治斗争的"救世主"。拉萨尔走向革命,主要是由于个人的郁闷,而不像马克思和恩格斯那样由于理论的研究。他说:"如果我生而为王侯,我就要尽心尽力做一个贵族,而今我不过是一介普通市民的儿子,我将是这一代的民主主义者。"

青年拉萨尔拒绝父亲要他去经商的劝告。他设想自己应该是一个"鼓动家、演说家、作家",一个"伟人","要伸手去取王冠"。他以那终生成为其特点的英雄资质和戏剧性的悲怆情怀告诉他父亲,他已选择为人权而战斗来作为自己的职业,"因为上帝给了我力量,我感觉到了,这力量使

我能战斗！能为一个高尚的事业而战斗,而受苦。"1841年秋,他进入大学学习,开始在布勒斯劳大学,后来转到柏林大学,攻读古典艺术、语言学和黑格尔哲学。这些后来就成为拉萨尔思想的真正根源。正当马克思和恩格斯摆脱了黑格尔哲学时,拉萨尔却成了黑格尔哲学的热心拥护者。虽然后来拉萨尔力图用现实内容来充实黑格尔的概念,可是他从未摆脱过这些概念,因而也无法摆脱唯心主义哲学的基本概念。1844年拉萨尔经著名自然科学家亚历山大·冯·洪堡(Alexander von Humboldt, 1769—1859)的介绍,到巴黎研究与他的论文有关的手稿材料。在巴黎接见他的海涅描写道:"拉萨尔先生是真正的新时代的儿子,这个时代没有我们当年多少假装的并借以求得发展的自我克制与谦卑。新的一代要享受,要出风头。"

拉萨尔的第一部学术著作是论述希腊哲学家赫拉克里特。但他的研究工作由于插手哈茨费尔特伯爵夫人的离婚案件而中断了。1846年21岁的拉萨尔打抱不平,出面维护遭其贵族丈夫遗弃和迫害的伯爵夫人,拉萨尔用他全部精力和热情为她打官司,他认为这样做是出于一种反对诸侯权贵的普遍原则立场。1854年他终于为她争得一大笔离婚费。这场花了八、九年时间,在三十六个法院打官司的诉讼案,被拉萨尔洋洋得意地视为"生平大捷",他的声名也由此远扬。

拉萨尔并未因为这场争执而忘掉他的生命是寓于革命的。1848年8月,他投身于德意志革命浪潮,并宣布加入马克思的《新莱茵报》团体,自认是"马克思的学生"。但是他的所学和修养是无法掌握唯物史观的,他从来也没有越过资产阶级民主主义这条线,他是作为一个激进的民主主义者参加这场革命的。1848年11月普鲁士发动反革命政变,拉萨尔因"号召群众武装暴动"被捕,经6个月的"审前拘押",直到1849年5月,才又判处他6个月的徒刑。他就这样同普鲁士-德意志的激进运动共起命运来。

拉萨尔是参加1848年革命后留在德意志兰的极少数人中的一个。1857年他移居柏林,作为一个激进的报人和小册子作者积极活动。1858年出版其哲学著作《爱非斯的晦涩哲人赫拉克里特的哲学》,不久又出版了大部头著作《既得权利体系》,这些用黑格尔唯心主义观点写成的著作是同马克思主义哲学观点和法学观点完全对立的,虽然受到普鲁士学术界的一些好评。50年代后期起,拉萨尔的社会政治观点也完全同马克思

第十章 "英雄时代":从民族工运到国际工运

主义的社会政治观点相对立。1858年末他抛出的文学历史剧《弗朗茨·冯·济金根》,美化骑士领袖,断言"农民是反动的阶级";1859年他以笔名发表了《意大利战争和普鲁士的任务》的小册子,就德意志的统一道路问题提出自己的主张。他不谈德意志无产阶级的任务,只谈普鲁士王朝的利益,把奥地利看成是普鲁士的主要敌人,要普鲁士和法国结成同盟去击败德意志的奥地利。60年代初起,拉萨尔已经公开站在普鲁士国王的旗帜下,用尖刻的语调攻击资产阶级。因此,人们把他称为普鲁士"王家社会主义者"。拉萨尔还企图通过"攻击资产阶级"把普鲁士-德意志的工人阶级掌握在自己手里。

拉萨尔在等待革命来临的时机。在他看来,1862年春季,这个时机是到来了。普鲁士-德意志工人运动经历了十五年左右的低潮,重新高涨起来。现代工业工人运动也开始出现。普鲁士的专制君主同议会中的资产阶级之间的"宪法争执"斗得正酣。拉萨尔在这个时候抛出他的小册子《工人纲领》,力图使工人相信,"工人等级"只有通过争取普选权才能改变自己的经济和政治地位。另外他在柏林作过好几次有关宪法问题的报告。他一语道破宪法的实质:宪法问题本来就不是法律问题,而是权力问题,一个国家真正的宪法只存在于该国的实际力量对比之中。他嘲笑进步党人关于宪法赋予他们权利的夸夸其谈。他称自己是"老革命","社会主义权威理论家"和"人民之友"。由于他的小册子和声名,莱比锡以及其他城市的工人组织,请求拉萨尔公开发表他的社会见解和行动步骤。1863年3月1日的《公开答复——致筹备莱比锡全德工人代表大会的中央委员会》,宣告了他最重要的社会政治见解。《公开答复》奠定了普鲁士社会民主主义(及其政党)的理论和实践基础。拉萨尔投向了工人运动。

在这以后,拉萨尔的鼓动进入高潮。他告诉工人,要把"争取普遍、平等、直接的选举权"作为自己的政治纲领,一旦"工人等级"在议会中取得席位,就能满足他们合法的政治权益。他告诉莱比锡工人,社会立法对他们没有帮助,舒尔策-德里茨施的合作社计划对他们没有益处,只有成立由国家资助的生产合作社,才能改善"工人等级"的经济地位。1863年5月23日,十个城市的工人代表在莱比锡集会,成立了全德工人联合会,这是德意志兰第一个独立的工人政治组织。在会上,拉萨尔使自己当选为五年一任的联合会主席,并使主席在联合会中具有无限的权力。他把自己的改良主义观点写入联合会的章程中。这个组织发展得并不快,成立三个月后才共有900名会员,到拉萨尔死时也只有4 600名会员。他希望成为群众运动的领袖,但群众的反响却稀稀落落。他于1864年8月28日在瑞士为一个女人与人决斗受到致命伤,三天后去世,他被埋葬在布勒斯劳犹太人的墓地。拉萨尔鼓动的历史功绩,就是他使德意志无产阶级脱离自发的、工联主义和合作主义道路,走上独立的政治斗争的道路。所以马克思后来说:"在德国工人运动沉寂了十五年之后,拉萨尔又唤醒了这个运动,这是他的不朽的功绩。"但他同时指出:"他犯了很大的错误。"我以为错误就在于他把自己一整套普鲁士社会民主主义观点——一种非马克思主义的改良主义观点灌输给刚刚走上政治斗争道路的德意志无产阶级,把他们领上改良主义道路。拉萨尔留给德国社会主义和劳工运动的影响是深刻而持久的,用卡尔·考茨基(Karl Kautzky,1854—1938)的话来说:"如果可以把德国社会民主主义的起源看作是某一个人的功绩,那我们就得说,他是斐迪南·拉萨尔创立的。"换一种说法,拉萨尔是普鲁士-德意志兰工人运动中的改良主义祖师爷。

在普鲁士和德意志兰,继承马克思革命社会主义传统的是倍倍尔。

奥古斯特·倍倍尔(August Bebel,1840—1913)诞生于普鲁士的科隆-多伊茨,父亲是一个普鲁士的下级军士。父母贫病交迫,相继去世,倍倍尔12岁时就成了孤儿,14岁那年结束了贫民学校的学习生活,在韦茨拉尔一个车工师傅处当学徒。他天资聪明,禀性活泼,酷爱学习,可是他少得可怜的工资已无法让他继续深造了。

倍倍尔是真正的工人阶级的儿子。他经历了艰苦的童年。1858—1860年春,他在南德、奥地利以及瑞士一带做流动的手工业工人,使他接触和了解德意志社会和现实。经过三年流动手工业工人生涯后,1860年定居于莱比锡并开始参加工人运动。由于他在工人组织中积极工作,才能超群,威信迅速提高,从1862年起,他陆续担任莱比锡工人教育协会和德意志工人协会联合会的领导职务。他是由于拉萨尔的鼓动而开始转向社会主义的。倍倍尔在描述60年代初莱比锡的情况时说:"我不记得当时莱比锡有任何人了解《共产党宣言》或马克思和恩格斯在革命运动中的作用。"倍倍尔继续写道:"和当时成为社会民主党人的大多数人一样,我由信奉拉萨尔转为信奉马克思。但在我们丝毫不知道马克思和恩格斯以前,我们读的是拉萨尔的著作。1869年末出版的我的第一本小册子《我

第十章 ●"英雄时代":从民族工运到国际工运

们的目标》,就清楚地表现了拉萨尔对我的政治思想发展的影响。只是在监狱里,我才有空阅读马克思的《资本论》第一卷……直到60年代末70年代初,我们党才知道《共产党宣言》和其他著作。"

同威廉·李卜克内西(Wilhelm Liebknecht,1826—1900)的认识有助于倍倍尔转向马克思主义。出身于黑森邦基森市市民知识分子家庭的威廉·李卜克内西,参加1848年革命后,逃往伦敦,居留到1862年。在伦敦,他认识了马克思和恩格斯,并自认为是马克思主义者。但是这位脑中充满激进民主主义思想的革命家,对于马克思关于阶级斗争和革命专政的概念不易理解,经常发生抵触。1862年返回德国后,同拉萨尔集团发生联系,由于不满拉萨尔对普鲁士

倍倍尔和威廉·李卜克内西

国家的吹捧和拉萨尔的专横独裁作风,愤而离开全德工人联合会。1865年,威廉·李卜克内西同担任莱比锡工人教育协会主席的倍倍尔相识,结下了毕生的友谊。倍倍尔从威廉·李卜克内西那里接触到科学社会主义的理论。与威廉·李卜克内西的交往无疑加速了倍倍尔由自由民主主义者转变为社会主义者的过程,并使倍倍尔成为马克思主义的信徒。1866年倍倍尔加入第一国际。

倍倍尔从拉萨尔的信徒变成马克思的信徒,是基于倍倍尔无产阶级的革命立场。他不能算是一个理论家,但对现实政治和实际事务的细节却有敏锐的辨别力。他和威廉·李卜克内西对普鲁士国家和俾斯麦怀有深深的敌意。因此当拉萨尔的继承者施韦泽(Johann Baptist von Schweitzer)同俾斯麦不断勾搭时,他们就同拉萨尔的追随者们决裂,号召组织一个新的社会主义政党。1868年9月,拥有1.3万会员的德意志工人协会联合会在纽伦堡召开第五次代表大会,倍倍尔以69票(仅缺2票)的绝对多数当选为大会主席,后又以绝对多数票当选为联合会主席。大会经过激烈的争论,通过以第一国际纲领为基础的新纲领,并接受国际主义原则。纽伦堡大会向建立革命政党迈出决定性的一步。

倍倍尔是创建革命工人政党的中心人物。1869年8月7—9日,262名代表出席了爱森纳赫召开的德国社会民主工党成立大会。新党是在以下口号下组织起来的:"打倒宗派主义,打倒领袖崇拜,打倒口头上承认我们的原则而行动上背叛它的耶稣会会士。"社会民主工党就这样组织起来了。在那些年代,它的党员被称为"爱森纳赫派"(爱森纳赫在德语中意为"诚实的人"),有时也被叫做"诚实的人们",以此与拉萨尔派相区别。该党通过的党章要求废除生产资料私有制,铲除统治阶级,以阶级斗争作为工人阶级政治、经济解放的决定性手段,拥护无产阶级国际主义原则。党纲反对容克-资产阶级的军事国家,最近目标是建立民主共和国。这就可见,党纲基本上是建立在马克思的科学社会主义基础上的。党纲中也包含一些明显的拉萨尔普鲁士社会民主主义的影响,如"自由人民国家","国家资助的生产合作社",给予工人"不折不扣"的劳动所得等等。这也许就是普鲁士-德意志革命的社会民主主义本身具有的特点。

从1871年起,倍倍尔多次被选为帝国议会议员,他成长为一个强有力的演说家和议会雄辩家,一直是帝国议会中社会民主党人的领袖。直到1913年去世为止,倍倍尔坚持这种马克思主义的革命立场,他的著作《我们的目标》(1869),《妇女和社会主义》(1883)和《我的生平》(1910—1914)都贯穿这一革命传统。

三、"英雄时代":反"非常法"的斗争

巴黎公社失败后,马克思、恩格斯把注意力放在德国工人运动上,他们认为,国际工人运动的中心已经从法国转到了德国。德国工人阶级在德法战争和巴黎公社革命的年代里,坚持无产阶级国际主义原则,坚决反对普鲁士沙文主义者对法国的侵略,为国际无产阶级树立起光辉的榜样,同时,德国工人阶级最早建立起自己的独立政党——1869年的社会民主工党(爱森纳赫派),这个党站在马克思主义革命的立场上,拥有优秀的工人阶级领袖倍倍尔和威廉·李卜克内西,吸取英国和法国无产阶级的革命经验和优良传统,在政治、经济、理论三条战线上同时展开斗争。

1871年德国的统一,为德国工人阶级在全国范围内进行反容克-资本统治的斗争奠定了基础。工业化的迅速开展和深入发展,日益造成一

第十章 "英雄时代"：从民族工运到国际工运

个强大的现代工人阶级，德国的产业工人从1852年的190多万增至1894年的590多万，而他们的状况比英法等国要坏得多，工资低，劳动强度大，政治上毫无地位。工人的贫困和苦难提高了他们的反抗性和革命性。工人阶级的利益要求建立一个统一的政党。70年代初，工人群众中普遍要求德国社会民主工党（爱森纳赫派）和全德工人联合会（拉萨尔派）能够统一起来。两派合并的条件也已成熟：它们在德国统一道路上的重大分歧已经不复存在；两派的工人同样面临政府的残酷镇压，迫切需要团结。拉萨尔派的领袖为了不致在工人中完全失去影响，也不得不表示和爱森纳赫派达成"谅解"的愿望。

马克思和恩格斯支持德国工人把两个党派统一起来的要求，但向爱森纳赫派领袖指出：必须使拉萨尔派完全放弃其错误的观点，把统一建立在革命的科学共产主义的基础上。他们曾不止一次告诫倍倍尔特别是威廉·李卜克内西：不要"拿原则做交易"；不要追求"不惜任何代价"的统一；工人阶级的妥协态度归根到底是害多利少的，"在有些情况下，需要有勇气为了更重要的东西而牺牲立刻的成功。"但是，爱森纳赫派的领导人，首先是威廉·李卜克内西却认为，此时此刻的首要任务是能够把两党统一起来，为取得工人阶级的"统一"，爱森纳赫派不仅在组织上而且在观点上必须作广泛的让步。1874年社会民主工党科堡代表大会上，威廉·李卜克内西提出了"要统一，不要合并"的口号。在此后两党会谈中，爱森纳赫派的代表，对拉萨尔主义大开方便之门。1875年3月，党纲草案和党章草案在两党的机关报《人民国家报》和《新社会民主党人报》上发表。党章草案贯彻了民主的组织原则，党纲草案则不伦不类，包含了拉萨尔主义的主要论点、小资产阶级民主主义的要求和从马克思、恩格斯著作中抄来，但往往又被曲解的命题。这时倍倍尔仍在狱中，得悉后表示反对。另一位爱森纳赫派领袖白拉克（Wilhelm Bracke，1842—1880）则致信党的委员会表示抗议。远在伦敦的马克思和恩格斯从报刊上得知两派酝酿合并的消息并看到了《纲领》草案，感到异常愤怒。他们不能坐视由自己培育起来的爱森纳赫派如此无原则地向拉萨尔派"投降"。马克思当即在《纲领》草案上作眉批式的批判，以《对德国工人党纲领的几点意见》为题，5月5日寄给白拉克和其他党的领袖（这就是著名的《哥达纲领批判》）。他们指出，一个党的纲领"是一面公开树立起来的旗帜"，是"判定党的运动水平的界碑"，一个机会主义的纲领，将会使德国工人运动在革命的根本问题上迷失方向。《哥达纲领批判》不仅给拉萨尔主义以全面的、彻底的批判,而且在一系列重大问题上对科学社会主义作出新的理论贡献。

马克思着重批判了哥达纲领对国家本质的歪曲。《纲领》把国家描绘成凌驾一切之上的独立组织,并用"自由人民国家"代替无产阶级的统治。马克思,还有恩格斯都明确指出:国家只是一种强力镇压自己敌人的暂时机关,所谓自由人民国家,纯粹是无稽之谈,当无产阶级还需要国家时,并不是为了自由,而是为了镇压自己的敌人,一到有可能谈自由的时候,国家本身就不再存在了;拉萨尔的"自由国家"不是别的,在德国就是容克-资产阶级专政的俾斯麦国家。马克思在批判"自由国家"论的同时,第一次提出了"无产阶级的革命专政"的国家观及其时代:"在资本主义社会和共产主义社会之间,有一个从前者变为后者的革命转变时期,同这个时期相适应的也有一个政治上的过渡时期,这个时期的国家只能是无产阶级的革命专政。"这可以说是马克思总结他全部革命学说的著名论断。

马克思重申无产阶级暴力革命的原理,批驳《纲领》中所谓"力求用一切合法手段"和"依靠国家帮助建立生产合作社"以达到社会主义这一拉萨尔谬论。马克思指出,剥削阶级是不会自动退出历史舞台的,他们的国家也不会"自行消亡",无产阶级同资产阶级"要进行最后的决战",在战场上争得自身的解放。

马克思在驳斥《纲领》中关于劳动者在社会主义将领取"不折不扣"的或"全部劳动产品"这一拉萨尔的庸俗分配观时,探索了共产主义的两个阶段及其分配原则,指出在共产主义的初级阶段,即社会主义阶段,分配的原则是"各尽所能,按劳分配",只有发展到了共产主义的高级阶段,"社会才能在自己的旗帜上写上,各尽所能,按需分配!"

马克思在《批判》的结尾,引用了《圣经》上的一句话:"我说了,我拯救了自己的灵魂。"因为他知道,德国两党的合并已成定局,改变纲领的机会主义性质不仅为时已晚,也很难被两党的领袖所接受。马克思和恩格斯在1875年没有公开批判《哥达纲领》,原因是德国工人群众的统一热情,他们在革命实践中对纲领作了共产主义的解释;而资产阶级营垒,也愚蠢地对纲领作了共产主义的解释,领会出其中所没有的东西。但是自此以后,承认不承认无产阶级的暴力革命,承认不承认无产阶级的革命专政,就成为国际工人运动和德国工人运动中马克思主义与机会主义,革命派与改良派之间的简明分界线。

第十章 ●"英雄时代":从民族工运到国际工运

1875年5月22—27日,73名拉萨尔派和56名爱森纳赫派的代表,代表25 659名党员,在哥达举行合并大会,决定建立德国社会主义工人党(1890年改名为德国社会民主党),由三名拉萨尔派领袖和两名爱森纳赫派领袖组成党的执行委员会,实权控制在拉萨尔分子手中。监察委员会由莱比锡党组织(倍倍尔领导下)担任。另由18名委员组成仲裁委员会,协调执行委员会与监察委员会之间的争议。这次大会确立了集体领导,通过了《德国社会主义工人党纲领》(又称《哥达纲领》),列入了国际主义原则,通过了关于工会工作的提案。一个统一的工人阶级政党出现了,而且以一种战斗性的姿态登上统一德国的政治舞台,但它却保有一个妥协性的机会主义纲领。只有少数爱森纳赫派的领袖得悉马克思的《哥达纲领批判》,他们秘而不宣,在维护党的"团结"和"统一"口号下,掩饰革命的、国际主义的社会主义同改良的、民族主义的社会主义之间的区别与分歧,并使这种"传统"一直保持在德国工人阶级的社会民主党内。直到16年后的1891年,在恩格斯的坚持下,《哥达纲领批判》才第一次公开发表。

两党合并所带来的"一时的成功"是显而易见的。德国工人运动迅速向广度发展并走向高潮。党员人数一年之内由2.5万多人增至3.8万多人。党报在1877年增至41种。拥有26个全国性的工会组织并实现了统一。1877年议会选举中,社会主义工人党得到近50万票,12个议席。这些成就大大惊吓了统治阶级。正当德国工运发展势头甚健之时,俾斯麦已决定用暴力手段来摧毁党和社会主义运动。1878年10月,俾斯麦在议会中通过所谓"非常法":凡进行社会主义宣传的各种组织、出版物和集会都被封禁;政府可随时宣布"戒严";可不按法律手续任意逮捕和放逐社会民主党党员。一时间白色恐怖笼罩着全国。

同拉萨尔派无原则合并遗留下来的不良影响和危险,在法令公布之初就突出地表现出来。党领导机构中的拉萨尔分子吓得晕头转向,他们强行通过党自行解散的决议。倍倍尔和威廉·李卜克内西,在这种"突如其来"的袭击下,也感到不知所措,他们没有转入地下斗争的准备。一些党内的同路人、改良主义者则趁机跳出来兴风作浪。赫希伯格、施拉姆和年轻的私人秘书伯恩斯坦(Eduard Bernstein,1850—1932)受党之托在瑞士苏黎世出版《社会科学与社会政治年鉴》,这个所谓"苏黎世三人团"这时在年鉴上发表专文《德国社会主义运动的回顾》,他们居然警告党,要党无条件服从"非常法";鼓吹党不应是"片面的工人党",而应是"一切富有真正仁爱精神的人"的"全面党";在无产阶级同资产阶级之间不应进行阶级斗争,而应尽情和解和博爱;要党表明"它不打算走暴力的、流血的革命道路,而决定……走合法的改良的道路"。"三人团"力图用"正义"、"自由"、"平等"、"博爱"等资产阶级口号来代替无产阶级政党的唯物主义基础。与此同时,也出现一个盲动主义集团,以《自由报》编辑莫斯特(Johann Most,1846—1906)为首,要党采取密谋恐怖策略,要"立即行动!"他拒绝一切合法的斗争。

在这种混乱的情况下,马克思、恩格斯又一次挺身而出,反击机会主义分子的进攻,帮助倍倍尔等领导人纠正错误,辨明方向。他们特别珍视党的普通党员在疾风暴雨下表现出来的坚定态度,指出普通党员的果敢行动真正拯救了党。1879年9月,马克思、恩格斯给德国党的领导人写了一封《通告信》,尖锐指出,苏黎世三人团一类右倾机会主义分子"是冒牌货","党怎么能够再容忍这篇文章的作者们留在自己队伍中","我们决不能和那些想把这个阶级斗争从运动中勾销的人们一道走"。他们还批判了"左"倾盲动主义,指出莫斯特一伙滥用"革命"字眼,蛊惑人心,别有用心。马克思、恩格斯坚持无产阶级革命路线,为党制订了"非常法"状态下正确的斗争策略。他们指出:俾斯麦使工人阶级和平达到目的"这种说法遭到破产,并使运动走上革命的轨道,他为我们做了一件大好事"。革命政党必须用合法与非法斗争相结合的手段,团结并积聚力量,准备未来的无产阶级革命。柏林、汉堡和其他城市的工人党员,抵制"党自行解散"的错误方针,自动组成党的秘密地方组织,展开秘密活动。倍倍尔和威廉·李卜克内西逐渐认识到自己的错误,转向正确的道路。他们着手恢复党的各级组织,开始地下斗争。

1880年8月21—23日,德国社会主义工人党在苏黎世附近山冈上一座废弃的维登宫中召开第一次秘密代表大会。大会首先清算了"左"右倾机会主义。经过激烈的斗争,会议把莫斯特集团开除出党,撤销"苏黎世三人团"担任党报编辑的职务。接着完成了党的领导重建工作。会上选出了社会民主党议会党团的执行委员会,委托议会党团的执行委员会作为正式的党的中央领导机构。威廉·李卜克内西是党团执行委员会的主要领导,倍倍尔担任执行委员会司库,所谓党的"财政部长"和党的"组织中心"。维登大会的另一中心议题,是关于党在新形势下的策略和路线。会议对《哥达纲领》作了重要的修改:党不再只用一切合法手段,而要

第十章 ● "英雄时代":从民族工运到国际工运

用一切手段来达到自己的目的。会议决定加强党的机关报《社会民主党人》的领导,大力展开宣传活动。维登代表大会结束了党的混乱时期,使党得到巩固,转入反"非常法"的斗争。

社会主义工人党展开广泛的地下活动,利用各种合法组织把党巧妙地掩护起来。秘密的工人协会常借郊游、晚会、文娱活动等名义进行政治活动。苏黎世(后在伦敦)出版的《社会民主党人》报,通过秘密的"红色战地邮局"机智地运入德国境内。在柏林和其他城市创立了地下印刷所,保证党的宣传品在工人中广泛传播。党员深入群众,进行日常细致的组织和宣传工作。党员们充分利用罢工来反对剥削和恐怖统治;为死难同志举行葬礼以及为被放逐的党员送行,也常常变成反政府的示威游行。

选举斗争和议会斗争是当时重要的斗争方式。"非常法"时期的历次党代表大会都提出了进行选举斗争的任务,还为此成立了"中央选举委员会"领导这一工作。广大党员和工人群众积极参加了帝国议会、邦议会和城市议会的选举斗争。党员和有觉悟的工人群众,坚决抵制俾斯麦的"糖果政策",拒绝政府的"保险津贴"和救济金,不让统治阶级腐蚀自己的斗志。在艰苦的岁月里,特别在1882—1883年的经济危机岁月里,把当时唯一的政治权利——一张选票投给自己的同志。党的著名领袖和活动家像倍倍尔、威廉·李卜克内西、保尔·辛格尔(Paul Singer, 1844—1911)等都是以个人名义当选为议员的。1883年,党采取议会内外相配合的方式向政府发起反击,也挫败了党内以前党主席、拉萨尔分子哈森克莱维尔(Wilhelm Hasenclever)为首一伙主张与政府妥协的活动。1884—1885年,党还迫使党团右翼(这时已形成多数)放弃支持俾斯麦的海外殖民政策。1899年5月,党领导了鲁尔10万工人大罢工。这次规模空前的行动,有力地打击了俾斯麦的"非常法"。由于倍倍尔和威廉·李卜克内西在80年代基本上执行正确的革命路线和策略,党在斗争中不断发展壮大起来。到1890年,即经历十二年的迫害后,党在帝国议会选举中获得143万张选票,35个议席,成为议会中最大的政党之一。就在这一年,德国议会被迫废除了"非常法",俾斯麦也被迫下台。

德国工人阶级在反"非常法"年代里的不屈不挠的斗争和取得的成果,是德国工运史上光辉的一页。德国社会民主党在和平时代创立的成功的斗争策略,也成为国际工人运动宝贵的财富。德国社会民主党成为当时国际工人运动的先锋,在1889年新成立的第二国际中起着举足轻重的作用。

四、社会民主主义旗帜下的分歧和分裂

"非常法"取消后,德国社会主义工人党脱离了地下状态,重新取得合法地位,广泛开展工作,成为议会中最有影响的政党。1893年,全德工会联合会成立,合作社和工人文化教育组织也很快发展起来。一种在反"非常法"时期起指导作用的社会民主主义,也就成为"非常法"取消后时期党和工运需要遵循和发展的理论。但是"社会民主主义"的阶级内涵究竟是什么?却有着社会革命和社会改良的不同理解。从恩格斯(1883年马克思逝世后,恩格斯就成为国际工人运动的指导者,特别是德国工人党的行为监护人)看来,社会民主主义首先就是革命的社会主义,是为了实现马克思的暴力革命和无产阶级革命专政的必要手段。虽然高龄的恩格斯这时也感受到时代的变化和德国工业化和现代化带来的社会剧变,并且敏锐地作出许多新的革命手段的设想和对策,但时代的主要矛盾没有变,因此必须坚持马克思的无产阶级革命路线。而从德国党内的改良主义派看来,社会民主主义就是改良的社会主义,通过和平的、合法的、议会民主的道路,建立阶级妥协的民族大家庭。容克-资产阶级统治手法的改变和工人阶级斗争环境的改变,助长了党内改良主义派的气势。这种情况在1890年10月召开的党的哈勒代表大会上明显表现出来。哈勒代表大会还委托威廉·李卜克内西等拟定新的党纲,准备提交1891年在埃尔富特召开的党的代表大会讨论。

恩格斯洞悉德国党的内部情况,对党内改良主义倾向的增长早就察觉到了。还在埃尔富特大会以前,他整理出马克思的《哥达纲领批判》手稿,坚持在党的理论杂志《新时代》上公开发表,并在1891年1月1日和广大工人群众见面。恩格斯的深刻用意在于使广大党员和群众了解马克思的革命路线和原则立场,避免和克服党内重犯机会主义。特别是他看到,德国党内居领导地位的一些马克思主义者,如倍倍尔,对党内改良主义的滋长毫无认识,倍倍尔在1891年8月国际布鲁塞尔大会上公开"保证":德国党"决不允许"机会主义留在党内。而就在这时,以格奥尔格·福尔马尔(Georg Heinrich von Vollmar,1850—1922)为首的改良主义集团,却正要党改变其革命路线。恩格斯需要随时敲响警钟。1891年中,

第十章 "英雄时代":从民族工运到国际工运

恩格斯看到了威廉·李卜克内西等拟定的新的党纲草案,他立即写了《1891年社会民主党纲领草案批判》(又称《埃尔富特纲领批判》),批评党的领袖因害怕政府恢复"非常法"而不敢在纲领中提出社会主义革命的任务,甚至连民主共和国的要求都不敢提出。纲领还散布有害的幻想,似乎可以通过和平的道路达到社会主义。纲领完全不提无产阶级革命的根本问题,即建立无产阶级专政,无异是对马克思主义的背叛。恩格斯要求重新草拟新的党纲。接着恩格斯坚决反击福尔马尔集团的进攻。国会议员、巴伐利亚社会民主党人福尔马尔公开要求党和资产阶级政党结成联盟,改变对容克-资产阶级国家的敌视。"对邪恶的念头回之以拳头,对善良的愿望报之以感激",这就是他的格言。他硬说德国皇帝陛下及其政府对工人阶级采取了"真正友好态度",党"必须放弃对政府的不妥协政策",支持政府对外扩张。福尔马尔企图使党的全部工作仅仅限于议会活动,而且按照资产阶级改良主义精神进行活动。他不顾党的原则,在地方议会里与资产阶级政党共同投票赞成政府的预算案。恩格斯把福尔马尔叫做"叛徒",揭露这一伙人的观点同工人阶级利益毫无共同之处,他们在党内建立一个真正的反党宗派联盟,构成社会民主党分裂的主要危险。在恩格斯的敦促和帮助下,倍倍尔挺身而出,给福尔马尔以坚决的回击。

1891年10月,党在埃尔富特举行代表大会,正式更名为德国社会民主党。大会通过了新的党纲。这个党纲草案是由卡尔·考茨基(Karl Kautsky,1854—1938)另行起草的。考茨基出身于布拉格的知识分子家庭,1874年入维也纳大学哲学系学习,1875年加入奥地利社会民主党,80年代初作为赫希伯格的助手参加德国工人运动。1881年在伦敦初次会见马克思和恩格斯,此后一直受他们的指导和培养。考茨基熟读马克思的著作,可以背诵如流,自命是"正统马克思主义理论家"。1883年任德国社会主义工人党理论刊物《新时代》杂志主编,写了许多通俗解释马克思主义的文章和小册子,如《卡尔·马克思的经济学说》、《土地问题》等。1891年参加德国社会民主党的领导机关,此后参加第二国际的领导。迄今为止,考茨基的理论倾向是马克思主义的,但就其实践倾向而言则是调和主义的,思想深处则憧憬着"民主"和"议会"道路取得政权。他所起草的埃尔富特纲领虽然消除了拉萨尔的教义,比较明确地表述了党的政治要求和经济要求,但依然没有提出无产阶级专政问题,没有提出推翻君主制、建立民主共和国的要求,这就是明证。

但是把社会民主主义诠释为改良社会主义的思潮,却是一种时代的现象,它随着德国工业革命的完成和向帝国主义过渡而变得无法遏止。在德国,促成这种思潮的时代原因大约有三个。第一,由于工业化而促使资本主义经济迅猛发展,社会财富激增,这就使统治阶级有可能从巨大的超额利润中抽出一部分来收买工人阶级的上层分子。各地的市政当局每年拨出巨款"津贴"各种受其影响的"协会"、"工会"和合作社。在这些群众组织中,一大批专职领导脱离生产,领取高薪,成为"党官僚"、"工会官僚",构成一个强大的工人贵族层,20世纪初,这个阶层的人数约有1.5万人,他们害怕革命,也反对人家革命,成为现存制度的社会支柱。第二,广大城乡小生产者大量加入工人队伍中来,但是他们并不彻底无产化,他们中的许多人仅仅作为"同路人"参加工人运动,却又认为共产主义是不可企及的遥远目标,因而热衷于点滴改良,阶级妥协,摒弃斗争,鼓吹博爱等等。这种小资产阶级的"庸人观",构成了德国反马克思主义思潮特别广泛深厚的基础。第三,19世纪晚期产生的各种资产阶级学派对马克思主义的大举进攻,例如马尔堡学派和弗赖堡学派宣扬的新康德主义;舒尔策-德里茨施等的庸俗经济学,认为可以通过工人筹款举办合作社来解救工人的苦难,达到"社会和谐";由德国新历史学派教授组成的"讲坛社会主义",鼓吹社会主义-改良主义,认为国家是超阶级的组织,能调和敌对阶级关系,在不触动资产阶级利益情况下,可以逐步实行社会主义。这些理论体系,从哲学、经济学和政治学等方面为德国的反马克思主义思潮准备了条件。此外,俾斯麦时期的社会立法和威廉二世统治初期的"自由主义"政策和社会改革,也都起了很大的迷惑和欺骗作用。这些条件就使德国工人运动内部最早出现修正主义这一反马克思主义思潮。恩格斯在世时,凭借他的威望和理论素养,尚能制止社会改良主义思潮的泛滥。1895年恩格斯去世,改良主义思潮就汹涌而来。出来"修正"马克思主义的人物竟然是"马克思主义者"伯恩斯坦。

爱德华·伯恩斯坦出身于一个犹太铁路技师家庭,曾任银行职员。1872年加入社会民主工党(爱森纳赫派)。1878年为"苏黎世三人团"之一,在受到批评后,迅速转变。从1881年到1890年他担任党的机关报《社会民主党人》主编,在恩格斯的帮助和督促下,著文宣传马克思主义。他通过《社会民主党人》报参与了党的领导事务,并在报上揭露俾斯麦镇压工人运动的"鞭子与糖果"两手政策,进而批判了为这一政策提供理论依据的国家社会主义;阐述科学社会主义原理,批判党内残存的拉萨尔主义思想;同国会党团内的改良主义分子进行斗争,因而备受恩格斯的赞扬。伯恩斯坦为人深沉、现实,富于感受,善于探索,高谈阔论,兼有思想型理论家和现实型活动家的才能。他是党内最早感受到时代的变化和德国社会的剧变的领袖之一,90年代初他就在探究"非常法"废除后德国工人运动,还有国际工人运动的前景和新策略。英国费边社的渐进主义和德国资产阶级现代经济学派的工业化经济高速持续发展理论,强烈影响了伯恩斯坦。以往被压制着的资产阶级民主主义观,现在在社会民主主义的旗号下复活起来。他"断言"马克思主义的革命原理已经过时,要求对"传统观点"进行"自由批判"和"修正"。他不是像列宁那样在革命的道路上"发展"马克思主义,而是在改良的道路上"阉割"马克思主义的灵魂,不管他提出的论据和材料有多么真实。他成为新时代党内改良主义的继承人和代表。从1896年底起,伯恩斯坦开始在考茨基编辑的理论杂志《新时代》上,以"社会主义问题"为总题,发表五篇文章。在伯恩斯坦看来,垄断的出现,使资本主义具有"适应能力";资本主义因而"有比过去所假定的更长的寿命和更强的弹性";先进国家中资产阶级"正在一步步地向民主制度让步","在一百年前需要进行流血革命才能实现的改革,我们今天只要通过投票、示威游行和类似的威逼手段就可以实现了"。因此,他宣布:在这样的时代,"谈论(资本主义)社会长入社会主义并不是错误的";对无产阶级政党"有最大意义的"不是"取得政权",实现最终目标,而是进行"细小的工作"。伯恩斯坦得出结论说:"我公开承认,对于人们通常所理解的'社会主义的最终目的',我非常缺乏爱好和兴趣。无论这一目的是什么,它对我来说是微不足道的,运动就是一切。"这样,伯恩斯坦就把以实现社会主义为目的的无产阶级革命政党变成为社会改良党。他的"最终目的是微不足道的,运动就是一切"的公式,突显了修正主义的实质。1899年1月,伯恩斯坦将他的文章和理论集中成书出版,取名为《社会主义的前提和社会民主党的任务》,他从哲学、政治经济学和社会主义学说等方面系统阐述了他的修正主义观点,形成一套完整的修正主义体系,体系的核心就在于不要无产阶级的暴力革命和反对无产阶级的革命专政。德国工人运动中以及国际工人运动中,自此便形成了以伯恩斯坦为首的右派社会主义派别,福尔马尔、奥埃尔(Ignaz Auer)、达维德(Eduard David)、希法亭(Rudolf Hilferding)等都是这一派中有影响的人物。

面对着右派社会主义派的进攻,党内立时形成了左派社会主义派,展开针锋相对的反击。左派主要由新一代的马克思主义者所组成,代表人物有卡尔·李卜克内西,罗莎·卢森堡,克拉拉·蔡特金,弗朗茨·梅林。党的老领袖倍倍尔在重大原则问题上都站在左派一边。威廉·李卜克内西则于1900年去世。

卡尔·李卜克内西(Karl Liebknecht,1871—1919)是威廉·李卜克内西的儿子,革命家庭的熏陶使他从小就立志为革命而献身。1899年大学毕业后在柏林当律师。父亲去世的那年他正式加入社会民主党,已是一位引人瞩目的人物:由于他反对修正主义态度坚决,对军国主义作不调和的斗争,遂成为左派的代表人物。他的名著《军国主义和反军国主义》明确提出,只有

卡尔·李卜克内西、罗莎·卢森堡、弗朗茨·梅林、克拉拉·蔡特金

工人阶级战胜帝国主义和军国主义,全民族才能确保幸福与和平。1907年倡议召开社会主义青年第一次国际会议,并任社会主义青年组织国际联络局主席。从1908年起,他是普鲁士邦议会议员,1912年当选为帝国议会议员。他大无畏地反对帝国主义的战争政策,成为一代革命斗士。

罗莎·卢森堡(Rosa Luxemburg,1871—1919),出生于波兰的犹太商人家庭,青年时代就是沙皇统治的坚决反对者,18岁开始过流亡生活,就读于苏黎世大学。1893年参加创立波兰社会民主党。从1897年到德国起,就积极参加德国社会民主党和第二国际的活动。卢森堡忠于马克思主义的革命原则,一开始就站在反对伯恩斯坦修正主义的最前

第十章 "英雄时代":从民族工运到国际工运

列,站在反对军国主义和帝国主义战争政策的前列,成为德国社会民主党和第二国际的左派领袖。1905年底秘密回到华沙领导波兰民族解放运动。1907年在国际斯图加特代表大会上同列宁并肩反对国际修正主义。虽屡遭迫害和监禁,革命意志却更坚强。被列宁赞誉为"革命之鹰"。

克拉拉·蔡特金(Clara Zetkin,1857—1933),出生于萨克森的乡村教师家庭,她是在反"非常法"的疾风暴雨时期加入德国社会主义工人党的(1878),1882年流亡瑞士的苏黎世,不久移居巴黎,参加法国工人运动。第二国际成立大会上当选为书记,她的演说《为了妇女的解放》成为工运史上的新课题。蔡特金的巨大功绩是她在无产阶级革命运动中开辟了新的领域:妇女工作。她使劳动妇女运动成为无产阶级革命的重要组成力量,把妇女运动置于社会主义运动的旗帜之下。她是社会主义国际妇女组织的书记,在她创议下,1910年定3月8日为国际劳动妇女节。蔡特金从一开始就站在反对修正主义的前列,坚持革命立场,反对帝国主义战争政策,成为德国社会民主党和第二国际的左派领袖之一。

弗朗茨·梅林(Franz Mehring,1846—1919)就年龄而论,是属于老一代的工人运动活动家,就其思想和行动而言,却应属于新一代的左派之列。这位普鲁士军官家庭出身的历史学家和政论家,1866—1870年在莱比锡和柏林攻读哲学和文学史,接着在柏林当律师和作家,持民主主义观点。80年代成为马克思主义者。1891年加入社会民主党,任《新时代》杂志的编辑和发行人,后一度任《莱比锡人民报》主编,坚决反击修正主义的进攻。他经常通过撰写马克思主义的历史论著和政论文章,驳斥右派的修正主义论点,反对帝国主义的战争政策。1913年同卢森堡一起创立《社会民主党通讯》,坚持国际主义的革命立场。

这个左派社会主义派也有它的弱点,犯有政治上和理论上的错误。他们对时代的变化和帝国主义的本质缺乏明确的认识,对修正主义是时代的产物也模糊不清。他们提不出一套新形势下的革命理论,以解决新形势下的革命实践问题。左派政治上和理论上的领袖是卢森堡,这位革命之鹰的主要错误是推崇无产阶级的自发革命行动;低估无产阶级政党的领导作用;轻视农民作为无产阶级革命同盟军的意义;否认在帝国主义时代有实现民族解放战争和民族自决权的可能。左派在组织上很长时期内也没有同机会主义者决裂,没有建立自己的马克思主义政党。左派同右派一样,在党内和工人群众中都还只是少数派,多数党员和多数群众还留在中派考茨基那里持观望态度。

  20世纪初期的考茨基,不仅是德国社会民主党的头号理论家,而且是第二国际的主要领导,面对着党内和国际内分裂为左右两派,考茨基扮演了貌似公允的角色,力图调和这场斗争。他口头上拥护马克思主义,但在反对修正主义这个重大原则问题上却是持"不偏不倚"的调和态度,鼓吹"不惜任何代价维护党的统一"。1900年第二国际巴黎代表大会上,左右两派就法国"社会主义者"米勒兰参加资产阶级政府一事展开激烈的争论,伯恩斯坦认为米勒兰入阁是无产阶级夺取政权的第一步,卢森堡为代表的左派则认为米勒兰入阁是一种叛卖行为。考茨基以维护"国际统一"为名,提出一个折衷的决议草案,草案虽然认为参加资产阶级政府不是夺取政权的"正常的开始",但又说社会党人参加资产阶级政府"只是一个策略问题而非原则问题"。这个被称为"橡皮决议案"①的草案最后被通过。以考茨基为代表的中派开始形成。正是在中派的掩护和调和下,右派势力日增。大战前夕,社会民主党在帝国议会中已占有110席,成为最大的议会党团,但是党的领导机构日益被右派把持,他们把左派从党的重要岗位上排挤出去。1913年,卢森堡被解除《莱比锡人民报》编辑职务。左派在党内日益失势,中派越来越靠拢右派。

  1913年8月,社会民主党的老一代领袖倍倍尔去世,党的领导权落到右派分子弗里德里希·艾伯特(Friedrich Ebert,1871—1925)和腓力浦·谢德曼(Philipp Scheidemann,1866—1939)手中。倍倍尔的逝世使德国无产阶级失去一位最有威望、最受爱戴的领导者。倍倍尔终身为社会主义而奋斗,几十年来一直站在无产阶级革命斗争的前列,同党内、第二国际内的机会主义进行积极的斗争,有着巨大的功绩。由于他不了解时代的变化,没有能使德国无产阶级采取新的斗争形式和策略,仍拘泥于议会斗争的老方式,因而不能坚决地、有效地同修正主义斗争,但这并不损及他是一位马克思主义的无产阶级革命家。他代表了德国工人运动中一整个"英雄时代"。

---

① 德文中橡皮一词为Kautschuk,与考茨基Kautsky名字发音很相近,人们因此讽刺考茨基议案为"橡皮决议案"。橡皮者,富有弹性之物也。

第十章 ● "英雄时代"：从民族工运到国际工运

作者评曰：

19世纪下半叶，欧美和德国的工人运动，都是在社会民主主义的旗号下开展的。马克思当时也支持打这样的旗号，目的是能在这个"和平时期"在欧美各民族国家内尽可能多地团结工人群众和社会主义追随者，发展壮大自己。但是革命，却是马克思主义政党的第一条基本原则。因此，他强调在德国社会民主党内坚持革命的原则，不致由于民族国家内部长期的和平合法斗争的环境而淡忘了未来的暴力革命。德国工人阶级在反对"非常法"时期的成功斗争，是马克思的革命原则同统一后德国的具体实际相结合的成果。它不仅开创了德国工运史上辉煌的"英雄时代"，而且标志着从民族工运发展到国际工运；不仅在民族国家内部成为举足轻重的政治力量，而且成为国际工运的典范和领导。

正是在这个光辉胜利的时刻，德国的社会主义运动却发生分裂。这似应从对时代的看法分歧中寻找背景。社会民主主义本质上是把社会革命原则包裹在和平行为、合法斗争、议会民主的外衣之内，基本上是排斥暴力革命的。当列宁根据马克思的革命原则，称时代已经进入资本主义的最高也是最后阶段——帝国主义阶段，各国的社会民主党需要转向，共同对国际资本-帝国主义发起革命的冲击时，德国社会民主党内原先存在的思想分歧，在时代与革命问题上发生公开分裂。党内社会民主主义右翼（伯恩斯坦为代表），认定现代化-工业化时代不存在革命的危机和革命的形势，它站在德国民族工运的立场上，力主通过和平的道路长入社会主义。左翼则完全站在国际工运的立场上，紧抱着马克思主义的革命原则，力主进行革命的冲击，而不顾及是否存在革命危机和革命形势。以后德国工人阶级在左右翼两难的选择中，大部分追随右翼社会民主主义的民族工运，只有小部分追随左翼社会民主主义的国际工运。据我看，被称为有"中"派倾向的倍倍尔，他的主张和态度较为正确，他既坚持革命的原则，又不放弃议会的民主；既照顾国际工运的潮流，又照顾民族工运的利益，既对党内错误思潮作原则的批判，又尽量团结党内同志，不作无谓的组织决裂。可惜他在1913年就去世了。

第十一章 强权时代:民族沙文主义的膨胀

一旦充分发展的自由这一抽象概念进入个人和民族的头脑,就没有什么比这更具有控制不了的力量。

——G.W.F.黑格尔

一、德国帝国主义

帝国主义首先是一种经济概念,是资本主义国家工业革命完成时期膨胀起来的民族经济力向外扩张和渗透的载体。当19世纪40年代英国在向世界各地大肆扩张和侵略之时(如1840年发动了鸦片战争),已具备了帝国主义的基本特征,而这时的德国,工业革命还刚刚启动,还是以农业为主的资本主义弱国,并不具备帝国主义的基本经济特征。把19世纪90年代定为德国工业革命完成的年代大致是不会错的。德国统一所促成的工业化的第二个高潮,完全改变了德国的社会性质,德国成为完全奠基在工业生产力之上的现代工业国。90年代以后,德国出现了工业化的第三个高潮。这不仅表现在德国工业经济的继续迅猛发展,而且表现在工业经济结构内部通过新的"调整"所产生的巨大扩展力。德国工业化的第三个高潮完整了德国现代化道路的特定模式。至于说确定第三个高潮的具体年代,则是困难的,特别是开始年。一些学者把1896年世界经济走出萧条波期进入繁荣波期作为开始年,虽然可以作为参考,但不如根据多种因素的综合考察把"90年代后期"作为开始年显得更为科学。1914年由德国挑起的第一次世界大战的爆发,则明显地打断了德国工业化的第三个高潮的进程。当德国的大工业在19世纪90年代中期刚刚大规模转向以世界市场为主的世界经济大循环,参与国际大竞争之时,世界经济发展的长波周期也刚刚走出大萧条波期,这对德国经济的继续发展极为有利。工业革命造成的生产潜力,现在开始普遍奠基在"电力"之上("电力"取代"蒸汽",进入电气化时代),一发不可收拾地"迸发"出来,使德国的工业生产更大步地跳跃向前。重工业的标志煤、铁、钢的产量和轻工业的标志纺织用棉的消耗都达到世界的前列。德国的铁路建设到20世纪初时已近"饱和",铁路线长度的增幅相对缩小,但以国家为主的铁路建设的纯投资额,增幅仍在每十年一倍以上。国家对铁路建设投资除进行现代化(主要是电气的应用)的改造而外,主要是增建军事需要的铁路。国家还大力促使煤、铁、钢的大宗出口或转入新的船舰制造业(以铁甲军舰为主)和汽车制造业。商船船队的拥有量仅次于英国,居世界第二位。电气工业的总产值,1891—1913年增长了28倍。1913年德国的化工产品销售额达24亿马克,生产了占世界总产量90%的合成染料,出口了占世界化工产品出口总额的28%。这些新兴的工业部门在世界上占有明显的优势。所有这些使德国与各主要资本主义国家经济实力的对比产生了明显的变化。1900年时,各国工业生产占世界工业生产的比重,英国为18%,德国为16%,法国为7%,美国为31%,俄国为6%,日本为1%;十年后到1910年,英国占14%,德国占16%,法国占7%,美国占35%,俄国占5%,日本占1%,德国已跃居欧洲之首,居世界第二位。这个时期由于德国工业经济从内向型向外向型转变,贸易额随之大增,从1900年的103.7亿马克增至1913年的208.5亿马克,增幅一倍还多。它在世界贸易中所占的比重日益增大,紧赶世界贸易超级大国英国。1913年英国占15%,德国占13%,美国占11%,法国占8%,德国是世界第二大贸易国。

这个时期,除了工业经济"量"的高速增长外,社会生产结构中还出现一些新的"质"的变化。首要的是工业的集中趋势和垄断的普遍化。19世纪90年代以来,在德国的重工业部门和新兴工业部门就出现建立巨型企业的趋势,接着各种类型的企业联合体大量涌现。由于巨型企业的资本有机构成高,因而直接引起生产和资本的高度集中。到20世纪初,占企业总数0.9%的3万多个大企业占有3/4以上的蒸汽动力和电力,其中586家巨型企业,几乎占有蒸汽动力和电力总数的1/3。生产的高度集中正是垄断组织产生的基础。在德国,典型的垄断组织是所谓卡特尔,这是一种以同行业之间的契约协定为基础的联合体,各企业独立存在,联合的目的在于"协定"生产和市场,在市场上发挥独占影响,提高各企业的赢利能力。1896年德国卡特尔已有260家,1911年遽增至550—600家。煤钢的生产基本上被几十家巨型企业所控制。莱茵-威斯特伐利亚煤业辛迪加合并了一百多家煤业公司,到1913年已控制德国煤产量50%和鲁尔煤产量的95%。克虏伯公司垄断了军火生产。电气工业掌握在电气总公司和西门子康采恩手中。化学工业的三大康采恩企业集团,联合为世界上最强大的化学工业垄断组织伊·格·法本康采恩。汉堡-美洲邮船公司和北德轮船公司两家控制了整个德国的航运业。德国卡特尔化的进程扩展到大部分工商业部门,包括书商卡特尔和生产集中程度较低的制针、纺织工业。从这个意义上可以说,19世纪末20世纪初德国的垄断组织在经济生活中已取得统治地位。垄断必然排斥竞争,而垄断又无法消除竞争,国内市场上是如此(总是存在大量中小企业),国际市场上更是显得你死我活。国民经济的发展和发展的快慢正是受垄断和竞争的矛盾运动所制约。德国垄断化的率先产生,是同德国国家干预经济的传统政策分不开的。帝国政府自70年代末实行保护关税政策以来,还采取特别措施,例如给予高利润的军事订货,实行出口津贴,制订专门的法律,以扶植和加强垄断组织,特别扶植它们的对外竞争能力。如果看得更深一层,可以说,德国的垄断组织是在政府的扶植下组织起来的,是国家垄断资本主义的一种"外在"形式。德国国家手中掌握着整个国民经济命脉(中央银行,铁路,邮电,进出口贸易),控制和引导着各类垄断组织的活动,凝成"一个国家"或"一个民族"的巨大竞争力,在国际市场上进行争夺和扩张。

其次是银行的作用发生了根本性的改变。德国银行在五六十年代成立高潮时期,其活动的最大特点,就是"生产信贷"业务超过"货币信贷"业务。统一后的七八十年代,商业银行,投资银行,投资合作金库等都融为一体,以中央银行为其后台,成为新的信贷银行,并直接参加建立工业公司。1880年时,德国信贷银行的总资产有很大的增加,已能提供巨额贷款促使工商业"无止境"的扩大。银行直接参与企业的经营管理,最常见的是派自己的代表参加工业公司的董事会。德国信贷银行同工业本身的积极结合,促成了德国工业化的高潮。但是到90年代以后,德国的银行资本也迅速集中,并和工业资本结合起来。原先一些巨型企业,例如克虏伯工厂和梯森公司,在金融方面并未受银行界的影响,化学工业基本上

第十一章 强权时代：民族沙文主义的膨胀

也不依赖银行，但在这时都不得不与银行建立起密切的联系。柏林商业银行和德意志银行成了电气工业的主要金融后台，其他大部分工业企业，不论大小，都是得到银行的支持才得以发展的。1909年柏林九家大银行集中全德银行资本的83%。德意志银行一家拥有资本30亿马克，控制了200家企业。柏林六家大银行的经理兼任344家工业企业的董事，这六家银行的董事会还是另外407家企业的监事，而这751家企业中的515名大工业家同时是这六家银行的董事或监事。大银行和工业企业紧密结合，形成了金融寡头。银行由简单的中介人一变而为万能的垄断者。

第三，资本输出也已开始具有越来越重要的意义，虽然这方面德国不如英国和法国，但到1914年，德国输出资本也高达440亿法郎，德国年轻工业开始插足于瓜分世界市场的斗争。工业化时期积储起来的巨大工业生产力(物力、财力)，本国市场已远远不能容纳，而急欲在世界市场上寻求出路。

帝国主义无疑也是资本主义现代化道路的组成部分，是资本主义经济发展的一个更高阶段。把垄断看成是帝国主义最基本的经济特征，就当时德国而言，是说得通的。它起码还可以判定德国进入帝国主义阶段的时间，这就是19世纪末期到20世纪初期。垄断与其说是资本主义经济腐朽的标志，毋宁说是追逐最大限度利润而四处扩展的原动力。政治上表现出来的扩张侵略才是帝国主义经济的真实反映。由于德国现代化道路的特殊性，德国帝国主义也具有区别于英、法、美等帝国主义的自身特点。德国帝国主义的主要特性是它的容克资产阶级性质。这是由其政权的性质和经济发展的特点所决定的。德国的资产阶级从未单独占有政权，政权主要垄断在容克地主阶级手中，这种情况到帝国主义时期依然如此。在经济上，容克掌握大部分地产，从事资本主义经营，他们的经济利益同资产阶级的利益密切结合起来，并在德国国民经济中占据重要地位。帝国主义时期，容克和资产阶级日益融合为一。容克、大地产主大量加入垄断工业企业和银行业，例如西里西亚大地主沙夫哥彻家族不仅占有西里西亚大量地产，而且还加入上西里西亚石煤开采，在其中起决定性作用。大工业企业家和金融寡头则力图购置地产，挤入贵族行列。克虏伯家族成了克虏伯·冯·波仑-哈尔巴赫男爵家族。容克的经济利益向资产阶级渗透，资产阶级的政治利益向容克紧靠。正因如此，容克阶级使整个高度发展的工业国德国的社会生活打上了它的烙印。半专制主义的统治形式和半封建的意识形态继续保存着,普鲁士的军国主义精神渗透到各个政治领域,和德国垄断资产阶级(其至打着"民族"和"国家"利益的旗号)急切的掠夺扩张欲望结合在一起,给德国垄断资本的掠夺性带上了强烈的军事色彩。此外,德国帝国主义还具有现代化大资本主义技术和高度组织性的特征。

二、威廉二世与他的"世界政策"

德国帝国主义在政治上的代表人物是德皇威廉二世。人们往往把1890—1918的德国称为"威廉时代",不仅因为给这个时代定调子、定格局的是皇帝而不是宰相,而且因为这个时代贯彻一种"威廉主义"的方针政策,一种同俾斯麦时代的内政外交完全相悖的方针政策。威廉时代初期的内政除采取专制统治以维护容克资产阶级的利益外,还采取"广泛的"社会改革,笼络收买工人群众,外交上采取所谓的"世界政策",与英国等争夺世界霸权和重新瓜分殖民地。煽起民族沙文主义,采取激烈的扩张攻势,就成为这位新君主行动的主旋律。

威廉登上皇位时是一个二十九岁的年轻人。他早年受过英国教育,在卡塞尔大学和波恩大学学过宪法学和政治经济学,受到过时代自由主义思想的影响,但后来在普鲁士近卫军中接受训练,受普鲁士军国主义精神和传统的教育,凝成一种刚愎自用、唯我独尊和崇信浪漫主义封建君主政体的性格。实际上这位高傲皇帝的虚假外表下却是一个敏感、动摇、胆怯和神经质的人。他经常用一种虚张声势的傲慢来掩饰内心的犹豫动摇。他总是全神贯注着自我,无法克服。他有一种色彩斑斓的个性,引人入胜。他还是一位健谈家,天生的演说家,比起能言善辩的俾斯麦来也并不逊色。每次演说都是"滔滔不绝"。他演说通常不用讲稿,想到哪儿说到哪儿,话语顺嘴倾泻而出。谁也不知道他结束时会讲些什么。他这种夸夸其谈、信口开河的作风常使大臣们尴尬,使外国舆论担忧。他还培养了从艺术、音乐到科学技术最新发展的广泛学术文化兴趣。威廉虽具有智能上的这些天赋,却像一个随意玩耍的人一样,缺乏起码的责任心。

在威廉二世身上,体现了封建浪漫主义同最现代化的思想特别是技术政治-公民表决思想的混合。他迷信神秘的招魂术,却又是霍亨索伦王朝统治者中第一个与大工业家(比如克虏伯家族)交朋友并积极支持最新

第十一章 强权时代:民族沙文主义的膨胀

技术进步的人。这种古旧的封建浪漫主义同最先进的技术至上的结合,也许正是造成现代世界中"德国问题"的根源之一。威廉二世还从霍亨索伦家族那里继承了一种对奢华铺张与官场虚饰的喜好。他几乎每天都开一个化装舞会。十六年中他命令自己的卫队换了37次制服。他用这些来满足自己极强的虚荣心。他最高兴的时刻是有一群狂热的谄媚之徒向他高唱赞歌,大献谀词之时。这位在军队环境中成长起来的皇帝,有着一种不安定的神经质,整天忙忙碌碌,到处出头露面。柏林《福斯报》计算皇帝在1893年一年中共旅行了199天。柏林人称他是"旅行皇帝"。威廉的家庭教师、喀尔文教派教徒欣茨彼得(Georg Ernst Hinzpeter)给他培养了一种注重形象、装饰门面的行事思维,他坚信上帝给自己的使命就是领导德国人建立伟大的功业,"上帝要不是还有更伟大的任务要交给朕,他是用不着对我们德意志祖国和人民费那么大的苦心的"。他深信自己是神之所选,负有神命,必须"以天下为己任"。"神命说"导致威廉二世强烈的独裁专制主义,他反对立宪主义和政党,"朕的意志是最高法律"。他宣称:"把德意志帝国锤炼出来的是士兵和军队,而不是议会决议。"他登上新皇位后的第一道圣谕,不像他的父亲那样题名为《致我的人民》,而是《致我的军队》:"我和军队是一体。我们天生来互相帮助,不管上帝的意志是要给我们和平还是风暴,我们都将站在一起。"这种普鲁士军国主义的黩武思想,不仅增加了德国自由派的恐惧,也增加了外国的疑虑。一位外国的外交官在1891年,即威廉二世上台刚三年,就曾作了这样的描述:

"他和哈姆雷特一样,身上存在着不同类型人物的胚芽,我们不能预见到哪一种胚芽将来会占优势,也不知道最后有一种胚芽长大时,他究竟是以其伟大还是以其渺小使我们惊异。

这位国君是多少不同类型君王的化身啊!今天,他是一个军人国王,戴着头盔,系着胸甲,僵硬笔直,只为检阅和演习忙碌,把调换卫队看得比一切国事重要,认为教练军士从根本上体现了举国一致,把军营纪律置于一切道德和自然法则之上,认为德国的光荣集中表现在新兵齐步行进时动作的绝对准确。突然,他脱掉军服,穿上工人的工装裤,于是他成了一个改革国王,只注意资本和工资问题,热衷于召开有关社会福利问题的会议,决心作为一个无产阶级兄弟的解放者载入史册。

〔接着他又成了〕廷臣的国王,热心俗务,浮华铺张,一心只求礼仪的漂亮豪华……但是说变就变！他又成了个摩登国王,一个19世纪的国王,认为过去的一切都是偏执顽固……决心借助议会制度来大建物质文明和工业文明,把工厂当作至高无上的圣堂,梦想着德国完全实现电气化……

有些人说他不过是一个渴望在报纸上扬名的年轻人；另有些人断言他不过是幻想力太强,有一种病态的想象力推动他去胡思乱想……；再有些人认为他不过是一个霍亨索伦家族的成员而已,勃兰登堡小诸侯这一最幸运世系连续相继的国王们所交替具有的专制主义、神秘主义、军人主义、官僚文牍主义和独断主义等品质,全都集中于他一身,而且更加发展,表现得淋漓尽致……

然而,我认为他不过是一个喜欢活动、干着玩玩的人而已——我的意思是说,他这个人极爱动,在动中他异常强烈地领略和感受到无比的愉快,因此,他希望在我们这种文化所容许的一切形式中体验和享受这种愉快……

这就是使得这位德国皇帝成为一个极端有趣的人物的原因。我们在他身上看到,在这开明的世纪,一个凡人居然比任何其他术士、先知或圣徒都更积极地声称自己是、也显得是上帝的助手和密友……对他说来,没有做不到的事,因为他统率着两百万军队和全国人民,而人民只要求在哲学、伦理学和经典注释方面享有自由,只要皇帝命令他们齐步前进,他们就默默服从。"

威廉时代整个德国的特点,是灿烂辉煌的物质繁荣和军国主义、海军主义、民族沙文主义的大发展。德国人的主要感情是对政治和工业成就的民族自豪感以及对未来的乐观展望。1913年威廉即位二十五周年庆典声势浩大,新闻界、学术界、经济学界、技术专家界一齐高唱赞歌,大献谀词,狂热歌颂,超过对以往所有德国皇帝。只有少数人发出不和谐音。电气工业家瓦尔特·拉特瑙就威廉时期繁荣的虚假性和脆弱性发出警告；尼采则从另一个角度对德国荣耀的真正力量和持久性表示怀疑；"左"翼《新观察》杂志发出悲叹："现今(1908年)的德国人变得非常耽于声色,实利主义,而且几乎完全成了头脑空空的专业人员。他们已逐渐变得冷酷而实际,对一切不能立即增强经济力量的活动都抱怀疑态度。"皇帝把这些人骂成是"绵羊脑袋"和"阴郁的悲观者"。统治世界的梦想使威廉二世的扩张欲望不可抑制地膨胀起来。

第十一章 强权时代:民族沙文主义的膨胀

威廉二世执掌国政后不久便实行了与俾斯麦截然不同的外交政策。他一方面宣称"路线照旧",一方面又命令"全速前进"。事实上,威廉二世正开始执行一条"新路线",即"世界政策"。它主要代表了德国大工业家和大地主把德国从大陆强国变为世界强国的渴望,同时也混杂了思想界对中世纪大一统性质的德意志帝国的怀旧。"世界政策"的主要点就是殖民主义和海军主义政策。威廉二世得意地解释他的"世界政策"就是向海外扩展殖民地,掌握制海权,争霸世界:"德国的未来在海上","定叫海神手中的三叉戟(即制海权)掌握在我们手中"。德国从"大陆政策"转变为"世界政策"的背景,是由于德国工业的起飞加剧了帝国主义国家间经济发展的不平衡,德国要求重新瓜分世界市场和殖民地。这个后起的现代化工业强国不能容忍老牌资本主义工业国占有了最大部分的市场和殖民地,而只留给它一点残羹剩饭。德国统治集团叫嚷"缺乏空间"、"领土太小",为重新瓜分殖民地制造舆论。1899年12月当时任外交大臣的布洛(1900—1909年任帝国宰相)在议会中公开宣称:"我们懂得,要是我们没有巨大威力,没有一支强大的陆军和强大的海军,就不会得到幸福……在即将到来的世纪中,德国人民不是当铁锤就是当铁砧。"布洛是威廉二世"世界政策"的积极推行者,他的"名"言:"让别的民族去分割大陆和海洋而我们德国人只满足于蓝色天空的时代已经过去了。我们也要为自己要求阳光下的地盘",震惊了国际政坛。从1891年起担任总参谋长的施利芬(Alfred von Schlieffen,1833—1913),90年代中期已开始埋头制订在欧洲东西两线作战的行动方案。1897年中,主张海外扩张的冯·梯尔皮茨海军上将(Alfred von Tirpitz,1849—1930)成为政府的海军大臣。他很快便制订出庞大的海军建设方案,并于次年建立了海军协会。他要求建立强大的舰队,同英国一决雌雄,从而实现"世界政策"。1898年帝国议会通过第一个扩建海军的法案。由于官方规定了"七年期海军

威廉二世及其世界政策:我们的未来在海上

预算",这等于把议会对海军经费开支的监督权给剥夺了,因而引起自由派的反对,但最终法案还是以218票对139票通过了。两年后政府又提出第二个造舰法案,规定十七年中把舰队数量翻一番,也被议会通过。1906年、1907年和1908年,政府接连提出进一步扩建海军的提案,都被通过。梯尔皮茨和他的海军计划事实上成为德国"新路线"的至关重要部分。

随着"世界政策"的推行和扩军备战的加剧,19世纪末发展起来的新形式的民族沙文主义,将旧形式的民族沙文主义、反犹主义以及H.S.张伯伦(Houston Stewart Chamberlain)传播的新的种族理论结合在一起,呈现出膨胀的趋势。形形色色的要求向外扩张的殖民组织纷纷出笼。泛德意志协会的建立便是德国民族沙文主义膨胀的典型表现。这一组织的前身是成立于1891年的日耳曼总同盟。第一任主席就是上文提及的殖民探险家卡尔·彼得斯。1894年改组成一个汇集了大德意志帝国狂热鼓吹者的联合体"泛德意志协会"。直到1908年,恩斯特·哈塞(Ernst Hasse)一直是泛德意志协会的领导人。他的继任人是极端民族主义者亨利希·克拉斯(Heinrich Class)。协会的宗旨为:1.联合世界上所有德意志人组成一个庞大的泛德意志国家;2.支持政府在欧洲和海外推行强权利益政策;3.主张由"伟大的德国"统治世界,并同一切阻碍民族发展的思想和行为作斗争。泛德意志协会的作家们常把荷兰、比利时、卢森堡、瑞士的一部分、匈牙利、波兰、罗马尼亚、扩大了的塞尔维亚、奥地利等包括在德国的领土之内。泛德意志协会是威廉德国进行沙文主义宣传最有影响的组织,它在企业界和政府要人中,以及侨居世界各地的德国人中都广有影响。它也是各种民族主义组织,如海军协会、陆军协会、殖民协会、青年德国同盟的总参谋部。泛德意志协会的领导人中有军界、工业界的重要人物,有国家官员、帝国议会议员以及大学教授。另外,许多重要报纸如《每日展望》、《德意志日报》、《莱比锡最新消息报》,以及《莱茵-威斯特伐利亚报》等都遵循泛德意志路线,连篇累牍地发表民族沙文主义文章,鼓吹泛德意志主义的理想。泛德意志协会有二十七个分会,散布于欧洲、美洲、亚洲、澳洲。这个沙文主义组织,狂热地宣扬反动的人种优劣论、德意志民族优越论。社会民主党人库特·艾斯纳(Kurt Eisner),在1914年《新时代》上对泛德意志主义者的重大作用,用了确切的评价。他说:"在德国,谁对外交政策路线施加决定性的影响?四分之一世纪以来,

第十一章 强权时代：民族沙文主义的膨胀

正是泛德意志主义者。在对政策的指导方面，他们的影响甚至比地主和资本家的强有力的团体影响还要大。在这段时间，他们的成就比德国所有政党和所有议会集团的成就加在一起还要大……从第一个海军议案到最后一个陆军法案，所有军备计划都是在泛德意志主义者手中制订出来的。他们是突击部队！"

在学术界，历史学家和国民经济学家也在宣扬德意志强权政策和世界政策。特赖赤克、A. 瓦尔（Adalbert Wahl）等历史学家，把德国的世界强权政策看作是普鲁士-德意志政策的继续，认为正如过去普鲁士在同奥地利斗争中上升为德意志大国，在同法国的斗争中上升为欧洲大国一样，现在德国在同英国的竞争中也应上升为世界强国。瓦尔还为德国的殖民政策辩护，认为"德国需要殖民地就像需要每天吃的面包一样"。在瓦尔看来，殖民是为了给充满进取精神和活力的德国人提供一个活动场所，帮助创造一种新的、不那么平庸的德国人。特赖赤克的政治和历史著作则大有助于黑格尔"国家即权力"观点的传播。特赖赤克认为国家的权力必须由一支组织良好的军队来体现，而"战争"则是上帝规定的法则。

民族沙文主义的膨胀为威廉时代的民族主义和军国主义政策提供了意识形态的根据和自我辩护的理由，成为统治者推行帝国政策的动力。19世纪早期的民族思想主要在于追求本民族内部的政治独立，而到这一世纪的晚期，民族思想却演化成为民族沙文主义。在普鲁士精神渗透下的德国，为证明其所谓的优秀民族的生命力和完成对世界政治和文化所负的崇高使命，大步地走上了扩张主义的道路。

19世纪末20世纪初，德国帝国主义向外扩张的矛头主要指向北非、亚洲（中国）、巴尔干和土耳其。1897年德国强占了中国的胶州湾，进一步攫取在山东建筑胶济铁路及开采矿山的权利，引起帝国主义瓜分中国的狂潮。

德国人在非洲的殖民政策，1896年《青年》杂志的漫画："德国人来之前"和"德国人来了"

1899年德国利用英布战争的时机,占领了太平洋上的萨摩亚等小岛。1900年德国在镇压中国的义和团运动时特别疯狂。威廉二世在遣送德国军队到中国时所作的"匈奴演说"中狂叫:"不要宽恕,不要捉俘虏,谁要是落入你们手中,谁就是死亡。"此后为了同法国争夺北非的摩洛哥,德国于1905年和1911年两次挑起摩洛哥危机,把欧洲推向战争的边缘。威廉二世的"世界政策"的重点之一是建造巴格达铁路,这条所谓"三B铁路",经柏林(Berlin)-拜占廷(Byzantine)-巴格达(Bagdad)(三地地名都以"B"字母开头),不仅能使德国控制整个土耳其和小亚细亚,而且可以从陆上威胁英国在印度和埃及的统治,成为德国"向东方推进"的工具。

德国统治者还费尽心机,向人民灌输民族沙文主义,分裂工人运动。威廉二世对德国工人阶级的态度是采取镇压和怀柔并用政策:对社会民主党采用严格的控制和打击措施,对工人,尽量使他们的社会状况和生活条件得到改善。20世纪初,工业和农业部门的实际工资都有所提高,劳动时间一般为十小时。1903年3月帝国议会通过保护儿童法,进一步限制使用童工和对童工的无节制剥削。一部分工人上层的生活向"中等阶级"靠拢,开始支持政府的政策。工人这时众多的罢工斗争,主要局限于经济斗争。而社会民主党的大部分领袖也开始向民族主义方面靠拢,成为护国主义者。这实际上是德国第三个工业化高潮时期造成的德国社会结构的变化。这种变化得以使德国统治者放手去发动战争,争霸世界。

三、尼采、韦伯、爱因斯坦

我把这三位看成是德国科学-强权时代时代精神的代表人物。

弗里德里希-威廉·尼采(Friedrich Wilhelm Nietzsche,1844—1900)是杰出的德国哲学家,"超人哲学"和"权力至上论"的创造者。由于其极高的语言天赋,因而也被视作德国古典语言学家和优秀的抒情诗人。

尼采出生于普鲁士吕岑市的一个传教士家庭,自小受基督新教教育。中学时期,文学、音乐特别是古典语言的成绩十分突出。1864—1868年,尼采先后在波恩大学和莱比锡大学学习古典语言。1865年接触叔本华(Arthur Schopenhauer,1788—1860)哲学后,转向哲学研究,1868年完成了博士论文,翌年在瑞士巴塞尔大学任希腊语言学和文学教授。此后他结识了著名的作曲家瓦格纳(Richard Wagner,1813—1883),一度过从甚

第十一章 强权时代:民族沙文主义的膨胀

密。1878年尼采与瓦格纳因思想观点上的激烈冲突而断交。1889年他在意大利都灵神经错乱,最终于1900年8月逝于魏玛。

尼采生活的时代,正是德国走上强权帝国主义时代,原先那些反封建的自由、平等、博爱口号以及资产阶级民主原则,不再适应新时代的要求。尼采作为新时代德国资产阶级的预言家,企图塑造一种"新"型的资产阶级思想的行为体系。其早期著作受叔本华的哲学观点和瓦格纳的美学观点影响,但尼采试图把叔本华的悲观厌世主义变为唯意志论的积极进取。他的哲学观点,总的来说是一种非理性主义和主观唯心主义。他的重要著作有:《悲剧产生于音乐心灵》(1872)、《人性的、太人性的》(1876—1879)、《快乐的科学》(1882)、《查拉图士特拉如是说》(1883—1885)、《善恶的彼岸》(1885—1886)、《道德的谱系》(1887)、《反基督教》(1888)、自传《瞧!这个人》(1888)以及《获取权力的意志》(1901,译为《权力意志》或《强力意志》,不确)等。

尼采哲学首先是对一切现存的、传统的思想观念的反叛。他对容克资产阶级统治的现状、矛盾和危机所带来的后果,对传统的现存思想、文化、道德、宗教,从"强者"的方面作了猛烈的抨击,并提出了他的所谓"权力意志论"和"超人哲学"。尼采总是坚持反对那个时代流行的价值,坚持创造出新的价值。因此他全面否定当时德国和欧洲社会的价值观念,认为传统的价值观既无精神、理性、思维,也无灵魂、意志和真理,全是无用的虚构。尼采把反传统的矛头直指基督教。他把宗教视作欺诳人类和束缚人类自由意志的枷锁,认为传统道德是一种建立在基督教之上的奴隶道德,善恶观念均是从保护弱者的角度出发,从而造成了人的顺从和谦卑的劣根性,压抑了人的生命力和强力意志。尼采从反基督教-弱者道德出发,对一切不利于超人和强力意志产生的民主主义、社会主义思想进行了批判。在《查拉图士特拉如是说》中,尼采谆谆告诫人们,所谓的"上帝"及"救世主",他们的说教无论多么慈悲和甜蜜,都是虚妄之词,不要轻易上当。他大胆地宣告"上帝死了",从而推翻了人类心目中最完美的偶像,以及建立在这一偶像基础上的传统道德,为自我生命的意志的复活和"超人"的出现创造了前提。

上帝既死,诸神也不复存在,那么世界的本源是什么?世界又该由谁来统治呢?尼采引申叔本华的基本思想,把"强力意志"看成是世界的本源。所谓"强力意志",是一种不受理性、传统观念束缚的、超出"善恶世界"的生命本能冲动的表现。比如生物界的同化和异化、物种之间的弱肉强食、适者生存等,均是"强力意志"的表现。人本身就有追求食物、财产、性欲等等的意志,因此,在尼采看来,"强力意志"会生生不息,不知满足,不知厌倦,是一种巨大无比的力量,正是这种力量推动了世界的前进。尼采所谓的"超人"便是具有这种强力意志的人。他们是少数出类拔萃者,是天生的统治者和天才的艺术家。历史的意义便是造就出"超人",而使人类免于堕落和退化。尼采认为造就"超人"的首要条件是有意识地做好人种的进化工作。优良的家世和血统是造就"超人"的前提。造就"超人"的条件之二是利用战争,在战争中造就群众的主人。尼采赞赏马基雅弗利的权术主义,认为"超人"可以不择手段地利用一切来达到自己的目的。最后,尼采要求"超人"在智力和体魄上都经过超强的磨炼,永远有创造,有目标,有追求,永远高傲自负,居高临下统帅善恶。

尼采的"超人"思想符合19世纪末德意志民族和资本主义发展的需要,它否定了叔本华的人生虚无主义,就此而论具有积极、进取的一面。但尼采的"超人"蔑视和憎恨一切平凡的人,是极端个人英雄主义的体现。尼采的"权力至上"论和"超人哲学"被德意志极端民族主义所利用,成为"生存哲学"和"生活哲学"的基础。

尼采与传统的德国哲学家不同,其哲学著作缺乏严密的逻辑论证,哲学论点往往以格言式的语言表达,因而被称为"文艺性的哲学家"。他生前在文学圈子和艺术圈子中起到很大的作用。其哲学理论对西方哲学和德国社会政治的重大影响,是在死后才产生的。

马克斯·韦伯(Max Weber,1864—1920),是世界著名的进步论学者,现代西方社会学的奠基者之一,德意志社会学协会的创立者和领导者,在经济学、法学、政治学、宗教、史学诸领域中都有独到的建树。

韦伯生于埃尔富特城。不久举家迁往柏林。父亲曾任柏林市议会参事和民族自由党议员。他的家是当地学者、商人、艺术家和政治名流的谈话场所,这无疑开阔了少年韦伯的视野。高中毕业后,韦伯就读于海得贝格大学法律系,后转学于柏林和格廷根。1889年完成了博士论文《论中世纪贸易社会史》;两年后又呈交了论文《罗马农业史及其对国家和私有权的意义》,获大学讲课资格。1893年任柏林大学教授,一年后迁往弗赖堡大学,1897年再回海得贝格大学。韦伯在大学里主讲法律、贸易法和国民经济学。1897年旅美后对社会学产生浓厚兴趣。1904—1905年,韦

第十一章 ● 强权时代：民族沙文主义的膨胀

伯撰写了著名的《新教伦理与资本主义精神》，详细探讨了宗教与资本主义经济学的关系。第一次世界大战一度中断了韦伯对社会学的研究工作，他先后受命负责一家乡镇医院的管理工作和关税委员会的研究工作，但在战争最后两年，他再次把精力转向撰写论文，这些论文在他身后结集为《经济与社会》。战后韦伯加入新成立的德国民主党，并成为魏玛共和国宪法起草委员会成员，同时他一直在慕尼黑大学任教，直至1920年6月染肺炎去世。韦伯一生的著作很多，逝世后出版的著作约32卷，包括《论宗教社会学的论文全集》，详尽记录了他广博的学术思想和政治观点。

韦伯在19世纪末叶已观察到欧洲社会与文化危机，现代工业文明走上歧途，因而对现代世界未来前景的疑虑超过了信心。韦伯是带着这种悲观的社会情绪来论述他的社会进步观的。他是一位理性主义者，他不同情社会进化论，更反对历史循环论。他从另一方面对科学理性提出质疑，提出"实践理性"的合理化观。他对一直追求和推许科学理性的欧洲社会（特别是德国），现今成为非理性的、物欲横流的、争夺扩张的资本-帝国主义，深表悲哀。问题出在哪里？韦伯发现，"理性主义"可以有截然不同的含义，科学理性只是单纯的科学技术进步的认识观点，只是由少数学者或启蒙思想家首先把握后然后通过教育来促进知识的扩散的实践观。韦伯意识到，如果不能从社会行动主体的日常生活实践中去把握理性的本质，如果仅仅只从观念和观念的宣传活动中去说明理性主义，那么这种理性主义就根本无助于对社会及其发展作出任何有价值的解释，无助于理性或合理性在现代社会中的地位。

韦伯毕生致力探讨的主题，是西方社会"合理化"及其前途，或者说是欧洲社会资本主义的品格及其命运。在韦伯这里，"社会进步"被"社会合理化"所代替。他对"资本主义精神"的探求就是为了设计合理化的西方社会发展的模式，或者说，西方资本主义的合理化进程本来应该是如何的。在韦伯看来，这种以"天职"概念为基础的资本主义精神的起源，同新教伦理有关，新教伦理与资本主义精神之间的关系，正是信仰和理性的一次最成功的结合，完成了"实践理性"的条件。但是韦伯同样看到，西方资本主义社会之所以会走到今天这一步，不仅仅只是由于它后来才完全抛弃了原先的价值目标，更重要的是"新教伦理"这个价值合理性的本身性质，影响着欧洲合理化进程势必走上"非人性"的方面。韦伯在"社会进步观念"上是个多因素决定论者。他对新教伦理和资本主义精神的研究，目的只是想要证明宗教价值观对人们的经济行为有何种影响,证明新教伦理不同于其他宗教伦理,是西方(德国)所特有的,而并非对东方社会不发达的原因作探究(当时尚不存在"非西方社会的发展问题")。但是当代西方的现代化学者,把它理解成为一个"韦伯命题":韦伯通过论证新教伦理与资本主义起源之间的因果关系,阐发了"只有西方才能产生资本主义"这个基本思想;韦伯通过对中国、印度、阿拉伯诸东方国家的宗教研究,进一步阐明非西方社会由于缺乏"新教伦理"之类的内在因素,所以不可能产生资本主义。由此他们认为,非西方不发达社会是无法自发现代化的,需要从外部输入现代化。事实上韦伯并未做过这样的"结论"。

阿尔伯特·爱因斯坦(Albert Einstein,1879—1955),是20世纪德国最杰出的物理学家,世界著名的自然科学家。他在生前就被公认为人类历史上的科学巨人。

爱因斯坦出生于德国乌尔姆一个犹太人家庭。父亲和叔父合办一个电器工厂,使爱因斯坦较早地受到科学的启蒙。1896年,进苏黎世联邦工业大学学物理,1900年毕业。两年后,爱因斯坦被伯尔尼瑞士专利局录用为技术员,从事发明专利申请的技术鉴定工作。爱因斯坦开始利用业余时间进行科学研究。

还在1895年,爱因斯坦乘马车去瑞士途中突发奇想:如果有人以光速和光线一齐前进,是否将观察到光线乃是静止在空间中振动着的电磁波呢?问题一直萦绕在他脑际,使他坚信"绝对运动是不存在的"。1905年,爱因斯坦以论文《分子大小的新测定法》取得苏黎世大学的博士学位。同年,他在物理学三个不同领域中取得历史性突破,特别是光量子论的提出和狭义相对论的建立,彻底改变了人类对宇宙的概念,推动了物理学理论的革命。

《关于光的产生和转化的一个推测性的观点》一文,把普朗克(Max Planck,1858—1947)1900年提出的量子概念扩充到光在空间中的传播,提出光量子假说,第一次揭示了微观客体的波动性和粒子性的统一,即波粒二象性。爱因斯坦在文章中用光量子概念解释了光电现象,推导出光电子的最大能量同入射光的频率之间的关系。由于他的光电效应定律的发现,爱因斯坦于1921年获得了诺贝尔物理学奖。

《论运动物体的动力学》一文完整地提出了开创物理学新纪元的狭义相对性理论,它突破了牛顿的绝对时空观,提出光速在所有惯性参考系中不变,而且是物体运动的最大速度。相对论把空间、时间和物质运动联系了起来。由于相对论效应,量度物体长度时,会测到运动物体在其运动方向上的长度要比静止时缩短;而量度时间进程时,会看到运动的时钟要比静止的时钟行进得慢。这是相对论时空的基本属性,与物体内部结构无关。物理学所讨论的空间就由原来的三维再加时间一维的四维空间。仅仅由于没有考虑到加速运动,因而被称为狭义相对论,适用于除了引力之外一切物理现象。

《物体的惯性同它所含的质量有关吗?》一文中,爱因斯坦根据狭义相对论推导出重要结论:物体的质量与运动密切相关,运动速度增加,质量也随之增加,从而提出著名的质能关系公式 $E=mc^2$,即物体的能量(E),相当于质量(m)与光速(c)平方的乘积。

1914年,爱因斯坦到柏林普鲁士科学研究院任职。1916年发表了著名的《广义相对论基础》,认为引力并非牛顿所说的力,而只是因质量的存在而引起的时空连续场的弯曲(形成的"引力波")。这一设想被英国皇家学会科学考察队于1919年5月29日在几内亚湾普林西比岛所摄的日食照片和随后的计算初步证实。这使爱因斯坦赢得了巨大的国际声誉。同年,爱因斯坦还在辐射量子论方面作出重大突破。1917年,他发表了论文《根据广义相对论对宇宙学所作的考察》,开创了现代科学的宇宙学。

从1925年到1955年这三十年中,除了关于量子力学的完备性问题、引力波以及广义相对论的运动问题外,爱因斯坦几乎把他全部的科学创造精力都用于统一场论的探索,但始终没能获得成功。直到临终前一天,他还在病床上准备继续他的统一场论的计算。在科学的探索中,爱因斯坦始终是无所畏惧、毫不气馁的,正是这种不畏艰难的奋斗精神,才使爱因斯坦创造了人类科学史上的奇迹。

作为伟大的自然科学家,爱因斯坦并没有把自己的注意力仅仅集中在自己的研究领域,他以极大的热忱关心社会,关心政治,热心于社会正义和人类和平事业。爱因斯坦一贯反对战争,反对军国主义和法西斯主义,反对民族压迫和种族歧视,为人类进步和世界和平进行不屈不挠的斗争。第一次世界大战爆发时,德国有九十三位科学-技术-文化界名流联名发表宣言,为德国的战争罪行辩护,爱因斯坦则在一份仅有四人参加的反战宣言上签名,随后又积极参加了地下反战组织"新祖国同盟"的活动。

1933年1月,希特勒纳粹党攫取德国政权后,爱因斯坦成了科学界首要的迫害对象。他不得不放弃德国国籍,接受美国普林斯顿大学的邀请赴美,继续从事反对战争(特别是核战争)和反对法西斯的社会活动和科研活动。1955年4月18日爱因斯坦因主动脉瘤破裂逝世于普林斯顿。遵照他的遗嘱,不举行任何丧礼,不筑坟墓,骨灰撒在秘密的地方,为的是不使任何地方成为"圣地"。

四、德国挑起第一次世界大战

到1914年,欧洲两大帝国主义集团都在秣马厉兵,准备厮杀。德国-奥匈帝国和意大利①组成的同盟国集团同法国-俄国和站在其一方的英国组成的协约国集团都抱着争霸和扩张的目的,不惜一战。第一次世界大战实际上是工业化-现代化资本主义国家中膨胀起来的民族经济扩张力之间的世界规模的大碰撞。德国则充当了大战挑起者的角色。

暴发起来的德国资产阶级的扩张贪欲,已变成了争霸欧洲和世界的不可遏止的推动力,而普鲁士军国主义精神的体现者皇帝和总参谋部,恰恰给予这种争霸以武力保证。威廉二世和将军们迫不及待地想打仗,希望能利用一下陆军的优势,并想用庆祝军事胜利的欢呼声来掩饰国内工人阶级日益增强的不满。社会民主党老领导人威廉·李卜克内西生前就曾说:"你如果想了解德国,就必须抓住这样一个事实:德国,特别是普鲁士,是一个倒立着的金字塔。牢牢埋在地里的塔尖是普鲁士士兵头盔上的尖铁,一切都是由它托着的。如果人们不特别谨慎,总有一天这金字塔会倒下来,毁了它本身,连带还要毁掉许多其他东西。如果你能弄懂这金字塔是怎么倒下来的,你就已开始对德国有一点了解了。"

德国-普鲁士军人至高无上的地位,对战争与和平的特殊态度,以及黑格尔认为国家意味着"权力"而不是"福利",这一切全都有助于人们形成这样一种社会气氛:一旦军人把战争发动起来,即使你不想战争,却也愿意跟着走。这种普鲁士传统在威廉德国当然不是新东西,但它在这一时期却恶性膨胀起来。这当中普鲁士国家史官特赖赤克的著作也起了推波助澜的作用。说特赖赤克引起第一次世界大战是可笑的,但如果看不见他的政治和历史著作对德国人所产生的巨大心理影响,同样是天真的。

---

① 战争爆发后,意大利于1915年5月脱离同盟国集团,加入协约国集团。

第十一章 ● 强权时代：民族沙文主义的膨胀

特赖赤克广泛传播这样的观念：国家意味着权力，这种权力必须由一支组织良好的军队来体现，"必须认为战争是上帝规定的法则"，"那些提出普遍和平这一愚蠢概念的人表明他们对雅利安民族的国际生活毫无所知"。曾听过特赖赤克政治演说的威廉二世反应：“在实践上，我只信赖和依靠上帝和我自己锋利的剑。"伦敦《泰晤士报》驻柏林记者瓦伦廷·奇勒尔（Valentin Chirol）爵士，谈到他和倍倍尔的一次就特赖赤克政治演说及其对战争歌颂问题的谈话，奇勒尔写道，在谈话过程中，一大队近卫军从他们旁边走过。倍倍尔说："看这些傢伙！百分之九十是柏林人，百分之八十是社会民主党人！但是如果出现什么情况，他们会按照上面的命令把我或任何人枪杀。"他说"上面"时，用手指着皇宫。他继续说："整个国家仍然陶醉在军事荣耀中，在一场大灾难使我们清醒之前，对这种情况毫无办法。"倍倍尔的话得到了应验，他自己创立的社会民主党在普遍的战争狂热中被卷着一起跑。许多人真心相信他们是在打一场反对"残暴的俄国熊"的防御战。这里起主要作用的是那种根深蒂固的军国主义传统，这种传统由教育、习惯和公共生活向人民反复灌输，成为一种有毒的民族主义。普鲁士容克军国主义把德意志民族拉下了水。

1914年6月28日发生的、地区性的萨拉热窝事件居然成了第一次世界大战爆发的导火线。塞尔维亚民族主义团体"黑手党"成员、十九岁的中学生普林西普，刺杀了前来波斯尼亚首府萨拉热窝检阅军事演习的奥国王储弗兰茨·斐迪南大公，造成奥地利和塞尔维亚间的冲突。由于德国政府的推波助澜，冲突在一个月内就发展成一场全欧战争。德国除了极少数的和平主义者和革命左派外，全体德国人都一致支持帝国政府。战争开始后，各交战国人民都团结在国旗下支持政府，但宣布战争能受到如此热烈欢迎和节日般庆祝的，除了德国，没有第二个国家。德国工业家和政治家瓦尔特·拉特瑙后来回忆时不无感叹地

行刺奥王储的萨拉热窝事件，成了第一次世界大战爆发的导火线

说:"我回想,君主制军国主义意识在群众中是多么根深蒂固啊!"这种根深蒂固的精神状态是古老的德国历史传统的产物,这种传统由于19世纪末期出现的民族沙文主义而得到恢复和发扬。威廉二世8月1日宣称:"当国家投入战争时,一切政党应该停止争吵,我们大家都是兄弟。"这种民族主义热情的巨浪同样席卷了各党各派人士和各行各业的人们。马克斯·韦伯在1914年10月15日的信中说:"这场战争尽管极其可怕,但还是伟大的、了不起的。它是值得去体验的。"一直到战争后期,他才醒悟过来,开始怀疑自己过去所坚持和拥护的君主制军国主义所依据的政治前提是否正确可靠。帝国议会各政党达成了名为"国会内党派斗争暂时中止"的政治休战。根据这一点,帝国议会也在战争时期把它的权力让给军方。它批准了政府所要求的军事拨款后就休会了。议会第一大党团社会民主党议会党团在8月4日也一致投票赞成军事拨款,党团发言人胡戈·哈塞(Hugo Hasse,1863—1914)在议会宣读了党的声明:"今天我们面临着残酷的战争现实和敌人侵略的可怕威胁,需要决定的不是赞成或者反对战争的问题,而是用什么必要的手段去保卫我们的国家。"不过他作了一点保留:"我们谴责一切吞并的战争。我们要求,一当我们的安全目标实现了,我们的对手愿意媾和了,就结束战争,缔结和约,以便与邻邦友好相处。"这种在全国激起的称之为"8月4日精神"的爱国浪潮,使军方看到,总参谋部动员计划中要求逮捕所有社会民主党领导人的那个部分不必执行。

1914年8月初柏林的普遍战争狂热

鼓动民族仇恨的宣传运动,像在所有交战国一样,在德国也很快展开。报摊上出现了印有口号的明信片,例如"一枪干掉一个俄国佬!""一刀捅死一个法国佬!""一脚踩死一个英国佬!""一拳打死一个日本佬!"等等,社会民主党人集中火力向沙皇俄国开火,知识界和学术界则参加对英国连续不断的谩骂。经济史学家维尔纳·索姆巴特（Werner Sombart，1863—1941）写了《商人和英雄》这部书，把这场战争解释为英国商业文明的实利主义、理性主义和讲求实际精神同德国英雄的、战斗的、勇敢的武士精神之间的斗争，"这就是为什么对我们富于军国主义精神的人来说，这场战争是神圣的，是的，它是地球上最神圣的事情"。九十三名著名学者、科学家和艺术家发表宣言，答复对德国军队破坏比利时中立挑动战争的指责，拒绝关于德国军队犯下暴行和违反国际法的指控。这些人物代表所有政党，也代表天主教徒、新教徒和犹太人。德国反战情绪起初只限于以卡尔·李卜克内西和罗莎·卢森堡为中心的一小批革命者，以及几个和平主义作家和教授，包括当时尚不太知名的爱因斯坦。他们的反战立场是很可贵的了。

　　一切事情最后还是决定于战争。德国在战争初期的胜利引起的欢欣鼓舞气氛，使大多数德国人相信，在同年圣诞节前战争就会结束。只是由于德国军队未能速战速决，接着旷日持久的战争又带来紧张局势和厌战情绪，最后大多数群众才被争取到和平事业方面来。战争爆发时，小毛奇（Helmuth Johannes Moltke，1848—1916）任德军总参谋长，按前任总参谋长施里芬拟订的战略计划作战，施里芬伯爵提出速决战思想，必须避免两线同时作战，德国必须扑在最强大最有力最危险的那个敌人即法国身上，迅速击溃它。但由于种种原因，这一西线进攻的计划未能奏效。在东线，兴登堡（Paul von Hindenburg，1847—1934）和鲁登道夫（Erich Ludendorff，1865—1937），在8月26—30日率军击败俄国军队，战场转到俄国领土，兴登堡被视作"战时英雄"，晋升为元帅。尽管如此，东线也未取得决定性胜利。至年底，东西两线都陷入对峙状态。德国人陷入两线作战的不利地位。1915年大战进入第二阶段。德军进攻的重点转向东线。5月初在哥里查-塔尔诺夫战役中俄军全线溃败，德军向前推进300英里，但未能消灭俄军主力。1916年德军进攻的重点放在西线。2月21日发生凡尔登战役，历时七个月，双方死伤数十万人。7月，英法军为牵制德军，对索姆河畔发动进攻，开始索姆河战役，历时五个月，双方死伤100多万人，战后西线再度陷入对峙状态。从5月31日—6月1日，英国在北海同德国进行大规模海战，制海权仍由英国控制。

　　战争的延长使最高统帅部成为德国实际的独裁者。1916年8月从东线调来的兴登堡-鲁登道夫班子迫使皇帝解除法金汉的总参谋长职务，由兴登堡任总参谋长,鲁登道夫为第一军需总监。他们不但掌握军事指挥权,实际上掌握了一切重大的政治决策权。皇帝完全退居幕后,在大部分岁月,德国的真正统治者是统帅部里那位无情的、顽固的、精悍的军国主义分子鲁登道夫。他不满足于战争中的军事指挥权,他干预民政的一切重要方面。鲁登道夫断然拒绝服从政府,反而迫使政治领导人服从自己。帝国议会无论从其传统或者从其法律地位来说,都无法与最高统帅部的专制独裁相抗衡。只是到了战争结束后,德国政界领导人才敢于透露真相。魏玛时期的财政部长埃尔茨贝格尔(Matthias Erzberger,1875—1921)1919年7月在议会中说:"有四年时间,德国实际上没有政治统治,只有军事独裁,对这一点,我们现在可以公开讲了。"

从经济、政治和心理上说,德国是不能打一场旷日持久的战争的。在历史上,普鲁士军队经常以漂亮的迅速行动赢得决定性胜利。弗里德里希大王进行的战争,1866年的七周战争,1870年的迅速胜利,都使德国人在1914年也指望速战速决。当这一希望落空时,厌战情绪就产生和蔓延;国内战时经济——军方把国家整个经济都组织起来为战争机器服务——带来的经济受控制和生活的大幅度下降,使反战情绪高涨起来;而当希望已经变得渺茫时,国内的党派斗争和人民的反抗就起来了。1917年战争进入第三阶段。2月德国实行"无限制潜艇战",标志着德国的战争危机。

俄国1917年的二月革命和接着退出战争,似乎给德国带来希望,但是美国因德国的"无限制潜艇战"而投入反德战争,绰绰有余地抵消了俄国退出战争的影响;1918年1月4日,德国强迫苏俄签订的掠夺性的布列斯特-立托夫斯克和约似乎有利于德国在西线的军事行动,但是结果西线也没有带来胜利。经济困难,人民生活穷苦,上层的特权地位,权威者牟取暴利的行为,这一切都进一步扩大了贵族与下层之间、生活富裕的资产阶级与穷苦工人阶级之间的鸿沟。陆海军士兵对军官们的特权怀有敌意。这些因素在前线士兵和国内老百姓的情绪中反映出来。1917年8月,停泊在威廉港的"路易波尔特摄政王"号等舰上的水兵发动一次兵变,拒绝服役,被当局残酷地镇压,两位领导者水兵科比斯(Albin Köbis,1892—1917)和赖希庇茨(Max Reichpietsch,1894—1917)被判处死刑,五十多名水兵被判处徒刑。最后有组织的工人也开始反对继续战争。军事领导人这时决定把所有赌注都押在西线一场新的巨大攻势上面,这场

第十一章 ● 强权时代:民族沙文主义的膨胀

攻势是 1918 年 3 月从圣康坦进击开始的,德国在西线倾其全力作孤注一掷,但被福煦元帅统一指挥的协约国军队以及大批来援的美国军队所粉碎,到 8 月份德国攻势完全失败,同盟国也相继垮台。到 9 月 27 日,鲁登道夫再也不能向政府保证"西线不会崩溃"了。他断言,政府必须更替,议会必须改革,要求立即停战的时机已经到来。

资产阶级政党和社会民主党从 1916 年起就加强了要求内部改革的压力。这时军事领导转向"改革",决定性的因素却是军事失败的压力。只要普鲁士的军人贵族能使德国保持强大,战争获胜,那末作为俾斯麦创造的德意志帝国的基础容克-资产阶级的联盟就能维持,然而一旦军人当权的国家不再能提供人们所期望的军事保护,战争失利,资产阶级就会脱离这个联盟,开始发出进行议会改革的喧嚷。他们似乎又回到 1866 年自由派的资产阶级立场。民族自由党领袖施特莱斯曼(Gustav Stresemann,1878—1929)于 1917 年 3 月 29 日在议会宣称:"一个新时代要求有自己的新权利,现在到了开始整顿德国和各邦国事务的时候了。"他认为议会制度要比原先预料的稳定得多。最高统帅部的格棱纳将军(Wilhelm Groener,1867—1939)也感到不能不改革。思想比较自由化的巴登亲王马克斯被任命为宰相,社会民主党多数派、进步党和中央党的代表都被纳入他的内阁。马克斯亲王在 1918 年 10 月 5 日的帝国议会中说:"当和平到来时,不会再一次组成一个没有议会支持的,没有包括议会主要人物在内的政府。"新政府立即着手解除鲁登道夫的职务,由格棱纳将军接替,而"英雄"兴登堡还是不能碰的。修正宪法的一系列议案在 10 月 2—26 日间通过,28 日由皇帝签署。规定宰相要对议会负责。各邦国必须按此模式实行民主化。这样,德国就"转变"成一个君主立宪国家。而这一切当时主要是为了防止迫在眉睫的革命。新政府的主要目标是实现和平。但是这种延误已久的"民主改革"这时已经不够了,而且也为时太晚。首先是和平没有到来,美国总统威尔逊要求德国皇帝退位,承认军事上的完全失败。劝说皇帝退位没有任何结果,而实现和平的愿望当时却是引起革命的潜在因素。当人们得知德国提出了停战要求而没有能实现和平时,这就使全国转向反对皇帝和皇太子,这两人已经给国家带来混乱和失败,现在又阻碍着和平谈判。这种意向的交互作用,终于导致了十一月革命的爆发。

人们已不能再容忍现状继续下去。1918 年 11 月 9 日清晨,柏林起义开始。马克斯亲王不得不代皇帝采取"行动",约在中午12时,通过通讯社宣告皇帝和皇太子从德意志帝国皇帝和普鲁士王王位上退位,同时把自己的宰相职务交给社会民主党主席艾伯特,希望由他来"平息"革命。消息传到最高统帅部,威廉二世在高声叫骂"背叛,背叛"声中,仓惶出逃荷兰,霍亨索伦王朝就这样不光彩地结束了。现在整个旧制度的基础都站在社会民主党的背后,支持它并受社会民主党控制的新政府的庇护。德国军事力量在战场上的迅速崩溃,以及由此而造成的君主专制政体的垮台,使德国保守集团起初完全目瞪口呆。资产阶级集团不得不接受革命的现实。拥护君主制度的报纸收起了拥护王室的口号。他们向君主专制传统和霍亨索伦王朝挥泪告别,但却希望新的统治集团能给德国带来"光荣的和平"。没有发生任何为"皇帝和帝国"而采取坚定的反抗革命的事件。军方深信,如果军事领导人企图反对革命,广大士兵群众是不会执行命令的。正因如此,柏林的革命是在较少使用暴力和流血事件的情况下完成的。人们欢呼革命"取得了辉煌的、几乎是不流血的胜利",但没有看到胜利的表层下掩藏着没有变化的基础。兴登堡和格棱纳领导的最高统帅部宣布对新政府效忠,除了看到当时反对革命是徒劳无益这一因素外,更重要的原因,在于对他们来说,保存军官团和军队作为将来复活民族主义德国的潜在工具要比效忠君主制度重要得多。他们最重要的目标是防止协约国军队进入德国从而找到借口完全摧毁德国的军事组织。要做到这一点,至少在目前应该接受革命的现实,与新政府一道作出某种安排。

1918年11月8日,革命前夕由政府派出的德国代表团来到贡比涅森林的雷通德车站,向福煦元帅宣读了停战协定,被福煦元帅拒绝了,他要求德国无条件投降,限72小时内答复。11月11日,"新"政府正式在停战协定上签字。德意志帝国在由它挑起的第一次世界大战中覆灭。

作者评曰:

强权究竟是什么?一般而言,就是对别的国家和民族进行欺压、侵略所凭借的军事、政治、经济的优势地位。威廉二世正是凭借着现代化-工业化的统一德国的优势地位,不仅要侵略、扩张,而且要争霸世界,结果只落得个皇冠落地,国家遭殃,自己流亡国外当寓公的下场,说明奉行强权政治者终归要失败。但是威廉二世也许会问,他的祖宗弗里德里希大王

第十一章 ● 强权时代：民族沙文主义的膨胀

不是奉行"强权即公理"吗？被他"踢"下台的老宰相俾斯麦不是也奉行"强权即公理"吗？他们为什么都取得了成功？这个问题威廉二世自己是解释不清的。我们必须看到强权政治的客观内容特别是所起的客观作用。无论弗里德里希大王还是俾斯麦，他们的强权政治都是建立在有利于民族的统一事业或者促进社会的进步基础之上，客观上起某种进步的作用，一旦超出这个范围，他们也将遭到失败。而在威廉二世时代，一种反动的民族沙文主义支撑着他的强权政治，客观上不可能起半点进步的作用，失败也就成为必然。

第十二章 魏玛时代:共和时期的民族运动

> 从君主政体拆卸下来的材料,用以建设共和国,当然是困难的。不将原有的石头全部打掉,建设是不可能的,然而这么做需要时间。
>
> ——G. Chr. 利希滕贝格

一、十一月革命:民族革命? 民主革命? 社会革命?

近代德国历史上爆发的最大的人民革命运动,当数1848年革命。这场革命被公正地判定为资产阶级革命。革命的主要任务:德意志的统一和建立资产阶级的单独统治没有获得解决,所以它是失败了。民族的任务是由俾斯麦通过王朝战争的道路加以补充完成的,民主的任务却由于专制君主政体的保留而没有完成。充当这次革命领导的资产阶级的分裂和资产阶级多数派(共和派)对容克阶级的妥协态度,是1848年革命失败的主要原因。整整70年后,1918年德国再度爆发大规模的人民革命运动,革命首先冲击着专制的君主政体,因此许多人认为,1918年革命只是1848年革命的继续,1848年革命中没有解决的任务现在又重新提了出来,因此从性质上看,它应属于资产阶级革命或资产阶级民主革命。这种意见,主要是从资产阶级共和主义的角度提出来的,他们热切希望把1918年革命中建立的魏玛共和国作为70年前革命的最终结果而加以赞扬。事实上,1918年革命同1848年革命虽有某种联系,但是它们在性质上却并不相同。客观上提到1918年革命历史日程上的主要任务,乃是推翻资产阶级-容克的君主专制统治,建立社会主义共和国。这是一种具有德国特点的社会革命:在基本完成资产阶级民主革命的基础上立即转向

第十二章 ● 魏玛时代：共和时期的民族运动

社会主义革命。由于这场革命来得匆忙，人们思想上都缺乏必要的酝酿和准备。君主政体虽然被抛弃，但资产阶级-容克的社会统治却被保留下来。因此，从资产阶级民主革命的意义上说，革命基本取得胜利，而从社会主义革命意义上说，这次革命是失败的。充当这次革命领导的德国无产阶级的分裂和无产阶级多数派（社会民主党）对资产阶级和德意志民族的妥协态度，是1918年革命失败的主要原因。但革命本身，同1848年革命一样，都具有划时代的意义。

德国的工人和社会主义组织在革命爆发时分成三个主要集团，即社会民主党、独立社会民主党和斯巴达克派，后两者是从原社会民主党中分裂出来的，三派间在1914年8月4日的政策问题和战争的态度问题上就存在着根本的对立，现在当他们占据了革命的整个前台，并为把革命引向什么道路展开了生死搏斗。

社会民主党的领袖是倍倍尔逝世后接任党中央委员会主席的艾伯特和党的主要决策者谢德曼，虽然他们都是工人出身，但把民族利益看得高于阶级利益。他们完全不能从赞成帝国主义战争的政策联系中获得解脱，他们不承认"终止国会内党派斗争"的政策，也就是保持"国内和平"的政策是错误的。他们根本不想同过去彻底决裂，这不仅因为他们是改良主义的社会党人，反对暴力革命还因为他们对德国近半个世纪以来的民族传统和力量怀有深刻的信念。谢德曼在1918年11月底还把兴登堡元帅说成是"全国人民最尊敬的人"，而另一位社会民主党领袖A.克谢辛斯基则把兴登堡作为英雄来欢迎，宣布"兴登堡属于德国人民和德国军队"。他们怎么也不能从本国民族主义的历史回忆中消除德国军队的"荣誉"。社会民主党堪称是民族的工人派，它把持着老旧的组织系统和庞大的工会系统，控制着大多数的工人群众。

与此相对极的则是以卡尔·李卜克内西和罗莎·卢森堡为代表的斯巴达克派。这是一个人数不多但却影响巨大的革命左派，旗帜上写着：反对帝国主义战争，坚持国际主义立场。卡尔·李卜克内西在1914年12月2日帝国议会军事拨款表决时毅然说"不"，投了反对票，给左派的反战运动以巨大的推动。1915年4月左派创办《国际》杂志，由卢森堡和梅林任主编，得名为"国际派"。1916年初国际派出版秘密政治通讯《斯巴达克信札》（以古罗马奴隶起义领袖斯巴达克命名），由此得名为斯巴达克派。1917年作为独立的派别（有自己的中央组织）参加独立社会民主党。

原社会民主党内以考茨基、哈塞、威廉·迪特曼为代表的中派,从社会和平主义立场反对右翼领袖们公开支持战争政策,也反对国际派的革命立场。伯恩斯坦也经常站到该派这边。1915年12月21日帝国议会第五次军事拨款表决时,19名中派议员投了反对票。社会民主党议会党团则决定开除以哈塞为首的拒绝军事拨款的议员。随着中派内部左翼力量的加强,一个以莱德博尔(Georg Ledebour)、多伊米希和巴尔特为代表的左翼力图迫使中派领导同社会民主党决裂。1917年4月,中派建立独立社会民主党。当时组织上加入该党的还有斯巴达克派。在整个革命期间,独立社会民主党没有发表过一个代表整个党的行动纲领,外界难以判断它的主张。

　　社会民主党和斯巴达克派,代表德国工人运动中的两个极端。前者对德国容克资产阶级制造的"民族历史"和"民族事业"怀有深厚的感情,而斯巴达克派则忠于世界革命和国际无产阶级;社会民主党追求建立资产阶级民主制度和议会制度,而斯巴达克派则摒弃资产阶级的民主制度和议会制度;社会民主党拒绝任何形式的专政,包括无产阶级专政在内,而斯巴达克派则把无产阶级专政作为福音和理想;社会民主党害怕暴力革命和流血,提倡所谓"个人尊严",而斯巴达克派则对革命目标具有极大的热情,并不在暴动或流血面前却步不前。社会民主党恐惧地注视着布尔什维主义在俄国的胜利,认定苏维埃政权给资产阶级民主、自由和人权造成了灾难,而斯巴达克派则对列宁主义的成就感到兴高采烈,并把布尔什维主义制度作为德国和其他国家的榜样来宣扬。而处在社会民主党和斯巴达克派之间的独立社会民主党,他们不同意社会民主党所致力的议会民主中带有那种浓厚的民族主义和军国主义的传统,更反对斯巴达克派所主张的苏俄式的无产阶级专政。哈塞和考茨基都同样提倡一种所谓的"一般的民主"或"纯粹的民主",这种民主的体现形式就是全民普选的议会民主制。

　　但是,无论是社会民主党还是独立社会民主党还是斯巴达克派,对革命的来临都没有思想准备乃至组织准备。

　　十一月革命是突如其来的。从全国范围看,这是一次自发的武力行动,既没有人作过详密的计划,也没有人予以统一的领导。整个社会上层,包括统帅部在内,都被吓得不知所措。社会民主党还一直以为政府的改组和"民主化"措施可以平息人民的愤怒。它的巨大的组织网和宣传网

第十二章 ● 魏玛时代：共和时期的民族运动

都在极力维护着现存制度。独立社会民主党的右翼主流派正把他们的注意力放在攻击苏俄的无产阶级专政上，用意显然在于告诫德国人民不应走俄国的道路；该党的左翼还在作"举行群众性罢工，以革命结束战争"的宣传，10月初成立了以巴尔特、多伊米希等为首的"革命工长组织委员会"，基本上控制了革命工长组织，但革命的到来却使他们无所适从。斯巴达克派尚未成为一个有广泛行动能力的独立政党，在工人群众中缺乏坚实的基础。它的活动更多具有宣传性质。1918年10月初，斯巴达克派在哥达召开全国代表会议，不来梅左派和汉堡左派的代表也参加了会议。会议决定在前线和国内加强宣传鼓动工作，努力把军队中自发性的反抗和工人的罢工结合起来，发展成武装起义。会议确认了争取立即结束战争、推翻德国帝国主义、把资产阶级民主革命进行到底并为过渡到社会主义革命准备条件的任务。但是这些主张在广大工人和士兵中却鲜为人知或被接受。斯巴达克派及其领袖当时对社会民主党和独立社会民主党的不调和态度和走"俄国革命道路"的主张也未得到德国多数工人和士兵的响应。革命不在任何派别手中，革命不在任何政党手中，因此工人阶级各政党和派别争夺革命的领导权并要使革命沿着自己的方向前进的斗争，就成为十一月革命的特点之一。这同俄国革命情况不尽相同。

1918年11月3日基尔水兵的武装起义标志着十一月革命的开始。起义水兵解除了军官的武装，占领了炮位，把大炮对准基尔城军官的住宅、车站和船坞。4日基尔工人也举行了起义。奉命前来镇压的士兵转到起义者一边。起义者抓住时机，建立了工人士兵代表会，与现政权对抗。5日全城总罢工，所有军舰上都升起了红旗，基尔城郊全被起义者掌握。局势变

1918年11月初威廉港和基尔港水兵哗变，拒绝服役，标志着十一月革命的开始

得如此严重,以致柏林政府慌忙由马克斯亲王和谢德曼等人签署一份呼吁书,要求水兵不要开始内战,一切都好"商量"。社会民主党的领袖之一诺斯克(Gustav Noske,1868—1946)火速赶到基尔,力图控制运动的发展,恢复秩序。独立社会民主党的领导人哈塞也到了现场。

但是水兵自己并没有意识到他们的行动揭开了革命的序幕。工人士兵代表会制定的要求是很有限的。诺斯克答应水兵提出的大部分要求。他被选为基尔水兵代表会主席,并同工人士兵代表会达成协议,由代表会任命他为基尔新长官。

然而,全国的局势是如此的紧张,以致基尔点燃的火花立即从一个城市蔓延到另一个城市。11月5日和6日,卢卑克、布龙斯比特尔、库克斯港、汉堡、不来梅等城市和西北沿海地区相继爆发革命。7日到9日,汉诺威、马格德堡、不伦瑞克、奥尔登堡、什未林、罗斯托克、科隆、德累斯顿、莱比锡、开姆尼茨、法兰克福、斯图加特也发生了革命,萨克森、符腾姆贝格、不伦瑞克等邦君主被赶下宝座。几乎各地都成立了工人士兵代表会,他们或者宣布接管地方政权,或者对政权机关实行监督。革命已成燎原之势。独立社会民主党领导人迪特曼在汉堡大会上公开要求皇帝退位。斯巴达克派接管了社会民主党的《汉堡回声报》,谴责柏林政府的"民主化骗局"。

从整个看,十一月革命有三个中心,即北方的基尔、南方的慕尼黑和首都柏林。南方以慕尼黑为中心的巴伐利亚邦所发生的事件,具有更明确的政治目标和更重要的后果。奥匈帝国向协约国投降,使巴伐利亚很可能遭到协约国的进攻。巴伐利亚人民直到最近还只知道德国在遥远的敌国土地上打了胜仗,现在骤然面临的前景使他们不再信任现政权。农民尤其渴望和平,他们对柏林中央政府严厉的经济措施已感厌烦。一方面巴伐利亚的和平运动日益壮大,另一方面巴伐利亚的分离主义情绪明显复活。人们盼望公开反战的独立社会民主党出来领导并采取行动。该党几天以前还只是一个少数人的党,现在一跃而为左右巴伐利亚局势的党。11月7日,该党领导人艾斯纳(Kurt Eisner,1867—1919)抓住主动权,组成了"工人农民士兵代表会",宣布巴伐利亚为"民主社会共和国"。代表会主席艾斯纳当选为临时政府总理。社会民主党迫于形势,参加了联合政府。一些著名的自由派和平主义者也被邀参加工作。国王被迫退位,维特尔斯巴赫王朝的统治到此结束。

第十二章 魏玛时代：共和时期的民族运动

库特·艾斯纳是一位犹太商人的儿子，在马尔堡大学攻读时，深受康德的伦理学的熏陶。1898—1905年担任柏林《前进报》编辑。1910年来到慕尼黑，当了一名自由作家。他起初支持社会民主党在战争问题上的立场，不久深信这是错误的，于是参加了独立社会民主党。1918年1月因鼓动工人罢工而被监禁，到10月中旬才被释放，并重新成为独立社会民主党的领袖。艾斯纳是一位理想多于现实的政治预言家，热情的宣传家，诗人，深受人道主义伦理学的影响，相信人类之爱。政治态度上倾向独立社会民主党右翼。巴伐利亚新的临时政府11月8日的公告就打上了艾斯纳的烙印：允诺实现和平，召开制宪会议，确保人身和财产安全，维持治安，政府官员保留原职，"宣布憎恶一切流血"。虽然从社会革命的观点看，巴伐利亚除了推翻君主政体，成立共和国外，并未改变什么，政权问题也未获最终解决，但艾斯纳在慕尼黑的行动，打击了分离主义势力，并推动了柏林的革命。

柏林的动向，就成为德国前途的决定因素。11月初，在柏林有两个问题突出出来，一个是停战谈判，一个是皇帝退位，这两个问题的相互联系就成为随着形势的发展而占据关键职位的社会民主党的政策基础。他们极力避免发生革命，希望和平地实现政体的转变。11月6日在宰相府举行的内阁成员、社会民主党及工会领袖、最高统帅部代表的联席会议上，艾伯特提出皇帝退位，保留立宪君主制政体以防止革命的建议，遭到最高统帅部格棱纳将军的拒绝，谈判搁浅。社会民主党领导在11月7日给马克斯亲王递交一份"最后要求"，限定皇帝在11月8日中午前退位。艾伯特在私下对马克斯亲王说："我不想革命，我对革命深恶痛绝"。因此帝国政府接受了社会民主党人的全部要求。可是皇帝本人不同意退位。社会民主党领导人则把最后要求的期限延长到11月9日。

但是人民却不能再容忍现状继续下去。11月9日清晨，柏林起义开始。几十万人从各城区各郊区潮水般涌向市中心。人们举着"和平、面包、自由"和"兄弟们，别开枪"等标语和红旗，有的携带着武器。按照斯巴达克派、独立社会民主党和革命工长组织的共同商定，卡尔·李卜克内西带人去夺取皇宫，威廉·皮克(Wilhelm Pieck，1876—1960)带人攻打市政厅，独立社会民主党左翼的艾米尔·艾希霍恩(Emil Eichhorn，1863—1925)带人攻打警察局。由于士兵和工人们一起行动，起义几乎没有遇到什么抵抗。到中午时分，起义者已经控制了柏林，包括皇宫、卫戍司令部和警察总局。工厂和兵营中纷纷成立工人、士兵代表会。旧政权迅速陷入瘫痪中。

社会民主党领袖们匆忙采取行动,一方面发出为时已晚的号召书:"总罢工!柏林工人总罢工!整个运动由德国社会民主党来作总的领导。工人们,士兵们,注意保持治安和秩序。社会共和国万岁!"另一方面,艾伯特、谢德曼等迫使马克斯亲王代皇帝采取退位行动,马克斯亲王还把宰相职务移交给艾伯特。艾伯特又立即以"帝国宰相"名义签发公告,说将考虑组织一个各政党都同意的人民的政府,"它的目标是尽快地给德国人民带来和平,并牢固地建立其已获得的自由。"虽然艾伯特本人一向是一个共和主义者,但他这时还没有建立共和国的想法。他想建立一个立宪君主国,保留君主政体,只是他认为必须由选举出来的制宪会议(国民议会)来对国家和政府的形式作最后决定。但是柏林街头和整个事态的发展推动着社会民主党领导人逾越了自己确定的限度,迫使社会民主党还在制宪会议召开前就宣布成立共和国。以国会大厦为大本营的社会民主党领袖们风闻斯巴达克派正在占领的皇宫中酝酿成立社会主义共和国时,感到必须抢在前头。下午两点钟,谢德曼走到国会大厦阳台上向下面广场上参加示威游行的工人、群众发表演说,结束时高呼"伟大的德意志共和国万岁!"艾伯特为此大发雷霆,叫道:"你没有权利宣布成立共和国。德国要变成什么,必须由制宪会议来决定。"两个小时后,卡尔·李卜克内西在皇宫阳台上向群众宣布德国为"自由的社会主义共和国"。一天中经过两次宣布成立的德意志共和国,虽然肯定了对德意志帝国君主政体的胜利,但预示着两种完全不同的前景。德国究竟是沿着社会主义共和国的道路,还是沿着议会制共和国的道路,将进行一番严重的权力较量。

我们把从1918年11月3日—1918年11月9日中午看成是革命的第一阶段:革命取得胜利阶段;从1918年11月9日中午—12月21日看成是革命的第二阶段:革命向何处去?是无产阶级的工兵代表会制共和国,还是资产阶级的国民议会制共和国?这里存在着一个新的理论和实践问题,就是代表会与国民议会的关系,代表会与政党的关系问题。

在当时世界上已经出现两类不同的、对立的国家体制,一是西方类型的议会民主制,另一是苏俄类型的工兵代表会(苏维埃)专政。在这两种对立的国家社会组织形式的每一种之内,具体形成时又都有各种与体制相适应的可能性,其活动余地相当广泛,例如在西方议会民主制中,也可

第十二章 魏玛时代：共和时期的民族运动

能纳入不同程度的计划经济、国有化，乃至存在某种代表会的共决权，但它不是统治机构，而是咨询机构。这种类型的国家制度，其主要标志乃是由表面上政治平等的公民们选出的代表进行多数表决来解决矛盾，实际上选出的代表绝大部分都是代表着有产阶级的利害，这就是资产阶级专政。列宁在1917年的《国家与革命》一书中对议会民主的对立面作过描述。他认为无产阶级革命的任务不是获得对资产阶级国家机器——官吏、警察、军队的支配权，而是要打碎这一机器，用武装的工人阶级取而代之。无产阶级的统治工具是工人士兵代表会，目标是开创一个通过生产资料公有化最终达到国家消亡的过程。这种类型的国家制度，其主要标志乃是用无产阶级专政解决矛盾。在这种类型的国家制度中，也可以想象并可能存在不同的统治机构，例如也可以存在某种制宪国民议会，但它只应是一个唯唯诺诺的听命机构，而不是决策机构。真正工兵代表会制度的标准是：选举权是阶级特权，通过选举任用一切官吏、法官和军官；不搞三权分立。因此，从迄今为止的历史经验看，不可能同时并存议会民主和工兵代表会专政这两种不同性质的政权。作为政治形式，它们不可能相辅相成，在思想上，它们则是互相排斥的。

究竟怎样才能确保工兵代表会作为无产阶级专政的统治机构？唯一的条件就是接受或服从无产阶级政党的领导。苏俄的工兵代表会(苏维埃)最终只服从布尔什维克的一党领导。但是在高度工业化的德国，不仅资产阶级的力量十分强大，社会主义运动本身也是分裂的，工人阶级分裂成为对立的、相互争夺影响的几个政党。德国当时的工人占了一半人口，但仅依靠工资为生并具有阶级觉悟的工人在革命时期还只是少数。大多数工人对于工兵代表会政权和国民议会的关系以及面临的抉择根本弄不清楚。多数派社会民主党人根本就没有为革命出过力。艾伯特因此力图争取独立社会民主党支持他那条选举国民议会重建新秩序的道路，并把工兵代表会掌握在自己手中，降为某种咨询机构。独立社会民主党的领导对国民议会的态度是矛盾的。他们在同社会民主党提出的组织临时联合政府——人民委员会的谈判中，要求将"社会主义共和国"的"整个行政、立法和司法权力都交由选举产生、为全体劳动人民和士兵所信赖的人"。这显然是对议会民主制中分权和所谓人民自决原则的否定。社会民主党则提出了一个蛊惑人心的口号：不是"一切权力属于工人士兵代表会"，而是"全部权力属于全体人民"。联合谈判达成这样的妥协：先把政权交给工人士兵代表会全国代表大会,然后由这个大会在政治上作出原则性决断。

参加第一届临时革命政府人民委员会的社会民主党人是艾伯特、谢德曼和兰茨贝格,独立社会民主党人是哈塞、迪特曼和巴尔特,由艾伯特和哈塞担任主席,两人权力相等。就在11月10日人民委员会成立的当天,兴登堡和军队宣誓对它效忠。人民委员会接受了协约国提出的停战条件,次日签署了停战投降协定,结束了第一次世界大战,从而实现了大多数德国人心目中革命的主要目标。在以后几天,各邦王朝的所有统治人物都纷纷退位,全国到处都成立各级革命政府。11月12日,人民委员会发布第一号公告,宣布了施政纲领。这个纲领虽然声称以实现社会主义为己任,但并没有超出资产阶级民主的范围。内中根本没有提到消灭容克贵族、垄断资本巨头和军官团的政治经济特权。事实上,人民委员会从成立伊始,就处在社会民主党领袖的控制之下。人民委员会完全保留帝国时代的军事、行政机构和司法系统。社会民主党领导断然拒绝解除政府中资产阶级成员的职务;否定工人士兵代表会干预法院活动的权力。人民委员会是以恢复"秩序"、防止"极左派的威胁"和导向议会共和制作为主要任务的。

新政府面临的主要问题之一,是它的政治权力的来源,或者说,它是根据什么权利来进行统治的?谁授予它以统治的特权?在十一月革命的日子里,工人士兵代表会在德国到处自发地成立起来。俄国的苏维埃代表会这一革命工具的形式和名称被德国工人接受了。它们或者接管了行政权力,或者在多数情况下与现政府当局同时存在。德国的工兵代表会

由社会民主党领袖和独立社会民主党领袖组成的临时政府"人民委员会"。
自左至右:迪特曼、兰茨贝格、哈塞、艾伯特、巴尔特、谢德曼

第十二章 ● 魏玛时代：共和时期的民族运动

开始时是一种"独立"的力量，就其思想和政治路线来说，多数倾向社会民主党，但在革命日子里都程度不同地带有强烈的政治激进倾向。革命初期已形成一种特殊的思潮，似乎谁掌握了这些代表会，谁就名正言顺地掌握了德国的统治权。因此，社会主义运动的各翼都集中力量争夺对工兵代表会的领导与控制权。斯巴达克同盟和独立社会民主党左翼力图使工兵代表会成为无产阶级统治的政权机关，并使"一切权力归代表会"；而社会民主党则力图使代表会成为过渡到制宪国民议会的临时权力机关。

11月10日上午，柏林的所有工厂和部队都举行选举，被选出的代表会在当天下午在布施马戏院召开大会，这就是所谓"批准临时政府"的柏林工人士兵代表会代表大会，与会代表约3 000人，成分复杂，士兵占大多数。大会在嘈杂声中通过批准临时政府人民委员会的组成人员。在选举柏林工人士兵代表会的领导机构执行委员会时，艾伯特坚持由同等数量的社会民主党人和独立社会民主党人再加上两者总和的士兵代表组成。选出的由28人组成的"大柏林工人士兵代表会执行委员会"，其中7名社会民主党人，7名独立社会民主党人，14名士兵代表。卡尔·李卜克内西和罗莎·卢森堡这样有名的人物都被排斥在外。这届柏林的工人士兵代表会代表大会实际上是充当着全国工兵代表会代表大会的职能，因而它居然有权"承认"人民委员会为临时政府，宣布德国为社会共和国，并使选出的执行委员会有着德意志社会共和国工人士兵代表会执行委员会的头衔。

此后的日子里，根据艾伯特的指示，军队中恢复了旧军官的指挥权。法令还规定所有工人必须交出武器，而与此同时，许多武装的军官团体、志愿队等反革命组织纷纷出现。以往所有的容克、资产阶级政党，在历经革命的最初惊恐之后，现在都披上了"民族的"、"民主的"和"人民的"外衣：保守党成了德意志民族人民党，民族自由党变成德意志人民党，中央党一个时期内改组为基督教民主人民党。他们一夜之间都变成拥护民主和共和国的角色，集结在支持艾伯特政府提出的"制宪国民议会"的旗号下，同"代表会政权"相抗衡。形势对斯巴达克派越来越不利。为了弥补自己没有独立政党的损失，1918年11月11日，斯巴达克派召开会议，决定改名为"斯巴达克同盟"，并决定在全国建立自己的支部。但是直到此时，斯巴达克同盟还是独立社会民主党中的一个独立派别，同盟成员在组织上还服从独立社会民主党的领导。卢森堡、约吉歇斯（Leo Jogiches, 1867—1919）等领导人还幻想能在独立社会民主党中贯彻斯巴达克同盟的主张。

1918年12月16至21日，第一届全德工人士兵代表会代表大会在柏林举行。出席大会的代表有社会民主党人298名，独立社会民主党人90名（包括10名斯巴达克同盟成员），其他党派35人，无党派工人士兵74人。卡尔·李卜克内西和卢森堡都没有当选为代表。社会民主党毫无疑问地控制着这届大会。代表大会通过一项决议，把立法权和行政权全部交给临时政府人民委员会，直至国民议会召开时为止。成立了代表大会的中央委员会，代替大柏林工人士兵代表会执行委员会，但代表大会拒绝授权中央委员会"监督"、"干预"政府事务的权力。独立社会民主党因反对不给中央委员会以监督政府权力的议案，拒绝提名中央委员会的人选，结果选出的中央委员会纯粹由社会民主党人组成，这使最终取消工人士兵代表会的行动变得简单易行。大会最后否决了关于工兵代表会是最高权力机关以及清洗政府中的反革命分子等提案，作出一项具有决定意义的决议：定于1919年1月19日选举制宪的国民议会。这样，在工兵代表会还是国民议会这个政权的大问题上，代表大会作出了有利于资产阶级议会民主的决定。

从1918年12月16—21日到1919年1月19日，可视为革命的第三阶段，即革命危机和革命失败阶段。代表大会闭幕以后，社会民主党领袖开始向革命工人展开进攻。圣诞节前夜，政府企图解除拥护革命的人民海军师（3 000多人）的武装，激战后政府的企图被粉碎。独立社会民主党人不得不因此退出艾伯特政府，以保持自己在工人中的影响。圣诞节后两天，艾伯特任命诺斯克为国防部长，统率所有武装，包括那些反革命志愿团，越来越多的反革命部队和志愿队集结在柏林周围。此后的日子，社会民主党领袖就集中力量对付革命的中坚、自己的左派兄弟斯巴达克同盟。

在这革命的紧急关头，斯巴达克同盟改组为德国共产党，彻底断绝同独立社会民主党的组织关系。最终决定迈出这关键一步的主要是罗莎·卢森堡。在大多数由年轻人组成的斯巴达克派中，卢森堡较之其他领袖，确实是思想上更敏锐，个人品质更完美，政治上更成熟，因此可以说，对德国政局起重大影响的斯巴达克派的政策和基本路线是她制定的，并且具

第十二章 魏玛时代：共和时期的民族运动

有她个人品格和思想的印记。1918年12月29日,在柏林普鲁士议会大厅召开斯巴达克同盟全国代表大会,参加大会的有来自全国46个地方组织的83名代表。12月30日,召开正式建党大会,大会通过决议,建立独立的政党,取名德国共产党(斯巴达克同盟)。大会的主要议题是卢森堡的政治形势报告《我们的纲领与政治局势》,她在报告中阐明党的纲领是以马克思主义为基础的。她批驳说,考茨基和独立社会民主党的其他领袖发展了一种议会式的社会主义,它是马克思学说的退化。她还提出了教育群众使其革命化的最好方法是政治性罢工;社会主义革命将随罢工的浪潮而到来;政治性罢工将成为革命的中心问题而把其他政治活动置于次要地位。大会通过了以卢森堡的文章《斯巴达克同盟想要做什么?》(12月14日刊于《红旗报》)为基础制定的党纲。党纲规定必须"用无产阶级的革命暴力,反对资产阶级的反革命暴力","革命的任务是武装顽强的劳动人民大众,掌握全部政权。这是无产阶级专政,所以是真正的民主。"纲领中提出了巩固革命的紧急措施:解除反革命武装,武装工人阶级;提出了政治和社会领域的要求:建立统一的社会主义共和国,全部政权归工人士兵代表会,彻底改革社会立法等。纲领的国际方面任务是:与其他国家工人政党建立联系,实现世界无产阶级的兄弟团结。

大会推举卡尔·李卜克内西和卢森堡为德国共产党的两主席;确定由斯巴达克同盟中央委员会行使党中央职权。1919年1月1日,大会正式闭幕。

从列宁主义的观点来看,卢森堡主义以及由此而制定的党的纲领和策略,是革命的,是马克思主义的,但却存在一系列的缺点,例如认为卢森堡崇拜无产阶级自发的革命行动("自发论");阶级矛盾的尖锐发展自然而然导致资本主义社会的崩溃("崩溃论");不承认帝国主义时代尚存在民族自决权问题;以及缺少农民纲领等。这更多是以俄国革命胜利的模式经验来衡量德国革命失败的结局,并不完全切中卢森堡主义的命脉。最终导致斯巴达克同盟-德国共产党失败的,并不是这些原因。真正的原因在于,德国大部分工人群众特别是士兵没有支持和拥护它,他们憧憬社会主义,但却害怕追求苏俄式的无产阶级专政的目标。德国工人运动中议会主义的传统和资产阶级的国家观念根深蒂固,大部分群众无法接受斯巴达克同盟的主张,大部分工兵代表会没有追随斯巴达克同盟,没有成为无产阶级的政权机关。斯巴达克同盟-德国共产党一心以为,历史的进程对他们有利,世界革命很快就要实现,因而开始实行一种罢工、骚乱、巷战、起义的政策。结果道路是越走越狭,到1919年初,已经显得相当孤立。

德国共产党的成立使整个保留下来的旧世界感到惊恐。社会民主党领袖则攻击德国共产党破坏革命成果和煽动内战。德国究竟是走议会民主制还是无产阶级专政的前途,决战看来是无法避免了。艾伯特政府想诱使左派在这不合时宜的时机发难,然后以"保卫革命成果"的名义予以镇压。1919年1月4日,艾伯特政府强行解除左翼独立社会民主党人艾希霍恩柏林警察总监职务,促使中派同左派联合行动。1月6日,柏林爆发旨在推翻艾伯特政府的总罢工。社会民主党则针锋相对,号召自己的支持者举行大规模示威游行。政府决定把"恢复秩序"的任务交给诺斯克,委任他为柏林地区的司令官。诺斯克充分意识到其任务的不祥性质,说:"总得有人来当猎犬,就由我来担这个责任吧!"他在柏林郊区设立了司令部,主要依靠的力量是"志愿团"。他获得冯·吕特维茨等旧政府将领的合作。就在这时,独立社会民主党领袖开始"软化",坚持通过"和平商谈"解决冲突。但"一月战斗"实际已经打响。1月8日,艾伯特政府中断谈判,声称"总清算的时刻"已经到来,于是发生了激烈的战斗。工人遭到大规模的屠杀。1月15日,德国工人阶级的伟大战士卡尔·李卜克内西和罗莎·卢森堡也惨遭"志愿团"杀害。就在这种气氛下,1月19日的国民议会选举保证了反革命阵营的胜利。3 000万居民参加了选举,社会民主党获1 150万票,165席,独立社会民主党获230万票,22席,其余54.5%的席位则为资产阶级政党所取得,共产党抵制了这次选举。制宪的国民议会于2月6日在小城魏玛开幕。2月11日国民议会选举艾伯特为共和国总统。两天后谢德曼出任总理,组织联合政府,社会民主党人公开同资产阶级联合执政。魏玛共和国就这样建立起来了。

继一月战斗后,全国各地几乎都爆发了旨在保卫革命成果的战斗,但是这些战斗是孤立进行的,没有统一的领导,相继被镇压下去。巴伐利亚的形势也发生了急剧的转折。在1919年1月12日和2月2日举行的巴伐利亚邦国民议会选举中,艾斯纳和他的独立社会民主党遭到决定性的失败,2月21日艾斯纳本人也被君主主义者刺杀。巴伐利亚陷入一场极为动荡的混乱,到处出现了巷战。3月中旬,邦国民议会授权社会民主党人约翰内斯·霍夫曼(Johannes Hoffmann)为总理,与资产阶级政党组成了联合政府。艾斯纳的追随者和共产党人掀起倒霍夫曼内阁运动。霍夫曼政府在柏林政府的授意下,撤到巴伐利亚北部的班贝格。在慕尼黑,一些艾斯纳的追随者,独立社会民主党的革命理想主义者在4月7日宣布成立巴伐利亚工人士兵代表会共和国,他们组织了政府,宣布同俄国和匈牙利苏维埃团结在一起,反对艾伯特-谢德曼政府。共产党人没有参加这个政府,他们在坚定的斯巴达克派、俄国出生的犹太人欧根·莱维内(Eugen Leviné,1883—1919)领导下,成为争夺政权的另一个集团。4月13日慕尼黑驻军在霍夫曼政府的策动下发起暴动,推翻了独立社会民主党人的政府。共产党人领导工人总罢工,并拿起武器,最终击败了暴乱者。一个以共产党人莱维内为首的巴伐利亚工人士兵代表会共和国建立起来。柏林社会民主党政府决定对巴伐利亚工兵代表会共和国实行镇压。诺斯克下令两万大军南下,会同符腾姆贝格和巴伐利亚的反革命武装,开赴慕尼黑"恢复秩序",4月中旬,莱维内组织的红军和赤卫队在慕尼黑以北的达豪等地同政府军发生激战,但已无法阻止政府军的进攻。5月1日政府军开进慕尼黑,他们在这场内战中犯下的罪行,是纳粹出现前德国历史上最悲惨的篇章。5月5日市内战斗结束。巴伐利亚工兵代表会共和国最终被颠覆。莱维内被判处死刑,6月15日被枪决。德国工人阶级争取民主和社会主义的十一月革命就此结束。

二、魏玛共和国的战后危机:民族内争与民族外争

1919年2月6日在小城魏玛召开的国民议会的一个重要任务,就是为共和国制定一部宪法。起草宪法的工作是由法学家胡戈·普罗伊斯教授主持的,在国民议会选举的次日,即1月20日公布了宪法草案。草案的宗旨之一是在德国建立一个实行地方分权的统一国家,因此提出把普鲁士邦打碎,把全国分成幅员大体相等的邦,它们不再具有国家的性质,仅仅是最高的自治机构。这实际上是对各邦的自治权作了较大的限制和削弱,因而引起不少邦特别是南德诸邦的反对。2月24日开始对修改后的宪法进行审议。直到7月31日国民议会才最终通过了宪法。8月14日宪法经总统签署后正式公布生效。因此,德国历史上的第一个共和国——德意志国(Deutsches Reich)的成立,既可从1918年11月推翻君主制算起,也可从1919年8月魏玛宪法公布算起。

魏玛宪法正是在德国战败、霍亨索伦王朝被推翻、十一月革命行将失败的背景下产生的,这些时代因素不能不对宪法的内容产生重要影响。魏玛宪法又是近代主要资本主义国家中产生最晚的一部民主宪法,它吸取了欧美各国宪法的民主精华,成为当时最有民主特色的宪法。在关于德国国体问题上,宪法第一条称:"德意志国是一个共和国","国家权力出自人民"。中央政府拥有与外国建交、建立军队、管理财政、发行货币、管理邮政、关税等权力。国家法律高于各邦法律。各邦仍可有自己的邦宪法、邦议会和邦政府。由各邦政府代表组成的"联邦参政会"仅仅是咨询机构,参与国家立法与行政事务。

魏玛宪法在政体方面贯彻三权分立原则,即国会、总统与政府、法院三权分立。国会是最高立法机关,国会议员由"年满20岁以上男女,依照比例代表选举制,以普遍、平等、直接、秘密之选举"产生。总统是国家元首,由全体公民直接选举产生,任期七年,可连选连任。总统有统帅军队、任免总理和文、武官员以及解散国会之权。宪法第48条特别授予总统"国家强制执行"权:当德国境内公共秩序受到扰乱时,总统在必要时可以使用武力,届时公民基本权利"全部或一部停止之"。国家政府即内阁,由总理与各部部长组成,由总统任免,内阁成员必须得到国会的信任,否则需辞职。关于司法,法官地位独立并只服从法律,最高法院解释法律,裁决各种争端。

在人民的基本权利与义务方面,宪法明示"德国人在法律面前一律平等";男女平权;废除贵族封号;公民人身自由、居住、通讯自由不得侵犯;公民有和平集会、组织社团及法团之权;人民有担任公职、受教育的权利等。在经济生活方面,宪法保障个人之经济自由,人民有工作自由,结合(指结成劳工团体)自由,契约自由,经营工商业自由,财产自由(私有财产不受侵犯);国家实行社会保险政策等。宪法中甚至载入"社会化"、"国有化"字眼和"工兵代表会"条款。

纵观宪法全文,它向人们展示了一个几乎完善无疵的民主制度。但也不难看出,它所提出的种种民主权利并未超出资产阶级民主的范围。第153条就肯定私有财产的不可侵犯性。在德国的经济基础和社会基础都不曾改变以前,魏玛宪法主要起到了确保资产阶级-容克隐蔽专政的作用,内中一些大而无当的"民主"权利很快被极端民族主义分子所利用。

年轻的魏玛共和国还必须为德国的战败承担责任。1919年1月18

第十二章 ● 魏玛时代:共和时期的民族运动

日,巴黎和会开幕。法国选择这一天是有意羞辱德国,因为它正是48年前威廉一世在凡尔赛宫宣布德意志帝国成立的日子。实际操纵这次会议的是法国总理克雷孟梭、英国首相劳合-乔治和美国总统威尔逊。这三个国家都企图利用和约掠夺德国,确立自己在欧洲大陆的霸权。法国为了打倒自己的宿敌,主张肢解德国,索取大量赔款并建立对德国的经济监督。英国出于保持欧洲的均势,不想过分削弱德国,美国在德国问题上支持英国。经过幕前的争论和幕后的讨价还价,三个月后才拟出对德和约的初步条款。协约国未经与魏玛政府协商单方面制定了和约初步条款后,立即通知德国代表团来巴黎,和会主席克雷孟梭对德国代表团说,"清算的时刻到了。你们向我们要求和平,我们同意把这和平交给你们"。协约国不允许对条约内容作任何口头讨价还价,只允许德国人在14天内递交书面意见。

在战后初期动乱不已的日子里,德国人对于他们战败的后果似乎还很少考虑,甚至还寄于幻想:他们有权得到一个公正的和约。1919年5月7日条约文本在柏林发表,几乎把整个德意志民族都惊呆了。5月9日,德国代表团奉命照会克雷孟梭,说这种和约是"任何国家所无法容忍的"。5月12日谢德曼总理在群众集会上表态:谁签署这个和约谁的手就要烂掉!协约国仅在次要的条款上同意修改,比如上西里西亚领土从原来的割让改为公民投票,其他就原样发回。6月16日和会将条约文本作为最后通牒交给德国,规定七天之内如不答复,停战协定即告失效,协约国将采取实现他们的条件所必需的步骤!

魏玛政府从上到下反对和约,所有党派也都如此。艾伯特总统两次征询最高统帅部和兴登堡,陆军能在西线抵抗住协约国的进攻吗?最高统帅部表示:"武装抵抗是不可能的。"6月20日,谢德曼宣布辞职。翌日社会民主党人古斯塔夫·鲍威尔(Gustav Bauer,1870—1944)奉命组阁。在最后通牒到期前几小时,国民议会最终"赞同"签署和约。这样,政府被授权不加保留地签署和约。6月28日,新外长、社会民主党人赫尔曼·密勒(Hermann Müller,1876—1931)在凡尔赛镜厅代表德国签字。

凡尔赛和约除了把这次战争的责任全部加到德国及其盟国的头上外,主要内容有下列三方面:第一方面是关于领土和殖民地。德国放弃所有海外殖民地;并将近1/7领土"让还"给法国、比利时、捷克斯洛伐克、波兰以及丹麦等(如把阿尔萨斯与洛林"归还"法国);德国承认并尊重奥地利的独立;德国确认取消布列斯特-立托夫斯克条约。此外德国的海外殖民地皆被英、法、日等国瓜分,包括中国的青岛被日本占领。第二方面是关于军事条款。规定莱茵河右岸为非军事区,德国无权设防;莱茵河左岸地区由协约国占领15年,占领费用由德国负担;德国陆军不得超过10万人(改称"国防军"),海军不得超过1.5万人;总参谋部及其他类似组织均应解散;废除普遍义务兵役制等。成立协约国监督委员会监督军事条款的执行。第三方面是关于赔款和经济条款。协约国达成协议,把赔款的具体细节交由协约国特别赔款委员会决定,但在1921年5月21日以前,德国必须付出200亿金马克①的现金或货物(煤、牲畜、建筑材料等);德国关税不得高于他国;协约国对德国输出入货物不受限制;易北河、奥得河、涅曼河和多瑙河等被宣布为国际河流。德国的赔款问题就成为战后德国同西方国家长期争执的重大事件。

整个看来,凡尔赛和约是一个掠夺性的条约。德国因和约一共丧失7万多平方公里领土和730万人口。特别是萨尔兰和莱茵河左岸地区被占领,使德国丧失了75%的铁矿,44%的生铁生产能力,38%的钢生产能力和26%的煤炭产量。德国人民在经受战争浩劫之后,又遭到了协约国的新的掠夺。

魏玛共和国是在革命中诞生的。十一月革命给社会民主党带来了民主选举权和比例选举制,也给其他"温和派"资产阶级政党带来了代议制政体。但是共和国从诞生的第一天起,就背上两大包袱:它取代了君主政体但坚决反对建立苏俄式的无产阶级专政,它在经济上和其他政治方面基本上没有触动旧的德国,这就被以共产党为首的激进左派当成是"革命的叛徒"而加以坚决的反对;同时共和国取代了君主政体,在凡尔赛和约上签了字,承担了德国战败和赔款的义务,这就被极端保守的右派当成是"民族的叛徒"和"十一月罪人"而要加以坚决的颠覆。魏玛共和国赖以建立的政治基础,乃是社会民主党人同某些"民主的"、天主教的和自由的资产阶级政党结成一种广泛联盟。这些资产阶级政党被人们看成是"温和的中间政党",而社会民主党也被人们看成是"温和的工人政党"。他们联盟的使命主要用来维护旧德国的经济基础和社会结构及其统治力量。大

---

① 1919—1923年德意志国的货币结算单位,固定含金值为一磅纯金的1 395份,即1金马克的含金量约为0.359克。1美元=4.198金马克。

容克和大资产阶级(或称为"工业界","垄断资产阶级")在革命的冲击下暂时放弃了政治统治而竭力保存社会统治。保守派既不接受和约,也不接受共和国;"国中之国"的陆军也不接受。保守派仍旧掌握着经济实权,拥有大工业、大庄园和全国大部分资本,他们的财富可以而且实际上用来资助败坏和反对共和国的政党和报纸,企图恢复战前的那种君主政体统治。实际上,共和国之所以能够勉强存在,不过是当时德国的资产阶级(受国际资产阶级的支持)同无产阶级(受国际无产阶级的支持)之间力量的斗争处于一种暂时的势均力敌的境地——工人阶级是分裂的,同样情况,资产阶级也处于分裂状态。双方力量的消长就直接影响到共和国的存在。战后四年中出现的巨大的革命危机和反革命武装颠覆活动此伏彼起,西方要求德国偿付数千亿金马克的惊人赔款以及法国对鲁尔的占领,使共和国陷入深刻的经济危机、政治危机和民族危机中。

首先对魏玛共和国发起冲击的是1920年3月来自极右翼君主主义派的卡普暴动。沃尔夫冈·卡普(Wolfgang Kapp,1858—1922)是东普鲁士的地方长官,并且是德意志银行监事,1917年就成立了极右的德意志祖国党,现在一心从事以暴力推翻政府、重建君主政体的活动。他得到军国主义者、国防军军官吕特维茨将军、鲁登道夫将军等的支持和一些德国银行家和大工业家克虏伯、梯森、斯廷纳斯、胡根贝格等人的资助。暴动分子开始行动的导因是国防部长诺斯克根据协约国的命令解散埃尔哈特海军旅和勒文费尔德海军旅引起的。3月12日晚,埃尔哈特率海军叛乱部队向柏林进发。次日凌晨,在吕特维茨指挥下,埃尔哈特旅、捷比利茨志愿军团和其他部队在柏林勃兰登堡凯旋门受到鲁登道夫等帝国旧官员的欢迎。就在同一天,3月13日,卡普、吕特维茨等率陆军数千人进攻柏林,暴动正式开始。

当暴动者向柏林推进时,在柏林的国防军高级军官们大部分同情暴动分子。在3月13日晚,由诺斯克召集的国防部会议上,与会的将军们除莱因哈特一人外,均拒绝发出对暴动分子射击的命令。作战局局长冯·塞克特将军(Hans von Seeckt,1866—1936)以"国防军不打国防军"为由拒绝执行命令。于是政府决定离开柏林并经德累斯顿逃往斯图加特。只有少数部长留在柏林,以便需要时与暴动分子进行谈判。暴动分子建立了以卡普为首的政府,宣布前政府已被推翻,国民议会已被解散,魏玛宪法无效,并宣布全德戒严。一切民主自由都取消了。罢工者将被判处死刑。在德国许多地区国防军都支持暴动分子。

在这关键时刻,德国工人阶级行动起来了,他们几乎不分派别地共同进行保卫共和国及其民主权利的斗争。卡普暴动当天,柏林工人用停止工作回答了叛乱。共产党、社会民主党、独立社会民主党、全德工会联合会以及自由职员总联合会都发出举行总罢工的号召。3月15日,总罢工席卷全德。总共大约有1 200万工人加入反对暴动分子的罢工统一战线。大部分的官吏和职员也加入罢工队伍。工人们武装起来了。在激烈的斗争中,卡普部队在许多地方被击败。最激烈的战斗发生在西部工业中心鲁尔区,德国共产党在这儿建立了一支被称为"红色鲁尔军"(约15—20万人)的工人武装,几天之内,就解决了暴动分子的队伍。德国工人阶级反对暴动部队的行动到处取得胜利。卡普政府不得不于3月17日逃出柏林,德国社会民主党政府才得重返柏林。卡普逃往瑞典,吕特维茨躲入容克庄园。短命的卡普暴动遂告终结。

留下来的是社会民主党政府结束总罢工和解散工人武装的任务。3月17日刚刚返回柏林的政府就宣布结束总罢工。鉴于人民情绪激昂,政府不得不在3月20日作出书面保证:严惩"政变"分子;解散所有反革命军事组织并成立工人纠察队;国家接管煤、钾辛迪加,在条件成熟的经济部门实现社会化。三天后,总罢工停止。3月24日,鲁尔区工人也停止了罢工,但"红色鲁尔军"并未放下武器。3月26日,鲍威尔政府垮台,次日由社会民主党人赫尔曼·密勒出任总理。密勒政府决定采取镇压措施。4月2日派遣2万国防军和志愿团部队开进鲁尔区,血腥地镇压了为保卫共和国而斗争的鲁尔工人。

接着对魏玛共和国进行冲击的是1921年3月来自极左翼德共领导的中部三月战斗。德国共产党自1920年2月在卡尔斯卢厄召开的第三次党代表大会以来,努力使自己发展成一个群众性的党。1920年末与德国独立社会民主党左翼多数派的合并,是德国共产党发展成群众性的党的重大步骤。合并的党称为德国统一共产党(第三国际支部),党员人数由10万人增加到30万人。汉堡工人阶级的领导人恩斯特·台尔曼(Ernst Thälmann,1886—1944)也通过这次合并成了德共党员,他后来还成为党的杰出的领袖。残留下来的独立社会民主党右翼少数派(伯恩斯坦、考茨基等),不久重新回到社会民主党内。德国统一共产党1921年1月发表公开信,向社会民主党和工会领导人建议采取共同行动,反对物价

第十二章 ● 魏玛时代：共和时期的民族运动

上涨和抵制残酷剥削，建议虽然遭到了拒绝，却获得德国工人的广泛响应。当魏玛政府把协约国要求的赔款完全转嫁到人民群众身上时，德国共产党在劳动人民中的影响就越来越加强了。这种情况表现在普鲁士邦议会的选举结果中。德国共产党得到 121 万多张选票和 30 个议席，这是很多的。然而党在以萨克森为中心的中部德国地区影响则更为巨大。在哈勒的梅塞堡选区，德国共产党得到了全部选票的 62% 以上，成为最大的政党。在汉堡，在台尔曼领导下，得到了 6 万张选票和 17 个议席。

德国中部就被魏玛政府看作是最大的危险策源地。他们特别害怕德国中部和西部鲁尔区的革命行动连成一气。萨克森省省长、社会民主党人赫尔辛 2 月 12 日在梅塞堡召集省议会、市长、保安警察头头、企业家、大地主等开会，要求对中部德国的工业区采取一种"树立国家权威的警察行动"。3 月 17 日德国统一共产党中央委员会第三次会议上，由于对政治形势作了错误的估计和对共产党的力量和群众影响估计过高，党的主席布朗德莱尔(Heinrich Brandler)要求党采取直接的行动和进攻态势，提出了"推翻政府"的口号。3 月 19 日在普鲁士内务部长、社会民主党人塞维林和赫尔辛的指挥下，拥有重型装备的保安警察 1 500 人进入中部德国工业区(曼斯费尔德近郊)，同时国防军部队也开入毕特费尔德、德立奇和桑格豪森。德国共产党中央和哈勒-梅塞堡地区领导在 3 月 21 日号召总罢工以对抗。几天之内总罢工几乎席卷整个中部德国。汉堡、劳西茨、鲁尔地区、图林根和其他地区也举行罢工和抗议。3 月 22 日发生第一次武装冲突，武装工人与保安警察进行战斗。3 月 24 日总统艾伯特宣布萨克森处于戒严状态，增派保安警察百人团和国防军炮兵。3 月 26—27 日，政府军在击溃工人的殊死抵抗之后占领了埃斯勒本、赫特斯泰特和周围地区，两天后占领了工人的最后堡垒雷诺工厂。4 月 1 日，德国统一共产党①决定停止总罢工。大约 6 000 名工人被捕，许多人被判处长期徒刑和监禁。"三月斗争"中断了德共卓有成效的群众政策的发展。但"不惜一切代价进攻"的极左思潮并未得到清算。

造成共和国危机的第三个浪潮来自协约国的赔款索求和占领鲁尔。在 1921 年 1 月举行的巴黎会议上，协约国赔款委员会规定德国应偿付的赔款总额为 2 260 亿金马克，42 年付清，每年缴付的数额规定为：前 2 年

---

① 自 1921 年 8 月党的耶拿代表大会开始，取消"统一"一词，改称"德国共产党"。

每年20亿金马克,此后9年每3年递增10亿金马克,其余31年每年缴付60亿金马克。德国的全部财富,特别是全部海关收入作为赔款的保证。德国代表想利用战胜国之间的矛盾,消极对抗。他们以"无力支付"为由,提议赔款削减为500亿,而且包括已付的200亿在内,余下的300亿还需把上西里西亚归还德国作为先决条件。德国代表的声明遭到法国的拒绝和驳斥,英美代表也表示不同意。法国外交部长白里安在法国参议院声称:"德国有支付能力。德国的大地主、金融巨头、大工业家都取得了巨大的财富。"因此协约国在1921年3月3日对德国提出最后通牒,限其在3月7日前答复,否则将对德采取报复手段。1920年6月上台的中央党人费伦巴赫(Constantin Fehrenbach,1852—1926)政府对此不予理会。于是西方国家在3月8日占领了杜伊斯堡、杜塞尔多夫和鲁尔奥特等城,并建立起一个莱茵关税区,对德国其他地区输入该关税区的货物,征50%关税(后改征26%关税),关税收入上缴给赔款委员会。

1921年4月,协约国赔款委员会在伦敦召开第二次会议,讨论战后经济危机的加深问题以及因此而来的德国同协约国之间在赔款问题上的分歧和矛盾,重新规定了赔款总额为1 320亿金马克。协约国还规定了偿清赔款的具体日期。第一期赔款自5月5日起的八天内付清,否则协约国将占领鲁尔区。这一最后通牒引起了德国的内政危机,费伦巴赫政府倒台。中央党领袖约瑟夫·维尔特(Joseph Wirth,1879—1956)联合社会民主党、人民党等组成新的政府。民主党人、外交部长瓦尔特·拉特瑙在新内阁中起重要的作用。

维尔特-拉特瑙政府设法使国会接受了协约国要求支付赔款的最后通牒,因此避免了鲁尔的被占领,此举使他们遭到极端右翼势力的痛恨。新政府除了加紧向全国人民抽税外(通行税、消费税、保险税、资产税、煤税、木柴税、啤酒税、烟草税、营业税等),却不能使重工业家在赔款问题上作出任何承诺。维尔特政府不得不要求延期支付1922年初应支付的赔款,协约国便答应了。

维尔特和拉特瑙虽然是资产阶级利益的代表,但他们对于民族的需要还保持清醒的头脑,他们除了竭力避免鲁尔被占外,还力图从外交上突破孤立状态。1922年4月16日,他们在热那亚附近的拉帕洛温泉区同苏俄缔结条约,标志着德国自战败后重又回到国际舞台。拉帕洛条约的最重要条款是:德苏双方放弃战争赔偿的要求,立即恢复外交关系,在最惠国待遇基础上建立相互贸易和经济关系。这种情况既难容于西方国家,也遭到极右翼民族主义势力的反对。6月24日拉帕洛条约的签字者拉特瑙在光天化日的大街上被恐怖组织"康苏尔"①的成员杀害。另一方面,由于赔款的重担几乎都转嫁到德国劳动人民身上,从1922年起,劳动群众的生活更加恶化。物价和通货天文数字般地上升和膨胀。维尔特在偿付了第一次10亿金马克赔款后,财政完全崩溃,维尔特政府也于1922年11月下台。曾任汉堡-美洲轮船公司董事长的无党派人士威廉·古诺(Wilhelm Cuno,1876—1933)出面组阁。新政府走上公开抵制赔款的道路。

1923年1月初,协约国赔款委员会又一次在巴黎开会,讨论德国提出的延期偿付赔款问题。1923年1月11日,法国和比利时以德国不履行赔款为借口,出兵占领了鲁尔区。两天后古诺在国会发表演说,宣布实行"消极抵抗"政策,主要措施是拒绝开采和运输德国的煤,拒绝遵守占领军方面的一切其他规定,后来还加上以怠工破坏运输、袭击占领军等措施。古诺政府企图以此对法国施加压力,迫使法国在赔款问题上让步。

但是法、比占领鲁尔和古诺政府的"消极抵抗"政策把德国经济推入到崩溃的境地。鲁尔的被占领意味着德国损失了88%的煤,96%的生铁和82%的钢的生产。德国的工业生产急剧下降,失业人数大量增加。政府财政状况急剧恶化。通货膨胀如断线风筝,扶摇直上。小业主和小商人纷纷破产。而协约国赔款委员会在法国的压力下,决定要德国每年必须支付36亿金马克的赔款。德国政府加以拒绝。终于引发了德国国内的革命危机。生活极度贫困的工人和广大人民,于8月12日开始发起总罢工,抗议内外资产阶级的剥夺。古诺政府在这一天倒台。8月13日,德意志人民党领袖古斯塔夫·施特莱斯曼(Gustav Stresemann,1878—1929)接任总理。他面对当时国内外的紧张局势,认为迫切的任务是结束鲁尔危机。这诚然是明智的决定。但这时战后综合危机的高潮已经到来。

1923年的战后综合危机可看成是对共和国的第四次冲击。危机不仅来自左翼的德国共产党方面,而且来自右翼的民族社会主义工人党(纳

---

① Consul,原为古罗马共和国最高官吏的头衔。现被参加卡普暴动的埃尔哈特海军旅前成员作为反革命恐怖主义组织的名称。

粹党)方面。后者也企图利用当时的形势,推翻共和国,建立极端民族主义的大德意志国。

到1923年,德国的经济已经完全崩溃。这年1月法国占领鲁尔的一天,马克跌到18 000∶1美元,到11月,再跌到40亿∶1美元。以后数字就以兆计了。德国货币成了毫无价值的废纸,中等阶级和工人阶级的一生积蓄都荡然无存。人民群众在经济上遭到毁灭。他们并不知道,大工业家、大金融家、大地主在这场灾难中得到多少好处。他们在痛苦和绝望之余,大多把共和国当作这一切罪过的替罪羊。无论是极左翼还是极右翼的群众支持率都有很大增长。但是整个说来,当时的德国尚不存在推翻共和国的情势和客观前提。

1923年10月1日,共产国际根据德共负责人布朗德莱尔夸大工人群众的发动和武装程度的汇报,作出在四周到六周之内发动革命进攻的指示。德共中央成立了制定起义计划的常设军事委员会,主要任务是制造武器弹药,装备无产阶级百人团。从莫斯科派来了一个军事顾问小组协助制定从中央到地方的作战计划。鉴于在1923年上半年在萨克森邦和图林根邦按宪法程序组成了左翼社会民主党政府,或者说是"工人政府"以及它们迫切要求共产党人参加,所以德共就决定把这两邦的工人政府作为革命进攻的根据地。10月10日,萨克森邦总理、左翼社会民主党人、律师埃利希·蔡格纳尔(Erich Zeigner,1886—1949)接受两名共产党人进入内阁,委以财政和经济部长重任,布朗德莱尔就任总理办公厅主任。10月16日,在图林根,也成立了由五名社会民主党人和两名共产党人组成的政府。这种"左派联盟"政府,是一种早期的人民阵线政府,它有可能成为建立全德工人政府的基础。因此施特莱斯曼政府也不能容许这两个政府的存在。艾伯特总统宣布全国处于"非常状态",并援引魏玛宪法第48条第10款,即所谓"国家强制执行",授权国防军采取行动。10月13日第四边防司令米勒将军下令解散萨克森无产阶级百人团。蔡格纳尔发表激动演说,反对"非常状态"法。驻东普鲁士和西里西亚的国防军开始集结德国中部并向萨克森推进。10月20日,德共中央通过立即总罢工,打倒施特莱斯曼政府和建立工农政府的武装斗争的决议,并责成汉堡工人在10月23日起义作为全德起义的信号。第二天萨克森政府同萨克森企业委员会、工会和监督委员会的代表在开姆尼茨举行会议,由于意见相左,开姆尼茨会议促使德共中央撤销10月20日的关于总罢工和

第十二章 魏玛时代:共和时期的民族运动

武装起义的决议。此时政府军队毫无阻挡地开入萨克森和图林根的中心地区。10月27日中央政府要求萨克森蔡格纳尔政府"辞职",遭到拒绝。10月29日,国防军在德累斯顿解散邦内阁,次日蔡格纳尔"辞职",31日萨克森邦议会"选出"一位右翼社会民主党人任总理,组成纯粹的社会民主党邦政府。几天以后类似情况在图林根发生。"工人政府"就这样夭折了。共产党的基层组织被禁止,无产阶级百人团被解散,几千工人被投入监狱。

汉堡就成了1923年革命运动的中心。在台尔曼领导下,对10月23日武装起义作了准备。他们没有得到起义延迟的通知,按规定时间开始行动。最初的行动没有遇到困难,因为汉堡没有驻扎德国国防军。在夺取警察武装以后,汉堡工人开始了三天的英勇战斗。就在这时,德共中央布朗德莱尔的停止武装起义的指示到了;国防军开到了;汉堡社会民主党领导同反共力量的合作加强了;德共由于在企业中扎根不深而未能发动起广泛的统一战线运动。共产党汉堡党委会认识到继续孤立战斗已无胜利希望,决定中止战斗,安全撤退,保存力量。这一工作在台尔曼领导下完成了。大约共有被盲目乱捕来的1 000名劳动人民被判处苦役、徒刑和羁押。

德国政府集中力量封杀左翼革命工人的时候,右翼反革命势力重新形成并得到鼓舞,进而向共和国进攻。右翼反革命的巢穴在巴伐利亚。一个极端右翼的帝制派分离运动和一个极端民族主义极端军国主义的法西斯运动是两股最重要的势力。前者的领导人是巴伐利亚行政长官、巴伐利亚人民党领袖冯·卡尔(Gustav Ritter von Kahr,1862—1934),他的目标是使巴伐利亚脱离德国,同奥地利和莱茵兰共组成依靠法国的多瑙联邦,因此德意志民族的大多数不支持他。后者的首领是阿道夫·希特勒以及老军国主义分子鲁登道夫,他们鼓吹的反犹太主义、复仇主义和民族社会主义吸引了各阶层的不少群众。希特勒-鲁登道夫集团向往建立一个法西斯的"大德意志国",并不附和分离主义。他们决定利用共和国危机,仿效一年前墨索里尼的"罗马进军",用暴力夺取巴伐利亚的统治权,然后"向柏林进军",在全国建立法西斯统治。

1923年11月8日晚,冯·卡尔等巴伐利亚地方长官出席贝格勃劳凯勒啤酒店举行的大型集会,希特勒率领数百名武装的冲锋队员破门而入,挥舞着手枪(据说朝天打了两枪)登上讲台,宣布"民族革命已经开始"。在同惊魂未定的冯·卡尔等人讨价还价一番之后,希特勒向集会者宣布推翻共和国政府,在慕尼黑成立全国临时政府,由自己任政府首脑,鲁登道夫任全军总司令,原驻军首领洛索夫任国防部长,冯·卡尔任巴伐利亚执政官,并声称临时政府将向罪恶的渊薮柏林进军,"拯救德国人民"。这就是著名的"啤酒店暴动"丑剧。

暴动组织得并不周密。冯·卡尔等当晚就趁着混乱逃离了啤酒馆。他们对这种"分赃"心怀不甘,回驻地后立即组织反击。第二天凌晨,巴伐利亚陆军和邦警察全线出动,控制市内各据点,并包围了被纳粹党徒占领的陆军部办公室。中午时分,希特勒-鲁登道夫率领的战斗队伍的游行进军,遭到卡尔部队的开枪狙击,鲁登道夫当场被捕,希特勒逃逸后被拘捕,审讯后判刑五年,关押在兰茨贝格的看管监狱。他在狱中

1923年啤酒店暴动的主要人物,自左至右:彼尔内、韦伯、弗立克、克里贝尔、鲁登道夫、希特勒、勃鲁克纳、罗姆、瓦格纳

写成那臭名远扬的《我的奋斗》,从中我们也可以对希特勒的为人窥知一二。

希特勒(Adolf Hitler,1889—1945)是德意志人,但不是德国的德意志人,而是奥地利的德意志人,他出生在德奥边境因河河畔的勃劳瑙小镇,父亲是奥地利海关的小官吏。希特勒3岁就因父亲迁调至巴伐利亚工作而随家迁到巴伐利亚的帕骚市生活,直到6岁回奥地利。美丽的帕骚的德国式生活留给他极其美好的印象。小学里,希特勒可说是一名优秀学生,在林茨市中学里却成为经常不及格而补考、甚至留级的学生,他只对历史感兴趣,深受一位德意志民族主义者的历史教授的影响,成了德意志民族主义者:主张奥地利并入德国,组成大德意志国,反对多民族的奥匈帝国。

希特勒一直幻想成为一名艺术家或建筑师。18岁时去报考维也纳美术学院,结果名落孙山。他独自留在维也纳,闭门谢客,埋头读书,听听歌剧或在街头闲逛。他13岁丧父,19岁丧母,只能过一种半流浪生活,

第十二章 ● 魏玛时代：共和时期的民族运动

靠画素描、水彩画及出售卡片等偿付房租。他经常阅读一种《奥斯特拉》杂志，该杂志扯起一面卐字旗作为雅利安人运动的标志，充斥着神学、色情和种族主义内容，宣扬金发碧眼的雅利安人是优秀人种，鼓吹排犹主义。希特勒的民族主义思想就进一步同种族主义相结合。希特勒的五年维也纳流浪生活为他的政治世界观的形成打下"坚实的基础"。其世界观的主要内容为：种族主义、反犹主义、民族复仇主义、社会达尔文主义、专制独裁主义、反马克思主义和超阶级的"族民共同体"思想。

　　1913年5月，希特勒怀着一种对大德意志民族的狂热情绪移居慕尼黑。1914年第一次世界大战爆发后，希特勒上书巴伐利亚国王，恳求加入德国军队，获准后"激动万分"。他在德军中当一名传令兵。离开军队时最高军衔是陆军下士。获得过一枚二级、一枚一级铁十字奖章。临近战争结束时中了英国毒气，双目暂时失明，住在医院里。他接受不了德国战败的事实，把德国战败的责任归咎于"十一月革命"，深信所谓"匕首神话"，即德军在战场上并没有被打败，而是背后中了卖国贼的匕首，这些卖国贼就是信奉马克思主义的革命分子（他把社会民主党也算在内）。他也痛恨凡尔赛条约，发誓要打碎凡尔赛条约。他决定从政。

　　1919年9月，巴伐利亚陆军政治部委派希特勒去调查一个叫做德意志工人党的活动情况。这个年初才出现的、仅有50几名成员的默默无闻的小党，只是一个具有浓厚民族主义倾向和工联主义倾向的熟练工人政治组织，希特勒却决心加入这个小党，使它转航，作为实现自己政治抱负的工具。他几乎立即就进入该党的领导集团，成为领导委员会的第七名委员，并得到党主席哈勒和德莱克斯勒的倚重。希特勒也就顺杆往上爬，立即推动该党就党名、党纲和其他方面进行改造。

　　1920年2月24日，希特勒在一个群众集会上宣布，将德国工人党改名为"民族社会主义德意志工人党"（Nationalsozialistische Deutsche Arbeiterpartei，简称Nazi，纳粹党）。希特勒还公布了新的党纲，即所谓《二十五点纲领》。不久希特勒还为纳粹党精心绘制了党旗：红底白圆心，中间嵌个黑色的带钩十字卐。在德国，带钩的十字起源于古日耳曼人的日轮符号，希特勒现在拿来象征雅利安人争取胜利的使命。而黑白红三色，是原德意志帝国国旗的颜色，表示纳粹党是帝国事业的继承者，反对以黑红金三色为国旗的魏玛共和国。无论人们（包括纳粹党人）对党的名称和《二十五点纲领》作何种不同的理解，希特勒都有自己的"世界观"定见，党

321

名和二十五点纲领本身就是"大杂烩",可作不同的强调和不同的解释,希特勒却可以此来争取各阶层的群众,特别是"中等阶级"和工人大众。希特勒也是在不同阶段对他的党名和党纲作不同的强调和改变的解释,他可以大言不惭地说谎。希特勒在《我的奋斗》中自供:"谎撒得大,就多少总有一些东西会得到人们相信,因为广大人民群众受大谎的骗比受小谎的骗更容易……他们根本想像不到这样大的谎,他们不会相信世界上竟会有如此无耻透顶歪曲事实的大骗局,甚至在说破了之后他们还要怀疑犹豫,觉得至少总是无风不起浪吧;所以就是撒最无耻的谎,到头来总可以捞到一些令人将信将疑的东西。"一切都是为了夺取政权。1922年初,纳粹党发展到6 000名党员,到1923年11月暴动前夕,增至5.5万名。人们原以为暴动的失败会是希特勒政治前景的终结,不期然他在1924年就出了狱,重新掀起纳粹运动,这真是德国历史和德意志民族的不幸。

三、魏玛共和国的相对稳定

从1924年起,魏玛共和国进入了相对稳定时期,创造相对稳定局面的代表人物,是在鲁尔危机时期受命上台的德意志人民党主席古斯塔夫·施特莱斯曼。从1923年8月13日到11月23日,施特莱斯曼掌握了德国命运共一百天。在这段时间内,严重的危机威胁着共和国。结束鲁尔的"消极抵抗",同巴伐利亚邦再度发生冲突,中央政府取缔萨克森、图林根的左派联盟政府,镇压汉堡工人起义和慕尼黑啤酒店暴动,同形形色色分离主义进行斗争以及稳定马克,这全都发生在施特莱斯曼执政时期。在这短短的一百天内,他更换了三个内阁。他开始组建的是大联合政党的政府,经过一次改组,最后社会民主党退出大联合政府,直到11月23日国会拒绝施特莱斯曼所要求的信任票为止。

但是共和国实际上已经离不开施特莱斯曼。这位小商人家庭出身的、研究国民经济学的战后德国政治家,很难确定他所信仰的究竟是什么,但从他所行动的、所追求的以及1926年获诺贝尔和平奖来看,更多致力于同战胜国和解乃至国内民族和解政策,前提是确保共和国这个政治舞台。在他下台后的历届政府中,包括中央党的马克斯政府(1923—1925、1926—1928)、无党派的路特尔政府(1925—1926)和社会民主党的密勒政府(1928—1930),他都担任外交部长而且起关键作用,直至他

1929年去世为止。相对稳定时期共和国的方针政策都打有施特莱斯曼的烙印。

施特莱斯曼的对外政策的首要目的是澄清德法关系中所存在的经济和军事问题,致力于消除德法"世仇",让法国从鲁尔和莱茵兰撤军。施特莱斯曼在一种积极期待政策中确信,借助于英国和美国,赔款问题会重新加以考虑,并最终会促使法国人撤出鲁尔。他的指导思想是:一切都取决于能否恢复德意志民族国家的权力地位。他在所有讨论德国赔款问题的国际谈判中,找到了美国金融信贷的真正支持。美国资本对德国财政的影响是在战后时期才增长起来的,从1918年美国接济食粮开始,发展到1924年的道威斯计划,达到第一个决定性的高峰。这个发展只是由于法国人占领鲁尔而暂受阻碍。现在美国资本迫切希望加强在德国的分量。1923年11月30日,与调整赔款问题有关的西方国家同德国协议召开专家会议,审议德国的国家预算和稳定德国币制问题,并提出相应措施的建议。这个专家会议于1924年1月14日在伦敦召开。会议起主导作用的是美国摩根财团的代表查理·道威斯,赔款问题也就称为道威斯委员会所制定的计划"道威斯计划"。

道威斯计划建立在下列原则之上:为了保证德国支付赔款,根据法国的想法,德国应该提供愿意支付赔款的保证。只是这种保证不再具有领土的性质,而是具有一般经济的性质。该计划的主要内容是:帮助德国政府实行货币改革,以稳定通货;向德国政府贷款8亿金马克,以偿付赔款;德国政府则以关税、间接税、铁路和工业债券的收入作为抵押。关于赔款,计划是逐年增加的办法,在1924—1925年间支付10亿马克的利息,直至1928年,每年应付之数都有增加,从1928年起,每年支付25亿马克。付到哪一年为止,却并无规定。这些措施保证了德国经济免于崩溃。1923年底接任德国国家银行总裁的沙赫特(Hjalmar Schacht, 1877—1970)把计划的总导向描绘为"使赔款问题摆脱政治上暴力措施的范畴,回到经济上可能的境地"。1924年7月到8月,伦敦会议通过了道威斯计划。参加会议的施特莱斯曼在会下同与会的新当选法国总理赫里欧达成某种谅解,法国保证在一年之内从鲁尔撤军。实际上到1925年7月,法国就交出了鲁尔区。

1923年底,德国政府在美国的帮助下进行货币改革,决定发行新货币,以10 000亿纸币马克兑换新货币1马克。饱尝通货膨胀之苦的德国人民欢迎货币改革。德国的经济结束了混乱的局面,进入局部稳定时期。从1924年起,德国经济开始恢复和发展起来。在随后的几年里,各种贷款源源不断地流入德国公私企业机构。借助于这些贷款,实现了工业现代化,生产方法合理化。到1928年德国工业资本已超过战前一倍多,重工业生产赶上并超过了战前水平。到1929年,国民收入已达到759亿新马克,为战前的150%。经济结构和社会结构也发生了变化。农业、林业和渔业在国内生产总值中的比例,从1910—1913年的23%降至1925—1929年的16%,工业和手工业则从45%增加到48%;商业、交通、服务行业、公共事业从32%增加到36%。1928—1929年德国生产的工业品占全欧的1/3(苏联除外)。德国经济实力再次超过英法,在资本主义世界中仅次于美国。

但是魏玛共和国的这种"经济繁荣"却是虚弱的,不稳固的,缺乏独立的国民经济基础。首先,德国发财的人是一小部分,主要是垄断资产阶级,这不仅日益加剧了国内的阶级矛盾,而且日益加剧国际垄断资本之间的争夺。正当德国资产阶级政党和社会民主党领导力图把道威斯计划描绘成带给德国人美好生活开端的时候,左翼的共产党和右翼的民族社会主义工人党都对道威斯计划进行尖锐的攻击。前者认定接受道威斯计划就是"在历史上对一个民族所作的最大罪行",就是为德国垄断资本掠夺利润而牺牲民族独立;后者则把道威斯计划比作"第二个凡尔赛和约",是箍在德意志民族身上的又一根铁链。前者在经济本质问题上作了正确的揭露,后者在民族问题上作了极端民族主义的煽动。这也正是西方国家首先是法国面对德国工业复兴的主要忧虑。他们现在已经"同意"德国参加国际联盟,以便对德国作有效的监督,但在这以前,德国和协约国之间需要签订一些领土保证条约。1925年初,协约国照会德国,称德国违反解除武装条款,不打算按规定撤出莱茵兰第一占领区。施特莱斯曼推测得很对,延缓撤出莱茵兰的真正原因在于法国总的安全需要。随后他在致英、法两国政府的备忘录中,建议在第三国的保证下,相互承认西部领土现状。1925年10月16日,在瑞士小城洛迦诺草签了一系列条约。德国为一方,法国和比利时为另一方,保证不以武力改变现有边界,英国和意大利为此承担了保证。这个保证条约通过德国同法国、比利时、波兰和捷克斯洛伐克的仲裁协定得到了补充。同时,法国同波兰和捷克斯洛伐克还缔结了一旦德国发动侵略就提供援助的条约。但是对德国修正东部

第十二章 魏玛时代：共和时期的民族运动

边界的要求并未作出"保证"。1925年12月1日,洛迦诺公约在伦敦签订。西方国家试图使洛迦诺公约具有某种反苏的性质,遭到施特莱斯曼的断然拒绝。德国想使自己在西方国家和苏联之间取得积极活动的自由舞台。洛迦诺公约应当随着德国按规定加入国联而生效。事实上德国一直推迟到1926年9月10日才加入国联。德国要求在国联理事会占有一个常务理事的席位而产生了困难。一周以后,施特莱斯曼同法国总理白里安作私人会谈,建议用德国国家铁路债券来支持法郎已下降到战前1/10价值的法国,以换取立即撤出莱茵兰的让步;对归还萨尔兰和提前赎回那里的煤矿问题也进行了讨论。但是当时尚不具备解决问题的先决条件。施特莱斯曼对外政策的一项基本原则,就是为达到国家政治目的而付出经济代价:为了解放鲁尔而接受道威斯计划,为了解放莱茵兰而愿接受稍后的杨格计划,为了在波兰保全德意志农户而签订清算协定(放弃被割让地区20亿马克的国家财产)。但是他的国家政治目的并未达到。德国人的很大部分并不同情他的政策,也并未取得西方国家特别是法国的真正"谅解"。

其次,共和国相对稳定时期,正是德国经济典型的结构变革时期:重心日益从农业转向工业,也就是高一级的工业现代化时期。现代化的、高科技的工业在迅猛发展,而把另一个主要的部类农业远远抛在后面。虽然魏玛时期已开始着手农业经济结构改革,但并不能解决德国农业的根本问题,主要原因就是旧的体制基础没有触动,容克和农民的社会地位都极难改变。农业的不满情绪对魏玛共和国发泄出来了:容克贵族和农民转而反对共和国,他们把选票投给民族社会主义。

第三,也是最直接的原因,就是德国经济的复兴是与国际资本的扶持分不开的,尤其是美国资本大规模的源源流入。到1928年外国人(主要是美国人)已经掌握了德国1/4财富。德国经济不但被拉入世界资本主义经济体系,而且受到美英法等国一定的控制。一旦国际金融环境突变,必然给德国经济致命的打击。1928年11月施特莱斯曼站在经济繁荣顶点上就曾预言:"在过去几年中,我们是靠借贷过日子的。如果一旦发生经济危机,美国要求偿还其短期贷款,那我们就要面临破产的危险。"不幸言中。一年以后,随着"黑色星期五"美国证券交易所股票市场的崩溃,德国立即跌入经济危机之中。

与这种不稳定的经济发展相适应,魏玛共和国的相对稳定的政治结构也出现了不稳定的变化。人们说,魏玛共和国是一个没有共和主义者的共和国,这种说法是对的。社会民主党和其他支持共和国的资产阶级政党,都不是真正的共和派。原先未予触动的旧的社会权势阶层,包括国防军和军官团,都想方设法增强自己非共和的影响。1924年末,保守的政治势力已经开始对德国总统、社会民主党人艾伯特进行攻击。狡兔死,走狗烹,人们现在似乎不再需要他了,艾伯特被骂为"卖国贼",理由是艾伯特参加过1918年柏林五金工人的一月大罢工,随即在马格德堡法院进行审讯。在这场所谓"匕首审讯"中,社会民主党领袖们都以"民族利益至上"为由为自己辩护。艾伯特的健康因这次审讯而大受损害,随即在1925年2月底死去。1925年4月26日,魏玛共和国选举出老牌军国主义分子兴登堡为继任总统。资产阶级各政党和社会民主党一起把选票投给兴登堡。于是德国的最高军政大权就落在旧社会权势阶层的代表人物手中。兴登堡自己说:"在我任职的一切困难时刻,我只看一看皇帝的照片,并问我自己:这位至尊的万岁爷将在这个问题上作何决定?"

共和国新总统兴登堡、国防部长盖斯勒(半身被遮)、冯·赛克特将军检阅仪仗队

到1929年,德国出现了经济危机以及由此而引发的共和危机。德国经济危机因具有一些特殊因素而更加尖锐。其中特别严重的是大量外债和巨额赔款负担。1930年德国的外债约为255亿马克,而赔款数则是一个无底线的空洞。德国政府表示无力偿还,要求修改"道威斯计划"。1929年2月9日,赔款问题专家委员会在巴黎开会,"美国通用电气公司"总经理欧文·杨格当选专家委员会主席。经过长达4个月

的争论和讨价还价,最后通过杨格拟订的"关于赔款问题完整的、最后解决办法的建议",这就是所谓"杨格计划",1930年1月20日,与会各国正式举行签字仪式。德国外长施特莱斯曼因在1929年10月3日去世,他在草签了1929年8月31日"杨格计划"的议定书后,未赶上正式签约。

杨格计划规定要减少每年应付赔款数额,确定德国赔款总数为1 139亿马克。这笔赔款规定按年分摊在57年内付清,平均每年为20亿马克。杨格计划还取消了协约国对德国的经济和财政控制。但是大经济危机最后使杨格计划落了空。1931年德国政府承认自己无力偿付而停止付款。1932年各国同意由德国一次付出30亿马克就算了结了它的赔偿义务。但是就是这个数目德国也没有再付。德国国内的革命运动特别是极端民族主义的纳粹运动的高涨,打断了1924—1929年魏玛共和国的相对稳定时期。

四、希特勒的上台与共和国的覆灭

研究希特勒上台的人往往想探寻到其中的某种"秘密",其实,依我看来,并不存在什么神秘的东西。希特勒能上台的主要原因之一,乃是希特勒成功地把德国的法西斯运动——民族社会主义(纳粹)运动发展成一种群众性的运动,使纳粹党在1929年开始的世界资本主义经济危机时期成为德国举足轻重的政治力量。1920年纳粹党成立时党员不过数十人,1923年啤酒店暴动时已达5万多人,暴动失败后的1924年下降到1.5万人,1925年底为2.7万人,1928年10月扩大到10万人,1930年9月30万人,而到1932年3月党员已逾100万人,1933年1月为140万。当权后党员数的增加更不待言了。在国会选举中,情况也是如此。1928年5月20日的选举,纳粹党在全部3 100万张选票中仅获81万张票,在国会491个席位中只占区区12个席位,到了1930年9月14日的选举中,甚至使纳粹党自己也大吃一惊,居然获得640万张选票,107个议席,而希特勒事先计划努力要争得的是50个议席。纳粹党在国会中从第九位一跃而为第二大党,成为强大的政治力量。1932年7月31日的选举,纳粹党大胜,共得1 375万张选票,占全部选票的37.7%,在国会中取得230席,轻而易举地成为国会中的第一大党。到这年的11月6日的新国会选举时,纳粹的狂澜第一次出现退潮,但仍获得1 100多万张选票和196个席位。

为什么德国当时会有如此大量的人群涌向希特勒,这些人的社会成分究竟是什么?

我们在上面曾说过,魏玛共和国之所以能够勉强存在,不过是当时德国的资产阶级同无产阶级之间的斗争处于一种暂时的势均力敌的境地。双方力量的消长就直接影响到共和国的存在,而决定力量消长的重要因素,乃是德国的"中等阶级"或"中间等级"——职员、官吏、手工业者、自由职业者以及农民等的动向。1923年战后危机高潮时刻,"中等阶级"和工人阶级的一生积蓄都在天文数字的通货膨胀中荡然无存,群众在经济上遭到毁灭。也正是在这个时刻,希特勒认为他的时辰来到了。"我们不能再听命于一个建筑在骗人的多数决定的玩意儿上面的国家了。我们需要独裁"。但是这时掌握德国经济实权的"工业界"和"金融界"资产阶级还不需要希特勒,啤酒店暴动失败了。希特勒在狱中悟出一点,乃是不能通过武力去夺取台上统治者的权力,而是只有与他们合作才能取得政权。他从1925年起所采取的策略,就是"捏着鼻子走进国会",利用共和国宪法提供的一切合法条件去争取政权,然后铲除共和国。

1925年后的魏玛共和国,政治局面一直极不稳定。社会的四分五裂,政党的纷争,激烈的阶级斗争,持续的社会思想意识的冲突,使国内所有阶级和阶层都没有一种安全感,其中对重新获得生活保证要求最强烈的是"中等阶级"。一方面他们对于共和国各执政党的不兑现的廉价许诺感到失望,另一方面他们又极其害怕因夹在大地主大资产阶级同无产阶级之间而被激烈的斗争所碾碎——害怕他们的社会地位下滑(滑入无产阶级的队伍)和牺牲传统的生活方式。他们希望在一种"超越所有政党的政党"中寻求出路。而希特勒的民族社会主义工人党正是标榜这样一个"人民的集成党",他的蛊惑宣传和广泛的许诺,使他似乎成了民族的失望和恐慌的救星。当1929年从美国开始的像野火一样席卷世界的经济危机到来的时候,大量"中等阶级"和失业工人开始涌向希特勒,希望从他那里得到"解脱"的满足和"安全"的保障。这场经济危机对德国是致命性的,它的产量从1929年到1932年几乎跌了一半。成千上万的小企业破产了。农民们不能偿还抵押借款。失业登记人数突破600万大关。正是在这样的时刻,垄断资产阶级开始转而支持纳粹党。为什么?因为1929

第十二章 魏玛时代：共和时期的民族运动

年开始的经济危机有与1923年危机不同之点。1929年的世界经济危机是生产过剩性危机。危机造成了世界市场容量的缩小，给所有资本主义现代化国家经济生活都带来影响。德国当时面对的是实力雄厚的美、英、法等国，这就决定它无法以"经济兼并"的方式去获取赖以生存的原料产地和销售市场，也就构成了德国在解决经济危机时易于求助于战争的特点。纳粹党鼓吹战争和反对无产阶级革命，所以成了垄断资本家在危机时刻理想的工具。

分析一下纳粹党党员的社会成分是颇能说明问题的。党员中妇女很少，但同其他所有政党相比，却有高得不成比例的青年人。1923年党员平均年龄28岁，几乎50%党员年龄在23岁以下。1930年所有党员中，工人占26.3%，职员24.4%，独立开业者18.9%，官吏7.7%，农民13.2%，其他职员3.4%，领年金者1.9%，大学生1.0%。1933年党员的比例分别为32.5%，20.6%，17.3%，6.5%，12.5%，3.7%，1.6%和1.2%。整个说来，工人约占1/3，新的"中等阶级"的官吏和职员约占1/3，其他"中等阶级"占1/3强。当然不能忽视，这三部分在业者在整个在业者中的比例是各不相同的。工人占德国在业者总数的45.1%，新的"中等阶级"只占20.2%，而独立劳动者包括领年金者、作帮工的家庭成员，占34.7%，因此，工人参加纳粹党的人数就比例说是少得多，主要是无组织的工人，而占相当高比例的是"中等阶级"或者小资产阶级的社会集团和在业集团。同样不能忽视，纳粹党的"群众基础"，在所有非工人阶级政党中有着最高的比例，只有它才是具有同工人阶级政党和无产阶级革命进行抗衡的力量。

再看党的领导层的社会成分。最高领导层中除去戈培尔（Joseph Goebbels，1897—1945）和莱伊（Robert Ley，1890—1945）等个别人外，都没有受过大学的教育；一些人来自军官阶层、以前的士兵以及反革命志愿团战士等。在纳粹党的区（Gau）一级领导人中，基本上都未受完中等教育。纳粹党领导层中除少量出身于贵族外，大多出身于小资产阶级或中等资产阶级，但接受过士兵的或平民职业的培养和经历过"下层"的生涯。他们并不单纯代表一种确保资产阶级安全的固定利益。这是一伙野心家、阴谋家、蛊惑家、流氓惯犯、社会渣滓、反革命的"造反派"和利用群众运动的老手。他们掌握了一大部分小资产阶级群众和青年，建立了严密的群众性组织，发展成为举足轻重的政治力量。这就使真正统治德国的实权阶层和人物越来越寄希望于纳粹党和它的头子。

希特勒能上台的另一个主要原因,乃是纳粹党得到了受现存政权庇护的、旧帝国时期的权势阶层的青睐、纵容和扶持,这些权势阶层首先包括右翼保守政党、陆军军部、官吏和一些大地主、大工业家。

在20世纪20、30年代,几乎在欧洲所有国家都出现一种新形式的政治运动,其共同特征是法西斯——恐怖的极权统治的象征——作为标志。法西斯作为一种普遍的运动,是为了对抗由俄国十月革命开始的在欧洲普遍高涨的革命危机,对抗社会主义革命的威胁,反对马克思主义,反对民主主义,主张极权主义和军国主义,极端的民族主义是其思想标志。纳粹党正是这样一个激进右翼的、君主主义的、反对革命的政党。它实际上也从不隐讳自己的这种极右立场。由希特勒正式宣布的党纲《二十五条》,就作了明确无误的表达。以往认为在《二十五条》和1925年首次出版的《我的奋斗》中,希特勒对德意志民族进行了广泛的许诺,掺杂着"社会主义"的要求,使纳粹主义涂上一层"激进的"、"革命的色彩",因此不易看清其极右的本质。此话未免言过其实。当时看不清这种本质的大多属于心存幻想的"中等阶级"。希特勒给这些由于战争和革命而感到前景黯淡的小资产阶级群众所身受的不幸作出一个简单的解释:"犹太人"、"凡尔赛和约"和"十一月罪人"是万恶之源,从而力图把他们引向一场"复兴德国"的"民族革命",而坚决反对社会主义革命。希特勒在"民族利益高于一切"的幌子下,提出了建立所谓"民族的族民共同体"的口号。在这个"超阶级"的共同体中,集结所有的"民族利益集团",在一个类似以往皇帝一样的元首领导下,消除"阶级斗争"和"冲突",向世界攫取自己的"民族利益",而把所有"非民族的利益集团"精心挑选出来,加以血腥恐怖的迫害,这些"非民族的利益集团"就是马克思主义及其政党和犹太人。为建立这样一个"族民共同体",民主主义的议会制是无法完成的,必须要有独裁的极权统治。很显然,纳粹党党纲中的"社会主义"要求,除了用来吸引和欺骗小资产阶级群众以外,还有一种特定的目的:希特勒是想用群众的力量,来平衡大地主、大资产阶级的力量,以确保元首的独裁专制统治。这种情况可以追溯到法国的"波拿巴主义"的统治和德国俾斯麦的"仿波拿巴主义"的统治。纳粹纲领中的这种非实质性的"反资本"和"反地产"的条文在实际行动中是完全可以调整和改变的。事实上希特勒也正是这样做的。对于当时德国的左派和右派来说,希特勒的极右的立场是一清二楚的。

开始,纳粹党也像战后出现的几个右翼武装团体,如"钢盔团"、"前线战士同盟"和"志愿团"一样,受到国防军部的津贴。希特勒通过巴伐利亚军官罗姆(Ernst Röhm,1887—1934)等同国防军建立了密切关系。但纳粹党的发展却远较其他右翼武装团体为快。慕尼黑警察的大部分包括警察总监波纳尔博士都成为纳粹的拥护者。1923年初反革命志愿团秘密提供纳粹党一批武器,据希特勒估计,这些武器足够装备一个团。希特勒向国防军驻巴伐利亚最高司令长官"保证":"除了同共产主义算账以外,将不使用这些武器装备。"这样一来,1921年8月成立的原本负责在纳粹集会上维持"秩序"的那些武斗队——"冲锋队"(SA)就演变成一支身着戎装的准军事化组织。冲锋队主要招募那些不能进入10万国防军的参加过第一次世界大战的旧军人和当时必须解散的志愿团中的军人。希特勒的这支"御林军"便开始在各种场合显示其"军事锋芒"。

正是政府中这些权势集团的纵容,使希特勒在啤酒店暴动失败后的审判中不但没有名誉扫地,反而被当成是"法庭英雄"。叛国罪原应判处无期徒刑,但希特勒只在兰茨贝格监狱中自由自在地度过八个月。1925年2月27日,希特勒重建因暴动而被取缔的纳粹党,重新确定他在党内的元首身份。纳粹党重新获得旧帝国保存下来的权势集团的秘密支持。右翼的德意志民族人民党在胡根贝格领导下同纳粹党"结盟"。正是在1924—1929年这一共和国短暂的"黄金岁月",纳粹运动发展成为群众性运动,纳粹党的势力和影响越出了巴伐利亚,伸向全德国。

现在需要探讨的主要问题,乃是德国工业界,或者说垄断资产阶级在希特勒上台一事上究竟起了什么作用?该问题涉及三个不同领域:一是纳粹党究竟得到垄断资产阶级多大的财政支援?二是垄断资产阶级在希特勒上台一事上究竟起到何种作用?三是希特勒同垄断资本家究竟在什么问题上达成决定性的勾结?涉及财政数目问题无法作出稍微精确的回答,纳粹党的财务官在纳粹政权覆灭前夕把簿记付之一炬,来自工业界的秘密资助数目也就无从确定。从一般意义上说,直至30年代初的经济危机年代,除了少数垄断资本家转向纳粹外,多数并不选择希特勒而是支持其他资产阶级政党。最早转向纳粹党的著名垄断资本家当数弗里茨·梯森(Fritz Thyssen,1873—1951),他是梯森钢铁王国的继承人和联合钢铁公司的董事长,在1923年参加了一次希特勒的集会后十分佩服希特勒煽动群众的能力和按军事准则行事。实际上,梯森对革命恨之入骨:战后的"红色恐怖"使他在狱中度过一些时日。他对共和国的能力不寄予信任,而是支持希特勒的独裁专政。1923年10月底,即在希特勒暴动前夕,梯森通过鲁登道夫捐助10万马克,分赠纳粹党和奥伯兰志愿团。另一名有名的纳粹支持者是鲁尔煤业大王艾米尔·基尔道夫(Emil Kirdorf,1847—1938),他因极端痛恨工会运动和法国占领鲁尔以及共和国对大工业家在1926年进行无数起搜查、没收、逮捕事件而同纳粹党接近。极大多数的大工业家这一时期在对内政策上还把德意志人民党、中央党等当作自己利益的代表,利用社会民主党的领导人为自己的利益服务。当纳粹运动在危机年代吸引了大批群众之后,垄断资产阶级看到该运动是一种对己有利的真正力量。他们预感到希特勒很可能控制政权,于是就纷纷予以支持以寻找自己利益的代理人。以梯森-基尔道夫为核心的鲁尔钢煤托拉斯垄断集团开始成为希特勒的经济后台。从工业界垄断资产阶级方面的财政资助向纳粹党缓缓流来。但这种资助的总数看来不算多。这可以从两层意义上来说明,一是同纳粹党当时的金钱所需相去甚远,这从戈培尔日记中谈到的掌管党的财务的机构经济拮据情况中可见一斑;另一是垄断资产阶级在1932年总统选举中资助兴登堡和7月、11月两次国会选举中支持巴本(Franz von Papen,1879—1969,1932.5—1932.11魏玛共和国总理,无党派)的钱数要大大超过给纳粹党的钱数。即使1933年1月4日希特勒同巴本在银行家施罗德家中就组织纳粹参加内阁一事进行讨价还价的会谈以后,也还不存在一种设想、垄断资本家系统的大规模"捐助"。这种"捐助"实际上是在希特勒成了总理后才出现的。这就说明,财政上支持的多寡并不直接成为希特勒取得政权的前提。问题的关键在于,整个工业界并不反对纳粹运动,他们的企图是想方设法能把纳粹运动抓到自己手中,控制它,使它成为自己的工具。这就引出第二个问题:工业界在希特勒上台中起到何种作用?

德国垄断资本家同希特勒的基本立场是一致的,但它们之间也存在接近的"障碍"。这就是纳粹党党纲中的"社会主义"要求,主要是"打碎利息奴役制"、"取缔不劳而获的收入"、"托拉斯国有化"、"没收土地、废除地租"等,这对大工业家来说是不能接受的。这一党纲在1926年的希特勒声明中还说"是不可改变的"。但在1928年修改党纲时却大大降低了"社会革命"的要求。希特勒懂得争取群众的重要性,他也深深懂得任何政治

第十二章 ● 魏玛时代：共和时期的民族运动

运动如果没有争取到国内有势力的、地位确定不移的力量的支持是很难取得政权的。希特勒开始积极讨好工业界。1927年由基尔道夫转给工业界，并在工业界中传播的希特勒的小册子《重新崛起之路》中，已把"社会主义"概念等同于"对人民的爱和对祖国的爱"。希特勒在修改党纲的声明中特意强调"没收土地"系针对"犹太人的地产投机集团"。这种"安抚"既受到垄断资产阶级的欢迎，也受到大地主的欢迎。希特勒多次同大工业家们秘密会面。1932年1月27日，希特勒在杜塞尔多夫工业家俱乐部发表的长篇演说，更是投出席这次会议的莱茵和鲁尔区300名垄断资本家之所好，成功地在德国西部工业巨头中间打开了缺口。只是垄断资本家的多数还在选择最能保护自己利益的政治体制：希特勒的独裁体制是否就比共和国的总统内阁制为好？到1932年7月止，工业界多数人还支持成立一个反马克思主义的资产阶级统一政党。但是七月选举中纳粹党大胜和德国共产党选票的猛增，危机的延续和革命形势的加剧，各资产阶级政党因失去选民而几乎销声匿迹，政局的动荡和内阁频繁更迭，这一切不仅使上述的方针化成泡影，而且严重地威胁着垄断资产阶级和其他权势集团的社会统治。当时似乎显示出这样一种形势：或者共产主义，或者民族社会主义，两者必居其一。绝大部分垄断资产阶级倒向纳粹党。当1932年11月的新国会选举中纳粹党丧失200万张选票和35个议席，共产党的选票却增加到600万张，两个工人政党社会民主党和共产党的选票总数已超过纳粹党200万张的时候，垄断资本家和权势集团慌了手脚。这才出现了1932年11月29日德国垄断资本家和大地主的代表人物上书兴登堡总统，要求任命希特勒为国家总理的非常事件。这是对总统直接施加的政治压力。前陆军首脑赛克特将军也明确表示："非常赞同希特勒参加政府。"前皇太子致函兴登堡敦请总统授权希特勒组阁。他们一致认为希特勒是能够解决政府危机的唯一候选人。从1933年1月初起，组织纳粹政府的幕后会谈在不断进行。1月28日，魏玛末代总理施莱歇尔(Kurt von Schleicher, 1882—1934)内阁向兴登堡提出辞呈，建议总统授权纳粹党组织新政府。可见希特勒上台并非像希特勒自己所吹嘘的那样是通过一场"民族革命"，而是被总统周围的幕后权势集团、陆军、大地主，当然还有垄断资产阶级在力量的调整过程中从"后门"塞进来的。垄断资本家是直接把希特勒推上台的主要力量之一，但不是唯一的力量，因此不能说纳粹党是由它一手扶持起来并一手扶上台的。

问题的探讨还需进一步,即涉及希特勒同垄断资本家究竟在什么问题上达成决定性的勾结。上面所谈的主要限于双方之间本身利益的调整,但使双方真正的利益一致而"融成一体"的,乃是反对马克思主义和对外侵略扩张,虽然这两个问题被包藏在"民族主义"的画皮之下。希特勒的民族社会主义目标一直是含糊不清和极不确定的。在他的讲话中作为唯一不变因素的是要求独裁和消灭马克思主义。种族主义和反犹主义直到1928—1929年是他的主要思想表现,但在危机的年代的讲话中暂时后退了,而把马克思主义说成是德国内部和外部失败的最终原因。1927—1929年讲话中几乎占1/3的内容是争取"生存空间",而且明白无误地提出要占领东欧和俄国的领土;危机年代这一论调已代之为"扩军备战"和"战争"。1932年希特勒在杜塞尔多夫的"三百人会议"上讲话真正打动垄断资本家的心的就是这两点。

在危机年代,唯一能够阻止希特勒上台的力量是德国工人阶级。然而,德国工人运动却陷于可悲的分裂。社会民主党和共产党相互当成主要敌手,无法采取统一的革命行动,而垄断资产阶级却联合起来了。1933年1月4日希特勒同巴本秘密会谈组阁时确定的一条,乃是解散所有工会,将所有布尔什维克、社会民主党人和犹太人"驱逐出领导岗位"。可以这样说,垄断资产阶级和旧社会保留下来的权势集团,显然还常常把希特勒看作是来自社会低层的"暴发户",不喜欢纳粹党的煽惑人心的做法和粗鄙下流的作风,但在反对马克思主义和对外侵略扩张这两个根本问题上,他们却是难兄难弟,相依为命了。

1933年1月30夜,纳粹党徒大规模的火炬游行,庆祝希特勒被任命为总理

巴本终于说服了兴登堡。1933年1月30日,兴登堡正式任命希特勒为总理、巴本任副总理兼任普鲁士邦总理,组织内阁。纳粹党的国会议员威廉·弗里克(Wilhelm Frick,1877—1946)任内政部长,国会党团主席戈林(Hermann Göring,1893—1946)任不管部长兼普鲁士邦代理内政部长。希特勒上台,标志着魏玛共

第十二章 魏玛时代：共和时期的民族运动

和国的倾覆,德国历史进入一个黑暗的历史时期。

作者评曰：

魏玛国家是德国历史上第一个议会民主制共和国,它直接继承了德意志民族的民主-共和主义精神传统这一面,而同德意志民族的专制-军国主义精神传统这一面相断裂;它虽然只存在短短的十三、四年,在德国历史上却具有某种里程碑意义的象征,非常值得我们研究和珍视。可惜的是,魏玛共和国产生的本身和覆亡的本身,都属于一种"不明不白"、"稀里糊涂"的过程,究其原因,就在于魏玛国家是一个没有共和主义者的共和国,国内外激烈的事变和民族内部激烈的冲突,勉强找到一个临时的平衡舞台:议会民主制的共和国。一旦国内外相持力量此消彼长,发生变化,没有共和主义者的共和国也就必然处于风雨飘摇、朝不保夕的境地。这只要看一看共和国后期主要靠所谓总统的"国家强制执行"权维持统治就可以明白。所以说,议会民主制危机的发生,不仅仅是由于党派斗争的结果,这是一种表现,而应看到背后更深刻的东西:没有改变旧经济结构和旧社会结构。那种把造成议会民主制危机的原因当成是魏玛议会民主制本身痼疾的说法,是不能令人信服的。

第十三章 纳粹统治时代:极端民族主义发了狂

> 可能有人这样说:庸人终究比暴君尼禄要好些。不幸的是历史的进程已表明,在庸人后面总是潜伏着一个未来的尼禄。
>
> ——Th. 莱莘
>
> 我占有过土地,还占有过海洋!
> 我吞食过人,可并不知道目的。
>
> ——A. 埃伦斯坦

一、"族民共同体"与"第三帝国"

魏玛时代的共和主义政论家和作家特俄多·莱莘(Theodor Lessing, 1872—1933),在希特勒上台前就认定,希特勒是潜伏在魏玛庸人后面的暴君尼禄,并对希特勒信口雌黄的"纳粹理论"主要是所谓"族民共同体"理论作了诸多揭露。但是他当时并不知道,尼禄比之希特勒,不过是小巫见大巫,这个大巫一上台,就把莱莘本人也一并予以消灭。

"族民共同体"理论可算作纳粹理论体系的核心与基础。"族民共同体"的德文原文是"Volksgemeinschaft"。德文"Volk"一词在现代德语中往往被译成"人民"或"民族",其实它具有一种特殊的涵义,即指一种以血统和乡土为基础的马尔克公社时期的部族民集团。① 在希特勒那里,"族

---

① 德文中没有一个与中文的"人民"或英文的"People"完全等同的词,"Volk"在现代德语中虽有"人民"、"民众"、"民族"的含义,但希特勒所泛用的"Volk"却不能译为"人民"、"民众"或"民族",所以我造了一个汉词"族民",不知妥否?

第十三章 纳粹统治时代：极端民族主义发了狂

民共同体"和"民族社会主义"(即"纳粹主义")是吻合的：把"族民"等同于"民族"，把"共同体"等同于他的"社会主义"，强调德意志民族内部的一致性，要求各阶层人士注重民族的整体利益，淡化或主动调节内部矛盾，共同对外，复兴德意志民族大业。

"族民共同体"理论导源于纳粹历史观。纳粹主义强调，世界历史的主线不是"阶级对阶级的斗争"，而是"血统对血统，种族对种族的斗争"。希特勒明确地把世界上各种人种划分为文明的创造者、文明的承袭者和文明的破坏者三大类，鼓吹雅利安-北欧日耳曼人是一切高级人类的创始者，是文明的创造者和维护者，是上苍赋予"主宰权力"的种族，而犹太人和吉普赛人则是劣等种族和文明的破坏者，应予淘汰和灭绝。希特勒强调说，地球上人类赖以生存的空间是有限的，而各个种族的自我保存和自我繁衍的欲望却是无限的，因而导致了激烈的生存竞争，"世界不过是个适者生存、强者统治的丛林，一个弱肉强食、优胜劣汰的世界"。因此各个民族客观上就是命运共同体，必须"同舟共济"，在激烈的生存竞争中求强求胜。

为了完成保种保族的"使命"，纳粹党声称要建立一种新型的国家，即所谓"族民共同体"国家，它既非议会民主制的，也非君主制的，而是"民族的领袖国家"。希特勒把尼采的"超人哲学"思想运用到政治领域，提出由"民族精英"实行统治的领袖原则。领袖是"族民共同体"的人格代表和中心，他同"族民共同体"之间存在着种族血统上的一致性，和人格上结合的共基性。领袖是民族的利益及意志的代表者，有权对民众实行绝对统治。希特勒认为，他就是德意志民族这一优等种族的领袖之领袖，能最有效地表现和发挥民族意志和民族精神，能最自觉地意识到加强民族力量的三个要素，即所谓"种族价值"、"个体价值"、"自我保护的势能"，抵御削弱民族力量的三种人类"罪恶"："国际主义"、"民主主义"、"和平主义"，他应该居于绝对的领导地位。正是在这样的背景下，纳粹党提出了"一个国家，一个民族，一个领袖"的口号。

显然，纳粹的"族民共同体"不过是一个极端民族主义的、极端独裁专制的、极端反动的法西斯国家，可是它居然迷惑和吸引了德意志民族大部分芸芸众生。

希特勒是一个狂热的、歇斯底里的、魔鬼般的煽惑者。他的狂热不是出自对某种信仰的执着追求，而是产生于过度自信自己的伟大。他的煽动性演说既利用了德国浪漫主义传统中那种浅薄庸俗的哀婉,又利用了魏玛德国"中等阶级"群众多愁善感的情怀。当他奢谈所谓"荣誉"、"祖国"、"人民"、"忠诚"、"牺牲"这些抽象概念时,最能打动德国人的民族感。当他的声音由缓慢的男中音提高到嘶哑刺耳、语无伦次的嚎叫时,却使大量德国听众激动若狂。当他把自己打扮成假救世主,并在上台后不久的一次演说中宣称"第三帝国"已经来临时,集合在他旗帜下的群众真的把这个"留着唇髭的小个子"小丑当成了"上帝"。"第三帝国"①原出于观念世界的千年太平说,即世界末日前一千年间耶稣当再来治世之说。12世纪的宗教思想家冯·费奥勒(Joachim von Fiore,1130—1202)把历史解释为一种上升的、相互衔接的三个国家或三个时代:"圣父帝国"(法律)、"圣子帝国"(福音)、"圣灵帝国"(爱和自由)。这一按顺序发展的三个帝国概念,被欧洲的社会神话和历史哲学逐渐固定下来。魏玛时代的保守的民族主义作家莫厄勒·梵·登·布鲁克(Moeller van den Bruck,1876—1925)在他的1923年出版的主要著作《第三帝国》(Das dritt Reich)中就把这种"救世说"变成了一种政治口号:他预言在神圣罗马帝国和俾斯麦帝国之后将从"种族魂灵"中出现一个"第三帝国"。希特勒只是暂时接受来作为蛊惑宣传的目的,以建立纳粹的"新秩序":一个极权主义的"族民共同体"。

纳粹建立的"第三帝国",是作为一个极权警察国家组织起来的。希特勒以闪电般的速度首先清除自己的政治对手,然后清除自己的政治伙伴以及一切可能挑战和分享自己权力的人。就在他上台后两天,1933年2月1日,政府的第一号文告称,总统兴登堡宣布解散国会,并定于3月5日举行新的选举。纳粹指望在这次选举中获得多数,排斥联合政府中的其他政党,"合法地"确立起一党统治的体制。2月2日,政府宣布禁止共产党的示威游行,警察搜查了柏林的德共中央委员会大楼。2月4日发布所谓新闻紧急法令,凡批评政府或政府措施的人一律予以严惩。2月22日成立了有5万人的所谓辅助警察组织,其中约有2.5万名冲锋队员

---

① "第三帝国"并非是希特勒上台后德国的正式国名,德国仍称"德意志国",这和魏玛共和国的情况相同。1939年希特勒占领了捷克苏台德区和奥地利后,改国号为"大德意志国"(Großdeutsches Reich),明令禁止使用"第三帝国"这个称呼。但人们习惯于把纳粹统治德国的整个时代通称为"第三帝国"。

第十三章　纳粹统治时代：极端民族主义发了狂

和1.5万名党卫队员，解除了所有政治上不忠于纳粹党的警官的职务。希特勒政府在德国所有邦都建立了集中营，关押成千上万的共产党人、社会民主党人、工会干部、其他反纳粹主义者以及犹太人。这些人在纳粹的所谓"保护性逮捕"中遭到严刑拷问，往往惨遭杀害。

造成"第三帝国"的恐怖危惧气氛的大阴谋行动是1933年2月27日的国会大厦纵火事件。当时除了国会大厦会议厅在熊熊燃烧和在现场"逮"到一名前荷兰的"共产党人"范·德·卢贝而外，没有任何其他线索。普遍的看法认为，是纳粹当局一手策划了纵火事件。希特勒指望为即将到来的三月选举造成大规模的宣传声势，戈培尔想出了纵火焚烧国会这一一石三鸟的阴谋：既可进行竞选宣传，也可作为颁布独裁紧急法令的借口，还可把纵火责任加诸于共产党。戈培尔曾与戈林讨论过计划的细节：派柏林冲锋队队长卡尔·恩斯特带领10名冲锋队员通过现任德国国会议长戈林官邸地道潜入国会大厦，并在那里纵火。然后由戈林向警方"提供"线索，把事件搞成是共产党恐怖活动的一部分。① 事情果然如此。当希特勒赶到现场，同戈林同时讲的一句话："这是共产党干的！"希特勒走向议长办公室时对戈林说："给他们一点颜色看看！""当官的共产党人个个都得枪毙。当议员的共产党人今晚统统得吊死。共产党的朋友要全部关起来。这也适用于社会民主党和国家的蛀虫！"希特勒政府趁机大肆镇压共产党。卢贝和德共议会党团主席恩斯特·托格勒均被指为纵火犯而遭拘禁。3月3日德共主席台尔曼被捕，3月9日当时侨居德国的共产国际西欧局领导人、保加利亚共产党领袖季米特洛夫等人也以"纵火犯同伙"的罪名被逮捕。② 被捕的还有社会民主党人和其他著名人士。

国会纵火案给纳粹头子帮了大忙。大部分群众自愿或不自愿地接受了这是共产党叛乱信号的指控。希特勒趁机彻底废除了魏玛宪法赋予公

---

① 另一种看法认为，范·德·卢贝纵火本身并无复杂的背景。卢贝是极左组织"国际共产主义集团"成员，他狂热地希望把德国从法西斯威胁下挽救出来。他想制造一起惊人事件来唤醒麻木不仁的德国群众，并进一步引发欧洲革命。大火刚起时，希特勒、戈培尔、戈林等并不知道，但随后就决定嫁祸于共产党，并趁机大肆镇压。
② 同年9月，德国最高法院在莱比锡开庭，季米特洛夫在法庭上揭露纳粹法西斯的反动本质和拙劣的嫁祸手法，变法庭为控诉纳粹法西斯血腥暴行的讲坛。法庭不得不将其无罪释放，而判处卢贝一人死刑。47年后，1980年12月30日战后的西柏林法院推翻了纳粹对卢贝的判决，认定这是一次"枉法判决"。

民的基本权利。国会纵火的第二天,2月28日,颁布了《总统关于保护人民和国家的紧急法令》,这项法令取消了公民自由和个人自由,废除了宪法保障的言论自由、不受非法搜查的自由、集会的权利、保障财产的权利,把"叛国罪"和"纵火罪"的惩罚由无期徒刑提升为死刑。这个被简称为《国会纵火案法令》标志着过渡到希特勒的"一体化"专政。

在白色恐怖气氛下进行的3月5日国会选举中,纳粹党获得了43.9%的选票和288个议席,这并不是希特勒和戈培尔所指望的全胜。但如果加上他们的民族人民党伙伴得到的8%的选票,就接近52%的选票,这是德国国会自1930年以来第一次出现的宪法多数,但这是微弱的宪法多数。中央党和社会民主党继续保有国会大党的地位,共产党虽比上次少得19个议席,但还是占有81个席位。3月9日,希特勒宣布取消共产党人的全部议席。3月14日,又正式取缔共产党,使纳粹党在总议席中的比例上升。希特勒虽仍可通过国会执政,但离他要求的独裁统治相去仍远。希特勒企图使国会通过一项授权法,使他获得独裁权力,彻底破除宪法。

3月21日,新开幕的国会的第一个行动就是埋葬自己和宪法。纳粹-民族人民党联盟向国会提出了"授权法案"(即所谓《消除人民与国家痛苦法》),这项法案要求将国会的立法职能转交给政府内阁,并允许内阁在认为必要时可以对宪法作背离;政府和外国订立涉及国家立法事务的条约,不必得到立法机关的同意。3月23日新国会对授权法案进行表决。武装的党卫队员封锁了会场,冲锋队员在场内走廊游弋监视,他们齐声喊着"我们要求授权法——否则当心挨揍!"的口号。在场的议员中,只有社会民主党人表示反对。党的主席奥托·韦尔斯(Otto Wels,1873—1939)是唯一敢于站起来面对褐衫议员威胁恫吓的人,不怕希特勒、戈林、盖世太保(Gestapo,"国家秘密警察"的缩写)的报复,宣称社会民主党人反对授权法案、反对独裁专制。魏玛共和国最后一届通过选举的国会表决的结果,是444票赞成,94票(社会民主党人)反对,超过法定的2/3多数,通过授权法案。"授权法"使希特勒政府摆脱了议会的制约,拥有了独裁权力。1937年和1941年,原定四年期效的授权法任其延长,实际上成为纳粹德国的基本法。

纳粹-民族人民党联盟中的纳粹伙伴,由希特勒高踞首位,戈林统率警察,戈培尔负责宣传机器,很快压倒了它的民族人民党伙伴。1933年6

第十三章 纳粹统治时代：极端民族主义发了狂

月22日，政府以"反对国家及其合法政府的叛国罪"名义取缔社会民主党。7月7日，政府颁令把所有社会民主党党员赶出国会及各邦、市代表机构，一周后又没收了社会民主党的财产。在短短几个月中，近3 000名社会民主党干部被逮捕。这是五月打击工会行动的继续。纳粹党最高领导给各级区领导的通报中，规定5月2日同时行动，取缔自由工会特别是全德工会联合会和全德自由职员联合会。工会的所有办事机构、职能、财产和金钱都交给5月10日建立的、由罗伯特·莱伊博士领导的"德国劳工阵线"这一纳粹强制组织。正当资产阶级政党在庆幸自己的存在时，打击也就接踵而至。纳粹党日益激烈地攻击"伙伴党"民族人民党，并胁迫其党员加入纳粹党。5月3日民族人民党党魁胡根贝格将党名改称"德意志民族阵线"也无济于事。6月27日，胡根贝格被迫退出政府，其议员被并入纳粹国会党团，"德意志民族阵线"被解散。6月28日，1930年起就已更名为"德意志国家党"的民主党宣布解散。7月4日，"德意志人民党"和"巴伐利亚人民党"自行解散。7月5日，前总理布吕宁（Heinrich Brüning，1885—1970）被迫解散天主教中央党。这样，希特勒政府终能在7月14日凭借"授权法"颁布《禁止组织新政党法》，宣布纳粹党是德国唯一的政党，凡维持另一政党的组织机构或组织新政党者，将处以苦役徒刑。同年12月1日，希特勒政府又颁布《党和国家统一法》，规定纳粹党是德意志思想的体现者和国家的领导力量，它的机构是国家权力的组成部分，纳粹党员如损害所负义务，不受国家司法机关审判。这两项法令以法律形式确立了一党制国家，保证了纳粹党凌驾于国家政府机关之上并不受国家法律制约的地位。

　　同时，希特勒政府开始迫害德国的犹太人和清除一切人道主义、民主主义、社会主义和马克思主义的思想及其信徒。1933年4月1日宣布禁止犹太人经商。以后又禁止犹太人在国家部门工作（如任职员、教师和军人等），限制他们从事自由职业。稍后的所谓"纽伦堡法令"公布后，犹太人丧失了公民权；犹太人不得与雅利安人通婚；犹太人失去从事任何职业的权利。纳粹法西斯的罪恶目的是要把犹太人全部消灭掉。1933年5月10日，德国所有大学城公开焚烧图书，马克思、恩格斯、卢森堡、李卜克内西、倍倍尔等人的著作都被焚毁，海涅、曼氏兄弟、爱因斯坦、布莱希特（Bertolt Brecht，1898—1956）和其他一些伟大作家和科学家的著作也被焚毁。成千的进步学者像爱因斯坦等都被迫停止工作。有自由思想和进步思想的人士都被逐出文教部门。希特勒要求把青年培养成"使全世界都望而生畏的青年","残忍的青年","要从他们眼睛里看出骄傲的神色和猛兽般独立的光芒"。

这样还不够。还需进行"营垒内部"的清洗。以往的盟友和伙伴,或者被踢出内阁,或者"杯酒释权",授以荣誉职,置于一旁,前者如胡根贝格,后者如冯·巴本。纳粹党内部比较麻烦,不断有争夺领导权的斗争。1934年这种斗争在一部分纳粹领袖同冲锋队高层领导之间表现得最清楚。冲锋队的创建者罗姆,是希特勒的"亲密战友",这时充当了争夺统治特权的急先锋。他接过了拥护纳粹上台而现在感到失望的广大中下层民众要求进行"第二次革命"的口号,并在冲锋队员内部掀起抵制大商号、交易所和消费合作社的运动,给垄断资本家和纳粹领袖施加压力。冲锋队头目们则乘机大肆攫取地方政府官员的职位。1933年底,几乎近86%的普鲁士市、镇长和近全部的普鲁士大城市的警察局长都成为冲锋队头目的"战利品"。冲锋队的特派员还掌管了部分行政部门,控制了市政府、新闻教育单位和市民大会。冲锋队的规模急剧膨胀,从1932年的40万人发展到1934年的250万人。

与此同时,冲锋队与国防军的关系也日益紧张。还在1933年2月,冲锋队同国防军就青年组织的管理权问题首次展开争夺。同年8月,冲突再起,罗姆提出以冲锋队为基础,建立新的"人民军",把国防军降到只掌管士兵训练事务。1934年2月,罗姆提议成立新的政府部,领导国防军、冲锋队、党卫队、钢盔团、退伍军人组织等所有武装组织,并要求自任部长。最后则干脆提出以冲锋队取代国防军。与此相对应,国防部长勃洛姆贝格(Werner von Blomberg,1878—1946)则告诫希特勒,只有保持国防军的独立地位、不允许纳粹党直接插手军队事务和不准许军官加入纳粹党的前提下,国防军才能同纳粹党全面合作。希特勒为巩固自己的地位和争取垄断资本家和国防军的全力支持,决定"牺牲"罗姆,清洗冲锋队,压制"第二次革命"。6月21日晚上,希特勒着手布置力量。6月30日,他以罗姆准备在柏林和慕尼黑进行暴动为借口,亲自逮捕并处决了罗姆。党卫队奉命清洗冲锋队,杀死冲锋队各级头目一千余人。希特勒还乘机排除政敌。前总理冯·施莱歇尔将军,党内争夺领导权的最大对手格雷戈尔·施特拉瑟(Gregor Strasser,1892—1934),冯·巴本的秘书埃德加·容格(Edgar Jung)以及同希特勒有宿怨的人,加上毫无瓜葛的人,

第十三章 ● 纳粹统治时代：极端民族主义发了狂

统统倒毙在血泊中。这一所谓的"长刀之夜"，使戈林和希姆莱（Heinrich Himmler，1900—1945）集中掌握了德国警察的权力，使希特勒成为权力无限的独裁者。冲锋队自此一蹶不振，其地位由党卫队取代。

1934年8月2日，兴登堡去世，希特勒颁布《德国国家元首法》，规定将德国总统和总理的职位合并为一，由他就任"国家元首"兼政府总理，拥有武装力量最高统帅权。国防军在勃洛姆贝格统率下向元首希特勒宣誓效忠。

至此，纳粹法西斯独裁统治体制初步形成。

二、纳粹法西斯专政的实质

德国纳粹法西斯的实质是什么？1933年共产国际执行委员会第十三次全会在希特勒上台后很快作出回答：法西斯是"金融资本的极端反动、极端沙文主义、极端帝国主义分子的公开恐怖独裁"。两年后季米特洛夫在共产国际第七次大会的报告中讲了同样的话。这个论断一直为马克思主义历史学家所遵循。它对揭露法西斯主义的反动面目，推动德国和国际反法西斯统一战线的建立具有实际意义，但未能准确地、科学地揭示其本质。它没有能回答：德国的纳粹主义究竟是什么？法西斯主义和法西斯专政是否一定同金融资本联系在一起？它只是垄断资本发达国家的产物？非帝国主义国家会不会出现？德国纳粹党统治是否仅仅是金融资本的公开恐怖独裁？

法西斯主义作为一种"理论"和"学说"，其核心是反动的民族主义。历史上的民族主义是同资产阶级联系在一起的，它在不同的历史时期和不同国家内有着不同的客观历史内容，起着不同的历史作用。俾斯麦统一德国时期，曾大力煽动和利用民族主义，从而在内部加强自己的地位和外部显示武力，但当时的德意志民族主义却包含着完成民族国家统一这一历史进步事业的客观内容。而希特勒所鼓吹和煽动的民族主义，却是为了复仇灭犹，重建大德意志帝国和对世界的统治，为此目的在内部建立起独裁恐怖统治，对外发动侵略战争。法西斯主义作为一种统治形式，是极权主义的恐怖统治，这种统治形式所以能够确立，既同帝国主义有紧密的联系，也同封建主义有紧密的联系。法西斯主义的民族主义都具有封建的特征。法西斯主义可以同金融资本发达的国家联系在一起，也可以同金融资本并不发达的国家联系在一起。

德国纳粹党是否如它自己所说的是"超阶级的党",或者是"中等阶级的政党"？它的专政是不是具有阶级性？对前者的回答基本是否定的,对后者则基本是肯定的。

可以从三个方面来判定德国纳粹党专政的阶级实质。第一,历史的承继性。这里指的是一种社会政治制度延续、残留和保存下来的占支配地位的特征。1933年希特勒的上台不是德国"历史的中断",而是威廉帝国的一脉相承。这从当权人物的政治意图、对外侵略扩张政策、思想意识与文化等方面可以得见。第二帝国的权势人物,包括工业界、容克大地主、军队和文职官员中的领袖人物,为保卫他们的统治地位和反对以工人阶级为首的社会力量而制定的国内政策,都具有承继性。纳粹主义正是从残存的权势人物对社会革命的反抗中获得其原动力的。威廉二世时代越来越强烈地要求获得所谓"阳光下的地盘"和世界强权地位,其根源就在于帝国"新兴的"社会力量——容克资产阶级。德国帝国主义挑起第一次世界大战,就是这些权势人物广泛一致的要求。这些目的显然就是通向纳粹帝国获取"生存空间"政策的桥梁。1933年后希特勒在外交政策方面取得"进展",就是受到旧社会权势人物和除有组织的工人阶级以外的几乎所有阶层的支持,这同第一次世界大战前的德国情况几乎一模一样。承继性的另一条线是思想意识和文化领域。纳粹的思想意识同第一次世界大战前20多年统治德国的政治思潮基本一致,但由于战败和革命的后果,这种帝国主义思潮变得更为广泛。纳粹思想的基本成分是威廉时代的种族主义和社会达尔文主义,这种思想同样被纳粹用来反对马克思主义和反对犹太人;把德意志民族捧得高于一切;把战争美化为人类阅历的顶峰。正是这些线把"第三帝国"同第二帝国紧紧联系在一起,只是"第三帝国"是第二帝国更为恶性的发展。

第二,政策。纳粹的政策,究竟对谁有利？这是判定纳粹专政阶级实质的主要依据。纳粹上台后总的政策是扩充军备,建立战争经济。这一政策制约着国家的各个方面,在1936年开始执行的"四年计划"中看得尤为清楚。在这以前,纳粹政权采取一种有力的国家经济活动,创行所谓"国家就业"的办法来对付失业,但在采取措施中尽量"安抚"德国经济界领导人,照顾他们的经济利益。1933年6月1日政府的第一号减少失业文告宣布拨款10亿马克,"对失业发动强大的和广泛的攻势"。具体的做

第十三章 纳粹统治时代：极端民族主义发了狂

法乃是，兴建大量使用人力的公共劳动项目，像修建公路和高速公路，建造营房和机场等；规定在国家投资的劳动项目中，除了绝对必要，不得使用机器，凡领取"婚姻贷款"的妇女须"从劳动力市场上排除出去"；人为扩充国家和党的官僚机构；1935年6月26日起开始实行男女青年六个月的义务劳动；此外，1935年3月16日发布重建国防军令，1936年8月24日把原服役期一年延长为两年。德国的劳动失业人数，由于世界经济的普遍复苏，加上这些"反失业"措施，从纳粹上台时的600万降为1934年的253万，1936年的160万，到战争前夜已完全"消失"。被希特勒政权大肆鼓吹的"消灭失业的经济奇迹"，实际上是一种半军事的劳动强制，是对工人阶级实行加紧控制和向军事经济过渡的措施。在这当中，私人经济界取得了资助以及某些投资项目的减税优惠，而工人则被迫去干低于法定工资的劳动，否则就得受剥夺失业救济金的惩罚。工人的周工资在1932年第四季度是22.6马克，而1935年第二季度是23.81马克，或者说工资增长了6.9%，而同期食品价格上涨了13%，这还是纳粹的"德国劳工阵线"统计的材料。因此，当工人们在大地上从事笨重的劳动，而在劳动场所周围插着"感谢元首赐予工作"的标牌，实在是一种绝妙的讽刺。

另一方面，纳粹政权力图建立一种国家保护主义经济，尽可能脱离世界经济市场，形成一种"自立的"、"自给自足"的"民族经济"。这种经济便于国家和大资本家、大地主垄断国民经济和国内市场。国家银行总裁、1934—1936年的国家经济部长沙赫特发展了一套特别的"财政体制"，用来筹措秘密重新武装的经费。他宣布停付国内外的所有债款，只对一部分"景气赢利"的资本企业实行优惠，而对中小企业则提高税收，通过发行"贸易期票"的办法，力图把中等阶级和劳动人民手中所有"支付手段"都集中到国家手中。一种称为"MEFO"的期票（"金属研究股份有限公司期票"）是由四家军备康采恩建立的假公司发行的，国家声明予以承兑，国家银行承担贴现，五年后归还。1938年这类期票达到最高额，为120亿马克。国家"集资"的道路还不止此一途。1935年起发行的短期国家公债15亿马克，长期公债到1938年数达80亿马克，国家全部负债从1933年的129亿提高到1938年的315亿马克。尽管国家的税收随着景气的增加而增加，但国家的预算赤字从1933年的24亿马克增加到1938年的105亿马克。国家手中如此大量的金钱用到哪里去了？扩充军备。仅"MEFO"期票一项大约就支付了1/5的军事开支。德国军备费用的开支在战前年代远远超过所有其他国家，而对民用的国家开支，像建筑住宅一类，则尽量缩减。到1938年，军备开支已超过民用开支的50%。这种为"超强度扩军备战"而实行的国家赤字经济和负债开支甚至超出了沙赫特所希望的界限。沙赫特也是坚决主张把"重新武装德国"作为"民族修正政策"的主要部分，他希望一面是创造高额的国家集资，另一面是把价格和工资冻结在1932年大致的水平，以保持经济的某种倾斜的"平衡"。这种主张依然满足不了希特勒的要求。1936年和1938年，沙赫特被相继解除经济部长和国家银行总裁职务，由冯克（Walther Funk，1890—1960）继任。冯克上台后宣布，国家不再保证"MEFO"期票的兑换，期票改为长期定息的国家债券。冯克领导下的国家银行，提供元首所希望的任何高额贷款。大量印刷纸币开始了，向前发展的通货膨胀实际上消除了国家的债务，受到剥夺的是中等阶级和人民。

扩充军备是非生产性的，希特勒不是没有看到，超重过速的扩充军备会给经济带来危险的后果。1937年11月5日，他谈到："一方面是必须确保其给养的庞大国防力量，另一方面是降低生活水平和限制出生率，舍此没有其他任何选择。……决定：最迟在1943—1945年解决德国的空间问题。"希特勒在"四年计划"（1936—1939）中为工业的发展提出确定的目标。在1936年为"四年计划"所制定的秘密备忘录中，他强调"牺牲食品工业"的必要性，并提出如下任务作为结语："(1)德国军队在四年中必须能投入作战；(2)德国经济在四年中必须能承担战争。"戈林作为希特勒的最高代表，被委为"四年计划"的最高领导——专员。他在1936年12月17日的讲话中陈述了他贯彻"四年计划"的观点："我们面临着冲突，要求有巨大的能力……如果我们获胜，经济将得到足够的补偿。我们现在下了最大的赌注，除了扩充军备以外，还有什么更好的出路吗？""我们已处于动员状态，现在仅仅是尚未开枪"。戈林的讲话受到在座的"全德国工业界和经济界领袖"一百人的欢迎和支持。

高速超重的扩充军备和迫切扩展"生存空间"政策，并不仅仅是希特勒或戈林等个别纳粹头子疯狂性的反映。这是整个纳粹政权和"德国工业界和经济界领导人"的迫切需要。车轮一走上斜坡，就加速往下滑。负债的赤字经济迫使纳粹头子们加快通过武力占领"空间"、夺取土地和财富来解决整个纳粹政权的生存和统治问题。负债的赤字经济当然对"工业界和经济界领导人"非常有利。特别是对煤、钢铁、化学等重工业最为

第十三章 纳粹统治时代:极端民族主义发了狂

有利。他们(还有国防军)更是迫切希望扩充军备和战争。纳粹政权提出在国内解决煤和钢铁原料自给的方针以及国家对军备所需的新的、代用的原料(如合成橡胶)等的生产给予巨大补贴和特权,都使重工业界的巨头大获其利。纳粹统治下的生产,由于脱离世界市场,因而很少考虑经济核算和成本,只考虑"战备"的需要。以往很少被国内私人资本经营的贫铁矿的冶炼,现在作为国家的特殊需要而列为国家重点经营项目。1937年7月预告成立的国营"赫尔曼·戈林采矿和钢铁股份有限公司"(即"赫尔曼·戈林工厂")就是为此目的成立的。该公司成为国内采掘业和冶炼业的最大垄断组织,大部分国内最重要的私营重工业公司像罗希林工厂、曼纳斯曼康采恩联合钢厂、好望钢铁厂等都加入,分享利润。伊·格·法本公司曾发展了煤的液化经验,制成人造橡胶和其他战略物资,纳粹政权同它签订了所谓"汽油协定",国家拨给了大量资助,法本公司则保证规定年内建成煤的液化工厂。公司经理卡尔·克劳赫(Carl Krauch)与多位公司成员都在"四年计划"领导机构中任职。克劳赫特别致力于向东南欧扩展德国的经济和势力。1939年4月他在"四年计划"总委员会的讲话中,强调为了"满足经济的石油目的",必须向"巴尔干和西班牙扩展经济领域","并打通向东南欧富有地区的道路","以确保长年的石油需要"。这是工业界和经济界首脑们基于经济利益而同纳粹政权紧密结合的典型例子。同这种占绝对优势的军备工业相对比,消费工业备受忽视。它在工业的总构成中,从1934—1935年度所占的25%,降到1937—1938年度的17%。重工业界和经济界首脑在纳粹政权下获得多大利润,仅以克虏伯为例就可见一斑。克虏伯在1931—1932危机年代亏损964万马克,1933—1934年则获纯利665万马克,1936—1937年获纯利1722万马克,1939—1940年获纯利2270万马克,1943年克虏伯财产已达20亿马克以上。垄断巨头们财富增加的最大部分是在战争开始以后,靠肆无忌惮地对占领地区的掠夺攫取的。除了这些老的垄断巨头以外,又出现了一批新的垄断巨头,这就是纳粹领袖,像希特勒、戈林、希姆莱、戈培尔等。典型的是戈林。1933年以前,戈林同生产资料占有毫无关系,1937年建立"赫尔曼·戈林工厂"以后,用不断合并德国的工业企业,特别是夺取奥地利、捷克斯洛伐克、波兰、罗马尼亚等外国工厂而日益扩大。1943年初,"戈林工厂"已拥有177家工业企业,69家采矿业和钢铁联合企业,156家贸易公司,15家建筑公司。

"中等阶级"和农民得到什么结果呢？纳粹政权为使整个国家服从于扩军备战，竭力要把全部经济都纳入受国家控制的、强制生产的轨道。而"中等阶级"和自由农民的经济却是一种强烈的自由和分散性的经济。因此，促使"中等阶级"的"瓦解"和"消亡"，严格控制农民经济就成为纳粹党的相应政策。纳粹党纲中的"反资本"、"保护中等阶级"、"没收大地产"的条文被抛在一边或加以修改。1933年3月12日公布的"保护零售商"法令中，规定1934年7月1日前不得再开设新的零售商店。1933年5月，当时的普鲁士邦内政部长戈林，禁止"中等阶级"的组织"工商界中等阶级战斗同盟"对经济采取任何干预行动。希特勒在梯森、克虏伯、基尔道夫、施罗德等的敦促下，在1933年7月6日的演说中宣告"结束民族社会主义革命"，"战斗同盟"被骂成是"精神上的细菌传播者"。这年10月，"战斗同盟"被解散。在1933—1939年间有70万个小商店和手工业企业倒闭。战争期间还有几十万个手工业企业由于"全民总动员"而归于"消失"。这些小商店和手工业部门实际上都被大康采恩所吞并，其从业人员凡是尚未被征入伍的大多数被安插到军备工业中去。民族社会主义的农业政策是一种所谓"农业保护主义"，其首要目标是着眼于未来战争，而要求"依靠自身的力量"，保证粮食的自给。纳粹在农业中建立了严格的强制性组织"国家农民协会"，均由大地主或富农充任"领袖"。农民的各项民主权利均被剥夺。国家强制性地规定农民的种植和产量指标；根据指派的种植额加以课税；禁止自由出售农产品和私自屠宰牲畜。农民田产的登记卡记载了农民的全部财产，直到最后一只鸡。为了粮食生产的"固定性"和限制农业人口流入城市，1933年9月公布了国家粮食产品状况法和农庄继承法。前一项法令规定，今后由经济部门的卡特尔负责处理食品的生产和分配，生产、加工、运输、储存、批发和零售均置于国家的控制之下。后一项法令规定凡占有7.5公顷到125公顷土地的农户为"继承农户"，土地由长子继承，不得抵押，不得分家，不得转让。但是这一切法令都不适用于容克和大地主。纳粹政权还豁免了他们为雇工缴纳的每年为4 000万马克的失业保险金。容克和大地主可以使用义务劳动的无偿劳力以及领取此项目下的"伙食补助"。东普鲁士容克在"支援东部"的项目下，获得2.13亿马克的资助金。他们的庄园不是缩小了，而是扩大了。国家的高额农业保护关税政策使容克、大地主们获利大增。同工业中的情况一样，许多纳粹领袖以新大地主的身份加入老大地主的行列。

第十三章 纳粹统治时代：极端民族主义发了狂

养鸡农出身的希姆莱就是一个典型。纳粹的这种强制性的农业政策暂时取得一定的效果，德国农产品的自给率从1932年的75%上升到1936年的81%。但这一切对农民没有任何好处，相反他们整个被奴役和驱使。幼子们到东方去占领"生存空间"，却为此付出自己的生命。

纳粹政权所推行的全部政策虽然都打着"民族利益"和"保卫祖国"的名义，但得益者除了纳粹领袖外，主要是新老垄断资本家、容克、大地主和军国主义分子，而民族的大多数却被拖入到战争的深渊中去。

第三，体制。特别是经济体制最能反映一种制度的本质。民族社会主义究竟是一种什么制度？是"超阶级"的"元首制民族总体国家"，还是组织得更严密的国家形式的资本主义制度？回答应当是后者。这不仅由于原资本主义的基础保留在民族社会主义的经济之中，这是一个基本事实，还由于纳粹国家具有很大的独立性。德国的工业界以一种特殊的方式同纳粹国家缰绳绕在一起，形成一种特殊的资本主义经济体制。首先是，工业界和经济界的巨头们，大部分以"国家干部"身份，领导和控制整个经济部门。德国垄断资产阶级的最主要组织"德国工业家协会"依然保存。1933年7月15日，希特勒政权设置了"德国经济总会"，这是纳粹上台头两年德国最高的经济机关，17名成员中，5名纳粹党人，12名大工业家、大银行家和大商业代表，其中包括梯森、伏格勒、西门子、波施、施罗德等，既无手工业者和小商人，也无职员和工人。1934年11月27日，该经济总会颁布《德国经济有机建设条例》，条例第一部分规定把全德经济合并成六大组，即工业、商业、银行、保险、能源和手工业，下设44个经济组，350个专业组，640个专业小组，全国所有私人企业和组织全部打散分属各组。最重要的数工业组，组长是曼纳斯曼公司的经理，其他各组领袖也都是垄断资本家，仅手工业稍有例外。条例第二部分规定建立"全国经济院"，分全国为18个经济省。全国经济院院长阿尔伯特·皮茨施是慕尼黑电机工厂厂长，慕尼黑电业股份公司和柏林西门子-苏克特工厂董事。各省经济院的领袖情况也一样。他们都是任命而非选举出来的。这样，德国的经济从横的和纵的两方面紧紧交织在一起，控制在大资本家手中，隶属于纳粹国家。其次是政治中的"领袖原则"也应用于经济。1934年1月21日颁布的"民族劳动制度法"第一条就规定企业主是企业的领袖；第二条规定企业主是拥有全权的统治者。工人被法定为企业领袖的下属，下属只应对企业领袖"保持企业协调所必须的忠诚"。企业中从人员安置、财政预算到企业原料的分配乃至订货悉由企业领袖决定,而企业领袖当然是清一色的资本家及其代理人。最后也是最主要的特殊之点,乃是国家能够强烈地干预经济。例如国家可以强使小企业并入大企业。1937年10月颁行所谓"改革股权法",规定凡股份少于10万马克的企业要"取消";新成立的股份公司资金至少应为50万马克。1943年2月4日颁布的法律规定三条:一是所有企业凡与国计民生无关的一律取消;二是所有手工业组织凡与战争无关的一律关门;三是所有不需开设的客店旅馆都得停业。这样,成千的小资本公司变成为"合伙商号"。纳粹国家干预国内经济有三个基本着眼点:控制消费、监督投资和控制劳动市场。所有重要部门的成立和企业的扩大,都需得到国家批准;规定相当固定的最高工资额和零售价格;管制进口和国内生产的原料;1937年起几乎完全废除迁徙自由和就业自由,重要工业部门所需的劳动力均由国家劳动局分配。官方的法令取代了市场规律,决定生产和消费。

这究竟是怎样的一种经济体制?这是一种将所谓的"经济自治管理责任制"和"国家干预"相结合的体制,它意味着既不要自由的市场经济也不是全面的计划经济。一方面国家手中掌握的股额在全部经济中的比例不断上升。1933年官方股金占全部投资的49%,而1938年达57%,以后上升更快。另一方面,国家将自己手中的一些财产,从银行股票到乡镇企业廉价地出让给大企业家和银行家,扩大私人财产范围,鼓励他们经营企业的"个人积极性"和"冒险性",同时通过庞大的"经济自治管理责任制"机构和一大批官员,对无数规章制度的执行情况进行监督。显然这种体制是极为有利于企业家和大银行家的。

这种所谓"经济和国家共栖现象",实际上就是一种国家垄断资本主义,而不是什么"有组织的资本主义"。只要存在垄断资本主义的经济基础,同时国家对于经济的干预作用已经超过对经济的依附作用这样两个基本要素,就可以归入国家垄断资本主义的概念范畴。国家垄断在资本主义社会里也不过是提高和保证垄断巨头收入的一种手段罢了。

因此,我们说,德国纳粹法西斯专政的实质,是纳粹头子、大资本家、大地主、军国主义的独裁统治,但却打着"民族"的旗号。这种统治所具有的疯狂性和恐怖性,应从德国专制的、封建的、军国主义的历史传统特别是民族沙文主义的情绪和狂热中去觅找,而且还打上纳粹头子个人的烙印。

三、纳粹法西斯:一种以战争为目的的极端民族主义

"法西斯"是一个令人憎恶的名词,人们一提起它,就立即把它同"凶暴残忍"、"独裁专制"联系在一起,诚然这是法西斯的本质特征之一,但它还有另外一个本质特征,这就是"战争","反人类的战争"。"法西斯"一词,源于古罗马拉丁文"Fasces"的译音,系指独裁官、执政官和大法官出巡时扈从手擎的一个中间插着一柄突出战斧的"棒束",是一种权势的特殊标志。意大利的墨索里尼在最初倡导法西斯运动时,妄图重新恢复古罗马帝国的霸业,实行独裁统治。他把自己的组织"协会"(Fascio)同"法西斯"(Fasces)混同一义,并于1921年10月定"棒束"为国家法西斯党的标志。德国的纳粹运动,是墨索里尼法西斯运动的"仿体"和发展,具有完全共同的本质,只是后者标榜"国家社会主义",而前者标榜"民族社会主义"。前者具有更典型的"法西斯"特性。

法西斯与战争之间有着不解之缘。人类历史上首先出现的三个法西斯国家德国、意大利和日本,都把发动战争作为基本国策,它们结成法西斯政治、军事同盟,挑起第二次世界大战,因此当我们说,"法西斯就是战争",这话字面上是正确的,但如果把法西斯与战争理解成为两个"概念",或者进而认为战争只是出于"垄断金融资本"的掠夺扩张要求,显然不够准确,政治上不仅会低估法西斯发动战争的罪责和危害,也难于使支持希特勒法西斯战争的德意志民族中、下阶层受到真正的历史教益。"战争"是"法西斯"与生俱来的本质特征。在法西斯国家,战争不仅仅是一种手段,而且成为一种"目的"本身。在纳粹德国,因保留了帝国主义的社会基础包括垄断金融资本的统治,所以纳粹法西斯在战争问题上显得更激烈,更疯狂,更残忍,更冒险。希特勒是想以一种极端的民族主义同人类的和平发展相对抗。

纳粹法西斯产生于民族感情受到挫折的土壤上,这种挫折极易逆反成一种民族复仇主义;而纳粹分子又认为"德意志民族"是世界上最优秀的民族,有权统治世界。因此,纳粹主义不仅要求恢复本民族"原有的地位",而且要把"生存空间"作"无限的扩大"。一切非德意志人都被划为各种不同等级的劣等人,甚至被认为不是人。希特勒就认为,"一天到晚硬要把天生的半猴子装扮成律师,同时却坐视千百万最高文化种族的人处

于极不光彩的地位,这简直是犯罪";优等种族要维护自己的特性,必须不断地从事争斗和战争,让战火来实施"淘汰"和"培育";"虽然残酷,却是现实"。在这里,战争不仅是夺取"生存空间"的手段,而且也成为维护"优等种族""优良特性"的目的,战争成了目的本身。希特勒的《我的奋斗》,是在狱中完成的(他口授,由他的助手鲁道夫·赫斯〈Rudolf Heß,1894—1987〉笔录),出版于1925年,当时希特勒还只是一个"小角色",还没有被德国的工业企业-金融界大亨们看在眼里,但他在书中已写道:"恢复1914年疆界的要求,在政治上是荒谬可笑的事","我们民族社会主义者必须毫不犹豫地坚持我们对外政策的目标,那就是要保证德意志民族在这个地球上获得它应得的土地"。他在书中回顾1871—1918年间的德国政策后写道:"因此,德国可以实行最稳妥的扩张领土政策就是在欧洲本土内取得新领土,……这一目标只有通过争斗才能达到","我们要从600年前祖先停止的地方下手。我们要停止日耳曼人老是在欧洲南进和西进的脚步,把目光转向东方国家,……首先就只能想到俄国及其边缘的附属国"。

这确是纳粹法西斯侵略战争的主要方向,但这并不是说,纳粹法西斯对欧洲其他各国人民的威胁就小一些。举一个例子。希特勒在书中威胁说:"应该集中全力积极地和法国作一番最后的较量,投入一决雌雄的最后决战。……当然,消灭法国只是一种手段,为的是使我们民族在消灭法国以后才有可能向其他方面进行扩张。"这就是说,为了东侵时无后顾之忧,首先应该征服法国。但是这一切还只应看作是德国征服全世界的基础。

希特勒上台后,法西斯德国对外政策的侵略性质马上表现出来。当时德国还处于凡尔赛条约的束缚之下,其军事实力不仅根本无力发动战争,而且也无法同邻国相对抗。德国要对外扩张,首先必须打破凡尔赛条约的束缚,使重整军备的工作公开化和合法化。1933年10月14日,希特勒致电世界裁军会议主席,以"未满足德国军备平等要求"为由,德国决定退出世界裁军会议。五天后,希特勒又宣布退出国际联盟,一举摆脱一切国际监督。此后,在1935年2月,法国和英国又邀请德国重返国联,建议缔结一项普遍裁军协定,来代替凡尔赛条约的军事条款,也遭到拒绝。德国乘此时机,开始了重整军备。不仅使整个国民经济转向或改造为战争经济,而且秘密拟制新的扩军计划,规定在短期内把陆军兵力从10万

第十三章 ● 纳粹统治时代:极端民族主义发了狂

人扩充到 30 万,如果发生战争,进一步扩展到 80 万人。这年 3 月,希特勒抓住法国修改兵役法(把 1 年兵役期延长为 2 年,把适役年龄从 21 岁降为 20 岁)为由,公开撕毁凡尔赛条约的军事条款。3 月 16 日,正式颁布《普遍义务兵役法》,废除凡尔赛条约强加给德国志愿兵制和 10 万国防军官兵的限额,规定和平时期德国陆军由 12 个军 36 个师共 50 万人组成。

这一冒险举动为德国无限制扩军打开大门。限制建立空军的规定也被勾销了。由于英国同意,1935 年 6 月 18 日缔结了德英海军协定,德国在海军方面也可以扩军了,其海军在吨位上可以和法国相等,在质量上甚至超过法国。1936 年 8 月,陆军当局提出"八月计划",规定以 1939 年 10 月为期,和平时期总兵力要达到 83 万人,战时扩大到 462 万人。为此陆军的财政拨款增加到每年近 90 亿马克,为 1935 年度的两倍还多。

这大概就是希特勒所设定的所谓"铸造巨剑"的最初一步。紧接而来的是初试"巨剑",进行军事冒险。1936 年 3 月 7 日,法西斯德国军队撕毁凡尔赛条约和洛迦诺公约,3 万余人进驻禁止设防的莱茵区。这是大胆的挑衅。当时德国大规模的扩军工作才开始不久,西方列强完全有能力击退这种挑衅行为,仅法德边境法国的守军就有 13 万人。希特勒是把宝押在西方列强的犹豫不决和可能的让步上。希特勒本人后来承认:"进军莱茵区以后的 48 小时,是我一生中神经最受折磨的时刻。如果当时法国人真向莱茵区进

1936 年 3 月,重新占领非军事化的莱茵兰

军,我们就只有忍辱含诟撤退,别无他法,因为我们当时拥有的军力连稍微抵抗一下都办不到。"但是一切均如所料,一切风平浪静,没有遭到任何反击。洛迦诺公约的其他签字国也只作出官样文章的抗议,国际联盟也只是迁就既成事实。西方列强对日本侵略中国,意大利侵略埃塞俄比亚

也和对德国占领莱茵区一样,不采取有效措施加以制止。法西斯国家的军事贪欲大增,在国际舞台上日益猖獗。纳粹德国在占领莱茵兰后没有多久,1936年8月就积极伙同法西斯意大利武装干预西班牙内战。[①]1936年10月25日希特勒和墨索里尼为帮助佛朗哥将军而订立一项共同干涉西班牙内战的协定。德意军队在西班牙的人数约达10万人,虽然大部分是意大利兵,但德国的所谓"雄鹰军团"和进入西班牙领海的部分海军,人数也不少。希特勒参加干涉西班牙战争的考虑大致有三:一是用真正战争的方式来考验一下自己的军队和战争装备;二是把西班牙纳入自己的势力范围,战略上可以箝制法国,经济上可以作为备战经济的原料基地和投资场所;三是同意大利法西斯接近,寻求国际法西斯势力的联盟。这就是不久形成的德意日三国同盟,亦称柏林-罗马-东京轴心。这个侵略同盟自称是"反共同盟",达成这一同盟的第一步,是1936年11月25日德国和日本缔结的所谓"反共产国际协定",翌年11月6日意大利加入这一协定,完成了三国同盟。协定的真正目的就是共同准备并共同保证计划中的侵略:德国和意大利同意并支持日本全面入侵中国,德国和日本也同意并支持意大利夺取埃塞俄比亚,日本和意大利则支持和同意德国在中欧、特别是对奥地利和捷克斯洛伐克的侵略和占领。"反共产国际"更多是一种掩人耳目的招牌。希特勒早在《我的奋斗》中就讲过,"缔结同盟的目的如果不包括战争,这种同盟就毫无意义,毫无价值。我们缔结同盟只是为进行战争"。

1937年是纳粹法西斯战争史上的重要年代:开始了直接对外侵略扩张。这年的11月5日,希特勒召集德国高级军政头目,举行秘密的所谓领袖座谈。希特勒向当时的全国军事领袖(军政部长勃洛姆贝格,陆军总司令弗里奇(Werner von Fritsch,1880—1939),海军总司令雷德尔,空军总司令戈林)说明侵略扩张战争计划的一切细节。外交部长牛赖特(Konstantin von Neurath,1873—1956)也在座。担任会议记录的是希特勒的军事副官霍斯巴赫(Friedrich Hoßbach),五天后他把原始记录整理

[①] 1936年2月西班牙共和国人民阵线政府成立,实行某些进步政策和改革。7月中西班牙驻摩洛哥殖民军和国内大部分驻军发动叛乱,佛朗哥为叛军首领。共和国军民在国际纵队支援下,曾几次重创法西斯叛军。由于德意法西斯的军事干涉和支援,到1939年春,共和国最终被颠覆。

第十三章 ● 纳粹统治时代:极端民族主义发了狂

成正式文件,这一所谓《霍斯巴赫备忘录》成为后来纽伦堡战犯审判的重要证明材料。从中透露出:希特勒打算通过暴力(战争)道路扩大德国的空间,重要的问题是要决定什么地方可以用最小的代价获得最大的成果,以及这条战争的道路在"什么时候"和"如何进行"最为合适。显然,德国的战争机器在1937年时就已如弦上之箭,只待纳粹头目的最后决定。希特勒在解答"什么时候"与"如何进行"问题时考虑到三种可能,首先,只要德国对其他列强还保有军备优势时就必须主动进攻;其次,必须利用法国的内政困难以及与此相联的法军战斗力的削弱;第三,必须利用意大利同英法之间可能的战争形势作为进攻契机。在所有三种情况中德国都必须首先攻占奥地利和捷克斯洛伐克,这样既可在可能发生的对法战争中减轻以至消除侧翼的威胁,又可加强德国的军事潜力和物力。纳粹头目们还考虑到,对奥、捷的军事冒险,可以张挂起"建立大德意志国"的幌子,因为奥地利是德意志国家,捷克斯洛伐克的苏台德区也以德意志人居多数,侵吞这些国家,有利于减少阻力。

  当先行攻取奥地利与捷克斯洛伐克的方针确定之后,纳粹领导内部进行了人事变动。对希特勒的计划表示疑虑或不赞同的勃洛姆贝格、弗里奇和牛赖特被免去职务,改由希特勒直接指挥全部国防军,由里宾特洛甫(Joachim von Ribbentrop,1893—1946)接任外交部长。通过加强希特勒的独裁直接准备新的战争行动。

  纳粹德国对奥地利的吞并图谋并非新鲜东西。纳粹德国早在1934年就在奥地利导演了暴动丑剧。失败后希特勒居然信誓旦旦地保证,德国决没有干涉奥地利内政、侵吞或者合并奥地利之企图,也没有这样的愿望。但是德国对奥地利的政治经济压力特别是军事压力在1937年底特别加强起来,到1938年2月达到顶点。2月11日希特勒把奥地利联邦总理舒士尼格(Kurt von Schuschnigg,1897—1977)召到自己的休憩山城贝希特斯加登,要他当即在拟好的协定上签字,协定规定,赦免被奥政府惩处的全部奥地利纳粹分子;任命奥地利纳粹首领赛斯-英夸特(Arthur Seyß - Inquart,1892—1946)为内政保安部部长;不限制奥地利纳粹分子的政治活动。舒士尼格经受不住沉重的政治军事压力,于夜间11时在协定上签字画押。其后果是奥地利国内出现了类似内战情况,奥地利法西斯分子的夺权活动造成奥地利独立的危机。舒士尼格企图就奥地利独立问题举行全民投票,挽救危局,希特勒就以最后通牒方式要舒士尼格停止全民投票,并自行辞职,如遭拒绝,20万德军立即开入奥境。舒士尼格在最后通牒限期届满前就辞职下台。赛斯-英夸特接受德国法西斯的委派取得奥地利政权,当了联邦总理,并在1938年3月12日签署法令,宣布奥地利为"德国地区"。德国军队占领了奥地利,奥地利成为大德意志国的一部分,不再作为独立国家存在。

下一个就轮到了捷克斯洛伐克。希特勒在1937年中就已制定的所谓"绿色方案",就是德国对捷克斯洛伐克发动突然进攻的计划代号。

1938年吞并奥地利后,希特勒驱车通过维也纳

希特勒故技重演,一方面用战争叫嚣来恫吓西方,另一方面又大唱和平高调来迷惑世界,因为当时法西斯德国的力量——无论是经济力量还是军事力量——都还敌不过英法联盟。捷克斯洛伐克是法国的同盟国,而英国又是法国的同盟国。因此,希特勒一边咆哮说:"把捷克斯洛伐克从地图上抹掉,是我不可动摇的意志!"1938年5月30日,他签发关于绿色方案的新指示:在最近即以军事行动粉碎捷克斯洛伐克。纳粹德国的军队迅速在奥捷边境集中。可是另一方面,希特勒在世界舆论面前欺骗说,他要求给捷克斯洛伐克西部主要由德意志人居住的苏台德区"自治",理由是这儿的德意志人受到捷克人的"虐待"。希特勒几次三番声明,捷克斯洛伐克问题是他要在欧洲提出的最后一个领土要求,如果不能满足,他准备迎接任何战争,甚至世界大战。

对于法西斯德国这种明目张胆的侵略行径,英国和法国一直采取所谓"绥靖政策"。1937年上台的英国首相尼维尔·张伯伦(Neville Chamberlain,1869—1940)是体现这种政策的典型代表人物。从表面上看,绥靖主义者似乎非常害怕战争,非常"爱好和平",其实并不尽然。绥靖政策是一种姑息养奸,纵虎为患,企图通过牺牲弱小国家,避免自己同法西斯德国火并,而把希特勒法西斯这股祸水东引,使德国同苏联争斗,然后由他们坐收渔人之利。正因如此,1938年9月15日,已是69岁高龄而且

第十三章 纳粹统治时代：极端民族主义发了狂

从未坐过飞机的张伯伦，不惮作七小时的长途飞行，到德国僻远的休憩山城贝希特斯加登谒见希特勒，"以寻求和平解决办法"。希特勒大放厥词，要求苏台德区立即脱离捷克斯洛伐克，归于德国。张伯伦则表示他个人承认苏台德区脱离捷克斯洛伐克的原则，希望回伦敦磋商并获批准。9月18日，法国总理达拉第（Edouard Daladier，1884—1970）应邀到英国同张伯伦磋商，两国同意牺牲捷克斯洛伐克领土。19日英法两国政府共同向捷政府发出照会，要捷立即满足德国对苏台德区的要求。照会遭到捷政府的严词拒绝。21日

1938年9月，缔结慕尼黑协定前的一刻，左二戈林，左三张伯伦，左四墨索里尼，左六希特勒，左七达拉第

英法代表警告捷总统贝奈斯（Eduard Benesch，1884—1948），如捷因拒绝英法建议而引发德捷战争的话，英法将不给捷以任何支持。22日，张伯伦第二次飞往德国，在戈德斯贝格会见希特勒。他兴冲冲地声明，英法已完全同意德国对苏台德区的愿望，而且毋需经过公民投票就转交给德国。但是希特勒的要价骤然升高：苏台德区必须立即由德国占领；捷克斯洛伐克还必须割让苏台德区附近的边境地区。希特勒限定日期，问题必须在10月1日前完全地最后地解决，否则兵戎相见。张伯伦再次答应设法解决。张伯伦已下定决心，对希特勒实行绥靖，牺牲捷克斯洛伐克。当保守党议员温斯顿·丘吉尔在议会谈到必须加强英国的防务，对法西斯德国采取坚定的立场时，张伯伦居然挖苦说："让他去吃一片阿司匹林吧。"

终于出现了历史上的大丑剧"慕尼黑阴谋"。1938年9月29日，在德国的慕尼黑召开德意英法四国政府首脑会议。希特勒在会前对墨索里尼说，要是谈判不能立即取得结果，他就诉诸武力。张伯伦并未同达拉第作过磋商，他已经打定主意不让任何人阻碍他同希特勒迅速达成协议。达拉第则整整一天都像是晕头转向似地跟着张伯伦跑。当墨索里尼提出

一个所谓实际解决问题的书面建议时,得到与会者的一致欢迎,而墨索里尼的建议恰恰是由德国外交部议定并在几个小时前交给墨索里尼的。当天深夜(实际已是9月30日凌晨),他们背着捷克斯洛伐克签署了所谓慕尼黑协定:《关于捷克斯洛伐克割让苏台德领土给德国的协定》,基本内容是:一、捷在苏台德区的军队的撤退将在10月1日开始;二、从苏台德领土上的撤退应于10月10日完成,不得破坏目前存在的任何设施。协定附件规定,捷境内波兰人和匈牙利人少数民族问题得到"解决"后,四国将保障捷的新国界。捷政府代表被排斥在慕尼黑会议之外。当四国首脑签字后,他们才被召见,并由一位属员向他们宣读了这一协定。捷克斯洛伐克政府在德国人限定的六小时内被迫接受了慕尼黑协定。希特勒在绥靖主义者的帮助下,又兵不血刃地取得大片捷克斯洛伐克土地。而一个富庶繁华的工业国仅仅一夜之间就被瓜分割裂而破碎萧条,毫无防卫能力了。

慕尼黑协定使全世界感到震惊。而张伯伦却兴高采烈地声称:"我相信,这是我们时代的和平。"但是英法的绥靖政策并未带来真正的和平,相反,它促使希特勒的侵略欲望激增,加速了世界大战的到来。1939年3月15日,德军开进了布拉格,占领了整个捷克斯洛伐克。未及半年,慕尼黑的"和平"便已寿终正寝。1939年9月1日,法西斯军队对波兰进行突然袭击,终于导致全面的世界大战。

四、纳粹德国挑起全面世界大战

第二次世界大战是由法西斯国家挑起的。法西斯战争具有空前的残酷性、疯狂性和野蛮性,已非一般意义上的帝国主义掠夺和争霸战,而是以反对"人类"为目的的"种族灭绝"战。只要想一想日本法西斯1937年底侵占南京后对中国人进行长达六周的血腥大屠杀(仅被杀和活埋的人数就达35万)以及用大量中国人作活体细菌战试验的暴行;只要想一想德国纳粹要"彻底解决"犹太人和其他"劣等种族"的大屠杀以及遍布各地的死亡集中营、焚尸炉、毒气室,就可见一斑。法西斯是人类之敌,是迄今为止人类历史上的最大危害。因此,我以为,从第二次世界大战开始起,就不存在什么帝国主义之间争夺战的阶段,也不存在因苏联的参战而使战争转变为世界反法西斯战争的阶段。只要站在反法西斯战争的立场

第十三章 纳粹统治时代：极端民族主义发了狂

上,一切民族、国家、阶层、人等,不论其主观意图如何,客观上都具有积极的进步的意义。反法西斯战争阵营中的国家、民族、阶级和人等之间的矛盾或冲突,都是第二位的,暂时都退居次要。即使法西斯国家内部微弱的反抗力量,亦应看成是国际反法西斯阵营力量之一部。

第二次世界大战是逐步发展起来的,由分别在东亚和欧洲进行的两场战争演变而成。1937年"七七事变"日本发动的全面侵华战争和中华民族、中国人民奋起的抗日战争,可视为第二次世界大战的起点,欧洲战争在这两年后才开始。纳粹德国在这两年内,处心积虑地挑起欧洲大战,并使欧洲大战扩展为全面的世界大战。到1939年大战爆发前,希特勒的战备"四年计划"匆匆"完成",但并没有获得足以赢得一场长期战争的武器装备和弹药储备。希特勒一伙制定了总体战战略和闪电战战术作为取得胜利的补充。所谓总体战战略,就是政府必须动员"民族之全力"进行战争:首先对全民族实行"精神动员",并使用严刑峻法镇压"妨害民众团结者";其次必须集中国家和民众的全部经济实力。1939年出版的《国防政策和国防科学年鉴》把总体战扼要概括为"各阶层居民参加战争的总体性,包罗人民一切生活领域的总体性,利用一切手段的总体性"。而所谓闪电战,不仅仅是突然袭击,还应包括:一、在主要打击方向集中优势兵力和武器,以求速战速决,避免两线作战;二、声东击西,不宣而战;三、依靠机械化部队和空军作为突破对方防线和分割包围对方有生力量的"解剖刀",实施"高速度大纵深"的密集突击。到1938年6月,纳粹军队还最终确立独立使用坦克师作为战略性突击力量的原则。可以说,在西方国家和苏联对法西斯国家的战争本质还抱有不切实际的幻想时,闪电战战术帮助了希特勒横扫了大半个欧洲。一直到1941年冬希特勒军队在莫斯科战役中失败,才宣告了闪电战的破产。

纳粹德国进军布拉格及其对世界和平舆论的毁灭性影响,显然构成了欧洲政治的转折点。面对德国无限制的扩张势头,西方国家的"绥靖政策"似乎也走到了尽头。1939年3月31日张伯伦不得不在下院保证,"如果发生任何一种显然威胁波兰独立的行动",英法将给波兰人以援助。一个星期后,这一保证发展为互助条约。4月7日,轴心国的意大利开始侵占阿尔巴尼亚,英法又作出保证,如果罗马尼亚和希腊的独立受到明显威胁,英法将全力支援这两个国家。但是很清楚,西方国家对东欧各国的这种承诺,如果没有苏联的一致行动,就会变得毫无价值。正如丘吉尔所说的,"结成大联盟的关键是和苏联达成协议"。而就苏联来说,也非常乐意达到这种"谅解"。可惜到这时,双方相互间仍很不信任。西方领导人对苏联红军的战斗力、苏联领导人的动机以及苏联在东欧的"霸权扩张"存有很大疑虑。而斯大林的疑虑也在不断增长,他越来越感到,西方外交的根本目的是想把希特勒这股祸水东引,反对苏联。这种相互间的不信任使1939年4月开始的长达数月的英法苏三国代表莫斯科会谈流产。这一商讨共同对抗法西斯侵略会谈失败的责任问题,虽然至今仍处于争议中,但公正地说,是由于英法政府缺乏诚意所致。这也就被斯大林作为把柄:苏联为了打破英法纵容德国东进的阴谋,决定转向同以往不共戴天的敌人纳粹德国签订互不侵犯的协定。

希特勒正是利用西方国家和苏联的这种互不信任而获得更大的行动空间。根据希特勒的战争日程表,在占领布拉格后,"先与西方进行较量"。希特勒为此曾试图同波兰建立一种比较稳固的关系,既可免除德国西侵时的后顾之忧,又可使波兰成为将来与苏联较量时的"盟友"(波兰人传统性地反对俄国-苏联的"扩张主义")。但是,德国争取波兰的努力毫无成果。夹在德国和苏联之间的波兰,决心捍卫自己的独立与自由,既不与德国也不与苏联结盟。它认为只要得到西方国家的保证就够了。在这种情况下,希特勒开始考虑先"接近"苏联,对波兰采取行动。1939年8月23日,世界对由里宾特洛甫和莫洛托夫在莫斯科签署的德苏条约大吃一惊。这一通常称为莫洛托夫-里宾特洛甫条约的《德国和苏维埃社会主义共和国联盟互不侵犯条约》,关键性的东西并不在于公开发表的"互不侵犯条文"和"协商义务",而是一份秘密附加议定书。议定书划分了东欧的势力范围:

1939年8月23日在莫斯科签订德苏互不侵犯条约。
前排自左至右:里宾特洛甫、斯大林、莫洛托夫

第十三章 ● 纳粹统治时代：极端民族主义发了狂

立陶宛和波兰西部属于德国的势力范围；芬兰、爱沙尼亚、拉脱维亚以及纳雷夫河、维斯瓦河和桑河以东的波兰地区划归苏联势力范围。在东南欧没有划定明确的分界线，但苏联强调它在比萨拉比亚的利益，德国则声明对这一地区"不感兴趣"。这一条约意味着判决波兰死刑。希特勒实际上在缔结这个条约时就已考虑到日后要撕毁该条约。只是这时为了排除东方后顾之忧后向西方发动进攻的考虑占了上风，希特勒使他的每一决断都与变化着的形势尽可能作策略的适应性改变。言论矛盾重重，挑起战争的目的却始终不变。对斯大林而言，条约为苏联打开了通往波罗的海地区、中欧东部和南欧的大门，特别是有可能通过扩充波罗的海阵地和"挤入"芬兰而更好地设防。苏联获得一个缓冲地区。斯大林可能从那时就认为，有了这样一条武装设防的"缓冲地带"，希特勒不会进攻苏联，起码在希特勒同西方打得死去活来之时。

1939年9月1日清晨，德国军队、坦克和飞机未经宣战就已全线越过波兰边界，发起闪电突击战。9月3日，英国和法国都对德国正式宣战。战争的片面状态被打破。第二次世界大战终于全面爆发。

通常，我们把德国挑起的欧洲战争，看成是第二次世界大战的起点，未免有违历史事实。但是，德国挑起的欧洲战争，却使世界大战全面化，并使欧洲战场成为关乎人类命运的决定性战场，这却是历史事实。东亚的中日战争是第二次世界大战的起点，此后延及整个亚洲。欧洲战争由于英国获得英联邦的支持，由于美国的经济援助和德国进攻地跨欧亚大陆的苏联，战争超越了欧洲的范围。1941年参加欧洲战争的各国人口约有4亿零400万人，参加亚洲战争的各国人口（日本、朝鲜、中国）约有5亿4500万。英国和美国在欧洲和亚洲太平洋地区都有着利害关系，同日本的侵略扩张发生冲突导致了日本和美英两国之间的战争，再加上本想避免同美国公开冲突的希特勒在日本袭击珍珠港事件（1941年12月8日[①]）后，不得不向美国宣战，这样就把亚洲战争与欧洲战争接连在一起了。

德国挑起的全面世界大战，延续了六年（1939—1945），大体可分为三个阶段。

第一个阶段是法西斯国家猖獗进攻的时期（1939.9—1942冬）。这

---

① 夏威夷时间为12月7日，星期日。

个时期,德、意、日轴心国不断向外侵略,使战火波及欧、亚、非洲和太平洋、大西洋地区。世界上的主要国家都卷入战争的漩涡。战争达到前所未有的巨大规模,远远超过了第一次世界大战。

战争开始阶段,纳粹德国的侵略气焰甚嚣尘上。150万德军分三路进攻波兰。先由一批批轰炸机俯冲轰炸,扩大恐怖气氛和混乱局面,接着由装甲师打开波兰防线上的诸多缺口,纵深侵入后方,摧毁运输和通讯设施,将波兰军队切割包围,最后由轻便摩托化师和步兵出击,一举歼灭。波兰军民虽然奋起浴血抗敌,但抵挡不住敌军的闪电战进攻。不到一个月,全部国土都沦陷了。就在这时,1939年9月28日,苏联与德国缔结了《友好和边界条约》,历史上又一次瓜分了波兰。

当时,西方战线却处于令人不安的平静中。号称欧洲最强大的法国陆军一直没有发起进攻,不与波兰军队配合,两线夹击德军。波兰沦陷后,法军干脆躲在马奇诺防线的钢筋混凝土工事里,按兵不动,而在齐格菲防线那边的德国人也没有采取行动。当时法军发表的战报总是千篇一律地说:"西线平静,无事可述"。历史上把这一时期的战争称为"静坐战"、"奇怪的战争"。英法的这种消极态度引出了严重后果。1940年4月9日,德国军队突然采取行动,横扫了丹麦,并登上挪威海岸。德国人进攻丹麦和挪威的主要目的,是要为德国潜艇取得宝贵的基地,以及保护船只将瑞典的铁矿石沿海岸运到德国。丹麦人没能抵抗,挪威人在英国的支持下顽强抵抗了近二十天,到4月底,同盟国不得不撤离挪威的南部和中部,到6月初,挪威北部也被德国人占领。挪威政府也随同盟国远征军驶离挪威,去伦敦避难。德国人在挪威建立了由挪奸吉斯林(Vidkum Abraham Quisling,1887—1945)领导的伪政府。吉斯林的名字就成为卖国贼的同义词。

这还只是德国人西侵的开始。5月10日,德军绕过马奇诺防线,突然袭击中立国荷兰、比利时和卢森堡,两天后又进攻法国。荷兰人的防守在五天内被摧毁,比利时人坚持得稍久,但到5月28日也宣布投降。德国人穿过阿登森林,在色当把法国人的防线扯开50英里长的缺口。装甲师这时向西快速穿过亚眠朝英吉利海峡沿岸的阿布维尔挺进。德国人的突破性进展使法国北部的英、法、比军队同法国主力部队的联系被切断。德国机械化部队继续沿英吉利海峡的海岸呈扇形展开。同盟国军队(主要是英国军队)退缩到敦刻尔克这个唯一仍无敌军的小港口,撤退的前景

第十三章 纳粹统治时代:极端民族主义发了狂

似乎令人绝望。就在这个时刻,希特勒突然下令停止军事进逼,从而出现了"敦刻尔克大撤退"奇迹,英国人用850艘各类小船,把33.6万军队撤回英国。而这些军队中的绝大多数原来注定是要被消灭的。为什么希特勒要停止进击?众说纷纭。有人认为希特勒对英国人网开一面,是希望英国能退出欧洲大陆战争,或者留下与英国妥协的余地;也有人认为是希特勒的战略决策的错误。但有一点是显然的,就是希特勒当时决定重编军队,向南对法国进行决定性的战争,而不是力求取得一个包围歼击战的战役胜利。

随着6月4日敦刻尔克撤退的完成,法国的苦难开始了。德国军队继续向南推进。6月13日占领了未设防的、被政府抛弃了的巴黎。两天后德国人到达上次世界大战中曾遭败绩的凡尔登。6月16日,接替达拉第的法国总理保罗·雷诺,将总理职位交给了贝当元帅。正是这位一次大战中的"凡尔登英雄"却向德国求和。1940年6月22日,就在1918年签署德国投降协定的贡比涅森林的同一节车厢内,签署了法国投降协定。协定包括释放所有德国战俘,遣散法国军队,交出法国军舰,由德国占领主要工业区和产粮区以及包括法国整个海岸线在内的一半以上领土。贝当政府选择疗养地维希作为其政府所在地。贝当作为伪法国元首和总理致力于同德国关系"正常化",而戴高乐将军却在英国聚集决心继续斗争的民族力量,组织了"自由法国"运动。

法国崩溃后,希特勒以为英国会趋向媾和。他白等了一场。5月10日,丘吉尔在英国接替了张伯伦的首相职位,在他的不抱幻想的演说中向英国人民宣告:"我能奉献给你们的只有鲜血、艰辛、眼泪和汗水。"在丘吉尔的身上体现了英国自力自强抵抗到底的意志。英国在敦刻尔克之后拥有的武器还不够装备12个师。在这种困难关头,英国针对德国可能的入侵作了部署。7月19日,希特勒虽然终于在庆祝战胜法国的会上提出了"结束战争"的建议,但这时他已放弃了同英国媾和的希望。在这之前三天,他发出制订入侵英国的《海狮行动》计划的指令。但是,对两栖作战,德国最高指挥部没有适当的装备和必需的经验。德国武装部队的首脑们经常为战术、技术问题争执不休。不过他们都同意,如果不掌握制空权,"海狮计划"是实行不了的。空军元帅戈林调动了他的空军,认定只需通过空袭而不需冒渡海的危险,便能征服英国。接着发生的空袭发展成重大的不列颠战役。德国空军在8月13日先对英国南部的雷达站、机场、飞机制造厂、港口和交通线进行大规模的轰炸。飞机数量上拥有绝对优势(近2∶1的优势)的德国空军,却无法摧毁皇家空军的战斗力。此后空袭的势头逐渐减弱,入侵英国的计划遂被永远搁置在一边。破坏不列颠群岛补给线的战争也没有显示有利的前景。补给线战争基本上由潜艇部队承担。一直到1940年8月中旬,英国周围的整个海域都被宣布为作战地区,潜艇可对该地域的所有船只事先不加警告进行袭击。英国人仗着优势的重型舰队,改进了防御战术,把海岸附近的德国潜艇赶到大西洋公海上。美国在1941年这一年,即同德国公开进行战争以前就越来越多地承担起保护大西洋船只航行的任务。德国大西洋的补给线战争出现更不利的转折。

德国轰炸英国没能炸出一条入侵英国的道路。希特勒的战争势头受阻。他把侵略矛头转向东方苏联。苏联不仅是他侵略的既定目标,而且这时希特勒还产生某种谵妄之念,即攻下苏联,就打击了英国,起码会使英国态度软化。苏联自德国进袭波兰开始不久,就出兵占领了波兰东部,并且利用《互不侵犯条约》中的秘密议定书加强它在波罗的海地区的战略地位。苏联人迫使爱沙尼亚、拉脱维亚和立陶宛同意在它们领土上建立苏联军事基地,接着通过1939年11月至1940年3月的苏芬战争,迫使芬兰人求和并让出部分领土。苏联人对芬兰和波罗的海诸国的入侵行动,当时其主要意义在于对德国人的不信任和急欲建立牢固防线。但是斯大林却没有想到德英战火正酣之时,希特勒会掉头袭击他。还在1940年7月底,即不列颠战役开始前两星期,希特勒在陆海军最高指挥官会议上,就作出来年春天入侵苏联的重大决定。他说,如果入侵英国不能实现,德国的行动目标就应当是消除所有让英国有希望改变形势的因素;苏联是英国最想依靠的国家;随着苏联的被击溃,英国最后的希望也将破灭;那时,德国将成为欧洲和巴尔干半岛各国的主人。1940年9月27日,德意日三个反共产国际协定的法西斯国家,进一步缔结了《德意日三国同盟条约》该条约旨在建立欧洲和东亚"新秩序"。希特勒想通过同日本结盟来阻止美国站在英国一边参加欧洲战争,把美国的注意力引向东南亚。在以后几个月内,匈牙利、罗马尼亚、斯洛伐克、保加利亚和克罗地亚相继加入该条约。在一份秘密附加议定书中,三国彼此承认日本对亚洲地区秩序的领导权和德意两国对欧洲秩序的领导权并作了领土分赃。1940年12月18日,希特勒发出"巴巴洛莎行动"指令:德国国防军必须

第十三章 纳粹统治时代:极端民族主义发了狂

作好准备,通过速决战征服苏联;进攻时间预定在1941年5月。在这之前,德国还必须发动一个巴尔干战役,主要对付受英国人支援的希腊和与苏联签有友好和互不侵犯条约的南斯拉夫。巴尔干战争在德国参与下很快结束。4月6日开始的分头向希腊和南斯拉夫的进军,4月17日和4月27日就相继迫使南斯拉夫军队和希腊军队投降。希腊国王和南斯拉夫国王在伦敦成立了流亡政府。希腊大部分地区受意大利军事当局管辖。巴尔干战争增强了轴心国的地位。它有机会从希腊和克里特岛出发进袭苏伊士运河,攻击英国的痛处。但是希特勒还是决心以"征服俄国"作为对付英国的捷径。由于巴尔干战争,进袭苏联的日期推迟了近六个星期。希特勒估计对苏联战争将需时三个月。1941年6月22日,一个休假日的清晨,德国军队突入苏联国境,大举进攻。

　　进攻苏联的德国军队共有153个师,其中包括19个装甲师和15个摩托化步兵师,加上相继加入德国反苏战争的罗马尼亚、匈牙利、芬兰等国的军队,共计有500余万之众,而按希特勒的估计,苏联兵力约在200万左右,突然袭击就可解决其中不小部分。开始,苏联人似乎显得不知所措。德国各装甲师以闪电战术冲破苏联边境防御工事,深深侵入后方,包围了所有苏联边防部队,到年底时,德国军队已向东入侵600英里,占领了苏联工业化程度最高、人口最稠密的地区。苏联处境十分危急。南方基辅失守,北方列宁格勒被包围,中路莫斯科则直接处在敌人炮火之下。以斯大林为首的最高统帅部领导苏联人民奋起抵抗。1941年十月革命节时,接受斯大林检阅的士兵通过红场直接开赴前线。大批后备力量被源源不断动员起来。经济改组转向战时轨道。一场全民卫国战争开始了。德国人没有能够达到1941年发动袭击的基本战略目标。莫斯科和列宁格勒都未能攻占,苏联红军虽受重创,但仍然很完整。1941年12月5日,苏联红军在莫斯科郊外反攻,粉碎了德军对莫斯科和列宁格勒的钳形攻势,而且还夺回了罗斯托夫。这是德国陆军自开战以来的第一次重大失败,它不得不向西撤退100到300公里。德国人在苏联遇到了同在南斯拉夫相类似的情况,即面临着游击队这个顽强而机智的对手。

　　1941年12月19日,希特勒直接接过了军队的指挥权,从国内大肆搜集滑雪装备和冬季用品临时凑合装备部队进行冬战。德意联军在1942年初就对西亚北非战场的英军重新发动进攻,大量投入空军和潜艇,击沉击伤三艘英国战列舰和一艘航空母舰,使德意空军掩护下的意大利舰队对地中海中部的制海权得以维持到夏天。这年夏天,隆美尔(Erwin Rommel,1891—1944)将军指挥的非洲军团在北非取得了重大胜利,隆美尔获"沙漠之狐"之誉并晋升为元帅。在苏德战场,1942年夏天希特勒再度掌握了主动权。他集中200多个师重点进攻南线。冯·魏希斯将军(Freiherr von Weichs,1881—1954)指挥的B集团军群继续往北强行穿越顿河河湾;鲍卢斯(Friedrich Paulus,1890—1957)将军指挥的第6集团军于8月24日一直挺进到斯大林格勒附近的伏尔加河岸。德国人打进了这座顽强防守的城市,双方寸土必争,耗尽兵力。苏联再次陷入困境。

当1941年底纳粹德国在苏联的军事行动陷于停顿时,希特勒渴望能由东方盟友日本打破"僵局"。但是日本当时最主要的对手不是苏联,而是美国。关键问题是在华的利益:美国要求日本撤离中国,日本则要求承认它的占领。10月中日本的东条英机军人内阁上台后,决定进行新的军事冒险。在日本人表示他们即将进攻美国的意图后,希特勒和里宾特洛甫要求他们迅速行动。11月底他们向日本人保证,德国将立即站在日本一边并且不会单独媾和。于是就出现了12月8日日本联合舰队偷袭美国在远东的海军基地——夏威夷群岛的珍珠港的惊世之举,美国的8艘战列舰及多艘战舰被击沉或击伤,198架飞机被击毁,约3 000余人伤亡,损失惨重。[①] 9日,美国、英国对日宣战。几天后德国和意大利向美国宣战。接着,日本向东南亚的英美殖民地发起猛烈进攻。到1942年5月,占领了马来亚、新加坡、缅甸、菲律宾、印度尼西亚和太平洋上的许多岛屿。日本还对中国共产党领导的解放区进行残酷扫荡,并妄图把中国变成大东亚战争的兵站基地。

但是,德国袭击苏联和日本偷袭珍珠港,却促使国际反法西斯同盟的建立,这是希特勒所始料不及的。就在德国袭击苏联的当晚,丘吉尔在电台发表演说,"要对俄国和俄国人民给予我们能够给予的一切援助"。7月,苏英两国签订了关于在对德战争中共同行动的协定。罗斯福总统也公开表示支持苏联。1941年8月13日[②],罗斯福和丘吉尔会晤于大西洋纽芬兰的阿金夏港的军舰上,讨论对德作战的目的诸问题,制定了共同政

[①] 数字统计不一。有称"击毁、击伤美国军舰20艘,击毁飞机311架,死伤人数4 800余"。
[②] 当地时间为8月12日。

第十三章 ● 纳粹统治时代：极端民族主义发了狂

治纲领。次日发表的这份被称为"大西洋宪章"的联合声明，阐述了英美在大战中和战后维持和平的政策原则：消灭纳粹暴政，解除侵略者武装并使各国人民摆脱军备负担；不追求领土或其他方面的扩张；尊重各民族自由选择其政府形式的权利。9月24日，苏联发表声明，同意大西洋宪章的基本原则。比、荷、卢、波、捷、南、希、挪威的流亡政府和"自由法国"也都表示支持。反法西斯同盟开始形成。1942年1月1日，美英苏中等26个国家在《联合国家宣言》上签字，表示赞同大西洋宪章的宗旨和原则，保证不单独同德意日法西斯媾和，决心彼此合作，战胜法西斯强盗。到战争结束时，全世界有52个国家签署了这一宣言。10亿以上人民参加了这个规模空前的正义同盟，它使德意日轴心国陷于孤立包围之中。

全面世界大战的第二阶段是战争的转折时期(1942年冬—1943年冬)。这个时期几乎在大部分战线上都出现对法西斯轴心国不利的逆转。在苏联，红军于11月19日和20日在斯大林格勒从两个方面突破了轴心国军的战线，取得了巨大的胜利；在非洲，英军在蒙哥马利将军指挥下11月4日在埃及北部的阿拉曼战役中击败隆美尔指挥下的德意联军，隆美尔军自此一路往西败退。接着由艾森豪威尔将军统帅的美英自由法国联军成功地在法属北非登陆；在太平洋地区，日本人在1942年上半年的胜利攻势，很快被盟国军队(美国军队为主)的成功抵抗所遏止。6月3日至7日的中途岛海战开始了太平洋战争的转折。8月，美军在所罗门群岛的瓜达尔卡纳尔岛登陆。日本的攻击力被摧毁了。在欧洲，盟军在1943年8月中旬渡过墨西拿海峡，进入意大利。墨索里尼垮台。英国和美国空军对德国城市进行昼夜不停的轰炸。

苏德战场是这个时期的主战场。斯大林格勒战役和库尔斯克战役成为苏德战争的转折点，同时也是这个时期世界大战的转折标志。斯大林格勒不仅是苏联重要的工业中心，而且战略位置十分重要。希特勒志在必夺该城，既可把苏联"切成两半"，并可把高加索石油沿伏尔加河上运苏联北部战场的通道扼杀，然后进一步向北包抄莫斯科。斯大林命令要不惜任何代价守住这座城市。争夺战开始于1942年8月下旬，到9月中旬时，德国人已打到这座城市的中心，但始终无法占据全城。苏联军民浴血奋战。人们在地下室里、在屋顶上、在小巷、院子和下水道里短兵相接。德国飞机的狂轰乱炸把全城变成一片火海瓦砾，坦克和机械化的优势作战此时反而一筹莫展。斯大林一直在准备冬季大反攻。11月19日，苏军在朱可夫将军指挥下反攻开始。德军围攻部队渐处于被包围之中。鲍卢斯将军想奋力突围,希特勒却命令他坚决死守。新年过后,苏军的巨大钳形包围圈合成。严冬天气加剧了德军的绝望困境。1943年2月2日,鲍卢斯率部12万人投降,这是原先34万人部队的幸存者。希特勒原希望不久前提升为元帅的鲍卢斯自杀,以升入"永生和民族不朽"的天国,现在只能尖刻嘲讽说:"他宁愿到莫斯科去"。

苏军在斯大林格勒消灭德军的同时,还发动其他一系列攻势。到3月底,已收复1942年丢失的全部领土。1943年7月5日,德军集中90万兵力,配有首次使用的"虎式"、"豹式"重型坦克和"斐迪南式"强击火炮,从奥廖尔和别尔戈罗德发动进攻,企图攻占库尔斯克,打开通向莫斯科的道路,夺回战略主动权。双方展开激战。苏军在消灭大批敌人主力后,于7月12日转入反攻。8月5日解放奥廖尔和别尔戈罗德,8月23日收复哈尔科夫。自此役后,苏联人掌握了战略主动权,德国人则反攻为守,以防止部队的撤退变成大溃逃。

盟国军队在各条战线的胜利,促成苏美英三国首脑举行会谈。1943年11月底到12月初,斯大林、罗斯福、丘吉尔在德黑兰举行会议,制定了对德作战计划。会议应斯大林的强烈要求,决定美英应于1944年5月开辟第二战场。会议发表《宣言》,表示三大国将在战争中一致行动和战后继续合作。在此前不久,美、英、中三国首脑罗斯福、丘吉尔、蒋介石在开罗会谈(1943年11月22—26日),12月1日发表《开罗宣言》,三国决心坚持对日作战,直到日本无条件投降。

世界大战的第三阶段是反法西斯国家夺取胜利和德意日法西斯国家走向覆灭时期(1944年—1945年9月)。

希特勒曾明确表示,他准备对英国和法国进行一场"常规的、有绅士风度的"战争,而在东方,德国应该消灭苏联,消灭它古老的首都,杀戮它的官员和知识分子,大批杀死它的农民群众,使他们成为"优秀种族"的奴仆。他所推行的为"优秀种族"获取"生存空间"而消灭东方斯拉夫民族的种族主义政策,激起整个苏联和东欧斯拉夫人的殊死反抗。希特勒总是把他的主要兵力(包括绝大部分飞机)部署在东方战场,即使库尔斯克战役败战后从苏联开始撤军时情况亦复如是。在西方战线,德国人主要是防守。1943年7月下旬意大利一部分上层人士发动政变,把墨索里尼解职监禁,是对希特勒的重大打击。轴心国的南欧北非战线,成为西方盟军

第十三章 纳粹统治时代：极端民族主义发了狂

最易突破的"软腹部"。德国人立即作出反应，9月攻取罗马，占领意大利中部和北部地区，纳粹伞兵大胆袭击，将墨索里尼从监狱中营救出来。这个法西斯的先辈"领袖"，在意大利北部建立了所谓"意大利社会共和国"①，如今他完全仰仗德国。此后一年半里，希特勒的任务就是尽力防守住南欧北非阵地。

德国军队在东方战场上每况愈下。苏联红军在1944年春已将德国军队赶出克里米亚和乌克兰，然后开始向德军发动总攻。在接连发起的十次攻击后，苏军解放了全部国土，并迅速向东欧推进。9月苏联人已击败芬兰，迫使其退出战争；中路大军突入波兰，挺进到华沙城下；南路大军到达罗马尼亚的多瑙河口。罗马尼亚，接着是保加利亚向苏联求和并宣布站在苏联一边向德国开战。巴尔干半岛的德军有被围歼之虞，迅速撤退。南斯拉夫和希腊共产党领导的抵抗力量从山上下来，解放了自己的国家。到1945年2月，红军与德军经过激烈战斗，解放了华沙和布达佩斯。4月中旬占领了维也纳以及德国的东普鲁士和西里西亚。向柏林进击的战争开始了。

其时，德国的西方战线也被盟军突破。盟国军队在艾森豪威尔指挥下于1944年6月6日开始了"霸王"作战计划，45个师的兵力通过英吉利海峡在法国西北部诺曼底登陆，"正式"开辟了第二战场。在此前的6月4日，盟国联军终于突破敌方的意大利防线进入罗马。8月初，美军和"战斗法国"部队一起向巴黎挺进。这时法共领导下的法国游击队正在解放法国中部。8月19日法国抵抗力量在巴黎发动起义。六天后法国的一个装甲师和美国的一个步兵师胜利地进入巴黎。戴高乐将军立即驱车巴黎圣母院，去聆听感恩节的赞美诗。德国人由于遭到四面八方的进攻，向本国边境撤退。他们退却到齐格菲防线的后面，在莱茵河前作最后的殊死抵抗。

当战争最后一个冬天快要到来时，德国领土还只有几个狭小地区被盟军占领。希特勒还试图在西线再次掌握主动。他抽调了所有后备部队约40个师和1 800架飞机，于1944年12月16日向阿登山脉挺进，以便围截在比利时和荷兰南部集结的敌军。德国军队突然发起的进攻，将盟军打了个措手不及。盟军动用了5 000架飞机猛轰德军的补给线，美国

---

① 史称"萨罗共和国"。

巴顿将军和英国蒙哥马利将军分别从南面和北面实施反攻,到1945年1月底,才把德国人逼退到原先阵地。美、英、加拿大和法国军队,攻破了"齐格菲防线",推进到莱茵河。不到一个月,盟军占领了莱茵兰,25万德军当了俘虏。盟军迅速地向德国东部、向易北河挺进。在意大利,盟军在意大利游击队的大力支援下,于4月10日发起最后的攻势,两个星期内德国防线就告崩溃。意大利的抵抗战士成功组织起义,在盟军到达前就控制了墨索里尼的"社会共和国"。4月28日,墨索里尼化装潜逃去瑞士的途中被游击队抓获,在科摩湖畔被就地枪决,他和情妇的尸体被拖到米兰中心广场,倒吊示众。5月2日,德军驻意大利指挥官签署无条件投降协定。

到1945年3月24日止,欧洲基本上已被由东挺进的苏联红军和从西面诺曼底登陆的美英联军所解放,在东线和西线开始了战争行动的最后阶段:直捣柏林。在这个时刻,战争中的"政治因素"又骤然冒头。德国驻意军队首脑向美方提出,希望只向西方而不是向东方投降。这个要求的背后是否属于"授意",暂且别论,但要在东方和西方的反法西斯联盟中打进"楔子",则肯定无疑。斯大林当时就断言:德国西线最高司令官凯塞林(Albert Kesselring,1885—1960)元帅宣称准备开放战线,让英美军队开往东方,而英美作为报答,许诺放宽德国人投降的条件。当时已身患重病的罗斯福在一份由总参谋长马歇尔起草的复信中,对斯大林信中的这种说法作了断然的否定,丘吉尔则认为绝不能容忍这种"侮辱"。德国试图单方投降的事被英美拒绝了。但英美对于苏联在东欧和东南欧强行推动苏维埃化的行径深为惊恐。艾森豪威尔把苏联统治范围的扩大看作对"自由世界"的致命威胁,认为必须利用局势,在德国投降以前,尽可能向东方推进,主要目标是柏林和布拉格。凭着罗斯福、丘吉尔和斯大林的现实主义理智,东西方盟国暂时以大局为重,共同对付希特勒,要使德国无条件向东西方盟国投降。陷入绝境的希特勒在灭亡前还发出"焦土"命令:把不设防的城市变成要塞,征召16岁的少年这一民族最后有生力量投入战斗,要殊死"保卫国土"。但是这场妄图阻止奔腾而来的国际反法西斯洪流的绝望抗争,几乎立即被粉碎。4月16日苏联军队在朱可夫元帅统率下在奥得-尼斯河一线突破了德国的防线。4月25日,苏联和美国的先头部队会师于托尔高附近的易北河上。同一天,从库斯特林和萨克森方向来的苏联军队完成了对柏林的包围。"第三帝国"的覆灭已指日

第十三章 ● 纳粹统治时代：极端民族主义发了狂

可待。

德国法西斯崩溃后,日本法西斯的末日也来临了。中朝越和亚洲各国人民的抗日斗争风起云涌。美英军队加紧进攻。1945年8月6日和9日,美国向广岛和长崎投下两颗原子弹。8月8日,苏联对日宣战,150万军队猛攻盘踞在中国东北的日本关东军。8月9日,毛泽东命令各解放区的武装部队向日本侵略军发动总攻。在强大的攻势面前,日本被迫于8月15日宣布投降。9月2日在投降书上正式签字。至此,反法西斯的第二次世界大战宣告结束。

五、"第三帝国"的覆灭

希特勒"第三帝国"的极权统治及其战争行动,不仅遭到世界反法西斯国家和人民的反对,而且也遭到德意志民族中反法西斯力量的反对。德国工人阶级及其政党德国共产党和德国社会民主党是纳粹政权的"天敌",是反纳粹统治的中坚力量;而德国的自由-民主派资产阶级以及其他不同政见分子也是反纳粹的重要力量,特别是在希特勒挑起全面世界大战和开始灭绝犹太人行动之后表现就更加明显。德国人的反抗虽然总体上说是分散的,弱小的,未成气候的,但是他们的行动却向其他国家的人民表明,世界上还存在"另一个德国",那就是马克思和恩格斯的德国,歌德和海涅的德国,贝多芬和莫扎特的德国,爱因斯坦的德国,一个爱好和平与主张国际友好的德国。这"另一个德国"不仅同法西斯罪行没有任何关系,而且真正拯救了德意志民族,使它在战后能继续生存下去。

纳粹党独裁统治的建立,使直至那时决定德国政治生活的形形色色力量销声匿迹了。纳粹国家表面上向世界显示其"铁板一块"的景象。但是,警察国家及其恐怖的统治工具,包括集中营的建立,首先是为了对付国内的反对派的。由戈林、海德里希(Reinhard Heydrich,1904—1942,盖世太保首脑,德国保安总局局长)、希姆莱(党卫队全国领袖,盖世太保首脑,德国警察首脑,本土军司令)和卡尔滕布龙纳(Ernst Kaltenbrunner,1903—1946,奥地利党卫队领袖,德国保安总局与保安处首脑)等设计并建立起来的庞大血腥镇压机器本身,就证明德国人中有反抗者存在。抵抗活动的范围和人数很难加以确定。据不完全统计,从1933年到1939年战争爆发时为止,约有22.5万名德国反法西斯人士被判处共60

万年的监禁和苦役徒刑。在同一时期内约有100万德国人长期或短期地被投入集中营。这个数字在此后的六年中猛翻几番,达七、八百万,当然这中间已包括了大量的外国人。

被镇压和取缔的共产党和社会民主党,建立了地下反抗运动,并得到流亡国外的领导机构的指导和帮助。德国共产党虽然对希特勒的上台缺乏思想准备,但对纳粹政权的本质本性却认识得最为清楚,因而从不抱有幻想。1935年共产国际第七次代表大会所制定的人民阵线策略以及与此相应的德共布鲁塞尔会议决定同社会民主党人合作的决议,意味着以往把矛头针对社会民主党(所谓"社会法西斯主义")的否定。在流亡的共产党人中产生了有威信的领袖威廉·皮克和瓦尔特·乌布利希(Walter Ulbricht,1893—1973),以代替狱中的台尔曼(坚持狱中斗争的德共主席台尔曼最终于1944年被纳粹法西斯杀害于布痕瓦尔德集中营)。共产党的人民阵线建议虽未获流亡国外的社会民主党中央的响应,但在德国本土的共产党人和社会民主党人却在实践中联合斗争。1936年底在柏林成立了"德国人民阵线",这是由共产党、社会民主党和资产阶级民主派的许多小组共同组成的。这个组织的"十点纲领"要求推翻希特勒独裁,释放政治犯,信仰与世界观自由,停止军备竞赛,没收大地主土地,银行、重工业及动力企业收归国有等。希姆莱当时就惊呼,这个反抗组织"活跃到极点"。同年在巴黎也成立了一个以作家亨利希·曼(Heinrich Mann,1871—1950)为首的德国人民阵线筹备委员会,在其发表的宣言上签名的有20位社会民主党人,14位共产党人,23位作家和知识分子,以及10位其他人士。1937年4月该委员会的《告德国人民书》中,提出"推翻希特勒","争取一个自由、幸福的社会主义德国"的口号。大战全面爆发后,德国本土出现著名的反法西斯人民组织"塞夫可夫-贝斯特兰-雅各组织"。塞夫可夫、贝斯特兰和雅各都是共产党人,他们把许多分散的反抗组织合并起来,仅柏林一地就包括30个大工厂中的组织,并和各地有着广泛联系。该组织的目的是要在共产党和社会民主统一战线的基础上,建立反法西斯人民阵线。1944年9月18日三位领导人被法西斯分子处死。该组织是建立全国性反法西斯人民阵线的最大尝试之一。另一个影响很大的反抗组织是舒尔策-博伊森(Harro Schulze-Boysen,1900—1942)和哈纳克(Arvid von Harnack,1901—1942)为领导的左派社会民主党抵抗组织,前者是经济部高等参事,后者是航空部上尉军官。参加的人中有艺

第十三章 纳粹统治时代：极端民族主义发了狂

术家,知识分子,传统的保守主义者,也有坚定的共产党人。舒尔策-博伊森力图寻找一种"民族布尔什维主义"拯救德国,并成为反抗组织"红色小乐队"的首领;哈纳克1933年就成为主要由知识分子组成的反纳粹小组的首领,1939年与舒尔策-博伊森合作,成了"红色小乐队"成员。该组织从抵抗、刺探军情到叛国活动兼而有之,这个圈子一直延伸到国防军最高司令部和外交部,其中一部分人同苏联保持经常的通讯联系。该组织的另一项任务是致力于把外国籍的强制劳工吸收到德国的反抗运动中来。1941年"红色小乐队"被摧毁。军事法庭审理此案,许多人被处决。舒尔策-博伊森和哈纳克也因"叛国罪"于1942年12月22日被处死。

救援受迫害的犹太人应当是反抗组织的重要任务,可惜在这方面经常显得心有余而力不足。纳粹大规模杀害犹太人并非仅仅是一项恐怖措施;矛头针对政治反对派的;也不同于欧洲历史上出于宗教、政治或经济原因而猛烈爆发出来的对犹太人的仇恨;而是把犹太人作为"低劣民族"的代表,不问其是否构成政治因素,都予以消灭。这是一种反人类的无人性的疯狂行动。1939年前德国和奥地利的犹太人由于移居国外和受迫害而减少一半以上。希特勒毫不含糊地声称,他打算通过战争彻底消灭欧洲犹太人。1942年1月30日,他说,战争的结局要么是雅利安民族被消灭,要么是犹太人从欧洲消失。1942年5月的一次桌边谈话中再次强调,过一定的时间必须把欧洲的犹太人统统肃清。在那些被征服的国家里,最早受到警察迫害的就是从德国逃出来的犹太人,他们成千上万地被押送到东欧犹太人区或被关进集中营。元首作出了"最后解决犹太人问题"的决定。1941年7月31日,戈林授命海德里希具体执行。由保安警察和保安处的所谓行动队进行大规模枪杀。1942年1月20日,海德里希根据戈林指示召集"望湖会议",提出最后消灭欧洲犹太人计划。引入了使用毒气这种不太引人注目的高效消灭法。早在1941年6月,希姆莱就根据希特勒的指示命令奥斯威辛集中营司令建立大型毒气杀人设施。从1941年12月起,切尔诺集中营,贝尔策茨、索比博尔、特雷布林卡、马伊达内克和奥斯威辛等集中营也都相继采用毒气法。在波兰的集中营"灭绝行动"的指示直接来自"元首办公厅"。究竟有多少犹太人和"无生存价值的生命"被消灭,人数无法准确断定。据1940—1943年担任奥斯威辛集中营长官霍斯(Rudolf Höß,1900—1947)交代,死于他的集中营的有250万人,还有50万人死于饥饿和疾病。纽伦堡法庭战后是以世界犹太人大会计算出的572万余人作为根据的。实际死亡的犹太人约在600万之数。灭犹行动不仅激起全世界人民的公愤,而且也激起德国抵抗组织和有良知的德国人的义愤。著名的保守派诗人恩斯特·维歇尔特(Ernst Wiechert,1887—1950)从他青年时代的民族主义倾向中清醒过来,勇敢地面对盖世太保,在慕尼黑大学讲台上讲述反纳粹种族主义的"永恒道德真理"。甚至一些政界官员和宗教界人物都加入政治抵抗活动,并提出"只有为犹太人大声疾呼的人才有资格唱圣歌"的口号。1943年2月,慕尼黑和汉堡的大学生组织用传单表示对"灭绝犹太人"的抗议。索尔兄妹(Hans Scholl,1918—1943和Sophie Scholl,1921—1943)及其慕尼黑大学的同学号召大学生起来推翻法西斯统治。他们包括支持他们的教授胡贝尔(Kurt Huber,1893—1943)都为自己良心的抗议献出了自己的生命。

　　反抗运动终于影响到纳粹政权的高层特别是国防军高层。希特勒侵苏战争的失败和东西方反法西斯联盟的大反攻,促使纳粹政权内部离心力的加强,而希特勒的一意孤行,困兽犹斗,颁行"焦土命令",欲把德意志民族整个拉下水,作他的殉葬品的行动,最终促使国防军内部的"政变派"采取行动。隆美尔在斯大林格勒战役和阿拉曼战役以来就深信,在军事上已无法打赢这场战争,只能求得过得去的停战与和平。他认为必须把希特勒除掉,但不主张采取暗杀暴君的做法。前陆军总参谋长贝克(Ludwig Beck,1880—1944)和继任的陆军总参谋长哈尔德(Franz Halder,1884—1972)力主采取政变行动并表示愿意参加。德国军官团中的年轻上校冯·斯陶芬贝格(Claus Schenk von Stauffenberg,1907—1944)的加入使政变行动获得活力,推动了那些踌躇不前的人。冯·斯陶芬贝格参加行动,更多是出于宗教良知和对不人道行为的反抗。他同贝克以及

1944年7月20日行刺希特勒事件:元首大本营被炸

第十三章 ● 纳粹统治时代：极端民族主义发了狂

力主政变的政治抵抗力量中心人物卡尔·戈尔德勒（Carl Goerdeler，1884—1945，前莱比锡市长，1934—1935 年的物价检查专员）保持密切联系，对行刺作了周密的准备。冯·斯陶芬贝格肩负刺杀希特勒和领导柏林政变的双重任务。1944 年 7 月 20 日在元首大本营的一个棚板屋里举行军事形势讨论会（而不是像预期那样在强固的地下避弹室里），冯·斯陶芬贝格把装有炸弹的公文包放在希特勒的近处。爆炸并不厉害。希特勒由于桌底挡板的阻隔只受了轻伤，而棚板屋则被气浪冲得四散。希特勒还活着的消息一传来，柏林的政变就崩溃了。惊魂未定的希特勒立即命令追踪政变行动的成员，侦查工作一直持续到战争的最后几周。希特勒和戈林等，准备大开杀戒，估计直接参与"7·20"事件的受害者数目为 180—200 人，从 1944 年初至战争结束时被"人民法院"判决处死的总计有 4 500 人。冯·斯陶芬贝格和密谋集团的其他三名军官，在政变垮台时按军事管制法被枪毙。贝克被迫自杀。隆美尔被"赐"服毒自尽，而他并未直接参与"7·20"事件。军队现在应完全服从于党卫队的精神。希姆莱达到他的权力顶峰，他被任命为本土军司令官。"7·20"暗杀事件的失败导致了纳粹统治的最后强化，但这仅仅是灭亡前夕的回光返照。"7·20"事件虽然只是一次政变行动，但它却是国内国外反抗运动促成的"成果"，它的意义大概也就在这里。

希特勒和戈培尔直到战争的最后几周还抱着战争会出现转折的幻想。戈培尔的宣传还一再提到"决定战争的神奇武器"的出现已指日可待，以及苏联和西方国家间存在的紧张关系将使德国和希特勒的统治获得生机等。这一妄想于 1945 年 4 月 28 日最终地破灭了。人们从英国广播里听到，希姆莱向西方国家提出的"局部投降"的建议，遭到了拒绝。丘吉尔声称，必须向三大国（英、美、苏）无条件投降，"在三大国之间是和睦无间的"。而当希特勒拼凑的最后军事力量对柏林的解围努力失败后，希特勒就最终绝望了。他生命的最后一幕也是丑恶的场景：在柏林这个被炮火摧毁的城市中，他继续命令作毫无意义的战斗和迎接死亡，而他在地下室里却让宣传部的一名官员为他主持婚礼，与他的情妇爱娃·勃劳恩正式结婚，然后双双自杀。戈培尔奉命在他们尸体上浇上汽油，焚尸灭迹，逃避对人类犯下滔天罪行的责任。这一天是 1945 年 4 月 30 日。"第三帝国"实际上也在这一天烟消灰灭。

在希特勒自杀前几天，留下了一份口授的政治遗嘱和对国防军的最后"指责",旨在造成这样的印象:战争是犹太人策划的,是总参谋部打败的,他自己是"背叛的牺牲品"。他解除了戈林和希姆莱的一切党政职务。戈林是因为在4月23日向死死躲在柏林地下避弹室里的元首"逼宫",要求根据1941年6月29日的继任令接管德国的最高领导权;希姆莱是因为在4月23日未征求希特勒的意见就建议向西方国家局部投降。希特勒任命海军元帅邓尼茨(Karl Dönitz,1891—1980)继任德国总统和总司令,戈培尔担任总理。但戈培尔和他全家却都在柏林结束了自己的生命。

邓尼茨认定自己的任务是执行不可避免的投降。意大利战线于4月28日投降,南德防线于5月4日投降。5月7日,在兰斯艾森豪威尔司令部里,约德尔将军(Alfred Jodl,1890—1946)代表德国向盟国全面投降,有苏联代表在场。一天以后,5月8日,经苏方要求,在柏林苏军司令部里,再次举行投降仪式。投降于5月9日生效。

作者评曰:

中国古史中有"庆父不死,鲁难未已"之说,换成现代史上的"希魔不灭,世无靖日"也是合适的。但这说的俱是"个人",而没有道出一种"历史现象"及其本质。"法西斯"究竟是什么?它具有什么时代特征?它具有什么本质特征?历来众说纷纭。长期以来,历史学家一直把"法西斯"锁定在帝国主义国家垄断资本追逐利润和霸权的框子内,虽然也有一定道理,却不是完全科学的或者说不完全符合历史事实。且不说法西斯的头目及其羽党基本上都出身于社会中下层,只要指出同样是帝国主义发达国家,为什么在二战中会"分裂"成"法西斯国家"和"反法西斯国家"这一点就足够了。可见"法西斯"并不仅仅与"垄断资本"联系在一起,而主要是与恶性发展的民族主义联系在一起。与其说"法西斯"是垄断资本的统治形式,不如说是极端的、反动的民族主义的统治形式。德意日法西斯所犯的滔天罪行,其民族也是不能辞其咎的。至于说,一个民族中的阶级与阶层间的利益组合与利益冲突,这是任何时代任何国家中都存在的。法西斯是一种民族主义的罪恶。仅仅把法西斯所犯的滔天罪行算在"垄断资本"身上,而不清算产生法西斯的民族主义土壤,这可以说是我们认识的误区。这也就是为什么希特勒死了,而现代新纳粹还时不时冒出来闹腾一阵;这也就是为什么东条英机死了,而今日的日本人还对"靖国神社"参拜不已。"垄断资本"易于"铲除",而法西斯的民族主义意识却不易

第十三章 纳粹统治时代:极端民族主义发了狂

"根绝"。清算法西斯民族主义决不能手软。

以愚之见,法西斯主义是20世纪第一次大战结束以来出现的时代现象,它是一些后起的跳跃性发展的资本工业国家像德、意、日的民族主义极端恶化的表现,是用来对抗马克思主义、国际主义、民主民族主义以及和平-人道主义这一世界潮流的,目的就在于以人类为敌(打着"灭绝低级人种"旗号)和称霸世界(打着"夺取生存空间"旗号)。法西斯主义应该具有两大本质特征:第一,独裁,极端的独裁,恐怖的独裁,血腥的独裁,不独裁就得下台;第二,战争,侵夺的战争,嗜血的战争,灭绝的战争,不战争就不能生存。但是历史的辩证法又恰恰在于,法西斯统治因其极端独裁而被推翻,因其以战争为目的而被战争消灭,这是历史的事实。同样的历史事实是,"法西斯"会在现时代借尸还魂。判定一个政权是否属法西斯性质,试用上述两大本质特征加以衡量,也许会得出比较接近的认同。

第十四章 盟国管制时代：夹缝中的德意志民族

> 别相信千年古老的谎言：耻辱可用鲜血洗刷掉；要相信新的真理：耻辱能用荣誉洗刷掉，用赔偿、转变，用失去了的儿子的话来洗刷：父亲，我犯过罪，今后我将不再犯罪。
>
> ——E.维歇尔特

一、从德黑兰、雅尔塔到波茨坦

德国在第二次世界大战中失败的情况，与它在第一次世界大战中失败的情况不同。1918年德国败战之时，国内爆发了巨大的革命，推翻了战争的挑动者霍亨索伦君主政体和威廉二世皇帝，免除了德国和德意志民族重被分裂的命运。权势阶层和军国主义分子虽然制造了"匕首神话"，把德国战败的责任推给革命的工人阶级，但正因为有了民族内部的革命行动，才使德国未被战胜国分割占领，保持了主权。和1918年不同，这一次并没有发生反对纳粹统治和希特勒独裁的政治行动和革命行动。德意志民族自己没有采取任何有力行动来摆脱纳粹独裁统治的枷锁。甚至在同盟国的轰炸和盟国军队不断深入德国本土的沉重打击下，也没有发生过大规模的革命。纳粹分子和军国主义分子再也找不到什么"匕首神话"一类的托辞。德国和德意志民族是靠外国人、外国军队和外国作出的牺牲才从希特勒民族社会主义的极权统治下"解放"出来的。整个德国都等待战胜国的处置，包括250万德军在兰斯的投降仪式后被赶进了战俘营。德意志民族或者说德国人民一方面将要承受纳粹法西斯集团侵略战争失败所造成的沉重苦难，另一方面创造新生活的命运前景完全操在反法西

第十四章 盟国管制时代：夹缝中的德意志民族

斯同盟国苏联、美国和英国手中。

战时苏联、美国和英国之间缔结的反希特勒同盟，主要出自于抵抗希特勒侵略战争政策的必要。它们之间存在着"原则性"的矛盾和对立，也存在很深的不信任。西方盟国追求的目标，从总体来说，是恢复欧洲的均势，排除企图称霸欧洲的希特勒德国，恢复资本主义在欧洲的一统天下；而苏联追求的目标首先是取得对东欧和中欧的统治。因此，当反希特勒侵略战争这一共同目标已经实现之时，反法西斯同盟国之间的利益冲突和霸权目标就提到了前台，争执将是不可避免的。德国和德意志民族的被分裂前景，时不时地"闪现出来"。

反法西斯同盟关于战争胜利结束之后处置德国的设想，在战争期间已经开始酝酿。1943年11月28日至12月1日，苏、美、英三国首脑：苏联人民委员会主席斯大林、美国总统罗斯福、英国首相丘吉尔，在伊朗的德黑兰会晤，"商定消灭德国武装力量的计划"。三国首脑还谈到分割德国的设想。罗斯福主张把德国分割成五个部分，每个部分都是独立的国家，要尽可能削弱普鲁士并将其缩小为一个部分；基尔运河区和汉堡地区从德国分割出来，由联合国家或四大国（包括法国）管辖；鲁尔区和萨尔区置于联合国家或全欧的托管机构的监督之下。丘吉尔也主张分割德国，提出"普鲁士是万恶之源"说，要求彻底铲除普鲁士，把南部各邦脱离普鲁士并入一个多瑙河联邦。他的基本设想是加强法国和波兰，削弱德国，恢复欧洲的均势。斯大林直到战争结束对德国推行一种模棱两可的政策。一方面他也赞成分割德国，另一方面又不断强调苏联只反对民族社会主义，而不是反对德国人民。斯大林赞同罗斯福的设想，反对丘吉尔的多瑙河联邦的设想，因为一个强大的德意志多瑙河联邦是不符合苏联在东南欧的扩张利益的。这个问题移交给不久前由莫斯科三国外长会议指定的"欧洲咨询委员会"作进一步研究。这个委员会的任务是拟订停火条件，筹备盟国对德国的占领和管制事宜。

德黑兰会议上，斯大林还提出了变动苏联、波兰和德国的领土的要求，具体而言，要求把所谓寇松线①作苏波分界线，波兰领土西移，以德国

---

① 寇松线（Curzon Linie）是第一次世界大战后于1919年12月划定的苏俄-波兰之间的分界线，由当时英国外交大臣G.N.寇松提出而获得承认。该线起自杜纳堡-维尔纳-格罗德诺铁路线，向布列斯特和克吕罗夫，然后穿过加里西亚并继续往南。

东部大片土地作为补偿。另外苏联以在波罗的海没有不冻港为由,要求得到柯尼斯贝格和默麦尔两个不冻港及东普鲁士其他部分领土。要求均获美英认可。

1945年2月4日至11日,罗斯福、丘吉尔和斯大林为尽快结束战争,建立战后和平秩序,在苏联克里米亚的雅尔塔举行三国首脑的第二次会议。会议批准了欧洲咨询委员会草拟的关于德国无条件投降的条款和处置战败德国的总原则:"消灭德国的军国主义和纳粹主义,保证德国从此永远不能破坏世界和平。我们决心把德国的全部武装力量解除并予以解散;永远解散一再图谋复活德国军国主义的德国总参谋部;没收或销毁德国全部军事装备;消灭或管制德国全部可用于军事生产的工业;公正、迅速地惩处一切战争罪犯并对德军造成的破坏索取实物赔偿;废除纳粹党、纳粹的法律、组织与机关;从德国人民的公共机关、文化生活和经济生活中消除一切纳粹主义与军国主义影响;并对德国采取其他为全世界未来的和平与安全所必需的措施。我们的宗旨不是要消灭德国人民,但只有根绝了纳粹主义和军国主义,德国人民才有过适当的生活和在国际交往中占一席地位的希望。"在这里,同盟国以"消灭德国的军国主义和纳粹主义"代替了以往"消灭德国"的说法。

雅尔塔会议还谈到了分割德国的问题。斯大林坚持,由欧洲咨询委员会起草的、规定盟国接管德国最高权力以及德国解除武装和非军事化的投降书应加进一段关于瓜分德国之意图的说明。最后各方同意,在瓜分问题上暂保留权利,没有提出具体的瓜分建议。这个问题交给新成立的"德国分割委员会"去继续讨论。但雅尔塔会议解决了一个问题,即战胜国打算通过何种形式的统治机构在德国行使最高权力。会议决定在德国无条件投降后由同盟国分区占领与管制德国:"三国的部队将各自占领德国的一个区域";"成立一个中央管制委员会执行相互协调的行政管理和监督工作,这个委员会由三国的总司令组成,地点在柏林";"法国如愿意承担一个占领区,并作为第四个成员参加管制委员会,三大国当予邀请"。苏联是在下述条件下同意设立法国占领区的,即法占区必须从划给美国和英国的占领区中划分出来。

雅尔塔会议还讨论了德国的赔偿问题。《公报》宣称,由于德国在这次战争中对盟国造成严重损害,"理应由德国以实物对这种损害尽可能进行最大限度的赔偿"。会议公布的《议定书》具体规定了德国进行赔偿的三种形式:(一)在德国投降或停止有组织抵抗两年内对德国本土上及国外的德国国民财富(设备、机床、船舶、机车车辆、德国在国外的投资以及德国工业、运输业、航运业和其他企业的股票等等)进行一次没收,其主要目的在于摧毁德国的战争潜力;(二)在规定期限内,每年交付当年产品;(三)使用德国劳动力。《议定书》还确定了德国的赔偿总额及其在受损国之间的分配:苏联和美国同意(一)(二)两项的赔款总额应为200亿美元,其中50%应给苏联。[1]

雅尔塔会议重申了德黑兰会议的设想,即波兰的东部边界应以寇松线为准。至于波兰的西部边界,由于丘吉尔和罗斯福主张以奥得河为界,反对苏联提出的以奥得-尼斯河为界的意见,波兰西部边界未能最终确定。但是由于波兰已于1944年夏季被苏军解放,苏联制造了既成事实,让波兰政府接管奥得-尼斯河地区领土。此后从这些地区出现一股西去的逃亡和被驱逐的德意志难民洪流,约1 200万东部德国人丧失了他们的家园。

雅尔塔会议还决定,在会议结束后将研究并确定主要战犯,予以惩处。

总的说来,雅尔塔会议是东西方大国划分战后世界势力范围的首脑会议,处置德国问题并非这次会议的唯一议题,甚至不是最迫切的议题。罗斯福,然后也有丘吉尔对斯大林在东欧和德国问题上的主张所作的迁就和让步,一方面是看到苏联在东欧战局中已取得了军事优势地位和实际的占领,这是任何会议决议都无法取消的,另一方面也是更重要的方面,是罗斯福要争取苏联参加对日作战以及就联合国问题达成一致,这是罗斯福当时的两桩大心愿。斯大林在雅尔塔会议上答应,在德国投降和欧战结束后,两至三个月内参加对日作战,这样,美国就有早日结束太平洋战争的希望。对美国来说,伤亡惨重的太平洋战争当时已比欧洲问题更为迫切,更为利益相关。

盟国在雅尔塔会议上暴露出来的相互利益和战争目标上的分歧日益明显。德国投降的第二天,5月9日,斯大林公开宣称,苏联无意"分割和摧毁德国",从而表明苏联对德政策的转变,拒绝了雅尔塔会议商定的分割德国的设想。这种转变抱有什么目的和考虑,联邦德国著名历史学家

---

[1] 英国人认为,即将在莫斯科成立的赔偿委员会研究赔偿问题之前,不能提出任何赔偿数字。

K.D.埃尔德曼在《帝国的终结与新的德意志国家的形成》一书中作了中肯的评论。他说,苏联这一政策的转变包含着双重考虑:苏联若是想从德国得到大量赔款,就应把工业重心位于西部的德国视作经济整体;如果把德国当作政治整体,那么苏联在雅尔塔会议上赢得在东欧的实力地位后,就有可能对整个德国的内部施加影响。事实上与此同时,美英两国对德政策也发生了变化。美国国内围绕着德国的政治前景和经济前途当时也展开过一场争论。一些人认为拆散和压制德国的经济会危及欧洲的复兴,另一些人则要求彻底摧毁德国的工业,使之倒退为农业国,还必须粉碎德国的统一。1944年9月,财政部长摩根索根据上述思想,制定备忘录给罗斯福和丘吉尔,后两者当时都同意了摩根索的备忘录。随着同盟国内部矛盾的加深,美英政府为了实现欧洲的均势,也为了阻遏苏联势力向中欧的推进,罗斯福与丘吉尔放弃了摩根索计划,放弃了分割德国的设想,转而支持保存一个足以生存的德国的政策。1945年4月12日,罗斯福患脑溢血猝然去世,继任总统杜鲁门仍按此政策行事。

随着旧德国的解体,美、英、苏加上法国四个战胜国政府要求对德国拥有无上主权。6月5日,同盟国的军事司令官们签署了《鉴于德国失败和接管最高政府权力的声明》以及关于管制办法、占领区、与联合国其他成员国的关系三项补充规定。一个由四国军事司令官组成的、在德国拥有最高权力的盟国管制委员会建立起来。同盟国的军事司令官宣布接管从国家最高领导直至地方基层的德国全部公共权力。在关于占领区的文件中规定,德国被分为四个占领区。美占区包括巴伐利亚、黑森、巴登-符腾姆贝格三州和供美军作港口用的不来梅,人口近1 700万;英占区包括北莱茵-威斯特伐利亚、下萨克森、石勒苏益格-荷尔斯坦和汉堡,人口近2 200万;法占区包括莱茵兰-普法尔茨、南巴登、南符腾姆贝格和萨尔兰,人口约600万。苏占区包括以下各州:萨克森、图林根、梅克伦堡-上波美拉尼亚、萨克森-安哈尔特和勃兰登堡马克,人口为1 730多万。原先的普鲁士邦作为政治实体已被同盟国取消。德国原首都柏林(人口318万)被赋予一种特殊地位,与奥地利的维也纳一样,将由四大国共同占领和管辖。但是苏联具有很大的优势。这不仅由于柏林位于苏占区中心,其他占领国要到达自己在柏林的辖区,必须通过苏占区,而且还由于苏联当局从一开始就给盟国规定了进入柏林的有限的航空、铁路和公路线,埋下了东西方战后激烈冲突的祸根。英国首相丘吉尔一直不满于西方国家要从

第十四章 盟国管制时代：夹缝中的德意志民族

自己攻占的大片土地上撤出，还在5月11日就曾建议美国新总统杜鲁门暂停撤军，命令美军突进到维斯马-马格德堡-莱比锡-穆尔德河线作为"政治抵押品"，直到苏联同美英之间一些悬而未决问题得到解决时为止。丘吉尔5月12日给杜鲁门的信中提出了所谓"铁幕"之说："'铁幕'业已拉下，把俄国势力范围内(就是说从卢卑克到的里雅斯特一线以东的所有欧洲部分)的一切都掩盖起来了。"但杜鲁门还是命令美军按商定的占领区界线从梅克伦堡西部、从普鲁士的萨克森省和安哈尔特、从萨克森和图林根等地撤出。自7月1日起，苏军进入西方盟军撤出的地区，同时自己从柏林的应由西方盟国占领的地区撤出。

丘吉尔眼见欧洲局势已被东西方矛盾所左右，极有可能被苏联所控制，便敦促尽快召开第三次三国政府首脑会议，他准备为西方的利益斗争到底。丘吉尔心中考虑的除德国同波兰的边界问题外，还有意大利同南斯拉夫的边界问题、中欧东部各国的体制问题以及苏英在地中海的矛盾问题。杜鲁门也认为有此必要，说他对苏联同英美两国关系的恶化"极为关切"。斯大林也说，他渴望同丘吉尔和杜鲁门会晤。苏联参加首脑会议的意图和期望，首先是要求德国赔偿。苏联在战争中苦难最深，损失最大，2 000余万人牺牲，西部地区遭到大规模破坏，因此，苏联必须通过接受贷款和取得赔偿，引进重建所需的工业基建物资。苏联未能从美国得到实质性的经济和财政援助，就更急迫地期望从德国取得赔款。另外，斯大林在"保障安全"的口号下，重新开始贯彻"世界革命"的霸权意图，首先要求东欧和东南欧那些前沿国家的政府，必须是同苏联"保持友好关系"的。

"三巨头"波茨坦会议：艾德礼、杜鲁门、斯大林

1945年7月17日至8月2日，美、英、苏三国政府首脑杜鲁门、丘吉尔(后来是艾德礼)[①]、斯大林在德国柏林附近的波茨坦举行第三次会晤，也是战时最后一次盟国首脑会议。

---

① 丘吉尔与艾德礼一起与会，7月28日，艾德礼以新任首相资格取代丘吉尔出席。

会议讨论的问题是建立欧洲的新秩序和安排战后的和平,其中重要问题之一是商定处置被占领德国的政治原则和经济原则。这里须说明,波茨坦会议的结果起初并没有全部发表,会议结束后盟国对德管制委员会以《公报》形式发表了记录的摘要,这就是通常所谓的《波茨坦协定》,是专对德国和欧洲而言的。①《公报》列举了三国领导人所达成的各项政府协定,"目的在于履行克里米亚宣言关于德国之条款。德国军国主义和纳粹主义将予根除,各盟国将一致同意,于现在和将来还采取其他必要措施,使德国永远不再威胁邻邦和世界和平"。同时指出:"盟国无意消灭或奴役德国人民。盟国愿意给德国人民在民主及和平的基础上重建其生活的机会。"但是《公报》还意味深长地指出:"德国人民曾经在他们公开拥护并盲目服从的领导人得势时在其指使下犯了严重罪行,他们现在开始偿还这些罪行。"这话可让战胜国作不同的理解:让德意志民族得到一种"洗心革面"的沉痛教训;对德意志民族实行毁灭性的"土地和财产"的剥夺;或者两者兼而有之。

波茨坦会议关于处理德国的政治原则是以雅尔塔协议为依据的。但波茨坦会议的记录没有一处提到分割德国,相反,却提到同盟国通过管制委员会对整个德国负责,准备建立德国中央行政机构,德国应被视为经济整体,非军事化、非纳粹化、民主化和分散化的政治原则应适用于整个德国;还谈到未来的德国政府和缔结对德和约。从文字看,波茨坦会议是主张维护德国的统一的,但事实上由于苏、美、英等同盟国的军队,在其所到之处,各自建立自己遵循的制度,东西方都不让对方插手自己的势力范围;再加上波茨坦协定规定了德国的行政管理应以政治机构的地方自治为目标,在初期将不设立德国中央政府,所以德国从一开始就显露出政治上将被分裂的端倪。

波茨坦会议关于处置德国的经济原则达成如下协议:各种战争经济均须禁止和防止生产;分散乃至消灭各种垄断协定所形成的经济力量的过分集中;应将主要注意力放在发展农业及和平工业上;盟国必须对德国经济实行管制,包括管制公私科研和实验机关、实验室等。经济原则中虽然规定:"在占领期间,应视德国为一个统一的经济整体",但同盟国始终未能就此达成具体协议,而是在自己的占领区内实行自己的开发政策,这

---

① 7月26日,发表了美、中、英三国促令日本投降的《波茨坦公告》。

在经济上给德国造成了分裂。

在波茨坦会议上,对德国东部地区、德国的赔偿等问题存在分歧和争吵,会议一度陷入僵局。最后在美国的提议下把各项争端整理成一揽子方案,各方才达成妥协。关于德国东部地区,即自施维纳明德稍西的波罗的海起,沿奥得河至与西尼斯河会合处,再沿西尼斯河到捷克斯洛伐克边界,包括部分东普鲁士和但泽市均割让给波兰,德波的边界将以奥得河与西尼斯河为界,英美在这个问题上不得不与造成既成事实的苏联妥协。英美两国政府不得不原则上同意,将柯尼斯贝格及其附近地区割让给苏联。

关于德国赔款问题,苏联同意由各占领区分别进行赔偿,但苏联仍可参与对西方占领区的索取,因此美英两国同意把在西部拆卸的工业设备的10%作为赔偿交给苏联,另外的15%用来换取苏占区的工农业产品。

波茨坦会议最终奠定了战后世界结构的基础。在建立欧洲战后新秩序和处置德国问题上所达成的协议更多是固定已公开化的紧张局势,显示了同盟国之间利益上的分歧和冲突,显示了欧洲和德国开始走向分裂。

二、从纽伦堡审判、"四D"计划[①]到柏林危机

东西方大国战后在德国的最重要合作,应数纽伦堡国际军事法庭对纳粹主要战犯的审判。1945年6月26日至8月8日,在伦敦举行的四个占领国和19个其他国家参加的关于军事法庭程序的国际会议,制订了《关于追究和惩办欧洲轴心国主要战犯的协定》和《国际军事法庭规章》。12月20日,盟国管制委员会据此颁布了《关于惩办犯有战争罪、反对和平罪和反对人道罪的人员》的第10号法令。战争罪指的是违反战争法规或战争习惯的罪行,包括屠杀、虐待或劫走、放逐占领区的平民,屠杀或虐待战俘或海上人员,杀害人质,掠夺公私财产,恣意破坏城镇乡村,或任何非属军事必要的破坏;破坏和平罪是指策划、准备、发动或进行侵略战争,或参与实施上述罪行的计划或阴谋等;违反人道罪是指战争发生前或战争期间对平民的屠杀、灭绝、奴役、放逐或其他非人道行为等。

---

① 指的是非纳粹化、非军事化、非工业化和民主化,这四个词英语中概以字母"D"开头,故称"四D"计划。

纽伦堡国际军事法庭于1945年11月20日开庭,连续审讯至1946年9月30日,以宣布判决闭庭。国际军事法庭所控告的纳粹罪魁和"第三帝国"的主要官员中,元凶希特勒和纳粹宣传部长戈培尔以及党卫队和秘密警察头子希姆莱相继自杀身死外,党务办公厅主任和领袖秘书博尔曼(Martin Bormann, 1900—?)一直没有找到。① 法西斯"劳工阵线"领袖莱伊在审讯开始前自杀。大工业家克虏伯·冯·波伦-哈尔巴赫因病重宣布不能受审。在纽伦堡国际军事法庭上受审的有:纳粹党第二号人物、空军元帅戈林,党的第三号人物、1941年秘密飞英被捕的赫斯,希特勒的首任外交部长牛赖特和继任外交部长里宾特洛甫,纳粹主义思想家、东方占领区部长、纳粹党外事局局长罗森贝格(Alfred Rosenberg,1893—1946),内政部长弗里克,党卫队保安处处长卡尔滕布鲁纳,驻波兰的纳粹刽子手弗朗克,虐杀犹太人者施特赖歇尔(Julius Streicher,1885—1946),凯特尔陆军元帅,约德尔陆军上将,雷德尔海军元帅,邓尼茨海军元帅,战前经济部长和国家银行总裁沙赫特和继任经济部长、国家银行行长冯克,前副总理、驻外大使巴本,法西斯全国青年领袖席拉赫(Baldur von Schirach,1907—1974),图林根党区领袖、劳动力分配全权总代表绍克尔(Fritz Sauckel, 1894—1946),军备与战争生产部长施佩尔(Albert Speer, 1905—1981),纳粹宣传部新闻处、广播处处长弗里契(Hans Fritzsche),奥地利纳粹党魁赛斯-英夸特。被控告的还有德国内阁、纳粹党领导集团、党卫队和保安部门、秘密警察、冲锋队以及国防军

1945—1946年纽伦堡审判主要战犯

---

① 博尔曼的神秘失踪在战后一直是个谜,直到不久前在柏林的大规模土木工程中才找到了他的遗骨。

第十四章 ● 盟国管制时代：夹缝中的德意志民族

总参谋部和最高统帅部。

坐在被告席上的这21名人犯，显得形色憔悴，神情沮丧，昔日那种不可一世的威风已被一扫而光。只有戈林为能坐上这迟到的纳粹首席显得有点洋洋自得。法庭一共进行了403次公审，听取了大量口头的或书面的证词，而大部分证词都是取自被告从前制定的文件，对这些文件的真实性，被告及其辩护人都提不出异议，尽管极大多数被告都以种种遁词为自己开脱罪责。审判记录和作为证据的文件被印成四十二大本，使全世界都看到纳粹政权历史上空前的阴谋、侵略和暴行的真实情况。被判处绞刑的有：戈林、里宾特洛甫、凯特尔、卡尔滕布鲁纳、罗森贝格、弗朗克、弗里克、施特莱歇尔、绍克尔、约德尔、赛斯-英夸特和缺席审判的博尔曼共12人；被判处无期徒刑的有：赫斯①、冯克和雷德尔3人；被判处20年以下有期徒刑的有：邓尼茨、席拉赫、施佩尔和牛赖特；沙赫特、巴本和弗里契被宣告无罪。纳粹党领导集团、党卫队和保安部门、盖世太保被宣判为犯罪组织。死刑判决于1946年10月16日执行。戈林在被执行前一天吞毒自杀。

接着，从1946年到1949年美国人在纽伦堡举行了12次审判，对象为医生、法官、工业家、国防军最高统帅部人员、外交部人员、军事首领以及党卫队高级干部等。法占区和英占区也审讯了实业家和高级军官。三个西方占领区的各种审讯中，共判处了5 025名被告，806名被判死刑，486名被执行。在苏占区，被判刑者估计为45 000人，被判死刑者人数不详。在德国国内外被战胜国法庭因战争罪和反人道罪被判刑者总数估计有5万到6万人。

纽伦堡审判伸张了正义，教育了德国人民。调查显示，约80％的德国人认为审判是公正的，被告的罪行是无可争辩的，只有4％的人对审判持否定态度。

但盟国依据波茨坦协定，在东、西方占领区实施的政策，即执行非纳粹化、非军事化、非工业化和民主化的"四D"计划，不仅模式不同，而且都是根据自己的利益需要行事的，东、西方占领区之间往往形成比着干、对着干的局面。"非纳粹化"（苏联的提法是"根除法西斯残余"）是盟国的主要目标之一，目的是肃清纳粹主义对德国公众生活、经济和教育的影响以

---

① 赫斯在历经42年监禁后，于1987年8月在狱中自杀。

及惩罚纳粹骨干分子。但是四个占领区没有共同的方针,各行其是。在三个西方占领区内,非纳粹化是一个宽严不等的人事清洗过程;在苏占区,"根除法西斯残余"则被视为改革社会结构进程的一部分。西占区的非纳粹化大体可分为三个阶段。第一阶段是1945年夏到1947年初大规模逮捕阶段,英占区被捕人数为64 500人,美占区涉及面最广,为95 250人,法占区为18 963人。美占区军政府规定,凡在1937年5月1日以前加入纳粹党的官员,到1945年夏都须解除职务;禁止纳粹党员在私人经济中就业;他们只允许做最粗笨的辅助劳动。由于案件积压数以百万计,美国人不得不吸收德国人帮忙,非纳粹化运动走上德国人自我清洗之路,美占区因此也于1946年3月颁布了所谓的解脱法。随着解脱法的颁行,非纳粹化运动进入第二阶段,所有被控者按不同情况分成五类:主犯、一般犯、轻犯、胁从者和无罪者,分别判处10年和10年以下徒刑、强迫劳动、没收财产、开除公职、剥夺选举权、向受害者赔偿损失等。英占区总的说来处理较宽。法占区是以司令部的规定为准,在政治和行政上根据实用主义办事。到1948年末,非纳粹化运动进入第三阶段,即收尾阶段,开始把非纳粹化的任务交给西占区成立的联邦共和国。运动的规模大大压缩。到1950年9月30日,德国法庭已审讯完近96万宗案件,约有35万人被宣布无罪或得到赦免,约23 000名重犯和一般犯判处终身不能担任公职。[①] 12月15日,联邦议院向各州建议统一结束非纳粹化运动。

苏占区的做法与西占区不尽相同。他们一直指责西方盟国未能有效地实施"非纳粹化"。在第一阶段,苏占区也进行了大逮捕,约6万多人,但苏占区力图"根除法西斯残余",通过逐步限制和消灭生产资料私有制使法西斯主义"失去"社会经济基础;通过土地改革使乡村贵族不再是政治上的决定力量;在公共机构中清除纳粹党及其外围组织成员,但不像美占区那样把全体居民都卷进去。普通的纳粹党人在其职业生涯中不受影响,他们是被争取的对象。西占区的一些左派报刊,对苏占区的措施予以好评。

德国的非军事化,在战争结束时实际上已成既成事实:一个曾经称雄世界的强大的军事力量已被摧毁得所剩无几了。德国的非工业化(包括

---

① 经过上诉,这个数字减少到约18 000名。

第十四章 ● 盟国管制时代：夹缝中的德意志民族

分散化)开始进行得颇为一致。盟国的意图是使德国今后的工业规模必须限制在相当于1938年德国工业产量和生活水平的一半,使之沦为仅具三、四等工业国的经济潜力。但随着国际形势的变化和东西方对立的加深,美英放弃了德国非工业化计划,把德国的前途同欧洲的发展联结起来,转而采取扶植德国西部经济的政策。苏联则从德国东部取得价值500—1 000亿马克(合125—250亿美元)的赔偿。它留给德国人的工厂、设备仅够用于防止当地的经济崩溃。至于民主化,东西方之间有着完全不同的理解,它们在各自的占领区内走着完全不同的路。

在苏占区,苏联军管会于1945年6月10日发布命令,允许成立民主政党和自由工会。次日,由乌布利希等署名的德国共产党中央委员会号召书,要求在当前形势下,建立一个全德反法西斯的民主政权,一个给人民一切民主权利和自由的议会民主制共和国。继德共之后,有着悠久历史传统的社会民主党也重建了。当时社会民主党内存在三派,苏占区的是以奥托·格罗提渥(Otto Grotewohl, 1894—1964)为首的一派,它赞同德共的主张,拥护建立反法西斯的民主共和国。同年6月底、7月初,资产阶级性质的反法西斯政党基督教民主联盟和自由民主党也相继成立。7月14日,共产党(KPD)、社会民主党(SPD)、基督教民主联盟(CDU)和自由民主党(FDP)结成"反法西斯联盟",实现了人民阵线思想,这就是：在工人阶级(通过共产党)的领导下,团结一切反法西斯的民主力量,通向社会主义民主。1946年4月21—22日,苏占区的德国共产党和社会民主党举行两党合并大会,改称德国统一社会党(SED),共产党主席皮克和社会民主党主席格罗提渥当选为统一社会党的两主席。4月22日的党纲中强调通过民主道路走向社会主义。统一社会党有意识地按照苏联共产党的模式建党,按照苏联的意图行事。在苏占区"反法西斯联盟"中的基督教民主联盟,原主张土地、矿藏和重要工业国有化,并把基督教同社会主义结合起来,自由民主党原主张资产阶级自由主义,强调个人的权利,维护财产私有制,最终都接受统一社会党的领导,并对原主张加以"改造"。1948年初,又成立了两个新党：德国国家民主党和德国民主农民党,前者的目的是吸收那些未曾犯罪的前纳粹党员参加建设,后者的目的是推动农民同工人一道重建国家。这两个党无保留地服从统一社会党的领导。

在西方占领区,各个军政府在1945年9月至12月才相继发布允许成立民主政党的命令:允许成立符合西方观念的民主政党。共产党在西占区一开始就遇到其他政党特别是社会民主党的竞争,西占区的社会民主党反对任何与共产党合并的想法。西占区的共产党代表曾一度参加苏占区统一社会党的执委会,后来退出,以强调自己的"独立性"。但当它宣布无条件支持苏联的政策时,它的活动就受到了限制。[①] 在西占区社会民主党重建中起作用的有以奥伦豪埃尔(Erich Ollenhauer, 1901—1963)为中心的流亡英国派,但对重建具有决定意义的是以库特·舒马赫博士(Kurt Schuhmacher, 1895—1952)为中心的汉诺威派。出身于西普鲁士资产阶级家庭的舒马赫,1918年加入社会民主党,1930—1933年任国会议员,是反对纳粹最坚决的人物之一,纳粹统治的绝大部分时间他是在集中营里度过的。盟国占领期间,这位幸存者坚信社会民主党负有领导国家的使命,但他坚决反对"红色专政",摒弃任何使社会民主党和共产党组织上联合起来的主张。因此他和奥伦豪埃尔派完全一致。1946年5月11日,社会民主党在汉诺威举行第一次党代会,会上通过的纲领依然把社会主义作为当前的任务,但并不主张废除生产资料私有制,它只声明资本主义社会需要改革和可以改革。当选为社会民主党主席的舒马赫,想要突破社会民主党作为工人政党的传统框子,认为争取中产阶级是实现社会主义的先决条件,因而主张保护商业和农业中产阶级,分散大土地所有制,把大工业、大财团、能源经济和交通事业国有化。政治上他主张德国只能是议会民主制国家;把被占领国分割的地区重新联合起来,参加欧洲一体化。社会民主党由于它的广泛的群众基础和历史传统,战后又主张融入西方国家体制,所以在西占区具有巩固的地位和强大的影响。

　　西占区的基督教民主联盟是由各个教派和社会集团联合起来的新政党,加入这个党的有先前的中央党、德意志民族人民党、德意志人民党和德意志民主党的成员,成为西占区最大的资产阶级保守党,它的组织遍布除巴伐利亚以外的各州,并与巴伐利亚的基督教社会联盟(CSU)自1947年起组成工作同盟,自1949年起组成联邦议会中的党团同盟。康拉德·阿登纳(Konrad Adenauer, 1876—1967)很快就成为基督教民主联盟的决定性人物。这位出生于莱茵兰科隆地方的"强制

[①] 1956年联邦宪法法院以德共"散布违反法律的言论"而予以禁止。

第十四章 盟国管制时代:夹缝中的德意志民族

性普鲁士人"①、第一次世界大战后曾任科隆市市长的资产阶级国务活动家,部分继承了德国历史上的世界主义-自由主义传统,受西方文化影响,坚定主张德国应向西方(首先是法国)靠拢,拒绝普鲁士主义、纳粹主义,也拒绝共产主义。希特勒统治期间在 1933 年和 1944 年两度被捕。战后美国人任用了他,他为制定基民盟的纲领作了决定性的准备工作。1945 年 9 月参与创立基民盟。1946 年 3 月当选为英占区基民盟主席。1950 年 10 月 20—22 日的全联邦德国性的戈斯拉尔基督教民主联盟成立大会上,当选为该党主席。基民盟的经济政策,是以人的财产所有权神圣不可侵犯为基点的,主张以新自由主义对经济进行间接的调节。在基民盟建党初期的社会革新方案中还存在一些基督教式的社会主义成分,例如 1947 年 2 月初制订的《阿伦纲领》就认为资本主义经济制度已不适应德国人民的国家和社会的切身利益,需从根本上加以革新;既要摒弃私人资本主义的垄断形式,又要反对以国家资本主义取而代之;既要保留迫切需要的企业主的积极性,特别是中小企业应受到特别的扶持,又要让企业中的雇员"参与企业领导"。但到 1947—1948 年,这种基督教式的社会主义成分被保守主义和自由主义的倾向所代替,路德维希·艾哈德(Ludwig Erhard,1897—1977)等人提出的社会市场经济原则逐步取得主导地位。这个党不仅得到大资产阶级的热心支持,在依靠工资和独立的中产阶级中以及在工人中也有大批追随者。它在西占区(后来的联邦德国)得到近半数选民的支持。

西占区的自由民主党是遵循德国自由主义传统路线的资产阶级政党。西占区各州的自由党或派在 1948 年 11 月 12 日联合成为自由民主党,豪斯(Theodor Heuss,1884—1963)当选为主席。这个党的成员和选民主要来自工商业的中产阶级和中产阶级地位的工薪阶层,它的价值观是以自由主义为基础的,反对一切集权主义,寻求现代工业社会中保证发挥个人力量的道路,拒绝任何社会化和经济民主的思想。自民党的这种新自由主义,后来很大程度上既被基民盟-基社盟所接受,也被社会民主党所接受。

在德国实现民主化,实质问题就是建立起什么样的政体。在苏占区,

---

① "Muß—Preuße",指 1815 年莱茵兰被强行划归普鲁士之后不得不成为"普鲁士人"的莱茵兰居民。

明显地是在向一种中央集权的、以公有制为基础的(暂时尚允许某些私有制发展)、实行计划经济的、以苏联为模式的社会政治经济体制发展。在西方三个占领区,内部的情况不尽相同,但其基本的走向,是向着一种以英美为模式、以财产私有制为基础、实行议会民主制的联邦制体制发展。美国军政府在超越州界和区界活动方面最为积极。1947年3月继任盟国管制委员会美国代表的原美占区副军事长官克莱将军,在制订美国的占领政策和合并西占区方面起了很大作用。美国军政府原先的"限制性"方针被逐步取消,代之以把西德纳入一个正在形成的对抗苏联的国家集团的目标,并用重建的西德经济来巩固欧洲。1946年7月20日,美国向英法占领国建议,实行仅限于经济事务方面的占领区联合。这一建议首先在美、英占领区实现。这年12月初,美英两国外长签订了从1947年1月1日起生效的成立双占区协定。随着双占区中央机构职能的逐步形成,1947年6月10日,在美茵河畔的法兰克福成立了"联合经济区",最重要的机构"经济委员会"是由各州议会派代表组成的间接的代表机构,它拥有立法权,对各管理局有监督权和指示权。在经济方面,西占区没有进行破坏原体制的重大改革,也没有对土地所有制进行根本的变革。任何社会化的行动均被中止。克莱将军的解释是,这些问题应留待将来自由选举产生的德国政府去决定。1948年2月,法国在美国的压力下,同意将其占领区合并,成立三占区,终于形成苏联的"东占区"与西方三国的"西占区"对峙的局面。德国向分裂的道路上迈出了一大步。

战后东西方大国在德国问题上从同盟走上对抗,或者说争夺的白热化,首先表现在1948年夏酿成的第一次柏林危机。柏林问题成为战后史上最奇特的、最有爆炸性的国际问题之一。

大柏林市原为德国首都。根据苏联同西方盟国之间的协定,大柏林市也由四国共同占领和管制;大柏林市的管理机构是"盟国城防司令部",由苏、美、英、法四国城防司令组成,归总部设在柏林的盟国管制委员会领导。但是苏联利用西方盟国1945年7月初进驻商定的占领区之前,在独家占领柏林期间完成了柏林临时市政机构的建立。大柏林市分为四个管区,东部是苏管区,西部自北向南分别为法、英、美管区。由于柏林是被苏军攻占的,大柏林市又整个处在苏占区内,同西方占领区没有任何领土接壤,西方国家的军事人员要进入柏林,必须经过苏占区并受苏军的检查和监督,因此,苏联对柏林的影响比西方盟国要大。1945年9月,西方三国

第十四章 ● 盟国管制时代：夹缝中的德意志民族

与苏联谈判进入柏林的通道问题，最后决定美、英、法三国占领区与柏林三管区之间的交通由三条铁路、两条公路、一条水路及三条"空中走廊"①组成，此外禁止任何其他交通联络。东柏林的国家铁路局负责管理柏林西区的铁路以及柏林与德国西区的铁路联系，水路由苏联控制。西方三国在"空中走廊"上飞行可不必"事先通知"。西方国家当时对此并未感到有什么问题，他们把主要精力用于西管区的"改造"，首先是终止苏军当局在独占柏林期间所颁行的措施，例如禁止私人银行活动，解散垄断组织，建立受苏控制的大柏林市议会，批准德国统一社会党在整个柏林活动等，同时力图在西柏林建立一种同西部德国一样的政治、经济制度。1947年以来，东西柏林之间的邮政和货物交往已受到限制和监督。1948年2月开始的美、英、法、荷、比、卢六国伦敦会议，是西方各国在德国问题上协调立场的会议，6月7日发表的《伦敦协议书》中最重要的一点，是最终要成立西德政府。西方国家力图把西柏林同西德连结在一起并成为西德一部分的活动加快了。这就成了苏联的心腹大患。伦敦六国会议把苏联完全排除在外，苏联决定在柏林地区采取措施进行反击。1948年2月下旬，苏联占领当局突然宣布，禁止西方代表前往柏林苏管区出席德国人的集会。苏联驻德军事长官索科洛夫斯基元帅明确指出，柏林是苏占区的一部分，要将西方占领人员赶出柏林。这年3月20日，随着苏联代表的退出，盟国对德管制委员会实际上名存实亡。这年4月份，苏美在西方占领区与柏林之间的交通限制问题上一度发生对抗，但引发柏林危机的直接导火线，则是西占区的币制改革。

1948年6月18日，美、英、法占领当局宣布6月21日起在德国西占区实行单独的币制改革，规定用"B记"马克代替当时流通的旧马克。币制改革"当然"也包括西柏林。苏联占领当局立即以西部德国和西柏林单方面的币制改革破坏了统一的德国经济并严重损害苏占区和东柏林的经济为口实，于6月18日午夜下令封锁柏林，断绝西柏林同外界所有的铁路、公路交通联系。6月23日，苏军事长官宣布苏占区和大柏林市实行币制改革，通行新的"D记"马克。这样，在柏林出现了两种货币。双重货币制在西柏林实际上一直存在到1949年3月。6月24日，苏联占领当局宣布彻底封锁柏林，切断了西柏林与西德之间的水陆交通，停止了苏占

---

① "空中走廊"各宽20英里，高1万英尺，从汉堡、汉诺威、美茵河畔的法兰克福直航柏林。

区对西柏林的煤、电、牛奶、蔬菜和其他食品供应。西方各国对此作出强烈反应。美英除了也对苏占区采取封锁措施,例如中断运往苏占区煤钢,限制同苏占区的贸易外,还接受克莱将军的反封锁建议:通过"空中走廊"采取规模空前的空运行动,在无法预见的期限内向 200 万西柏林居民供应生活必需品和西方三国在柏林驻军的一应需要。西方动用了 927 架飞机平均每天给西柏林空运 6 393 吨货物。美国还把 B-29 型飞机派往德国,把载有原子弹的两个 B-29 型战斗机大队派往英国,作为"威慑力量"。"封锁柏林"事件轰动了整个战后世界,柏林的争夺成为世界矛盾的焦点,东西方关系间出现了紧张的战争气氛。

这场危机持续了近一年,到 1949 年 5 月苏联解除封锁为止。双方虽然都剑拔弩张,互不相让,但都相信,对方不会发动战争,不想在"冷战"时期搞一场"热战",因此在幕后出现了一系列的外交活动,直到 1949 年 3 月份苏美两国驻联合国代表之间达成"基本谅解"。5 月 5 日,莫斯科、华盛顿、伦敦和巴黎同时发布关于解除德国各占领区和柏林之间的限制的公报,公报宣布:自 5 月 12 日起,苏联解除柏林与德国西部以及德国东部与德国西部之间的交通、运输及贸易限制;美英法三国解除柏林与德国东部以及德国西部与德国东部之间的交通、运输及贸易限制;5 月 23 日,在巴黎召开四国外长会议,讨论有关德国问题以及由于柏林形势而发生的诸问题。

"柏林危机"随着 5 月 12 日的到来结束了。但是大柏林市的分裂也同整个德国的分裂一样已无可挽回。危机期间,1948 年 9 月,大柏林市议会分裂,议会迁到了西柏林。东柏林建立了市政府。11 月,西柏林也选出了市政府。大柏林市的供应网、交通网乃至市区铁路、地铁等全分了家。柏林东、西部已正式分裂成为各自有立法、行政系统和货币制度的两个城市。1949 年 10 月,东柏林成为民主德国的首都。而西柏林的地位问题依然是东西方继续争执的焦点,潜伏着第二次柏林危机和第三次柏林危机的火种。

三、夹缝中的德意志民族

德意志民族的多数,由于支持或容忍希特勒法西斯政权的战争政策,终于得到了报应。战败后的德国,政局混乱,经济崩溃,庐舍为墟。盟国

第十四章 盟国管制时代：夹缝中的德意志民族

轰炸机的连续轰炸，特别是希特勒的"焦土政策"的肆意破坏，几乎使德国所有城镇都成为颓垣残壁的瓦砾场。在大城市中，柏林、汉堡和科隆以及卡塞尔、纽伦堡、曼海姆、达姆施塔特、埃森、科布伦茨和武尔茨堡被彻底摧毁了，德累斯顿、布勒斯劳、慕尼黑、美因茨和法兰克福也遭到严重破坏。港口和莱茵-鲁尔工业区，约60%被摧毁和损坏。在所有四个占领区，有1/4以上的住宅被摧毁。在城市里，人们在地下室和废墟里栖身；在乡村，幸存者和外来者挤在一起。1945年5月3日进入柏林的纽约《先驱论坛报》记者描述当时的柏林状况：

"柏林什么也没有剩下。没有住宅，没有商店，没有运输，没有政府建筑物。纳粹留给柏林人民的遗产仅是一些颓垣残壁。……柏林如今仅仅是一个碎砖破瓦堆积如山的地理位置。"

除物质破坏外，还有交通运输的瓦解，银行体系的崩溃及其带来的财政紊乱，造成了社会经济生活的极大混乱。特别是整个政府机构——从最高机构直到乡镇基层政权——的解体而又没有任何政治领导人物准备接管纳粹垮台后的行政管理机构，更使德国人陷于惊惶失措之中。

由于食品、衣服和其他消费品的极端匮乏，人民群众在忍饥挨饿。货币贬值，黑市猖獗，疾病蔓延，死亡率上升。大多德国人对战争的失败毫无心理准备，现在骤然身临其境，出现了严重的精神崩溃和价值观念的丧失。他们不得不首先为生存而斗争，关心食物、住所和工作这些最基本的需要。为争夺食物和住所以及隐瞒和伪造历史的刑事案件激增。战后的德国也出现过所谓"烟头"时期和"德国姑娘"时期：人们嗜烟如命，香烟价格猛烈波动，用商品或劳务换香烟已到按"支"论计了。外国军人和外国人常常发现身后有德国人跟着，等着捡他们扔掉的烟头；一些德国姑娘与盟国士兵勾搭，以换取巧克力和尼龙袜或者美军的干粮包，以补家用。苏联《真理报》赴柏林记者则报道了饥饿的柏林家庭妇女发疯似地扒开道路进入毁坏了的食品商店搜索抢劫，或者突然从地下废墟中冒出来向他们的征服者奉承讨好。

加剧战后初期德国情况混乱和人民生活痛苦的另一因素是大规模的人口迁移潮。德国当时原有人口约6 600万。如今增添了从集中营和劳动营中解放出来的近800万外国人，后来又进来成千上万经过艰辛跋涉来到德国的形形色色的人，包括从波兰和苏联来的犹太人和从苏联逃出来的反共分子。此外还有攻入德国的近800万外国军队和外国代表团成员。非德意志人的总数超过了1 500万。但最大的人潮还是来自东部失去家园的德意志难民,他们有的是被捷克斯洛伐克、匈牙利、南斯拉夫、罗马尼亚和波兰强行迁居或驱逐出来的,大部分是从并入波兰和苏联的原德国领土逃出或被逐出来的,估计有近1 500万德意志居民蒙受逃亡、被驱逐出境和强行迁居异地的苦难,[①]其中200万人以上因此死于非命。这些逃往德国西区的德意志难民既无住宅,又无财产,更加重本地居民的负担。

  这就是战败后德国的一幅悲惨图景。但是德意志民族并不会就此沉沦下去。明智的知识界和思想界很快出现了一种可称之为"反思"的浪潮,而反纳粹的政治界精英们,则寻找一条不受东西方强权争夺制约的、维护德意志民族国家统一的、民主的或社会主义的道路。海得贝格哲学家卡尔·雅斯佩尔斯(Karl Jaspers, 1883—1969)在1945年11月出版了名为《转变》的杂志,旨在帮助德国人从已经沦为道德和精神废墟的人世里确定自己的方向。它要使德国人"由忍耐顺从的、无个性的动物变成独立和觉悟的、注意保护自己自由的人的集体"。雅斯佩尔斯在一系列演说中力图就德国人的罪责问题作出既符合历史事实、又能使德国人的心中产生希望和自尊的评述。他认为,罪责问题是"德国人灵魂存亡的问题";所有德国人都犯有这种或那种意义上的罪行,德国人民应承认和接受国外所提出的惩处、认罪和赔款要求,纽伦堡审判不仅是必要的而且是公正的;所有德国人都要"为我们的政权,为这个政权的行为,为发动战争,为我们让其高踞于我们头上的领导人的行为"负政治责任;所有德国人必须承担责任,用工作和成绩来为这些行为所造成的大破坏进行补偿;几乎每个德国人都需要依靠个人的良心反省,"如果没有在深刻认识罪行的基础上经历一个净化过程,德国人就不会发现真理"。自由派天主教领袖们通过编辑出版如《法兰克福杂志》等号召:在12年的异教信仰和虚无主义之后,要实现宗教复兴和道德重建。作家维歇尔特用优美朴素的语言,鞭挞了自己同胞的过去,号召实现精神和道德复兴。德国战败和战后的困境使人们对德国的历史进行反思。政论作家表达了反对军国主义和普鲁士精神的观点。与德国以往的历史著作评价相比较,马丁·路德、弗里德里希大王、俾斯麦、尼采等人受到更带批判性的评价。艾克(Erich Eyck,

---

① 据估计,内中被驱逐者为675万人。

第十四章 盟国管制时代：夹缝中的德意志民族

1878—1964)1946年出版的三卷本《俾斯麦传》把俾斯麦同希特勒直接联系起来而予以否定。著名史学家迈内克(Friedrich Meinecke,1862—1954)在《德国的灾难》一书中，认为纳粹的出现及其带来的灾难，一般说来是现代史上、特殊说来是德国的一种源远流长的势力的产物；德国未能将精神和权力、民族主义和社会主义和谐地融合在一起，是通向希特勒主义的毁灭道路的主要历史基础。

民族的政治精英们则为德国的政治前途费尽心思。在战后陆续出现和成立的政党和社团中，曾讨论过有关德国前途的三种可能性，即：倾向东方；一个缩小了的"不结盟德国"；紧密与西方结合。倾向东方的最重要支持者是苏占区的德国共产党和社会民主党，德国西部和南部的社会民主党党员中最初也拥有众多的支持者。德共及其同盟者除主张"必须同过去彻底决裂"外，还力图把法西斯专政同垄断资本的统治联系在一起，以达到反对国际垄断资本的目的。但是，在舒马赫领导下的社会民主党汉诺威集团却坚决反对倾向东方的主张。比较符合大多数德国人意愿的，是成为东西方之间的"桥梁"、"不结盟"、"中立化"的主张。这一主张的最重要代表是苏占区基督教民主联盟主席雅可布·凯塞尔(Jakob Kaiser,1888—1961)和西占区武尔茨堡历史学家乌尔利希·诺阿克(Ulrich Noack,1899—1975)及其"瑙海姆集团"。凯塞尔为了维护德国的统一，也为了维护世界和平，把协调占领国之间关系和反对试图利用一方反对另一方视作德国政治家的任务和职责。他在1946—1947年的演说和著作中一再承认社会主义秩序和社会主义事业，但他反对把社会主义同马克思主义相提并论，而是强调一种"个人主义的社会主义"。他用"基督教社会主义"来同西方的社会制度划清界线，同时也就同苏联的社会制度划清界线，这就引起苏占区军管会的不信任，1947年12月被撤掉苏占区基民盟主席的职务。当他不得不移居到西占区时，"瑙海姆集团"正从事着同样的事业：努力维护德国的统一。诺阿克及其"瑙海姆集团"没有自己的社会政治方案，仅仅关心给德国打上自由主义的印记。他们致力于争取东西方大国同意不把德国纳入各自的同盟中去，赞同德国中立，减少东西方大国在中欧发生军事冲突的危险。但是，美国已不准备放弃"西方国家"解决方案，苏联更不准备把红军撤到奥得-尼斯河线后面去。在强权政治的现实面前，夹缝中的德意志民族的统一、中立主张，必然首先遭到失败。主张与西方结盟的代表人物是舒马赫和阿登纳。凯塞尔和诺阿克同主张"民主社会主义"、主张在资本主义和社会主义之间走第三条道路的社会民主党结盟之所以未能实现,原因就是西占区社会民主党领导人舒马赫无条件地拒绝"中立化"。他把苏联视作扩张主义和帝国主义大国,为倾向西方的方针辩护。在他看来,战后世界形势发生重大变化,美国和苏联成为战后的决定性力量,就德国而言,与其采纳"东方国家"解决方式,毋宁接纳"西方国家"解决方式。他的目标是:在1937年的疆界内,以"民主社会主义"为基础,消除被"第三帝国"败坏了的资本主义体系的残渣,排除作为苏联代理人的共产党人,使德国融入以相同原则组织起来的、以英国为楷模的欧洲国家集团。由于舒马赫一直坚持改革社会结构这一目标,使他同西方占领当局间的对立日益严重,占领当局开始公开偏袒阿登纳的基督教民主联盟。就阿登纳的政治思想而言,并不主张用分裂德国的办法来"解决"德国问题,但是他已看到或承认1945年秋以来德国的"分裂"事实。他认为战后世界存在三个巨大的工业中心,即美国、西欧和苏联;谁掌握其中两个,谁就能迫使另一个服从它的意志;苏联的目的是要赢得西欧;只有很好地组织西欧的工业中心,使之充分发挥潜能,并同美国一道投入决定东西方命运的天平之中,西欧才不至落入苏联之手;而对夹在东西方争夺夹缝中的德国而言,如果采取传统的摇摆政策,就有使战胜国再次联合起来反对德国的危险;德国必须采取明确的立场,与西方、主要是与美国结盟,致力于以法德为核心的西欧一体化;通过复兴欧洲的道路把苏联从中欧赶出去,达到德国重新统一的目标。

四、德国的被分裂

德国的被分裂,并非起自1949年,1945年的波茨坦协定,已把德国东部沿奥得-尼斯河线以东的11万多平方公里的领土割让给波苏,分裂德国就开始了。东西方大国总是根据自己的利益来处理德国的问题。欧洲是战后美苏争夺的中心地区,这也就决定性地影响了战后德国的命运。苏联在残缺的德国国土上经常张起"统一"的旗号,目的就在于向西部德国伸手,并通过西部德国向西欧扩展,而美国为了"遏制"苏联,首先采取拉拢和控制西欧盟国的政策,特别要把西部德国控制在自己手中,作为"阻遏"苏联和向东欧扩展的"前哨阵地"。但是东西方大国都想把分裂德国的责任推给对方。如果说1946年3月丘吉尔在美国富尔敦的威斯敏

第十四章　盟国管制时代：夹缝中的德意志民族

斯特学院发表的"铁幕"演说①，是东西方开始"冷战"的信号，1947年6月美国国务卿马歇尔在哈佛大学毕业典礼上提出的"复兴欧洲经济"的"马歇尔计划"，则是实现美国控制西欧盟国、激活西部德国经济、抗衡苏联西扩的具体方案。1948年4月马歇尔计划开始正式执行，东西方之间的"冷战"格局也正式形成。

美苏之间的"冷战"直接影响到美国的对德政策。分裂德国加紧建立西德国家的步伐加快了。1947年11月25日在伦敦召开的讨论德国问题的第五次四国外长会议，整个"气氛是冰冷和紧张的"。莫洛托夫坚持首先应成立全德民主政府，马歇尔则指责苏联破坏了德国经济的统一，坚持"有关德国政治组织的任何决定，都应以先实行经济统一为条件"。双方各执己见，互不相让，20天后不欢而散。1948年2月23日，美英法三国副外长会议上，法国同意将其占领区与双占区合并，共同成立"三占区"即西占区。这次会议（很快扩大为西欧六国会议）是西方各国在德国问题上协调立场的会议，对西德国家的成立至为关键。这年6月7日发表的《伦敦协议书》不仅促发了苏联的反击，酿成第一次柏林危机，而且也完成了西方国家在经济和政治上在西占区建立西德国家的准备工作。

夹缝中的德意志民族根本没有自己民族自决的权利。他们强烈的民族统一和国家独立的愿望和要求被东西方大国的争霸利益所割裂。但是不管怎么说，德意志民族赖以存在和发展的"民族统一"的民族精神，总是一再地、不断地突现出来，并构成对东西方占领国的巨大的"民族道义"压力，苏占区的德意志人是如此，西占区的德意志人亦复如是。即使联邦主义者阿登纳，在双占区成立德国行政部门执行委员会并把某些重要的经济行政职权移交给德国人时（1947年），就担忧完整统一的祖国会因此一分为二，即担心"导致德国分裂成东德和西德两部分"。正是这种民族的愿望，才迫使东西方大国，特别是西方大国在分裂德国时不得不许诺未来德国的统一前景。1948年7月初，西方三国军事长官在法兰克福召集西占区11个州的总理开会，把三个所谓"法兰克福文件"交给他们，授权各州在规定条件下开始建国的程序。文件一《关于宪法决定的声明》，授权

---

① 丘吉尔攻击苏联，说"从波罗的海的什切青到亚德里亚海边的的里雅斯特，一幅横贯欧洲大陆的铁幕已经降落下来。在此线后面坐落着中欧和东欧各国的都城。……无一不处在苏联的势力范围之内，受到莫斯科日益增强的高压控制"。

各州总理召开制宪会议;宪法应是联邦制的、民主的和自由的;经军事长官批准后提交各州公民表决。文件二《关于改组州议会的声明》,要求各州总理审查各州边界。文件三《宪法生效后军事长官权限的声明》,包含对尚待制定的占领法规的方针,对占领当局和未来德国政府之间权限划分的设想。这三个文件就西占区将来的发展阐明了基本思想,并为将来西德的国家机构及其职权范围定下了基本方针。但是7月7日西占区各州总理的科布伦茨讨论会上,认为必须避免采取任何使将要建立的实体具有国家性质的做法,因为这将导致德国永久的分裂。这只能是一种临时措施。他们向克莱作了汇报:1.希望早日知道占领法规的内容,然后再制定宪法;宪法不必经过公民投票,为今后统一德国留有余地;不称"宪法",而称"基本法";2.外贸不受占领当局监督;3.鲁尔国际管制不列入占领法规;4.德国有权自行管理警察。此外,州总理们希望除保证占领军安全、维持德国的民主秩序、非军事化和履行国际协定的义务外,其余行政权、立法权、司法权等均应交给德国。经过重新谈判,西方三国军事长官同西占区各州总理在7月26日法兰克福的最后一次会议上达成了妥协:即将成立的西德国家应是临时性的;改宪法为基本法;不召开国民议会;同意成立一个议会委员会,代表由各州议会选举产生,通过的决议不交全民表决,但须提交州议会批准。西方军事长官坚持在基本法制定后才能公布占领法规,但起草基本法的"议会委员会"须将讨论、拟订的情况随时向军政府"通报"。

1948年9月1日,西德议会委员会在波恩开幕。基督教民主联盟党团主席阿登纳当选为主席,社会民主党的卡洛·施密德(Carlo Schmid, 1896—1979)为总委员会主席。总委员会在一系列下设委员会的协助下起草基本法条文。阿登纳致词称:"我们议会委员会的坚定目标是,要写出这样一部宪法:使全德国统一的可能性永久地存在下去,使德国的东部地区在任何时候能在这个新国家里占有自己的位置。"与此同时,美英法三国也成立了三方委员会开始起草占领法规。

基本法和占领法规都无法回避鲁尔的国际管制问题。为此西欧六国决定在11月11日召开第二次伦敦会议。但在会前一日,美英两国以军政府名义发布"德国煤炭钢铁工业改组法令",称"煤炭钢铁工业的最终所有权应该留给自己选出的具有代表性的德国政府决定"。改组的办法是将过分集中的大企业分散,由军政府指定托管人组成钢铁托管协会负责

第十四章 盟国管制时代：夹缝中的德意志民族

管理,实际上是由德国老板继续经营。这一所谓75号法令使第二次伦敦会议一开场就引起争吵。法国外长指责美国政府宣布75号法令是制造既成事实,但法国不能接受由德国政府决定产权的法令,法国主张不让德国人主持经营管理,应将鲁尔的产权与经营管理交国际管制机构。会议陷入僵局。11月19日,美国国务卿马歇尔、法国外长舒曼和英国国务大臣麦克尼尔在巴黎正式会晤,美国决定让步,同意法国参加美英煤钢管制小组,同意设立鲁尔国际管制机构。六国伦敦会议12月19日达成鲁尔问题公报:设立鲁尔国际管制机构,占领期间行使经济职能,其决定须由占领当局批准;管制机构将和德国政府直接联系;其主要职能是根据德国和欧洲国家的需要,分配鲁尔煤钢,促进欧洲复兴。1949年4月28日,六国在伦敦签订协定,正式成立鲁尔国际管理机构。

1949年2月16日,阿登纳代表议会委员会向西方军事长官递交了第一稿基本法草案,占领当局认为草案中所列的权力过分集中在中央当局而予以退回。议会委员会为此发生争论,一大部分代表表示不向占领当局妥协。阿登纳主张妥协,但他也不放松一切机会,要求扩大未来西德政府的权力。他在3月25日的伯尔尼演说中,不仅对盟国战后全面接管德国政府权力的国际法有效性提出质疑:"盟国最好让德国人自己去收拾局势并重建他们的国家机构,而盟国只限于监督,这样也许更好更正确",而且对鲁尔管制机构中没有德国代表以及单独由占领国军事长官行使权力这一点大发牢骚。在谈到德国统一与成立西德政府关系时,认为必须及早达到建立西德国家的目标,才能重新统一德国。

1949年4月4日,北大西洋公约在华盛顿签署。英美法三国外长借此机会磋商如何克服在对德《占领法规》上的分歧。一致商定占领当局应予保留包括武装、安全、消灭纳粹、解散卡特尔组织、外交、赔款等权力,其他方面则由德国人自己管理。三国军事长官终于就《占领法规》达成了协议。4月8日三国发表了《华盛顿声明》,将《占领法规》概括为五个方面:第一,西德国家成立后,军政府将告结束,文职的高级专员将代替军事长官成为盟国驻西德的最高官员。占领军依然留驻。高级专员委员会由三盟国高级专员组成,主管德国对外事务和安全事务,并对西德议会的一切行动拥有否决权。第二,德国人将拥有"民主的自主政府",在允许范围内制订立法,但盟国应防止德国人采取诸如推迟德国自立自助的立法行动。没有盟国高级专员委员会的一致同意,西德基本法不容修改,军备和工业管制也不容修改。这就使法国在安全问题上具有否决权。第三,不论西德政府何时成立,西方三占区应立即合并。第四,新成立的西德国家将成为欧洲复兴计划的正式成员,盟国将继续监督德国的外贸。第五,贯彻建立鲁尔国际管制机构的协议,不再拆迁先前指定拆迁的大部分德国工厂。两天后三国军事长官把《占领法规》交给德国议会委员会,要议会委员会加速基本法的制定工作。1949年5月8日,即德国法西斯投降四周年之日,议会委员会对即将推出的基本法进行表决。65名代表中有55名投了赞成票,基本法通过。5月12日,在柏林封锁解除的当天,三国军事长官批准了《基本法》并同时公布了《占领法规》。随后基本法被提交各州议会批准。除巴伐利亚州外,各州议会都表示同意。巴伐利亚州政府也只能明确表示,基本法对它有同样的约束力。至此,建立西德国家的法律准备工作全部完成。5月23日,正是苏、美、英、法四国外长会议在巴黎召开之日(巴黎会议的中心议题是德国的重新统一以及柏林和币制问题,对德和约问题),西方三国在西德隆重举行了《基本法》的签署与正式生效庆典。

1949年5月23日西占区国会参议院签署《基本法》,9月20日德意志联邦共和国正式成立

成立西德国家的步伐加快了。8月14日,德国西占区举行第一届联邦议院选举,各党派展开了竞选活动。当时最大的两个政党基督教民主联盟和社会民主党就基本法没有解决的经济体制和社会体制展开激烈的辩论。舒马赫激烈抨击基督教民主联盟党人艾哈德实行的社会市场经济原则,而要求一种社会化的中央计划经济。这次选举吸引了78.5%的选民投票,共选出第一届联邦议院议员402名,其中基民盟/基社盟139席(外加2名无表决权的大柏林议员),社会民主党131席(外加5名),自由民主党52席(外加1名),巴伐利亚党17席,德意志党17席,德国共产党15席,其他党派和无党派人士31席。9月7日,联邦议院和联邦

参议员正式成立。9月12日,自由民主党主席特奥多尔·豪斯被选为总统(象征性的),同日由基民盟、基社盟、自由民主党三党联合组成的第一届内阁建立。15日阿登纳当选为首任联邦共和国总理。20日德意志联邦共和国正式成立,首都定在波恩。21日盟国高级专员委员会宣告成立。

在西占区筹建西德国家的同时,苏联也在其占领区加紧筹建东德国家。苏联也是首先使东占区在经济上自成体系,并按照自己的经济模式改组东部经济。1947年成立的德国经济委员会原是为了日益社会化的经济实行计划管理的机构,1948年2月后加强了行政职能。苏联军管会下令在组织上加强德国经济委员会,由原来的会议机构改组为设有主席领导和秘书处的执行机构,并授予它对苏占区境内所有德国机关进行指导和监督的职权,也就是说,经济委员会有权直接向各经济部门和广大居民的经济生活发布有约束力的指令。苏军管当局将以往由各州管理的社会化经济的一大部分交由德国经济委员会支配,经济委员会秘书处则有权向各州国营企业总局下达指示。当时有国营企业2800个,其中1800个(约占全部职工的4/5)完全脱离了各州的管辖,直接由经济委员会下的"国营企业联合会"领导。当时国营企业产值占苏占区工业产业的40%,苏联股份公司占20%,私营经济成分占40%,现在私营成分与国营企业一样被纳入经济总规划,被"社会化"了。农业也实行社会主义改造措施,经济委员会大力推行苏式的"拖拉机站"和建立农业合作社组织。1949年1月初,苏占区公布了"两年经济计划",目标是:生产水平达到1936年的81%;生产成本降低30%;工资提高12.15%;口粮热量从1500卡路里提高到2000卡路里。为了保证"两年计划"的顺利完成,苏占区当局下令,扩大经济委员会的代表性,吸收政党和群众组织代表参加,人数由36名扩大到104名。德国经济委员会实际上为未来东德国家的中央机构作好准备。

苏联在德国问题上同西方的争夺和较量,政治上是处于主动地位的,因为它打着"德国统一"的旗号,并采用"后发制人"的策略。到1949年5月的苏美英法四国外长巴黎会议上,苏联外长维辛斯基还提出:恢复破裂一年多的盟国管制委员会,作为在德国负责行使最高权力的机构;恢复柏林四国城防司令部;缔结对德和约;以苏占区和西占区现有经济机构为基础,建立全德国务会议,使之具有政府职能等建议,虽遭西方三国首先是美国国务卿艾奇逊的断然拒绝,但却达到宣传性的目的。事实上苏占区制定宪法的工作早就开始。1946年11月统一社会党就曾提出宪法草案,后在此基础上进行修订,1948年3月17—18日,即1848年革命柏林起义100周年之际,苏占区召开了德国人民代表大会,选出由400人组成的"德国人民委员会",作为临时常设代表机构。10月22日,德国人民委员会通过由统一社会党提出的"德意志民主共和国"宪法草案。1949年3月18—19日,德国人民委员会第六次会议最终核准上述草案(实际上也就是苏联占领当局最终核准),决定提交第三届德国人民代表大会批准。人民委员会主席团主席威廉·皮克旋即致函波恩的议会委员会和法兰克福的经济委员会,建议于4月8日召开联席会议,讨论实现德国统一的方式和手段,早日达成和约与撤出占领军等问题。这一建议同样出之于苏联的宣传性目的,它遭到对方的拒绝。

人民代表大会代表的选举是在西占区通过《基本法》后第三天,即5月15日进行的。这次选举按联合阵线原则,采用统一候选人的办法,席位事先由各政党和群众团体按商定的比例进行分配。具体席位比例为:统一社会党25%,基督教民主联盟和自由民主党各15%,国家民主党和民主农民党各7.5%,其余归各群众组织。由于群众组织是由统一社会党领导的,这就完全可以保证统一社会党在人民代表大会的领导地位。两天后公布的选举结果显示,有95.2%的苏占区选民参加了投票,选出人民代表1 600名,其中有616名当选代表来自西德。5月底,第三届德国人民代表大会在柏林剧院召开,大会批准了经人民委员会核准通过的宪法。这部宪法同西德《基本法》的前言相似,明确要求成为全德国的模式。宪法第一条规定:"德国是一个不可分割的民主共和国"。在国旗的选择上,东西德都将1848年革命的黑红金三色旗作为自己的国旗。[①] 东德宪法也跟西德基本法一样,规定"一切国家权力来自人民"。在东德宪法和西德基本法中,我们听到了德意志民族的真正声音:要求国家和民族的统一,而不是分裂。这次大会选出了由400名委员组成的新的人民委员会,发表了一项宣言,呼吁以雅尔塔和波茨坦协定的原则为基础缔结和约,呼吁通过德国临时政府重建德国统一和这一政府参加和约的谈判,呼吁废除占领区在贸易、货币和运输方面的壁垒。宣言也包含德意志民族

---

① 十年以后,民主德国才在国旗上加上铁锤、圆规和谷穗图案的国徽标志。

第十四章 ● 盟国管制时代：夹缝中的德意志民族

的愿望。

随着德意志联邦共和国的成立,苏联立即照会西方三国政府,把分裂德国的责任完全推给西方,并迅即指令德国人民委员会加速成立东德国家。1949年10月7日,德国人民委员会通过决议,宣告自己以临时人民议院的名义行使最高立法机关的职责。临时人民议院决议在当天成立德意志民主共和国,并宣布宪法生效。统一社会党领导人格罗提渥受命组织政府,10月11日,皮克当选为德意志民主共和国总统。同一天,苏联政府宣布,"准备将以前属于苏联军政府的行政权移交给德意志民主共和国临时政府",同时宣布成立德境管制委员会代替苏联军政府。

至此,在德国土地上出现了两个国家:联邦德国和民主德国,两个德国对立的格局形成了。德国的分裂完全违背了德意志民族特别是普通老百姓的意愿,是东西方占领国之间的争夺和较量所促成的。

苏占区共产党和社会民主党联合为统一社会党。两党主席威廉·皮克和奥托·格罗提渥实现历史性的握手。1949年10月7日德意志民主共和国成立

作者评曰：

"人为刀俎,我为鱼肉",这正是战后德意志民族的处境。夹在东西方大国争霸之间的德意志民族,理所当然地对自己的处境和命运感到不满、悲愤和无可奈何。但是问题须从两个方面来看。从战胜国盟国方面看,摧毁极端民族主义的法西斯德国,清算德意志极端民族主义的反人类罪行,这是正义之举,但是战胜国盟国之间为了争霸欧洲而割裂、分裂德国和德意志民族,特别是用占割领土、驱逐德意志居民的极端做法,却是一种强权霸道之举,只会进一步造成不可解的诸多民族矛盾。从战败国德

国和德意志民族方面看,首先应有"负罪感",为法西斯极端民族主义所犯罪行承担"道义责任",然后在新的"道义"基础上,即在追求和平、民主、发展的基础上,使德意志民族和国家获得新生。统一德国和统一德意志民族的愿望和努力,应是一种"正道"之举,也是我们所支持的。

第十五章 重新崛起时代：一个民族两个国家

> 尽管我们的国家被分裂，德意志民族仍可以被理解为辩证的统一体。旧德国的终结和德意志局部国家的成立究竟标志着德意志历史的终结还是标志着德意志历史的一个时期，这些都是悬而未决的问题。
>
> ——K.D.埃尔德曼

一、联邦德国的现代化进程

1949年9月在德国西部土地上成立的德意志联邦共和国（简称联邦德国或西德），立即就进入战后世界现代化大潮的行列。但是它不同于战后非殖民化运动中获得独立的新兴国家，而是被战败、被摧毁的原西方发达的工业国，它的现代化目标不仅要恢复经济发展并重新进入发达国家的行列，而且要争取国家的完全独立并对国家作完全民主化的改造。联邦德国的政治体制和经济体制的现代化，其核心内容就是西方式民主化和前沿工业化，而且政治的民主化，也许是更为关键的任务。

联邦德国政治现代化的第一个内容，是《基本法》的制定并在此基础上规定了联邦德国的政治体制是实行议会民主制和社会福利制的联邦制国家。基本法的制定者根据自己亲身经历深知希特勒独裁统治是如何践踏法律和人的尊严的，也清楚记得魏玛共和国时期软弱的民主制是如何被纳粹暴力所颠覆的。因此基本法中虽然基本上贯穿美英法等西方国家的"自由、平等、民主"精神，但很多地方也可看到那些竭力避免导致德国第一个共和国垮台的错误的构想。总的说起来，这部作为联邦德国根本大法的基本法具有这样几个特点:一是明显的"临时过渡"性,它的"有效期至(全体)德国人民通过自决制定的宪法生效时为止";二是国家主权受到限制性,占领国当局还保留一些重要权力,甚至必要时可以重新收回联邦德国政府的权力,联邦德国在1955年5月以前还不是一个拥有完全主权的国家;三是以实现民族和国家的统一为出发点;四是公民的基本权利受到高度重视,它把公民的基本权利列在国家根本大法之首,把"一切为了人"作为国家存在的宗旨;五是设立"建设性不信任案"条款,规定只有当联邦议院选不出新的总理,或者对总理的不信任案得不到议院法定多数票支持时,联邦总统才有权根据联邦总理的建议解散联邦议院;联邦总理只有当联邦议院在提出不信任案的48小时内以多数票选出新总理时,才得下台。这不仅避免了魏玛共和国后期政府如走马灯似的不断更替和议会不断的解散和选举,而且杜绝了一些拒绝政府政策而自己的纲领又得不到议会支持的反对党轻易推翻政府的图谋;六是勾销了魏玛宪法赋予共和国总统"至高无上"的权力,总统所能起的作用是在国际上代表国家,在外事交往中开展礼仪性的活动。联邦总统所颁布的法令必须得到联邦总理和有关部长的副署才能生效;七是将公民的直接民主权改为间接民主,在联邦和州的范围内,公民的参政是通过平等、秘密、直接的普选选举联邦和州议员体现的;八是对政党的权利和义务作出明确的规定。

联邦德国政治体制的四原则是民主制、法治、联邦制和福利国家。民主制的原则是指,"公民是国家的主人",所有年满18周岁以上的公民通过普遍、直接、自由、平等的无记名投票选出联邦议院的议员,再由议员选举联邦总理。联邦议院是根据选举人-政党比例混合选举法产生的,其中一半议员由各选区直接选举产生,另一半议员通过各政党提出的州竞选名单选举产生(后来直接选举与按名单选举议员的比例改为60:40)。州和联邦选举法还规定,各政党只有获得5%以上选票方能进入议会。议员不受选民委托或政党指令的约束,只凭"本人良心"行事。法治原则是指,国家的一切行为都受法律约束。如果制定的法律不公正,联邦宪法法院可以判决废除。按照西方的三权分立原则,国家权力由立法、行政和司法三权独立行使。联邦德国法律必须遵守以下三原则,即个人尊严不受侵犯,个人发展的自由受到保护;个人在集体中有自决的自由;所有公民一律平等。联邦制原则是指发挥地方的主动性,防止中央机构可能出现的滥用权力。联邦德国实行三级管理,即联邦、州和受联邦委托由州进

第十五章 ●重新崛起时代:一个民族两个国家

行管理三级。市、县、乡的基层管理基本上实行自治,都是地方自治机关。直接由联邦管理的有外交、国防、财政、海关、联邦铁路、联邦邮政、联邦水路和航空等。各州不仅是国家的行政区划,而且还享有部分国家权力。各州均有自己的议会和自己的宪法,有乡镇、教育、部分环保和大部分警察事务的立法权。① 福利国家原则是指,国家有义务为每一个公民提供社会保障并为实现社会公平而努力,这是对传统西方法治国家概念的一个现代化补充。

按西方模式现代化的联邦德国国家机构是按立法、行政和司法专门机构行使权力的。联邦总统是国家元首,由联邦代表大会(特地为选举总统而召集的宪法机构)选举产生。联邦代表大会由联邦议员(包括西柏林议员)和同等数量的州议会议员组成。鉴于联邦总统主要是代表性职位,所以要求这一职务的人选需有德高望重的政治品质和平衡能力,以自己的"人品"在联邦德国和世界上发挥作用。从第一任总统豪斯到两德统一时的第六任总统里夏德·冯·魏茨泽克(Richard von Weizsäcker, 1920—),情况几乎都是如此。他们在"平衡"总理的独断擅权和对西方的过分依赖方面起重要作用。联邦德国的国会由联邦议院和联邦参议院组成。联邦议院是联邦德国的公民代表机构,也是最高的立法机构,议员每四年选举一次,主要任务是立法、选举联邦总理和对政府进行监督,此外还拥有决定国家预算的权力。但是在现实政治中,联邦议院的大权都受执政党政策的制约,而且许多立法不是由联邦议院制定,联邦参议院和政府都可提出法律草案,颁行法令。联邦参议院代表各州参与立法和国家管理,议员由各州政府成员或全权代表组成。在联邦共和国中约有一半以上的法律,特别是涉及各州的财政和行政权限的法律,都是经联邦参议院批准后生效的。联邦政府的法律提案首先要交给联邦参议院审议,但作为主要立法机构的联邦议院的议案不需事先提交联邦参议院,可自行通过。如联邦议院与联邦参议院意见相左,双方推出同等人数的议员组成协调委员会进行协商,草拟两立法机构均可接受的最佳方案。联邦参议院很少召开大会,工作主要由各专业委员会进行。各委员会主任由联邦议院议长和副议长以及若干党团议员组成的委员会任命。联邦参议院主席任期一年,由各州州长轮流担任。联邦总统因故不能理政时,代行

---

① 从1967年起,中央调控的势头越来越明显。迄今基本法已有多处被修改、补充或被废止。

总统职权。

联邦政府由总理和各部部长组成。联邦总理由联邦总统根据国会占多数席位政党的意愿提名,由联邦议院选举产生。联邦政府中只有联邦总理一人是选举产生的,所以只有他一人直接对议会负责。联邦总理的权力很大,他决定政府的方针和政策,提请联邦总统任命或罢免联邦部长,实施联邦议院通过的法律。联邦政府设有副总理一职,但他除作为部长分管部门工作外无其他职权,部长们只能在总理决定的方针政策范围内独立领导本部门工作。第一任总理阿登纳,连续四届执政,从1949年一直当到1963年,形成一种"强人政治"和"独断专行"作风,当时人讥讽联邦德国的民主只是"联邦总理的民主"。即使如此,阿登纳还是在第四届总理任满前不受选民青睐下了台。以后历任总理,如基民盟的艾哈德(1963—1966)、基民盟的基辛格(Kurt Georg Kiesinger, 1966—1969)、社会民主党的勃兰特(Willy Brandt, 1969—1974)、社会民主党的施密特(Helmut Schmidt, 1974—1982)和基民盟的科尔(Helmut Kohl, 1983—1990两德统一)都不得不强调民主,"遵从民意"。

联邦宪法法院是联邦德国的最高司法机构,它独立行使职权,任务是监督对基本法的遵守,还有解释和阐述维系整个德意志民族的伦理道德。这个设立在卡尔斯鲁厄的联邦宪法法院,裁决联邦与州之间或联邦各机构之间的纠纷,判定某个政党是否违宪需予解散,审查联邦和州的法律是否符合基本法,监督公民基本权利的执行。当然这些都需由特定的机构,如联邦政府、州政府、议会、其他法院等提出时才予受理和处理。但每个公民感到国家侵犯了他的基本权利、在向各级有关法院申诉而无结果时,都有权向联邦宪法法院起诉,宪法法院有最终审议权。如果联邦议院或联邦参议院对联邦总统起诉,宪法法院将以国家法院的名义进行审理。在1949年到1987年间,联邦宪法法院共判决了6.5万件案子,其中引人注目的有1952年10月取缔极右的社会主义国家党和1956年8月取缔左派的德国共产党。联邦宪法法院由两个审判委员会组成,各有8名法官,法官由联邦议院(通过选举人委员会)和联邦参议院各推选一半,任期12年,不得连任。法官在任职期内不得站在自己所属政党立场断案,免除除大学教授职称外的一切职务。联邦德国的司法机构除宪法法院外,尚有设在卡尔斯鲁厄的联邦高等法院,设在慕尼黑的联邦财政法院,设在柏林的联邦行政法院,设在卡塞尔的联邦

第十五章 ● 重新崛起时代：一个民族两个国家

劳动和社会福利法院。

联邦德国政治现代化的第二个内容，是通过靠拢美国、与法国和解、与西方结成经济、军事同盟之路，使联邦德国重获完全的主权并自立于西方世界之林。西方盟主美国极力主张并致力于把西部德国变成西方抵御苏联势力向西和向南扩展的前哨阵地，这一战略目标正好与阿登纳总理的"建国思想"相吻合。阿登纳深信，在马歇尔计划把西欧集合成一个大经济集团和两大阵营冷战对峙的形势下，德国的统一"不能以脱离西方范围和放弃欧洲一体化的成就为代价来换得"，当务之急乃是与西方"一体化"，与西欧"一体化"，实现联邦德国的完全主权，德国的统一才有坚实的实力基础。这就是所谓"自由先于统一"的原则。就在联邦共和国成立的当年，阿登纳政府不惜付出承认萨尔区国际化地位以及被迫参加鲁尔国际管制机构的代价，换得联邦德国获得对外领事权和占领国停止拆卸重大的工业设备，联邦德国开始成为西方国家的经济伙伴。1950年3月，阿登纳在与美国记者谈话中建议成立欧洲联盟，同时建议德法组成同盟，以调整两国间关于萨尔区和其他方面问题的分歧，并使德法同盟成为欧洲联盟的基石。两个月后，法国外长舒曼发表声明："欧洲各民族的联合要求消除法德之间几百年的对立。已经开始的事业首先应包括法国和德国。"舒曼接着建议，"把法德的全部煤钢生产置于一个其他欧洲国家都可参加的共同的最高联营机构管理之下"。这个所谓"舒曼计划"不仅可以确保法国在美国和重新强大的德国面前具有实力地位，而且给德国一个通过经济一体化达到政治平等的契机，它得到美国的支持和阿登纳的赞同。1951年4月，阿登纳应邀访问法国并同法、意、荷、比、卢等国一起在巴黎签署欧洲煤钢联营条约，1952年7月25日条约正式生效。这是欧洲六国第一次把国家某方面的主权交给超国家组织，联邦德国的煤钢产量约占该联营总产量的40%。就在条约生效的同一天，鲁尔特殊地位和国际鲁尔机构以及盟国对德国重工业生产的控制和限制被取消，从法律上确认了联邦德国对鲁尔的领土所有权。

就在"欧洲煤钢联营"的商讨、组建和形成期间，美英法三国决定给予联邦德国某种程度的独立和平等地位。1951年3月，修改了的《占领法规》生效，占领国把日常事务交给联邦德国，准许联邦德国建立外交部。一个多月后联邦德国成为欧洲委员会的正式成员国。但是美国为了增强北大西洋公约组织的实力，提出重新武装联邦德国并使它加入北约组织的计划,却遭到法国的拒绝而搁浅。阿登纳是十分希望加入欧洲大陆防务集团,通过缔结协定和西德参与西方防务来彻底改变德国和西方盟国的关系。1952年5月,阿登纳和西方盟国签订了相互关系的《一般性条约》(《德国条约》),承认联邦德国是"国际社会中自由平等的一员"。5月27日,联邦德国与法、意、荷、比、卢在巴黎签订《关于建立欧洲防务集团条约》(《巴黎条约》),规定由煤钢联营参加国各派军队组成"欧洲军",联邦德国不拥有独立军队,"欧洲军"由美国控制的北约最高统帅监督、组织、装备和训练,为北约防务组织的一部分。《欧洲防务集团条约》不仅招致了联邦德国反对派和广大群众的反军国主义斗争浪潮,而且招致以戴高乐将军为首的政治家的抨击:"那种认为有了防务集团条约就可以重新武装西德而不致重建军国主义德国,是完全错误的。"法国国民议会经过长达两年多的辩论终于1954年8月30日予以否决。

美国,还有英国,以及阿登纳政府,则继续寻找协调西方盟国同联邦德国关系和确定联邦德国军事欧洲化的办法。1954年9月28日至10月3日,"煤钢联营"六国和美、英、加拿大在伦敦开会,决定吸收煤钢联营成员国的联邦德国和意大利加入1948年成立的布鲁塞尔公约并把该公约扩大成西欧联盟;吸收联邦德国为北约成员国。美、英、法三个占领国应把联邦政府看成是德国的唯一合法政府,并把恢复德国统一和维护柏林视为自己一如既往的目标。1954年10月19日至23日,上述九国代表云集巴黎,四个国际会议同时举行,起草和签订了一系列协议和协定,统称《巴黎协定》。《巴黎协定》重新调整了联邦德国与三个占领国的关系:同意联邦德国加入布鲁塞尔条约;同意联邦德国加入北约,条件是联邦德国不得生产核武器和生化武器,承认联合国宪章的基本原则,承担北约的"防御义务";声明重新统一德国和改变现边界方面不诉诸武力;废除对联邦德国的占领,同时在联邦德国驻军;允许联邦德国建立一支50—52万人的正规军。此外,法国和联邦德国同意,在《巴黎条约》生效后,由萨尔区当地居民自决萨尔兰的归属。① 1955年5月5日《巴黎协定》正式生效。正是这一天,阿登纳不无得意地说:"我们是一个自由和独立的国

---

① 1955年10月23日萨尔居民的自决投票中,2/3以上的多数拒绝法国式的"欧洲化",12月18日新选出的萨尔区议会要求回归联邦德国。从1957年1月1日起,萨尔区正式成为联邦德国的萨尔兰州。

第十五章 ● 重新崛起时代：一个民族两个国家

家。"联邦德国恢复了完全的主权,也完成了加入西方联盟体系的过程。在此后的日子里,联邦德国同美国保持密切的关系;1963年阿登纳访法与戴高乐签订的德法《合作条约》(又称《爱丽舍宫条约》)是德法真正和解的标志;1957—1958年加入欧洲经济共同体(EWG)以及欧洲原子能委员会,这是致力于欧洲统一的关键步骤之一,它们后来总称为欧洲共同市场(EG);1970年开始进行欧洲政治合作(EPZ);1986年签署并于1987年7月1日生效的统一欧洲文件奠定了实现欧洲联盟的政治基础。

政治领域里政党"阶级基础"的变化也可视为联邦德国政治现代化的特征之一。无论是基督教民主联盟,基督教社会联盟,自由民主党还是社会民主党,都不再强调他们的社会阶级属性,而是标榜为"全民党"。它们之间不存在根本的利益冲突,只存在社会政策的某些差异和对外政策的侧重不同。那些得不到5%选票而进不了联邦议会和州议会的诸多小政党,都改头换面拥护上述的诸大政党,反而形成了诸大政党内部左右翼的明显区别。德国社会民主党是一个典型的例子。在50年代初,社会民主党的纲领还是保持马克思主义的社会主义学说,也可以说代表工人阶级和广大群众利益,在联邦德国的内外政策等一系列问题上,与阿登纳主持的政策进行激烈的争论,要求在改良主义基础上实现民主社会主义。但是这条路线由于越来越不适合战后德国西部变化的形势,因此该党在接二连三的大选中败北,在通往执政道路上未能取得任何进展。1959年11月社会民主党特别代表大会上,通过了改弦易辙的哥德斯贝格纲领,纲领放弃了马克思主义的社会主义学说,表示从现在起将集中精力改善和改革自由竞争制度;声称:"德国社会民主党已从一个工人阶级政党变成为一个人民政党……德国社会民主党是一个思想自由的政党。它是一个由不同信仰和思想的人组成的团体。他们的一致性是建立在共同的道德、基本价值观念和共同的政治目标的基础之上的。"社会民主党还在纲领中宣称它所致力于建立的"社会主义社会",是"每个人都能发展其个性,并作为社会中的一个负责成员,参加人类的政治、经济和文化生活"的社会。1960年社会民主党公开表示,愿意全面接受北大西洋公约组织,愿意同德国其他政党团体共同合作。这年11月的汉诺威党代表大会上决议:柏林与分裂的德国的命运,在德意志民族问题上,强烈要求一切民主力量"采取广泛和共同的措施"。一些党的新领袖还积极寻求与政府的合作扩大到内政方面。时年47岁的勃兰特(Willy Brandt,1913—1992)被确定为1961年大选的社会民主党的总理候选人。勃兰特16岁参加德国社会民主党,希特勒上台后流亡挪威和瑞典,从事新闻记者工作和反纳粹秘密活动。纳粹投降后返回西柏林,追随舒马赫重建西德社会民主党。此后在党内崭露头角。1957年10月,勃兰特出任西柏林市长,直至1966年。鉴于西柏林特殊的国际地位,勃兰特在国际舞台上频繁活动,积极争取西方国家对西柏林"自由市"地位的支持,在公众中的声望远传国外。1964年2月勃兰特接任党主席之职,与党内革新派代表人物、党的副主任赫尔伯特·魏纳(Herbert Wehner,1906—1990)和社会民主党议院党团主席弗里茨·埃勒(Fritz Erler,1913—1967)以及年轻的党的理事赫尔穆特·施密特(Hermut Schmidt,1918—)代表着党内朝气勃勃的、具有革新精神的新一代和"新风貌"。

这里还需提及的是1979年出现的新党"绿党"(Die Grüne),它在1983年首次进入联邦议会,成为第四议会党团。"绿党"是从激进的环保运动中产生的,它联合了核电站反对者以及其他反对者团体,代表了激进的和平主义潮流,成员和拥护者主要来自青年一代。这个在组织上和纲领上都还不甚稳定的新党的出现,对原来的联邦议院的三党结构产生影响。1985年绿党第一次与社会民主党在黑森州联合执政。绿党是现代化比较典型的产物。

与政治现代化相辅相成的、且较政治现代化远为动人的是联邦德国的经济现代化。从一片废墟上重建一个前沿工业化国家,是一项十分艰巨的任务。固然,德意志民族人才资源的保留,科学、知识和技术的丰厚底蕴,美援资金的流入,特别是战后德国民众勤奋艰辛的劳动,这些都是有利的、基本的因素,但我以为真正启动并快速推进西德经济现代化的杠杆,却是一种新的经济体制——社会市场经济。饱尝希特勒法西斯主义经济统制之苦的广大德国民众,对极权垄断经济已深恶痛绝,同时,在战后社会主义思想深入人心的情况下,联邦德国资产阶级统治集团也迫切需要一种经济理论来对抗社会主义计划经济理论。这样,以竞争为基本内容、主张自由贸易而又带有福利保障的社会化色彩的社会市场经济,不仅容易为企业主所接受,而且也深得民心。按照推行社会市场经济体制和政策的联邦政府前任经济部长艾哈德的说法,社会市场经济是"在绝对自由与极权之间寻找的一条健全的中间道路"。

第十五章 ● 重新崛起时代：一个民族两个国家

艾哈德的社会市场经济①体制，以自由竞争为核心，以生产资料私有制为基础，主张企业要独立自主。它打起反垄断的旗号，宣扬"社会伙伴关系"、"阶级调和"和"公平分配"，标榜"经济人道主义"。它主张国家通过其货币、信贷、贸易、关税、投资等经济和社会政策对经济生活给予一定限度的干预，也就是说国家在市场经济中主要负有调节的任务，以充分保证个人积极性的发挥和市场的有效竞争，有利于社会和国家的经济发展。艾哈德的社会市场经济模式可以表述为：市场经济＋国家干预＋社会保障。生产什么，生产多少，获利几何，这些问题主要由市场决定，也就是说由市场竞争来决定，国家几乎完全放弃对价格和工资的直接干预。国家只是制订各种政策（"竞赛规则"），使竞争健康进行，并用宏观的调节避免大波动和危机。同时通过保险、救济、补贴等措施来缓和私有制及竞争必然造成的不公平，避免社会矛盾激化。

路德维希·艾哈德教授，经济奇迹之父，宣布工业博览会开幕

艾哈德的社会市场经济政策，开始并不为多数人所认同，也不为西方占领当局所理解。社会民主党主张实行中央控制的计划经济政策，基督教民主联盟也主张对经济实行计划和控制。但是在1948年6月20日币制改革后，艾哈德就坚决推行他的社会市场经济政策，主张立即取消管制、配给制和物价冻结，把西部德国的经济和生产一下子推入到市场——西德市场、西欧市场、国际市场参与竞争。6月20日这一天，艾哈德未征得西方占领当局的同意，宣布取消400余种商品和管制的价格控制，市场经济体制开始起步。6月24日，公布了《关于货币改革后的管制和价格政策指导原则法》，强调取缔垄断和发挥竞争的作用。7月又公布了《关

---

① 社会市场经济理论形成于30年代德国的新自由主义学派，通常人们把瓦尔特·欧根看成是奠基人。

于货币改革后固定价格和监督物价》的命令,废除了几十条物价限制条例。艾哈德好不容易消除了盟国军管当局的疑虑和反对,并赢得克莱将军的赞同,他的措施得到占领当局的批准。艾哈德同时也看到,在商品匮乏的情况下放开市场必然带来负面效应,那就是物价飞涨,投机倒把和囤积居奇的现象日益严重,唯一解决的办法就是增加消费品的生产,或者说,发展经济是唯一的出路。这年10月7日和11月3日,艾哈德相继颁布了《反对哄抬物价法》和《工资合同法》。《工资合同法》恢复了工资自治制度:劳资双方可通过自由协议的方式建立"社会伙伴关系"。为了减轻失业的巨大压力,政府调整产业结构,大力支持建筑业和公共事业的发展。政府还积极鼓励企业根据"自筹资金为主、贷款为辅"的方针发展能源、原材料等基础工业。由于艾哈德采取的一系列行之有效的政策,使联邦德国的经济得以恢复。1949年的生产是1936年的80.6%,而1950年的工业生产比1949年提高了60%。1950年上半年商品零售价格比上年同期下降了10.6%。工人的实际收入也有较大增加。联邦德国居民对前景开始有了信心。社会市场经济受到人们的欢迎。从1952年初起,联邦德国的经济开始进入振兴和繁荣期。到1955年止,联邦政府成功地将国民收入总额从1949年的470亿马克提高到850亿马克,1956年又增加7%—8%。1957年联邦德国的外贸总额居世界第三位。黄金和外汇储备从零上升到1955年的230亿马克。联邦德国从一个债务国一跃成为债权国。50年代联邦德国创造了"经济奇迹"。美国联邦储备委员会执行董事和总统经济顾问委员会委员沃利奇教授承认,联邦德国"不仅让预言家,而且也让经济学家大吃一惊"。

  从50年代初开始的联邦德国经济高速增长进程,也就是战后联邦德国经济现代化的进程。它除打有"社会市场经济"政策的烙印以外,还具有下述特点:一、同西欧经济一体化。联邦德国试图通过同西欧经济一体化达到三个目标:补充战后德国由于分裂而失去的东部经济区;参与当代国际最先进的经济大循环;彻底消除经济的依附性,形成抗衡苏美两个霸权大国的第三个力量中心。签署1958年元旦生效的欧洲经济共同体条约、组织欧洲共同市场这一超国家经济组织,目标不仅仅局限于关税同盟,而是试图实现完全的经济融合:一体化。从欧共体成立起,联邦德国在共同市场成员国中经济力量最强。1958年联邦德国的国民生产总值占共同市场的36.2%,出口贸易占39.3%,黄金外汇储备占48.4%,钢产量占 45.3%,电力占 41.3%,都占第一位,此后它的经济地位继续加强,1970 年共同市场六国的国民生产总值为 4 862.8 亿美元,其中联邦德国就占 38.5%,达 1 870.5 亿美元;工业产量也占六国总额的 46.5%,达 1 019 亿美元,出口贸易占 38.6%,黄金外汇储备占 45.3%,电力占 41.7%。这种举足轻重的地位,成为联邦德国积极推进和加快实现欧洲一体化的经济背景。到 60 年代末 70 年代初,联邦德国通过同西欧经济一体化实现现代化的目标已经达到。二、持续大量地进行投资和更新设备,特别是利用当代最先进的科学、技术、工艺对整个国民经济进行重建和调整,从质上改造了社会的经济结构。由于战争的破坏和战后战胜国的"非工业化政策"(包括设备拆迁),德国传统的社会结构已被摧毁。这使诸社会阶级和阶层之间原先的矛盾失去前提,教会的对立也失去原有的意义,战后重建家园的共同利益和其后出现的大众福利,暂时有助于促进社会的"均衡化"。当西方盟国停止非工业化政策并对西德工业采取扶植政策以后,联邦德国的经济就迅速恢复起来。以后的过程就是全面更新固定设备,把整个工业置于全新的、高精尖的科技水平上。50 年代出现的"经济奇迹",就是联邦德国开始新一轮的"工业革命"。一方面它对固定资本的投资量不断增加,一直保持着高水平,1950—1970 这二十年间投资增长了近十倍,平均每年增长 10% 左右。如与其他主要资本主义国家相比,联邦德国的投资水平仅次于日本,居资本主义世界第二位。另一方面联邦德国努力开展本身的科学研究工作,不断增加用于科学研究和高等教育的费用;同时大量输入、引进 50 年代世界范围内科学技术的新发明和新发现,并购买专利,使整个工业生产置于不断完善的智能化、自动化、电子化、计算机化的基础之上,使工业部门较快实现生产合理化和现代化,从而大规模刺激了对现代工业部门进行新的投资和扩大再生产。由于联邦德国固定资本投资主要集中在重工业、化学工业和电气电子工业(1956—1968 年占 76% 强),消费品和食品工业的投资只占企业投资的 20.5%,这种投资结构使得冶金、化学、机床、电气、汽车等工业部门得到优先,也促成联邦德国社会经济结构的不断变化:第一产业,特别是农业生产比重大幅度下降;第二产业中的传统工业部门大为减缩,只有现代化工业部门发展迅速;第三产业如贸易、交通、服务行业等急剧膨胀。这些变化又进一步导致职业结构方面的演变,工人以及老"中等阶级"如农场主、中小企业主、商人等,在就业人数中比例下降,而新"中等阶级"如技师、工程师、经理、官吏等比重在上升。高科技的现代化经济的发展,使人们的非物质需求大为增长,导致"后物质主义价值观"的出现。三、发展对外贸易和输入国外劳力。国外市场对于联邦德国这样一个只有24万多平方公里土地、6 000万左右人口的资本主义国家来说,实有生死攸关的意义。阿登纳在1962年10月发表的政策声明说:"没有传统的出口,我们就不能生存。"具体说来,国外市场对联邦德国的经济发展和现代化的重要作用表现在:1.对外贸易出口额占国民经济的比重很大,许多重要工业部门的产品几乎完全依赖国外市场。60年代联邦德国整个工业产品的1/5左右销往国外市场。1970年联邦德国工业营业额为5 289亿马克,国外营业额为1 021亿马克,占19.3%,其中化工、汽车、造船、机器制造以及精密仪器、光学仪器等高精尖工业部门产品外销的比重都在1/3以上,有的将近一半。这种势头在70年代初仍有迅猛增长。它们的生产已非50年代时期那样比较"粗放",而是集约型、精密型、高质型的生产,成为打入国际市场的"拳头产品",支撑着联邦德国经济的高速发展。2.对外贸易的发展,使联邦德国积累了大笔贸易盈余和黄金外汇储备,加强了联邦德国在世界金融中的地位。60年代联邦德国的外汇储备为英国的一倍,只有美国超过它。3.联邦德国的对外贸易结构有利于经济发展。出口工业制成品和进口原料、半成品、农产品的进出口商品结构,有利于联邦德国的生产能力和劳动力向重、化、高、精、尖工业集中和发展,加速联邦德国的资本积累。50年代末期,所谓"出口带来繁荣"的年代开始。联邦德国显现出一种经济过热现象,表现之一是劳动市场上已"空无一人",失业率低于1%,以往的难民和被驱逐者到1960年已基本被纳入联邦德国的经济生活,大约有1/3的人已向"中等阶级"奋进。联邦德国迫切需要"引进"大批外国工人,1965年已超过100万。1970年在联邦德国登记的"客籍工人"已有200万。他们主要来自意大利、西班牙、葡萄牙、南斯拉夫、希腊和土耳其的农业地区,经过几周或数月的集体培训,担任一些要求不高但又不可或缺的非专业化劳动。所以说,输入技术和输入劳动力,是联邦德国这个时期现代化进程中两个互相分离但又互相补充的要素。四、国家起越来越大的干预作用。联邦德国的"社会市场经济"体制,其中心要求是建立一种原则上是自由、但又承担着社会义务的经济秩序,并以一个强大的国家来保障这种经济秩序,它不同于19世纪盛行的不受国家干预的自由市场经济,也不同于20世纪上半叶盛行的以国家干预为中心的凯恩斯主义,而是将市场经济中的经济自由主义同社会平等、社会保障的社会国家观结合起来,既实现经济增长,又达到社会进步。"社会市场经济"并不直接研究诸如增长率、经济状况、充分就业、汇率及物价水平等现代化经济中带有全局性的概念,也不提供解决这些问题的有效办法,只是提出一般原则。但它强调,经济自由(消费自由、就业自由、生产自由、贸易自由特别是竞争自由)是市场经济有效发挥作用的根本点,国家对市场的干预只能限于采取保护市场、影响市场和控制市场措施的领域,不能妨碍市场机制发挥作用,必须与市场相适应。因此市场经济与国家干预这两者位置的摆法和相互关系的调整,就成为现代化经济发展状况的关键。艾哈德在50年代和60年代初卓有成效地推行社会市场经济政策,正是摆正了这两者之间的位置和予以适应性的调整:他提出竞争是市场经济发挥作用的前提,国家计划化、经济管制、卡特尔化以及摊派、限量、物价冻结等类似措施都会阻碍经济主体的积极性和主动性;同时提出经济自由有其界限,必须以"共同富裕"为目标,以保障全体人经济自由的权利;国家的经济政策主要限于竞争政策、收入与社会政策、结构政策、创建公共企业等。"社会市场经济"政策因而赋予联邦德国现代化以特有的色彩:1.社会市场经济政策的实践和实现,主要是通过一系列国家经济组织以及一些非官方的经济组织来完成的,它们活动的基础是各种经济法规,包括《基本法》、《货币法规》、《财政法》、《对外经济法》以及1957年联邦议院通过的《反限制竞争法》(又称《卡特尔法》)等,确定经济自由思想,也确定公民自由权利的界限,既排除极端自由主义的经济体制,也否定极端集权主义的经济秩序。与此相适应,联邦德国还制订了一系列有关货币制度、财政体制、竞争制度的经济法规。2.社会市场经济的经济政策和社会政策,主要是由各种国家经济组织和非官方的经济组织来执行的。前者包括联邦议院、联邦参议院、联邦政府(经济部、财政部、劳动部)、州以及乡镇行政机关、联邦银行等。后者有社会团体、经济研究机构和一些特殊的经济组织。前者的主导作用不言自明,后者的影响也非泛泛。联邦德国的总就业人员中绝大部分是雇员,包括工人、职员、国家公务员及受教育人员,另一部分是雇主,包括大企业、大公司、国家、乡镇行政机构及其他公共机构。他们相互之间存在着利益冲突,有时会产生激烈的对抗,尤其在工资政策上,但国家首先强调双方的"共同面",称他们是"社会伙伴",要求雇主和雇员对国家的经济稳定和发展负有义务。

雇主和雇员虽可在没有国家干预的情况下自由地达成工资协议,但国家却可通过法律来确定大致的政策走向。联邦德国的重要经济研究机构,包括专家委员会,五大经济研究所(基尔世界经济研究所、西柏林德国经济研究所、慕尼黑经济研究所、汉堡经济研究所和埃森威斯特伐利亚经济研究所)以及各大学的经济研究机构。1963年8月,联邦议院通过《组织专家委员会以评估国民经济》的法案,成立由五名成员("五智者")组成的专家委员会,"五智者"是由联邦总统聘请的知名经济学教授,专家委员会的任务是对国民经济的总体发展进行评估,每年一次,必要时一年几次。它鉴定目前的经济发展及今后的趋势,并寻求途径解决高就业、物价稳定、经济增长以及外贸平衡等问题。专家委员会的建议极受政府重视。3.创建公共企业,在一些经济部门不实行或不完全实行市场经济。联邦德国在农业、交通业、邮电业和住房业方面就从未实行纯粹的市场经济。农业主要是因为社会的因素而不能自由放任,同时也受到欧共体农业市场条例的限制。联邦铁路局和联邦邮政总局属公共所有,它们的业务不能以盈利为目的,而必须为全体人的利益服务。战后初期由国家控制的住房市场,随着住房状况的改善而变得基本自由了,但国家仍然进行监督,不让竞争达到社会难以忍受的地步,并采取一些保护房客利益的措施。在少数其他行业中,原则上可以自由竞争,但立法也制定了进入市场的条件限制,例如商业与小商业在开业前必须证明业主具有相应的知识,在卫生事业、法律咨询、税务咨询等职业中,国家要求业主受过相应的教育和达到一定的年龄。4.地区发展平衡和产业结构保护政策,促进比较落后地区的经济发展,支持受到冲击的产业。

"社会市场经济"在50年代到60年代初的成功,给人们造成一种错觉,似乎它能保证解决经济发展中的所有问题,扭转经济发展周期中的颓势。这是不正确的。到60年代中期,正是艾哈德本人当政时期,德国经济凯歌高奏的日子似乎已屈指可数。1966年的国民生产总值实际增长只有2.9%,工业生产只增加1.2%,生活费用上涨却达到3.5%,为朝鲜战争以来增长最高的一年。1967年初经济形势继续恶化,1967年的实际国民生产总值绝对下降为-0.2%,工业生产下降2.7%,2月份失业人数猛增到67万多人。1966—1967年的这次严重衰退应是联邦德国所独有,与世界其他各国的经济发展没有联系,只能归咎于艾哈德经济政策的失误。艾哈德总理为了保证大选的胜利,作出增加开支、减少税收的决定,加上 1964—1965 年繁荣时期工资增长超过劳动生产率增长的幅度,不仅刺激了本来就已过热的经济,而且埋下了通货膨胀的祸根。1966 年时便出现了大财政赤字,联邦、州和乡镇不得不节省开支,减少公共投资,经济界的投资活动也明显下降,终于引起经济衰退。这次被人们习惯地称为"艾哈德的衰退",也促成了艾哈德政府的倒台。新上台的大联合政府的经济部长、社会民主党人卡尔·席勒(Karl Schiller),是一位新凯恩斯主义者,决定继续执行社会市场经济政策的同时,更充分发挥国家的调节机制,使国家财政重新走上正规。这个方针在 1967 年 2 月举行的国家代表、劳资双方和科学家间的所谓"协商、行动"的研讨会上得到认可。6月,联邦议院通过了《促进经济稳定和增长法》,它使联邦政府手中掌握了一系列新的卓有成效的"干预经济"手段,例如在一定程度上使财政权集中在中央;由中央制定经济增长的计划;联邦银行可根据经济的需要停止支付联邦和各州的预算资金,限制联邦、各州和乡镇的贷款;以及通过减税来影响私人投资和通过提高或降低所得税、企业税来影响消费者的需求等。联邦政府利用这些新手段,开创了经济高涨的新局面。社会总产值从 1967 年的-0.2%增加到 1968 年的 7.3%和 1969 年的 8.2%,失业率大为下降,工资增加的幅度远远超过物价的上涨指数,被看成是又一次繁荣的到来。但是也应看到,正是从这个"国家加强干预"的时候起,联邦德国的经济政策日益有利于大企业和大公司,社会财富的大部分都集中到他们手中。

二、联邦德国成为经济大国和社会福利国家

联邦德国作为经济大国出现在世界舞台上,可以从 50 年代末算起,加入欧共体并在其中起举足轻重的作用,乃是里程碑。随着战后联邦德国现代化进程的展开与 60 年代、70 年代前期经济的持续发展,经济大国的地位已被世人所公认,经济大国的作用也已遍及世界。

从联邦德国国民生产总值来看,1955—1960 年平均增长率为 6%,1960—1965 年为 5%,1966—1970 年为 4.8%,呈减缓趋势,工业生产的增长率也是 60 年代低于 50 年代,70 年代低于 60 年代,但是联邦德国国民生产总值的绝对额却是"直线"上升和迅速增加。据统计,1950 年国民生产总值的绝对额为 981 亿马克,到 1973 年已增至 9 262 亿马克,增长

8.4倍，而到1980年，已达10 810亿马克。1950年联邦德国在资本主义世界国民生产总值中所占比重为5.4％，1970年上升为7.5％，次于美国和日本，居资本主义世界的第三位。1950年联邦德国工业生产占整个资本主义世界工业生产比重为6.4％，1971年升至9.8％，与日本并列第二。1950年商品输出额为83.62亿马克，只占资本主义世界比重的3.6％，到1970年已增至1 252.76亿马克，二十年间增长了16.3倍（同期美国只增长3.19倍），到1971年德国商品输出进一步增至1 360.11亿马克，在资本主义世界中所占比重为12.6％，不仅超过其他资本主义国家，而且同美国（占14％）相差无几了。

50年代后期开始，联邦德国的资本输出也增长很快。1960年输出总额为279.19亿马克，到1970年已达1 235.52亿马克，增长近4.5倍，超过了法国，居资本主义世界第三位。其中国家资本输出占20％以上，主要集中于发展中国家，1970年亚洲就集中联邦德国政府投资的一半以上。值得一提的是私人企业主对外投资的急剧增长。1955年前私人在国外投资4亿马克，到1970年时私人投资的累计数已达211.13亿马克，投资遍及世界上100多个国家和地区，主要在发达的资本主义国家。虽然1970年的私人资本国外投资的累计总额仅为美国国外投资的5％，英国的24％，法国的60％，相当于瑞士或加拿大的水平，或者说仅仅等同于外国在联邦德国的投资数，但这种急剧增长的势头可以看成是战后联邦德国现代化时期释放出来的扩张能量。

联邦德国的国民收入状况也是经济大国的标志之一。1950年人均国民收入为1 602马克，1960年上升到4 252马克，1970年达到8 725马克，增加近5.5倍，而生活费用指数仅提高了57％。1960年起联邦德国基本达到全面就业。联邦德国经济政策所追求的四大经济目标，即持续、适度的经济增长，高就业水平，物价稳定以及对外经济平衡，在60—70年代是基本达到了。

经济的发展日益改变联邦德国的国际地位和行事方式。50年代后期到60年代后期，联邦德国企图打"经济牌"，达到三个目的，一是利用苏美两个超级大国激烈争夺欧洲的对峙局面，一方面力图摆脱美国的控制，争取成为美国的"平等伙伴"，另一方面利用苏联国内经济的窘困和急需取得技术、设备和资金的援助，"改善"同苏联的关系，缓和苏联的压力，在苏美之间搞平衡，实现其大国地位；二是与西欧经济一体化，通过"欧洲联合"恢复其欧洲国家的大国地位,并使以它为主的欧洲联合成为苏美外的第三鼎足;三是向东欧渗透,在德国统一和柏林问题上达成有利于联邦德国的解决。同美国的经济关系是十分复杂的。长期以来,美国是联邦德国主要的经援国,通过这些援助(包括军援),美国力图占领联邦德国市场,控制联邦德国经济,变联邦德国为它同苏联争霸欧洲的前哨阵地。1956年7月生效的联邦德国与美国的《友好、通商和航运条约》,为美国资本输入联邦德国大开方便之门。1957年以后,美国对联邦德国的直接投资迅速增加。美国资本还力图冲破共同市场的对外关税壁垒,分享共同市场内部免税的好处。60年代末,美资控制的企业占联邦德国投资的5%—7%,主要集中在现代化的新产业。因此从60年代中期以来,联邦德国对美国资本采取一系列既限制又利用的措施。例如在税收方面,在修订的德美《避免双重征税协定》中,对美国子公司的公司税作了变动,将分配利润的总税率从30%提高到40%,减少美国子公司享受税收优惠的好处。如果利润的再投资数目超过分配利润总额的7.5%,需另加25%的税款。同时,联邦德国各大公司在"联合起来对付美国巨人"口号下,广泛签订一定范围内进行合作的协定,同美国资本展开竞争。联邦德国资本还积极打入美国市场。商界喉舌《商业报》鼓吹,"真正的伙伴关系不可能是单方面的",必须"加强德国公司在美国的投资来对付美国的挑战"。60年代末期,联邦德国在美国的投资增快,到1971年累计为7.67亿美元,比1968年增长98.2%。联邦德国还向美国发动出口攻势,汽车、钢铁、机器、化工品和纺织品等源源涌进美国市场。1970年美国的小汽车进口中,1/4以上来自联邦德国。联邦德国还积极联合西欧共同市场各国的力量,开展"在欧洲范围内的合作",以提高关税或设置非关税壁垒等办法,直接挑战美国。从1964年开始,美国在联邦德国进口中的比重呈逐年下降之势,1968年以后,美国不再是联邦德国的最大供应国,到1972年已降至第五位。在这以后的年代,德美间在商品贸易、投资市场、货币关系、原料问题等方面的竞争日趋激烈。但在苏联增强的军事压力面前,联邦德国不得不继续加强同美国的"紧密联系与合作",认为只有美国和北大西洋公约组织"起到核威慑的作用,欧洲安全才能保证"。因此,联邦德国总是把同美国之间的伙伴关系作为其对外政策的基石。

同苏联的经济关系则显得非常敏感,经历了一个演变的过程。50年代双方的经济关系并不密切,1954年的贸易额仅为1.46亿马克,1955年苏联同联邦德国和民主德国相继建立正式外交关系后,情况也无多大改进。1957年以后,联邦德国坚持在与苏联进行经济谈判中,苏联人必须"作出相应的政治回报"。1958年4月苏联承认西柏林同联邦德国联系在一起时,双方才签订了《关于换货和支付的长期性协定》、《贸易和航海总问题的协定》和《1958年度换货议定书》,苏德贸易总额才上升到6.9亿马克。50年代末到60年代中期,联邦德国与苏联的贸易关系有一些发展,双方签订了第二个长期贸易协定,延长了关于《贸易和航海总问题的协定》的有效期,到1965年,双方贸易总额达到16.86亿马克。从60年代中到60年代末,双方的经济关系有了较快的发展。1966年阿登纳在基民盟代表大会上提出了结束对苏"保持紧张局势"的策略,接着艾哈德政府发出"和平照会",强调联邦德国"用和平手段谋求德国重新统一"。之后大联盟基辛格政府发表政策声明,鼓吹同苏联"互相谅解","互相信任","发展经济和文化关系",并把对外贸易作为促进联邦德国对苏联及东欧国家施加政治、经济影响的手段。1966年双方贸易总额为16.94亿马克,1967年为18.92亿马克,1968年为22.69亿马克,1969年为28.88亿马克。此后勃兰特政府积极推行新东方政策,双方的经济关系才算走上"正道",开始真正有意义的发展。

50年代中期以后,联邦德国与东欧一些国家的经济往来逐步加强起来。60年代中期,联邦德国陆续和东欧一些国家发展双边关系以求实现"通过接近达到演变"的目的。从1967年起,联邦德国相继同东欧一些国家建立了外交关系,经济关系也有所发展。联邦德国凭借其经济实力和技术力量,加紧向东欧渗透。但是联邦德国同东欧国家真正发展经济关系是从70年代开始的。

联邦德国对民主德国的政治关系显得僵硬,与此相应对民主德国的经济关系也非正常,50年代采取所谓"放血政策":宣扬自己的"经济奇迹",鼓励东德居民(包括高级知识分子)大量出逃到西德,使民主德国的国民经济瘫痪。60年代柏林墙高筑后,特别是国际上承认民主德国的国家日益增多,联邦德国对民主德国的经济政策有所改变。主要是强调东西德之间有着特殊关系,相互间不是互为外国,联邦德国同民主德国的贸易也非对外贸易,而应作内部贸易来处理,为此表示愿意给予民主德国以种种优惠。这种经济政策的目的也是显而易见的:借助这种"特殊关系",以经济势力的渗透进一步打开缺口,"融化"和瓦解民主德国,实现德国的

"重新统一"。应该说正是这一步为1990年德国的重新统一打下了坚实基础。

联邦德国在其现代化发展过程中,不仅成为世界上高度发达的工业强国,而且成为一个社会福利国家,它的社会保障制度较许多发达资本主义国家来得完善。

《基本法》规定,联邦德国是一个实行民主和社会福利的联邦制国家。福利国家的原则是对传统的法治国家概念的一个现代化的补充,它使国家承担义务为每一个公民提供社会保障并为实现社会公正而努力。虽然基本法条款中没有具体提及基本社会权利,即工作权、受教育权和培训权、居住、休假和受到社会救助的权利,但福利国家的原则向立法机构和司法机构提出实现社会公正的宪法要求。为了达到这些目标,联邦德国的社会福利中规定,国家必须及时和足够地提供必要的社会服务、设施和费用。为此,联邦德国一方面保证公民具有高度的社会保障,即公民的社会保险、社会福利、住房补贴、教育资助、负担平衡(对战争中受到财产损失者在税收中给予补偿),另一方面在社会经济生活中征纳国家税收。国家社会保险和国家社会税收的统一有效地保证了社会福利国家原则的实现。

联邦德国的社会保障制度,可源于19世纪80年代德意志帝国"铁血宰相"俾斯麦的"社会立法"。近代德国的统一促使德意志帝国经济的迅速发展,尤其是工业的发展和现代化使产业工人人数急剧增加,他们生活贫困,一系列社会问题由此产生。工人群众成为国家和社会制度的坚决反对者和社会主义运动的基本力量。俾斯麦一面采取高压政策,颁布"反社会民主党人法",另一面制定广泛的社会保险法(1883年的《疾病保险法》,1884年的《意外灾害保险法》,1889年的《残疾和老年保险法》)。俾斯麦主要是想通过制定社会保险制度来削弱日益强大的工人运动,保持社会稳定,但这些社会立法事实上却为现代的社会保险开了先河,对其他工业国均具有指导意义。

俾斯麦的三大保险法,都包含在战后联邦德国三大社会保险中,这就是医疗保险,事故保险和养老金保险,但其内容、范围和功能已经大为扩充和提高,赋予全社会性和现代色彩。战后联邦德国的社会构成发生重大变化。根据50、60年代的社会调查,社会学家得出一个下层大大缩小、中层最大的洋葱型图景,从表面的生活方式和外观形象看,除极少数的经济领导层外,所有社会集团都相互接近了,因此他们把它称之为"拉平了的中产阶级社会"。这种结论是表面性的、非本质性的。在联邦德国虽然只存在雇主、雇员、独立工作者这样的称呼,大约50%的雇员有地产或者房产,小汽车已进入绝大部分雇员之家,几乎每个雇员都有"应急存款",然而实际上,大约4/5的就业人员完全或主要靠出卖劳动力生活,而且一个家庭若不是夫妇双方都参加工作,或有两个以上孩子,那么在很多情况下生活还是很难达到中等水平。社会上贫富差距相当明显,靠出卖劳动力生活的人要是没有社会保障措施,工作既不稳定,生活也无保障。

联邦德国社会保险的总原则是自助和互助相结合,一方面它以保险原则为基础,用投保者所交的保险费来提供赔偿其损失所需的资金,另一方面它用集体的资金来支持需要接济的投保者。医疗保险规定,所有工人和收入在一定标准以下的职员以及其他行业的人员都必须参加社会医疗保险(这种法定医疗保险包括依赖赡养的家庭成员),退休者、失业者、受培训者及大学生也都参加医疗保险。免除保险义务的人则可在一定条件下自愿参加。实际上几乎所有联邦德国的公民都参加了医疗保险。法定参加保险的职员和自愿参加保险的职员,其保险费约占职工平均工资(毛收入)的10%—12.5%,由雇主和雇员各承担一半。失业者的医疗保险费由劳动局支付。社会医疗费包括医疗补助、生育补助、丧葬费、家庭补助以及疾病早诊方面的费用。医疗补助包括病人的护理费用(治疗、药品、眼镜),丧失工作能力时支付病休补贴、住院费和休养费。病假不超过六周时,雇员有权要求雇主照发工资,六周以上到七、八周时止,由医疗保险公司支付病休补贴,病休补贴为基本工资的80%。

事故保险适用于所有雇员和农民。法律规定,事故保险是为了发生劳动事故和职业病时提供保护和帮助。其他独立工作者可以自愿参加保险。1971年以来,大学生、学生和幼儿园儿童也被列入保险行列。保险费全部由雇主支付。投保者因劳动事故受伤或死亡以及因职业病损伤或者死亡,可要求保险公司支付补助金。劳动事故包括在上下班途中发生的事故。投保者如受伤,事故保险公司将承担全部医疗费用;如一时丧失工作能力,将得到伤残补贴;如终生丧失工作能力或死于事故,保险公司就支付养老金和亲属抚恤金。这些补贴同养老金一样随着社会收入的变化而变化,以确保领取补贴者不会因社会支付的提高而相对贫困。

养老金保险是为了保证就业者退休后不至陷入经济困难,并能保持相应水平,因而成为联邦德国社会保障的支柱之一。根据法律规定,所有工薪阶层、工匠、职员、部分自由职业者以及抚养一周岁以下婴儿的父母都有参加养老金保险的义务。独立工作者(家庭手工业者、私人教师、乐师、撰稿人等)、医生、药剂师、律师、零售商等高收入者以及在企业中做辅助工作的家属和家庭妇女,可自愿参加养老金保险。投保者死亡之后,其亲属得到养老金的一部分。1957年时增加规定,所有农业劳动者也须参加义务养老金保险。养老金保险基金小部分来自政府的财政补贴,主要靠投保人交纳的保险金。60年代以来,职工养老金保险费约占职工平均毛收入的18%左右,由雇主和雇员各付一半。自愿投保者则需独立承担全部保险费。职工养老金保险公司支付退休养老金和保健金(丧失工作能力时)。

除了社会保险以外,联邦德国还有许多社会资助,这也是社会福利国家的一个特征。社会资助主要涉及教育资助,劳动资助,儿童补贴,住房补贴等。基本法规定,教育事业置于国家的监督之下,这也适合于私立学校。儿童从6周岁到18周岁实行12年的义务教育。所有公立学校和高等学校都是免费的。教材教具(主要是教科书)大部分也是免费提供的。根据联邦教育促进法(BAFÖG),中学生离家太远需在外寄宿者可获资助,大学生也可获得助学金。青年都有机会进入高等学校学习,并得到国家资助。中学师资的培养受到特殊的资助。联邦德国在60年代大约有800所业余大学和3 000所分校,它们一般由乡、县或注册协会开办,州提供资助。国家以资助的方式鼓励人们参加职业进修,3/4的失业进修者在结束进修后半年内能找到工作。联邦德国重视住房建设和安居工程,到1970年,新建成住房约1 190万套,其中500万套属于"福利住房",即那些利用公共资助建成的住房,是为多子女家庭、残疾人、老人和低收入公民建造的。"房主"最多只能向房客收取所谓的成本房租,明显低于自由市场上新住房的房租。另外凡收入不足以租适当住房的公民都得到国家的住房补贴。"保护房客"在法律上多次得到强调和改进,房客毋需担心随意废除租房合同或过高的房租。

毋庸置疑,联邦德国日益完善的社会保障制度,在50年代和60年代在保障社会的安定、缓和社会的冲突和促进社会经济的发展起了重大的作用。但到70年代后期和80年代,不断加码的社会保障系统已成为社会的重大包袱,成了难以承受的经济负担。1978年以来联邦德国用于社会福利保险的开支达到天文数字,每年有将近 3 000 亿马克之巨,几乎占国民生产总值的 30%,每人每年保险福利支出相当于 4 838 马克,是任何一个国家都无法相比的。因此,联邦德国在社会保障方面所面临的主要任务,是巩固社会福利网的财政基础,严加控制,防止滥用。

三、民主德国的现代化进程

民主德国成立后走的是社会主义现代化道路,只是完全沿袭苏联的模式,苏联模式的现代化结构,可以简要地归结为:社会主义公有制＋计划指令与有限市场结合＋集权型现代国家机构。民主德国的现代化事业,很大程度上是"依凭"着苏联的兴盛而兴盛,苏联的衰退而衰退。

民主德国宪法所规定建立的政治体制是以德国统一社会党为领导的多党议会民主制。参加这个政权的,除统一社会党这一工人阶级政党外,还有基督教民主联盟、自由民主党、民主农民党、国家民主党等非工人阶级民主政党。国家最高权力机关是人民议院,由经普遍、平等和秘密选举产生的 400 名议员组成,任期四年。人民议院按宪法规定行使立法权,监督一切国家机关的活动。总统(1960 年改为国务委员会主席)为国家元首,由人民议院和州联议院共同选举产生,总理则为行政首脑,由人民议院中占席位最多的议会党团提名、经人民议院选举产生后组织政府。最高法院院长和总检察长均由人民议院选举和罢免。

1949 年宪法还明确规定,一切国家权力来自人民,这些权力必须用来为人民的幸福、自由、和平及民主的发展服务,并由与劳动农民和其他劳动者结成联盟的工人阶级来行使;还规定经济生活制度必须符合社会主义的原则,禁止经济权力集中在个别人手中,一切生产资料归人民所有;通过国家立法机关,在人民直接参与下,制定经济计划;保障劳动人民的民主权利和自由,保障言论自由、集会自由和罢工自由;任何公民不得参加以镇压某一国人民为目的的军事行动;禁止种族歧视,禁止战争和军事宣传活动。

按宪法程序选出的首任总统是威廉·皮克,首届民主德国政府总理是奥托·格罗提渥,他们是德国统一社会党的两主席。1950 年起任统一社会党总书记的强权人物瓦尔特·乌布利希、基督教民主联盟成员奥托·努施克、自由民主党人赫尔曼·卡斯特纳为副总理。另有八名非无产阶级政党和无党派人士任政府部长。从表面上看,这届政府中各党都有自己的代表,但真正权力已掌握在统一社会党手里。1954年11月组成的以格罗提渥为主席的部长会议中,基民盟人、自由民主党人、国家民主党人均出任部长会议副主席,但他们"有职无权"。统一社会党并无真正的兴趣实现多党民主制。统一社会党的领导人也反对"三权分立"主张。乌布利希认为:"魏玛共和国宪法的落后之处在于规定有三种权力:一、议会;二、政府和行政机关;三、司法。我们建议只要一种权力,即议会。"他主张一切权力归议会,不搞分权,以便于统一社会党的绝对领导。1960年9月,皮克总统逝世。9月12日,第三届人民议院召开第14次会议,决定取消总统制,建立国务委员会。由人民议院选举产生的国务委员会对人民议院负责,执行宪法和人民议院所赋予的任务,任期五年。国务委员会作为国家元首对外代表民主德国。国家最高权力执行机构是部长会议,由主席、副主席和各部委负责人组成。部长会议主席是政府首脑,也是民主德国行政机构的最高领导人,他由国务委员会主席提名、经过人民议院选举产生。部长会议受德国统一社会党领导,具体执行国家在政治、经济、国防、外交、文教、科技等方面的方针和政策。

  从上述的政治结构以及后来的调整与发展,不难看出,民主德国的政治体制一开始还不是简单地照抄苏联的政权形式,它还必须吸取本国过去的历史经验,按照实际存在的社会和政治状况加以确定。它还必须着眼于争取和团结农民、手工业者、小经营者、宗教界和知识界的爱国人士,以便组成广泛的爱国统一战线,把他们的利益和要求统一到建设社会主义国家这一共同目标上来。这也是民主德国非无产阶级政党得以存在和发展的原因。但是代表大资产阶级、大地主利益的政党在这个政权机构中已不复存在,而德国统一社会党在政权机构中牢牢地确立了领导地位。这个号称"德意志土地上的第一个工农国家",面对着联邦德国,实行一种新的现代政治体制:在统一社会党领导下的多党议会民主制,一方面包括共产党在内的各民主党派在反对纳粹统治的斗争中都作出或大或小的贡献,它们在建设新国家的事业中都有继续存在的理由和权利,另一方面统一社会党依靠苏联的支持和扶植,在中央和各级政权机构占有绝对的支配地位,成为民主德国各个部门和领域的路线、方针和政策的设计者和制订者。一种所谓民主化中的政治集中趋势不断加强起来。作为领导地位的执政党的统一社会党,并不想充分发挥各民主党派的参政议政作用,要求它们只能是既定路线、方针和政策的追随者和执行者。民主德国成立后不久也曾对行政体制作过一些改革。1952年7月，人民议院通过民主德国各州国家机关的结构和工作方法进一步民主化的法律，规定把五个相互独立的州划为直属中央领导的14个专区，连同柏林共15个行政区域，全国的县由120个增至194个（后又改为191个），行使县职权的市20个增加到22个（后改为26个），从此，中央、专区、县、乡成为这一改革的行政体制，便于保证国家机关的集中领导。同时，有鉴于中央各部及其管理局对企业实行的垂直领导影响了地方积极性的发挥，以及机构重叠影响了工作效率的提高，民主德国从1958年7月统一社会党第五次代表大会起着手进行管理体制的改革，适当扩大人民代表机构的权力，给予地方机构以更多的权力，改进国家机关工作人员的工作方法，更好地保证人民正常参加国家和经济领导。但是改革并未有突破性的进展。这是因为民主德国的任何改革都不得从根本上突破苏联模式的政治经济体制。

民主德国和统一社会党的核心领导人应是乌布利希。乌布利希是斯大林的追随者，也是斯大林的亲信。他在40年代后期到50年代初期的几次"清党"中，对所有涉嫌"反苏分子"都加以严厉的整肃，包括影响仅次于皮克和乌布利希的前德共领导人弗兰茨·达莱姆也被解除党内一切职务，原由是达莱姆在流亡法国期间曾同当时"敌视苏联的法国政府"合作（1956年被平反）。根据1951年统计，约有151 000名党员被除名，约3 000名党员"自动退党"。这种显然是扩大化了的党内整肃，不仅大大加强了统一社会党同苏共的依存关系，也强化了统一社会党党内的个人擅权地位，进而直接影响国家政治的集权化。1950年7月当选为统一社会党总书记的乌布利希，这时已是党内的一号强人，1953年斯大林逝世后，乌布利希也仿苏共榜样设置了政治局，自任第一书记，负责党中央的领导工作，并在翌年党的四大会议上，通过所谓"重新确立党的生活的列宁主义准则和党内民主和集体领导原则"，取消了党的主席的设置，但党内的和国内的斯大林式的集权趋势并未见缓。1956年初苏共反斯大林运动公开化后，民主德国只是很表面化地反了一下个人崇拜和恐怖手段，乌布利希并不以为苏共反斯大林的改革运动是必要的。一种斯大林式的政治统治结构却日趋稳定。1961年乌布利希出任国务委员会主席，也即国家元首，党政大权集于一身，50、60年代民主德国的政治现代化和经济现代化无不打上乌布利希的烙印。

第十五章 重新崛起时代：一个民族两个国家

乌布利希当政时代除了坚持苏式社会主义道路之外，有两个方面是值得一书的，第一，统一德国的主张；第二，竭尽全国力量发展经济。民主德国自成立之年起，就一直致力于建立一个有主权的、民主的、和平的全德临时政府，致力于同四大战胜国缔结一项对德和约。它的宪法规定："德国是不可分割的民主共和国。"它同联邦德国一样都把德国的重新统一列为基本国策，力图以自己的模式来统一德国。但是正如阿登纳所说的，"解决德国问题的钥匙掌握在华盛顿和莫斯科手里"，在苏美之间利益调整获得妥协之前，德国统一问题是不可能由德国人自己解决的。民主德国政府自50年代初以来就缔结和约和德国统一问题作了不懈努力，却始终未有积极的成果。1953年6月中，群众开始自己的行动尝试。柏林的建筑工人首先罢工，全国不少城镇和工业区跟进，参加罢工的人数达到30万人。引发如此大规模罢工的直接原因，是工人群众反对党中央6月14日的决议：把公有制部门劳动定额指标平均提高10%而不增加工资，但随着事态的发展，让我们看到了更深层的原因，那就是反对外国占领，要求民族自决，要求德国统一。6月17日东柏林的罢工演变成大规模的示威游行，西柏林的工人冲破警察防线，穿过东西柏林交界线（主要是勃兰登堡门交界线）加入示威行列，西方电台和西方间谍则煽动暴力行动。部长会议副主席努施克巡视边界时遭到拳打脚踢，并被绑架至西柏林。事态的发展已从经济要求发展到提出释放政治犯，改变政治制度，德国统一等政治要求。受到群众暴力手段威胁的民主德国政府，不得不求助于苏联。苏联驻军当即出动一个装甲师进行弹压。手无寸铁的群众在这场"暴乱"中死亡21人。西柏林工人和一批东柏林工人冲过勃兰登堡门防线沿大道进入西柏林。① 4月22日，民主德国部长会议发表声明，把这场"暴乱"的责任归咎于西方特工的介入和煽动，特别指明来自美国和英国情报机关设在西柏林的盖伦间谍组织辅助机构等所起的煽动作用。民主德国公安部逮捕了约521名"间谍"。事实上，"6·17事件"的发生，存在着许多因素，其中很重要的一个因素是要求德国统一，从这个方面说，"6·17事件"也可看成是按西方道路统一德国的第一次尝试。1954年10月西方国家加上联邦德国草签了《巴黎协定》后，1955年1月民主德国

---

① 这条大道稍后被西柏林命名为"6·17大道"，在西柏林和西德居民中习惯地叫做"统一大道"。

发表声明,认为《巴黎协定》的签订和批准堵住了用和平方法恢复德国统一的道路。同年5月,民主德国同苏联和其他东欧六国缔结《华沙条约》,通过与苏联军事一体化来抗衡《巴黎协定》和北大西洋公约组织。冷战代替了德国统一的追求。尽管如此,直到1963年1月统一社会党第六次代表大会通过的新党章仍然规定,德国统一社会党的最终目的,是重建统一的德国。这说明,到此为止,德国的分裂虽然已成为历史的事实,但两个德国双方都还没有从政治理念上放弃统一的可能。

"乌布利希时代"民主德国的经济现代化和发展经济,是被统一社会党当成中心中的中心任务,这不仅是为了面对联邦德国经济繁荣的重大压力,而且也为了显示社会主义现代化道路的优越性。民主德国在经济领域实行全盘"苏联化",参照苏联模式建立了高度集中的经济管理和计划体制,即社会主义计划经济体制。它体现在一切权力集中在国家手中,国家在生产资料国有化的基础上依靠行政机关和下达行政命令方式领导和管理所有的企业,发布各种指示,规定各项细节。在计划工作中,国家通过层层下达大量指令性指标,从生产到流通领域,企业的一切经营活动受到严格控制和管理;在财政方面,国家实行统收统支,企业所需生产基金由国家拨给,企业所获利润也全部上缴国家,亏损由国家补偿;在物资分配上,国家实行统一调拨制度,企业生产的产品也由国家包揽分配。企业经营好坏的唯一标准是完成计划的情况。民主德国也十分强调优先发展重工业,强制实行农业合作化和特别征购等措施。这种苏式的经济体制由于国家对社会生活的全面管理使整个结构和经济秩序具有外部的强制性,完全的独立自主和高度的群众动员,使经济增长的速度会大大超过以往的资本主义。但是,行政性官僚控制能力越强,经济自身组织能力的增长就越慢,这种经济体制在发展过程中同样也会出现发展性危机。民主德国在战后的两年恢复时期(1948—1950),这种经济体制对恢复经济和发展经济起了积极的作用,到1950年底,工业生产已达到战前1936年水平的103.1%,国营企业的生产占全部工业产值的73.1%,劳动生产率达到1936年的93.8%。但很快就在1950—1955年第一个五年计划时期,这种依赖国家权力来管理和支配一切的经济体制,既使国家负起了力所不及的沉重负担,又压制了国家权力以外的一切社会积极性,明显地造成了经济发展的缓滞状态——我这里特别是指同联邦德国的经济高速发展比较而言。

第十五章 ● 重新崛起时代：一个民族两个国家

民主德国的经济现代化除打有"社会主义计划经济"的烙印外，还具有如下特点：

第一，与"经互会"经济一体化。1950年，民主德国就加入了一年前由苏联、保加利亚、波兰、捷克斯洛伐克、罗马尼亚和匈牙利等国成立的"经济互助委员会"（简称"经互会"），形成了一个所谓"社会主义国际市场"。"经互会"成立时宣布的任务是在平等互利的基础上进行经济互助、技术合作和经验交流，实际上是为了把东欧各国的经济与苏联"统一"起来，受苏联支配。1954年3月赫鲁晓夫在"经互会"上提出所谓"成员国实行生产专业化和协作"的"意向"；1962年各成员国通过《社会主义国际分工的基本原则（草案）》；到1969年"经互会"正式提出"社会主义经济一体化"方针和1971年7月通过《经互会成员国进一步加深与完善合作和发展社会主义经济一体化综合纲要》，最终规定在今后15—20年内分阶段实现生产、科技、外贸和货币金融"一体化"。民主德国加入"经互会"，除经济上日益依附于苏联而外，在经济现代化发展方面还是取得某种"双赢"的结果：资源匮乏的民主德国，能以少量的资金获得发展经济所迫切需要的原料和能源，其中绝大部分原料和能源来自苏联；50年代末到60年代，"经互会"成员国共同投资建设一些联合项目，兴建了输送苏联石油的"友谊"输油管、连结欧洲成员国的电力系统、铁路货车调度总库等大型现代化基础设施，有力促进民主德国的经济发展；70年代中期又兴建了旨在增加能源和石棉、铁合金、纸浆、化纤等原材料供应的十大项目，民主德国从中得益不少。1964年开始，"经互会"各成员国对外贸易额的58%以上是在"经互会"内部进行的。根据德苏双方协议，以1986—1990年为例，民主德国从苏联进口8 450万吨石油，360亿立方米天然气，1 600万吨钢材，65万吨铝和其他原料。特别是在国际市场原料和能源价格上涨的情况下，民主德国向苏联支付的石油价格只相当于世界市场价格的一半。3亿多人口的"经互会"成员国市场促进了民主德国外贸的发展，并保证了民主德国70%的出口商品有长期稳定的销路。民主德国的产品在国际市场上缺乏竞争力，但在"经互会"市场上却有强劲的竞争力。苏联、东欧一些国家的大量订货反过来也促进民主德国机器制造业、光学仪器制造业和造船工业的进一步发展。

民主德国在"经互会"各成员国之间的科技合作也取得相当成效。科技合作使民主德国在较短时间内花费最少的人力和资金建立新的工业部门,建设现代化的大型联合企业,更新生产设备和产品的升级换代。民主德国的领导人,从乌布利希到埃里希·昂纳克(Erich Honecker,1912—1994)都认为,民主德国与苏联之间的广泛经济联系和加深"经互会"范围内的经济"一体化"始终是民主德国经济"有力增长的决定性基础"。

第二,抓住以经济建设为中心,不断革新经济管理和计划体制。民主德国始终把加速本国现代化进程作为国家的主要任务,把完成国民经济计划视为重大的政治使命。为了确保经济的稳定增长,民主德国非常重视国内社会政治的安定和政策的连续性。除了"6·17事件"外,在经济界和思想界未经历过重大的政治运动,即使最高层内部的争论、分歧和斗争也很少波及基层或党外。"6·17事件"平息后不久,社会统一党中央公开承认经济工作中的错误,提出党的"新方针",表示要认真改善经济状况和政治关系,大力提高劳动人民的生活水平;通过削减工业生产,增加食品、消费品和轻工业生产;通过发挥私营工商业的积极性以及鼓励农村经济发展以改善人民的物质生活;使整个社会政治生活进一步民主化。在"新方针"的指引下,民主德国胜利完成了第一个五年计划的主要指标,国民经济中的比例失调现象有所缓解。50年代中期后,针对中央高度集权的计划经济体制,民主德国展开变革经济管理体制的讨论。60年代初期,民主德国经济增长缓慢、效益不高等问题日益突出,乌布利希决定进行重大的经济改革。1962年乌布利希著文认为,传统的经济管理体制"已经过时",它阻碍"社会主义发展动力的充分发挥","甚至破坏社会主义的经济规律"。1963年1月统一社会党第六次代表大会决定,在全国实行经济体制改革。同年7月,民主德国政府宣布,在全国推行"国民经济计划与管理的新经济体制准则",简称"新经济体制",1967年改称为社会主义经济体制,旨在建立一种以中央国家计划与经济杠杆相结合、较为有效的灵活的经济体制。新经济体制的主要内容是:在保留中央国家计划的前提下,扩大企业和地方的自主权;扩大国营企业联合公司的经营管理权;企业拥有筹集原料和信贷的自主权,拥有外贸和国内贸易的主动权;更广泛地采用经济核算,改革不合理的工业品价格;实施生产基金付费办法,提高企业执行经济合同的责任心;采用国家银行与商业银行分开的体制,企业投资实行以自筹资金或银行贷款为主的原则;实行新的农产品价格制度。该体制强调由成本、价格、利润、信贷、工资和奖金构成的经济杠杆体系的调节作用,强调科学技术的决定作用和专家对经济的领导作用。乌布利希在《纪念民主德国15周年庆典演说》中进而宣称,"新经济体制"在政治上的表达形式是"人民国家",党也因而将转变为"人民党"。

"新经济体制"应被视为是一次突破旧的框框、探索符合本国国情道路的现代化经济改革的尝试。它试图改变国家计划统得过死和"绝对平均主义"现象,调动企业和地方的积极性,促进国民经济的发展。1961—1970年,民主德国的重工业持续增长,经济发展势头加快,工业生产水平和人民生活水平在苏联和东欧国家中居于首位。这一地位增强了统一社会党领导人的信心。乌布利希这时甚至想从苏联的影响里解脱出来。他认为民主德国已成了社会主义工业化的样板,要其他社会主义国家都借鉴民主德国的模式和经验,这实际就是说,民主德国领导人想和"苏联老大哥"平起平坐了。苏联领导集团当然不能容忍这种"争权"和离心倾向,德苏关系不可避免地出现了紧张。

正是在60年代末70年代初,民主德国在实现经济现代化的时刻,民主德国国民经济出现了困难。这说明"新经济体制"并不完善,执行中出现了经济结构新的比例失调,加上一批老的上层领导依然习惯于老一套的工作方法,不少人从一开始就对此项改革持反对态度。内部出现的矛盾日益增多。不少人指责乌布利希把党变成了"经济党"。当苏联的压力明显加强时,1971年5月,在民主德国掌握了20年大权的乌布利希"因年迈原因"辞去党的第一书记职务,并"建议"昂纳克为其继承人。

昂纳克从青年时代起便从事党务工作,1936年被希特勒秘密警察逮捕,判处十年监禁。1946—1955年任自由德国青年联盟书记。1946年以后,作为德国共产党的中央委员,参与苏占区共产党和社会民主党联合为统一社会党的工作,并任统一社会党中央理事会理事,1950年成为政治局候补委员。1958年任中央书记处书记,政治局委员并主管安全工作(民主德国的国家安全部不受政府领导,而直属党的政治局)。1960年兼任国防委员会书记。此后他参与民主德国领导机构的一切重大决策,参与同社会主义国家举行的一切重要会议。1971年5月昂纳克顺利地接替了乌布利希的职务,实现了民主德国权力的更替,同时也就改变了国家政策的方向。这次权力更替的最重要结果之一,是加深了民主德国政治上和经济上对苏联的依赖。在经济方面,中止了"新经济体制"的改革,开始收缩地方和企业的权利,加强中央领导和计划调节作用。但是应当说,昂纳克上台后并没有放弃抓现代化经济建设这一中心任务。社会统一党仍提出要不断完善社会主义经济管理与计划体制。"昂纳克时代"在克服经济结构比例失调方面采取了许多具体措施,包括:实行行业管理,减少管理和计划层次;注重计划的科学性和效益性;计划调节机构的多样化和系列化;提高管理人员的素质和职工文化水平;提高劳动生产率等。1971—1976年间,民主德国的经济有了一定的发展,在世界范围内出现的经济和燃料危机中,民主德国仍能避免失业和保证基本食品物价的稳定。只是这种苏式的国家计划经济是一种"鸟笼经济",具有很大的局限性,民主德国经济的发展较之世界先进国家首先是联邦德国的差距显得越来越大。

第三,大力发展科技,推动科技进步,促进本国的现代化进程。50年代民主德国生产的增长几乎全靠提高劳动生产率,而提高劳动生产率主要并不依靠现代科技的进步。到60年代初,科技未能发挥应有的作用。到60年代后期,民主德国开始调整科研工作的方针和政策,明确了科技进步在社会生活中的地位和经济发展中的重要性,强调科研与生产结合,把基础研究与应用研究放到同样重要的地位,着手改进科研结构及其管理体系。政府下大力气,制定了长期规划,增加科研经费,注重培养科技新生力量并开展对外交流。

以民主德国科学院为代表的全国性科研机构有六个。国家所属的农业科研机构有四个。全国53所高等院校共设有900多个科研机构,占全国科研力量的40%左右。200多个联合企业也有自己的科研机构。全国仅在科学研究和发展部门从事科研工作的人员1970年已达到12.71万人。全国科研中心民主德国科学院在数学、控制论、物理学、材料研究、核研究、信息处理、化学、地质学、宇宙科学、医学和社会科学等重要领域集中了10%的科研力量。基础研究在民主德国得到较大的重视。约有2/3的科研人员集中在经济方面的科研工作,主要着力于研究加速科技进步和科技在社会生活中的普遍应用以及提高劳动生产率。据统计,1966—1970年,全国科研经费支出平均每年为30亿东德马克,占年国民收入的3%;1971—1975年,平均每年为50亿东德马克,约占年国民收入的4%,以后逐年提高。在政府重奖鼓励措施下,科研成果和科技发明也不断涌现。仅民主德国科学院从1981—1985年五年间就有940项自然科研成果在国民经济中得到运用,获国际性奖励的科研成果从1980年的10%增至1985年的50%。民主德国在爆炸成型技术、气体分离控制设备、自动测量显微镜、新型拱形胶印机以及焊接技术等方面的发展也是举世瞩目的。

民主德国的自然科研机构同社会科学研究机构相互保持紧密的联系。同外国相应机构的联系也日益加强,当然这主要是同苏联和社会主义各国之间的联系。民主德国科学院与外国200多个科研机构签订了合作协议,其中与苏联的80多个科研机构有协作关系。此外它还加入50多个非政府性质的国际科研联合机构。一些工业大学,同苏联、东欧、西欧、美国和日本等40多个国家和地区的高等院校及相应的科研机构建立了合作关系,举办各种国际学术会议,每年派出人员出国考察、访问、讲学,也请外国学者来校讲学,合作科研并为外国培养留学生。

四、民主德国成为社会主义工业强国和社会保障国家

民主德国从建国之初所遵循的苏式社会主义现代化道路,是一条极为艰巨的道路。不仅要在战争的废墟上重建一个具有现代化工业的国家,而且要在对苏联支付庞大的战争赔款的基础上发展自己的现代化工业经济。苏联的拆卸工厂的行动到1953年才停止。但在统一社会党的直接领导和指挥下,东部德意志人民经历十余年的艰苦创业,民主德国不仅很快成为东欧集团中有着最高的工业产值和最高生活水平的国家,而且进入世界工业强国的行列。从1950年至1970年的二十年间,民主德国经济翻了两番。以1950年生产性国民收入为100,1970年增至401,年平均增长率为7.2%,这是一个相当高的发展速度。按人均计算的国民收入和国民生产总值,民主德国在"经互会"内居于首位。东德人人均年收入为1.57万东德马克(约合7 850美元),超过苏联甚多。农业收益比较稳定。人民的生活与福利基本上得到保障。生活必需品价格低廉而且长期稳定,甚至也没有失业现象。民主德国在现代化经济建设中所取得的成就引起世界的注目。1970年民主德国宣布自己已成为一个比较先进的社会主义国家。它在国际舞台上的崭露头角和扩大活动,向人们显示,继西部德意志人国家的崛起,东部德意志人国家也同样崛起了。

与此同时,一种称作社会主义的保障体系逐步完善起来。其基本特点就是国家和政府直接负责和包揽全体公民的生活保障和社会福利。从60年代后期至70年代初,民主德国奉行发展经济政策和社会福利政策

相统一的方针,把改善人民生活和福利也作为头等大事来抓。1974年10月,人民议院通过决议,把"在社会主义生产高速度发展、效益提高、科学技术进步以及劳动生产率提高的基础上,进一步提高人民的物质和文化生活水平,是发达社会主义的根本任务"的内容载入民主德国宪法。从那时起,政府大力发展社会福利事业,每年投入30%—40%的国民收入。

民主德国把住房建筑作为实施社会福利政策的核心内容。1950年民主德国的居民数约1 850万人,住房仅有480万套,政府不得不致力抓住房建筑。1951年至1970年,全国共新建住房110万套,平均每年新建5.5万套。到1970年全国已拥有住房590万套,平均每千人拥有住房345套,超过了战前水平,住房状况有了明显改观。进入70年代,新的一轮住房现代化的要求日益迫切。政府也明确认识到,安居才能乐业,开始制定完全解决住房问题的长期规划。从1971年起,国家每年投入住房建筑的资金占国民收入的10%以上。到1985年底,共投资2 600亿东德马克。十五年间,新建和改建240万套住房,改善了近一半人口的居住条件,达到平均每户有一套住宅,人均居住面积约26平方米。政府还通过补贴,使房租保持低廉,每月加水、电、煤气和取暖费平均不超过家庭收入的3%—5%。国家除政府投资外,也鼓励集体和私人筹资建房,鼓励措施包括低息贷款、土地租赁和长期还本等。新建的200多万套现代化住房中,国家投资兴建的达一半,集体兴建的占30%,其他20%是私人筹资兴建。政府把新建住房和改建原有住房及其维修视为实现城乡住房现代化的统一设计过程并列入国家的五年计划。

免费教育和医疗保险,是民主德国社会福利制度的主要内容之一。1959年制定了发展社会主义基础教育法,规定十年制综合技术教育为全民义务教育。政府实施的义务教育对所有大中小学都不收学费,对大专学生给以伙食津贴,中等技术学校和职业学校的学生均可享受助学金或生活补助金。大学生的助学金一般每月200马克,成绩优异者尚可获奖学金。成人教育和职工进修培训一律免费,工资照发。医疗保健事业也相应完善。公民就医,一切费用,包括门诊、配药、手术、住院、疗养以及住院或疗养期间的伙食费,全部免费;职工每月只须交不超过60马克的医疗保险费,就可为整个家庭成员作医疗保险。大学生和退休人员可免交医疗保险费。国家的医疗机构和企业的卫生事业机构不断加强。1988年平均每万人有医生25人,而1949年时仅为7人。此外,政府对残疾人

第十五章 重新崛起时代：一个民族两个国家

提供全部的医疗、休养和社会福利的照料，负责他们的教育和就业安排。

民主德国政府长期坚持由中央严格控制物价的政策。如对粮食、牛奶、蛋、肉、鱼及蔬菜、水果等基本消费品的价格，政府使之长期稳定在低水平线上。现行食品零售价只相当于实际价格的80%，国家每年从预算中拿出大量款项进行补助。实行补贴的还有房租、水电、公共交通、燃料等。据统计，80年代初，每年补贴占国民收入的10%，以后还逐年提高。国家严格控制全国90%左右商品价格的管理权，并制定商品出厂价、批发价和零售价。价格一经制定，具有法律效力，不得随意更改。保持物价稳定也成为保障城乡居民生活水平稳步提高的一个环节。

此外，国家还采取多种措施减轻职工的劳动强度，延长休假期，提供免费休养；特别优惠职业妇女以及新婚夫妇和多子女家庭；不断改善退休人员的生活待遇。鳏寡孤独残废者，皆有所养。

但是，就是这个号称"发达的社会主义国家"的现代化建设与发展，不仅遭到西方特别是联邦德国的挑战与责难，而且在本国广大群众中的支持率与认同率也日益变小。联邦德国凭借其经济的高速发展与政治的民族民主化，对民主德国的苏式经济体制和政治体制不断加以贬压：首先是对民主德国的"社会主义计划经济"体制。这种经济体制的特点，是整个国民生产与分配的决定权掌握在拥有生产资料所有权的国家和中央手中，中央决定生产什么，生产多少，由谁生产；中央决定进行生产所必须的资金和原材料的分配，企业只是被动地完成上级下达的计划指标；国家确定生产的指标、生产比例、工资级别以及物价水平；国家通过垄断对外贸易，也对对外经济的发展进行计划干预。在联邦德国看来，这样一种经济体制的"弊端"是极为明显的：产品的价格由国家机构随意制订，不能反映市场上真正的供求状况；企业得不到市场反馈的信息，也没有竞争的压力，不可能知道该生产什么、生产多少以及如何提高产品质量；国家经济政策的目标是尽快提高国民经济的自给自足率，保障人民群众基本生活必需品的供给，因而建立了一系列设备陈旧的、有害环境保护的、"大而全"的经济中心，没有及时的设备更新与调整经济结构，既阻碍了企业之间的竞争，也妨碍了新技术的广泛传播与运用；以摊派和配额为特征的官僚式的管理体制，不能保证相互联系的各生产环节的协调，严重影响企业生产的正常进行；企业以消极的方式应付国家的计划指标，经常性地虚报完成定额的数据，其结果是能源的严重浪费，企业生产的低效益，不讲求产品的质量,最终也不能保证人民大众的需要。这种对民主德国经济现代化中经济体制弊端的描述,如果不论其"居心"何在,我以为是符合事实的。60年代以来,乌布利希政府试图进行经济改革,目的也是想克服某些弊端。以"新经济体制"命名的改革,虽然只是部分地将权限下放到企业,对经济发展还是起了促进作用,并使民主德国进入社会主义工业强国的行列,但是由于"新经济体制"并没有触及计划经济体制的本身,并不能真正解决"计划指导"和"经济杠杆调节"的关系,70年代初就出现了经济结构的比例失调。苏联乘机把乌布利希压下台。昂纳克上台以后,又将企业的权限收回中央,继续执行严格的计划统一管理。日益僵化的苏联经济模式严重束缚了民主德国的经济发展。自70年代中期以来,国民经济的增长速度便越来越下降,本来就已经不高的计划指标都难以完成。民主德国的劳动生产率只达到联邦德国水平的64%。片面强调社会保障措施,诸如解决住房问题、提高养老金、给予家庭补贴等,而忽视对企业经济的投资与更新,投资额从1970年的16%降到1988年的10%。国家几乎没有在宏观设施领域投过资。60年代提出的经济上"赶超联邦德国"的目标到70年代已成为一种不现实的幻想。民主德国的经济发展水平与联邦德国的经济发展水平之间的差距日益扩大。

其次,把1949年10月7日建立的民主德国说成是"莫斯科的产物",并从一开始就遭到德意志居民的拒绝和反对,这种说法是不符合历史事实的。大多数德意志人,包括统一社会党的党员们,在经历了纳粹专制后,自愿选择一种新的社会主义政治制度,这是他们的历史权利。广大居民曾主动参加建设一个反法西斯的模范国家,"劳动者"以自己勤奋的劳动创下了东欧集团中最高的工业产值及最高的生活水准而自豪。价廉的物品与社会福利方面的基本供给使居民的各阶层都感受到某种平等的"社会主义优越性",加上在体育方面取得的国际性辉煌成果,民主德国不仅在本国居民中,而且在国际上也都享有一定的威望。但是同样的历史事实是,一种指令经济,一种斯大林式的统一社会党的专权(克格勃式的秘密警察对广大民众尤其是年轻一代的全面侦察监视,严格的出版检查,以党代政等),特别是一种跟着莫斯科指挥棒转的德意志民族政策,逐步导致了民众与统治机关的隔阂,且逐渐扩大。在与联邦德国资本主义"竞赛"的跑道上,民主德国的某种"经济颓势"和"政治僵势"变得清晰可见。在不少情况下,民主德国广大群众的愿望是希望进行社会主义的自身改革。

他们希望能有更好的生活,更多的民主,特别盼望着德意志民族的统一。

五、德-德关系:从"哈尔斯坦原则"到"基础条约"

德意志民族具有强大的生命力,这特别表现在它具有强大的民族亲和力。两个德国成立伊始,都把德国的统一作为自己的基本国策,德-德之间的关系,实际上就是如何处理德国统一的问题。但由于东西方两个超级大国的严重对立,控制并插手德国问题,使德国问题国际化,德国的统一问题不仅变得扑朔迷离,而且经常显现刀光剑影。

50年代初联邦德国的阿登纳政府,是根据一种冷战思维来处理两德关系的:它坚持自己在国际事务中有权代表全体德国人说话,它将来也不考虑承认德意志民主共和国为国家,或者承认其政府为政府。但是阿登纳非常清楚,要完成德国的统一,抛开苏联是完全办不到的。1955年当阿登纳通过《巴黎协定》的生效而使联邦德国的主权得以恢复,以及通过加入"北大西洋公约组织"而成为西方联盟中拥有平等地位的伙伴之后,目光便转向东方。而此时的苏联,也急着调整它的外交政策。自联邦德国1949年成立以来,苏联政府一直未予承认,且不时以"军国主义复活"而大加鞭挞。1955年1月25日,苏联政府出人意料地颁布"中止苏德战争状态令",作出主动改善与联邦德国关系的姿态。同年6月8日,苏联政府向联邦政府发出备忘录,表示希望"苏联和联邦德国直接建立关系正常化",并邀请阿登纳总理访问莫斯科。何以作此转变呢?唯一的合理的解释是此时的苏联已改变了德国重新统一的主张,转而承认两个德国的立场。赫鲁晓夫在7月的东柏林群众集会上明确提出:"要照顾现实,即已经形成了两个具有特殊经济结构的主权国家,它们都应当成为欧洲安全体系的伙伴。"

1955年9月8日,阿登纳率领一批资深的外交家,带着探索解决德国统一的尝试,并寻求释放仍然关押在苏联的德国战俘的愿望来到莫斯科。联邦德国政府代表团事先已拟定双方建交的最低条件,这就是:立即释放战争俘房;建交应有助于促进德国重新统一;建交不应被解释为承认领土现状;联邦德国不放弃代表全体德国人民说话。但是苏联人强调,德国统一问题上目前出现了障碍,不如先建立外交关系,相互做生意,这对双方都是有利的。苏联部长会议主席布尔加宁暗示愿以释放战俘来酬答联邦德国同苏联建交。会谈的最后一天,阿登纳接受了两国应立即建交的观点。9月13日,联邦德国与苏联签署了两国正式建立大使级外交关系的换文。阿登纳在换文中仍强调恢复德国统一的立场,并在翌日的莫斯科记者招待会上大谈联邦德国代表全体德国人民,德国的东部边界不是最终的边界等等。这些观点遭到苏联政府喉舌"塔斯社"针锋相对的回答。苏联坚决不同意阿登纳的联邦德国"有权代表整个德国人民发言"的主张,并认为苏联政府把联邦德国看作是德国的一部分,德国的另一部分是民主德国,德国的边界已由《波茨坦协定》解决了。苏联人在阿登纳离开莫斯科不久,就让民主德国政府代表团到克里姆林宫会谈。苏方宣布:撤销苏联驻德高级专员公署;废除前对德管制委员会在1945—1948年间颁布的有关法律、指令、命令和其他决议。并表示,重新统一德国问题是德国人民自己的事,需要联邦德国和民主德国共同努力来解决,苏联同两个德国建立外交关系,是解决这一问题的前提。9月20日,双方签订了《苏联与德意志民主共和国关系条约》,承认民主德国是一个主权国家。这样一来,苏联造成了两个德国的既成事实,使西方难以回避民主德国作为一个主权国家的现实。与阿登纳的愿望相反,此次莫斯科之行不是使德国的分裂走向尾声,而是趋向固定化。

现在,联邦德国的外交面临着一个棘手的问题:既然在莫斯科有了两位德国大使,那么对其他国家如何处理?亦即,联邦德国是否应当让那些同民主德国还没有建交的国家建立这种关系?或者是否应当让那些已经同民主德国保有外交关系的国家也同联邦德国建立外交关系?对此,阿登纳在9月22日联邦议院的报告中作了这样的回答:"我必须毫不含糊地指出,联邦政府今后也将把与它保持正式关系的第三国同德意志民主共和国建立外交关系视作不友好的行动,因为这种行动适合于加深德国的分裂。"1956年6月22日,联邦德国外交国务秘书瓦尔特·哈尔斯坦(Walter Hallstein,1901—1982)在正式向联邦议院作的声明中,除重复了阿登纳的这一原则公式外,还补充了一句重要的话:"如果第三国采取这样一种不友好的行动,联邦政府将不得不重新审查它同有关国家的关系。"这样,作为单独代表权主张的"哈尔斯坦原则"①正式出笼。它成为

---

① "哈尔斯坦原则"(Hallsteindoktrin),亦译为"哈尔斯坦主义",特指阿登纳时代联邦德国的"单独代表权原则"。

50年代中到60年代中联邦德国外交政策的基本准则。

"哈尔斯坦原则"的第一次实际运用就是与南斯拉夫断交。1952年与联邦德国建立正式外交关系的南斯拉夫,1957年正式宣布承认德意志民主共和国。联邦德国政府几乎立即宣布同南斯拉夫断绝外交关系。此举不仅遭到社会民主党等反对党的激烈批评,甚至执政党内部也发出反对之声。阿登纳政府不为所动,依然故我。1963年初,联邦德国政府援引"哈尔斯坦原则",与古巴断交,因为古巴在这之前决定与民主德国建立外交关系。此后不久,当埃及政府正式宣布将在东柏林设立总领事馆,波恩对是否仍采取"断交"的办法立即引起争论,联邦德国政府决定采取与阿拉伯国家的敌人以色列国建交的行动作为反措施。1965年5月,联邦德国与以色列国宣布正式建立外交关系。不料此举在阿拉伯世界引起轩然大波,大多数阿拉伯国家宣布与联邦德国断交。联邦德国在中东地区陷入孤立。1966年基辛格大联合政府上台后,联邦德国的外交政策发生重大变化,基辛格在施政纲领演说中表示,要在谅解、信任与合作的基础上,与一切国家保持关系,并在情况许可的情况下,与东欧国家建立外交关系。从1967年1月始,联邦德国与承认民主德国的罗马尼亚建立了外交关系,与南斯拉夫恢复了外交关系,这无异是给"哈尔斯坦原则"举行葬礼,只是此时联邦德国尚未彻底放弃"单独代表权"的主张。

民主德国则在苏联的指挥与支持下,致力于确保民主德国"单独主权国家"的努力。50年代后期又开始在柏林问题上大做文章。一种以攻为守的策略被制定出来:想方设法把西柏林这颗"长在民主德国心脏的毒瘤"割除,巩固苏联阵营的西部阵地。1958年3月,当联邦德国议院通过以核武器武装西德军队的决议后,民主德国领导人乌布利希"沉默"了七个月后突然发表声明:由于西方国家违反波茨坦协定,武装联邦德国,它们再也无权留在柏林,"整个柏林属于德意志民主共和国的主权范围"。赫鲁晓夫紧接着发表演说,称现在是波茨坦协定签字国放弃占领柏林制度的时候了,西柏林应当成为"非军事化自由市",如果西方三国拒绝这一建议,苏联将单方面与民主德国签订和约,将把它的柏林职权移交给民主德国。1958年11月27日,苏联政府把这项关于柏林问题的建议正式照会民主德国、联邦德国和西方三国。照会还限定在六个月内结束西柏林的占领状态。赫鲁晓夫则在记者招待会上扬言,如果西方不同意这一建议,把坦克开到柏林,用武力来保住西柏林地位的话,苏联的导弹将"自动发射"。这份"战书"终于引发第二次柏林危机。

西方三国和联邦德国几乎一致地拒绝苏联的照会。美国态度强硬,表示"为了使西柏林的道路畅通,将要使用地面部队",国务卿杜勒斯在"北约"会上甚至说,"华盛顿准备采取核战争的手段来保卫柏林"。这年年底西方三国分别发出内容基本相同的复照,拒绝苏联的建议,但表示愿在解决德国问题和欧洲安全问题的范围内讨论柏林问题。1959年年初,联邦德国也发出拒绝苏联建议的复照。在这样的形势下,赫鲁晓夫从原来的六个月限期的"最后通牒"立场上后退,在1959年3月的新照会中,建议迅速召开由苏、美、英、法、波、捷等国领导人出席,并有民主德国和联邦德国代表参加的最高级会议,讨论对德和约和西柏林问题。同年9月,赫鲁晓夫与艾森豪威尔在美国戴维营的两天高峰会谈中,表示将采取公开步骤,取消关于苏联在一定期限内同民主德国签署和约的建议,确认把柏林前途问题当作有待谈判的议题,而不是用单方面行动来解决。9月28日双方联合公报中,苏联同意收回限西方三国在六个月内就德国问题达成协议的声明,美国则同意就德国和柏林问题召开四大国首脑会议。

但是,赫鲁晓夫从原先立场上的后退,却给民主德国乌布利希等领导人造成尴尬处境。这时的乌布利希不仅是柏林问题上的强硬派,而且还是一个民族国家统一论者,极想利用当时的形势"解决西柏林问题"和"解决德国问题",对赫鲁晓夫为了苏联的一己利益而放弃德意志民族统一的利益,当然感到十分不满。也许正是在这样的压力下,赫鲁晓夫才在1960年5月中旬四大国首脑巴黎会议的开幕会上,突然提出美国U_2间谍飞机侵犯苏联领空事件,蓄意让筹备多时的四大国首脑会议在头一天就流产了。赫鲁晓夫在返苏途中特意在柏林逗留,宣称不用很长时间苏联就会同民主德国谈判和平条约来消除"二次大战的残余",民主德国的"社会主义成果将会得到苏联的充分保护"。

十五个月以后,亦即1961年8月,苏联和民主德国造成了第三次柏林危机:建造柏林墙。表面的原因是为了防止"西德军国主义的突然核袭击"。因为新入主白宫的美国总统肯尼迪,1961年4月接待来访的联邦德国总理阿登纳时明确保证,"实行自决的原则"是对柏林和德国统一问题取得"公正的和持久的解决"的唯一办法;保证在德国重新统一以前维护西柏林人的自由;答应在苏联一旦侵犯的情况下,美国将动用包括核武器在内的一切手段。对此,乌布利希把西柏林称为"火药桶,是对和平的

第十五章 ● 重新崛起时代：一个民族两个国家

威胁"，一定要加以消除。"谁也不会相信德国人民可以等到西德完成核武器的重新装备之后再签订和约"。民主德国政府"再也不能容忍西柏林的破坏活动"。这年6月初，赫鲁晓夫在同肯尼迪的维也纳会谈中再次就柏林问题向美国施加压力。在给美国的备忘录中表示，不管西方国家反对与否，苏联同民主德国单独缔结和约一定要实现，西方要做的将只是同东德当局协商有关通往柏林的高速公路、水路和铁路线的使用问题。备忘录又以六个月作为新的限期。西方三国很快予以拒绝。苏美在柏林问题上的争斗又逐步升级。战争叫嚣的乌云又一次出现在德国上空。但从更深层次考察，柏林墙的建造更多是防止东德人的西流和外逃。趁战争喧嚣造成的混乱局面，7月份大量的东德人拥入西柏林，整个7月份越境流入西柏林的人数达3万余，平均每天1 000余人，而以往平均每天为500人。西柏林为民主德国人员外逃提供了方便的"安全通道"：只要越过柏林城中间的分界线就进入西柏林界地，进而可去往联邦德国各地。进入8月份，西流势头更猛，8月7日达到2 000多人，8月12日突破4 000人。据统计，从1949年10月到1961年8月，民主德国约有260万人流入联邦德国，约占民主德国人口的1/8，其中150万是从西柏林逃出的。外逃人员中大多数是专业人员和熟练工人，而且近半数是25岁以下的青年人。长此以往，民主德国的经济迟早会因劳动力流失过多而崩溃。为了制止人员外流，民主德国警察当局在东柏林和苏占区其余部分的公路和铁路连接处增设了检查站和管制站。然仍难以奏效。苏联与民主德国开始采取震惊世界的"反措施"。

乌布利希在8月初华沙条约组织成员国首脑莫斯科会议上，提出在西柏林周界的民主德国一侧建立一道柏林墙的方案，得到与会者的赞同和支持。这一决定是严格保密的，西方情报机构似乎事先一无所知①。乌布利希归国后立即成立以昂纳克为首的行动指挥部。8月12日晚8

---

① 现在另有一种说法：西德政府特别是美国肯尼迪政府担心，东德公民的"逃亡潮"会促发东德境内发生骚乱，打破东西方之间的平衡格局，苏联集团有可能把冷战变成热战。为了阻止这种"逃亡潮"，肯尼迪政府决定通过中央情报局，把"球"秘密踢给东德政府。东德领导人在秘密商谈后，决定采取强制办法：在东西柏林之间筑起一堵墙，但不把这一决定事先告知苏联。东德领导人决定先斩后奏，于1961年8月13日凌晨在东西柏林之间拉起一道锋利的铁丝网墙。苏联赫鲁晓夫集团闻此，开始大吃一惊，接着便接受既成事实，称柏林墙是苏联领着修筑的。

时,柏林警察局长召集警察部队有关干部传达命令:从8月13日零点起,把民主德国同联邦德国和西柏林的边界置于可靠的军事控制之下。与此同时,东柏林成千上万的工人战斗队队员同时出动,把铁丝网、水泥等器材按指定时间运往指定地点,由苏联驻军和民主德国人民军提供支援、进行安装和安全保卫。当东方一线鱼白时,柏林墙的一期工程——架设铁丝网,初步控制东西柏林之间的边界已接近完成。东西柏林人一觉醒来,面对拔地而起的铁丝网墙,惊得目瞪口呆。随之而来的冲突虽然难免,但在苏军坦克的保卫下,西方的坦克、推土机、吉普车也只好开走了。当晚3 000西柏林人企图冲过勃兰登堡门,东柏林警方则把勃兰登堡门完全封锁,并把出入西柏林的过境点减少到十二个。阿登纳表示"遗憾",宣布对东方集团实行全面贸易禁运。西柏林市市长勃兰特也发表了激昂慷慨的演说。与此形成对照的是西方三国政府,它们直到柏林封锁五天之后(8月17日)才提出抗议,它们认为,首要采取的措施是阻止民主德国封锁去西柏林的通道,除此之外就不必采取进一步的措施了。

西方没有大的反应使民主德国政府敢于采取进一步行动。8月18日开始建造永久性的坚体柏林墙。边界墙也开始完善起来。柏林墙的重要地段墙高3.5米至4米,厚10厘米,在这光滑的水泥墙顶架上水泥圆管,使人无法越墙而过。墙后是一道5米深的坑道和布满铁丝桩的雷区,铁丝桩后是边防士兵使用的7米宽的大道及照明设备、边防岗楼、地堡和铁丝网,还设置了水泥警犬柱,警犬可在100米的地段上警戒。陆续建起的瞭望台上,每天24小时都有子弹上膛的边防战士值班。整个柏林墙共有280个观察哨,137个地堡,274个警犬柱,108公里坑道,全长165公里,其中45公里横穿市区,将柏林的192条大街一分为二。此后在柏林墙的两侧冲突不断。苏联坦克同美、英、法的坦克和武装人员经常在柏林墙两侧对峙,英军坦克一度还开到勃兰登堡门前,但

修筑柏林墙

战争并未发生,他们都只在自己的占领区一侧显显威风。柏林墙的构筑

第十五章 重新崛起时代：一个民族两个国家

使德国分裂进一步固定化，这既符合苏联的战略愿望，也符合美国的战略需要，它们不需要为柏林墙而火并。赫鲁晓夫立即降低了调门，声称"签订对德和约的期限问题将不再是那么重要了"，再一次从六个月期限的"通牒"中抽身出来。西方盟国由于筑墙后仍保持柏林通道的通行，未触犯自己的利益，最终接受了既成事实。第三次柏林危机用一道墙的办法划上了句号。

对于民主德国乌布利希这些领导人来说，构筑柏林墙是一个两难的选择。柏林墙虽然制止了人员的外流，创造了一个"安全的环境"，保证了乌布利希"新经济体制"的改革，促进了民主德国现代化经济的发展，但是柏林墙同样堵塞了德意志民族统一和国家统一之门，而统一则是德意志民族更重要的历史使命。直到60年代初，统一社会党还一直反对两个德国长期并存的观点。乌布利希在1960年12月的中央全会上还坚持："尽管暂时出现分裂，但从历史的角度看，民族统一的重新缔造是不可避免的。"但到1962年底，乌布利希不得不开始变调：德意志民族已分裂为两个国家，但仍未否认统一的德意志民族的存在。直到1968年4月6日民主德国颁行的新宪法中，称民主德国是"社会主义的德意志民族国家"，"统一民族"的概念受到了挑战。1970年12月乌布利希在庆祝统一社会党成立25周年的筹备会议上讲话说："在1871—1945年一个统一国家范围内曾经产生的资产阶级德意志民族，现在已不复存在。民主国是社会主义的德意志民族国家，联邦德国是北大西洋公约的帝国主义国家，体现着在国家垄断资本统治体制条件下旧的资产阶级德意志民族的残余。"之后德国统一社会党在民族统一问题上的观点发生了决定性的转折。[①]昂纳克上台以后，紧紧追随苏联，正式提出了"两个民族、两个国家"论，并成为70—80年代民主德国处理同联邦德国关系的准则。民主德国就这样放弃了争取民族统一的旗帜，而任由联邦德国单独高举民族统一的旗

波茨坦广场地段的柏林墙

---

① 宪法中改称民主德国为"工农的社会主义国家"。

帜。民主德国在民族统一问题上的这一失误,伤害了德意志民族渴望统一的民族心理,挫伤了德意志民族伟大的亲和力和认同感,在一定程度上刺激了后来出现的大量民主德国居民出走联邦德国,从而动摇了民主德国的根基。

真正打破东西方大国在德国-柏林问题上的僵局,真正打破两个德国在统一问题上的僵持,是联邦德国1969年上台的社会民主党人总理勃兰特及其推行的"新东方政策"。基民盟与基社盟在联邦德国连续执政20年后,终因其老的思维、老的政策、老的行事方式已不合时宜进退维谷,第一次被选民拉了下来成了在野党,社会民主党-自由民主党联合政府则以"连续性和革新"的崭新风貌出现在联邦德国的政治舞台上。勃兰特总理在联邦议会发表的第一个政府声明中,就把外交政策的改革列为重点。勃兰特的新东方政策的主旨是:"与西方合作和协调一致,并与东方达成谅解";"放弃使用武力","与苏联和东欧各国人民实现完全意义上的和平";承认两个德国的存在,发展两德之间的"特殊关系",为德意志民族未来的统一作出贡献。勃兰特强调指出:"我们必须维护民族的统一,使德国两部分摆脱当前的不正常关系";"我们必须阻止德意志民族内部继续彼此疏远,需要通过协调的并存,达到共处的关系";"联邦德国政府不能考虑从国际法上承认民主德国。即使德意志兰存在两个国家,但是它们彼此不是互为外国,它们之间的关系只能是特殊性质的关系。"联邦政府将继续向民主德国部长会议提出进行谈判的建议,旨在达成有条约形式的合作。

显然,勃兰特的"新东方政策"是一种积极的明智的政策,一种睦邻的和平的政策,它不仅完全终结了"哈尔斯坦原则",而且开辟了联邦德国外交的新时代。同样很清楚,勃兰特的"新东方政策"面向的是整个东方,但鼓点子却是敲在两德关系上。勃兰特乘上当时国际紧张局势解缓的东

联邦总理勃兰特在前华沙犹太人集居区的纪念碑前下跪谢罪

第十五章 ●重新崛起时代：一个民族两个国家

风,持有联邦德国经济大国的实力,不顾国内以弗兰茨·约瑟夫·施特劳斯(Franz Josef Strauß,1915—1988)为首的强权保守派的责难和攻击,勇敢地采取一系列重大步骤,并在短短的两年内取得了引人注目的成功:相继缔结了德苏《莫斯科条约》、德波《华沙条约》[①]、德捷《布拉格条约》;促成苏、美、英、法《四国柏林协定》的签署;特别是1972年两德之间签订了《基础条约》,不仅缓和了两德之间的紧张关系,且为两德之间的关系正常化铺平道路。这事值得大书一笔。

勃兰特"新东方政策"的核心,乃是处理同民主德国的关系,只有实现了同民主德国关系正常化,"新东方政策"才谈得上真正的成功。上台伊始,勃兰特政府就呼吁民主德国,举行承认"现状"和互不歧视的谈判。1970年1月,勃兰特致书民主德国部长会议主席斯多夫(Willi Stoph,1914—1999),建议两德就互相放弃武力问题举行谈判。斯多夫欣然同意,因为这是两德人民普遍的渴望和愿望。这年3月19日,两德的政府首脑勃兰特和斯多夫首次在民主德国的埃尔福特会晤,接着会晤又在5月21日联邦德国的卡塞尔继续。会谈从一开始就是一种棘手的争论,双方各自坚持自己的立场和观点:勃兰特的"一个民族、两个国家"论碰上了乌布利希-昂纳克的"两个民族、两个国家"论。当勃兰特强调两国的真正正常化"必须为克服德意志兰内部的边界铁丝网和墙作出贡献"时,

1970年联邦总理勃兰特首晤民主德国部长会议主席斯多夫

斯多夫则强调,"两个主权国家"是不能合而为一的,"因为对立的社会制度不能合而为一"。斯多夫认为德国的分裂已成事实,强调联邦德国必须从国际法上承认民主德国。当斯多夫提出两德在普遍承认的国际法原则和准则基础上,签署一个"平等关系条约"时,勃兰特拒绝了这一旨在要求

[①] 签订于1970年12月。这期间勃兰特来到华沙犹太人牺牲纪念碑前,屈膝长跪以谢罪。

联邦德国从国际法上承认民主德国的建议,强调两个德国"有责任维护德意志民族的统一,不互为外国",表示愿意改善双方的关系。关于西柏林问题,勃兰特再三申述西柏林同联邦德国的联系,斯多夫则认为,西柏林是民主德国领土上的独立政治单位,不属于联邦德国,拒绝讨论。由于在德国分裂的责任、四大国是否继续在德国起作用、德意志民族的前途等问题上仍存在严重分歧,会谈没有成功。两德决定在国务秘书一级继续进行磋商。勃兰特认为,会晤的事实比起德国的两个部分以背相向的那些年代,总是一个进步。

从1970年11月下旬开始的联邦德国国务秘书埃贡·巴尔(Egon Bahr)和民主德国国务秘书米歇尔·柯尔(Michael Kohl)之间就交通问题、过境协定和基础条约等问题的会谈,长时间没有取得结果。但是当联邦德国为改善与苏联关系的《莫斯科条约》的缔结与实施,特别是1971年8月21日苏、美、英、法四国就西柏林问题达成协议并于9月3日签订了《四国柏林协定》后,谈判出现了峰回路转之势。民主德国改变了乌布利希坚决不承认西柏林和联邦德国之间联系的立场,并同联邦德国和西柏林就实施《四国柏林协定》的细则进行谈判。1971年12月17日,巴尔和柯尔分别代表联邦德国和民主德国在波恩签署了《关于联邦德国和西柏林之间的过境协定》。三天以后,西柏林议会和民主德国又签署了一项《关于西柏林常住居民去民主德国访问和旅行及交换飞地的协定》。这两个统称为《德-德协定》的签订,改善了两德之间的谈判气氛。从1972年1月始,巴尔和柯尔为两国达成一项一般性的《交通条约》进行谈判。当联邦德国联邦议院在5月中旬批准了《莫斯科条约》和《华沙条约》后,5月26日巴尔和柯尔在东柏林签署了两德之间的《交通条约》,前言中指明:联邦德国和民主德国像彼此独立的国家之间的通常关系一样,发展两个国家之间的正常的睦邻关系。6月15日,两个德国之间关系正常化问题开始会谈,两个月后,双方正式开始就签订一项《基础条约》问题进行谈判。谈判围绕以什么方式承认民主德国问题展开激烈的争论。民主德国坚决要求在两德关系正常化后双方互派大使,而联邦德国则主张只互派常驻代表,并强调要在基础条约中明确说明两个德国是一个民族。这个主张遭到民主德国的拒绝。双方各持己见,但强烈要求改善两国关系的共同愿望是迫切的。就在这时,勃兰特政府的政策遭到反对党联盟党的责难,反对党对政府投不信任票仅以一票之差未逞。勃兰特为了改变政

第十五章 ● 重新崛起时代：一个民族两个国家

府在联邦议院中的无优势处境，9月20日决定援引《基本法》第68条，向联邦议院提出"信任投票案"，让联邦总统解散了联邦议院，并定于11月19日进行大选。勃兰特和民主德国都担心，如联盟党在大选中获胜，已开始的改善两个德国的谈判有可能流产，双方都希望在联邦德国大选前能就《基础条约》达成协议。正是在这样一种背景和愿望的驱使下，谈判于10月底出现突破性进展。民主德国放弃了坚持双方互派大使和在基础条约中写上联邦德国按国际法承认民主德国的条款；联邦德国也作了让步，不再坚持把"一个德意志民族"、"两个国家"的提法写进条约。11月8日，即在联邦德国大选前的11天，巴尔和柯尔草签了《基础条约》。在大选赢得预期的胜利后，12月21日双方正式签订了《关于德意志联邦共和国和德意志民主共和国之间关系的基础条约》，简称《基础条约》。条约保留了双方在谈判中存在的原则性问题的分歧，在此前提下双方达成放弃武力威胁或使用武力；两德边界不可侵犯；互相尊重对方的国家独立和自主。另外，双方强调愿意就实际问题及人道问题进行协调，发展和促进在经济、科学技术、交通、司法往来、邮电、卫生、文化、体育、环保及其他领域的合作；基于双边关系的特殊性，决定在双方政府所在地互设"常驻代表处"。在签署仪式上，联邦政府转交了一封信件，继续强调实现德国统一的意愿。1973年5月联邦议院就《基础条约》进行投票时，以281票赞同、226票反对获得通过。

就《基础条约》的谈判和签订来看，实在是一种双赢的局面。基础条约除促进两个德国关系得到改善之外，也使两个德国对外关系得到新发展。国际社会普遍承认民主德国，民主德国的国际地位进一步得到提高；联邦德国进一步推行新东方政策，实现了同捷克斯洛伐克、匈牙利和保加利亚等国关系的正常化，1972年10月同中国正式建立外交关系，被称为是新东方政策的"终程碑"。两个德国于1973年一起加入联合国。但就民心而论，更为渴望和所向的，却是基础条约以外的"一个民族"和"德国统一"的主张。在大多民主德国群众眼里，联邦德国成了争取民族统一的代表。

勃兰特新东方政策的实施，缓和了东西方在欧洲和德国的局势，开始了一种合作居于主导地位的时代。勃兰特也因此继魏玛共和国总理施特莱斯曼之后，于1970年10月荣获诺贝尔和平奖。正当他事业鼎盛时节，1974年5月，勃兰特却出人意料地引咎辞职，原因是他的一名重要助手贡特尔·纪尧姆(Gunter Guillaume)及其妻子被揭露是民主德国的间谍。联邦议院选举时任政府财政部长的社会民主党人赫尔穆特·施密特接任联邦总理职务。在施密特任内,由于苏美关系由"缓和"转向对抗,出现了"新的冷战时期",施密特主张从联邦德国自身利益出发,推行"稳定"与"均势战略",奉行立足西方和发展东方关系的"双轨政策",为德国的统一创造有利条件。对民主德国推行的政策,重点是发展实质性关系,扩大合作,增加人员往来,用以维系"民族共同感"。"新东方政策"实质上被延续下来。

1982年10月1日,经过"年轻化"改组的基民盟/基社盟联盟党对联邦总理施密特提出建设性的不信任案,作为政府伙伴的自由民主党在其主席根舍(Hans-Dietrich Genscher,1927—)领导下乘机倒戈,转而支持联盟党。联邦议院表决结果,基民盟主席赫尔穆特·科尔(Hermut Kohl,1930—)获得多数票,施密特政府被迫中途下台。四天之后,科尔被任命为联盟党-自由民主党联合新政府的联邦总理,开始了他长达16年的执政。

科尔无疑是现代德国历史上著名的政治家。他出生在莱茵河畔路德维希斯哈芬一个笃信基督教的小职员家庭,1946年刚十六岁时就加入了基督教民主联盟,投身于政治。据说他在1958年获得历史学博士起,就用历史的眼光来审视德意志民族的前景,主张实现德国的重新统一,重新崛起于世界。凭着他自己勤奋的工作和追求目标的坚毅,1969年就当了莱茵兰-普法尔茨州的总理和基民盟的副主席,七年后更被推为基民盟的主席和联盟党的总理候选人。科尔作为保守党内新的一代的代表,并不拘泥于老一代的因循和僵化,而是主张"革新"。在他上台执政时期,就呼吁德国人为重新实现德国的统一履行义务。他并不中断勃兰特社会民主党政府的新东方政策,而是加强同美国和西方联盟,为在遥远的未来实现德国的重新统一而努力。科尔所推行的新东方政策,与勃兰特和施密特所推行的新东方政策的明显区别,就是立足于紧靠美国和西方联盟,对苏联和民主德国施加明显的压力,迫使苏联和民主德国作出让步。科尔利用美苏紧张关系中的回旋余地,极力推行波恩自己的带有新风格的对外政策。为了维系民族感情,到80年代,联邦德国平均每年以不同形式和各种名义,向民主德国提供各种款项达20多亿西德马克。从1987年9月1日起,发给每位到联邦德国旅行探亲的民主德国人的"欢迎费",由

第十五章 重新崛起时代：一个民族两个国家

30马克提高到100马克。民主德国人在联邦德国乘坐火车减价50%，乘坐其他公共交通工具或出入文化场所，不是免费就是优惠。美国记者西奥多·斯坦格评说："科尔是否真正相信两个德意志国家能够重新统一，这是无关紧要的，但是完全可以肯定，他不想作为使两个德意志国家的分裂变得更加严重的总理载入史册。"这话是客观的，也是中肯的。

作者评曰：

  在近代世界历史上，很少有像德意志民族那样，经历了如此多的历史曲折和劫难，却又像不死鸟似的在灰烬中复活，奇迹般地再度崛起。靠的是什么？我以为靠的是一种"民族精神"，一种积极的、进取的、不屈的、争先的民族再生力。什么是真实意义上的德意志民族精神？精确的回答是困难的，但其中心内容却是明晰可见，那就是争取民族统一和强大的民族亲和力，这不仅被德意志民族的历史发展所证实，而且也是在德意志民族发展的历史中凝成的。19世纪初的拿破仑战争，特别是法俄1807年提尔西特和约的签订，使德意志民族遭到进一步的分裂和近乎灭亡的命运。在这生死存亡的紧要关头，德意志人民奋起了，民族觉醒了，民族亲和精神在动员，掀起了民族解放战争。德意志军民屡败屡战，锲而不舍，终于在1813年的莱比锡各民族大会战中打败了拿破仑，消灭了异族统治，争得了德意志的新生。第二次世界大战后，被希特勒拖到反人类战争中去的德意志民族遭到了正义的报复，国家被摧毁，民族被分裂。但是接受了历史教训的德意志民族，无论是走上西方式资本主义道路的西德，还是走上苏联式社会主义道路的东德，都在争取民族统一的精神鼓舞下，在短短的十几年时间重又东山再起，进入世界先进工业国行列，而强大的民族亲和力最终冲决外力人为的藩篱，使分裂达整四十年的德意志民族再度统一起来。正如一位正视历史的联邦德国政治家魏茨泽克所说的那样："我们德意志人是一个人民和一个民族。因为我们经历了共同的历史，所以我们感到我们休戚相关。""今天被分割在东部和西部的德意志人，没有中止并且也不会中止作为一个民族的感情"。

第十六章 再统一时代：一曲德意志民族的《欢乐颂》吗？

> 这一天即将到来：来自阿尔卑斯山、北海、莱茵河、多瑙河、易北河的德意志人将兄弟般地拥抱在一起；关税壁垒、邦国界墙、所有分裂的障碍和令人窒息的标志将一扫而光；一个自由和统一的德意志兰万岁！
>
> ——Ph. J. 西本普法伊弗尔

这是一个半世纪前德意志共和主义政论家西本普法伊弗尔（Philipp Jakob Siebenpfeiffel，1789—1845）在汉巴哈大会上发表的著名演说的精彩片段。他虽然没有看到1871年德国的统一，更没有想到德意志民族国家的统一会经历如此曲折的、多变的艰难历程，但作为一个德意志人，他对德国统一的信念却始终不渝。德国的再统一时代终于在20世纪的80年代降临。

一、德国统一的机遇与挑战

首先是世界格局出现新变化：东西方关系"转暖"。在这样的大气候下，苏联及其东欧集团国家开始了"新思维"的改革，以期克服长期以来的经济困境和政治颓势。1985年入主克里姆林宫的戈尔巴乔夫，设想了一套完整的"改革新思维"，对外主张缓和东西方关系，提出建立"全欧大厦"的新构想，主张超越意识形态和社会制度的对立进行合作，放松对东欧社会主义国家的控制，对东欧采取支持"改革"的态度；对内则大力改革与现代化潮流相背的计划经济体制以及传统的集权政治体制，使成为一种富有活力的社会市场经济体制和民主社会主义的政治体制。意图是明确

第十六章 ● 再统一时代:一曲德意志民族的《欢乐颂》吗?

的:苏联通过现代化的"新思维"改革,保持同美国并驾齐驱的大国地位;在世界多极化的发展趋势中重新赢得自己的霸权优势。苏联的这种"松动",不仅在东欧社会主义国家产生了强烈的反响,而且引起美国及西方势力的浓厚兴趣。东欧一些国家出现了一股要求自由化的民族主义情绪,企图改变苏式党的领导和苏式社会主义制度;而美国及西方势力则利用时机在东欧大力推行"和平演变"战略,力图把东欧纳入西方的政治经济体系之中。

其次是东欧形势的剧变也加剧了民主德国政局的动荡。美国为使其"和平演变"战略成功,要求戈尔巴乔夫承诺不用暴力镇压东欧的改革和自由化,而美国则答应不利用东欧的变化来损害苏联的利益。从1989年开始,东欧社会主义国家政治局势发生急速的变化,从而导致战后欧洲舞台上建立起来的"雅尔塔体系"的崩溃,导致了欧洲两种社会制度的国家相互对立格局的终结。东欧剧变发端于波兰,以瓦文萨为首的反对派组织"团结工会"利用波兰经济困难和政府改革措施的失误,接连发起罢工攻势,并在1989年6月的选举中取得了胜利。团结工会上台后,一方面改变波兰的社会主义性质,取消了宪法中关于波兰统一工人党的领导作用和国家的社会主义性质的提法,另一方面则力图向西方靠拢。几乎与此同时,匈牙利形势也急转直下。匈牙利局势的变化是由执政党社会主义工人党内部的派别斗争引起的,以波日高伊为首的党内"激进改革派",主张建立西方式的议会民主,放弃党的领导。社会上也出现一大批要求参政的反对派组织。1989年5月初,匈牙利开始拆除匈奥边界的铁丝网和电网。6月下旬"激进改革派"取得党的最高领导权。9月同社会各反对派达成初步协议:取消社会主义工人党的领导,改变国家的社会主义性质,更改国名。在1990年春季的两轮国会大选中,反对派大获全胜,并组成新政府。东欧形势就像多米诺游戏,一个接一个"倒下",在1989年短短的时间内,捷克斯洛伐克、保加利亚和罗马尼亚相继"易旗变色",那些固守传统苏式路线、没有及时进行"自我完善"的现代化改革的党政领导人,不是被推翻,就是被处决。东欧剧变在历史的指路牌上显示出严重的警告:不改革或者不能恰当地改革就会灭亡。

在昂纳克领导下的民主德国,却坚持不改革、不统一的方针,致使社会积聚了不少对抗性问题。昂纳克依仗着民主德国的经济水平是社会主义国家中最高的,不认为民主德国需要改革,特别不想按戈尔巴乔夫的

"新思维"进行改革。但是民主德国的广大民众并不买昂纳克的账,他们以大批出走联邦德国的行动,促成民主德国政局的急剧动荡。1989年5月匈牙利宣布拆除匈奥边境的铁丝网后,大批民主德国公民借口到捷克斯洛伐克、匈牙利旅游之机,越过匈奥边界进入联邦德国。至8月份的短短三个月,经匈奥边界出走的民主德国公民达数千人,最多时每天超过300人。9月份匈牙利开放其西部边界,民主德国公民似潮水般经匈牙利、波兰和捷克斯洛伐克等国涌向联邦德国或西方其他国家,一个多月间人数达8万之众,规模之大,为1961年修筑柏林墙以来所未有过的。这种政治局势严重地刺激了民主德国领导人,昂纳克等希望通过庆祝民主德国建国40周年庆典活动,特别是邀请苏共中央总书记戈尔巴乔夫参加庆典,以安定人心,稳定局势。10月6日下午,戈尔巴乔夫在庆祝民主德国建国40周年大会上致词说,民主德国和其他国家一样,有自己的发展问题,需要深思熟虑,找到解决办法,既要考虑社会不断发展的国内需要,也要从整个社会主义阵营的现代化和改革进程出发,去找到解决问题的答案。翌日上午戈尔巴乔夫同昂纳克会晤时,点明了他讲话的要旨:民主德国也要实行改革,"谁跟不上形势,谁就要受到现实生活的惩罚"。戈尔巴乔夫的到来,无异于给民主德国的局势火上加油。

就在国庆庆典前后,除了民主德国公民出走浪潮外又出现了大规模的游行示威浪潮。这股浪潮从莱比锡开始,迅速蔓延到柏林等大城市。游行群众要求政府发扬社会主义民主,实行社会主义革新的按劳分配,要求"新闻自由"、"旅游自由"和"选举自由"。游行示威给民主德国经济、社会生活带来了严重的困难,全国陷入危机之中。要求统一和要求改革的力量开始联合起来。反对派组织开始出现并加紧活动。10月7日第一个反对党民主德国社会民主党宣布成立。执政党德国统一社会党不少党员退党了,仅10月上半月退党人数达2万多。激烈的社会动荡导致德国统一社会党领导层内分歧激化。在10月17日举行的党的十一届九中全会上,党和国家领导人昂纳克以健康原因"辞去"总书记职务,选举埃贡·克伦茨(Egon Krenz,1937—)为党中央总书记。10月24日民主德国人民议院举行会议,解除昂纳克的国务委员会主席和国防委员会主席的职务,选举克伦茨继任。克伦茨在宣誓就职演说中表示要改革。他在11月3日向全国发表的广播电视讲话称,民主德国将在政治、经济、社会各个方面进行改革,但决不允许贬低民主德国40年来的历史和现状。在对

第十六章 ● 再统一时代:一曲德意志民族的《欢乐颂》吗?

外政策方面,克伦茨强调要进一步加强同苏共和苏联的关系;坚持两个德国是相互独立的主权国家,民主德国愿意在两国关系基础条约和1987年9月波恩公报的基础上发展双边关系。但是显然,克伦茨的改革主张和改革行动为时已晚,广大的人民群众和反对派组织的要求已远远超过这些。更多的人民群众走上街头。东柏林和莱比锡于11月4日和6日又有几十万人举行大游行。再次出现了民主德国公民出走联邦德国的高潮。局势进一步动荡不定。在此情况下,统一社会党于11月9日晚作出重大决定:开放柏林墙,宣布民主德国公民从即日起经由民主德国边界出国旅行和多次往返,不必申述特别理由,凭身份证就可去西柏林。消息传来,人们奔走相告,如潮水般涌向各边境站大门。开放柏林墙的决定虽然标示着民主德国政府40年来第一次开放两个德国和东西柏林之间的边界,但实际上柏林墙是被民主德国广大民众的民族感情"冲"开的。这就为两德人民的民族统一打开了通道。12月5日,两德政府在柏林就联邦德国公民前往民主德国旅行无需签证达成协议。联邦德国公民40年来第一次将无需签证前往民主德国访问旅行。

第三,民主德国的政治风云突变为联邦德国提供了统一德国的机遇。一直刻意追求两德统一的联邦德国领导人都明确地意识到,只有在东西方相互取得谅解、消除对抗的气氛和两德人民强烈的要求情况下,统一的机遇才会到来。他们一直在苦苦地等待着。东欧剧变和民主德国公民出走浪潮立即使科尔政府认定,德国统一的历史机遇也许降临了。虽然科尔政府立即"介入"民主德国事务,但他还是小心翼翼,步步为营。1989年年中,科尔政府要求匈牙利"保护"民主德国公民,允许他们自由出境到联邦德国,并指令联邦德国驻波兰、捷克斯洛伐克等国外交机构大量收容民主德国公民。10月中旬针对民主德国的经济、社会危机,科尔总理反复表示,如果民主德国进行改革,在经济上实行市场机制,政治上搞自由选举,联邦德国就愿意给民主德国长期的、全面的、巨大的援助。直到此时,科尔政府的公开言行,主要在"联络"民族感情,"笼络"民心,避开"高谈统一"问题。民主德国则严厉谴责联邦德国干涉民主德国的内政。民主德国的党政领导从昂纳克到克伦茨,都把"坚持社会主义事业"同"德意志民族统一事业"绝对对立起来。在民主德国宣布开放两德边界的第二天,科尔中断对波兰的访问,乘机回国,在内阁紧急会议上,商讨采取紧急措施以适应两德边界开放后给联邦德国带来的新形势。科尔欣喜地表示,这是一个好机会,通过东西德之间的自由往来,将德国统一问题提出来。联邦德国内政部指示有关部门做好准备,迎接民主德国公民的到来,并规定到西柏林和联邦德国的民主德国公民,每人一年可以领100西德马克的"欢迎费",凭护照或身份证在银行、储蓄所、邮局领取。科尔决定待时而动,力图以"经济手段"推进德国统一的进程,并以掌握"德国统一"的大旗,来赢得联邦德国即将来临的大选,击败当时呼声甚高的反对党社会民主党。

最后,"德国的统一,并非仅仅是德国人的事情",这是戈尔巴乔夫在1989年德国剧变时抛出的重头话,言下之意,长期占领德国的苏、美、英、法四大国的态度和举措,具有决定性的意义;东欧国家首先是与德国存在边界问题的波兰,也有他们的发言权。这一点西方大国也是这么看的,两个德国的领导人也有同样的共识。基于两德统一的大势所趋,四大国改变了长期以来反对德国统一的做法,开始磋商和妥协,为德国统一创造了外部条件。但在统一的德国的地位问题上,苏联同西方三国还存在着严重分歧。西方三国主张通过德国统一把民主德国从华沙条约组织中拉出,纳入北大西洋公约组织,使西方势力东扩;而苏联则主张通过德国统一把联邦德国从北约中拉出,组成中立的统一的德国,保持苏联在中欧和东欧的影响,防止北约东扩。这就构成对德国统一的严重挑战。

二、从"柏林墙倒"到两德国家条约

柏林墙是东西方冷战的象征,是德国分裂的标志,经历了风风雨雨的28年之后,终于被德意志民族要求统一的激情和热望所冲决。1989年11月9日克伦茨政权作出开放柏林墙的决定,只是一种无奈之举,但这个晚上却被两德人民当成"疯狂的欢乐时刻",演出一出轰动世界的悲喜剧。虽然时至今日,克伦茨政权是如何作出"开放柏林墙"的决定以及为什么不同渠道传来的"开放时间和内容"存有差异,尚是一个"谜",但在11月9日晚人们根本不予理会。晚上10点钟,民主德国边防战士奉命打开东西柏林过境关卡栏杆,数以万计的人组成巨大人流,"不受阻挡地"涌向西柏林和联邦德国。联邦德国和西柏林居民纷纷驱车前往边境站,欢迎来自民主德国的同胞。当第一批民主德国居民越过柏林墙,走出过境站时,像是做梦一样。他们和等候在那里的联邦德国和西柏林同胞相

第十六章 ● 再统一时代：一曲德意志民族的《欢乐颂》吗？

德共同经济委员会的协议，并就统一问题进行了讨论。科尔口头上赞同莫德罗提出的两个德国建立"条约共同体"的建议，但在实现统一步骤问题上，科尔却另有打算，他不想把莫德罗政府作为讨论两德统一问题的谈判对象，因为莫德罗政府不是他《十点计划》中要求的"有民主合法性、也就是自由选举的政府"。因此他还无意同莫德罗谈论实质性问题，他在等待民主德国3月18日自由选出的"民主政府"。莫德罗的"四步统一"新方案提出一周后，科尔作出反应：愿意同民主德国立即就与经济改革相联的货币联盟举行谈判。科尔政府成立了"德国统一委员会"。科尔在此时也还只是牢牢攥住已经拉满弓弦的"统一"之箭，引而不发，等待着民主德国历史上第一次"自由"选举的时机。

3月18日民主德国的人民议院选举就这样成为两个德国、欧洲乃至世界注视的中心。民主德国原有的党派，和在1989年剧变中产生的新党派和政治组织，都竞相从思想上、组织上进行竞选准备，最后登记参加大选的政党和组织共24个，争夺人民议院400个议席。这些政党和组织中，具有代表意义和实力的，除原执政党统一社会党的后续党民主社会主义党外，当数德国社会民主党，德国民主农民党，德国基督教民主联盟，德国自由民主党，德国国家民主党，新论坛和德国社会联盟等，他们的共同特点都强调"民主"主旨，两德最终要实现统一，但却体现在竞选纲领的不同政治主张和经济要求中。围绕统一问题概括起来有如下几种主张：1.与欧洲联盟同步实现德国统一；2.分阶段分步骤实现两德统一，统一后的德国保持中立；3.民主德国尽快按联邦德国基本法第23条加入联邦德国，统一后的德国留在北约；4.如果现在统一，意味着少数人获利，多数人失业，失去共决权。科尔最"看中"他的东部"姊妹党"德国基督教民主联盟的第3种主张，因此大力扶持和资助由德国基督教民主联盟-德国社会联盟-民主觉醒组成的德国联盟的竞选活动。从2月到3月，科尔本人就曾六次进入民主德国，在埃尔富特、马格德堡、德累斯顿、科特布斯、莱比锡等地参加竞选集会，极力为德国联盟争拉选票。联邦德国社会民主党名誉主席勃兰特、主席福格尔（Hans-Jochen Vogel）、副主席拉芳坦（Oskar Lafontaine），自由民主党主席根舍，也亲临民主德国，参加竞选集会，为其东部的"姊妹党"拉选票。从2月份的民意测验中，德国民主社会主义党是明显失势了，而德国社会民主党和德国联盟开始遥遥领先。到3月初，舆论界还一致认为，社会民主党优胜于德国联盟，可望获50%的选票,德国联盟可获30%的选票。为了扭转德国联盟的"劣势"局面,科尔在大选投票前夕又打出他的"金钱政策"牌,公开向民主德国选民许诺:如果德国联盟在3月18日大选中获胜,两德将会迅速实现货币、经济和社会联盟,民主德国公民私人存款可以1∶1兑换成西德马克。这一爆炸性新闻震撼着民主德国的选民,他们的视线迅速转向了德国联盟。大选前最后一次民意测验的结果,德国联盟首次领先于德国社会民主党,获36%选民的支持,而社会民主党只获得了35%的选民支持。民主社会主义党获得15%选民的支持。"民心"倾向发生了明显变化。

3月18日这一天,民主德国首都柏林的共和国宫前广场上,汇集了来自不同国家和地区的50多家电视台、电台、通讯社的记者2 000多人,报道大选实况。来自联邦德国、法国、英国、卢森堡、荷兰等国的十名欧洲议会议员到柏林观察大选。柏林的各个投票站从清晨七点到晚上六点一直敞开大门。民主德国电台还一直报道其他选区的投票状况。选举的最终结果是,在1 243万名选民中1 160万人参加了投票,投票率为93.3%;德国联盟获胜,共得到48.15%的选票,在400个议席中得到192席;德国社会民主党获得21.84%的选票,占88席,居第二位;自由民主联盟(自由民主党+德国论坛党)获得5.28%选票,占21席;而民主社会主义党获得了16.33%选票,占66席位,对民主德国的政局发展虽已起不了作用,但它仍是民主德国地区人数最多的党,是中央和地方议会中的主要反对党。

以基督教民主联盟为首的"德国联盟"获胜后,与自由民主联盟商谈后达成联合组阁协议,但为了在议会中拥有2/3多数以达到修改宪法、尽快实现统一之目的,德国联盟企望同社会民主党组织大联合政府。社会民主党则提出了参加联合政府的最低条件,这就是:新议会必须承认奥得-尼斯河线为德波边界;两德统一后不把民主德国地区纳入北约军事指挥系统;在建立两德货币和经济联盟的同时实现社会联盟。经过反复协商,社会民主党决定入阁。1990年4月12日,在新选出的人民议院第二次会议上,受命组阁的基督教民主联盟主席、当过乐师和律师的洛塔尔·德·梅齐埃(Lothar de Maizière)当选为民主德国部长会议主席。他积极主张全盘引进联邦德国的政治经济制度,要求加速实现两德统一,通过直接申请加入联邦德国的捷径,使统一一步到位。德·梅齐埃新政府首先就两德建立货币和经济联盟同联邦德国进行了谈判,并取得了进展。

第十六章 ● 再统一时代:一曲德意志民族的《欢乐颂》吗?

两德统一的进程就这样"顺利地"进入科尔所设定的轨道。根据德·梅齐埃政府的建议和要求,两德政府加速了关于签订经济统一条约谈判的进程。双方决定经济统一条约即为货币、经济和社会联盟条约。谈判的核心问题是联邦德国马克同民主德国马克的兑换比率问题。联邦银行4月初提出的方案是,民主德国每个公民按1∶1兑换2000马克存款,工资与养老金按2∶1兑换,即2个东德马克兑换一个西德马克。此方案遭到民主德国举国上下的反对,德·梅齐埃也表示,科尔应恪守过去的允诺,工资、养老金等也应按1∶1兑换。经过讨价还价,5月初科尔政府作出让步,确定民主德国公民的工资、薪金、养老金、奖学金、房租和赁金,以及其他经常性支付,以1∶1的比率兑换,居民在银行的存款按不同年龄段以1∶1兑换一定数量的款额,其余存款则按2∶1兑换。这个问题一解决,其他涉及联邦德国的经济和社会福利制度和法规输入民主德国地区,或者说是民主德国要尽快引进联邦德国的经济和社会福利制度和法规问题,都较为顺利解决。1990年5月12日,两国政府就建立"货币、经济和社会联盟"的各项条款达成协议。5月18日,两国财长代表两个德国在波恩总理府绍姆堡宫正式签订第一个国家统一条约,即《德意志联邦共和国和德意志民主共和国关于建立货币、经济和社会联盟条约》,又称为经济统一条约,并宣布此条约于7月1日生效。

继经济统一条约之后,两德开始政治统一的谈判。谈判涉及的面很广,但突出的谈判内容是:统一的时间、方式方法、统一后的国体、国际国内法规、定都、国旗和国歌等问题。由于民主德国和联邦德国朝野各党都有自己的利益和要求,考虑和处理问题的出发点不同,即使在执政党之间也存在分歧,因而政治统一条约的谈判,经常遇到大大小小的困难和争执,不时伴有偶发的政治风波。但在统一大势所趋的情况下,两个德国朝野各党都不能不作出一定的妥协和退让。关于民主德国按照联邦德国《基本法》第23条加入联邦德国的时间问题,通过了德·梅齐埃的折中方案:民主德国于10月3日加入联邦德国。关于全德大选的选举时间和选举方式问题,确定1990年12月2日原联邦德国议院大选日为统一后的全德第一次大选日;由两德议会组成的"德国选举委员会"制定的新选举法和8月初由两德政府部长草签的《选举条例》规定,全德大选时实行统一的计票办法,统一的百分比限额,即各党进入联邦议院的得票数不得少于5%。为了缓和民主德国各小党对全国统一计票中的5%限额的反对,选举委员会作了新的规定:两德统一后的全德大选划分两个选区,即联邦德国选区和原民主德国选区,同一的百分比限额,即各党只要在本选区获5％的选票就可以进入议会。关于统一德国的国体、国旗和国歌问题,商定均采取原联邦德国的国体、国旗和国歌,国名德意志联邦共和国。关于定都问题,虽然多数人主张定都大柏林,但因一时争执不下,商定留待统一之后全德议会解决。① 就在这一基础上,1990年8月31日下午,两德政府在柏林菩提树下宫签订了两德第二个国家条约,即《德意志联邦共和国和德意志民主共和国关于实现德国统一条约》,也称作两德政治统一条约。自此,两德统一的进程已不可逆转。

三、"2＋4"会议与《最终解决德国问题条约》的签订

德国统一的最终最关键的保证,乃是获得苏、美、英、法四大占领国的一致认可。德国统一的内部进程发展得如此神速和如此的一边倒,德意志民族的统一亲和力表现得如此强烈,不仅大出苏联领导人的意料,也引起西方国家领导人的某种疑虑。虽然科尔在宣扬民族自决原则的同时一再表示:"第四帝国是不会出现的。我们从历史中学到了东西";德国的世界强权之梦已一去不复返,决不允许从德国土地上再产生惊惧和恐怖。还在科尔提出统一的《十点计划》的翌日,美国国务卿贝克发表谈话,认为德国统一进程应当遵循四项原则:1.必须实行自由自决,以什么方式统一,应由德国人自己选择;2.统一后的德国应继续留在北约和欧共体内,不得以此为代价换取统一;3.统一必须有利于欧洲的全面稳定,这是一个和平的、渐进的过程;4.必须遵守欧安会最后文件确定的原则,承认欧洲的现有边界。美国以此原则为前提,在1990年初拟定了"2＋4"方案,所谓"2"是指联邦德国和民主德国,"4"是指美、苏、英、法四国,美国人希望通过"2＋4"外长会议,按自己的"原则"解决德国统一问题。1990年2月初,贝克同来访的联邦德国外长根舍就德国统一问题进行秘密会谈时,根舍表示同意美国的"2＋4"方案,不同意英国和法国的第一选择"4＋0"方案(即由四大国会议决定德国的统一),同时强调,首先由两个德国决定自

---

① 1991年6月20日,联邦议院以17票多数通过关于将联邦议院、联邦政府迁往柏林和定都柏林的决定。

第十六章 再统一时代:一曲德意志民族的《欢乐颂》吗?

己的命运,谈判的顺序应当是"2+4",而不是"4+0",也不是北约盟国或欧安会35个成员国统统参与德国统一的谈判。贝克在好不容易说服英国和法国"尊重"美国的"2+4"方案后,2月8日就在莫斯科向戈尔巴乔夫"兜售"他的"2+4"方案,并让苏联人明白,美、英、法三国都一致反对统一后的德国中立化。

苏联的态度就成为如何解决德国统一问题的关键。1990年2月10—11日,戈尔巴乔夫对来访的科尔总理说,必须由德国人自己解决德意志民族的统一问题,苏联将尊重德国人的决定;德国问题应在不破坏现有力量平衡、不改变战后欧洲边界、尊重四大国的责任和权利背景下解决;统一后的德国留在北约,对苏联而言是不能接受的。当时苏联尚未放弃统一后德国中立化的设想,也没有明确表示赞成贝克的"2+4"方案。但两天后当出席渥太华的北约和华约相互开放天空(即允许对方在自己的领空飞行)外长会议的苏联外长谢瓦尔德纳泽打电话告诉戈尔巴乔夫,美、英、法的"2+4"方案有某种"新内容"时,戈尔巴乔夫同意了,但对方案措辞还需作修改。贝克的美、英、法"2+4""新"方案内容为:先由两德商量有关统一的法律、经济和政治问题,再由两德外长同苏、美、英、法四国外长讨论德国统一的有关外部问题,包括统一德国的联盟归属、四大国权利和柏林地位、战后边界等问题,精神着重在六国外长的"商讨"。与会的北约和华约其他国家外长得悉此方案后,纷纷指责大国搞的越顶外交,忽视他们的利益。波兰反应尤为强烈,担心西部边界得不到保障。

1990年5月5日,两德外长和苏、美、英、法外长在波恩举行第一次"2+4"外长会议。会上苏联拒绝统一后的德国成为北约成员国,而应纳入迅速建立的全欧安全结构之中;反对民主德国按照西德基本法第23条加入联邦德国。这就表明苏联同其会谈伙伴在德国统一后联盟归属、德国统一的方式等问题上存在着严重分歧。5月30日戈尔巴乔夫在访美途中公开扬言,德国统一后必须中立,他不会由于苏联面临国内问题而改变这一立场,西方国家如果坚持其立场,只会破坏近一年来东西方不断发展的关系。而美国和它的西方盟国在统一德国的联盟归属问题上则固守其原立场。6月初布什总统对来访的戈尔巴乔夫就有关德国统一问题提出九点计划,如同意与苏联达成苏联军队继续留驻民主德国数年的过渡性安排;重申统一后的德国不拥有核武器及原子、化学和生物武器;保证不在民主德国地区部署北约部队;确保战后边界不受侵犯,德国不向波兰、苏联提出任何领土要求;美国赞成联邦德国同苏联作出双边经济安排,联邦德国将在过渡时期内支付苏联在民主德国的部分驻军费用,并将对苏军撤回苏联后的安置和住房提供财力资助等,主要是"照顾了"苏联的"安全"和经济利益,而只字未提德国统一后的联盟归属问题。苏美首脑在这次会晤中并未在联盟归属问题上达成妥协,他们实际上依然把德国统一问题置于"争霸欧洲"的大国利益格局内,而很少顾及德意志民族的自决原则和利益。苏美之间的这种分歧,导致1990年6月22日在民主德国首都柏林举行的第二次"2+4"外长会议未能就主要议题:德国统一后的联盟归属问题取得突破。但是苏联的态度有了一定的变化。苏联外长谢瓦尔德纳泽提出一个新的方案:五年内分三时段撤出在柏林和德国的全部外国驻军,德国的军队(两德共约60万)减至20—25万,这时德国可以自由归属北约。苏联新方案本身实际上已放弃了德国中立化的主张,只是用五年过渡时期的办法同西方诸国讨价还价。虽然西方各国当即拒绝了这个方案,但也不能不准备寻找妥协。会上各方一致同意加速磋商,力争在1990年11月欧安会首脑会议前结束谈判。

真正突破"2+4"外长会议在德国联盟归属问题上的僵局的,应是两个德国统一进程迅速发展的本身,以及两个德国"民族自决"的政治经济"攻势"。民主德国的大选和两个德国第一个国家条约的签署,促使7月初的北约伦敦首脑会议发表宣言,建议华约和北约宣告不再互为敌人,北约放弃以前的防御战略,适当限制统一后的德国兵力;与此同时,民主德国德·梅齐埃政府与西德和西方立场趋同,华约

1990年7月联邦总理科尔和外交部长根舍同苏联总统戈尔巴乔夫在斯塔夫洛波尔(克里木)继续晤谈,为德国统一开绿灯

成员国波、捷等也都赞成统一后的德国留在北约,苏联不仅失去反对民主

第十六章 ● 再统一时代:一曲德意志民族的《欢乐颂》吗?

德国按联邦基本法第 23 条加入联邦德国实现德国统一的"根据",而且也逐渐失去坚持德国中立化主张的"基础"。形势迫使苏联人需要作出重大的妥协抉择。正在这时,1990 年 7 月 15—16 日,联邦德国总理科尔和外长根舍、财长魏格尔(Theodor Waigel)访苏,希望消除德国统一的主要外部障碍。戈尔巴乔夫先在莫斯科同科尔会谈,尔后即同科尔飞到其家乡高加索,在斯塔夫洛波尔继续会谈,双方很快在一系列重大问题上取得了一致意见。16 日下午的记者招待会上介绍了"八点共识",引起轰动:1. 德国统一后的领土范围包括联邦德国、民主德国和整个柏林;2. 一旦完成统一,四大国就将停止其对德国的权利和责任;3. 统一后的德国可以自由决定其归属哪个联盟;4. 苏联在民主德国的驻军将在 3—4 年内全部撤走;5. 在苏军撤出之前和之后,北约部队均不向民主德国扩张;6. 苏联军队留驻民主德国期间,美、英、法三国军队继续留在西柏林,但人数和装备不得超过现有水平;7. 统一后的德国在 3—4 年内将其军队减少至 37 万;8. 统一后的德国放弃生产核武器和生物、化学武器。科尔和戈尔巴乔夫的谈判,甩开了民主德国和西方其他国家,不仅突破了统一后德国的联盟归属问题,而且消除了德国统一的基本外部障碍,确定了"2+4"会议关于最终解决德国问题的条约雏形。这次戈尔巴乔夫和科尔的"1+1"的会晤被称为"莫斯科奇迹",舆论界称这是科尔取得的"伟大的""历史性成就",而同时也有人责备戈尔巴乔夫作出如许"无原则"的"妥协"和"让步",是中了科尔的"金钱政策"的糖弹。诚然,苏联灾难性的经济状况不能不迫使戈尔巴乔夫指望从谈判中赢得经济利益,要求联邦德国在苏联撤军前的过渡时期里提供 180 亿马克的巨额经济援助,科尔开始只答应给 70 亿马克,后又表示增加 50 亿马克,另加 30 亿马克的无息援助,作为对苏军继续留驻民主德国及其撤离、安置等费用的补贴。苏联从联邦德国共得到用于不同目的的 150 亿马克。公正地说,这区区 150 亿马克的"经援",尚算不上是戈尔巴乔夫作出"妥协"和"让步"的突出因素,更不是惟一因素。戈尔巴乔夫是在当时整个国际形势和国内形势紧逼下,所能作出的无奈抉择,它客观上大有助于德意志民族的统一大业。

第三次"2+4"外长会谈于 1990 年 7 月 17 日在巴黎举行。根舍向美、英、法外长通报了科尔访苏情况。波兰外长斯库比舍夫斯基应邀参加。七国外长讨论的主要议题是统一德国的东部边界问题。苏、美、英、法外长一致认为,德国在实现统一后应尽快同波兰签署一项保证波兰西部边界的条约,应把奥得-尼斯河边界作为德-波"永久性的边界"这一点写入"2+4"会议关于最终解决德国问题的文件,以国际条约的形式把它肯定下来。根舍外长表示,联邦德国将修改基本法的有关规定和条款,争取在两德统一后有可能在短时间内签署和批准德-波边界条约。① 应该说,承认奥得-尼斯河线为德-波边界线,是联邦德国在"2+4"会谈以来作出的最大妥协,对此波兰外长感到"十分满意"。德国统一的核心问题已经解决,"2+4"会议顺理成章地进入结束性会谈。

1990年9月11—12日,"2+4"最后一轮会议在莫斯科举行。联邦德国外长根舍,民主德国部长会议主席兼外长德·梅齐埃,法国外长罗朗·迪马,英国外交大臣赫德,苏联外长谢瓦尔德纳泽,美国国务卿贝克,分别代表本国政府签署了《关于最终解决德国问题的条约》。这份有着序言和10个条款的历史性文件,含有五大主要内容:1.冠冕堂皇地表述签约的条件、原则、目的和愿望;2.规定了统一后德国的领土和边界;3.规定了统一后的德国在和平与裁军问题上必须承担的义务;4.规定了苏联撤军后统一的德国的东部地区成为一个特别的军事区,一个"无核区";5.规定统一后的德国享有完全的主权。其实从充满矛盾和斗争的谈判过程和上述条约的内容看,《关于最终解决德国问题的条约》的签署,是缔约各方相互妥协的结果,其中处于不利地位的苏联作出最大的妥协和让步。条约的签署最终清除了德国统一的外部障碍。

四、1990年10月3日:德国重新统一日

随着两德政府第一个、第二个国家条约的签订和"2+4"外长会议关于最终解决德国问题条约的签署,德国统一在国家法上和国际法上的一应条件均已具备。民主德国按照联邦德国基本法第23条加入联邦德国的10月3日,就被正式宣告为德国重新统一日。人们为迎接这一天的到来,紧张地作最后的准备。

到10月初,民主德国加入联邦德国的一切准备工作基本就绪。政府各部停止行使原有职能,待联邦德国有关部接管。第一个在民主德国建

---

① 1990年11月14日,统一的德国和波兰在华沙签署《关于确认德波两国现有边界条约》,平息了长达40余年的国际法上的边界之争。

第十六章 ● 再统一时代:一曲德意志民族的《欢乐颂》吗?

立的联邦机构"联邦政府处理前民主德国国家安全部人事档案特别委员会"[1]已经开始工作。人民议院在10月2日下午举行最后一次会议。议长、基督教民主联盟成员萨比纳·贝格曼-波尔(Sabine Begmann-Bohr)女士在完成议会各党团按比例加入联邦议院的人数分配后,宣告人民议院已完成"以自由方式实现德国统一的任务"。民主德国的军队已按联邦国防军的要求接受整编,并同华沙条约组织达成协议,自10月3日起民主德国不再享受华约成员国的权利和履行对华约的义务。联邦德国方面更是迫不及待地作好接管民主德国的准备,在两德第二个国家条约被联邦议院批准后,立即派出大批官员进驻民主德国政府机构,乃至一些文化教育科研机构,进行"交接"。两德"姊妹党"之间的"融合"过程加快。10月1日联邦德国基督教民主联盟召开第38届代表大会,民主德国各州基督教民主联盟组织宣布加入该组织。科尔在这次代表大会上以98.5%的高选票再次当选为联盟主席,并再度被推为统一后全德首届大选(1990年12月2日)的总理候选人。这大概是对科尔实行卓有成效的统一政策的褒奖。联邦德国的社会民主党以及其他大党也相继行动起来,争取在统一的德国发展和增强自己的力量。

欧洲其他国家也来"锦上添花"。10月1日,两个德国和美、英、法、苏四大国外长利用欧安会35国外长在纽约开欧安会首脑会议筹备会议之机,签署一项联合宣言,宣告德国10月3日统一之后,在四大国和统一的德国正式批准《关于最终解决德国问题的条约》之前,即行中止行使四大国对柏林和整个德国的权利和责任。10月2日,驻柏林的美、英、法三国盟军司令部举行最后一次会议,三国司令签署的文件宣告结束对柏林的占领使命。同日,东西柏林市政府举行联席会议,宣布大柏林市正式统一。

10月2日下午7时,民主德国领导人和各界代表在柏林剧院举行加入联邦德国庆祝大会。联邦总统魏茨泽克,联邦总理科尔,联邦前总理勃兰特等大批政要应邀出席。民主德国部长会议主席德·梅齐埃在讲话中说,德国的统一使德意志民族的梦想变成了现实,我们将可以在统一的德

---

[1] 例外地任命民主德国人民议院议员、"新论坛"成员约阿希姆·高克(Joachim Gauck)为负责人。民主德国国家安全部这个克格勃式的特务和警察机构,随着统一社会党政权的倒台,1989年12月4日被民众捣毁和解散。

国共同塑造未来。之后民主德国乐队演奏贝多芬第九交响乐的《欢乐颂》,当和声唱出席勒《欢乐颂》词"四海之内,亲如兄弟"的一刻,庆祝与欢乐的气氛达到高潮。与此同时,两个德国的广播和电视播发了德·梅齐埃和科尔分别就两德统一发表的电视讲话。德·梅齐埃说,一个国家自动退出历史舞台是不多见的,但国家的分裂也是不合常理的;民主德国加入联邦德国后,并不标志着统一进程的结束;新的货币、新的经济体制和政治结构还会带来许多困难。值得注意的是,德·梅齐埃强调对过去不能一笔勾销,而"应该认真地、满怀责任感地去加以分析,以避免今后产生新的分裂"。这一讲话被新闻界认为是想保持民主德国的一些成果和价值,反映了民主德国不少民众的愿望。科尔的讲话强调德国虽然统一了,但还面临一段艰苦的路程,希望两部分德国人彼此相容,互相支持。23时55分,民主德国的国旗从勃兰登堡门和所有国家机构和政府机构的建筑物上降下,联邦德国的国旗随即升起。同时降下民主德国在联合国的国旗,关闭所有民主德国驻外机构。到24时,民主德国存在近41年后和平地从欧洲和世界舞台上消失了。

10月3日,两个德国宣告正式统一。整个德国特别是柏林,举行了盛大的庆祝活动。统一庆典于3日零时正开始。在柏林国会大厦前广场上举行了隆重的升旗仪式。德国总统魏茨泽克、德国总理科尔及其他德国政府官员,来自全德各界的2 000名代表和驻德国的外交使节,出席了升旗仪式。魏茨泽克讲话强调,德国统一是全欧历史进程的一部分,呼吁全德人民团结一致,共同建设自己的国家。之后开始燃放焰火,交织着巨大的聚光灯束,把广场照耀得如同白昼。柏林有100多万人参加庆祝活动,但他们的心情并不完全相同:大部分是欢欣鼓舞;小部分是迷惘失落;极少数"激进"分子则准备闹事,但总的说起来,整个庆典秩序尚好,警察临时扣留了仅50人。

10月3日也是统一的德国政府当局向国内外公众阐明德国内外政策的佳机良日。3日上午,魏茨泽克总统任命前民主德国五名领导人包括德·梅齐埃和贝格曼-波尔女士为联邦政府的"特别任务部长",并主持颁发证书仪式。上午9时,整个德国教堂钟声撞响,官方和民间的庆祝活动开始。上午11时,原两个德国的主要领导人出席柏林爱乐乐团音乐厅举行的国家庆祝活动。魏茨泽克总统在讲话中呼吁所有德国人继续发扬双方积累的有价值的经验和特长,互相帮助,互相尊重,共同消除意识上

第十六章 ● 再统一时代:一曲德意志民族的《欢乐颂》吗?

的分歧,填平物质的鸿沟。在谈到统一后德国的对外关系时,总统强调不能忽视国外存在的对德国统一的忧虑,德国将努力寻求坦诚和密切的睦邻关系,将自己完全融合于西方,面向全世界,使德国的统一成为促成欧洲统一的重要部分。10月3日这一天,科尔总理还就德国的统一和统一后的德国的对外政策致函世界各国政府首脑。他强调,今后德国土地上只会产生和平。他确认了欧洲边界的不可侵犯性,尊重各国的主权和领土完整,不会对任何人提出领土要求;统一后的德国不染指核武器和生物、化学武器,并将裁减本国的武装力量。在谈到统一后的德国在国际上的地位和作用时,科尔表示,德国将在国际上承担更大的责任,愿意参加为维护和恢复和平采取的行动,包括派遣武装部队,并将为此创造需要的国内条件;德国将继续不懈地致力于欧洲的统一,包括1992年建成欧共体内部大市场,进而建立经济货币联盟和欧洲政治联盟;要为走上改革之路的中欧、东欧和南欧国家同欧共体发展更密切关系作出贡献;继续置身于大西洋联盟,并致力于发展这一联盟;遵循自由、民主与法治国家的原则,同那些与原民主德国签有条约的缔约国商讨各项国际条款;还表示要进一步发展同亚非拉国家的关系。

10月3日,中国政府对科尔致世界各国政府首脑信的明智反应,可说代表了世界大多数发展中国家的呼声。中国政府指出,中国人民一贯理解、同情和支持德国人民要求实现统一的愿望,尊重德国人民的选择,欢迎德国最终实现和平统一;中国政府希望德国的统一将有利于欧洲和世界的和平、稳定与发展;中国过去同两个德国的关系都是良好的,今后将在和平共处五项原则的基础上,同统一后的德国加强发展业已存在的友好关系。

1990年10月3日这一天,标志着德意志民族的历史进入一个新的阶段,或者说进入另一个时代。德意志民族与德意志国家既面临由统一带来的巨大发展机遇,也面临着难以预测的强劲挑战。

作者评曰:

从"柏林墙倒"到"德国重新统一日"的这一年时间,作者正客居西柏林,可说是亲身经历和亲眼目睹德国的统一进程。民族亲和力下表现出来的民众历史创造力,给我留下极为深刻的印象。当我有一天站在勃兰登堡门前柏林墙的墙基上时,心里突然联想起《震撼世界的十日》记述俄国十月革命的不朽的目击报道,我已把"柏林墙倒"事件放到同样具有震撼世界的大事行列。

统一的潮流不可阻挡。但从"柏林墙倒"后联邦德国就存在两种对立的统一方式:科尔的先统一后"补台"主张和社会民主党的先"补台"再统一主张。所谓"补台",就是为两德统一创造成熟的社会经济条件。由科尔一手促成的闪电式的两德合并,带有不少"夹生饭"的痕迹,统一后的事实也证实这种"夹生饭"所带来的负面社会经济后果,但科尔毕竟是成功了,他的"抓住机遇统一了再说"的策略得到德意志民族的认同,成为俾斯麦后的新一代"统一英雄",而预见到闪电式统一会带来不良社会经济后果,主张等待统一条件成熟再行动的社会民主党,却是坐失机遇,终于不被德意志民族所认同,在统一后的第一次德国大选中败北。这也是我们应该记取的历史教训。

第十七章 龙与鹰:历史上中德民族的文化关系

> 视线所窥,永是东方。
>
> ——J. W. 歌德

一、缘　　起

中国和德国的正式官方交往,19世纪60年代才开始。但细考双方间的接触和文化交流,为期甚早。13世纪蒙古大将拔都率军西侵欧洲,曾遭到"孛烈儿乃、捏米思"部的联合抵抗,其事载《元史》《兀良合台》传。"孛烈儿乃"当为波兰,而"捏米思"即德意志人,"德意志人"一词见诸中国史籍,这大概是最早一次。惟《元史》记载事件发生的时间为1245年,可能有误,德国史籍中载的里格尼茨(Liegnitz,今波兰的Legnica莱格尼察)战役,由下西里西亚公爵亨利希二世统帅的波-德军队,被蒙古人打得大败,时间为1241年,更为可信。成吉思汗以其蒙古铁骑横扫亚欧,造成严重的破坏和灾难,但同时也将亚欧大陆联成一气,使其所克诸国之间的文化传播相互沾溉,造成中德民族接触和文化交流的前提。

中国灿烂的古老文化,丰富的自然资源和多彩的手工制品,强烈吸引着西欧的冒险家和旅行家。蒙古西侵打通了中西交流的陆上道路。他们不远万里,甘冒奇危异险,前往神秘而陌生的东方。这也正是意大利旅行家、商人之子马可·波罗亚洲之行的背景。13世纪中叶后,东西直接交往增多,主要是天主教士(大部分为方济各会士)不断东来。但是这并不能说是中德直接交流的开始,因为没有确凿的史料说明,13世纪后半叶东来的教士使节团中有真正的德意志人,特别是,这些使团并未到达中国本土,而仅仅是同蒙古汗国交往。中德之间的接触与交流,约始于14世纪初,即在马可·波罗著名的中国旅行及其《马可·波罗游记》问世后不久。目前可考的第一个踏上中国土地的德意志人,是天主教方济各会神甫阿尔诺德(Bruder Arnold)。他于1303年由科隆来到元大都(今北京)布道,得到较早来北京的意大利方济各会神甫孟特高维诺(Giovanida Montecorvino)的帮助。1336年(元顺帝至元二年),在华的天主教徒上书罗马教皇请派主教,元顺帝同时亦颁给教皇谕旨一道,遣使前往。使节团主要首领是德意志拿骚人威廉(Wilhelm von Nassau)。谕旨中称:"朕使人归时,仰尔教皇,为朕购求西方良马,及日没处之珍宝,不可空回也。"1354年,德皇卡尔四世重金聘请佛罗伦萨人马黎诺里(Marignolli)到德意志兰(此人在1338—1353曾奉教皇命使至东方),命修波希米亚史,内有马黎诺里游记,写到中国朝廷与罗马教皇

成吉思汗和他的西征骑兵

通聘事迹。在这个时候,中国人并不知道德国。14世纪中叶中国的旅行家汪大渊,曾附舶浮海,前后两下东西洋,其所撰《岛夷志略》两卷,内中曾提及德国,但并非亲身经历,系"耳食录",听海外人言后记录下来的。

可见,中德民族历数世纪的文化交往,最初主要是由天主教传教士开展起来的。比较起来,中德交往晚于西欧其他国家,交流程度也小得多。因为德意志帝国自14世纪以来政治上日益分裂,资本主义发展缓慢,远洋航运以及海外贸易都落后于葡、西、荷、英、法诸国。宗教改革-农民战争的失败引起诸侯混战。特别是三十年战争,更使德意志民生凋敝,奄奄一息,一蹶不振达两个世纪之久。因此我们应该说,在文化领域内德中关系的特殊性,往往要在欧洲范围内才能看到。15至17世纪,中德之间的直接交流不多,德意志人对中国的了解,大多得自欧洲其他国家在华传教士的报道和旅行家的介绍。1477年,轰动欧洲的《马可·波罗游记》第一次译成中古高地德语在纽伦堡出版,开始使"中国"深入到德意志民间。16世纪末,有关中国的具体报告已被葡萄牙人和西班牙人带回欧洲,报告的内容远远超出马可·波罗的介绍。在西班牙耶稣会士胡安·冈萨雷

第十七章 龙与鹰：历史上中德民族的文化关系

斯·德门多萨(Juan Gonzalez de Mendoza)报告的基础上，1585年第一次发行关于中国的著作，很快被译成所有欧洲文字。1589年出了德文版，书名为《对强大的、一直不熟悉的中华帝国所作的新而简明的、确切真实的描述》(Eine neuwe/kurtze doch wahrhafftige Beschreibung dess gar großmächtigen weit begrieffenen/bisshero unbekannten königreich China)，其中相当多处谈到中国的风俗、需要、社会和文化。冈萨雷斯的这一著作，实际上构成16世纪末西方人新的"中国图象"的基础。16、17世纪在华的传教士们向欧洲介绍的"中国图象"，带有浓郁的理想主义色彩。"图象"呈现出一个巨大的、强权的帝国；为首的总是一位颖慧非凡、修养深邃的君主，根据"理性法律"和高尚的国家伦理法进行统治；人民受一种高尚而纯粹的习惯规范所约束，生活在一种有规律的、乐于承受的制度中；艺术和科学繁盛，受到所有人的尊重；战争和争端被摈斥于社会之外，和平与和谐成为最高的追求。传教士们这么做，一方面是表现他们对欧洲现况的不满，分崩离析和不断遭受战乱之苦的欧洲，由于三十年战争后的贫穷和困苦，呈现一片凄凉图景，但更为直接的原因，大概出于当时与教廷间的"礼仪之争"（在华传教士主张天主教不排除中国儒教敬天敬祖等仪式，受到教皇和一些教派的指责），他们力图从美化中国事务中为自己的主张寻找理论根据。因此，当时在欧洲看到的中国是一个"更好的世界"。这样一种美化的介绍，更激起欧洲知识分子中的中国热，影响到文化交流的各个方面，也就不奇怪了。

二、汤若望-莱布尼茨时代

中西文化交流史上出现的第一个高潮当在明末清初之际，那时西学东渐对中国的影响"至深且巨"，但随之出现的东学西被，对西方的影响也是"至远且大"的。

对欧洲而言，中国精神世界的真正发现者当数意大利耶稣会士利玛窦(Matteo Ricci, 1552—1610)，但第一个接近中国皇帝、通过担任中国朝廷大员使西学东渐的欧洲人，却是德籍耶稣会士汤若望(Adam Schall von Bell, 1591—1666)。汤若望是一位数学家和天文学家，生于莱茵河畔的科隆城。1619年(明天启二年)7月抵澳门，1622年随法国耶稣会士金尼阁(Nicolas Trigault)到大陆，经粤、赣、浙北上，1623年抵北京。在京时向朝廷呈递书目,陈列仪器,正确预报了1623年10月8日和1624年9月发生的两次月蚀,得到崇祯皇帝和一些士大夫的赏识。1627年秋奉教廷谕旨去西安传教。1630年在中国科学家徐光启的推荐下,召回北京,参加修订谬误甚大的《大统历》。徐光启当时任礼部尚书兼东阁大学士,本人是农学家和天文学家,从利玛窦、汤若望等学习天文、历算、数学、测量和水利等知识,成为中国学习西方科学技术的先行者。正是在他的大力支持下,汤若望才得以于1634年编成《崇祯历书》。汤若望还为明朝宫廷设计天文、光学、力学仪器,制造大炮和乐器。先后编著《古今交食考》、《测日说》、《恒星出没》、《浑天仪说》等天文著作;编写《几何要法》、《新法算术》等数学著作;《主制群征》一书论及自然界、动植物,内中对人体内脏、血液功能的叙述,引起我国医学界的关注;《火攻挈要》是其讲课记录,介绍火炮的图样、制造和应用;《远镜说》叙述望远镜的原理、制作、用法和保养知识。这些西方科技知识在填补中国的科技不足、丰富中国的科技文化方面作出了很大贡献。

1644年明清易代,汤若望继续受到重用。他把前朝搁置的《崇祯历书》加以修改压缩,定名为《西洋新法历书》进呈清政府,钦定名为《时宪历》,这就是一直沿用至今的阴历。汤若望被任命为钦天监监正,总管皇家天文机构,成了顺治帝的亲信和顾问。1653年,封汤若望为太常寺卿加通政使,号"通玄教师"(后改"通微教师",以避康熙名玄烨),赐田产一块,以褒奖其沟通中西科学文化,改革立法的功绩。1658年又加升一级,进光禄大夫,正一品大员,在一定程度上影响中国最高当局的施政方针。汤若望一边当官,一边传教,同时筹办规模甚大的科学图书馆。他使许多传教士得以来华传教。在1652—1662十年间,中国的基督教徒增加一倍,达30万(一说50万)人。值得一提的是,在汤若望领导下建立了北京皇家天文台,二百五十年后这座天

受清廷封为钦天监监正的德籍传教士汤若望

第十七章 ● 龙与鹰：历史上中德民族的文化关系

文台却遭到另一个德国人瓦德西的劫掠。1665年汤若望遭前任钦天监监正杨光先的弹劾,被加"十大罪状",判死刑下狱,天主教的传教活动悉被禁止。后以其"功勋卓著"免死,一年后病逝。1669年平反,完全恢复名誉,葬于北京阜成门外滕公栅栏,得到与其官职相称的葬典。汤若望在华期间共著有二十八部作品,中心部分为天文学著作,西方的天文历算知识自此"落籍"中国,中国的景泰蓝、丝绸织品和地毯等东方艺术品,则由他和其他西方传教士带到欧洲。

这一时期的中德交往中,最大障碍是两方间路途不明,语言相异。传教士在这方面作了不少工作。汤若望本人在西安时,就曾认真研究过欧亚陆路交通问题,绘制了地图。意大利耶稣会士艾儒略(Jules Aleni,1582—1649)在华编辑出版的《职方外纪》中,向中国人第一次简明、真实地介绍"亚勒玛尼亚"的情况,亚勒玛尼亚也就是德国的另一称呼。与此同时,德籍传教士苏纳(Bernard Diestel)、白乃心(Johann Grübes)等人也在探索两国通道,他们穿南亚,去西亚,往返北京和罗马之间,试图在陆上打开欧亚通道。18世纪中,德意志传教士魏继晋(Florian Bahr)编辑汉德字典,选汉语词汇2 200个,为迄今所知最早的汉德词典,以后陆续有传教士编纂各种字典,有助于中德文化交流。

真正使中德文化发生密切交往的奠基人是德意志著名的哲学家莱布尼茨。莱布尼茨同时是一位自然科学家,和同时代的西方启蒙学者贝勒(Pierre Bayle)、马尔布朗舍(Nicole Malebranche)、孟德斯鸠和伏尔泰一样,受在华的西方传教士报告的影响,对中国的宗教和哲学传统为之神往。中国古代的文化就像是某种"上帝的启示"影响着他们。伏尔泰认为在中国才真正实现了他的"普遍理性"原则,因而大加褒扬,而莱布尼茨是第一个认识中国文化对西方发展具有精神意义的人。早在1687年以前,他就接触到中国的儒、释、道三教思想,读过中国古代哲学家老子、特别是孔子的著作,而且很显然,他对斯比塞留斯的《中国文学》(Th. Spicelius: De Re Literaria Sinensius, 1660)和基尔歇尔著名的《中华文物图志》(A. Kircher:China Monumentis Illustrata, 1667)是很熟悉的。1672年柏林出版了修道院长米勒(Andreas Müller)的附有乐曲和修正的《中华文物图志》拉丁文本。由于此书以图片为主,乃成为17世纪关于中国的百科全书。1689年莱布尼茨游历罗马时结识了在华担任过钦天监监正的意大利耶稣会士闵明我(Philippe Marie Grimaldi),后从闵明我的来信中得知不少关于中国的知识。对他影响甚大的尚有比利时耶稣会士柏应理(Philippe Couplet)等人译著的《西文四书直解》,拉丁文书名叫《中国哲学家孔子》(Confucius Sinarum Philosophus),1687年在巴黎出版。此书把大学、中庸、论语译成拉丁文,并附有周易六十四卦及六十四卦的意义,西方得知《易》似从此开始。1697年莱布尼茨编辑出版重要著作《中国新论》(Novissima Sinica Historiam Nostri Temporis Illustratura),表露他对中国文化的巨大热情和重视:认为中国儒家的理论基础同基督教的教义有许多共同之处;把自己所致力的欧洲和平的"大和谐"理想同中国的"大同"思想、"大一统"思想紧密联系起来。他在序言中称:中国和欧洲两大文化源泉相互交往将大有裨益于双方;西方的自然科学和思辨哲学、逻辑学等对东方有所启发,而中国的实用哲学和国家道德对于西方同样具有魅力。"依我看,当前我们的道德腐败,杂乱无章,这似乎使我觉得,像我们派遣传教士前往中国传授上帝启示的神学一样,有必要就自然神学的目的和实用请中国派遣人员来指导我们。因为我想,倘若请哲学家来担任裁判,并非裁判女神之美,而是裁判人民善良的美德,那他定会将金苹果奖给中国人。"显然,当莱布尼茨对中国的看法尚处于诸多理想化的时候,在下述一点上已超出他的时代:认识到人类文化的普遍性质,把中国文化或东亚文化同欧洲文化放在"同等级"上,使"世界的两极"的伟大文化相互接近和平等交流。人们多说莱布尼茨是"尊孔派",其实他更多是借儒家所倡导的"秩序"和"道德"中的实用哲学,来表达他对当时德意志帝国分裂割据、战乱不止和诸侯暴虐的不满。

从1696年起,莱布尼茨就致力于创建柏林科学研究院,以利于仿中国式的艺术和科学的发展。他明确地说,他想以柏林科学研究院为"手段","打开中国门户,使中国文化同欧洲文化互相交流"。他还鼓励在莫斯科成立一个类似的研究所,作为联系西欧同中国交流的分机构,为此他曾请求彼得一世修筑通往中国的大道,使中西交流能经陆路进行。

中国儒家学说对莱布尼茨的哲学观念,特别是他的单子学说有直接的影响。但对他说来更有意义的,也许还是中国的《易》对其"数"或"代数"的影响。90年代末期,他在致普鲁士选侯一份备忘录中就说到,两千多年前中国人的一些古老符号,现今不能懂得,但其中确实保存着某种"新的数学钥匙"。这里涉及的是莱布尼茨的"函数论"(Arte Combinatoria)思想,相信只要用很少数目就能从"无有"中推算、创造出一切。差不多在这同时,开始了莱布尼茨同白晋之间讨论《易经》的著名通信。白晋(Joachim Bouvet)是法国在华的耶稣会士,对莱布尼茨的《中国新论》极表尊敬。当莱布尼茨表示希望用"数"或"代数"去证明抽象的必然原理,并且想在中国文字里寻求这些哲学符号时,白晋就把《易经》加以介绍,建议莱布尼茨把《易》的原理应用到数或代数的证明中去。他把《易》的六十四卦圆图和圆内按八卦配列的方圆相赠。莱布尼茨对卦的数学配列顺序详加研究,终于发现了《易》的二进制原理。这一发现把东西两大文明拉近了几步。

在莱布尼茨那里,这种"向东方"的方针到处可见。但是也必须看到,他对中国的热情和努力所产生的效果,总的说来还是微小的。1700 年由他奠定的柏林科学研究院,在 1707 年 3 月仅仅被分配到一项"桑叶特许",用以研究制造丝绸。他的思想-哲学遗产,由弗朗克(A. H. Francke)所接受,按莱布尼茨计划中的教会政策和布道政策行事。在哲学领域中,克里斯提安·沃尔夫继续从事中国精神世界的研究。1722 年他在哈勒大学发表题为《论中国的实际哲学》的演讲,把孔子的伦理学和基督教的伦理学相提并论,激起新教神学家们的愤懑,不得不离开哈勒去马尔堡大学工作,直到普鲁士国王弗里德里希大王把他召到柏林去。他对中国儒家哲学的尊崇和研究一直不断。在哲学和社会科学中,中国和中国的实用哲学乃是西方和德意志学术界占主导的研究课题。18 世纪初,沃尔夫的学生和同事、杜宾根的布尔芬格尔(Bülffinger)已在从事重新介绍中国哲学的工作,著作名为《由儒家典籍所见的政治与道德的学说及实例》,把政治和哲学合为一体。由于德意志诸小邦君主们在文化政策上的短视,18 世纪德意志最杰出的汉学家不得不在国外从事研究和活动:克拉帕洛特(J. H. Klaproth)为俄国服务;莫尔(Mohl)到了法国,而诺伊曼(K. F. Neumann)则去了英国。他们的研究成果许多是在国外完成的。

三、罗可可风尚与中国

17 世纪末和 18 世纪初,中国的文化和政治发展都达到某种高峰,再经耶稣会士们所介绍的理想化的中国图象,强烈影响了欧洲的艺术风格和生活风格。中国的瓷器、漆器、绘画的丝织品、壁纸等在欧洲成为当时人们多方搜求的珍品。中国为输出而制造的这类工艺品开始大量进入欧洲,欧洲本身也越来越多地加以仿造,乃至在建筑、园林和各种装饰中都应用中国题材和中国风格。当然这些仿造品和题材细看起来完全是"洋化"的、奇特的,同真正的中国文化几乎没有共同之处,然而正是这一点,才说明它是相互文化交流与影响的结晶——这就是我们要谈到的一度风靡欧洲的"罗可可风尚"。

"罗可可"(rococo)一词源自法文"rocaille",涵义为"贝壳饰品"。其特征,具有纤细、轻盈、华丽和繁琐的装饰性;喜用C形、S形或漩涡形曲线;爱好轻淡柔和色彩、苍白的基调和没有明显的色界,这同中国艺术崇尚的超脱、纯朴、宽放、想像相一致,并以纤细轻淡色调的中国瓷器作为典型原质。"罗可可"的发源地是路易十五在位时期的法国。这种"中国味的新风尚"不久遍及德、英、意、西等欧洲主要国家。盛期从18世纪20年代至70、80年代。可以说"罗可可风尚"是中国文化直接影响下出现的(有的西方学者认为是"从中国直接假借而来"的)。"罗可可"时代不仅发展了中西之间哲学文化的亲合性,而且也接受了中国的艺术和工艺。

"罗可可"时代的欧洲人对于中国的认识,主要不是通过文字,而是通过淡色的瓷器,色彩飘逸的闪光丝绸和金色的漆器画这些美的表现形式。在18世纪欧洲社会面前,展示出一种他们梦寐以求的幸福生活的图景。

瓷器　西方最早提到中国瓷器的是马可·波罗。中国瓷器最初只有宫廷和王室贵胄才能享受。1435年德意志黑森家族卡泽尼博根公爵藏有一只素身瓷碗,系14—15世纪中国的青瓷碗,珍如拱璧,镶以银座,几百年来为该家族世袭品,为世所羡。18世纪在欧洲人的概念中,"瓷器"就是"中国"。法国人喜欢中国的彩瓷,德意志人偏爱中国青瓷。欧洲社会出现中国瓷器热,正是在"罗可可"时代。瓷器的温雅清脆象征这一时代的特有情调。

中国瓷器的输入推动瓷业的建立和发展。早在1540年威尼斯人首先试制了一种"梅狄基"(Medici)瓷器,与华瓷颇像,但器身粗糙,色泽呈黄。一个世纪以后这种制瓷技术通过荷兰,传到德意志兰,先在纽伦堡、富尔特和拜罗伊特等地试产。欧洲在制瓷技术中取得决定性成功的是德意志人波特格尔(Johann Friedrich Böttger)和恰尔恩豪森(Graf Tschirnhausen),1709年他们在德累斯顿制成硬瓷。1710年波特格尔在德累斯顿附近的迈森设立瓷厂,出产彩瓷。1714年第一只迈森瓷器在莱比锡博览会上展出,名声大噪,生意兴隆。瓷器业不久居然成为萨克森最

第十七章 龙与鹰：历史上中德民族的文化关系

重要的工业部门。七年战争(1756—1763)时期，普鲁士弗里德里希大王占领萨克森，就利用迈森的瓷器作为清偿战争债款的物品。他在送给卡玛斯伯爵夫人一只瓷瓶时附言说："送上一点小礼品，愿您能够想到我。……目前我的财富就只有这些清脆的东西。希望我送上的这些东西可以抵偿现金，因为我们穷得像乞丐，留在我们这里的，除了荣誉、剑和瓷器外，一无所有。"弗里德里希大王从迈森瓷的获利和普鲁士财政的拮据中受到"启发"和"激励"，从商人哥茨可夫斯基处以22.5万塔勒买下他的瓷厂，后来成为著名的"王家瓷器工场"。迈森瓷的制作方法，因保密不得而知，但就其器形来说，大多采用中国模式，例如"蒜头模式"同中国的"石榴模式"多少存在着相仿关系。至于花纹装饰，则效仿中国的白瓷作人物花卉鸟兽的浮雕，乃至用金色绘制中国人物，称之为"金色的中国人"，颇为新奇有趣。瓷器上绘作龙形，也是中国的传统装饰。不过他们虽然用中国的饰纹，却带有明显的欧洲手法。

"罗可可"时代的德意志兰，瓷器的意义可从其大量收集瓷器一事中得到反映。收集品多置于罗可可宫的"中国室"内，有代表意义的诸如奥地利勋布隆路德维希斯堡宫的中国室，慕尼黑旧王宫的"镜厅"(1729年毁于大火)，安斯巴哈宫的"明镜沙龙"和"士绅瓷室"等。柏林的蒙必尤宫(后改为霍亨索伦博物馆)尚存一旧指南书，内中载着当时所藏的大量中国瓷器、文物、饰品和珍品。

漆器画与轿子　中国轻巧精良的漆器画也被具有新艺术发展感的罗可可所接受。迈森瓷上常着的金色和黑色，正是漆器画的典型颜色。

漆器制造的秘密是否是由耶稣会士奥士塔希乌斯最早带回罗马，尚待考证。但中国漆器的优秀仿制品17世纪已在法国造出，却是确凿无疑的。法王路易十五的情妇彭巴杜夫人(Madame de Pompadour)是著名的漆画爱好者，1752年为她的蓓拉孚宫定购了大批漆器画。18世纪中叶后，德意志兰也出现漆器画的崇拜者。德意志艺术家施托帕瓦塞尔(Johann Heinrich Stobwasser)无意间获得法国漆器的配方，1757年取得良好结果。开始他在安斯巴哈父亲处生产并出卖漆杖，这种漆杖被弗里德里希大王在军队中广为使用。施托帕瓦塞尔的漆器绘制中国的风景和人物，1763年他在不伦瑞克定居后成立一家特许漆器厂，上漆的鼻烟壶举世闻名。弗里德里希大王还亲自延聘法国名漆工罗伯特·马丹(Robert Martin)入宫制作。

上漆的中国抬轿也在这时出现。按东亚特别是中国的模式制作的轿,17世纪初首次引入欧洲,此后作为一种等级制度的标记在欧洲广为流传。在中国只有皇帝才得乘黄顶轿,欧洲各国也仿此创设"轿制度":按形式和颜色区别乘轿者的等级。1727年维也纳出现一次按等级轿列出巡大典,帝国皇帝乘特别华丽装饰的轿子,走在前列,接着是宫廷和枢密院轿子,洋洋大观。当时规定:"病人、奴婢仆役、犹太人等不得乘轿。"据记载,自18世纪开初第一年起,在德意志兰就掀起"轿狂热"。科隆大主教克莱门斯·奥古斯特(Klemens August)必须乘轿子才赴其辖区。奥地利对这种新交通工具特别留恋。"罗可可"高潮时期轿子遍及德意志最小的邦国。到了1861年,这时轿子早就过时,纽伦堡市政府还为庆祝轿子而公布一个《轿法规》。18世纪中,法国人首先在轿子下部装上轮子,由马牵曳,形成后来的马车。早期马车车厢式样同中国轿式样基本一样。

丝绸　虽然这一"第一织料"早就名闻欧洲,但在"罗可可"时代才成为普遍需要。贩卖丝绸的丰厚获利,激励商人们的"干劲"。东印度公司1691年5月28日的营业账本记载,用32.7万里弗购入的丝绸,以126.7万里弗卖出,获利近四倍。巴黎当时就是欧洲的摩登中心,服装模特儿披着丝绸被送往英国、意大利、德意志兰。17世纪下半叶风行手描的丝绸,从1673年起开始风行印花丝绸,德意志兰尤甚。但欧洲丝绸质量决非东亚丝绸之匹敌,无法同中国或日本的产品竞争。

壁纸、建筑和金鱼　今天欧洲大量使用的壁纸,17世纪初尚默默无闻。它的出现和风行,同样归于中国的影响。在中国,壁纸一直作为墙纸或屏风使用,或在上面作画,或使木版彩饰。17世纪欧洲海员对这类彩色装潢发生兴趣,携归欧洲,于是壁纸大量输往欧洲。欧洲当时风行室内装饰,富绅之家多用壁纸作"壁毯"。德意志人的许多家庭对此都有一种"固定偏爱"。

中国风格的建筑对德意志兰的影响是经过法国"折光"的,因此对建筑物的形状、结构、布局等一半来自法国,一半出自想像。"罗可可"时代的房舍宫室具有中国特有的庭院风格:大屋顶、楼台亭阁、水榭宝塔等。德意志兰最典型的罗可可建筑是德累斯顿东南郊、易北河畔的庇尔尼茨欢乐宫和波茨坦的桑苏西宫。庇尔尼茨宫兴建于18世纪20年代,后增建新宫,建筑物采用东方大屋顶的特殊结构,侧面的凉亭以及它的扁平长狭的特色,都是中国离宫别苑的特色。但它又混合着德意志的建筑风格,一种当时被称为"中国-哥特建筑形式",系"欧洲在此以前从未见过的"。这种混合风格的宫殿,同北京著名的圆明园颇为相似。巴伐利亚国王路德维希二世本来打算在他的王国仿建一座圆明园,他让人在塔夫绸上绘制了四十幅圆明园宫殿作品,进行展览。可惜这一计划后来未能实现,这些作品今天还珍藏在巴黎的"版画陈列室"。他的先祖之一马克斯·艾曼努埃尔却早在1719年就成功地建造了"塔堡",坐落在慕尼黑的尼姆芬堡公园内。艾曼努埃尔爱好中国建筑,塔堡就是他自行设计的,所用的兰白装饰,也是"罗可可"艺术的典型特征。

另外值得称道的是科隆主教区的"中国乡村别墅",这是科隆大主教奥古斯特大力促成的。他称得上是一名"罗可可诸侯",在其辖区不仅一定要乘轿,而且要建"罗可可"宫室。因此他把建筑大师吉拉德(Girard)从慕尼黑请到科隆。吉拉德曾在施莱斯海姆和尼姆芬堡从事中国风格的建筑艺术达十年之久,成绩卓著,遐迩闻名。另外,卡塞尔的诸侯也想仿照中国村落建造"中国村",1781年选择在威廉高地湖之南的魏森斯泰因地方开始兴建。所有建筑物均是中国式平房,村子命名为"木兰",在村落附近的山麓上有一衣带水,称为"湖江"。这实际上是一处中国式公园,主要设计者是德意志风景园艺家塞凯尔(F. L. Sekell),他于1773年由卡塞尔选侯所派,到英国学习中国的园林建筑。这个"中国村"今天尚存有塔和魔桥。

中国影响在园林建筑中也值得注意:宝塔高耸;在亭子中间放置中国的雉笼;在中国式的桥下金鱼嬉戏其间。在德意志兰,仿造中国凉亭最成功的,当推1754年建筑的桑苏西宫花园中的所谓"日本亭"。法国的彭巴杜夫人是第一批获得中国金鱼标本的人,不久饲养金鱼之风在巴黎和维也纳流传,此后就流传于整个欧洲。德意志作家翁策尔(Ludwig A. Unzer)在1773年著有《中国园艺论》一书,认为"中国的园林是一切园林艺术的典范"。

"罗可可"时代的中国影响遍及欧洲社会生活的各个方面(包括服装形式),这种影响到今天还能感受到。

四、歌 德 一 代

18世纪中叶后,中国的文学艺术才开始对德意志兰发生影响。德意志人第一次接触中国文学,大概是法国人杜赫德所撰《中华帝国全志》(Du Halde: Description geographique, chronique, politique et physique de l'empire de la China et de la Tartarie Chinoise, 1736, 1747—1749 年译成德文)。《中华帝国全志》刊登中国元曲《赵氏孤儿》、四回《今古奇观》以及十几首《诗经》。德意志人穆尔(Murr)是第一个介绍中国长篇小说的人,他把《好逑传》从英文译成德文。

歌德代表了中德文化交流史上的一个时代。他生活的时代,欧洲仍然处于中国强大的文化影响之下。青年时代的歌德,就广有机会接触18世纪的"中国之物",印象深刻。在他的自传著作《诗与真》中谈到,他在家中"曾因诋毁中国的壁纸"而惹父亲生气的事,还谈到"临摹那些中国的、富于幻想但又自然的花卉画"。据说他在斯特拉斯堡求学时,就读过中国《四书》的拉丁文译本,后又阅读了德意志来华的传教士和商人写的有关中国的介绍。但这位"狂飙突进"时代著名的代表人物,开始时对于带有"罗可可"诗情画意和"词藻堆砌"的中国之物,既感到陌生和隔膜,又感到饶有趣味和千奇百怪。这种态度在他载于1773年《诗歌年刊》的文章中反映出来。他在谈到德意志作家翁策尔的《中国诗集》时,认为它"只是中国小玩意儿的拼凑物,只配在茶几和马桶箱上作装点用的"。对"中国之物"态度的明显转变,是在1777年,他在这年完成的《伤感主义的胜利》一剧中,把"中国之物"当成是浪漫主义的表现。内中整个第二幕表演"中国风味的、以黄色为基色的五彩身段"。在第四幕的开场白中用这样的句子来描述中国的花园:

"我想说的,就是赏心悦目的游苑

依依不舍,无法离开。

那里有深谷和高丘……

宝塔、岩洞、草坪、山石和一线天……

处处皆芳草,地地有木樨……

搭起的渔舍和凉亭,

中国-哥特式的洞府、水榭和庭院。"

此处最令人感兴趣的,是歌德把"中国式"和"哥特式"这两种迥然相异的风景予以联系和并列。1808年歌德说,他曾注意到一条古老的中国地毯,上绣许多人物,配以适当底色,这样的图象令他回忆起曾在马格德堡大教堂中见过同样的东西,那是早期德意志时代的画像。这里他又再

第十七章 ● 龙与鹰：历史上中德民族的文化关系

次把古代中国图画同早期德意志图画相提并论,进行比较。

歌德评论中国的艺术作品,认为是"出乎其类的美"。他对中国整个的造型世界并不熟悉,但对中国工艺品的巧夺天工评价极高。他在《颜色学》一书中又一次比较说:"我们在定居民族中,在埃及人、印度人和中国人那里,找到一种如此高度美感的颜色。这些定居民族用宗教来处理他们的技术……用一种自然缓慢的确定形式加工作品,从而使其作品居于前列,他们是更开化的、快步前进的民族"。歌德正是通过中德文化的比较研究,汲取有用的东西。

在歌德的一生中,曾有两个时期认真研究中国,研究中国的文学、艺术、历史和哲学,这就是 1812 至 1815 年和 1827 至 1829 年。他在 1813 年谈到研究中国的动机时说:"我从卡尔斯巴德归来后,对中华帝国从事最认真的研究","我把我自己抛到最遥远之处,然后才有可能估计现实","在欧洲的政治世界中将会发生巨大威胁性的事件"。它就是紧接着发生的反拿破仑的莱比锡各民族大会战。歌德是把研究古老的中国同当时德意志民族命运紧密联系着的。他从儒家经典的译文中熟知"务实的哲学家"孔子,赞赏中国哲学同现实政治密切联系。他称孔子为"道德哲学家",认为孔子关于通过修身以促进自身善美发展的见解同自己的见解非常相近;认为中国人举止适度,行事中庸,这方面比欧洲人优越。他曾向著名汉学家克拉帕洛特学写汉字,并拿给魏玛宫廷中的公主们去看。就在当时,歌德已有"魏玛的孔子","魏玛的中国人"之称,虽然他对儒家典籍的理解和解释并不是"亦步亦趋",而是"为我所用",大多不符合于原义。

中国文化对歌德的文学创作发生过直接影响。他读过许多有关中国的著作,其中有《马可·波罗游记》和马戛尔尼的《英国公使旅行记》(G. M. MaCartney: Großbritische Gesandtschaftsreise)。他和席勒是最早发现中国文学之美和价值的人,认定能在"中国本质"的"奇幻-淡雅"中找到乐趣。两人都曾大卖力气,想把中国文学用德意志文学艺术的形式表现出来。席勒想改作《好逑传》,创作了一个哑谜式的中国神话剧本,取名《图朗朵》(Turandot)。1818 年歌德为此喝彩说:"愿在种种令人心情沉重的故事后,有这样一个轻松的童话结局:阿尔托姆,神话般的中国皇帝!图朗朵,爱打哑谜的公主!"歌德曾加工席勒介绍给他的中国故事素材,并联想到"奇幻的北京",想到"和平统治的、令人愉快的、忧伤的皇帝"。研究歌德的专家比德尔曼(Biedermann)在其 1879 年发表的文章中坚信,歌德所作的未完成的悲剧《爱尔培诺尔》系脱胎于中国的元剧《赵氏孤儿》。这个见解引起德国文学史界的争论。但无可否认,两者之间无论主题或素材处理确实有许多类似之处,歌德在1781年和1783年的日记和书信中,也多次谈到他阅读了《赵氏孤儿》剧本以及从中受到的启发。有一点可以肯定:歌德是在这些中国故事的影响下开始《爱尔培诺尔》的写作的。1783年3月完成第二幕后中断工作,一直未能完工。1827年歌德同他的朋友又一次谈起《赵氏孤儿》,还清楚记得四十多年前读过的这部作品的情节,可见印象之深刻。

进入老年的歌德,开始接触到中国比较优秀的诗歌,颇为欣赏。歌德遗诗中有由中国《百美新咏》中译出的九首诗,上端加有"最美的女子——1826年2月4日——中国的"字样。在《文学杂志》上刊有歌德的文章《中国的——论百美新咏》,说明歌德在当时曾对中国文学作新的细心研究,他的1827年2月至8月的许多日记也可资证明。歌德最后一次受中国的素材《花笺记》的启发,于1827年作《中德四季晨昏杂咏》十四阕,诗中把他晚年得自中国的美好印象糅合进去:中国的事物显得轻盈、纤丽;生活如"一池清水",恬静地置于原始法的舞台上;一切都"比较明朗,比较清晰,比较合乎道德——正是这些严格的节制,才使中华帝国几千年来得以保持,并将永存下去"。中国儒家的"德"和道家的"道",对高年的歌德的世界观是有影响的。他已从年轻时代对中国艺术"不平静的冲动",进入对中国伦理的宁静和稳定的向往,这实际上是符合歌德一生的发展过程的。

与歌德同时代的洪堡兄弟,也曾对中国文化发生过浓厚的兴趣。哥哥威廉·洪堡是大教育家和政治家,又是语言学家,为了深入研究中国文学,他学习汉语并掌握汉语。弟弟亚历山大·洪堡,近代自然地理学的奠基者,近代气候学、植物地理学和地球物理学的创始人之一,当代世界知名学者,对于东方文化特别是中国文化评价很高,青年时代便到处搜集有关中国的西文书籍,凡有所得无不仔细阅读。对于中国古代的地理著作如《禹贡》、法显的《佛国记》、玄奘的《大唐西域记》、司马迁的《史记》尤为赞赏,认为中国古代地理学的发展水平超越同时代的希腊、罗马;对于中国古代的指南针、活字印刷术的发明,叹服不已;对中国古代的天文成就,怀有浓厚兴趣,曾将中国古代的一些天象记录和同时代的西方记录,进行了对比研究。他在西伯利亚的地理气候考察旅行中,曾站在中俄实际控

第十七章 ● 龙与鹰：历史上中德民族的文化关系

制线上遥望中华文化,并把得到的一部中文书籍带回柏林馈赠其兄。

五、文化碰撞:"图象"的变化

约从18世纪末叶起,随着西方商人和旅行家的报道日增,以往耶稣会士笔下对中国理想主义报道被挤到一边。商人们对中国文化或者对"中央王国"的精神生活少有兴趣,只对对华贸易和赢利兴致勃勃。在欧洲接着也在德意志兰,莱布尼茨式的对中国开放和宽厚的态度,越来越被"欧洲文化优越论"所代替。在欧洲的精神生活中重新燃起希腊-罗马古典艺术之火。19世纪30、40年代,工业革命,自然科学和技术的进步,借助优越的技术和军事力量的殖民扩张,追求强权的获益,代替了对于中国的兴趣。现在不是中国,而是欧洲处于一种"自大感"和"欧洲中心"的精神状态中。以往对中国的谐和之音转向反面,中国和中国人的图象变成为怪诞不经,滑稽可笑,穷困潦倒,毫无希望。由利玛窦和汤若望等打开的朝向中国的窗口,再度被关上。"罗可可"时代中国对欧洲的巨大影响很少被承认。19世纪的欧洲人对于中国文化的了解,远逊于17、18世纪他们的先辈。一些来华的德意志传教士乃至一些大思想家这时对于中国优秀文化基本上也抱自高自满和否定的态度。

被喻为"福音新教在华传道的三先驱"之一的德意志人卡尔·郭茨拉夫(Karl Gützlaff,1803—1851,中文名:郭实猎)在华活动整二十年,正好是鸦片战争前十年和后十年,不仅直接接触中国人和参与鸦片战争事务,而且还由于在中国创办第一份中文杂志《东西洋考每月统计传》而在中德文化交流史上具有特殊地位。因此,郭茨拉夫眼中和笔下的中国和中国人"图象",就具有相当典型的意义。在他看来,这些"长辫、光脑、大褂、肥裤、小眼、黄脸"的中国人,虽非全是"骗子和无赖",却确是一群固守中国传统、习俗、道德、语言的"可怜的灵魂",亟需皈依福音新教。德意志著名的诗人和神学家赫尔德尔开始一度也称:"中华帝国是一具木乃伊","这个民族几千年来始终停滞不前",中国人是天生愚质、没有教养、没有创造、奴性十足的民族。

在历史和精神史领域中,德意志人也把现代欧洲的形成完全植根于希腊-罗马古代文明,欧洲及其民族成为"唯一真正文明"的承担者。因此,只有欧洲发展的思想和结构才值得研究,欧洲以外的世界(北美除外)

是没有文明和进步能力的。德意志唯心主义哲学大师黑格尔,对中国文化的评价,和其他多数19世纪杰出人物对中国的言论,都打上这一"时代的烙印"。黑格尔在评论中国时,完全剥去以往那种理想主义的外衣,使事物基本上符合真相,但却苛求地对待中国文化的发展,并得出很低的评价:"中国人缺乏完整的原则,表现在他们那里道德和法律是不相分离的。一部理性的宪法必须为自己划清道德和法律的界限,东方的特点却把两个原则直接结合起来,道德也就是统治者,它既存在于道德的状态中,也存在于国家的状态中。在这样的国度,法律部分显得不足,部分涉及习惯"。但是当黑格尔批评中国人道德原则和法律原则互相结合时,他不知道,中国人把欧洲的这两种原则的互相分离,同样看成是"不可理解"的和"野蛮"的。

德意志人对19世纪中国历史的认识,其唯一来源可说是1777至1783年刊行的冯秉正的《中国通史》(De Mailla: Histoire Generale de la China),它是这位法国耶稣会士根据《通鉴纲目》自由加工而成。给人的印象是,似乎中国自公元前10世纪起直至当时为止没有发生什么根本的变化。黑格尔和其他一些学者也以此为据,对中国以往的历史进行描述。黑格尔很满意于用中国的以往来"证实"一种在发展中占有"优势"的欧洲文化:"中国的历史本身没有什么发展,因此我们不必再探究该历史的各个细节方面。"另外一些人则错误地评论说:"在我们面前,在最古老的国家,然而没有过去,而是一个我们古代就认识它的、今天依然一模一样存在的国家";"就这方面来说,中国没有历史";"中国和印度同样还处在世界历史之外",等等。最具代表性的表述是德意志著名历史学家兰克所说的:"中国人是永远静止的人民。"另一处在谈到关于英国的世界强权地位时写道:"英国人用他们的商业统治整个世界,他们曾为欧洲打开东印度,打开中国,使所有的这些帝国同时屈服于欧洲的精神。"他们都小觑儒学,嘲讽孔子,德文中"孔夫子"(Konfuzius)和"糊涂虫"(Konfusius)两字常被谐音混用。当时德意志的历史学家也总是坚持偏见,认为只有欧洲的发展才是真正意义上的历史。这种文化中的欧洲中心论,在20世纪初才遭到西方进步学者的严厉驳斥。

只有德意志伟大的社会思想家马克思和恩格斯,是从社会结构和清皇朝统治的角度来看中国"这个世界上最古老国家的腐朽的半文明制度"的,他们从来不把清皇朝统治下的大清帝国同中国人民混同起来。马克

第十七章 龙与鹰:历史上中德民族的文化关系

思写道:"清王朝的声威一遇到不列颠的枪炮就扫地以尽,天朝帝国万世长存的迷信受到了致命的打击,野蛮的、闭关自守的、与文明世界隔绝的状态被打破了","而当这种隔绝状态在英国的努力之下被暴力所打破的时候,接踵而来的必然是解体的过程,正如小心保存在密闭棺木里的木乃伊一接触新鲜空气便必然要解体一样。"他们谴责英国人发动的鸦片战争为"海盗式的掠夺战争",而把中国人民(不是清皇朝)的反抗和起义看成是"保存中华民族的人民战争","虽然这个战争带有这个民族的一切傲慢和偏见、蠢笨的行动、饱学的愚昧和迂腐的蛮气"。他们在50年代曾寄希望于太平天国革命,结果发现,"除了改朝换代,没有给自己提出任何任务","仅仅是用丑恶万状的破坏来同停滞腐朽对立,这种破坏没有一点建设工作的苗头",因此,"古老中国的末日正在迅速到来"。

那么19世纪上半叶中国人的欧洲-德意志兰的"图象"又是如何的呢?

中国自明末清初以来,奉行一种闭关锁国政策,使中国自我隔绝起来,对西方世界及其历史的兴趣消失。由利玛窦、汤若望等介绍的欧洲及其优秀文化大半遗忘。虽然在17、18世纪也不断有中国人漂洋过海,来到欧洲,大多是为了学习目的,很少有人写过关于经历西方的旅行报告,原因一是清廷的禁令,二是大多文化水平不高。至鸦片战争前夕,清廷对世界形势的认识一团漆黑,对欧洲各国的地理形势、相互关系混乱迷惘。凡意大利人必被认为是"耶稣会士",佛朗机(葡萄牙)人与法兰西人多次弄错;荷兰人和英格兰人无法分清,统称之为"红毛番",至于德意志人则尚未所闻。1840年道光皇帝在谈到英国时说:"天朝臣服中外,夷夏来宾,蕞尔夷邦,何得与中国并论?"直待打了败仗,才急急要查明,"究竟该国地方周围几许?""与俄罗斯是否接壤?"鸦片战争打开了中国的大门,也打开了中国人的眼睛。林则徐可说是开眼看世界的第一人,他和魏源等力图冲破那种"严夷夏之大防"的精神世界,提出"师夷之长技以制夷",那就是学习外国人的长处,来对付外国人的侵略。林则徐了《四洲志》,魏源编了《海国图志》,虽然他们没有亲自出国去考察,书中材料靠间接收集而来,错误不少,但毕竟是奠基于科学和常识的著述。

中国人亲自到欧洲并录下自己直接观察结果的,当数《海录》。在这以前,中国人关于欧洲的记述,主要得自传闻,少有直接观察的第一手材料。1730年陈伦炯的《海国闻见录》主要记录意大利的状况,对"德意志兰"并未提及。《海录》是由一位盲人口述,经人整理于1820年刊行的。这位盲人口述者叫谢清高(1765—1821),广东嘉应州人,年轻时出海遇险,被外国商船救起后,留在船上工作。此后十四年中,他遍游南洋、印度和欧洲,回国后不幸失明,在澳门口译为生。同乡人听他所谈海外各国的事情,多为以往史籍所未载,很有价值,乃录下刊行于世。欧洲部分多记葡萄牙和英国事,记德意志兰则语焉不详,特别是对于当时德意志分裂为众多小邦一事弄不清楚。《海录》把奥地利称为"双鹰国",不包括普鲁士的德意志兰称为"单鹰国","双鹰国与单鹰国为兄弟,患难相周恤,亦奉天主教,风俗大略亦与西洋同,番舶来广东,有白旗上画一鸟双头者,即此国也。""单鹰国又名带輂。①在双鹰西北,疆域风俗略同。番舶来广东,用白旗画一鹰者是。"谈普鲁士时说:"埔鲁写国,……在单鹰之北,疆域稍大,风俗与回回同。自亚里披华至此,天气益寒,男女俱穿皮衣,仿佛同中国所披雪衣,夜则以当被。"实际上这儿所录的埔鲁写国系指波罗的海周围的东、西普鲁士诸地,而亚里披华究指何地,一直争论不休。谢清高文化水平不高,在西洋时又无精确记录,单凭回忆,再经人录下,内容既少,错误常见,但对中国官方来说,《海录》却是直到19世纪40年代为止的主要信息来源,在中德文化交流史上具有重要意义。二十年后,1844年,魏源编纂的《海国图志》,对德意志兰的介绍已经远为详尽。四十四、四十五卷专谈"耶马尼"即不包括奥地利在内的德意志兰,四十六卷谈到奥地利。《海国图志》的优点,是把直至当时为止所能搜集到的有关德意志兰的中文记载都附录其后,供读者参考比较。四十四卷的"耶马尼总记"和"耶马尼分国"介绍,实际上把德意志的历史、地理和现状都作了说明。它把德意志兰的政治分裂情况同周朝的诸侯割据相比较,把莱茵河比之于中国的黄河,为德意志文明的摇篮。"国中居民,因分服列君,风俗殊异。北方居民精神强健最好学;南方东方之民,好繁饮食;西南之民,劳苦度生,其民往来不睦,常有争事。"

再二十年,即19世纪60年代,斌椿的《乘槎笔记》问世,是为中国知识分子最早亲历欧洲的记述。斌椿(1804—?)是一位年老的读书人,出身汉军旗,能文能诗,关心时事,与地理学家徐继畬、大数学家李善兰等诸多交往。1864年受总税务司英人赫德(Robert Hart,1835—1911)之请,

---

① 据冯承钧先生考,"带輂"实为"丹麦"。

第十七章 ● 龙与鹰：历史上中德民族的文化关系

"办理文案"，开始接触洋务洋人。1866年六十三岁的斌椿受命偕同文馆学生专门游历欧洲，成为第一批由清政府派遣赴欧游历、亲身去接触和了解欧洲文化的代表。他随身带了《瀛环志略》、《海国番夷录》等书，沿途考其正误。到欧洲后，又第一次见到火车、电报、纺织机、抽水机、高层建筑等"工业文明"，给这位从东方古老封建国家来的客人留下深刻印象。他"身之所至，目之所见，排日记之"。抵德时恰逢普奥战争，他来到普鲁士，对该邦及首府柏林记述相当详细，可说观察入微。"布国（即普鲁士）东西二千里，南北一千一百里。其地古为北狄所据。南宋时，属日耳曼，康熙三十九年，乃自立国。嘉庆十一年，法人割其境土之半，遂削弱。后六年，布人不悦法政，思故主，合攻法师，遂复故土。地分东西两土，共八部。产钢、铁、丝、布，铁器最精，工细若金银造。瓷器尤良，坚致不亚华产。西部主钢铁，造炮甲于泰西"，讲了一通普鲁士的历史和出产。"十四日，妃闻使君来，请见。妃云：寡君在军中，闻中国天使到此，愿两国永好无间。"这是中德官方最早接触中的美好祝愿。为此斌椿以"住伯尔灵（即柏林）见布国妃"为题赋诗一首：

"侍女寒裳启阙门，　　宫廷肃穆淑仪尊，
两行灯烛珠帘卷，　　气度谦光语意温。
寡君军旅正殷繁，　　欲赋缁衣未返辕，
难得中华星使到，　　好将风景采辎轩。"

此诗载斌椿《海国胜游草》，虽然诗品不算高，却是中国人赋德国的第一诗。斌椿也因此自负地称自己是"中土西来第一人"。

从《海录》到《海国图志》，到《乘槎笔记》，前后四十余载，正是鸦片战争的前二十年和后二十年，中国人对于欧洲的"图象"发生了深刻的变化。《海录》以前，中国人关于欧洲的记述，几乎全部得自传闻，《乘槎笔记》之后，冲破了两千年来一直未能克服的局限和偏见，对一直被认为是神秘荒诞的西方世界，开始有了直接接触。虽然接触中还是以"外观"为主，但开始面对世界现实和了解西方的"工业文明"。这是一大变化。另一大变化是，鸦片战争前，清廷把欧洲人看作"番""夷"，把欧洲各国视为"藩属"，一应外事活动，均由"理藩院"管理。但这仅仅是出于一种"无知"和"盲目自大"，在中国人心目中，对欧洲人虽有陌生感，并无仇视之意。两次鸦片战争的炮声，使中国人民从"闭关锁国"的状态中惊起，欧洲人成了真正的"鬼子"，抗敌仇外的民族情绪产生，这是帝国主义对中国的侵略造成的。

德意志联邦当时本身政治上是分裂的,内争不休,外受欧洲其他大国掣肘,并未参与侵略中国,中国人也把他们视作"鬼子",不免冤枉。但60年代后,当普鲁士正式遣使来华,并加入欧洲列强在中国的扩张行动后,这种"冤枉"也就不冤了。

六、"向东方压进"与"向西方学习"

19世纪60、70年代后,"西学东渐"与"东学西被"进入第二个高潮,西方现代科学技术输入中国,中国传统文化大量西传。与此相应,中国与德国的文化交流也进入一个新的阶段:直接接触,官方交往,逐渐形成各自的文化政策。

德国自古有"向东方压进"的口号,本来含义是指向东部斯拉夫人土地,现在则包括指向中国。1861年普鲁士代表关税同盟诸邦遣使节团来华签订条约,德国对华的文化政策也就处在"向东方压进"这一西方殖民扩张的利益政策之下。学者、汉学家、教士、教师的文化活动,也就不能不打上这样的烙印。随普鲁士使节团来华的人员中,除一名专家外,还有三名自然科学家,其中包括著名的地质、地貌学家李希霍芬男爵(Ferdinand Richthofen,1833—1905),他是受海军部的特殊委托来华调查中国的地形和资源的。1868—1872年得美国银行资助再度来华,在中国内地先后作了七次考察旅行,足迹遍及中国十八省中的十三省,包括山东、直隶、四川及华中、华南、华西和东北南部,调查、搜集地质、矿藏、黄土、海岸性质与构造线分布等资料,特别注意资源地区的分布,注目于山东煤矿和胶州湾港口。为了酬谢上海西商会的"帮助",他给西商会负责人写了十封信,提供中国的通商路线,要他们注意山东煤矿的重要性和胶州湾是一个值得夺取的军港(这些信件1903年以《李希霍芬男爵书简(1870—1872)》为书名在上海出版)。归国后发表《中国,亲身旅行和据此所作的调查结果》一书(China, Ergebnisse eigener Reise und darauf gegründeter Studien,36卷,外一册《中国地图集》,从1877年开始出版,到1912年才出齐)。此外还著有《山东及其门户——胶州》(1898)等。李希霍芬对亚洲地区的地质、地貌特征进行了科学分析,并提出中国黄土风成的假说;在地理学方法论问题上,强调区域性原则对地理学的重要意义,认为地理学主要研究不同区域各种现象的相互联系。因此我们说,李希霍芬对于自然社会

第十七章 ● 龙与鹰：历史上中德民族的文化关系

的重大贡献是无可争论的；在中德文化交流史上的作用也是显而易见的。但是这位波恩、莱比锡、柏林大学的教授，后来还担任柏林大学校长和国际地理学会会长，是一个自觉的、有目的的代表外国资本、特别是代表德国在华资本利益的人。

在普鲁士使节团抵达中国的同一年，清廷设立"总理各国事务衙门"，专门负责和外国打交道的工作，同时负责推行学习西方的"技艺奇器"。总理衙门的建立，标志着洋务运动的开始。一年后，1862年，总理衙门创办中国第一所外语学校"同文馆"，以造就翻译人员。原先各通商口岸出现的买办、西崽，流品甚杂，修养不高，不仅不通西洋文化，也不通中国文化。同文馆创办时，只招到满族少年十名，先开英文馆，继开法文、俄文馆。经三年学习后，优秀者派到欧美各国游历，以"增广见闻，有裨学业"。1868年8月，清政府向西方国家派出第一个外交使团，历访美、英、法、普、奥、俄以及其他一些欧洲国家。使团的列车上第一次扬起中国国旗：黄底，四周镶蓝边，三米多长的旗幅上，有一条巨龙在飞舞。这个团的使命，名义上是"回访"和"换文"，实际上是去西方学习，了解世务的，特派钦差志刚1870年回国后所写的《初使泰西记》可以证明。从这时候起出现了中国洋务－自强运动中第一代"向西方学习"的人。洋务－自强运动可视为中国被迫转向现代化的启动阶段，但它的"学习西方"，尚不具有资产阶级改良主义性质，其主要着眼点乃是学习西方技艺，以求"御侮自强"之术，维持原制度不受损害，"中学为体，西学为用"的口号，正是这一含义。但是，一当人们到达西土，在先进的制度和科学技术面前，情况就不能不起变化，不说青年人，即使像志刚这样平庸的满族官员，在不平常的际会中，也会有不平常的体会和认识。"中学为体"这一点就很难保住了。

在1870年，中国就派有留学生去德国，学习"船坚炮利"的军工技术。1877年李鸿章也曾派七名士官去德国学习军事。赴德学习理工西学似是成为一种传统。80年代起派往德国的中国公使和其他官方代表团，主要任务之一就是购买洋枪、洋炮、船舰、机器。19世纪下半叶，中国最了解西方、最了解德国的人物可能数张德彝，他在中西文化交流史上占有重要地位。张德彝(1847—1919)即德明，籍隶汉军镶黄旗，同文馆第一届学生，1866年十九岁时随斌椿游历欧洲。1868—1869年又随志刚使团出使西海，先经日本到美国，过大西洋到欧洲，出地中海过印度洋入南海，正好自西往东环游世界一周。他先后八次出国,每次都留下一部以《述奇》为名的日记体裁的闻见录,共七十余卷,200余万字,算得上一个大游记作家。这八部《述奇》中,《航海述奇》四卷,记同治五年(1866)游历欧洲;《三述奇》八卷,记同治九至十一年(1870—1872)随崇厚使法,故又名《随使法国记》;《六述奇》十二卷,记光绪二十二至二十六年(1896—1900)随罗丰禄使英,故又名《使英日记》;《八述奇》二十卷,记光绪二十八至三十二年(1902—1906)出使英、意、比国。上述几部《述奇》中,均对德国有所记述,而《五述奇》十二卷,则是记光绪十三至十六年(1887—1890)随洪钧使德,专门记述德国情况的,故又名《随使德国记》。张德彝是一位具有"维新"思想的人,长期广泛接触西方的社会和文化。他在国外既保持中国人的气节,又虚心学习西方先进事物,因此记述比较客观,比《乘槎笔记》要生动、具体、深入得多。《五述奇》全面介绍德国的最新情况和最新知识,录下对德国现代工艺技术的"第一印象"——科学技术领域中的新发明,在文化史上颇有价值,而对中德人民友谊的记述也不在少数。虽然他的"西学"不像严复那样精通,但也是属于佼佼者了。

德国侵占胶州湾和参加镇压义和团起义,是"向东方压进"的军事表现,它严重损害了两国之间文化交流的基础。但是中国人民不屈服于"炮舰政策"的英勇反抗,迫使西方列强不得不辅以一种怀柔性的对华政策,这就是争取中国赞同欧洲文化,通过文化影响来赢得未来的中国领导层。一种新的文化政策开始了:教会学校的活动受到不加宣扬的支持;加紧派遣教师到中国;鼓励中国学生在本国教会大学受教育。1908年美国首先提出把庚子赔款中的大部分留在中国办教育。1907年德国驻北京公使雷克斯伯爵(Graf Rex)在致外交部的报告中,强调在中国需要一种德国的文化政策。德意志帝国海军部(中国的德国"保护区"青岛的最高行政官厅)才开始行动起来。它委托汉学家福兰阁(Otto Franke,1863—1946)同清政府商谈,在青岛建立德国学校事宜。福兰阁1888年来华,为使馆实习翻译;1890年后任翻译和领事,对于中国文化了解甚多,对中国比较友好;1901—1907年转任中国驻柏林使馆参赞;此后任汉堡大学、柏林大学中文教授;著有《中华帝国史》(Geschichte des Chinesischen Reiches)、《直隶热河地区记》、《中国土地所有制的法权关系》、《1894—1914年列强在东亚》、《关于中国文化与历史的演讲和论文集(1902—1942)》等多种,影响甚大。在同中国商谈中,福兰阁"保证"德国学校招收"中国孩

第十七章 ●龙与鹰：历史上中德民族的文化关系

子";不仅使孩子们了解德国,而且重视中国自己的文化;学校中取消宗教宣传;中国人参与学校的行政管理。福兰阁这一所谓"尊重中国主权和保护中国民族特性"的文化方针,虽遭到在华德人包括公使雷克斯和青岛总督的反对,但第一座德华高等学校(中国名为"青岛特别高等专门学堂")于1909年在青岛成立,并由中国人任学堂总稽察(校长之一)。1913年设有四个系:法学-社会学系,自然科学系,农林经济系和医学系。直到第一次世界大战前夕,德国传教士在华主办的学校、医院和慈善机构,比英法美少得多,而且活动范围基本上限于山东。1913年上海的德国商人在一份备忘录中,要求政府推行积极的学校政策,并为去德国学习的中国大学生提供奖学金。

这个时期,德国来华的传教士活动较前增加,天主教教士超过基督教牧师,山东超过其他各地。但这时的传教士,大多同德国在华的殖民利益纠缠在一起,布道和吸收教徒以及创办学校医院等,都会引起中国人的愤怒和反抗。但是也有一部分传教士,在中德文化交流中起过积极作用,卫礼贤(Richard Wilhelm,1873—1930)就是代表。卫礼贤是德国同善会传教士,汉学家,1897年青岛被德国占领时来华传教,对中国高度发达的古代文化深表敬佩,为自己取字"希圣"。他创办礼贤书院,主要研究中国的儒家学说。辛亥革命后在青岛组织尊孔文社,主张复古。他在华多年,以从未发展一名教徒而自豪。回国后讲授中国古典哲学,撰有多种著作,如《中国文明简史》(Eine kurze Geschichte für Chinesische Zivilisation)、《实用中国常识》、《中国精神》(Die Seele Chinas)、《中国的经济心理》、《东亚,中国文化圈的形成和变化》(Ostasien, Werden und Wandel des Chinesischen Kulturkreises),1920年后翻译《易经》、庄子、列子、吕氏春秋等,致力于德中友好。

在德国本土,为了加强中德文化联系,建立了"德国东亚自然和人类学协会"、"东亚艺术协会"、"汉堡-不来梅东亚协会"等。在德国开始出现研究中国的热情。学者们对"中国学"的研究渐加精密,形成科学的"中国学"或"汉学"。自甲柏连(Georg von der Gablentz)1881年出版名著《汉文典》(Chinesische Grammatik)以来,德国的汉学研究如旭日初升,所取得成就令人刮目。卫礼贤之于经学,福兰格之于史学,佛尔克(Alfred Forke)之于哲学,柴赫(Erwin von Zach)之于训诂与文学,俨然成为德国的"四库全书"。20世纪初,一些中国古典名著相继被译成德语出版，它们是汉学家卢德尔斯贝格尔（Hans Rudelsberger）译的《封神演义》（1914年译了一半）；布伯尔（Martin Buber）节译的《聊斋志异》；汉学家老甲柏连（Hans Canon von der Gablentz）19世纪从满文缩译的《金瓶梅》和库恩（Franz Kuhn）缩译的《红楼梦》。戏曲方面比较重要的德译本是克拉朋（Alfred Henschke Klabund）的《灰阑记》和洪涛生（Vincenz Hundhausen）的《西厢记》。抒情诗方面常译的有诗经，陶渊明、李白、白居易的诗。第一次世界大战前夕，《易经》的德译本已有八种以上。

在中国方面，19世纪下半叶和20世纪初，出现一种不明确的多元的文化政策，其主要内容是"向西方学习"。洋务派一心想仿德国的富国强兵之术，以巩固摇摇欲坠的政权。1896年李鸿章出使俄、德，特地跑到弗里德里希斯卢庄园去拜访早就下台的德国"铁血宰相"俾斯麦，殷殷相询："然则为政府言，请问何以图治？"俾斯麦答："以练兵为立国之基，舍此别无长策。"李鸿章于是说："必将仿照贵国军制，以练新兵。"这些话见《李鸿章历聘欧美记》书中所载，却无一语谈及中德文化，只有李鸿章带去的厨师班子和中国菜肴，给西方留下深刻印象。李鸿章离去时，留影题词，词曰："仰慕毕王（即俾斯麦）声名三十余年，今游欧洲，谒晤于非得里路（即弗里德里希斯卢）府第，慰幸莫名。光绪廿二年五月望日"，算是唯一留下的文字手迹。洋务派和清廷历任驻德国公使在中德文化交流中未起特殊作用。20世纪初中国出现的小说《孽海花》，可说是中德文化交流的畸形产物。书中主角赛金花，随状元出身的才子洪钧出使德国，时年方十六、七岁，并无可能同年逾半百的总参谋长瓦德西相遇相爱之事，而书中却加以渲染，并宣扬一种妓女爱国主义，这在大多数中国人是不赞同的，倒是投合了洋务派的所好。一些进步的知识分子，支持立宪维新运动，对德国的宪政、立法相当崇敬。1904年中国废除科举制度，自此才对西方现代的自然科学、精神科学和政治、社会思想真正开放大门。1905年的所谓五大臣出洋，就是去考察欧美的宪政的。五大臣之一的戴鸿慈，在其《出使九国日记》中，对德国的立宪政体倍加肯定。他在参观"柏林大学堂"图书馆（藏书120万部）和军事博物馆时印象很深。此后有一些更为激进的知识分子，留学德国，寻求救国之道。

第一次世界大战爆发后，中德之间的文化活动近乎完全中断。

第十七章 ●龙与鹰：历史上中德民族的文化关系

七、1919—1949 年间

1919年9月15日,中国宣布结束对德战争状态。1921年5月20日,中德两国签订《中德协定》,这是中国第一次与列强之间在平等和互不歧视的基础上签订的。在这一年,魏玛政府把瓦德西从中国掠去的北京天文台的仪器归还中国。德国在华的发展重点转向经济和文化领域。

1919年"五四"运动以后,德国文化,尤其是马克思主义经典作家的著作,经过其他外语翻译介绍到中国。1920年陈望道第一个从日文翻译出版整本《共产党宣言》。一些著名的德国哲学著作,如康德、黑格尔的作品被译成中文。中国学者王国维早在1910年以前就研究过叔本华、康德和尼采的著作。以后其他学者研究过黑格尔哲学,沃伊肯(Rodolf Eucken)的新唯心主义"能动主义"哲学和德里施(Hans Driesch)的新活力论,后者曾于1922年来上海讲学。大物理学家爱因斯坦也曾于1922年由日本返国途中在上海讲学,《东方杂志》1922年第19卷第24号就专辟为《爱因斯坦号》,以资纪念。

20年代中叶,德国文学名著,如格林童话,歌德、席勒、海涅等人的作品介绍到中国。郭沫若所译《浮士德》、《少年维特之烦恼》以及有多种译本的《茵梦湖》,在我国反封建、反旧礼教的斗争中都起过积极的作用。鲁迅在1936年专门为德国版画家凯特·珂勒惠支(Käthe Kollwitz,1867—1945)的作品作过详细介绍。

在这些年代,中德之间的文化关系在两个领域中变得重要和突出:一个是在华的德国人加强对中国文化的社会性了解和研究;另一个是中国学生赴德留学。文化交流在国家一级上展开。战后在华的德国人,约有一半生活在上海,约1 500人之数,另一半生活在天津、青岛、汉口、北京、哈尔滨、广州、济南和沈阳诸地,大多建有德国侨民区,内设有现代化的德国学校和教堂。1923年当时的西门子中国公司经理勃吕歇尔博士(Dr. Brücher)成立了"德国工程师中国协会",以促进现代科学技术的交流。它得到私人、国家、公共机构的资助,并对中国的经济立法产生相当大的影响。在东北,首先在抚顺和鞍山煤矿,形成德国工程师和专业工人侨民区,另有三十名医生结社,参加上海的"德国医生联合会"。1930年12月在上海成立东亚博物学和民俗学协会(OAG),还有美茵河畔法兰克福

"中国学院"(China-Institut)的上海友谊联合会。法兰克福"中国学院"是由汉学家卫礼贤在1925年成立的,为的是大力促进中德文化交流。

德国在华的学校在第一次世界大战后再度开办,以上海、北京、天津为最多。战争时期被中国没收的上海德国学堂的房屋,1922年发还,1924年开始上课,称"威廉皇帝学校",程度相当于中等专科学校,1932年起获中国市政当局的补助,1935年在校学生数达265名。在德国学校中,对中国教育具有影响的,首数上海同济大学。同济大学前身为同济德文医学校,1907年由德国人所建,获德国工业、商业和银行界的资助。创办时设德文、医学两科,1912年同济德文医学校增设工科,更名为同济医工学堂,1917年大战期间由中国接收,定名为同济医工专门学校。1927年正式命名为国立同济大学。它是培育了解德国文化的中国知识分子和学者的主要渠道。1936年同济大学设医学院、工学院、理学院三院,并附设机师学校、高级职业学校、高级中学、德文补习科及实习医院、实习工厂等。建校初期,任教的多系德国学者,至1937年尚聘请多名德籍教师,教学上使用德语教学,注意理论与实际结合,以完备的设备和敦厚的学风为社会所注目。

中国学生留学德国,20年代后数目激增。根据1921年《中德协定》的附加换文,德国政府同意提供奖学金,接受中国学生入德国高等学校或为中国学生提供实习场所。在战后德国通货膨胀时期,中国学生去的不少。1924年仅柏林一地约有近1 000人。1925年中国留德学生数为232人,1926年为214人,1927—1928年为174人,欧洲经济危机爆发年代1928—1929年降到153人,此后又上升。中国留学生主要集中在柏林、慕尼黑、耶拿、达姆施塔特、不伦瑞克、汉诺威等城市的大学和工科高等学校学习,主攻专业分别为技术科学、自然科学、医学、化学、国民经济学和哲学。他们中后来有不少成为中国著名人物。蔡元培(1868—1940)1907年至1911年在德国,先在柏林大学,后在莱比锡大学学习,1912年回国后出任南京临时政府教育总长,坚持洪堡式的教育观点和教育改革。1917年任北京大学校长,积极支持中国的新文化运动,提倡学术研究,主张对新老思想"兼容并包"。还有一系列政治家曾到德国留学、游学或寻求救国之道。其中周恩来1923年曾在格廷根大学居留,朱德1923—1926年也在格廷根大学学习,他们后来都是中华人民共和国的开国元勋。朱家骅(1893—1963)1914—1922年留学德国,十年后成为国民党政府教育部长、中央宣传部部长,在中德文化交流中起过桥梁作用。蒋纬国1926—1938年在德国学习军事学,先在密滕瓦尔德的山地野战师作士兵培训,后入慕尼黑陆军军官学校学习。

　　这个时期在中德文化交流中起重大作用的当数30年代初成立的北京(当时称北平)中德学会(Deutschland-Institut)。这是中德两国学术界人士首创的、从事中德文化交流的纯学术机构。从德国学术界方面说,无论是"中国学院"的院长卫礼贤还是汉堡大学中国语言和文化研究所创立者、柏林大学教授福兰阁,都努力促成在中国成立一个从事中德文化交流的中心机构。福兰阁说:"莱布尼茨在几世纪以前所办过的事情,现在已经开始实现","我们应把中国文化建立在真实上,一种严肃的学术,才能有助于认识这种真实"。从中国知识界和学术界方面说,越来越迫切需要全面深入了解德国,首先是德意志民族的精神和文化——它的自强之道,因而迫切需要一个文化交流的中心机构。在中国的传统文化中心北京,德国的汉学家和中国的留德学者,开始行动起来,创办研究德国文化的协会。卫礼贤的儿子、北京大学的德语教师(后为教授)卫德明(Helmut Wilhelm)和中国学者郑寿麟给创办中德学会以最初的推动。新任驻华公使(不久升格为大使)陶德曼博士(Oskar P. Trautmann,1877—1950)也亟表支持。1933年3月27日的中德人士会议上,组成筹备委员会,5月4日筹备完成,定名为中德文化协会(Institut für deutsche Kultur),后因南京亦有同名协会(朱家骅促成的),遂于1935年更名为中德学会。

　　在1933年5月4日的成立会上,再次明确了成立的目的与创办之宗旨:"纯以研究中德两国之学术,沟通两国之文化,增进两国学术之合作,促进两国人士对两国固有文化与学术的彼此深刻了解";规定了任务:1.为热心于中德文化研究的两国学术文化界人士提供种种方便条件,促进研究的深入;2.成为两国旨趣相同的学术文化界人士的联络中心。成立会上,还推举出董事,他们都是当时中国学术界、教育界的泰斗和外交界的耆宿,均是留德学者或同德国有着深厚渊源关系者,包括蔡元培、胡适、朱家骅等21人。中德学会还特邀陶德曼大使和当时的教育部长王世杰博士为名誉会长,以便于争取中德两国政府和官方名流的支持。

　　在中德学会成立的最初几年,取得了不菲的成绩。特别在1935年中国学者冯至博士(1905—1993)和德国人谢礼士博士(Ernst Schierlitz)被推为主持工作的常务干事后,工作更是有声有色。他们两人通力合作,拟定新的规划,扩大学会的学术范围和学术影响。他们特别重视编译《中德文化丛书》,要把德国人文科学和自然科学中第一流的学术著作,系统地介绍给中国,使中国人了解德国文化的根本精神。1937年5月抵达北京的福兰阁的儿子傅吾康博士(Wolfgang Franke,1912—)加盟中德学会,使学会的学术力量更为加强。但这时冯至博士已离开中德学会去了南方,这位爱国的民主学者不愿在日本人控制和占领下的北京工作。1937年"七·七"事变后,北京的中德学会开始散乱,前景堪忧。多亏傅吾康博士的大力担承和全力支应,总算保持了中德学会及其学术工作。在日伪统治北京期间,中德学会依然是一个纯学术的研究机构,而且是非纳粹的、亲中国的中德学术交流机构,因为傅吾康本人就是一位非纳粹的、亲中国的汉学家。可以说,1937年后的中德学会是保持中德文化交流的唯一"渠道"。

图书在版编目(CIP)数据

德国通史：珍藏本 / 丁建弘著 .— 上海：上海社会科学院出版社，2018
ISBN 978-7-5520-2451-7

Ⅰ．①德… Ⅱ．①丁… Ⅲ．①德国—历史 Ⅳ．①K516.0

中国版本图书馆 CIP 数据核字(2018)第 205225 号

德国通史(珍藏本)

作　　者：丁建弘
特约编辑：张广勇
责任编辑：王　勤
封面设计：周清华
出版发行：上海社会科学院出版社
　　　　　上海顺昌路 622 号　邮编 200025
　　　　　电话总机 021-63315947　销售热线 021-53063735
　　　　　http://www.sassp.cn　E-mail:sassp@sassp.cn
照　　排：南京理工出版信息技术有限公司
印　　刷：江阴市机关印刷服务有限公司
开　　本：710 毫米×1010 毫米　1/16
印　　张：32
插　　页：5
字　　数：523 千
版　　次：2019 年 2 月第 1 版　2023 年 7 月第 4 次印刷

ISBN 978-7-5520-2451-7/K·469　　　　　定价:99.80 元

版权所有　翻印必究